Littérature

FRANÇAIS

CLASSES DES LYCÉES

NOUVEAU PROGRAMME
NOUVELLE ÉDITION ENRICHIE

Christophe Desaintghislain
Christian Morisset
Patrick Wald Lasowski

Nathan

Pour la présente édition :
Coordination éditoriale : Christine Asin
Édition : Sophie Legras
Conception maquette : Killiwatch
Coordination artistique : Isabelle Jalfre
Couverture : Killiwatch
Fabrication : Maria Pauliat
Iconographie : Maryse Hubert
Composition/mise en page : Nord Compo

ISBN 978-2-09-160304-9

Manuel unique, conçu pour accompagner l'étude du français au lycée, cette anthologie met en place les objets d'étude de Seconde et de Première, les repères littéraires indispensables et la préparation à l'examen. Jusqu'à la réussite au baccalauréat, c'est l'ouvrage de référence sur lequel chaque élève peut, à tout moment, s'appuyer.

■ **Une organisation chronologique.** Siècle après siècle, le livre renforce l'acquisition et la maîtrise des repères chronologiques qui font si souvent défaut. Chaque texte est donc non seulement rattaché à un objet d'étude, mais aussi clairement replacé dans son contexte historique et situé par rapport au mouvement dominant de la période. Chaque chapitre attire également l'attention sur un événement qui a marqué l'histoire d'un genre littéraire ou sur la place de l'écrivain dans la société de son époque.

■ **Les grandes œuvres de la littérature.** Les textes ont été choisis pour l'intérêt qu'ils suscitent dès la première lecture. Mais ils sont aussi représentatifs de l'auteur et du mouvement auquel ils participent. L'ouvrage rassemble ainsi les pages les plus saisissantes de notre histoire littéraire et tisse le réseau des références communes, y compris européennes, que la classe de français invite à connaître et à partager.
Une iconographie agréable et rigoureuse répond aux exigences du programme et accompagne la présentation des périodes et des mouvements. Elle compose une véritable galerie de chefs-d'œuvre qui fait contrepoids avec les textes de référence et permet de comprendre l'évolution des goûts et des sensibilités.

■ **La maîtrise des objets d'étude.** Ils sont définis et abordés de façon systématique tout au long du manuel. Chaque extrait est directement rattaché à un objet d'étude de Seconde ou de Première. Une notion (culturelle, esthétique, rhétorique) est appliquée à l'étude du passage. Ainsi se trouve facilité l'entraînement à l'analyse exigée à l'écrit et à l'oral.
Ainsi conçu, le manuel permet de construire de multiples séquences riches et variées, qui sont présentées en début d'ouvrage. Il respecte la liberté pédagogique de chaque enseignant.

■ **La préparation au bac.** Des sujets de devoirs pour la Seconde et la Première facilitent la préparation au baccalauréat. Un cahier de méthodes met en place les compétences à maîtriser en vue de l'épreuve. Placé en fin d'ouvrage, il guide le candidat dans son travail écrit ou oral.

Sommaire général

500-1500

1500-1600

1800-1850

1850-1900

1900-1950

Depuis 1950

Objets d'étude et séquences de travail en classe de Seconde

Objet d'étude 1 — classe de Seconde

Un mouvement littéraire et culturel

Objet d'étude 7 — classe de Seconde

L'éloge et le blâme

■ Séquence 1
L'art de l'éloge

■ Séquence 2
Le blâme et la satire

■ Séquence 3
L'écriture satirique

Objets d'étude et séquences de travail en classe de Première

Objet d'étude 1 — classe de Première

Le roman et ses personnages : visions de l'homme et du monde

■ Séquence 1
La vision de l'homme à travers le personnage de roman

■ Séquence 2
Richesse et variété des genres romanesques

■ Séquence 3
La représentation du monde et de la société

Objet d'étude 2 — classe de Première

La poésie

■ Séquence 1
Continuité et ruptures de l'écriture poétique

Objet d'étude 3 — classe de Première

Le théâtre : texte et représentation

Objet d'étude 4 — classe de Première

L'argumentation : convaincre, persuader et délibérer

Objet d'étude 5 — classe de Première

Un mouvement littéraire et culturel

Loyset Liedet, miniature extraite des *Chroniques de Froissard* : Charles IV le Bel accueille à Paris sa sœur Isabelle, reine d'Angleterre, 1325.

500
1500

Le monde médiéval

LA LITTÉRATURE ET SES CONTEXTES

500 1500 Le monde médiéval

Couvrant une période de dix siècles, le Moyen Âge s'étend de la chute de l'Empire romain jusqu'à la Renaissance. Il voit l'installation progressive du pouvoir royal et la mise en place des trois ordres qui fondent le monde médiéval : la noblesse, le clergé et le tiers état.

1. L'histoire et la société — La féodalité

Le siège de Paris par Jeanne d'Arc, septembre 1429.

Le Moyen Âge est marqué par de nombreuses guerres. Aux huit croisades qui ont pour but de délivrer le tombeau du Christ à Jérusalem, de 1096 à 1270, succède une « guerre de Cent Ans » entre la France et l'Angleterre, de 1337 à 1453. Les populations connaissent alors l'insécurité et la misère, la peste et la famine.

Le pouvoir royal, s'appuyant sur la puissance de l'Église, construit l'unité du royaume, grâce au système féodal qui établit les relations et les liens entre le seigneur et ses vassaux.

L'embarquement de saint Louis pour la croisade, 1410.

La justice du seigneur.

La société se divise alors entre les chevaliers qui combattent, les clercs qui prient, les bourgeois et les paysans qui travaillent.

Vitrail de la cathédrale de Reims.

2. Les sciences et les arts — Le temps des cathédrales

L'animation d'une rue marchande au Moyen Âge.

Le XIIIe siècle marque l'apogée du monde médiéval. La prospérité se fonde sur les progrès de l'agriculture, le dynamisme des grandes foires et le développement des échanges commerciaux.

Les cours des rois et des princes rassemblent les artistes. L'art roman, puis l'art gothique sont mis au service de la religion, et les cathédrales ornées de vitraux, de sculptures et de peintures, frappent les esprits par leur beauté rayonnante.

Tailleurs de pierres et maçons au travail, XIIIe siècle.

3. Les lettres et le livre Du parchemin au livre imprimé

Chantée par les troubadours et les trouvères, de château en château, la littérature du Moyen Âge est essentiellement orale. Les écrits religieux, les textes de l'Antiquité, les romans de chevalerie sont reproduits à la main par des copistes, sur des parchemins richement enluminés. À partir du IXe siècle, à la langue latine succède progressivement l'utilisation du français. En 1440, l'invention de l'imprimerie bouleverse la culture et la diffusion du livre.

Alain Chartier (1385-1435), *L'Atelier du copiste.*

Les Très Riches Heures de Jean de France, duc de Berry

« Le mois de janvier »
Les frères Limbourg
(entre 1413 et 1416)

Simple lettrine colorée en début de paragraphe, ornementation plus élaborée avec des personnages ou, comme ici, véritable tableau miniature, de nombreux manuscrits du Moyen Âge comportent des enluminures. Au début du XIe siècle, les frères Limbourg excellent dans cet art. Ils utilisent toutes les ressources d'un bleu intense élaboré à partir de la précieuse pierre lapis-lazuli. (Enluminure, 21 x 21 cm, Musée Condé à Chantilly.)

Le livre d'Heures est un ouvrage de dévotions privées. En récitant les prières, en admirant les enluminures, le duc de Berry rend gloire à Dieu.

L'art médiéval est le plus souvent anonyme. Les frères Limbourg sont trois, il est impossible de distinguer ce que chacun a apporté.

Isolé, le duc sur un fond d'or, accueille des invités. Des tapisseries évoquent la guerre de Troie. Elles composent la construction en abyme d'un tableau dans le tableau.

LA CHANSON DE ROLAND

Auteur : **Turold ou Théroulde**

Date de composition : **vers 1100**

On n'est pas certain que Turoldus, c'est-à-dire Turold ou Théroulde, dont le nom figure au dernier vers du poème, soit vraiment l'auteur de *La Chanson de Roland*. Celle-ci a certainement été précédée de nombreux récits contribuant à répandre la légende de l'empereur Charlemagne. *La Chanson de Roland* est la plus ancienne et la plus illustre des chansons de geste. Elle raconte les guerres menées en Espagne par Charlemagne au VIIIe siècle. Son épisode le plus célèbre, la bataille de Roncevaux, transforme une simple défaite des armées de l'empereur, le 15 août 778, en un moment épique.

La chanson de geste exalte ainsi les valeurs de la chevalerie et de la chrétienté en lutte contre les Sarrasins. Ce sont les « jongleurs » qui, de ville en ville, de château en château, récitent le poème en s'accompagnant de la vielle, lui ajoutant à chaque fois de nouveaux vers improvisés. Le texte lui-même a pu être écrit par plusieurs auteurs rassemblant des « chansons » plus courtes en un seul long poème.

LA CHANSON DE GESTE

Le mot « geste » vient du latin *gesta* qui signifie « les choses accomplies, les exploits ». La geste est le récit, organisé par cycles, des faits d'armes glorieux réalisés par un roi ou par sa famille. Rivalisant avec les épopées de l'Antiquité comme l'*Iliade* d'Homère, la chanson de geste est un long poème narratif composé de laisses, c'est-à-dire de strophes de longueur irrégulière qui utilisent le décasyllabe. À travers les personnages s'exprime l'affrontement du bien et du mal. Aux moments de joie succède le désespoir ; aux victoires triomphantes s'opposent la défaite et la mort. L'action dramatique fait se suivre une série de tableaux qui créent un effet monumental, comme celui que produisent alors les vitraux des cathédrales gothiques. Les deux chansons de geste les plus célèbres, *La Chanson de Roland* et *La Chanson de Guillaume*, toutes deux anonymes, influenceront toute la poésie épique de la littérature française.

Objet d'étude La poésie

VERS 1100

La Chanson de Roland

Trois siècles après les campagnes militaires de Charlemagne, l'épopée de *La Chanson de Roland* fait le récit exalté des victoires de l'empereur. Mais le moment le plus intense du poème rapporte la trahison de Ganelon qui conduit à la défaite sanglante de Roncevaux : Roland souffle en vain dans son cor pour prévenir l'empereur et l'appeler à son secours.

Li quens Rollant ad la buche sanglente.	Le comte Roland a la bouche en sang.
De sun cervel rumput en est li temples.	De son cerveau la tempe est rompue.
L'olifan sunet a dulor e a peine.	Il sonne l'olifant[1] avec douleur et peine.
Karles l'oït e ses Franceis l'entendent.	Charles l'entend et les Français l'écoutent.
Ço dist li reis : « Cel corn ad lunge aleine ! »	Le roi dit : « Ce cor a longue haleine ! »

Le duc Naimes répond : « Un baron[2] y met toute sa peine.
Il livre bataille, c'est ma conviction.
Celui-là l'a trahi qui vous demande de ne rien faire.
Armez-vous, lancez votre cri de guerre.
Et secourez votre noble maison[3].
Vous entendez bien que Roland se lamente. »

1. **olifant** : cor d'ivoire que portent les chevaliers.

2. **baron** : grand seigneur.

3. **maison** : l'ensemble des personnes au service de l'empereur.

4. **courroucés** : en colère.

L'empereur a fait sonner ses cors.
Les Français mettent pied à terre et s'arment
De cuirasses, de casques, d'épées ornées d'or.
Ils ont de beaux boucliers, des épieux grands et forts
Et des étendards blancs, vermeils et bleus.
Sur les destriers montent tous les barons de l'armée.
Ils piquent fort des éperons tant que durent les cols.
Il n'en est pas un qui ne dise à l'autre :
« Si nous voyions Roland avant qu'il ne fût mort,
Avec lui nous donnerions de grands coups. »
Mais à quoi bon ? Ils ont en effet trop tardé.

C'est l'après-midi d'un jour éclatant.
Au soleil brillent les armures,
Les cuirasses et les casques flamboient,
Et les boucliers ornés de fleurs,
Et les épieux, et les étendards dorés.
L'empereur chevauche furieusement,
Et les Français chagrins et courroucés[4].
Il n'en est pas un qui ne pleure amèrement,
Pour Roland ils sont tout angoissés.
Le roi fait prendre le comte Ganelon
Et le remet aux cuisiniers de sa maison.
Il appelle leur premier chef, Begon :
« Garde-le-moi bien comme le félon qu'il est !
Tous mes proches, il les a trahis. »

La Chanson de Roland, attribuée au clerc **Turold**, vers 1100, trad. par J. Dufournet, Éd. Flammarion.

1. Confrontez les vers écrits en ancien français avec leur traduction. Quels points communs, quelles différences constatez-vous ?

2. Repérez les personnages présents ou évoqués par le texte. Quelle qualité ou quel défaut chacun incarne-t-il ?

3. Commentez l'interrogation du vers 22. Que révèle-t-elle sur les sentiments du narrateur ?

4. Repérez, dans les cinq premiers vers, le jeu des assonances. Quelles différences constatez-vous avec le système des rimes qui sera mis en place ensuite ?

5. NOTION. En quoi *La Chanson de Roland* est-elle une épopée ? Montrez comment les procédés de l'amplification inscrivent le texte dans le registre épique.

NOTION

L'épopée et le registre épique

L'épopée est un long poème qui chante les qualités physiques et morales de héros légendaires qui, à travers leurs exploits, accomplissent un destin collectif. Le registre épique utilise ainsi les procédés de l'amplification : métaphores, hyperboles et accumulations.

Auteur de onze pièces de vers, rassemblées dans *Les Chansons de Guillaume IX, duc d'Aquitaine*, en 1927.

GUILLAUME D'AQUITAINE

Nom : **Guillaume IX, duc d'Aquitaine et comte de Poitiers**

Naissance : **22 octobre 1071**

Décès : **1127**

Neuvième duc d'Aquitaine, Guillaume est l'un des plus grands seigneurs du royaume : il possède un domaine plus étendu que celui du roi de France. En 1101, il s'engage pour la croisade avec une armée de 30 000 hommes. L'expédition est un désastre. De retour à Poitiers en 1102, Guillaume mène la lutte contre ses vassaux en révolte. Il part de nouveau en guerre en Espagne, au secours du roi d'Aragon.

Autour de lui, le duc d'Aquitaine réunit une cour princière, qui rivalise avec l'influence de l'Église, et il désespère sa femme par ses conquêtes féminines. Il apparaît ainsi à ses contemporains comme un prince brouillon et cynique, comme un grand seigneur débauché. Cependant, esprit riche et paradoxal, le duc d'Aquitaine est le premier troubadour, le premier poète qui chante l'amour en français. C'est en effet à Guillaume IX que la courtoisie doit sa conception de l'amour et de la femme, qui influencera toute la culture européenne.

GUILLAUME IX, LE PREMIER TROUBADOUR

Le troubadour est « celui qui trouve » (*trobar* en langue d'oc), qui invente un nouveau langage, une poésie nouvelle. Guillaume IX, grand seigneur, puissant militaire, est le premier poète français qui développe dans ses « chansons » la conception courtoise de l'amour. Ses poèmes passent en effet de l'expression d'un amour sensuel à une exaltation idéalisée de la femme, symbole de la beauté divine. On conserve de Guillaume onze poèmes : six sont des poèmes gaillards, parfois obscènes; quatre autres expriment une respectueuse adoration pour la femme aimée; le onzième est un adieu mélancolique au monde. L'amour courtois que développe Guillaume consiste dans un culte fervent de la « dame », qui exige de l'amant qu'il la vénère et la serve, sans l'espoir d'être un jour exaucé. Poète, l'amant se contente ainsi d'exprimer sa passion dans des chansons qu'il compose, vers et mélodies, à la gloire de sa dame.

Objet d'étude La poésie

VERS 1100

Poésies

Grand seigneur, comte de Poitiers et duc d'Aquitaine, Guillaume IX est aussi le premier troubadour connu. Il exprime dans ses poèmes l'idéal de la courtoisie et la délicatesse du *fin'amor*, c'est-à-dire l'amour pur et raffiné, porté à son plus haut degré de perfection.

AB LA DOLCHOR DEL TEMPS NOVEL

Ab la dolchor del temps novel
Foillo li bosc, et li aucel
Chanton chascus en lor lati
Segon lo vers del novel chan;
Adonc esta ben c'om s'aisi
D'acho don hom a plus talan.

1. **feuillent** : se garnissent de feuilles.

2. **mon Bon Voisin** : image qui désigne la dame aimée.

3. **pièce et couteau** : ce qu'il faut pour manger.

À la douceur de la saison nouvelle,
Feuillent[1] les bois, et les oiseaux
Chantent chacun dans son jargon
Sur les couplets du nouveau chant ;
Il est donc bien qu'on se procure
Ce dont l'homme a le plus envie.

De là d'où vient tout mon bonheur,
Je ne vois messager ni lettre :
Mon cœur n'en dort et n'en rit pas,
Et je n'ose avancer d'un pas
Jusqu'à bien savoir si la fin
Est ainsi que je le demande.

Notre amour se comporte ainsi
Que la branche de l'aubépine
Dressée sur l'arbre, tremblante,
La nuit, à la pluie et au gel,
Jusqu'au matin où le soleil s'épand
Sur la feuille verte au rameau.

Je me rappelle encore un matin,
Où nous arrêtâmes la guerre ;
Elle me fit un don si grand,
Son amour entier, son anneau :
Dieu me laisse encore vivre tant
Que j'aie mes mains sous son manteau !

Ai-je souci que leur jargon
Me coupe de mon Bon Voisin[2] ?
Je sais comment vont les paroles,
Le bref discours qui se propage.
Certains autres se vantent d'amour ?
Nous, nous avons pièce et couteau[3].

Guillaume IX d'Aquitaine, *Ab la dolchor del temps novel...*,
vers 1100, trad. G. Gros, Éd. Gallimard.

1. Quel est le thème principal de chaque strophe ? Étudiez la progression du poème.

2. À travers quelles périphrases le troubadour désigne-t-il sa « dame » ?

3. Analysez l'image développée dans la troisième strophe du poème.

4. Étudiez le jeu des pronoms dans le poème. En quoi l'inscrit-il dans le registre lyrique ?

5. NOTION. Retrouvez les caractéristiques de la chanson dans ce texte.

NOTION

La chanson courtoise

La chanson apparaît à la fin du XIe siècle. C'est un poème composé de cinq à six strophes, les vers sont des octosyllabes. Destiné à être chanté, accompagné d'un instrument de musique, le poème exalte l'amour de l'amant pour sa dame.

MOUVEMENT LITTÉRAIRE ET CULTUREL

La courtoisie

Le mot « courtoisie »

La littérature courtoise tire son nom des cours princières ou seigneuriales où elle apparaît d'abord. L'univers de la cour détermine une esthétique et une morale profanes, distinctes de celle de l'Église. Le mot « courtois » s'oppose à tout ce qui est « vilain », c'est-à-dire propre aux paysans, à ceux qui ne sont pas nobles. La courtoisie désigne ainsi un ensemble de valeurs aristocratiques qui engagent la soumission du chevalier au service de sa dame.

Dans le sud de la France, à la fin du XIe siècle, des poètes inventent un art nouveau, la poésie courtoise, qui développe un idéal de vie et d'amour propre à la société médiévale. À travers les troubadours, auxquels succèdent les trouvères dans le nord de la France, ce mouvement littéraire et culturel se propage en Europe jusqu'à la fin du XIIIe siècle.

Les chevaliers qui s'affrontent défendent les couleurs de leur dame. Enluminure du XIIIe siècle.

L'HISTOIRE DU MOUVEMENT

La littérature courtoise désigne d'abord la poésie lyrique qui apparaît à la fin du XIe siècle dans le contexte aristocratique de la cour de Guillaume IX, le premier troubadour. En quelques années, les troubadours se multiplient dans toutes les cours méridionales. Puis ce sont les trouvères qui les imitent dans la France du Nord, en Artois, en Picardie ou en Champagne, au milieu du XIIe siècle. Troubadours et trouvères sont des grands seigneurs, comme Guillaume IX ou Thibaud de Champagne, mais aussi des hommes d'origine modeste, comme Adam de la Halle.

Après la poésie, les romans de chevalerie développent à leur tour l'idéal courtois. Pour les chevaliers de la Table ronde, dans les romans de Chrétien de Troyes, la quête d'aventures prend le visage de la femme aimée dont il faut gagner les faveurs à travers des prouesses héroïques. Le chevalier lui voue un amour secret et défend ses couleurs dans les tournois. Au-delà du monde médiéval, l'idéal courtois exercera une influence considérable dans la littérature romanesque.

L'amant utilise symboliquement une arbalète pour envoyer un message d'amour à sa dame. Miniature de 1315.

LES PRINCIPES DU MOUVEMENT

Guilhem de Montanhagol, troubadour toulousain, au début du XIIIe siècle.

L'intensité des sentiments

La littérature courtoise exalte le sentiment amoureux. Elle exprime les rêves et les désirs sensuels des amants, comme leurs tourments et leurs angoisses.

Le lyrisme de l'expression

La poésie courtoise, chantée et accompagnée de musique, demande au poète d'exprimer sa passion. Les romans de chevalerie, écrits en vers, conduisent le héros à déclarer son amour à sa dame.

Le raffinement de l'écriture

La littérature courtoise développe un langage recherché, fondé sur une versification complexe et raffinée. Le poète joue des antithèses, des paradoxes et des oxymores, qui expriment la tension de l'amour et le déchirement du désir.

LES THÈMES ESSENTIELS DU MOUVEMENT

La belle dame

La « dame » est la suzeraine, au sens féodal du terme, c'est-à-dire qu'elle est d'un rang supérieur à son amant à qui elle impose des épreuves. Elle incarne la beauté, la puissance et l'autorité. Elle est inaccessible car elle est mariée, mais exige fidélité et soumission.

L'amant courtois

Alors que le « vilain » est jaloux, avide et grossier, l'amant courtois connaît les usages du monde, se conduit avec distinction, montre courage et bravoure à la chasse et à la guerre, manifeste un esprit vif et raffiné.

Le *fin'amor*

Le *fin'amor* est l'amour parfait, lorsqu'il atteint son plus haut degré de perfection. Il suppose le dévouement absolu et le secret de la part de celui qui aime, sans la certitude d'une récompense que la dame est toujours libre de refuser.

La nature, magnifique ou hostile

La littérature courtoise célèbre le renouveau du printemps et la beauté d'une nature resplendissante. Mais, en hiver, la nature peut-être aussi rude et grossière, hostile aux amants.

Miniature pour *Le Roman de la Rose*, le chef-d'œuvre de la littérature courtoise.

Le troubadour, la musique et la danse

La plus grande partie de la littérature médiévale est indissociable de la musique et souvent de la danse. Les chansons de gestes sont psalmodiées par des « jongleurs », qui accompagnent leur longue récitation, proche d'une mélopée, des sons de la vielle, un instrument à cordes très populaire au Moyen Âge. Avec la poésie lyrique courtoise, on demande aux troubadours d'être à la fois poètes et musiciens, de « trobar bos motz et gais sons », c'est-à-dire de composer de belles paroles et de jolies mélodies. La *canso*, le grand chant du poète, s'élève dans la grande salle du château seigneurial, portée par la voix qui s'accompagne de la harpe ou de la cithare. La mélodie de la musique met ainsi en valeur le rythme et les sonorités du vers.

Les grandes œuvres de la courtoisie

- Guillaume IX, *Chansons*, vers 1100.
- Chrétien de Troyes, *Erec et Enide*, vers 1170.
- Béroul, *Tristan et Iseut*, vers 1180.
- Guillaume de Lorris, *Le Roman de la Rose*, 1230.
- Jean de Meung, *Le Roman de la Rose*, 1270.
- Guillaume de Machaut, *Le Livre du Voir-Dit*, 1364.
- Charles d'Orléans, *Ballades et Rondeaux*, 1450-1465.
- François Villon, *Le Testament*, 1461.

CHRÉTIEN DE TROYES

Nom : **Chrétien de Troyes**

Naissance : **vers 1135**

Décès : **vers 1185**

Auteur de romans : *Érec et Énide* (vers 1170), *Cligès* (vers 1176), *Yvain ou le Chevalier au lion* (vers 1180), *Lancelot ou le Chevalier à la charrette* (vers 1180), *Perceval ou le Conte du Graal* (vers 1185) ; d'adaptations d'Ovide dont : *Philomena* (vers 1160-70) ; de chansons courtoises.

Nous connaissons peu de choses de la vie de Chrétien de Troyes, comme de celle de beaucoup d'auteurs du Moyen Âge. Il entre dans la vie littéraire vers 1158 par des traductions du poète latin Ovide et des poèmes lyriques, avant de se consacrer au roman. L'écrivain se nomme lui-même « Chrétien de Troyes » dans son œuvre.

Le romancier était clerc, attaché à la cour de Marie de Champagne, qui joue un rôle essentiel dans la diffusion de l'esprit courtois. Placée au carrefour d'importantes routes commerciales, connue pour ses foires, Troyes est alors le symbole de la renaissance culturelle que connaît la France. Amateurs des arts, le comte et la comtesse de Champagne favorisent l'épanouissement d'une culture aristocratique. Marie de Champagne commande ainsi à Chrétien *Le Chevalier à la charrette*, qui lui est dédié. En 1182, le romancier entre au service du comte Philippe de Flandres et lui dédie son dernier roman, *Perceval ou le Conte du Graal*, qu'il laisse inachevé.

CHRÉTIEN DE TROYES OU LE PREMIER ROMANCIER

On considère Chrétien de Troyes comme le premier romancier de la littérature française. Il n'a cependant pas inventé le genre romanesque, puisque existent avant lui plusieurs « romans », inspirés de l'Antiquité grecque d'une part, et de la légende du roi Arthur de l'autre. Mais en reprenant les légendes celtiques des chevaliers de la Table ronde, Chrétien les transpose dans la société courtoise de son temps, avec ses fêtes et ses tournois. Écrits en vers, entre 1170 et 1185, ses cinq romans, *Erec et Enide*, *Cligès*, *Lancelot*, *Yvain*, *Perceval*, racontent les aventures d'un chevalier errant en quête d'aventures. Quittant le monde de la cour, le chevalier entre dans un univers inconnu, étrange et menaçant. Les épreuves qu'il traverse sont alors l'occasion de se connaître lui-même, de découvrir l'amour, de donner un sens à sa vie. En développant ainsi la psychologie de ses personnages, Chrétien de Troyes crée le premier roman.

Objet d'étude Le roman et ses personnages : visions de l'homme et du monde

VERS 1180

Yvain ou le Chevalier au lion

Devant la cour du roi Arthur, le chevalier Calogrenant raconte son échec dans une aventure merveilleuse. Yvain décide alors de la tenter à son tour. Armé de pied en cap, il s'engage dans la forêt de Brocéliande et rencontre un « vilain », c'est-à-dire un paysan, avec qui il engage un dialogue.

« Et tu me redevroies dire
quiex hom tu es, et que tu quiers.
– Je sui, fet il, uns chevaliers
qui quier ce que trover ne puis ;
assez ai quis, et rien ne truis.

« Mais toi, à ton tour, dis-moi donc quelle espèce d'homme tu es et ce que tu cherches.

– Je suis, comme tu vois, un chevalier qui cherche sans pouvoir trouver ; ma quête a été longue et elle est restée vaine.

– Et que voudrais-tu trouver ?

– L'aventure, pour éprouver ma vaillance et mon courage. Je te demande donc et te prie instamment de m'indiquer, si tu en connais, quelque aventure et quelque prodige.

– Pour cela, dit-il, il faudra t'en passer : je ne connais rien en fait d'aventure, et jamais je n'en ai entendu parler. Mais si tu voulais aller près d'ici jusqu'à une fontaine, tu n'en reviendrais pas sans peine, à moins de lui rendre son dû. À deux pas tu trouveras tout de suite un sentier qui t'y mènera. Va tout droit devant toi, si tu ne veux pas gaspiller tes pas, car tu pourrais vite t'égarer : il ne manque pas d'autres chemins. Tu verras la fontaine qui bouillonne, bien qu'elle soit plus froide que le marbre, et l'ombrage du plus bel arbre que jamais Nature ait pu créer. En tout temps persiste son feuillage car nul hiver ne l'en peut priver. Il y pend un bassin de fer, au bout d'une chaîne si longue qu'elle descend jusque dans la fontaine. Près de la fontaine tu trouveras un bloc de pierre, de quel aspect tu le verras ; je ne saurais te le décrire, car jamais je n'en vis de tel ; et, de l'autre côté, une chapelle, petite mais très belle. Si avec le bassin tu veux prendre de l'eau et la répandre sur la pierre, alors tu verras une telle tempête que dans ce bois ne restera nulle bête, chevreuil ni cerf, ni daim ni sanglier, même les oiseaux s'en échapperont ; car tu verras tomber la foudre, les arbres se briser, la pluie s'abattre, mêlée de tonnerre et d'éclairs, avec une telle violence que, si tu peux y échapper sans grand dommage ni sans peine, tu auras meilleure chance que nul chevalier qui y soit jamais allé. »

Je quittai le vilain dès qu'il m'eut indiqué le chemin. Peut-être était-il tierce[1] passée et l'on pouvait approcher de midi lorsque j'aperçus l'arbre et la fontaine. Je sais bien, quant à l'arbre, que c'était le plus beau pin qui jamais eût grandi sur terre. À mon avis, jamais il n'eût plu assez fort pour qu'une seule goutte d'eau le traversât, mais dessus glissait la pluie tout entière. À l'arbre je vis pendre le bassin : il était de l'or le plus fin qui ait encore jamais été à vendre en nulle foire. Quant à la fontaine, vous pouvez m'en croire, elle bouillonnait comme de l'eau chaude. La pierre était d'une seule émeraude, évidée comme un vase, soutenue par quatre rubis plus flamboyants et plus vermeils que n'est le matin au soleil quand il paraît à l'orient ; sur ma conscience, je ne vous mens pas d'un seul mot.

Je décidai de voir le prodige de la tempête et de l'orage et je fis là une folie : j'y aurais renoncé volontiers, si j'avais pu, dès l'instant même où, avec l'eau du bassin, j'eus arrosé la pierre creusée. Mais j'en versai trop, je le crains ; car alors je vis dans le ciel de telles déchirures que de plus de quatorze points les éclairs me frappaient les yeux et les nuées[2], tout pêle-mêle, jetaient pluie, neige et grêle. La tempête était si terrible et si violente que cent fois je crus être tué par la foudre qui tombait autour de moi et par les arbres qui se brisaient.

1. **tierce** : neuf heures du matin.
2. **les nuées** : les nuages.

Chrétien de Troyes, *Yvain ou le Chevalier au lion*, vers 1180, trad. en prose de C. Buridant et J. Trotin.

1. En quoi la rencontre d'Yvain et du vilain est-elle déterminante pour la suite du récit ?

2. Confrontez l'attitude du chevalier et celle du vilain, de manière à montrer ce qui les oppose.

3. Étudiez la description de la fontaine. Montrez l'importance des images et des hyperboles.

4. Relevez l'ensemble des situations, des termes et des images qui renvoient à l'univers du merveilleux. En quoi inscrivent-ils le texte dans le registre fantastique ?

5. NOTION. Retrouvez les caractéristiques de la quête du chevalier dans le passage.

NOTION

La quête du chevalier

Dans les romans du Moyen Âge, le chevalier traverse une série d'épreuves, à la recherche d'un être, d'un objet ou d'un idéal qui lui manque. Les lieux qu'il découvre, les êtres qu'il rencontre, les obstacles qu'il affronte révèlent ses qualités physiques ou morales. C'est ainsi que le héros apprend à se connaître lui-même et accomplit son destin.

XIIe siècle

La naissance du roman

C'est au début du XIIIe siècle qu'apparaît le premier roman en prose, mettant en scène les aventures de Lancelot du Lac. Amour, aventures, rebondissements, le genre romanesque peut désormais se développer, jusqu'à s'imposer au XIXe siècle comme le genre dominant de la littérature française.

Chronologie de la naissance du roman

VIIIe siècle	les évêques, réunis au concile de Tours, demandent aux prêtres de prononcer leurs sermons dans la langue du peuple, la langue romane, plutôt qu'en latin
14 février 842	rédaction en langue romane du *Serment de Strasbourg* entre Charles le Chauve et Louis le Germanique, petits-fils de Charlemagne
1040	le poème de la *Vie de saint Alexis*, considérée comme la première œuvre littéraire française, est rédigé en langue romane
1155	Robert Wace écrit en vers le *Roman de Brut*, d'inspiration celtique, qui met en scène la cour du roi Arthur
1179	Chrétien de Troyes écrit, en octosyllabes, *Lancelot ou le Chevalier à la charrette*
1220-1230	rédaction du cycle de *Lancelot*, premier grand roman écrit en prose, qui comporte plus de trois mille pages

L'enluminure du *Roman de Tristan*, au XVe siècle, montre l'auteur, à gauche, composant son récit. À droite, ses personnages : Tristan, Galahaad et Lancelot.

Écrire en latin ou français ?

Tout au long du Moyen Âge, le latin est la langue de l'Église et des clercs. Cependant, parallèlement au latin, une nouvelle langue s'impose. C'est ainsi que le premier texte connu écrit en roman apparaît au IXe siècle. En effet, le *Serment de Strasbourg*, qui scelle une alliance entre les petits-fils de Charlemagne, n'est pas rédigé en latin *(lingua latina)*, mais dans la langue vulgaire des pays du Nord, issue du latin parlé par les soldats et les commerçants romains : la *lingua romana*. Désormais, des sermons, des actes officiels, des chansons de geste, des vies de saints seront écrits en roman pour leur permettre d'être compris du plus grand nombre.

Les débuts du genre romanesque

Le mot *roman* désigne peu à peu un récit d'imagination en vers, écrit en langue romane. C'est ainsi qu'à partir du XIIe siècle, les premiers romans français adaptent des œuvres de l'Antiquité, comme le *Roman d'Alexandre*, qui raconte la vie de l'empereur Alexandre en vers de douze syllabes, qu'on appelle depuis des « alexandrins ». Ces romans réduisent l'importance de la mythologie pour faire appel au merveilleux et donner une place considérable à l'amour. À la même époque,

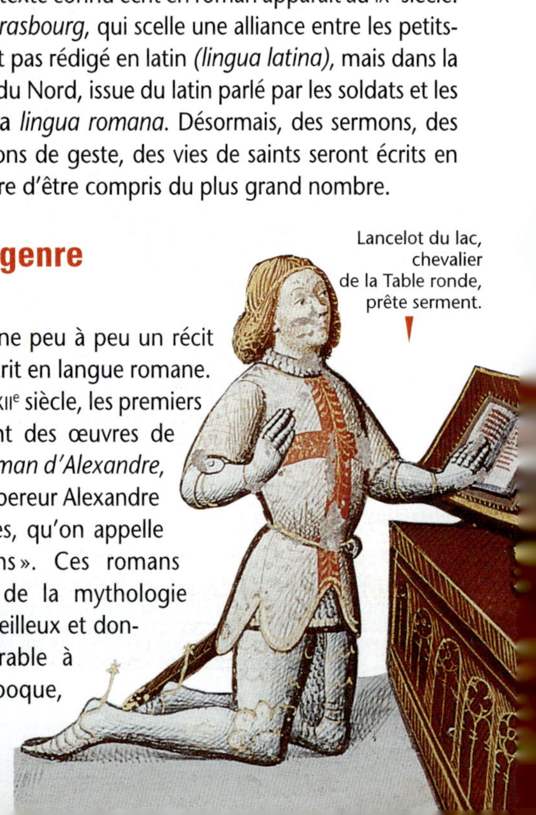

Lancelot du lac, chevalier de la Table ronde, prête serment.

cependant, des romanciers s'inspirent des légendes celtiques qui mettent en scène le roi Arthur et les chevaliers de la Table ronde, comme le *Roman de Brut* de Robert Wace. Très vite, le monde des chevaliers devient le cadre privilégié des romans médiévaux.

Miniature du XIIIe siècle illustrant le roman de Chrétien de Troyes, *Yvain ou le Chevalier au lion.*

Un romancier de génie : Chrétien de Troyes

Les cinq romans de Chrétien de Troyes, tous écrits en octosyllabes, donnent à l'amour et à l'aventure une place privilégiée. Le roman raconte le destin d'un personnage engagé dans une aventure unique à travers laquelle il découvre sa personnalité, tout en affrontant le monde et les autres. Roman d'initiation, roman d'aventures, roman d'amour : Chrétien de Troyes s'impose comme le véritable inventeur du genre romanesque. Il donne une dimension psychologique à ses personnages, souvent confrontés à des situations réalistes, à travers lesquelles le romancier dresse un tableau de son époque.

La mort du roi Arthur, le héros légendaire du roman médiéval.

Le premier roman en prose

L'influence de Chrétien de Troyes est considérable. C'est ainsi qu'au début du XIIIe siècle, des auteurs anonymes poursuivent le conte du Graal, que Chrétien avait laissé inachevé. On y retrouve les personnages de la cour du roi Arthur, et particulièrement Lancelot, à qui un cycle romanesque est consacré. Mais ces œuvres sont à présent écrites en prose, ce qui convient mieux au récit et à la narration. Les caractéristiques du roman sont désormais réunies : une œuvre de fiction en prose qui raconte les aventures d'un personnage hors du commun, dans lequel les sentiments, et en particulier l'amour, jouent un rôle considérable. Le roman moderne est né.

Le dynamisme du genre romanesque

Le roman de chevalerie triomphe à partir du XIIe siècle. On considère alors comme « romanesques » les récits qui mêlent l'aventure et le sentiment amoureux. Jusqu'au XVIIe siècle, le roman historique, le roman précieux et le roman d'analyse font écho à cette conception, tandis que de nombreux auteurs, de François Rabelais à Charles Sorel, développent une représentation réaliste du monde. Le roman se renouvelle sans cesse. Au XVIIIe siècle, le roman picaresque, l'autobiographie imaginaire, le roman par lettres, le conte philosophique, le roman exotique témoignent de son succès toujours croissant. Le XIXe siècle voit le triomphe du genre romanesque, qui croise tous les registres, prend toutes les formes et gagne de plus en plus de lecteurs. Au XXe siècle, explorant les rapports de l'homme avec le monde, s'adaptant à l'évolution des mentalités, il est considéré comme le genre littéraire dominant.

COMPRENDRE L'ESSENTIEL

1. **Quelles sont les raisons qui ont conduit au passage du latin au français ?**
2. **Quelles sont les deux sources d'inspiration des premiers romans ?**
3. **Pourquoi peut-on dire de Chrétien de Troyes qu'il invente un genre nouveau ?**
4. **Quels sont les traits caractéristiques du genre romanesque, fixés au XIIIe siècle ?**

LE ROMAN DE RENART

Auteur : **Pierre de Saint-Cloud, suivi d'une vingtaine d'autres auteurs, presque tous anonymes**

Date de composition : **de 1174 à 1177, pour les premières aventures ; puis jusqu'à la fin du XIIIe siècle**

Dans l'Europe médiévale, les récits qui mettent en scène le monde des animaux connaissent un grand succès. Leur univers représente celui des hommes, dont ils donnent une image satirique et burlesque. Le soir, à la veillée, le ménestrel raconte ainsi les aventures d'un rusé goupil, appelé Renart. C'est Pierre de Saint-Cloud qui, s'inspirant d'un poème écrit en latin en 1152, *Ysengrimus*, rédige en langue romane les premiers exploits de Renart vers 1170. Le succès du *Roman de Renart* est tel que le mot *goupil* est peu à peu abandonné au profit de *renard* pour désigner l'animal lui-même. Aussitôt, de nombreux auteurs, continuateurs ou imitateurs, poursuivent le roman, en créant de nouvelles aventures à Renart et à sa femme Ermeline, au loup Ysengrin, à Brun l'ours, à Noble le lion, à Tibert le chat ou à Grimbert le blaireau.

LE ROMAN DE RENART ET LA SATIRE SOCIALE

Reprenant la tradition satirique des fabulistes de l'Antiquité, *Le Roman de Renart* constitue une parodie de la société féodale et des valeurs de la courtoisie. À travers ses ruses et ses querelles, Renart multiplie les attaques contre la religion et tourne en dérision le pouvoir royal et la chevalerie. Ses péripéties, qui suscitent le rire, conduisent à la dénonciation de l'hypocrisie de la société. En décrivant les préoccupations familières des paysans, liées aux soucis de la chasse et de la récolte, à la faim et à la sexualité, aux maladies et à la mort, *Le Roman de Renart* utilise un langage cru et souvent obscène, opposé au raffinement de l'amour courtois. Il marque ainsi le début, en France, d'une littérature satirique qui se poursuit jusqu'à nos jours.

Objet d'étude L'argumentation : convaincre, persuader et délibérer

VERS 1174-1177

Le Roman de Renart

Les aventures de Renart sont autant de ruses, de fourberies et de querelles. Mais c'est aussi la société médiévale qui apparaît dans le récit, l'univers des villages et des paysans, dont le temps est rythmé par le retour des saisons et des fêtes. On retrouve ainsi les gestes de la vie quotidienne, les préoccupations de la chasse, de la pêche et des moissons.

Ce fu un pou devant Noël
Que l'en mettoit bacons en sel
Li ciex fu clers et estelez
Et li viviers fu si gelez
Ou Ysengrin devoit peschier,
Qu'en poïst par desus treschier…

1. compère : complice, compagnon.

C'était un peu avant Noël à l'époque où l'on sale les jambons. Le ciel était clair et étoilé. L'étang où Ysengrin devait pêcher était si gelé qu'on aurait pu y danser la farandole.

Il n'y avait qu'un trou que les paysans avaient fait pour y mener chaque soir leur bétail se changer les idées et boire. Ils y avaient laissé un seau. Renart courut jusque-là ventre à terre et se retourna vers son compère[1] :

« Seigneur, dit-il, approchez-vous. C'est ici que se trouve la foule des poissons, et l'instrument avec lequel nous pêchons anguilles, barbeaux et autres beaux poissons.

– Frère Renart, dit Ysengrin, prenez-le donc par un bout et attachez-le-moi solidement à la queue. »

Renart prend le seau qu'il lui attache à la queue du mieux qu'il peut.

« Frère, dit-il, vous devez maintenant rester bien sage, sans bouger, pour que les poissons viennent. »

Là-dessus, il s'est élancé près d'un buisson, le museau entre les pattes, de façon à surveiller le loup. Voici Ysengrin sur la glace et le seau dans l'eau, rempli de glaçons à ras bord. L'eau commence à geler, à emprisonner le seau fixé à la queue ; bientôt il déborde de glaçons. La queue est gelée dans l'eau, puis scellée à la glace. Ysengrin, dans l'espoir de se soulever et de tirer le seau vers lui, s'y essaie à plusieurs reprises. Désemparé, inquiet, il se décide à appeler Renart, d'autant qu'il ne peut plus échapper aux regards : l'aube blanchissait déjà l'horizon.

Renart relève la tête, ouvre les yeux, regarde autour de lui :

« Frère, dit-il, laissez donc votre ouvrage. Partons, mon très cher ami. Nous avons pris beaucoup de poissons. »

Et Ysengrin lui crie :

« Renart, il y en a trop. J'en ai pris plus que je ne saurais le dire. »

Renart se mit à rire et lui dit carrément :

« On perd tout à vouloir tout gagner. »

Pierre de Saint-Cloud, *Le Roman de Renart*, vers 1174-1177,
traduction en prose de J. Dufournet, Éd. Flammarion.

1. Relevez les indications données sur le cadre spatio-temporel du récit. Quelle atmosphère ces indications contribuent-elles à créer ?

2. Retrouvez les étapes du récit. Montrez que la dernière phrase du texte en fait un apologue ?

3. Montrez que Renart s'impose à travers ses actes et ses paroles comme le moteur du récit.

4. En quoi ce texte constitue-t-il une illustration pittoresque de la société médiévale ?

5. NOTION. Étudiez ce qui fait de Renart et Ysengrin deux animaux à l'image de l'homme.

NOTION

L'apologue, les animaux et les hommes

Dans *Le Roman de Renart*, comme souvent dans la fable, le récit attribue aux animaux des qualités et des défauts humains, inspirés par leurs traits caractéristiques. Il touche ainsi un vaste public, qui retrouve dans le texte son univers familier, et rend plus accessible la moralité qui se dégage de l'apologue.

TRISTAN ET YSEUT

Auteur : **Béroul**

Date de composition : **vers 1170**

L'amour fatal de Tristan et Yseut prend naissance dans les légendes celtiques. Dès le IXe siècle, les conteurs irlandais racontent à un public fasciné l'histoire du philtre d'amour qui enchaîne les amants l'un à l'autre. Les ménestrels répandent à leur tour ce récit, qui hante l'imaginaire des poètes. C'est ainsi qu'un conteur d'origine normande, Béroul, écrit l'histoire de Tristan et Yseut vers 1170. Il ne reste que des fragments de son texte, environ 4500 vers. Mais on retrouve dans l'Europe entière – en Espagne, en Italie, en Angleterre, en Allemagne ou en Norvège – d'autres fragments de récits reprenant la légende. Thomas d'Angleterre écrit un *Tristan*, également en vers, à la même époque que Béroul. Le XIIIe siècle voit se multiplier les épisodes secondaires du récit, dans de nouvelles versions de la légende. Un premier *Tristan* en prose apparaît ainsi en 1230.

TRISTAN ET YSEUT ET LA PUISSANCE DU MYTHE

Après avoir vaincu le géant Morholt, Tristan amène la belle Yseut auprès du roi Marc qui doit l'épouser. Mais il boit avec la jeune fille le philtre d'amour prévu pour les futurs époux. Dès lors, les deux jeunes gens sont liés par une passion absolue, que rien ne peut empêcher. Dénoncés, poursuivis, ils sont contraints de fuir dans la forêt. De nombreux épisodes, appartenant aux différentes versions de la légende, montrent Yseut livrée aux lépreux par le roi Marc ou Tristan déguisé en fou. Tous s'achèvent par la mort des deux amants, réunis à jamais : de leur tombe naissent deux arbres dont les branches s'entrelacent inextricablement. La légende inspire écrivains, peintres et musiciens. Des enluminures, des tapisseries, des tableaux rappellent les situations les plus marquantes de l'histoire tragique de Tristan et Yseut. Au XIXe siècle, les romantiques reprendront le mythe pour lui donner une vie nouvelle.

Objet d'étude Le récit : le roman ou la nouvelle

VERS 1170

Tristan et Yseut

Recherchés par le roi Marc et ses chevaliers, Tristan et Yseut ont trouvé refuge dans la forêt du Morois. Ils y vivent misérablement de la chasse, obligés de changer de refuge chaque jour. Ils font la rencontre de l'ermite Ogrin, à qui ils exposent les souffrances qu'ils endurent.

En l'ermitage frere Ogrin
Vindrent un jour, par aventure.
Aspre vie meinent et dure :
Tant s'entrainent de bone amor
L'un por l'autre ne sent dolor.
Li hermite Tristan connut,
Sor sa potence apoié fu;
Aresne le, oiez conment...

Un jour, ils arrivent par hasard à l'ermitage[1] de frère Ogrin. La vie qu'ils mènent est dure et pénible mais leur amour mutuel fait que, grâce à l'autre, aucun des deux ne souffre. L'ermite, appuyé sur son bâton, reconnut Tristan ; il l'interpelle, écoutez comment :

« Sire Tristan, toute la Cornouaille[2] s'est engagée solennellement. Celui qui vous livrera au roi recevra sans faute cent marcs[3] de récompense. Tous les barons de ce pays ont donc juré au roi, la main dans celle de Marc, de vous livrer à lui, mort ou vif. »

Ogrin ajoute avec bonté : « Par ma foi, Tristan, Dieu pardonne les péchés de celui qui se repent, à condition qu'il ait la foi et qu'il se confesse. »

Tristan lui dit : « Par ma foi, seigneur, elle m'aime en toute bonne foi mais vous ne comprenez pas pourquoi. Si elle m'aime, c'est la potion qui en est la cause. Je ne peux pas me séparer d'elle, ni elle de moi, je dois vous l'avouer. »

Ogrin lui dit : « Comment peut-on sauver un homme mort ? Il est bien mort celui qui persiste dans le péché ; s'il ne se repent pas lui-même, personne ne peut faire remise à un pécheur de sa pénitence[4] ; accomplis ta pénitence ! »

L'ermite Ogrin prolonge son sermon et leur conseille de se repentir. Il leur cite à plusieurs reprises le témoignage de l'Écriture[5]. Avec insistance, il leur rappelle l'obligation de se séparer. Il dit à Tristan d'une voix émue :

« Que vas-tu faire ? Réfléchis !

– Sire, j'aime Yseut éperdument, au point d'en perdre le sommeil. Ma décision est irrévocable : j'aime mieux vivre comme un mendiant avec elle, me nourrir d'herbes et de glands, plutôt que de posséder le royaume d'Otran[6]. Ne me demandez pas de la quitter car, vraiment, c'est impossible. »

Au pied de l'ermite, Yseut éclate en sanglots. À plusieurs reprises, son visage change de couleur. Elle l'implore d'avoir pitié d'elle :

« Sire, par le Dieu tout-puissant, il ne m'aime et je ne l'aime qu'à cause d'un breuvage que j'ai bu et qu'il a bu. Voilà notre péché ! C'est pour cela que le roi nous a chassés. »

L'ermite lui répond aussitôt :

« À Dieu vat ! Que Dieu qui créa le monde vous accorde un repentir bien sincère ! »

Béroul, *Tristan et Yseut*, vers 1170, traduction en prose de Ph. Walter.

1. ermitage : lieu écarté et solitaire où vit un ermite.
2. la Cornouaille : région à la pointe sud-ouest de l'Angleterre.
3. marcs : monnaie du royaume.
4. pénitence : repentir.
5. l'Écriture : la Bible, constituée par l'Ancien et le Nouveau Testament.
6. Otran : roi légendaire de Nîmes, le royaume d'Otran représentait la richesse.

1. Comment chacun des personnages apparaît-il dans ce passage ? Quels traits de caractère montrent-ils ?

2. Relevez l'ensemble des références à la religion. En quoi reflètent-elles la réalité du monde médiéval ?

3. NOTION. Recherchez les caractéristiques du roman en vers. Dans quel vers la dimension orale du roman apparaît-elle ?

4. Montrez que le texte s'inscrit progressivement dans le registre pathétique.

5. Retrouvez les caractéristiques du roman en vers dans les premières lignes du texte (page 34).

NOTION

Le roman en vers

Au Moyen Âge, le roman désigne un récit d'imagination écrit dans la langue romane et non plus en latin. Le texte est alors composé le plus souvent en vers de huit syllabes. En effet, l'octosyllabe en rimes plates (ou suivies) permet de restituer la vivacité du récit, mais aussi de s'inscrire dans la mémoire des ménestrels chargés de réciter le roman.

LE ROMAN DE LA ROSE

Auteurs : **Guillaume de Lorris, Jean de Meung**

Date de composition : **vers 1230-1235, puis 1270-1275**

Le premier auteur du *Roman de la Rose* naît dans la ville de Lorris, non loin de Montargis. Guillaume est vraisemblablement un jeune clerc qui fréquente les cours seigneuriales où se développe la poésie courtoise. C'est à l'âge de vingt-cinq ans qu'il aurait entrepris ce poème, dédié à son amie, qui, sous forme allégorique, raconte le combat mené par Amour contre Danger et Jalousie. Cependant, le récit s'interrompt au bout de quatre mille vers.

Quarante ans plus tard, Jean Chopinel, né à Meung-sur-Loire, reprend le « roman » abandonné et y ajoute dix-huit mille vers. Jean de Meung, clerc célèbre dans l'université de Paris, se fera connaître également comme traducteur d'œuvres latines et auteur satirique. Il introduit dans le texte, à l'opposé de l'idéal courtois, de nombreuses réflexions grivoises à l'encontre de l'amour et des femmes. *Le Roman de la Rose* connaît un succès prodigieux. Le Moyen Âge en laisse plus de deux cent cinquante manuscrits et l'influence de l'œuvre, à la fois lyrique et satirique, est considérable.

LE ROMAN DE LA ROSE ET LE RÉCIT ALLÉGORIQUE

L'allégorie consiste à représenter une notion abstraite par une personne dotée d'attributs humains et décrite de manière concrète. Essentielle dans la littérature du Moyen Âge, l'allégorie est au cœur du *Roman de la Rose*. Amour, entourée de ses barons, Franchise, Honneur, Beauté, Jeunesse..., affronte ses ennemis, Danger, Peur, Honte, pour délivrer Bel-Accueil enfermé par Jalousie dans un château. L'allégorie permet ainsi de décrire de manière vivante les sentiments et les difficultés rencontrés par le narrateur dans sa quête amoureuse. Le songe allégorique du *Roman de la Rose* va s'imposer comme un modèle de la littérature médiévale. L'allégorie poétique voit son rôle décroître dans les siècles suivants, sans jamais disparaître tout à fait.

Objet d'étude Un mouvement littéraire et culturel : la courtoisie

1230-1275 — Le Roman de la Rose

Aux premiers vers de son poème, Guillaume de Lorris évoque le rêve à travers lequel s'exprime son amour pour son amie. Ainsi commence *Le Roman de la Rose* et la quête amoureuse du narrateur qui quitte la ville pour rencontrer, au bord d'une rivière, le verger sur lequel règne Amour.

Au vuintieme an de mon aage,
Ou point qu'Amors prent le peage
Des joenes genz, couchier m'aloie
Une nuit si com je soloie,
Et me dormois mout forment.

L'année de mes vingt ans, à ce moment où Amour fait payer le péage aux jeunes gens, j'étais allé me coucher une nuit, comme d'habitude, et je dormais d'un sommeil profond.

C'est alors que je fis en dormant un beau rêve qui me plut bien. Or, dans ce rêve, il n'y eut rien qui ne fût arrivé tout à fait de la même manière que le rêve le décrivait. Je

1. **l'indigence** : la pauvreté.
2. **aiguille d'argent** : bijou, parure vestimentaire.
3. **fronces** : plis.

veux maintenant mettre en vers ce rêve, pour stimuler nos cœurs, car c'est Amour qui m'en prie et me le commande. Et si quelqu'un – homme ou femme – demande quel titre je veux donner à l'œuvre que je commence : je réponds que c'est le roman de la rose, qui contient tout l'art d'aimer. Le sujet en est bon et neuf. Puisse Dieu accorder qu'il soit bien accueilli par celle pour qui je l'ai entrepris ! C'est celle qui a tant de prix et qui est à ce point digne d'être aimée, qu'on doit l'appeler « rose ».

Je rêvais que c'était en mai – cela se passait il y a bien cinq ans ou plus –, mon songe me plaçait au mois de mai, au temps des amours, plein de joie, au temps où toute chose se réjouit, car on ne voit buisson ou haie qui au mois de mai ne se veuille parer et se couvrir de feuilles nouvelles. Les bois, qui sont secs tant que dure l'hiver, retrouvent leur verdure. La terre elle-même est tout orgueilleuse, parce que la rosée la mouille et elle oublie l'indigence[1] qu'elle a connue tout l'hiver. C'est alors que la terre se fait si fière qu'elle veut avoir une nouvelle robe et elle s'en fait faire une si gracieuse que, de couleurs, il y en a des centaines : des herbes et des fleurs, blanches et bleues, et de bien d'autres couleurs variées, voilà la robe que je décris, et qui fait que la terre a plus haute opinion d'elle-même. Les oiseaux, qui se sont tus aussi longtemps qu'ils ont subi le froid et le mauvais temps d'hiver, sont en mai avec le temps serein, si contents qu'ils manifestent par leur chant toute la joie qui remplit leur cœur et les force à chanter. C'est alors que le rossignol redouble ses efforts pour chanter et mener grand tapage. C'est alors que le perroquet et l'alouette se divertissent et prennent leur plaisir. C'est alors que les jeunes gens, parce que la saison est belle et douce, doivent s'appliquer à se montrer gais et amoureux. Il a le cœur bien dur, celui qui n'aime pas en mai, quand il entend dans la ramure les oiseaux pousser leur doux chant plaintif.

Une nuit, je rêvai que j'étais en cette saison délicieuse où tout être s'agite sous le coup de l'amour. Je voyais dans mon sommeil que la matinée était avancée. Aussitôt je me levai de mon lit, me chaussai et me lavai les mains. Ensuite je tirai une aiguille d'argent[2] d'un étui joli et de bon goût, et commençai à l'enfiler. L'envie me vint de sortir de la ville pour entendre la musique des oiseaux qui chantaient parmi les buissons en cette nouvelle saison. En faisant des fronces[3] à mes manches, je partis tout seul en flânant et en écoutant les petits oiseaux qui prenaient grand plaisir à chanter et jamais ne se reposaient.

Enjoué, gai et plein de joie, je me dirigeai vers une rivière que j'entendis clapoter par là : je n'aurais pu trouver d'endroit plus propice pour m'ébattre que les bords de cette rivière.

Guillaume de Lorris, *Le Roman de la Rose*, vers 1230-1235, traduction d'Armand Strubel.

1. Relevez la présence de l'Amour au début du texte. Par quel procédé le sentiment est-il évoqué ?

2. Montrez quel est le rôle joué par le rêve dans le récit. Comment celui-ci s'enclenche-t-il ?

3. Quels sont les différents sens sollicités dans le texte ? Relevez et étudiez leur présence.

4. Commentez l'expression : « tout l'art d'aimer » (l. 9). En quoi s'inscrit-elle dans le mouvement courtois ?

5. NOTION. Comparez l'extrait du *Roman de la Rose* avec le poème de Charles d'Orléans, « Le temps a laissé son manteau », p. 40. Relevez les thèmes et les procédés communs aux deux poètes courtois.

NOTION

Le thème poétique et le mouvement courtois

Les poètes courtois, comme les auteurs appartenant à un même mouvement littéraire et culturel, partagent un certain nombre de thèmes communs, développés dans leurs œuvres. Ils recourent souvent aux mêmes procédés stylistiques.

LE PRUDHOMME QUI SAUVA SON COMPÈRE

Auteur : **Anonyme**

Date de composition : **XIIIe-XIVe siècles**

On ignore qui est l'auteur du fabliau *Le Prudhomme qui sauva son compère.* Le texte fait partie des cent cinquante fabliaux dont on a conservé le manuscrit. Écrits entre 1160 et 1340, les fabliaux sont de petits récits burlesques dont la plupart des auteurs sont demeurés anonymes. Presque tous sont des «jongleurs» de profession allant de ville en ville, ou des ménestrels attachés au service d'une famille noble qu'ils doivent divertir. Quelques fabliaux cependant sont l'œuvre de poètes connus, comme Rutebeuf ou Jean Bodel. Ils s'adressent à des publics très variés : grands seigneurs écoutant les jongleurs dans la salle de fête du château, bourgeois réunis autour d'un banquet ou badauds circulant au milieu des tréteaux de la foire.

LE FABLIAU

«Conte à rire» en vers, le fabliau est un texte narratif bref, écrit en octosyllabes à rimes plates, qui raconte une histoire plaisante ou burlesque. Des personnages types peuplent l'univers des fabliaux. On y retrouve le paysan avare et sa femme rusée, le prêtre gourmand ou le moine paillard, le clerc habile à tromper, le naïf sans cesse berné… À l'opposé de la littérature courtoise, le fabliau multiplie les traits satiriques et les références à la vie quotidienne du Moyen Âge. C'est ainsi que l'argent, la maladie, la sexualité, la nourriture y tiennent une place considérable. Chargé de faire rire, il n'hésite pas devant la grossièreté du langage et des situations, dressant le portrait caricatural de la société de son temps. Mais le fabliau est aussi un apologue qui tire de l'histoire une moralité à la manière des fables d'Esope, le poète latin, dont il a pu s'inspirer.

Objet d'étude L'argumentation : convaincre, persuader et délibérer

XIIIe-XIVe siècles

Fabliaux

Proche de la vie quotidienne au Moyen Âge, le fabliau s'inspire de situations familières. Il peut ainsi, comme dans *Le Prudhomme qui sauva son compère,* faire la parodie d'une séance du tribunal, en mettant en scène des plaideurs qui s'affrontent sous les regards de juges indécis.

LE PRUDHOMME[1] QUI SAUVA SON COMPÈRE

Un jour un pêcheur s'en allait en mer pour tendre ses filets. Regardant devant lui il vit un homme près de se noyer. Il était vaillant et agile ; il bondit, saisit un grappin et le lance, mais par malchance il frappe l'autre en plein visage et lui plante un crochet dans l'œil. Il le tire dans son bateau, cesse de tendre ses filets, regagne la terre aussitôt, le fait porter dans sa maison, de son mieux le sert et le soigne jusqu'à ce qu'il soit rétabli.

Plus tard, l'autre de s'aviser que perdre un œil est un grand dommage. «Ce vilain m'a éborgné et ne m'a pas dédommagé. Je vais contre lui porter plainte : il en aura mal et ennui.» Il s'en va donc se plaindre au maire qui lui fixe un jour pour l'affaire.

Les deux parties, ce jour venu, comparaissent devant les juges. Celui qu'on avait éborgné parla le premier, c'était juste.

1. **prudhomme** : homme sage, avisé.
2. **bouffon** : homme moqueur, insolent.
3. **larron** : voleur, brigand.

« Seigneurs, dit-il, je porte plainte contre cet homme qui naguère me harponnant de son grappin m'a crevé l'œil : je suis lésé. Je veux qu'on m'en fasse justice ; c'est là tout ce que je demande et n'ai rien à dire de plus. »

L'autre répond sans plus attendre :

« Seigneurs, je lui ai crevé l'œil et je ne puis le contester ; mais je voudrais que vous sachiez comment la chose s'est passée : voyez si vous m'en donnez tort. Il était en danger de mort, allait se noyer dans la mer ; mais ne voulant pas qu'il périsse, vite, je lui portais secours. Je l'ai frappé de mon grappin, mais cela, c'était pour son bien : ainsi je lui sauvai la vie. Je ne sais que vous dire encore ; mais, pour Dieu, faites-moi justice. »

Les juges demeuraient perplexes, hésitant à trancher l'affaire, quand un bouffon[2] qui était là leur dit : « Pourquoi hésitez-vous ? Celui qui parla le premier, qu'on le remette dans la mer, là où le grappin l'a frappé et s'il arrive à s'en tirer, l'autre devra l'indemniser. C'est une sentence équitable. »

Alors, tous à la fois s'écrient : « Bien dit ! La cause est entendue. » Et le jugement fut rendu. Quant au plaignant, ayant appris qu'il serait remis dans la mer pour grelotter dans l'eau glacée, il estima qu'il ne saurait l'accepter pour tout l'or du monde. Aussi retira-t-il sa plainte ; et même beaucoup le blâmèrent.

Aussi, je vous le dis tout franc : rendre service à un perfide, c'est là vraiment perdre son temps. Sauvez du gibet un larron[3] qui vient de commettre un méfait, jamais il ne vous aimera et bien plus, il vous haïra. Jamais méchant ne saura gré à celui qui l'a obligé : il s'en moque, oublie aussitôt et serait même disposé à lui nuire et à le léser s'il avait un jour le dessus.

Anonyme, *Le Prudhomme qui sauva son compère*, XIIIe siècle, traduction en prose de Gilbert Rouger, Éd. Gallimard.

Le docteur de la loi.
Détail du tableau de Jérôme Bosch, *Le Portement de croix*, XVe siècle.

1. Retrouvez les cinq étapes du schéma narratif du récit constitué par le fabliau.

2. Montrez, à travers l'étude du dialogue, en quoi le fabliau est proche de la farce.

3. Retrouvez, dans le dialogue au tribunal, la thèse défendue par chacune des parties. Quelles valeurs s'opposent à travers le comportement des deux personnages ?

4. Analysez le dernier paragraphe. Retrouvez, dans l'expression de la moralité, la forme concentrée du proverbe.

5. NOTION. Montrez en quoi ce fabliau constitue un apologue.

NOTION

L'apologue et la moralité

Qu'il prenne la forme d'un fabliau, d'une fable ou d'une parabole, l'apologue a pour but d'instruire le lecteur. Il s'agit pour l'auteur de tirer une morale du récit, de faire une satire sociale, de dénoncer les travers des hommes.

Auteur de plus de cent ballades, de plus de cent cinquante chansons et de plusieurs centaines de rondeaux.

D'ORLÉANS

Nom et prénom : **d'Orléans, Charles**

Naissance : **24 novembre 1394, à Paris**

Décès : **5 janvier 1465, à Amboise**

Petit-fils de roi, Charles d'Orléans passe son enfance au centre des luttes qui opposent les ducs d'Orléans aux ducs de Bourgogne, en pleine guerre de Cent Ans. Il a treize ans quand son père est assassiné. Sa mère meurt l'année suivante. Ayant perdu sa première femme, Charles se remarie avec la fille du comte d'Armagnac. Réputé pour sa bravoure, il mène à seize ans la vie pleine de dangers des camps de soldats.

En 1415, il est fait prisonnier par les Anglais à la bataille d'Azincourt. Sa détention dure vingt-cinq ans. Libéré en 1440 contre une énorme rançon, il épouse la très jeune Marie de Clèves, âgée de quatorze ans, qui lui donne plusieurs enfants, dont le futur roi de France, Louis XII. Dans son château de Blois, il reçoit les écrivains de son temps, comme François Villon, qui participent à un concours de ballades. Il rassemble ses poèmes dans un volume avant de mourir, en 1465.

CHARLES D'ORLÉANS ET LA POÉSIE DE L'EXIL

« Je suis celui au cœur vêtu de noir », écrit Charles d'Orléans. Très vite marqué dans sa jeunesse par la violence, les deuils et le chagrin, il trouve refuge dans la poésie. C'est au cours de son exil en Angleterre qu'il écrit ses *Ballades*. Il y exprime l'amour courtois pour sa dame, la nostalgie du doux « pays de France » et l'amertume d'apprendre la mort de ceux dont il est séparé. À son retour en France, dans son château de Blois, Charles d'Orléans aime se retirer dans la solitude. Ses rondeaux, ballades, chansons et complaintes sont l'expression mélancolique d'un moi inquiet qui fait de lui, avec François Villon, le plus grand poète du Moyen Âge.

Objet d'étude La poésie

1452 — Rondeaux et autres poésies

Poète d'inspiration courtoise, Charles d'Orléans compose essentiellement des rondeaux et des ballades. Il y exprime la douleur de la captivité, la mélancolie du temps qui passe et la nostalgie du pays natal.

LE TEMPS A LAISSÉ SON MANTEAU...

Le temps a laissié son manteau
De vent, de froidure et de pluye,
Et s'est vestu de broderye,
De soleil luyant, cler et beau.

Le temps a laissé son manteau
De vent, de froidure et de pluie,
Et s'est vêtu de broderie,
De soleil luisant, clair et beau.

Il n'y a bête, ni oiseau
Qu'en son jargon[1] ne chante ou crie :
Le temps a laissé son manteau
De vent, de froidure et de pluie.

1. **jargon** : langage.
2. **livrée** : habit.

Rivière, fontaine et ruisseau
Portent, en livrée[2] jolie,
Gouttes d'argent d'orfèvrerie,
Chacun s'habille de nouveau
Le temps a laissé son manteau.

EN REGARDANT VERS LE PAÏS DE FRANCE

En regardant vers le païs de France,	En regardant vers le pays de France,
Un jour m'avint, a Dovre sur la mer,	Un jour m'advint, à Douvres sur la mer,
Qu'il me souvint de la doulce plaisance	Qu'il me souvint du doux plaisir
Que souloye oudit pays trouver.	Que je trouvais dans ce pays.
Si commençay de cuer a souspirer,	Ainsi mon cœur se mit à soupirer,
Combien certes que grant bien me faisoit	Encore que cela me fît grand bien
De voir France que mon cueur amer doit.	De voir la France que mon cœur doit aimer.

Je m'avisai que c'était par ignorance
Que je gardais de tels soupirs au fond du cœur,
Vu que je vois que commence la voie de la paix
Qui peut donner tous les biens.
Alors je changeai en réconfort mon souci.
Et mon cœur cependant ne se lassait pas
De voir la France que mon cœur doit aimer.

1. **la nef** : le navire

Je chargeai alors sur la nef[1] d'Espérance
Tous mes souhaits en les priant d'aller
Au-delà de la mer, sans retard,
Et de me recommander à la France.
Que Dieu nous donne bonne paix sans tarder !
Qu'il en soit ainsi, et j'aurai le loisir
De voir la France que mon cœur doit aimer.

La Paix est un trésor qu'on ne peut trop louer.
Je hais la Guerre, je ne dois point l'estimer ;
À tort ou à raison, Elle m'a longtemps empêché
De voir la France que mon cœur doit aimer !

Charles d'Orléans, *Ballades*, Ballade LXXVI, vers 1450-1465,
orthographe modernisée.

1. Analysez la métaphore filée qui se développe tout au long du rondeau. Qu'est-ce qui la justifie ?

2. Quels sont les thèmes présents dans la ballade ? Relevez et étudiez les réseaux lexicaux qui leur correspondent.

3. Confrontez les deux poèmes en vous attachant à montrer leur opposition de ton et de forme.

4. NOTION. Retrouvez les caractéristiques du rondeau et de la ballade dans ces deux poèmes.

5. Dans la ballade, repérez et expliquez les allégories caractéristiques de l'univers de la littérature courtoise.

NOTION

Le poème de forme fixe : le rondeau et la ballade

Le rondeau est composé de deux quatrains et d'un quintil, écrits en vers de huit ou dix syllabes. Constitué des deux premiers vers, le refrain revient à la fin de la deuxième strophe, puis, réduit à un seul vers, à la fin du poème. La ballade se compose de trois strophes, suivies d'un envoi en forme de quatrain ou de quintil. Le refrain revient à la fin de chaque strophe.

LA FARCE DE MAÎTRE PATHELIN

Auteur : **anonyme**

Date de composition : **1464**

Le théâtre du Moyen Âge connaît une grande diversité d'œuvres comiques : monologues satiriques, sermons parodiques, soties où les acteurs portent le costume des « sots », c'est-à-dire des fous, moralités burlesques. Mais ce sont surtout les farces qui forment le genre le plus populaire. À l'origine, la farce est un intermède comique, inséré au milieu d'une représentation sérieuse, un mystère religieux par exemple, qui est ainsi « farci ». Mais elle devient un genre à part entière, égayant le public de la bourgeoisie et du peuple, sur les tréteaux des foires. *La Farce de Maître Pathelin*, écrite entre 1460 et 1465 par un auteur dont l'identité est restée inconnue, est la pièce comique la plus célèbre du Moyen Âge. Elle sera souvent reprise et imitée, comme dans *Le Nouveau Pathelin* ou dans *Le Testament de Pathelin*.

LA FARCE ET LE REGISTRE COMIQUE

Présente dans toute l'Europe médiévale, la farce met en scène un certain nombre de personnages stéréotypés confrontés à des situations familières, à travers lesquelles domine le désir de tromper l'autre. Le mot « farce » lui-même peut être dérivé du mot « farcer », c'est-à-dire tromper. Bons tours joués aux dépens des marchands, moqueries à l'égard des bourgeois, satires des moines et des nonnes, le comique de la farce repose sur des situations fondées sur un quiproquo, sur des gestes souvent violents, sur des pitreries verbales et des jeux de mots grossiers. Molière en poursuivra la tradition, en intégrant dans ses comédies de caractère des situations et des scènes burlesques issues de la farce.

Objet d'étude Le théâtre : les genres et registres (le comique et le tragique)

1464 — La Farce de Maître Pathelin

Avocat habile à tromper, maître Pathelin obtient à crédit une belle pièce d'étoffe d'un marchand nommé Guillaume, qu'il n'entend pas payer. De retour chez lui, il raconte à son épouse Guillemette le tour qu'il vient de commettre et convient avec elle d'une ruse nouvelle.

GUILLEMETTE	GUILLEMETTE
Comment l'a il voulu prester, *Luy qui est ung homs si rebelle ?*	Comment a-t-il consenti à la donner à crédit, lui qui est un homme si intraitable ?
PATHELIN	PATHELIN
Par saincte Marie la belle, *Je l'ay armé et blasonné* *Si qu'il le m'a presque donné.*	Par sainte Marie la belle, je lui ai mis une telle couche de flatterie qu'il me l'a presque donnée.

PATHELIN. – Je lui disais que son défunt père était un homme si remarquable… : « Ha, lui dis-je, mon ami, que vous êtes de bonne famille ! Vous êtes, dis-je, de la famille la plus honorable de la région. » Mais je prends Dieu à témoin qu'il est issu de la plus intraitable

1. **six aunes** : l'aune est une ancienne unité de mesure valant 1,18 m.

2. **la fable du corbeau** : fable du poète latin Phèdre.

3. **cinq à six toises de haut** : la toise est une ancienne unité de mesure valant 1,94 m.

4. **brailler** : crier haut et fort.

5. **dégoiser** : parler abondamment.

engeance, de la plus fieffée race de coquins qui soit, je crois, dans ce royaume. « Ha, dis-je, mon ami Guillaume, que vous ressemblez bien de visage comme du reste à votre bon père ! » Dieu sait ce que j'ai imaginé, et, de temps à autre, j'y glissais quelques mots sur ses étoffes. « Et puis, lui dis-je, sainte Marie ! Avec quelle gentillesse il faisait crédit de sa marchandise, avec quelle simplicité ! C'est vous, lui dis-je, tout craché ! » Pourtant on aurait pu arracher les dents du vieux sapajou, son défunt père, et de son macaque de fils, avant qu'ils vous prêtent…

Faisant claquer son ongle contre ses dents.

… ça ou qu'ils sortent une parole aimable. Mais au bout du compte, je l'ai tant pressé de paroles qu'il m'en a donné six aunes[1] à crédit.

GUILLEMETTE. – Qui, bien sûr, ne seront jamais payées ?

PATHELIN. – C'est bien ce qu'il faut comprendre. Payer ? Qu'il s'adresse au diable !

GUILLEMETTE. – Vous me rappelez la fable du corbeau[2] qui était perché sur une croix de cinq à six toises de haut[3] ; il tenait un fromage dans son bec. Arrivait là un renard qui vit le fromage et qui pensa en lui-même : « Comment l'aurai-je ? » Le corbeau dans sa bêtise, en entendant ainsi vanter son chant, ouvrit le bec pour chanter ; son fromage tombe à terre ; et maître Renard d'y planter les dents et de l'emporter. Il en est allé de même, j'en suis sûr, pour cette étoffe : vous l'avez piégé par la flatterie et vous l'avez attrapé à force de belles paroles, comme Renard pour le fromage. Vous l'avez pris par vos grimaces.

PATHELIN. – Il doit venir manger de l'oie. Alors voici ce qu'il nous faudra faire. Je suis certain qu'il va venir brailler[4] pour avoir promptement son argent. J'ai pensé à un bon tour : il faut que je me couche sur mon lit comme si j'étais malade. Et quand il viendra, vous direz : « Ha, parlez bas ! » Et vous gémirez en faisant triste visage. « Hélas, ferez-vous, il est malade depuis six ou huit semaines. » Et s'il vous dit : « Ce sont des balivernes, il vient de me quitter à l'instant ! », « Hélas ! ferez-vous, ce n'est pas le moment de plaisanter ! », et vous le laisserez dégoiser[5], car il n'obtiendra rien d'autre.

GUILLEMETTE. – Par l'âme que je porte en moi, je jouerai très bien mon rôle. Mais si vous êtes repris et que justice remette la main sur vous, je crains qu'il ne vous en cuise deux fois plus que la dernière fois.

PATHELIN. – Allons, taisez-vous, je sais bien ce que je fais. Il faut faire ce que je dis.

La Farce de Maître Pathelin, **anonyme**, 1464,
traduction en prose de M. Rousse, Éd. Gallimard.

1. Qui domine l'échange dans cet extrait ? Montrez quelle est la fonction de chaque personnage.

2. Étudiez les différents procédés comiques utilisés dans cette scène.

3. Relevez le champ lexical de la parole dans le passage. Comment l'importance de la parole s'explique-t-elle ?

4. NOTION. Expliquez en quoi Pathelin incarne un personnage-type de la farce médiévale.

5. Repérez la fable du renard et du corbeau dans le texte. Comment la pièce et la fable se font-elles écho ?

NOTION

Le personnage-type au théâtre

Le théâtre du Moyen Âge met en scène des personnages stéréotypés, caractérisés par leur métier (le clerc, le paysan, le moine, le juge…), par leur place dans la sphère intime (le mari, l'épouse, la maîtresse ou l'amant), ou par un trait de caractère dominant (l'avarice, la jalousie, la ruse…). Ces personnages se retrouveront, plus tard, dans la *commedia dell'arte*, dans la comédie de caractère, mais aussi dans le théâtre de boulevard.

VILLON

Nom et prénom : **de Montcorbier, François**

Naissance : **1432, à Paris**

Décès : **après 1463, à une date inconnue**

Auteur de deux longs poèmes, *Le Lais* (1456), *Le Testament* (1461-1462), et de poésies diverses, dont *Épître à mes amis, La Ballade des pendus* (vers 1460)

Orphelin de père, François de Montcorbier est recueilli, à l'âge de huit ans, par Guillaume de Villon, chanoine d'une église de Paris. Grâce à son « plus que père », dont il prend le nom, le jeune Villon poursuit des études au quartier latin, dont il connaît les moindres ruelles. Il est reçu bachelier en 1449, puis licencié et maître ès arts de l'université de Paris en 1452.

Il semble alors destiné à une carrière de clerc. Mais le 5 juin 1455, Villon tue un prêtre au cours d'une bagarre. Il doit fuir et revient à Paris après avoir obtenu la levée des poursuites. La nuit de Noël 1456, il vole cinq cents écus d'or, en compagnie de quatre complices. De nouveau, il quitte Paris pour quatre années d'errance. On le trouve ainsi en compagnie des Coquillards, une bande de malfaiteurs, ou au château de Blois auprès du duc d'Orléans, ou encore en prison, à Meung-sur-Loire, pendant l'été 1461. De retour à Paris l'année suivante, Villon est de nouveau emprisonné à la suite d'une rixe au cours de laquelle un notaire est blessé. Condamné à « être pendu et étranglé », le poète fait appel et, en janvier 1463, sa peine est commuée en bannissement. Villon quitte une dernière fois Paris, sans que l'on sache ce qu'il est devenu.

L'ŒUVRE DE FRANÇOIS VILLON

La poésie satirique : *Le Lais*

Long poème de 320 octosyllabes, répartis en 40 strophes de huit vers, *Le Lais*, c'est-à-dire *Le Legs*, est une œuvre satirique écrite en 1456-1457. Dans ce *Petit Testament*, Villon annonce son intention de quitter Paris et lègue ironiquement ses « biens » – des mèches de cheveux, de vieux souliers, une coquille d'œuf – à ses amis et connaissances, aux mendiants et aux religieuses.

La poésie lyrique : *Le Testament*

Composé d'un long poème, dans lequel sont insérés des ballades et des rondeaux, *Le Testament* est écrit par Villon après son emprisonnement à Meung, en 1461. La première partie exprime avec émotion son angoisse devant la mort. Il développe dans les ballades la mélancolie du temps qui passe et des amours enfuies. La seconde partie reprend le principe du legs, mais en l'amplifiant, à travers des dispositions conformes à celles d'un véritable testament.

La poésie tragique : *La Ballade des pendus*

Parmi les autres poésies de l'œuvre de Villon, l'*Épitaphe Villon*, généralement appelée *La Ballade des pendus*, apparaît comme le chef-d'œuvre du poète. En 1463, alors qu'il est condamné à la pendaison, Villon fait parler ceux qui ont été exécutés et qui expriment leurs regrets en demandant pitié à dieu. La description saisissante des cadavres livrés aux corbeaux suscite la profonde compassion du lecteur.

FRANÇOIS VILLON, LE PREMIER POÈTE MODERNE

À la charnière du Moyen Âge et de la Renaissance, François Villon apparaît comme le premier poète moderne. En effet, s'il perpétue la tradition de la poésie médiévale, à travers les formes fixes de la ballade et du rondeau, du legs et du testament, Villon crée une œuvre personnelle qui annonce les thèmes de la poésie moderne. Inspiré par sa propre expérience de mauvais garçon qui fréquente les brigands et les filles de joie, plusieurs fois emprisonné puis condamné à mort, Villon exprime la dimension tragique de la condition humaine. Son œuvre explore la fuite du temps et la hantise de la mort à travers des registres variés, qui mêlent le comique et le tragique, le réalisme macabre et le lyrisme pathétique.

1456-1457 Le Testament

La mélancolie et l'angoisse de la mort se retrouvent dans la plupart des poèmes qui composent *Le Testament*. Villon y évoque le souvenir des femmes illustres pour méditer sur la fuite du temps.

Dictes-moy où, n'en quel pays,	Dites-moi où, en quel pays,
Est Flora, la belle Romaine;	Est Flora la belle Romaine;
Archipiada, ne Thaïs,	Archipiade, ou bien Thaïs,
Qui fut sa cousine germaine;	Qui fut sa cousine germaine;
Écho, parlant quand bruyt on maine	Écho[1], parlant quand bruit on mène
Dessus rivière ou sus estan,	Sur la rivière ou sur l'étang,
Qui beauté eut trop plus qu'humaine?	Qui eut beauté trop[2] plus qu'humaine?
Mais où sont les neiges d'antan?	Mais où sont les neiges d'antan?

Où est la très sage Héloïse,
Pour qui fut châtré et puis moine
Pierre Abélard à Saint-Denis?
Pour son amour eut cet essoine[3].
Semblablement, où est la reine[4]
Qui commanda que Buridan
Fût jeté en un sac en Seine?
Mais où sont les neiges d'antan?

La reine Blanche comme un lys,
Qui chantait à voix de sirène,
Berthe au grand pied, Béatrice, Alice;
Harembourges, qui tint le Maine,
Et Jeanne, la bonne Lorraine,
Qu'Anglais brûlèrent à Rouen;
Où sont-elles, Vierge souveraine?....
Mais où sont les neiges d'antan?

Prince, n'enquérez de semaine
Où elles sont, ni de cet an,
Qu'à ce refrain ne vous ramène[5] :
Mais où sont les neiges d'antan?

François Villon, *Le Testament*, 1461, orthographe modernisée.

1. **Écho** : la nymphe Écho, aimée d'Apollon.
2. **trop** : beaucoup.
3. **essoine** : épreuve, outrage.
4. **la reine** : Marguerite de Bourgogne, qui fit assassiner son amant.
5. **ramène** : ne demandez pas, ni cette semaine ni cette année, où elles sont, sans qu'à ce refrain je ne vous ramène.

1. Observez la construction du poème. Repérez l'ensemble des personnages féminins qui y sont énumérés. Expliquez leur présence dans le poème.

2. Commentez le titre du poème. Étudiez le rôle du refrain. Pourquoi peut-on parler de lyrisme mélancolique?

3. NOTION. Repérez l'envoi dans cette ballade. Analysez le système énonciatif qu'il met en place.

NOTION

L'importance de l'envoi

La dernière strophe d'une ballade est appelée envoi. Il prend la forme d'un quatrain ou d'un quintil qui permet à l'auteur de rendre hommage à quelqu'un, souvent un roi ou un grand seigneur, à qui il s'adresse directement dans les derniers vers du poème.

VERS 1460

La Ballade des pendus

L'*Épitaphe Villon*, plus connue sous le titre de *La Ballade des pendus*, a probablement été écrite au moment où Villon lui-même était condamné à mort. Avec émotion, le poète cherche à inspirer la compassion du lecteur dans un registre pathétique qui souligne les remords et la souffrance des suppliciés.

Frères humains qui après nous vivez,
N'ayez les cuers contre nous endurcis,
Car, se pitié de nous povres avez,
Dieu en aura plus tost de vous mercis.
Vous nous voiez cy attachez cinq, six :
Quant de la chair, que trop avons nourrie,
Elle est pieça dévorée et pourrie,
Et nous, les os, devenons cendre et pouldre.
De notre mal personne ne s'en rie ;
Mais priez Dieu que tous nous veuille absoudre !

Frères humains qui après nous vivez,
N'ayez les cœurs contre nous endurcis,
Car, si pitié de nous pauvres avez,
Dieu en aura plus tôt de vous mercis[1].
Vous nous voyez ici pendus cinq, six :
Quant à la chair, que trop avons nourrie,
Elle est à présent dévorée et pourrie,
Et nous, les os, devenons cendre et poudre.
Que de notre mal personne ne rie ;
Mais priez Dieu que tous nous veuille absoudre !

Si, frères, vous clamons[2], pas n'en devez
Avoir dédain, quoique fûmes occis[3]
Par justice. Toutefois, vous savez
Que tous hommes n'ont pas bon sens rassis[4] ;
Excusez-nous, puisque nous sommes transsis[5],
Envers le fils de la Vierge Marie,
Que sa grâce ne soit pour nous tarie,
Nous préservant de l'infernale foudre.
Nous sommes morts, âme ne nous harie[6] ;
Mais priez Dieu que tous nous veuille absoudre !

La pluie nous a lessivés et lavés,
Et le soleil desséchés et noircis ;
Pies, corbeaux, nous ont les yeux creusés,
Et arraché la barbe et les sourcils.
Jamais nul temps nous ne sommes assis ;
Ici, et là, comme le vent varie,
À son plaisir sans cesse nous charrie,
Plus becquetés d'oiseaux que dés à coudre.

1. **mercis** : pitié.

2. **clamons** : implorons, supplions.

3. **occis** : tués, mis à mort.

4. **n'ont pas bon sens rassis** : ne sont pas tous raisonnables.

5. **transsis** : morts, trépassés.

6. **âme ne nous harie** : que personne ne nous insulte, ne nous tourmente.

7. **souldre** : qu'avec lui nous n'ayons rien à faire ni comptes à rendre.

Ne soyez donc de notre confrérie ;
Mais priez Dieu que tous nous veuille absoudre !

Prince Jésus, qui sur tous a maîtrise,
Garde qu'Enfer n'ait sur nous seigneurie :
À lui n'ayons que faire ni que souldre[7].
Hommes, ici n'a point de moquerie ;
Mais priez Dieu que tous nous veuille absoudre !

François Villon, *La Ballade des pendus*, vers 1460, orthographe modernisée

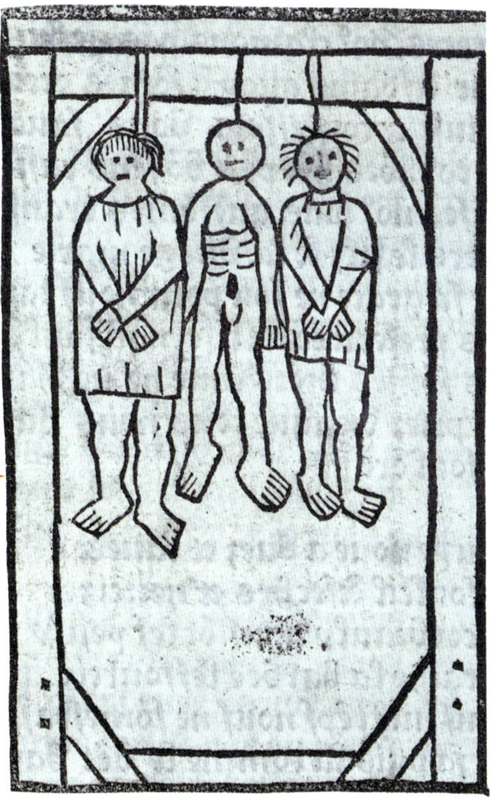

Gravure illustrant le poème de Villon, dans une édition de la fin du XVe siècle.

1. Par quels termes les destinataires du texte sont-ils désignés ? Qui s'adresse à eux ? Pourquoi ?

2. Étudiez la composition de cette ballade (voir « Notion » page 41).

3. Relevez et classez le lexique décrivant le corps des pendus. Quel est l'effet recherché ?

4. Villon fait une large place aux sentiments religieux. À quelles craintes ces sentiments sont-ils liés ?

5. **NOTION.** Montrez comment ce poème s'inscrit dans le registre pathétique.

NOTION

La poésie et le registre pathétique

Le registre pathétique cherche à inspirer la compassion du lecteur, en soulignant les souffrances d'une situation douloureuse qu'il pourrait connaître lui aussi. Il repose à la fois sur les procédés de la lamentation, de la supplication et de l'apostrophe, qui peuvent donner au poème la forme d'une prière.

LA LITTÉRATURE EN EUROPE

500 1500

Dans l'Europe entière, les légendes et les traditions païennes propres à chaque culture fusionnent avec la religion chrétienne, qui étend son influence et son rayonnement. Une littérature originale émerge ainsi progressivement, dans des langues nationales, où se retrouve l'empreinte du monde féodal et de la chevalerie.

Siegfried, le héros des *Nibelungen*.

L'Allemagne

Vers 1200, la chanson des *Nibelungen* constitue le socle d'un grand nombre de mythes des peuples germaniques. Cette épopée héroïque fait le récit des exploits de Siegfried et de Brunehilde, exaltant les vertus des guerriers dans un monde de feu où les dieux, les monstres et les géants se déchaînent.

On retrouve également cette dimension épique de l'aventure dans les romans qui mettent en scène le roi Arthur et sa cour, comme *La Couronne d'Henrich* von dem Türlin. Au milieu du XIVe siècle cependant, le Flamand Jan van Ruysbroek écrit ses *Noces spirituelles*, une œuvre mystique dont le rayonnement s'étend en Europe du Nord.

La Grande-Bretagne

Dans la seconde moitié du XIVe siècle, le grand poète Geoffrey Chaucer compose les *Contes de Cantorbéry*, qui mettent en scène un groupe de pèlerins s'acheminant vers le tombeau de saint Thomas Becket.

À la même époque, William Langland écrit *Pierre le Laboureur*, inspiré de vieilles légendes saxonnes, qui exprime l'état misérable du peuple opprimé et persécuté.

Les Contes de Cantorbéry (1387-1400)

Les *Contes* racontent l'histoire de vingt-neuf pèlerins, plus le poète lui-même, qui se retrouvent dans une auberge sur la route de Cantorbéry. Chevaliers, bourgeois, gens d'église, clercs, riches et pauvres, puissants seigneurs et humbles artisans se joignent pour poursuivre leur chemin en se racontant des histoires. À travers ses personnages et leurs récits, Geoffrey Chaucer compose une fresque vivante et chaleureuse de la société de son temps, avec un sens de l'observation exceptionnel, auquel se mêlent l'esprit satirique et une profonde humanité. Poète admiré de son temps, c'est à ses *Canterbury Tales* que Chaucer doit sa renommée.

Les pèlerins, miniature du Moyen Âge.

L'Espagne

Les traditions orales et les premières épopées dressent la figure de héros prestigieux, comme le Cid Campeador, le seigneur des batailles. Mais l'influence de la spiritualité chrétienne s'exprime profondément dans la littérature espagnole dès la fin du XIIIe siècle. C'est ainsi que Ramón Lull rédige en arabe et en catalan une œuvre considérable où se mêlent traités théologiques, romans et poésie mystique. La même inspiration se retrouve dans de nombreux chants lyriques et religieux portugais.

La Divine Comédie (1307-1321)

Dante conçoit la *Comédie*, que ses lecteurs appellent immédiatement *La Divine Comédie*, comme une véritable somme poétique, morale, politique, historique et scientifique, qui représente la totalité du monde. L'ouvrage raconte la visite, par le poète lui-même, de l'enfer, du purgatoire et du paradis pour rappeler ses devoirs à l'humanité corrompue. Des neuf cercles de l'Enfer, dont elle donne une image saisissante, aux neuf ciels du Paradis, *La Divine Comédie* rivalise ainsi avec la Bible, et s'impose dans la littérature italienne comme le livre par excellence, « le livre de l'origine ».

Ramón Lull, surnommé « le bienheureux », enseignant l'analogie entre la passion du Christ et l'alchimie

L'Italie

Écrite en italien au début du XIVe siècle, l'œuvre de Dante Alighieri, *La Divine Comédie* domine toute la littérature européenne et constitue une source inépuisable d'inspiration poétique. Deux écrivains majeurs exercent à leur tour une immense influence : Francesco Pétrarque, dont la poésie annonce avec éclat la Renaissance, et Giovanni Boccace, avec le *Décaméron*.

Portrait de Dante (1265-1321).

Le *Décaméron* (1349-1351)

Le *Décaméron* est un ensemble de récits. Fuyant la peste qui ravage la ville de Florence, sept dames et trois jeunes hommes se réfugient à la campagne où, pendant dix jours, ils se racontent « cent nouvelles, ou fables, ou paraboles, ou histoires, comme il vous plaira de les appeler ». Le thème principal de ces récits est l'amour, sous toutes ses formes : l'amour conjugal, l'amour adultère, sensuel ou idyllique, heureux ou malheureux. Virtuosité du conteur, justesse de la satire : dans un monde où Dieu n'intervient plus, Boccace prend la défense de la nature et condamne avec humour la jalousie, l'hypocrisie ou l'avarice.

La peinture et la musique

Peinture

— Giotto, La chapelle des Scrovegni, à Padoue, 1303-1306 (Italie)
— Duccio, *Maestà*, Sienne, 1311 (Italie)
— Piero della Francesca, *La Légende de la croix*, à Arezzo, 1459 (Italie)
— Jan Van Eyck, *L'Agneau mystique*, à Gand, 1432 (Flandres)
— Fra Angelico, *La Déposition*, vers 1440 (Italie)
— Cosmè Tura, *Saint Georges et le dragon*, 1469 (Italie)
— Hugo van der Goes, *L'Adoration des bergers*, 1477 (Flandres)
— Sandro Botticelli, *La Naissance de Vénus*, vers 1486 (Italie)

Musique

— Francesco Landini, *Madrigaux*, vers 1370 (Italie)
— John Dunstable, *Messe Da gaudorium praemia*, 1431 (Angleterre)
— Guillaume Dufay, *La Messe de l'homme armé*, vers 1455 (Flandres)

Le travail de l'écriture

Du projet initial à la publication du livre, le texte passe par une succession d'étapes. L'étude de la genèse de l'œuvre permet de mieux la comprendre et de mesurer le travail de l'écrivain.

LES ÉTAPES PRÉALABLES DE L'ÉCRITURE

Avant de se lancer dans l'écriture, l'écrivain établit une esquisse générale de son projet, réalise un dossier documentaire et fixe le plan de l'œuvre à venir.

■ L'ébauche de l'œuvre

Une esquisse initiale fixe le cadre, le thème principal, les grandes lignes du récit ou de l'intrigue théâtrale ou les différentes parties du recueil de poèmes. Elle définit un registre dominant de manière à créer une atmosphère.

■ La recherche documentaire

L'écrivain constitue un dossier dans lequel il rassemble des souvenirs, des impressions personnelles ou des notes de lecture. Il accumule ainsi différents types de notes, de matériaux qui ont pour lui une fonction informative et documentaire.

■ La mise au point du plan

L'écrivain fixe l'architecture de l'œuvre qu'il divise en chapitres pour un roman, en actes pour une pièce de théâtre, en parties pour un recueil de poèmes. Il établit des fiches pour chacun de ses personnages. Il cherche le titre de l'œuvre.

LA RÉDACTION DU MANUSCRIT

L'écrivain rédige d'abord une première version de son texte, qui sera ensuite remaniée. Les premières lignes ont un rôle déterminant. Elles permettent à l'écrivain d'entrer réellement dans son travail de rédaction. Il est ensuite amené à ajuster le plan initialement prévu, en fonction des obstacles qu'il rencontre ou des nouvelles perspectives qui sont créées. La dernière phrase, tout aussi importante que la première, marque l'achèvement de l'œuvre.

LE TRAVAIL DE CORRECTION

L'écrivain corrige son brouillon jusqu'à ce qu'il soit satisfait de son travail. Il peut reprendre son premier jet plusieurs fois de suite. C'est le moment où il relit, rature, réécrit son texte.
Le travail de correction peut aussi se poursuivre en lien avec l'éditeur. Parfois, une nouvelle édition du texte est, elle aussi, l'occasion de nombreux remaniements.

Suppression de termes	Substitution de termes	Introduction de termes nouveaux
Travail de l'écriture : – suppression de mots, de phrases, de paragraphes inutiles à la compréhension du lecteur – suppression des répétitions, des maladresses stylistiques **Effet recherché :** – améliorer la lisibilité et le style de la phrase	**Travail de l'écriture :** – utilisation de synonymes – usage de termes techniques – création d'images poétiques **Effet recherché :** – éviter les répétitions, rechercher la précision, créer un effet poétique	**Travail de l'écriture :** – expansion d'une indication déjà présente par un mot, une phrase, un paragraphe – ajout d'éléments nouveaux, nécessaires à la compréhension **Effet recherché :** – amplifier le sens ou la forme du texte

EXEMPLE

Comme les troubadours du Moyen Âge, les chanteurs d'aujourd'hui font circuler la poésie auprès de tous. L'apparente simplicité de leurs textes est le fruit de nombreuses corrections, qu'illustrent ces différentes versions de « L'orage » écrites par Georges Brassens.

La première ébauche

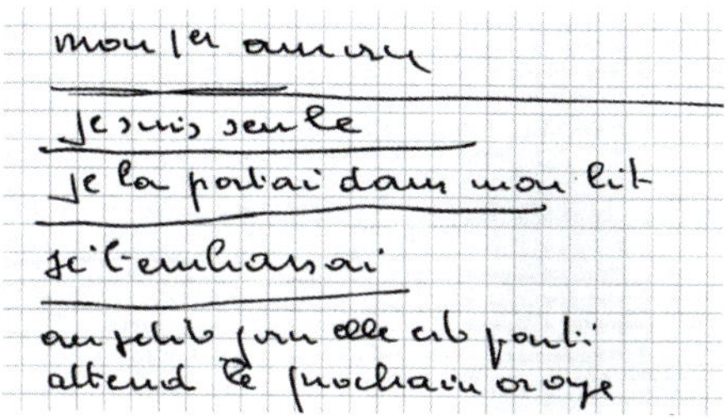

mon 1er amour
je suis seule
je la portai dans mon lit
je l'embrassai
au petit jour elle est partie
attend le prochain orage

La première version de la première strophe

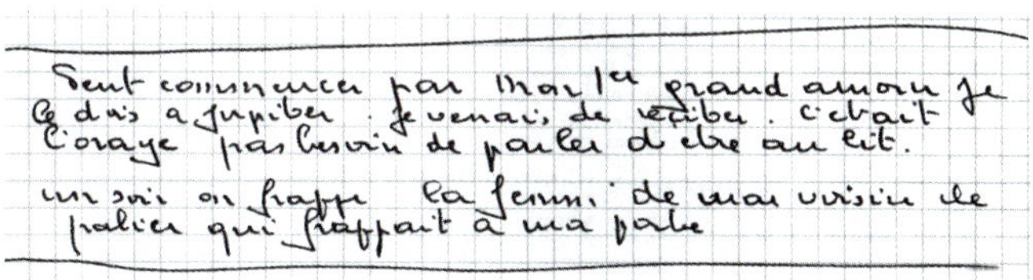

Peut commencer par Mon 1er grand amour je
le dois à Jupiter. Je venais de réciter. C'était
l'orage pas besoin de parler d'être au lit.
un soir on frappe   la femme de mon voisin de
palier qui frappait à ma porte

La deuxième version de la première strophe

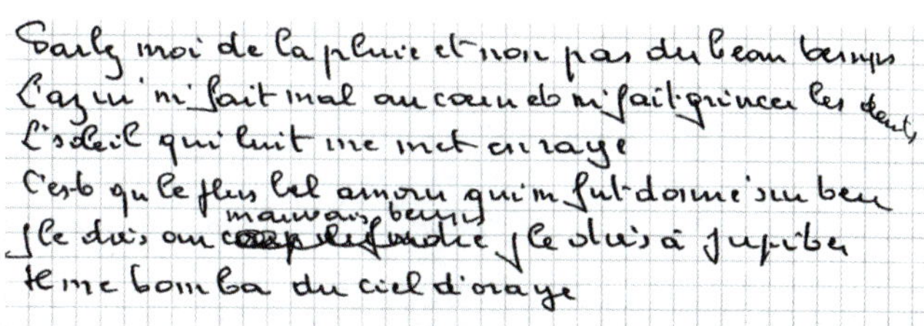

Parlez moi de la pluie et non pas du beau temps
L'azur m'fait mal au cœur et m'fait grincer les dents
L'soleil qui luit me met en rage
C'est qu le plus bel amour qui m fut donné sur terre
J le dois au mauvais temps j le dois à Jupiter
Il me tomba du ciel d'orage

La version définitive

Parlez-moi de la pluie et non pas du beau temps
Le beau temps me dégoûte et m'fait grincer les dents
Le bel azur me met en rage
Car le plus grand amour qui m'fut donné sur terr'
Je l'dois au mauvais temps je l'dois à Jupiter
Il me tomba d'un ciel d'orage

Georges Brassens, première strophe de « L'orage »,
chanson écrite en 1954, *Les manuscrits de Brassens*,
Alain Poulanges et André Tillieu, 2005. Éd. Textuel.

VERS LE BAC

CLASSE DE SECONDE

OBJET D'ÉTUDE **Le travail de l'écriture**

Exercice d'analyse **Répondez aux questions suivantes.**

1. En passant de Léonard (version A) à Gabriel (version B), quels traits le romancier a-t-il modifiés ? Lesquels a-t-il conservés ?
2. Comment le personnage de Zazie évolue-t-il d'une version à l'autre ?
3. Quels sont les caractères stylistiques que l'on retrouve dans les trois versions ? Analysez le niveau de langue, la construction des phrases, l'usage des temps et des pronoms.

Exercice de rédaction **Entraînez-vous sur l'un des exercices suivants.**

Vers le commentaire
Quelle est la version qui semble la plus apte à surprendre le lecteur et à lui donner envie de lire la suite ? Vous expliquerez votre point de vue en vous appuyant sur des citations précises des trois textes.

Vers le sujet d'invention
Vous rédigerez une nouvelle version de la rencontre entre l'oncle et la nièce où le narrateur adopte le point de vue de Zazie.

Raymond Queneau a rédigé de nombreuses versions du premier chapitre de Zazie dans le métro. *La scène qui ouvre le roman montre l'oncle qui accueille sa jeune nièce à la gare d'Austerlitz à Paris. Les personnages, les circonstances de la rencontre et les dialogues varient d'une version à l'autre.*

Version A

Le train finit tout de même par arriver. Il y a une chiée de voyageurs, et encore plus de valises. On tend le cou. Vlà les cousins qui s'amènent, ou les tantes, ou les grands-mères à bonnet. Lucie ne se montre pas. Cette conne a naturellement été se fourrer dans un wagon de queue. La foule défile, les pressés, les pas pressés, les invalides, les délurés. Enfin ça y est voilà Lucie avec la môme. Léonard se précipite. On se bécote.

« T'aurais pu prendre un train qu'a pas de retard, dit Léonard.

– C'est tout de même pas de ma faute, dit Lucie.

– Tu te démerdes mal.

– C'est tout de même pas de ma faute, dit Lucie.

– Il y a tout de même des trains qui n'ont pas de retard. Toi tu te fourres au contraire dans un qu'en a.

– Est-ce que je savais ?

– Fallait savoir. »

Il baisse son regard.

« Alors, c'est ça, la nièce ?

– Zazie, dis bonjour à ton oncle.

– Bonjour mon oncle.

– T'es bien polie. »

Léonard l'embrasse.

« Alors tu t'appelles Zazie ?

– Oui, mon oncle.

– Elle est bien polie. Alors, prenez vos valoches, et en route. »

Raymond Queneau, *Œuvres complètes*, III, Bibliothèque de la Pléiade, Éd. Gallimard, 2006.

Version B

Il fut le premier à apercevoir la locomotive électrique, là-bas, bien avant le quai. Il fut le premier parce qu'il avait de très bons yeux, et aussi parce qu'il était bien plus grand que les autres. Il dit simplement :

« La voilà. »

Il employait le féminin, parce qu'il ne se référait pas au train, mais à ce que le train lui apportait, à savoir sa nièce Zazie.

Que voilà.

Déjà.

Gabriel regarde encore là-bas qu'elle surgit ici, presque d'entre ses jambes, pour ainsi dire. Elle embrasse déjà Marceline. Gabriel se penche à son tour pour recevoir la grosse bise avunculaire[1]. On la trouve grande pour son âge, mais c'est vrai qu'elle a déjà quatorze ans, elle a bonne mine, dame, la cambrousse. Au fait qu'est-ce que sont devenues les personnes qui devaient l'accompagner ?

« Des emmerdeurs, dit Zazie, je les ai laissé tomber. »

Sur le quai, des dignes s'affolent, harponnent le chef de train, piaillent, épongent leur front responsable. Zazie tire Gabriel par la manche :

« On les met ? »

En route ! Gabriel, sans effort, projette à droite et à gauche ce qui pourrait faire dévier sa trajectoire. Zazie et Marceline suivent au petit trot.

« Tonton, crie Zazie, on prend le métro ?

– Tu voudrais pas, hurle Gabriel. Aujourd'hui, je t'offre un bahut.

– Merde alors, dit Zazie, moi qui voulais voir le métro. »

Raymond Queneau, *Œuvres complètes*, III, Bibliothèque de la Pléiade, Éd. Gallimard, 2006.

1. **avunculaire** : qui a rapport à un oncle ou une tante.

Version C (version définitive)

Heureusement vlà le train qu'entre en gare, ce qui change le paysage. La foule parfumée dirige ses multiples regards vers les arrivants qui commencent à défiler, les hommes d'affaires en tête au pas accéléré avec leur porte-documents au bout du bras pour tout bagage et leur air de savoir voyager mieux que les autres.

Gabriel regarde dans le lointain ; elles, elles doivent être à la traîne, les femmes c'est toujours à la traîne ; mais non, une mouflette surgit qui l'interpelle :

« Chsuis Zazie, jparie que tu es mon tonton Gabriel.

– C'est bien moi, répond Gabriel en anoblissant son ton. Oui, je suis ton tonton. »

La gosse se mare. Gabriel, souriant poliment, la prend dans ses bras, il la transporte au niveau de ses lèvres, il l'embrasse, elle l'embrasse, il la redescend.

« Tu sens rien bon, dit l'enfant.

– Barbouze de chez Fior, explique le colosse.

– Tu m'en mettras un peu derrière les oreilles ?

– C'est un parfum d'homme.

– Tu vois l'objet, dit Jeanne Lalochère s'amenant enfin. T'as bien voulu t'en charger, eh bien, le voilà.

– Ça ira, dit Gabriel. »

Raymond Queneau, *Zazie dans le métro*, Éd. Gallimard, 1959.

Anonyme, *Bal à la cour des Valois*, XVIe siècle. Peinture à l'huile,
163 x 194 cm. Musée des Beaux-Arts de Rennes.

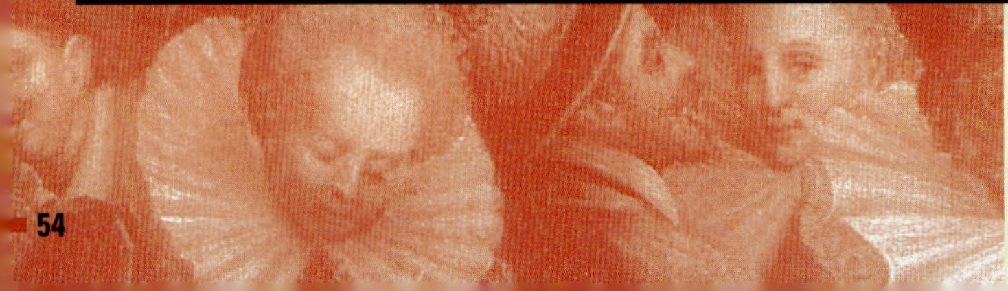

1500
1600

Le temps de la Renaissance

LA LITTÉRATURE ET SES CONTEXTES

1500 1600

Le temps de la Renaissance

De 1450 à 1550 naît le monde moderne. Espagnols, Portugais, Français découvrent de nouveaux mondes ; l'héritage antique est réévalué ; la diffusion des livres imprimés change le rapport à l'autorité ; les sciences et les techniques évoluent : l'homme se voit d'un œil neuf ; il sent qu'il peut construire un monde plus humain. Mais cette transformation qui mène du monde féodal aux Temps modernes n'a pu se faire sans de violentes convulsions.

1. L'histoire Un royaume en crise

Le roi François Ier peint par le Titien.

La Ligue, qui rassemble les forces catholiques, réclame un roi catholique.

Dans les premières années de son règne, François Ier apparaît comme un prince moderne qui soutient les idées nouvelles. Il protège les catholiques, dont les évangélistes qui veulent réformer les pratiques religieuses. Mais lorsqu'en 1534, des écrits hostiles à la cérémonie de la messe sont placardés sur sa porte, il décide de pourchasser ces réformés, les futurs protestants, qui, par leur audace, deviennent dangereux pour le pouvoir. Le fossé se creuse alors entre catholiques et protestants et, à partir de 1562, éclatent des guerres civiles meurtrières. La nuit de la Saint-Barthélemy, du 23 au 24 août 1572, les chefs protestants sont massacrés en plein Paris. La paix ne revient qu'en 1598 : Henri IV proclame l'édit de Nantes qui accorde aux protestants sécurité et liberté de culte.

Le roi Henri IV, par l'édit de Nantes, met un terme aux guerres de religion.

Le massacre des protestants réunis à Paris, pendant la nuit de la Saint-Barthélemy, le 24 août 1572.

2. La société L'aggravation des inégalités

L'aristocratie reste la classe dominante. Elle subit certes de nombreuses transformations. Les vieilles familles s'appauvrissent tandis que les milieux d'affaires, les bourgeois entreprenants font des fortunes, mais le signe de la réussite reste l'ennoblissement. Les nouveaux nobles, plus âpres au gain, sont plus durs avec les paysans dont la situation empire. D'une façon générale, l'écart se creuse entre les riches, luxueusement vêtus, grassement nourris qui font la fête entre eux dans leurs élégants palais, et les pauvres, sous-alimentés, qui sont de plus en plus tenus à l'écart. Le raffinement de la culture humaniste a pu ainsi contribuer à marginaliser les milieux populaires.

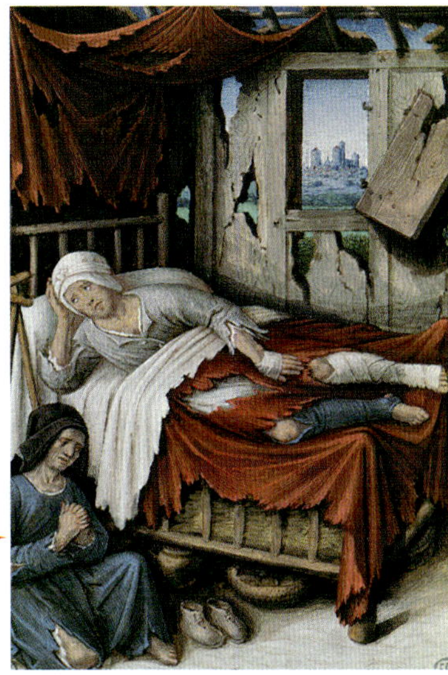

La grande misère des plus démunis.

Paul Vos, *Le Percepteur* (détail), 1543.

3. Les sciences Des avancées décisives

Les savants de la Renaissance ont souvent du mal à se distinguer des alchimistes et le retour à l'Antiquité a pu parfois freiner le renouvellement des recherches. On continue à prêter aux astres des sentiments humains. Mais les foyers humanistes, à Padoue, à Bologne, à Bâle, à Lyon, ont permis des avancées considérables en chirurgie, en cartographie, en astronomie.

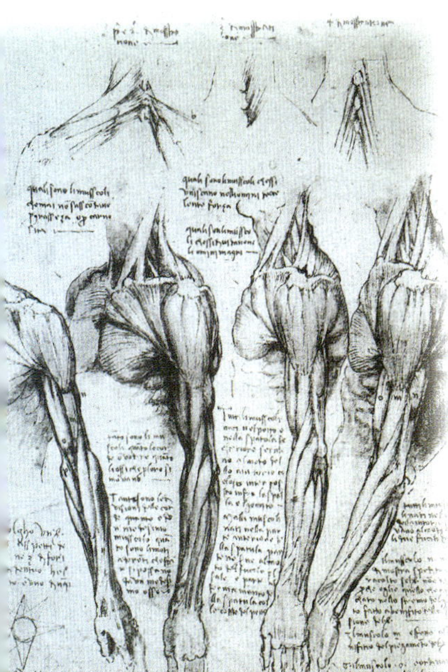

Dessin d'anatomie : les muscles, dessin de Léonard de Vinci.

Cet instrument permet de trouver la longitude par l'observation des mouvements de la Lune.

En 1543, Copernic s'appuie sur les mathématiques pour affirmer que la Terre tourne autour du Soleil. Hypothèse bouleversante qui ne sera pleinement développée qu'au siècle suivant.

L'astronome polonais Copernic attend trente ans pour publier son traité, qui démontre que la Terre n'occupe pas le centre de l'univers.

4. Les lettres L'écrivain humaniste

Peu à peu apparaît en France, longtemps après l'Italie, la figure de l'écrivain humaniste qui défend une nouvelle conception de l'homme. Il a certes besoin de l'appui du roi ou d'un puissant protecteur pour résister aux attaques de la Sorbonne, la faculté de théologie de Paris hostile aux nouveautés, mais il réussit à s'imposer comme une figure essentielle du royaume. François Ier l'aide à remplir sa tâche d'éducateur de la noblesse.

Un auteur présente solennellement son livre à François Ier.

En 1530, le roi fonde le Collège des lecteurs royaux, où l'on enseigne librement le latin, le grec et l'hébreu. Grâce aux livres, les œuvres d'Érasme, de Thomas More, de Rabelais circulent dans toute l'Europe, y semant les germes de l'esprit nouveau.

Pantagruel
ΑΓΑΘΗ ΤΥΧΗ
Les horribles faictz et prouesses espouentables de Pantagruel: Roy des Dipsodes/composez par M. Alcofribas abstracteur de quinte essence.
M.D.xxxv.
On les vend a Lyon en la maison qui fut du feu Prince/par Pierre de Saincte Lucie: pres nostre dame de Confort.

Page de titre de l'édition de *Pantagruel* de Rabelais, en 1535.

5. L'édition Le succès du livre imprimé

Une imprimerie au XVIe siècle.

Combinée aux progrès de la papeterie, la mise au point de l'imprimerie dans les ateliers de Gutenberg, au siècle précédent, vers 1450, a provoqué une véritable révolution dans la diffusion de textes. Les copies manuscrites, trop chères, trop rares, ont vite disparu. De 1500 à 1600, plus de deux cents millions de livres ont été imprimés. D'abord des ouvrages pieux, puis de plus en plus de classiques grecs et romains dans des éditions de plus en plus rigoureuses. Ensuite, les livres en langue vulgaire (français, italien, etc.) répandent les idées nouvelles et contribuent au développement des littératures nationales. Le livre ainsi accessible à tous donne l'envie de savoir et de réfléchir par soi-même.

COMMENTARIORVM LINGVAE LATINAE TOMVS PRIMVS.
STEPHANO DOLETO GALLO AVRELIO AVTORE.
LVGDVNI APVD SEB. GRYPHIVM, 1536.
Cum privilegio ad quadriennium.

Page de titre de *Commentaires* d'auteurs de l'Antiquité, écrit en latin, publié à Lyon en 1536.

6. Les arts La Renaissance française

Ébloui par les chefs-d'œuvre italiens, François Ier fait venir des artistes italiens prestigieux – Léonard de Vinci, Benvenuto Cellini, le Rosso – et de nombreux artisans travaillent sur les chantiers français. Mais les châteaux royaux à Chambord, à Chenonceaux, à Azay-le-Rideau, le Louvre reconstruit par Pierre Lescot, sont des créations originales idéalement accordées au paysage et aux traditions françaises. Jean et François Clouet multiplient les portraits à deux ou trois crayons (noir, sanguine, craie) tandis que les peintres de l'école de Fontainebleau s'appuient sur le répertoire mythologique pour célébrer le corps féminin.

Le château de Chambord, construit pendant le règne de François Ier, un des chefs-d'œuvre de la Renaissance.

Femme à sa toilette

École de Fontainebleau (1550-1570)

À partir des années 1530, François Ier fait venir des artistes italiens pour décorer sa nouvelle résidence de Fontainebleau. Autour de Rosso Fiorentino, puis du Primatice se regroupent de nombreux peintres, sculpteurs, graveurs… venant de toute l'Europe pour servir la cour du roi de France. Comme ici, de nombreuses œuvres de l'école de Fontainebleau sont d'une attribution difficile. (Peinture à l'huile, 117 x 87,6 cm, Musée de Worcester, États-Unis.)

Inventée par des peintres flamands du début du XVe siècle, la peinture à l'huile permet de travailler les effets de matière et de luminosité. L'artiste démontre ici une grande maîtrise dans la représentation des transparences. En une subtile correspondance, le raffinement des bijoux, des tissus et des fleurs renvoie à l'élégance du geste de la dame. La blancheur accentuée de la peau qui ressort sur un fond sombre exprime une sensualité à la fois délicate et lumineuse. Par ailleurs, la forme « serpentine » des statuettes qui soutiennent le miroir est un élément typique du maniérisme.

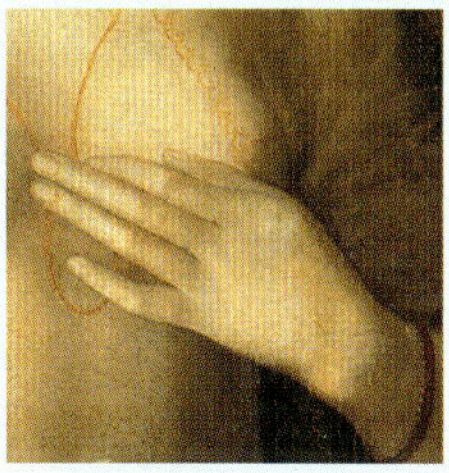

La scène représente une dame à sa toilette et reprend l'un des motifs favoris des artistes de Fontainebleau : une femme nue vue à mi-corps, que l'on retrouve également dans de multiples *Dames au bain*.

Inspiré par le maniérisme italien qui s'oppose à l'idéal classique, l'artiste joue sur la juxtaposition des plans avec la vision de la servante penchée sur une malle à vêtements ou le reflet dans le miroir.

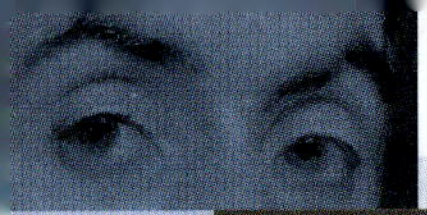

MAROT

Nom et prénom : **Marot, Clément**

Naissance : **fin de l'année 1496, à Cahors**

Décès : **septembre 1544, à Turin**

Élevé par un père lui-même poète, Clément Marot est rapidement introduit à la cour où il plaît par d'amusants poèmes de circonstances, des requêtes pleines d'humour et de virtuosité. Mais, proche des évangélistes soupçonnés d'être partisans de Luther, il est parfois imprudent et plusieurs fois emprisonné. En 1535, il doit s'exiler en Navarre, puis à Ferrare et à Venise. Admis à rentrer en France après avoir abjuré son luthérianisme en 1536, il triomphe à la cour par des œuvres variées, des épîtres, des élégies, des coqs-à-l'âne, des traductions qui montrent la diversité de ses talents. De nouveau inquiété, il se réfugie en 1542 à Genève puis à Turin où il meurt sans avoir pu revenir en France.

Auteur de poèmes recueillis dans *L'Adolescence clémentine* (1532), de *L'Enfer* (1539) et de traductions de la Bible : *Les Psaumes* (1541).

MAROT ET L'HUMOUR EN POÉSIE

Sans renier l'héritage des grands poètes du Moyen Âge qui lui font aimer les jeux sur les mots, les rimes équivoques, les ballades, Marot a su faire de la poésie l'occasion d'une expression personnelle. Amateur de formes brèves, jouant des mots de tous les jours, il fait de chaque incident de sa vie –maladie, emprisonnement, exil, amour– le prétexte d'une lettre, d'un appel, d'une plainte, d'un remerciement. Chaque poème devient ainsi une action où il engage une part de sa vie et une confidence où il se montre à la fois désinvolte et inquiet. De là cette impression d'élégance et de naturel qui séduira les poètes classiques.

Objet d'étude La poésie

1532 — L'Adolescence clémentine

La forme contraignante du rondeau permet à Marot d'évoquer avec le sourire des événements pénibles : son séjour en prison pour « luthérianisme », les dettes qu'il a du mal à rembourser.

RONDEAU PARFAIT
À SES AMIS APRÈS SA DÉLIVRANCE

En liberté maintenant me promène,
Mais en prison pourtant je fus cloué :
Voilà comment Fortune[1] me démène[2].
C'est bien, et mal. Dieu soit de tout loué.

Les Envieux ont dit que de Noé[3]
N'en sortirais : que la Mort les emmène !
Malgré leurs dents le nœud est dénoué.
En liberté maintenant me promène.

Pourtant, si j'ai fâché la Cour romaine,
Entre méchants ne fus oncq[4] alloué[5].
Des bien famés[6] j'ai hanté[7] le domaine ;
Mais en prison pourtant je fus cloué.

1. **Fortune** : déesse qui préside aux hasards de la vie.
2. **démène** : traite.
3. **de Noé** : avant Noël.
4. **oncq** : jamais.
5. **alloué** : admis, accordé.
6. **bien famés** : qui ont bonne réputation.
7. **hanté** : fréquenté.

8. **saint Pris** : jeu de mots sur saint Prix, martyr, patron des prisonniers.

9. **Au fort** : après tout.

10. **verte Semaine** : première semaine de mai.

Car aussitôt que fus désavoué
De celle-là qui me fut tant humaine,
Bientôt après à saint Pris[8] fus voué :
Voilà comment Fortune me démène.

J'eus à Paris prison fort inhumaine,
À Chartres fus doucement encloué ;
Maintenant vais où mon plaisir me mène.
C'est bien, et mal. Dieu soit de tout loué.

Au fort[9], Amis, c'est à vous bien joué,
Quand votre main hors du parc me ramène.
Écrit et fait d'un cœur bien enjoué,
Le premier jour de la verte Semaine[10],
En liberté.

Clément Marot, *L'Adolescence clémentine*, rondeau LXVII, 1532.

1. **un bien petit** : un tout petit peu.

2. **et si** : et pourtant.

3. **onc** : jamais.

4. **anglais** : créancier.

5. **baille, baille** : donne, donne (jeu de mot sur *bye bye*).

6. **pécune** : argent.

7. **tendre** : peu fournie.

8. **l'on me puisse pendre** : qu'on me pende (si j'ai tort).

9. **ne vous chaille** : que cela ne vous inquiète pas.

10. **cliquaille** : menue monnaie.

À UN CRÉANCIER

Un bien petit[1] de près me venez prendre,
Pour vous payer : et si[2] devez entendre
Que je n'eus onc[3] Anglais[4] de votre taille.
Car à tous coups vous criez : « baille, baille[5] »,
Et n'ai de quoi contre vous me défendre.

Sur moi ne faut telle rigueur étendre,
Car de pécune[6] un peu ma bourse est tendre[7],
Et toutefois j'en ai, vaille que vaille,
Un bien petit.

Mais à vous voir (ou l'on me puisse pendre)[8]
Il semble avis qu'on ne vous veuille rendre
Ce qu'on vous doit : beau sire, ne vous chaille[9].
Quand je serai plus garni de cliquaille[10],
Vous en aurez : mais il vous faut attendre
Un bien petit.

Clément Marot, *L'Adolescence clémentine*, rondeau II, 1532.

1. Indiquez quelles contraintes respectent les deux poèmes : strophes, rimes, refrain.

2. Dans « À un créancier », une formule a un sens différent : distinguez les trois sens de « Un bien petit ».

3. Quelles expressions développent les mots « en liberté » (v. 1, p. 60) ? Comment sent-on le bonheur d'être libéré ?

4. Quelles expressions désignent le destinataire de chaque rondeau ? Quelle tonalité donnent-elles au poème ?

5. NOTION. Pourquoi peut-on dire que face aux aléas de la vie le poète fait preuve d'humour ?

NOTION

La poésie et l'humour

Si l'ironie se veut souvent cinglante, l'humour ne cherche pas à blesser : il présente les événements les plus douloureux avec une sorte de détachement qui amène parfois le poète à sourire de lui-même et des malheurs qui l'accablent. Il donne alors sa couleur propre à l'émotion poétique.

RABELAIS

Nom et prénom : **Rabelais, François**

Naissance : **vers 1483, à La Devinière, près de Chinon**

Décès : **le 9 avril 1553, à Paris**

Auteur de *Pantagruel* (1532), *Gargantua* (1534), *Tiers Livre* (1546), *Quart Livre* (1552), *Cinquième Livre* (1564, ouvrage posthume attribué à Rabelais).

On ne sait à quel âge François Rabelais, sans doute fils d'un avocat, est entré chez les Franciscains, moines mendiants proches des milieux populaires, facilement irrespectueux. Ils ne semblent pas favorables à l'humanisme, mais Rabelais connaît le grec et correspond avec le grand humaniste Guillaume Budé.

En 1524, se passionnant pour la médecine, il quitte les franciscains à qui la médecine était interdite, pour les bénédictins. Après des études à Montpellier, il est nommé médecin en 1532 à Lyon. La même année, il publie *Pantagruel*, qu'il prolonge par *Gargantua* en 1535. Ces ouvrages sont condamnés par la Sorbonne mais Rabelais est protégé par de puissants personnages, Jean du Bellay, évêque de Paris puis cardinal, et son frère Guillaume, gouverneur du Piémont. À plusieurs reprises, en 1532, en 1536, en 1547, Rabelais séjourne à Rome. Médecin personnel et sans doute secrétaire du cardinal, il participe de près aux intrigues diplomatiques où se joue le sort de l'Europe.

En 1546, le roi François Ier autorise la parution du *Tiers Livre* mais la faculté catholique de la Sorbonne condamne immédiatement ce nouvel épisode des aventures de Pantagruel. Si Rabelais est amené par prudence à se réfugier à Metz, il continue à écrire et, fort de l'appui du roi dont il défend la politique, il publie en 1548 une première version du *Quart Livre* dont l'édition définitive paraît en 1552. De nouveau condamné par la Sorbonne, Rabelais est aussi devenu la cible du protestant Calvin ! C'est en fidèle chrétien qu'il meurt avant d'avoir pu achever le *Cinquième Livre* qui ne paraît qu'en 1562.

Gravure illustrant *Les Songes drolatiques de Pantragruel*, 1565.

L'ŒUVRE DE RABELAIS

Rabelais a publié des ouvrages érudits, des traductions de médecins grecs, des récits mais c'est le cycle romanesque de Pantagruel qui le révèle comme un écrivain hors pair.

Pantagruel et la parodie de la littérature épique

Inspiré par de populaires histoires de géants, Rabelais s'amuse à évoquer la jeunesse de Pantagruel qui fait le tour des plus célèbres universités avant d'atteindre Paris où il rencontre Panurge, un farceur capable de tout dont il fait son ami. L'essentiel est ce climat de carnaval où tous les thèmes sérieux se retrouvent mis à distance : l'homme et ses langages, ses savoirs, son corps sont présentés dans tous leurs états ; tous les tabous semblent levés le temps d'une fête qui s'adresse à tous les publics.

Gargantua et le manifeste de l'humanisme

Rabelais profite du succès de *Pantagruel* pour évoquer le père de celui-ci, le géant Gargantua. Les épisodes attendus – naissance, enfance, éducation, exploits du héros – sont couronnés par la splendide fiction de l'abbaye de Thélème. De façon plus systématique que dans *Pantagruel*, Rabelais semble défendre les positions des humanistes évangélistes mais le rire ne perd pas ses droits : l'école parfaite, la guerre juste, le couvent de la liberté sont présentés avec humour. Aucun idéal n'est à prendre absolument au sérieux.

Le *Tiers Livre* et l'enquête parodique

Panurge hésite à se marier. Il consulte un poète, un précepteur, un médecin, un théologien, un juge, un muet sans parvenir à une réponse décisive. Le livre s'achève par l'éloge du pantégruélion, plante merveilleuse qui donne « certaine gaieté d'esprit confite en mépris des choses fortuites ». Ces dialogues pleins de verve invitent à écouter les autres pour fuir l'égoïsme et à rire de ce que nous croyons savoir.

Portrait de Rabelais, exécuté au XVIIe siècle.

Le *Quart Livre* et le voyage initiatique

Pantagruel et ses amis embarquent en quête du « mot de la Bouteille ». Cette croisière les conduira, après une terrible tempête, chez les Papefigues (les protestants) et les Papimanes (les catholiques). Ils pourront enfin saluer Messer Gaster (l'estomac, notre maître à tous). Au cours de cette longue errance menée par un écrivain au faîte de son art, le rire se fait plus noir, l'ironie plus amère. Les contours compliqués de la bêtise humaine, sa sournoise violence, son increvable résistance, rendent difficile un rire pourtant de plus en plus nécessaire.

Le *Cinquième Livre*

Ce dernier épisode, publié longtemps après la mort de Rabelais, permet à *Pantagruel* et ses amis de connaître enfin l'oracle de la Dive Bouteille : c'est *Trinc* qui signifie « buvez ». Si dans le vin « est vérité cachée », c'est à chacun de trouver cette vérité : « Soyez vous-mêmes interprètes de votre entreprise. »

La chambre de François Rabelais à Chinon.

LE RIRE DE RABELAIS

Le roman de Rabelais a suscité des interprétations contradictoires : est-ce l'ouvrage d'un farceur, d'un incroyant, d'un chrétien fervent, d'un philosophe obscur ? Sans doute est-il tout cela à la fois, mais l'essentiel n'est-il pas d'être emporté par la force d'un rire qui nous fait voir notre bêtise ? Avec une verve étourdissante qui brasse tous les langages, les plus savants comme les plus orduriers, qui joue avec les sens, la saveur, les sonorités des mots, Rabelais se moque de nos certitudes et laisse chacun libre d'y trouver, comme il veut, son bonheur. Il combat ceux qu'il appelle des « agélastes », des gens qui ne rient pas, qui ne savent qu'aboyer, qui croient détenir la vérité et sèment la mort sans sourciller. Aussi le rire de Rabelais est-il un signe de joie, un appel à vivre : rire fraternel qui donne l'envie non « de prendre et de recevoir mais de distribuer et de donner ».

Une scène burlesque et familière, comme on en trouve dans l'œuvre de Rabelais : Pierre Bruegel le Jeune, *L'Arracheur de dents* (détail), XVIe siècle.

1534 Gargantua

Le roman *Gargantua* raconte la vie du père de Pantagruel. Le géant Gargantua, qui est né en bramant « à boire », est confié pour son instruction à des théologiens, des « sorbonagres ». Mais, devant les tristes résultats de cette éducation médiévale, il est confié à un maître plus moderne, Ponocrates, dont le nom signifie travailleur. D'un maître à l'autre, d'une méthode à l'autre, les matinées de Gargantua changent du tout au tout.

L'ÉTUDE DE GARGANTUA SELON LES RÈGLES DE SES PRÉCEPTEURS SOPHISTES

Il employait donc son temps de telle sorte qu'il s'éveillait d'ordinaire entre huit et neuf heures, qu'il fasse jour ou non. C'est ce qu'avaient ordonné ses anciens maîtres alléguant les paroles de David : *Quelle vanité que de vous lever avant le jour.*

Puis il gambadait, sautillait, se vautrait un moment sur la paillasse pour mieux ragaillardir ses esprits animaux ; et il s'habillait selon la saison, mais portait volontiers une grande robe longue de grosse laine frisée, fourrée de renard. Après, il se peignait avec le peigne d'Almain, c'est-à-dire avec les quatre doigts et le pouce, car ses précepteurs disaient que se peigner, se laver et se nettoyer de toute autre façon revenait à perdre son temps en ce monde.

Puis il fientait, pissait, se raclait la gorge, rotait, pétait, bâillait, crachait, toussait, sanglotait, éternuait, se mouchait comme un archidiacre et, pour abattre la rosée et le mauvais air, il déjeunait de belles tripes frites, de belles grillades, de beaux jambons, de belles pièces de chevreau et de force tartines matutinales.

Ponocrates lui faisant remarquer qu'il n'aurait pas dû s'empiffrer si brusquement au saut du lit, sans avoir fait quelque exercice au préalable, Gargantua répondit :

« Quoi ! N'ai-je pas fait suffisamment d'exercice ? Je me suis retourné six ou sept fois à travers le lit avant de me lever. N'est-ce pas assez ? C'est ce que faisait, sur les conseils de son médecin juif, le pape Alexandre, et il vécut jusqu'à sa mort en dépit des envieux. Mes premiers maîtres, qui m'ont donné cette habitude, disaient que le déjeuner donnait bonne mémoire. Aussi étaient-ils les premiers à y boire. Je m'en trouve fort bien et n'en dîne que mieux. Et Maître Hubal, qui fut le premier de sa licence à Paris, me disait que le plus profitable n'est pas de courir bien vite, mais de partir de bonne heure. Aussi, la bonne santé de notre humanité, ce n'est pas de boire des tas, des tas, des tas, comme les canes, mais c'est bien de boire matin, d'où le proverbe :

Lever matin, ce n'est pas bonheur ;
Boire matin, c'est bien meilleur. »

Après avoir déjeuné bien comme il faut, il allait à l'église et on lui apportait dans un grand panier un gros bréviaire emmitouflé, pesant tant en graisse qu'en fermoirs et parchemins, onze quintaux six livres, à peu de chose près. Là, il entendait vingt-six ou trente messes. À ce moment-là, venait son diseur d'heures en titre, encapuchonné comme une huppe[1], ayant bien immunisé son haleine à force de sirop vignolat[2]. Il marmonnait avec lui toutes ces kyrielles et les épluchait si soigneusement que pas un seul grain n'en tombait à terre.

Au sortir de l'église, on lui apportait sur un fardier à bœufs un tas de chapelets de Saint-Claude, dont chaque grain était gros comme le moule d'un bonnet ; et en se promenant à travers les cloîtres, les galeries et le jardin, il en récitait plus que seize ermites.

Puis il étudiait pendant une méchante demi-heure, les yeux posés sur le livre mais, comme dit le Comique, l'esprit à la cuisine.

1. huppe : petit oiseau qui a une touffe de plumes sur la tête.
2. sirop vignolat : le vin.

COMMENT GARGANTUA FUT ÉDUQUÉ PAR PONOCRATES SELON UNE MÉTHODE TELLE QU'IL NE PERDAIT PAS UNE HEURE DE LA JOURNÉE

Gargantua s'éveillait donc vers quatre heures du matin. Pendant qu'on le frictionnait, on lui lisait quelque page des saintes Écritures, à voix haute et claire, avec la prononciation requise. Cet office était dévolu à un jeune page natif de Basché, nommé Anagnostes[1]. Suivant le thème et le sujet du passage, bien souvent, il se mettait à révérer, adorer, prier et supplier le bon Dieu dont la majesté et les merveilleux jugements apparaissaient à la lecture.

Puis il allait aux lieux secrets excréter le produit des digestions naturelles. Là, son précepteur répétait ce qu'on avait lu et lui expliquait les passages les plus obscurs et les plus difficiles.

En revenant, ils considéraient l'état du ciel, regardant s'il était comme ils l'avaient remarqué la veille au soir et en quels signes entrait le soleil, et aussi la lune, ce jour-là.

Cela fait, il était habillé, peigné, coiffé, apprêté et parfumé et, pendant ce temps, on lui répétait les leçons de la veille. Lui-même les récitait par cœur et y appliquait des exemples pratiques concernant la vie des hommes; on dissertait quelquefois pendant deux ou trois heures, mais d'habitude on cessait quand il était complètement habillé.

Ensuite, pendant trois bonnes heures, on lui faisait la lecture. Après quoi, ils sortaient, toujours en discutant du sujet de la lecture, et allaient faire du sport au Grand Braque[2] ou dans les prés; ils jouaient à la balle, à la paume, à la pile en triangle, s'exerçant élégamment le corps, comme ils s'étaient auparavant exercé l'esprit.

Tous leurs jeux étaient libres, car ils abandonnaient la partie quand il leur plaisait et ils s'arrêtaient en général quand la sueur leur coulait par le corps ou qu'ils étaient autrement fatigués. Ils étaient alors très bien essuyés et frottés, ils changeaient de chemise et allaient voir si le repas était prêt, en se promenant doucement. Là, en attendant, ils récitaient à voix claire et avec éloquence quelques formules retenues de la leçon.

Cependant, Monsieur l'Appétit venait et ils s'asseyaient à table juste au bon moment.

1. **Anagnostes** : mot transcrit du grec : lecteur.
2. **Grand Braque** : célèbre jeu de paume parisien.

François Rabelais, *Gargantua*, 1534,
translation par G. Demerson, Éd. du Seuil.

1. Quelle place est accordée au corps dans les deux éducations? En quoi Ponocrates est-il héritier de l'éducation antique?

2. Comparez les horaires des deux matinées. Qu'est-ce qui rend amusantes les exigences de Ponocrates ? Justifiez le titre du chapitre d'où est tiré ce passage.

3. Dans la conduite des études de Gargantua, quel est le principal souci de Ponocrates?

4. De quelle façon le gigantisme contribue-t-il au comique du premier texte? Pourquoi s'efface-t-il du second?

5. NOTION. Quelle place occupe la religion dans l'éducation de Gargantua? Que blâme Rabelais? De quelle pratique fait-il l'éloge?

NOTION

Humanisme et pédagogie

Les humanistes voudraient développer ce qu'il y a de meilleur en l'homme. C'est pourquoi ils attachent une grande importance à la pédagogie, à la diffusion des livres et des idées nouvelles : ils multiplient les traités d'éducation et cherchent à intéresser les princes à cet idéal. Mais Rabelais sait aussi sourire de cet idéal qu'il partage avec tous les humanistes de son temps.

1534 — Gargantua

Un épisode central de *Gargantua* évoque le problème de la guerre. En parodiant les romans de chevalerie, Rabelais dénonce, comme tous les humanistes, les guerres de conquête. Sous un prétexte dérisoire, Picrochole a envahi les terres du pacifique Grandgousier, le père de Gargantua. Après avoir ravagé le village de Seuillé, les pillards dévastent les vignes de l'abbaye : les moines sont terrorisés.

COMMENT UN MOINE DE SEUILLÉ SAUVA LE CLOS DE L'ABBAYE DU SAC DES ENNEMIS

Les pauvres diables de moines ne savaient auquel de leurs saints se vouer. À tout hasard, ils firent sonner *au chapitre les capitulants*[1]. Ils décrétèrent alors qu'ils feraient une belle procession, à grand renfort de beaux psaumes et de litanies *contre les embûches de l'ennemi*, avec de beaux répons *pour la paix*.

Il y avait alors à l'abbaye un moine cloîtré nommé Frère Jean des Entommeures, jeune, fier, pimpant, joyeux, pas manchot, hardi, courageux, décidé, haut, maigre, bien fendu de gueule, bien servi en nez, beau débiteur d'heures, beau débrideur[2] de messes, beau décrotteur de vigiles[3] et pour tout dire, en un mot, un vrai moine s'il en fut depuis que le monde moinant moina de moinerie ; par ailleurs, clerc[4] jusqu'aux dents en matière de bréviaire.

En entendant le bruit que faisaient les ennemis dans le clos de leur vigne, il sortit pour voir ce qu'ils faisaient. En s'apercevant qu'ils vendangeaient le clos sur lequel reposait leur boisson pour toute l'année, il s'en retourne dans le chœur de l'église où se trouvaient les autres moines, tous pétrifiés comme fondeurs de cloches, et voyant qu'ils chantaient :

« Ini - nim - pe - ne - ne - ne - ne - ne - ne - tum - ne - num - num - ini - i - mi - i - mi - co - o - ne - no - o - o - ne - no - ne - no - no - no - rum - ne - num - num...[5]

– C'est bien chien chanté, dit-il, vertu Dieu, que ne chantez-vous :

Adieu paniers, vendanges sont faites ?

Je me donne au diable s'ils ne sont pas dans notre clos à couper si bien ceps et raisins que, par le corps Dieu, il n'y aura rien à grappiller pendant quatre ans. Ventre saint Jacques, que boirons-nous pendant ce temps-là, nous autres pauvres diables ? Seigneur Dieu, donnez-nous notre vin quotidien ! »

Alors le prieur claustral[6] dit :

« Que fait cet ivrogne ici ? Qu'on me le mène au cachot. Troubler ainsi le service divin !

– Oui mais le service du vin, dit le moine, faisons en sorte qu'il ne soit pas troublé ; car vous-même, Monsieur le Prieur, aimez à en boire, et du meilleur. C'est ce que fait tout homme de bien. Jamais un homme noble ne hait le bon vin : c'est un précepte monacal. Quant à ces répons[7] que vous chantez ici, pardieu, ils ne sont pas de saison.

« Pourquoi nos heures sont-elles courtes en période de moisson et de vendanges, et longues pendant l'Avent[8] et tout l'hiver ? Feu Frère Macé Pelosse, de bonne mémoire, vrai zélateur[9] de notre religion (ou je me donne au diable), m'a dit, je m'en souviens, que c'était afin qu'en cette saison nous fassions bien rentrer la vendange pour faire le vin, et puissions le humer en hiver.

« Messieurs, écoutez, vous autres qui aimez le vin. Par le corps Dieu, suivez-moi ! Et bon sang, que saint Antoine me grille si ceux qui n'auront pas secouru la vigne goûtent au vin ! Ventre Dieu, les biens de l'Église ! Ah ! Non, non, diable ! Saint Thomas l'Anglais[10] a bien voulu mourir pour eux. Si je mourais à la tâche, ne serais-je pas saint pareillement ? Pourtant je n'y mourrai pas ; ce sont les autres que je vais expédier. »

1. capitulants : ceux qui prennent des décisions.
2. débrideur : lecteur rapide.
3. vigiles : prières des veilles de fêtes religieuses.
4. clerc : savant.
5. Le chant, ou la psalmodie, déforme les paroles : « ne craignez pas l'attaque des ennemis ».
6. prieur claustral : moine responsable.
7. répons : paroles tirées de la Bible.
8. Avent : période qui précède Noël.
9. zélateur : ardent défenseur.
10. Saint Thomas Becket : archevêque de Canterbury assassiné dans son église.

Ce disant, il mit bas son grand habit et se saisit du bâton de la croix, qui était en cœur de cormier[11], aussi long qu'une lance, remplissant bien la main et quelque peu semé de fleurs de lys, presque toutes effacées. Il sortit de la sorte, dans son beau sarrau, avec son bâton de croix, mit son froc en écharpe et frappa brutalement sur les ennemis qui vendangeaient à travers le clos, sans ordre, sans enseigne, sans trompette ni tambour : en effet, les porte-drapeau et les porte-enseigne avaient laissé leurs drapeaux et leurs enseignes le long des murs, les tambours avaient défoncé leurs caisses d'un côté pour les emplir de raisins, les trompettes étaient chargés de pampres[12], chacun faisait relâche. Il les cogna donc si vertement, sans crier gare, qu'il les culbutait comme des porcs, en frappant à tort et à travers, comme les anciens escrimeurs.

Aux uns, il écrabouillait la cervelle, à d'autres, il brisait bras et jambes, à d'autres, il démettait les vertèbres du cou, à d'autres, il disloquait les reins, effondrait le nez, pochait les yeux, fendait les mâchoires, enfonçait les dents dans la gueule, défonçait les omoplates, meurtrissait les jambes, déboîtait les fémurs, émiettait les os des membres.

Si l'un d'eux cherchait à se cacher au plus épais des ceps, il lui froissait toute l'arête du dos et lui cassait les reins comme à un chien.

Si un autre voulait se sauver en fuyant, il lui faisait voler la tête en morceaux en le frappant à la suture occipito-pariétale.

Si un autre montait à un arbre, croyant y être en sécurité, avec son bâton, il l'empalait par le fondement.

Si quelque ancienne connaissance lui criait :

« Ah ! Frère Jean, mon ami, Frère Jean, je me rends !

– Tu y es bien forcé, disait-il, mais tu rendras en même temps ton âme à tous les diables ! »

Et sans attendre, il lui assenait une volée de coups. Et si quelqu'un se trouvait suffisamment épris de témérité pour vouloir lui résister en face, c'est alors qu'il montrait la force de ses muscles, car il lui transperçait la poitrine à travers le médiastin[13] et le cœur. À d'autres, qu'il frappait au défaut des côtes, il retournait l'estomac et ils en mouraient sur-le-champ. À d'autres, il crevait si violemment le nombril, qu'il leur en faisait sortir les tripes.

François Rabelais, *Gargantua*, 1534,
translation G. Demerson, Éd. du Seuil.

11. **cormier** : bois très dur.
12. **pampres** : raisins.
13. **médiastin** : membrane qui sépare la poitrine.

1. Distinguez les divers épisodes qui composent ce passage et donnez-leur un titre.

2. Quelles sont les deux attitudes que le récit oppose ?

3. Pourquoi Frère Jean est-il condamné par son supérieur ? Sur quel ton lui répond-il ?

4. Avec quelle arme Frère Jean se bat-il ? Quelle leçon peut-on tirer de ce choix ?

5. Relevez les éléments qui font de ce texte une parodie de chanson de geste. Expliquez pourquoi ce qui fait trembler dans une chanson de geste provoque ici le rire.

6. NOTION. Comment le jeune moine est-il présenté ? En quoi le récit et les discours de Frère Jean complètent-ils ce portrait ? En quoi son attitude est-elle exemplaire ?

NOTION

Le portrait du personnage

Le récit est parfois interrompu par le portrait des personnages qu'il met en scène. Pour présenter le personnage, le romancier peut insister sur ses traits physiques, ses vêtements, sa condition sociale, son caractère. Cette présentation est complétée par les discours et les actions du personnage. Portrait, discours, récit se combinent pour rendre celui-ci cohérent et significatif.

1552

Quart Livre

Le *Quart Livre* raconte le long voyage de Pantagruel et de ses amis partis consulter l'oracle de la Dive Bouteille. Ils ont visité les îles les plus surprenantes. Mais voilà qu'entre l'île des Tohu-bohu et l'île des Macréons se déchaîne une terrible tempête. Les deux amis de Pantagruel, Panurge et Frère Jean, ne vont pas avoir les mêmes réactions devant l'adversité.

COMMENT PANTAGRUEL ÉCHAPPA À UNE VIOLENTE TEMPÊTE EN MER

Aussitôt la mer commença à s'enfler et à s'agiter en profondeur ; de fortes vagues se mirent à battre les flancs de nos vaisseaux ; le mistral, accompagné d'un ouragan effréné de grains noirs, de tourbillons terribles, de bourrasques mortelles, se mit à siffler à travers les vergues de nos navires ; le ciel se mit à tonner, gronder, se zébrer d'éclairs, pleuvoir et grêler ; l'air perdit sa transparence, devint opaque, ténébreux et sombre, si bien que la lumière ne provenait que de la foudre, des éclairs et des déchirements des nuées en flammes ; les vents violents, bourrasques, tourbillons et météores brûlants jetèrent des flammes tout autour de nous : foudres, éclairs blancs, éclairs en zigzag et autres projections du ciel ; tous nos repères astraux étaient cachés et troubles ; des tourbillons effrayants suspendaient les hautes vagues du courant. Soyez sûrs que nous croyions revivre le chaos de la mythologie, où feu, air, mer, terre, tous les éléments, étaient en une confusion rebelle.

Panurge, après avoir bien rassasié les poissons mâche-merde du contenu de son estomac, resta accroupi sur le tillac, tout affligé, tout chagriné et à demi mort ; il invoqua tous les bons saints et saintes à son aide, promit de se confesser en temps et lieu, puis se mit à crier ces paroles :

« Majordome, hé mon ami, mon père, mon oncle, apportez un peu de salé : bientôt nous allons trop boire à ce que je vois. *Peu manger, bien boire* sera désormais ma devise. Plût à Dieu et à la Vierge bénie, digne et sainte, que je fusse maintenant, je veux dire à cette heure même, en terre ferme, bien à mon aise.

Oh, que ceux qui plantent des choux sont trois ou quatre fois plus heureux que nous ! Ô Parques[1], que ne m'avez-vous destiné à être planteur de choux ! Oh qu'en petit nombre sont ceux à qui Jupiter a accordé une telle faveur, en les destinant à planter des choux ! En effet, ils ont toujours un pied en terre et l'autre n'en est pas loin. Disserte sur le bonheur et le souverain bien qui voudra ; mais je décrète à l'instant que celui qui plante des choux est un homme fort heureux, à plus juste raison que Pyrrhon[2] qui, se trouvant face au même danger que nous, et voyant sur le rivage un porc qui mangeait de l'orge répandue à terre, le déclara fort heureux pour deux motifs : à savoir qu'il avait de l'orge à foison, et qu'en outre il se trouvait en terre ferme.

Ha ! comme séjour digne d'un dieu et d'un seigneur, il n'est que le plancher des vaches. Cette vague nous emportera, Dieu sauveur ! Oh, mes amis, un peu de vinaigre. Je sue à force de râler de peur. Hélas, les drisses sont rompues, l'amarre de proue est en pièces, les anneaux éclatent, le gouvernail du haut de hune plonge en mer, la carène est au soleil, nos câbles sont presque tous rompus. Hélas, où sont nos voiles ? Tout est capoutte par Gott. Notre voile de mât de misaine est à vau-l'eau. Hélas, à qui appartiendra cette épave ? Mes amis, portez-moi ici, par-derrière une de ces rambardes. Amis, votre cordage pour haler est tombé. Hélas ! Ne lâchez pas l'organeau, ni le cordage. J'entends grincer les gonds du gouvernail. Sont-ils cassés ? Mon Dieu, sauvons le câble du canon ; ne vous souciez pas de la drisse. Bebebe, bous, bous, bous ! Regardez à l'aiguille de votre boussole, de grâce, maître Astrophile[3], d'où nous vient cette tempête. Par ma foi, j'ai une belle peur. Bou, bou, bou, bous, bous. C'en est fait de moi. »

1. **Parques** : déesses qui tissent notre destinée.
2. **Pyrrhon** : philosophe grec adepte du scepticisme.
3. **Astrophile** : nom du pilote, ami des astres.

LE COMPORTEMENT DE PANURGE ET DE FRÈRE JEAN DURANT LA TEMPÊTE

– Viens par ici, possédé du diable, dit Frère Jean, viens donc nous aider par ici, au nom d'un régiment de diables, viens !... Viendra-t-il ?

– Ne jurons point à cette heure, mon père, mon ami, dit Panurge. Vous jurerez demain tant que vous voudrez. Holà, holà, hélas ! Notre navire prend l'eau. Je me noie, hélas, hélas ! Be be be be be bous, bous, bous, bous. Maintenant nous voilà au fond. Hélas ! Hélas ! Je donne dix-huit cent mille écus de rente à qui me ramènera en terre ferme, tout foireux et tout chiasseux comme je suis, si jamais il est possible de trouver un homme dans ma patrie de merde. *Je me confesse*. Hélas ! un petit mot de testament, ou de codicille[4] au moins.

– Mille diables, dit Frère Jean, accablent le corps de ce cocu. Vertu Dieu ! tu parles de testament à cette heure où nous sommes en danger, et où il faut nous évertuer plus que jamais. Viendras-tu, hé Diable ? Compagnon[5], mon mignon, oh le gentil argousin ! là-bas ! Gymnaste[6], viens ici sur le pilier, à la poupe. Ce coup-ci, par la vertu Dieu, nous sommes expédiés. Maintenant voilà notre fanal éteint. Il s'en va à tous les diables.

– Hélas, hélas ! dit Panurge, hélas ! Bou, bou, bou, bous. Hélas, hélas ! Était-ce ici que nous étions destinés à périr ? Holà, braves gens, je me noie, je meurs ! *Tout est fini*. C'en est fait de moi !

– Magna, gna, gna, dit Frère Jean. Fi ! qu'il est laid, ce pleurnicheur de merde. Mousse, hé, par tous les diables, reste dans la pompe.

François Rabelais, *Quart Livre*, 1552,
translation Demerson, Éd. du Seuil.

4. Codicille : ce qu'on ajoute à un testament pour le modifier.

5. Compagnon : nom donné ici à un garde des galères, aussi nommé argousin.

6. Gymnaste : nom d'un compagnon de Gargantua.

Illustration de Gustave Doré (1832-1883). Pantagruel, Panurge et frère Jean au milieu de la tempête.

1. Analysez la construction de la phrase qui décrit la naissance de la tempête. Comment la syntaxe et le lexique contribuent-ils à la description de la mer déchaînée ?

2. Quel rôle joue le monologue de Panurge dans l'évocation de la tempête ?

3. Qu'est-ce qui rend comique le discours de Panurge ?

4. Quelles indications dans les répliques de Frère Jean suggèrent ce qui se passe sur la bateau ? Relevez et classez les procédés qui rendent sensible la violence de la tempête.

5. NOTION. Comparez les discours de Frère Jean et de Panurge. Quelle leçon se dégage de l'épisode ? Serait-elle applicable à d'autres situations ?

NOTION

La situation romanesque

Le romancier place ses personnages dans des situations qui mettent en lumière les réactions de chacun. Chaque personnage incarne ainsi une façon d'être, d'agir et de réagir : il fait voir un aspect de l'homme et du monde dans lequel il vit.

L'humanisme

On désigne par humanisme le puissant mouvement intellectuel et littéraire qui se répand au XVIe siècle à travers toute l'Europe. Remettant en cause les conceptions morales et politiques, religieuses du Moyen Âge, l'humanisme affirme sa confiance dans les possibilités de l'être humain.

Illustration du livre de Guillaume Budé, *De l'institution du prince*, qui témoigne de l'importance de la formation du prince par les lettres.

L'HISTOIRE DU MOUVEMENT

La redécouverte de l'Antiquité

Dès la fin du XVIe siècle, influencés par leurs contacts avec l'Italie, quelques professeurs ou hommes d'Église, juristes, savants, diplomates veulent revenir au grec ancien et au latin classique que l'Église avait déformés. On donne des éditions rigoureuses des auteurs antiques, on admire leur art du discours, on étudie leur philosophie.

Le temps des victoires

Menées par des savants passionnés, comme Guillaume Budé, Lefèvre d'Étaples, Érasme, l'étude des textes antiques conduit à de nouvelles conceptions politiques, morales, religieuses. Des cercles de plus en plus étendus sont sensibles à ces idées nouvelles qui suscitent la résistance acharnée des théologiens catholiques de la Sorbonne. En 1530, la fondation du Collège des lecteurs royaux, l'actuel Collège de France, est une victoire considérable pour les humanistes.

Le grand humaniste Érasme peint par Hans Holbein le jeune.

La crise religieuse

Mais les querelles religieuses qui déchirent l'Europe compromettent le développement de l'humanisme. La faculté catholique de la Sorbonne combat toutes les idées nouvelles tandis que les protestants condamnent les œuvres de Rabelais et d'Érasme. L'affaire des tracts protestants placardés sur la porte du roi provoque dès 1534 un durcissement du pouvoir : certains écrivains doivent s'exiler ; d'autres périssent sur le bûcher. Le rêve d'un homme nouveau a laissé la place aux violences des guerres de religion.

Le mot « humanisme »

Au XVIe siècle, un humaniste est un lettré qui a une connaissance approfondie des textes antiques, grecs et latins. On distinguait en effet les « lettres humaines », ou humanités, étude des textes profanes de l'Antiquité, et les « lettres divines », étude des textes sacrés de la Bible. C'est seulement au XIXe siècle qu'on appelle humanisme le mouvement animé au XVIe par les humanistes. Le mot désigne aussi aujourd'hui toute philosophie qui affirme la primauté de l'homme.

LES PRINCIPES DU MOUVEMENT

Le retour aux textes antiques

L'humaniste veut avoir un accès personnel aux textes antiques. Ainsi les textes sont établis en confrontant les meilleurs manuscrits puis édités pour être compris. Ces études doivent permettre de confronter des points de vue pour mieux comprendre son temps.

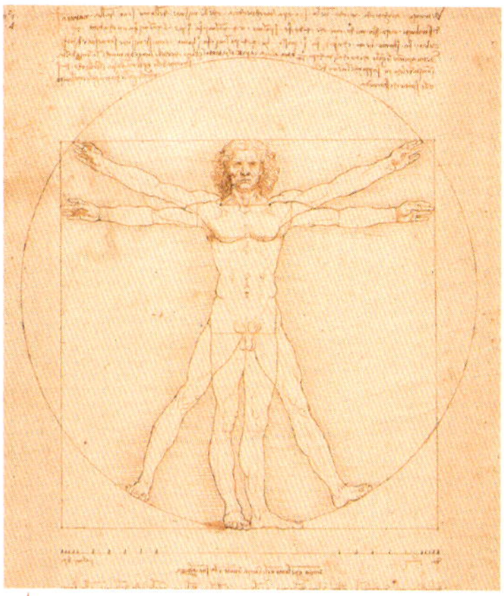

Les proportions idéales du corps humain, selon un dessin de Léonard de Vinci.

Le goût du savoir

L'humaniste est curieux de tout ; sciences naturelles, droit, histoire, littérature. Ce savoir qui se veut encyclopédique fonde un véritable art de vivre : à ce lecteur rigoureux et passionné, rien d'humain n'est étranger.

La volonté de convaincre

L'humaniste pense qu'il faut lutter contre l'ignorance. Il cherche à être clair et compréhensible : des dictionnaires, des répertoires, des index se multiplient pour permettre à chaque lecteur de lire efficacement.

LES THÈMES DE L'HUMANISME

La confiance en l'homme

La morale humaniste se fonde sur l'acceptation de la nature humaine. En développant ses qualités intellectuelles et morales, l'homme peut connaître le bonheur d'une existence libre.

La réflexion politique

Condamnant le tyran qui se lance dans des guerres de conquête, les humanistes invitent les princes à la sagesse : le prince idéal agit selon la raison pour maintenir son peuple dans la paix.

La chute d'Icare de Pierre Bruegel, peinture à l'huile, milieu du XVIe siècle.

La ferveur de la foi

L'humaniste est souvent proche de l'évangélisme : se moquant des superstitions, du culte abusif des saints, des rites sans signification, il veut accéder au texte de l'Évangile et célébrer personnellement le Créateur de l'univers.

Un mouvement européen

L'humanisme se moque des frontières qui divisent l'Europe : il se veut universel. Le Hollandais Érasme correspond avec le poète italien Bembo, avec l'érudit français Budé, avec l'Anglais Thomas More : il « désire être citoyen du monde ». Si l'usage du latin facilite d'abord les échanges, bien vite des traductions, des dictionnaires permettent la diffusion des textes et des idées. Les livres imprimés à Venise sont réclamés à Anvers. Une véritable ferveur réunit les cercles cultivés des grandes villes européennes. Les humanistes voudraient fonder sur cette sagesse antique, qui annonce le christianisme, un univers réconcilié qui permettrait de faire progresser la sagesse des hommes.

Les grandes œuvres de l'humanisme

Littérature

Érasme, *Éloge de la folie*, 1511, *Adages*, 1500
Thomas More, *Utopie*, 1516
Rabelais, *Gargantua*, 1534
Montaigne, *Essais*, 1580
Ronsard, *Odes*, 1550
Du Bellay, *Les Antiquités de Rome* ; *Les Regrets*, 1558
Jodelle, *Cléopâtre captive*, tragédie, 1553

Peinture

Léonard de Vinci, *La Joconde*, 1503-1505
Raphaël, *L'École d'Athènes*, 1509-1510
Michel-Ange, la chapelle Sixtine, 1512
Le Rosso, galerie François Ier à Fontainebleau, 1534-1536
Le Primatice, décoration du château de Fontainebleau, 1531

Sculpture

Michel-Ange, *David*, 1501-1504
Jean Goujon, la Fontaine des Innocents, 1549

Architecture

Pierre Lescot, aile sud-ouest de la Cour carrée du Louvre, 1546-1556
Philibert de l'Orme, château d'Anet, 1545-1555

DU BELLAY

Nom et prénom : **Du Bellay, Joachim**

Naissance : **1522, à Liré, en Anjou**

Décès : **1er janvier 1560, à Paris**

Auteur d'un manifeste : *Défense et Illustration de la langue française* (1549); de poèmes parmi lesquels : *L'Olive* (1549), *Les Antiquités de Rome* (1558), *Les Regrets* (1558).

Joachim Du Bellay, orphelin élevé dans la solitude, se sent attiré vers les lettres. Pendant ses études de droit, il se passionne pour la littérature antique et suit à Paris, au collège de Coqueret, avec le jeune Ronsard, l'enseignement du grand helléniste Dorat. En 1549, il publie un manifeste retentissant, *Défense et Illustration de la langue française,* et un recueil de poèmes, *L'Olive.* En 1553, il part pour Rome à la suite du cardinal Jean Du Bellay, son oncle. Mais Rome, où intriguent tous les diplomates de l'Europe, le déçoit et son métier l'ennuie. Cette désillusion nourrit les deux recueils publiés à son retour en France en 1558, *Les Antiquités de Rome* et *Les Regrets.* Affaibli par la maladie, contrarié par des problèmes financiers, il meurt alors qu'il n'a que trente-huit ans.

DU BELLAY ET LE REGISTRE ÉLÉGIAQUE

Dans ses recueils les plus personnels, *Les Antiquités* et *Les Regrets,* Du Bellay renonce aux ambitions de sa jeunesse. Loin de « chercher l'esprit de l'univers », la poésie devient ce journal où le poète inscrit ses tourments les plus secrets. L'existence est saisie dans la douleur de l'exil, dans la déception du présent. Avec les mots les plus simples, les rimes les moins recherchées, chaque sonnet suggère, parfois dans un sourire, l'acuité de « cette peine qui fait battre le cœur de sa poésie ». De cet attendrissement dont l'amertume le conduit parfois aux ricanements de la satire viennent ses accents les plus élégiaques : nostalgie du pays perdu, appel lancinant du bonheur, souvenir des triomphes disparus.

Objet d'étude La poésie

1558 — Les Antiquités de Rome

Tous les sonnets recueillis dans *Les Antiquités de Rome* évoquent la grandeur disparue de la capitale de l'Empire romain. En regardant ces glorieux monuments envahis par les herbes, le poète médite sur la vanité de la gloire et la puissance du temps.

« COMME ON PASSE EN ÉTÉ... »

Comme on passe en été le torrent sans danger,
Qui soulait[1] en hiver être roi de la plaine
Et ravir[2] par les champs, d'une fuite hautaine,
L'espoir du laboureur et l'espoir du berger ;

Comme on voit les couards animaux outrager
Le courageux lion gisant dessus l'arène[3],
Ensanglanter leurs dents et d'une audace vaine
Provoquer l'ennemi qui ne se peut venger ;

1. **soulait** : avait coutume.
2. **ravir** : enlever de force.
3. **arène** : sable.

4. **braver** : faire les braves.

5. **triomphe** : cérémonie où les vaincus enchaînés accompagnaient le vainqueur.

Et comme devant Troie on vit des Grecs encor
Braver[4] les moins vaillants autour du corps d'Hector :
Ainsi ceux qui jadis soulaient à tête basse,

Du triomphe[5] romain la gloire accompagner,
Sur ces poudreux tombeaux exercent leur audace,
Et osent les vaincus les vainqueurs dédaigner.

Joachim Du Bellay, *Les Antiquités de Rome*, sonnet XV, 1558.

« COMME LE CHAMP SEMÉ... »

Comme le champ semé en verdure foisonne,
De verdure se hausse en tuyau[1] verdissant,
Du tuyau se hérisse en épi florissant,
D'épi jaunit en grain, que le chaud assaisonne[2] :

Et comme en la saison le rustique[3] moissonne
Les ondoyants cheveux du sillon blondissant,
Les met d'ordre en javelle[4], et du blé jaunissant
Sur le champ dépouillé mille gerbes façonne :

Ainsi de peu à peu crût l'empire romain,
Tant[5] qu'il fut dépouillé par la barbare main,
Qui ne laissa de lui que ces marques antiques

Que chacun va pillant : comme on voit le glaneur[6]
Cheminant pas à pas recueillir les reliques[7]
De ce qui va tombant après le moissonneur.

Joachim Du Bellay, *Les Antiquités de Rome*, sonnet XXX, 1558.

1. **tuyau** : tige.
2. **assaisonne** : mûrit.
3. **le rustique** : le paysan.
4. **en javelle** : le blé moissonné est mis en tas.
5. **tant** : jusqu'à ce que.
6. **glaneur** : ramasseur d'épis laissés par les moissonneurs.
7. **les reliques** : ce qui reste.

---

1. Relevez dans chaque sonnet trois comparaisons. Dans quel ordre ces comparaisons sont-elles introduites ?

2. Relevez dans le premier sonnet les expressions qui exaltent la grandeur de Rome.

3. De quelles façons, dans le premier quatrain du second sonnet, Du Bellay montre-t-il l'irrésistible poussée du blé ?

4. Montrez que chaque sonnet donne une idée différente de la grandeur de Rome.

5. NOTION. Expliquez et comparez quel genre d'émotion expriment ces sonnets.

NOTION

La poésie et le registre lyrique

Le lyrisme désigne d'abord la poésie chantée (ode, hymne, sonnet). Par la force des images, leur disposition harmonieuse, le poète lyrique s'éloigne de la prose pour retrouver la puissance d'enchantement de la musique.

1558

Les Regrets

Découvrant la Rome des empereurs et des papes dont tous les humanistes ont rêvé, Du Bellay se sent amèrement décu : seul, loin des siens, il fait l'expérience de l'exil. La poésie devient alors le refuge secret où il peut faire chanter sa douleur.

« JE NE VEUX POINT FOUILLER... »

Je ne veux point fouiller au sein de la nature,
Je ne veux point chercher l'esprit de l'univers,
Je ne veux point sonder les abîmes ouverts,
Ni dessiner du ciel la belle architecture.

Je ne peins mes tableaux de si riches peintures,
Et si hauts arguments[1] ne recherche à mes vers :
Mais suivant de ce lieu les accidents divers,
Soit de bien, soit de mal, j'écris à l'aventure.

Je me plains à mes vers, si j'ai quelque regret;
Je me ris avec eux, je leur dis mon secret,
Comme étant de mon cœur les plus sûrs secrétaires[2].

Aussi ne veux-je tant les peigner et friser,
Et de plus braves[3] noms ne les veux déguiser
Que de papiers journaux ou bien de commentaires.

Joachim Du Bellay, *Les Regrets*, sonnet I, 1558.

1. arguments : sujets, thèmes.
2. secrétaires : chargés du courrier, confidents.
3. braves : ambitieux, nobles.

« FRANCE, MÈRE DES ARTS... »

France, mère des arts, des armes et des lois,
Tu m'as nourri longtemps du lait de ta mamelle :
Ores[1], comme un agneau qui sa nourrice appelle,
Je remplis de ton nom les antres et les bois.

Si tu m'as pour enfant avoué[2] quelquefois[3],
Que ne me réponds-tu maintenant, ô cruelle ?
France, France, réponds à ma triste querelle[4].
Mais nul, sinon Echo[5], ne répond à ma voix.

Entre les loups cruels j'erre parmi la plaine ;
Je sens venir l'hiver, de qui la froide haleine
D'une tremblante horreur fait hérisser ma peau.

Las ! Tes autres agneaux n'ont faute[6] de pâture,
Ils ne craignent le loup, le vent, ni la froidure :
Si[7] ne suis-je pourtant le pire du troupeau.

Joachim Du Bellay, *Les Regrets*, sonnet IX, 1558.

1. ores : maintenant.
2. avoué : reconnu.
3. quelquefois : autrefois.
4. querelle : plainte.
5. Echo : nymphe rejetée par Narcisse.
6. n'ont faute : ne manquent pas.
7. Si : cependant.

« HEUREUX QUI, COMME ULYSSE... »

Heureux qui, comme Ulysse, a fait un beau[1] voyage,
Ou comme cestui-là qui conquit la Toison[2],
Et puis est retourné, plein d'usage et raison,
Vivre entre ses parents le reste de son âge !

Quand reverrai-je, hélas ! de mon petit village
Fumer la cheminée, et en quelle saison
Reverrai-je le clos[3] de ma pauvre maison,
Qui m'est une province[4], et beaucoup davantage ?

Plus me plaît le séjour qu'ont bâti mes aïeux
Que des palais romains les fronts audacieux ;
Plus que le marbre dur me plaît l'ardoise fine,

Plus mon Loire gaulois que le Tibre latin,
Plus mon petit Liré[5] que le mont Palatin[6],
Et plus que l'air marin la douceur angevine.

Joachim Du Bellay, *Les Regrets*, sonnet XXXI, 1558.

1. **beau** : héroïque.
2. **Toison** : la Toison d'or conquise par Jason, héros antique.
3. **clos** : enclos, jardin.
4. **province** : royaume.
5. **Liré** : village natal du poète.
6. **Palatin** : colline qui domine Rome où vivaient les empereurs.

---

1. Autour de quel thème chaque poème s'organise-t-il ?

2. Expliquez de quelle façon les sonnets IX et XXXI remplissent le programme formulé dans le premier sonnet ?

3. Quelle métaphore est filée tout au long du sonnet IX ? En quoi inscrit-elle le texte dans le registre pathétique ?

4. Relevez les expressions qui évoquent l'espace : en quoi renforcent-elles la plainte du poète ?

5. Quelle double aspiration est nécessaire pour qu'une existence humaine soit pleinement heureuse ? Montrez que, dans le sonnet XXXI, « Et puis » (v. 3) est une charnière essentielle.

6. Étudiez dans le sonnet XXXI tout ce qui oppose les deux quatrains. Quel est l'effet produit ?

7. Quelles expressions rapprochent cette poésie du genre autobiographique ?

8. NOTION. Expliquez en quoi ces sonnets apparaissent comme un manifeste en faveur d'une poésie française.

NOTION

L'humanisme et la poésie italienne

Du Bellay a d'abord été fasciné par les poètes italiens qui imitaient Pétrarque. Dans la *Défense*, il a invité les vrais poètes à se détacher de l'école française représentée par Marot pour imiter les poètes italiens qui lui semblaient plus élégants, plus ambitieux, plus modernes. Dans son premier recueil, *L'Olive*, comme Ronsard dans ses premiers poèmes, il a imité les poètes italiens. Mais très vite il s'est détaché de ces modèles, dont il dénonçait l'excessive préciosité.

1549

Du Bellay et le manifeste de la nouvelle poésie française

Lorsqu'en 1549 paraît à Paris *Défense et Illustration de la langue française,* le scandale est immédiat. On comprend pourquoi : un jeune homme inconnu de vingt-sept ans, Joachim Du Bellay, sur un ton péremptoire, condamne d'un coup toute la poésie française et appelle de ses vœux la naissance d'un véritable poète auquel il donne des conseils. Ce bref pamphlet, enthousiaste et insolent, impose une nouvelle conception de la poésie : il marque une date dans l'histoire de notre littérature.

Chronologie de la dispute

1548	dans son *Art poétique français,* Thomas Sébillet fait l'éloge de Marot
20 mars 1549	Du Bellay réplique en publiant *Défense et Illustration de la langue française* et son premier recueil de poésies, *L'Olive*
Janvier 1550	le jeune Ronsard entre à son tour dans la querelle avec la parution des *Odes,* précédées d'un provocant « Avis au lecteur »
1550	le manifeste de Du Bellay déclenche les attaques virulentes des écrivains Barthélemy Aneau et Guillaume des Autels

Le portrait de Joachim Du Bellay.

Le déclenchement de la dispute

Du Bellay vit depuis deux ans à Paris au collège de Coqueret. Avec Ronsard qui a alors vingt-cinq ans et Baïf, âgé de quinze ans, il étudie avec passion les poètes antiques : Pindare, Horace, Virgile, et les Italiens : Dante, Pétrarque, l'Arioste. Or, en 1548, dans l'*Art poétique français pour l'instruction des jeunes studieux et encore peu avancés en la poésie française*, Thomas Sébillet propose un modèle des poètes français et fait l'éloge du « divin Marot ». Du Bellay, pour qui Marot n'a rien de « divin », décide de répliquer. Il rédige alors *Défense et Illustration de la langue française.*

La publication d'un manifeste

Pour Du Bellay, la langue française n'a rien en soi d'inférieur; elle peut devenir aussi illustre que le grec et le latin. Pour l'embellir, il ne faut pas se contenter de traduire, mais il faut imiter les meilleurs écrivains de l'Antiquité en « les dévorant et après les avoir bien digérés, les convertissant en sang et nourriture ». Cette imitation doit être intelligente, profonde, personnelle, inventive : « autrement son imitation ressemblerait (à) celle du singe ».

Clément Marot, au centre de la dispute.

Les critiques des poètes

Du Bellay condamne toute la poésie française qui l'a précédé : les poètes français ne sont pour lui que des versificateurs qui jouent avec les mots. Le vrai poète n'a rien d'un « rimeur », il est inspiré par les dieux. Son chant donne une autre dimension à l'existence humaine. Comme ils sont froids, comme ils

Le collège de Coqueret, au cœur du Quartier latin. Plan du XVIe siècle.

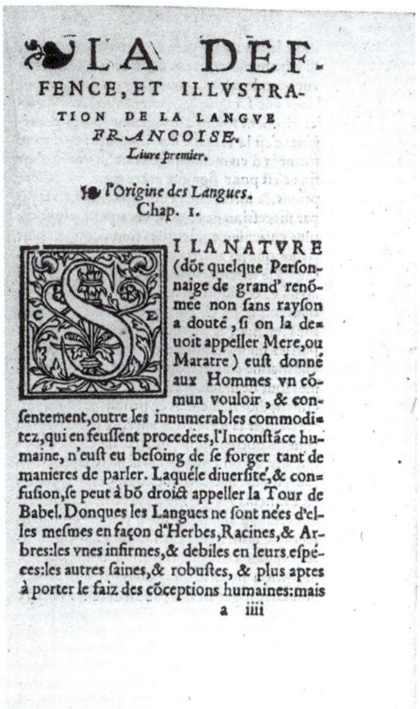

LA DEFFENCE, ET ILLVSTRATION DE LA LANGVE FRANCOISE.
Liure premier.

l'Origine des Langues.
Chap. I.

SI LA NATVRE (dõt quelque Personnaige de grand' renõmée non sans rayson a douté, si on la deuoit appeller Mere, ou Maratre) eust donné aux Hommes vn cõmun vouloir, & consentement, outre les innumerables commoditez, qui en feussent procedées, l'Inconstãce humaine, n'eust eu besoing de se forger tant de manieres de parler. Laquéle diuersité, & confusion, se peut à bõ droict appeller la Tour de Babel. Donques les Langues ne sont nées d'elles mesmes en façon d'Herbes, Racines, & Arbres: les vnes infirmes, & debiles en leurs espéces: les autres saines, & robustes, & plus aptes à porter le faiz des cõceptions humaines: mais
a iiii

sont plats, ces poètes mondains qui plaisent aux courtisans ! Travailleur acharné qui connaît tous les langages en fréquentant savants, techniciens, artisans, le poète doit se sacrifier, « être comme mort en soi-même » pour atteindre cette gloire par laquelle les poètes « se font compagnons des Dieux ».

L'ampleur de la polémique

Un pamphlet si provocant ne reste pas sans réponses. La réplique la plus vive vient de Barthélemy Aneau, professeur, homme de théâtre, poète, traducteur. Il fait l'éloge des poètes français dénigrés par Du Bellay : Chartier, Villon, Marot. Les poètes français ne sont-ils pas préférables aux « grecaniseurs, latiniseurs et italianiseurs en français » ? Il reproche à Du Bellay de se couper de « la communauté des hommes », « d'étranger la poésie » en la réservant aux seuls initiés. Du Bellay réplique en raillant « les écrits d'un petit magister, d'un conard, d'un badault ».

Jean Daurat, poète, professeur de Ronsard et de Du Bellay.

La naissance de la Pléiade

Le manifeste *Défense et Illustration de la langue française* marque la naissance d'un mouvement poétique essentiel dont Ronsard devient la figure de proue : la Pléiade. En rivalisant avec les grands poètes de l'Antiquité grecque et latine, ces jeunes artistes donnent un nouveau souffle à la poésie française. Leur théorie de l'imitation va influencer la littérature française jusqu'au XVIIIe siècle. Du Bellay comme Ronsard montrent la grandeur du poète : il n'est pas seulement un versificateur mais un savant inspiré, un messager des dieux, un visionnaire qui fait la gloire de son pays. Une telle ambition se retrouvera, plus tard, chez les poètes romantiques et surréalistes.

Virgile, Homère et Dante, les modèles dont s'inspire la Pléiade. Fresque de Raphaël, détail, XVIe siècle.

Les reproches de Du Bellay

1. Les poètes français sont prisonniers de formes poétiques héritées du Moyen Âge.
2. Ils ne sont que des versificateurs qui jouent avec les mots.
3. Ils manquent d'envergure et sont inconnus à l'étranger.

COMPRENDRE L'ESSENTIEL

1. **Peut-on dire que les poètes du collège de Coqueret sont des humanistes ? Pourquoi ?**
2. **Quelle différence voyez-vous entre traduction et imitation ?**
3. **Qu'est-ce qu'un poète pour Du Bellay ?**

Auteur de nombreux recueils de poèmes parmi lesquels : *Odes* (1550), *Les Amours* (1552), *Hymnes* (1555-1564), *Continuation des Amours* (1556), *Discours sur les misères de ce temps* (1562), *Élégies, Mascarades et Bergeries* (1565), *Second Livre des Amours* (1578), *Sonnets pour Hélène* (1578).

RONSARD

Nom et prénom : **de Ronsard, Pierre**

Naissance : **1er septembre 1524, dans le Vendômois**

Décès : **27 décembre 1585, à Saint-Cosme en Touraine**

Ayant suivi à la cour son père, gentilhomme humaniste ami des arts et de la poésie, le jeune Ronsard se prépare à une carrière brillante : il a fière allure et partage les jeux du futur roi Henri II. Mais en 1540, une grave maladie le force à renoncer aux armes. Pendant plusieurs années, au collège de Coqueret, il étudie avec passion le grec et le latin. Consacrée dès lors à la poésie, sa vie, qu'il partage entre la cour et la campagne, est rythmée par ses œuvres d'une étonnante diversité : *Odes* (1550, 1552), *Amours* (1552, 1555, 1578), *Hymnes* (1555, 1556). Personnage en vue, aumônier du roi Henri II en 1558, Ronsard n'hésite pas à prendre parti : dans ses *Discours* en 1562, il attaque les protestants. Mais en 1565, ses *Elégies, mascarades et bergeries* donnent un tour nouveau à son œuvre. Lui qui se moquait des poètes courtisans devient le poète préféré de Charles IX. La mort le surprend alors que, délaissé par Henri III, il prépare la septième édition de ses œuvres.

L'ŒUVRE DE RONSARD

Les *Odes* et le registre lyrique

Dans ses cinq livres d'*Odes*, publiés en 1550 et en 1552, Ronsard veut rivaliser avec les formes les plus hautes du lyrisme grec. Si Pindare chante la gloire des athlètes, Ronsard célèbre le roi, les grands du royaume, les poètes. Par la splendeur des images, la richesse des références mythologiques, l'ampleur des rythmes, le langage poétique écarte les platitudes de la prose pour se rapprocher de la musique et de la danse.

Les *Amours* et le lyrisme amoureux

Adressés tour à tour à Cassandre, Marie, Sinope, Hélène, inspirés d'amours peut-être réelles, ces poèmes destinés à être chantés évoquent, à la façon du grand poète italien Pétrarque, les mille douleurs de l'amoureux. Ils paraissent en 1552, 1555 et, beaucoup plus tard, en 1578.

Les *Hymnes* et la poésie philosophique

Dans ces compositions ambitieuses, publiées en 1555 et 1556, qui parfois dépassent 700 vers, le poète aborde les sujets les plus graves : l'éternité, les astres, la philosophie, la justice, la mort. Les mythes antiques, des passages épiques, l'élan des alexandrins donnent couleur et vie à ces puissantes méditations.

Les *Discours* et le registre polémique

Dans les *Discours*, Ronsard, profondément attaché au catholicisme et à la monarchie, s'élève en 1562 contre les protestants qui menacent la paix du royaume. La puissance des images, la liberté de la composition font de ces discours militants de véritables poèmes.

LA PUISSANCE DE LA POÉSIE

Pour Ronsard, la poésie n'a rien à voir avec les récits versifiés d'un Marot. « Le style prosaïque, dit-il, est ennemi de la splendeur des vers. » Le vrai poète s'empare de tous les moments de l'existence pour en faire sentir le caractère sacré. Il n'y a pas de véritable inspiration sans cet enthousiasme où la parole humaine, par le jeu des rythmes, des images, des sonorités, des mythes, devient musique. Même dans ses méditations les plus mélancoliques, même dans ses *Derniers Vers* arrachés à la mort, le poète fait entendre l'amour de la vie. Qui ne connaît pas cet enchantement ne connaît pas la puissance de la poésie.

1552 — Les Amours

Les poètes de la Pléiade ont voulu rivaliser avec les poètes italiens qui étaient à la pointe de la modernité. Cette volonté d'émulation se montre dans ce sonnet inspiré par le poète humaniste italien Bembo.

Comme un chevreuil, quand le printemps détruit
L'oiseux[1] cristal de la morne gelée,
Pour mieux brouter l'herbette emmiellée[2],
Hors de son bois avec l'Aube s'enfuit,

Et seul, et sûr, loin de chiens et de bruit,
Or[3] sur un mont, or dans une vallée,
Or près d'une onde à l'écart recelée[4]
Libre[5] folâtre[6] où son pied le conduit ;

De rets[7] ni d'arc sa liberté n'a crainte,
Sinon alors que sa vie est atteinte
D'un trait meurtrier empourpré de son sang :

Ainsi j'allais sans espoir[8] de dommage,
Le jour qu'un œil sur l'avril de mon âge,
Tira d'un coup mille traits dans mon flanc.

Pierre de Ronsard, *Les Amours de Pierre de Ronsard*, LX, 1552.

1. **oiseux** : sens concret d'immobile, inutile.
2. **emmiellée** : douce comme le miel.
3. **or... or...** : tantôt... tantôt...
4. **recélée** : cachée, dissimulée.
5. **libre** : librement.
6. **folâtre** : fait gaiement de petites folies.
7. **rets** : filet, piège.
8. **espoir** : attente.

LE TEXTE DONT S'EST INSPIRÉ RONSARD

Comme à son habitude, quand l'hiver âpre et dur part et fait place à de meilleures saisons, le jeune cerf avec le jour sort du bois natal, tranquille et bienfaisant.

Tantôt sur une colline, tantôt le long d'un ruisseau, il erre loin des maisons et des bergers, broutant l'herbe humide de rosée et les fleurs partout où le fait avancer son désir.

Il ne craint ni flèche ni autre traîtrise sinon quand il est frappé en plein flanc d'un bon acier tiré d'une cachette.

Ainsi moi, sans craindre une proche douleur, je passais, ce jour où vos yeux me percèrent, Madame, tout le flanc gauche.

Pietro Bembo, *Rime*, 1530 (traduit de l'italien).

1. Ronsard a-t-il modifié la composition du poème de Bembo ? Quels sont les deux éléments de la comparaison ?

2. Quels sont, dans le tableau des deux quatrains, les éléments du paysage que Ronsard conserve, ceux qu'il élimine, ceux qu'il transforme ?

3. Quels sont, dans le dernier tercet, les termes qui prolongent la comparaison avec le chevreuil ?

4. La pointe finale s'accorde-t-elle avec le tableau qui précède ? Quelle image donne-t-elle de l'amour ?

5. NOTION. En s'inspirant de Bembo, Ronsard a-t-il dépassé son modèle ?

NOTION

La Pléiade et l'imitation

Les poètes de la pléiade se sont inspirés de la poésie antique mais aussi de la poésie italienne qui leur semblait moderne et prestigieuse. Ils refusaient la simple traduction mais recommandaient l'imitation : « se transformant en eux, les dévorant et après les convertissant en sang et nourriture », le poète essayait de retrouver l'énergie des poètes qu'il admirait et avec lesquels il voulait rivaliser.

1567

Élégies

Ronsard a consacré plusieurs poèmes à la reine Marie Stuart, célèbre pour sa beauté et son esprit. Dans cette élégie, il évoque le moment où la jeune reine, qui vient de perdre son mari François II, se voit contrainte de quitter la France pour rejoindre l'Écosse où l'attend un destin tragique.

Un crêpe[1] long, subtil[2] et délié,
Pli contre pli, retors et replié,
Habit de deuil[3], vous sert de couverture
Depuis le chef[4] jusques à la ceinture,
Qui s'enfle ainsi qu'une voile quand le vent
Souffle la barque et la cingle en avant.

De tel habit vous étiez accoustrée[5]
Partant, hélas ! de la belle contrée
Dont aviez eu le Sceptre dans la main,
Lorsque pensive, et baignant votre sein
Du beau cristal de vos larmes roulées,
Triste marchiez par les longues allées
Du grand jardin de ce royal château
Qui prend son nom[6] de la source d'une eau.

Tous les chemins blanchissaient sous vos toiles,
Ainsi qu'on voit blanchir les rondes voiles,
Et se courber bouffantes sur la mer,
Quand les forçats ont cessé de ramer ;
Et la galère, au gré du vent poussée,
Flot dessus flot s'en va toute élancée
Sillonnant l'eau, et faisant d'un grand bruit
Pirouetter la vague qui la suit.

Pierre de Ronsard, *Œuvres*, « Élégies » (extrait), 1567.

1. **crêpe** : étoffe de soie claire portée pour le deuil.
2. **subtil** : léger, fragile.
3. **deuil** : le deuil des reines de France était en blanc.
4. **chef** : tête.
5. **accoustrée** : vêtue, parée.
6. **nom** : Fontainebleau condense Fontaine belle eau.

1. **Quelle est la vision qui inspire le poète et qu'il impose au lecteur ?**

2. **Quelles indications précisent les circonstances de la scène évoquée ?**

3. **Relevez les mots et expressions qui évoquent des courbes. Quelles correspondances sont ainsi tissées tout au long de la page ?**

4. **Relevez les sensations visuelles et sonores. En quoi contribuent-elles au climat de la scène ?**

5. NOTION. **Relevez plusieurs périphrases et expliquez l'effet produit.**

6. **Quelles indications et quelles images mettent en scène le motif de la séparation ?**

7. **Quel portrait le poète dessine-t-il de la jeune femme ? En quoi cet éloge est-il rendu émouvant ?**

NOTION

Les périphrases poétiques

On appelle périphrase une expression formée de plusieurs mots qui se substitue à un mot unique. La périphrase peut être utilisée pour mettre en valeur une caractéristique de la réalité évoquée : la « messagère du printemps » pour « hirondelle », par exemple.

1578 Second Livre des Amours

Le *Second Livre des Amours* se termine par des poèmes consacrés à la mort de Marie. Quelle que soit l'identité de la jeune femme à qui Ronsard adresse ces vers, le poète trouve des accents d'une harmonieuse gravité pour éloigner du tombeau de la jeune femme les ombres de la mort.

« COMME ON VOIT SUR LA BRANCHE... »

Comme on voit sur la branche au mois de mai la rose
En sa belle jeunesse, en sa première fleur,
Rendre le ciel jaloux de sa vive couleur,
Quand l'aube de ses pleurs au point du jour l'arrose :

La grâce dans sa feuille, et l'amour se repose,
Embaumant les jardins et les arbres d'odeur :
Mais battue ou de pluie ou d'excessive ardeur[1],
Languissante elle meurt feuille à feuille déclose.

Ainsi en ta première et jeune nouveauté,
Quand la terre et le ciel honoraient ta beauté,
La Parque[2] t'a tuée, et cendre tu reposes.

Pour obsèques[3] reçois mes larmes et mes pleurs,
Ce vase plein de lait[4], ce panier plein de fleurs,
Afin que vif et mort ton corps ne soit que roses.

Pierre de Ronsard, *Second Livre des Amours*, IV, 1578.

1. **ardeur** : chaleur.
2. **Parque** : déesse de la mort.
3. **obsèques** : offrandes mortuaires, hommage à un mort.
4. **lait** : offrandes antiques.

1. Quelle relation y a-t-il entre le développement de la comparaison et la structure du sonnet ?

2. Quels mots contribuent à tisser tout au long du poème des correspondances entre la rose et la jeune femme ?

3. Quelles modifications de l'énonciation opposent les tercets aux quatrains ? Expliquez l'effet produit.

4. Relevez les indications temporelles et étudiez le lexique de la douleur. En quoi montrent-ils la puissance de la passion ?

5. NOTION. Relevez dans le sonnet diverses formes de redoublement et indiquez l'effet produit.

6. Étudiez la qualité et la disposition des rimes. Comment concourent-elles à l'unité harmonieuse du poème ?

7. Relevez les expressions, analysez les rythmes et les sonorités qui contribuent à voiler de douceur l'évocation de la disparue.

NOTION

Les groupements binaires en poésie

On qualifie de binaire toute structure où deux éléments semblables sont fortement liés. Ce peut être, dans un alexandrin, des groupements de six syllabes, dans une phrase, des éléments de même longueur, des groupes nominaux de même structure ou des noms accompagnés de deux adjectifs. Le groupement binaire met en valeur des oppositions, ou constitue un facteur d'harmonie.

Auteur d'un dialogue en prose, *Débat de Folie et d'Amour*, de trois élégies et de vingt-quatre sonnets, publiés en 1555.

LABÉ

Nom et prénom : **Labé, Louise**

Naissance : **vers 1524, à Lyon**

Décès : **en janvier ou février 1566, à Lyon**

Fille d'un riche fabricant de cordes, Louise Labé apprend la broderie, la musique, l'italien, le latin, l'équitation, l'escrime. Surnommée « la belle cordière », cette femme élégante et cultivée ose écrire et publier ses œuvres qui paraissent, en 1555, chez un célèbre éditeur de Lyon. Les femmes, confie-t-elle, qui ont la chance d'être instruites doivent chercher la gloire par leurs écrits et non par les « chaînes, anneaux et somptueux habits ». Souvent décriée, parfois brutalement calomniée, elle est admirée par de nombreux poètes qui lui rendent hommage à la fin de son livre. Elle n'a pas cinquante ans quand elle meurt, veuve et sans enfants, dans la ville où elle était née.

LOUISE LABÉ ET LE LYRISME AMOUREUX

Si le *Débat de Folie et d'Amour* propose de nombreuses pages d'une prose savoureuse et amusante, ce sont vingt-quatre sonnets de décasyllabes qui ont rendu célèbre « la nymphe ardente du Rhône ». S'inspirant des poètes italiens, elle a donné un accent singulier à l'évocation du thème amoureux. Chaque sonnet, animé d'un seul mouvement, a l'intensité d'un aveu, d'un appel, d'un cri. On dirait que la poésie est l'expression directe de la passion dont elle semble avoir vécu tous les vertiges : attente, bonheur fou, angoisse mortelle, soif du corps, élan de l'âme. Ce bref recueil fait entendre « le cri du sentiment » propre au registre lyrique.

Objet d'étude La poésie

1555 — Œuvres

Dans ce poème, Louise Labé confie que l'amour, découvert à seize ans, a changé le cours de sa vie. C'est cette puissance de l'amour qu'elle exalte dans tous ses écrits.

« Ô BEAUX YEUX BRUNS... »

Ô beaux yeux bruns, ô regards détournés,
Ô chauds soupirs, ô larmes épandues,
Ô noires nuits vainement attendues,
Ô jours luisants vainement retournés,

Ô tristes pleins[1], ô désirs obstinés,
Ô temps perdu, ô peines dépendues[2],
Ô mille morts en mille rets[3] tendues,
Ô pires maux contre moi destinés,

Ô ris, ô front, cheveux, bras, mains et doigts,
Ô luth plaintif, viole, archet et voix :
Tant de flambeaux pour ardre[4] une femelle !

1. **pleins** : plaintes, gémissements.
2. **dépendues** : dépensées.
3. **rets** : pièges.
4. **ardre** : brûler.
5. **d'iceux** : de ses feux.
6. **tâtant** : brûlant mon cœur en tant d'endroits.

De toi me plains, que tant de feux portant,
En tant d'endroits d'iceux[5] mon cœur tâtant[6],
N'en est sur toi volé quelque étincelle.

Louise Labé, *Œuvres*, sonnet II, 1555.

« CLAIRE VÉNUS... »

Claire Vénus[1], qui erres par les Cieux,
Entends ma voix qui en plaints[2] chantera,
Tant que ta face au haut du ciel luira,
Son long travail[3] et souci ennuyeux.

Mon œil veillant s'attendrira bien mieux,
Et plus de pleurs te voyant jettera.
Mieux mon lit mol de larmes baignera,
De ses travaux voyant témoins tes yeux.

Donc des humains sont les lassés esprits
De doux repos et de sommeil épris.
J'endure mal tant que le Soleil luit :

Et quand je suis quasi toute cassée,
Et que me suis mise en mon lit lassée,
Crier me faut mon mal toute la nuit.

Louise Labé, *Œuvres*, sonnet V, 1555.

1. **Vénus** : planète qui porte le nom de la déesse de l'amour.
2. **plaints** : plaintes.
3. **travail** : torture, tourment.

1. Dans les deux premiers quatrains de chaque sonnet, analysez la modalité des phrases. Expliquez, à chaque fois, l'effet produit.

2. Quelle métaphore éclaire le sonnet II ? Comment le poème lui donne-t-il de la force ?

3. Dans le sonnet V, relevez des indications concrètes. Quelles oppositions les rendent poétiques ?

4. NOTION. Montrez comment, dans les deux sonnets, les vers 9 et 10 s'opposent aux quatrains qui précèdent et aux vers qui suivent.

5. Comment est montrée la force de la passion ? Relevez les indications temporelles et le lexique de la douleur.

6. Comparez comment, dans les deux sonnets, est suggéré l'isolement de l'amoureuse.

7. Quels sont les deux destinataires des sonnets ? En quoi ces apostrophes contribuent-elles au registre lyrique ?

NOTION

La poésie et la structure formelle

La forme du poème, qui se retrouve dans le choix des strophes, des vers et des rimes, contribue à l'organisation du discours poétique. Le sonnet, venu d'Italie, est une forme fixe qui comprend deux quatrains à rimes embrassées sur deux rimes suivis d'un sizain composé de deux tercets rimés en ccdeed (forme dite italienne ou marotique) ou en ccdede (forme dite française).

Auteur des *Essais*, livres I et II en 1580, réédités en 1582 et en 1587 ; édition enrichie du livre III en 1588 et édition définitive (posthume) en 1595.

MONTAIGNE

Nom et prénom : **Eyquem de Montaigne, Michel**

Naissance : **le 28 février 1533, à Montaigne, près de Bordeaux**

Décès : **13 septembre 1592, à Montaigne**

Après une enfance heureuse et de solides études humanistes, Michel Eyquem, seigneur de Montaigne, entame une carrière de juriste. À vingt-cinq ans, il se lie d'amitié avec Étienne de La Boétie, juriste, philosophe et poète, dont la mort prématurée le laisse inconsolable. Devenu riche par son mariage en 1565 et par la mort de son père en 1568, Montaigne décide de renoncer à ses fonctions au parlement de Bordeaux et de se retirer dans le château familial. Il a trente-huit ans. Il accumule librement notes et remarques qu'il regroupe dans deux livres d'*Essais* qui paraissent en 1580. Pour soigner de douloureux maux de reins et pour le bonheur de voir du pays, il entreprend alors un long voyage à travers l'Allemagne, la Suisse, l'Italie. C'est à Rome qu'il apprend qu'il est élu maire de Bordeaux. Il remplit pendant quatre ans cette charge difficile. En 1588, les *Essais* s'augmentent d'un troisième livre et de quelque six cents additions. Retiré dans son château, il consacre ses cinq dernières années à l'enrichissement de son livre.

L'ŒUVRE DE MONTAIGNE

Les *Essais*, un nouveau genre littéraire

C'est Montaigne qui donne au genre de l'essai ses lettres de noblesse. Ni discours réglé ni traité exhaustif, ce genre libre convient idéalement à celui qui ne croit pas aux vérités établies. Montaigne y aborde n'importe quel sujet sans avoir à dire le dernier mot : hors des chemins battus, allant de deux à deux cents pages, les *Essais* de Montaigne procèdent « par sauts et par gambades », au bon plaisir de leur auteur. Jamais achevé, l'essai permet toutes les reprises que Montaigne ne cesse de multiplier. Rien ne compte que ce mouvement par lequel, en écrivant, il essaie de se comprendre.

Les *Essais* et l'écriture autobiographique

Dès la première page des *Essais*, Montaigne avertit son lecteur qu'il veut seulement qu'on le « voie de la façon la plus simple, naturelle et ordinaire ». Il ne raconte pas l'histoire de sa vie mais analyse ce qu'il pense, ce qu'il ressent, ce qui l'irrite, ce qui fait son bonheur. Parce que l'écriture fixe et parfois accentue ce qu'il est, le livre devient peu à peu le moment le plus créateur de sa vie : « Je me suis peint en moi de couleurs plus nettes que les miennes premières. » Chemin faisant, sans dessein préconçu, se dessine l'autoportrait d'un homme singulier. Or, plus il se découvre singulier, plus il reconnaît en lui la marque de « l'humaine condition » : son livre devient un miroir où chacun peut se découvrir.

LE GOÛT DU BONHEUR

Héritier du scepticisme antique, nourri de la lecture des moralistes et des historiens, exposé à la violence des guerres civiles, Montaigne sent avec acuité l'instabilité de notre univers, la diversité des croyances, des coutumes, des pensées. « La peste de l'homme, écrit-il, c'est l'opinion de savoir ». Mais cette lucidité qui le pousse à refuser tout dogmatisme est le premier pas vers une sagesse qu'il faut inventer. Si la vérité échappe à toute prise, du moins peut-on en retrouver le mouvement dans la recherche de ce qu'il y a en soi de plus singulier. Cette prise de conscience qui se nourrit de la confrontation avec les autres et avec soi apprend à aimer la vie. Savoir savourer chaque minute, par la conscience aiguë qu'on sait en prendre, c'est savoir vivre. C'est à ce bonheur que Montaigne invite chacun de ses lecteurs.

1580 — Essais

Comme tous les humanistes, comme Rabelais, Montaigne est attentif aux problèmes de l'éducation. Comment apprendre à l'élève à devenir pleinement lui-même ? Il ne suffit peut-être pas de lui inculquer un certain nombre de connaissances.

On ne cesse de criailler à nos oreilles, comme qui verserait dans un entonnoir, et notre charge[1], ce n'est que redire ce qu'on nous a dit. Je voudrais qu'il[2] corrigeât cette partie[3], et que, de belle arrivée[4], selon la portée de l'âme qu'il a en main, il commençât à la mettre sur la montre[5], lui faisant goûter les choses, les choisir, les discerner d'elle-même : quelquefois lui ouvrant le chemin, quelquefois le lui laissant ouvrir. Je ne veux pas qu'il invente et parle seul, je veux qu'il écoute son disciple parler à son tour. Socrate et, depuis, Archésilas[6] faisaient premièrement parler leurs disciples et puis ils parlaient à eux. « L'autorité de ceux qui enseignent nuit souvent à ceux qui veulent apprendre[7]. »

Il est bon qu'il le fasse trotter devant lui pour juger de son train[8], et juger jusques à quel point il se doit ravaler[9] pour s'accommoder à sa force. À faute de cette proportion nous gâtons tout : et de la savoir choisir et s'y conduire bien mesurément, c'est l'une des plus ardues besognes que je sache : et est l'effet d'une haute âme et bien forte, savoir condescendre à ses allures puériles et les guider. Je marche sûr et plus ferme à mont qu'à val[10].

Ceux qui, comme porte notre usage, entreprennent d'une même leçon et pareille mesure de conduite régenter plusieurs esprits de si diverses mesures et formes, ce n'est pas merveille si, en tout un peuple d'enfants, ils en rencontrent à peine deux ou trois qui rapportent quelque juste fruit de leur discipline.

Qu'il ne lui demande pas seulement compte des mots de sa leçon, mais du sens et de la substance, et qu'il juge du profit qu'il aura fait, non par le témoignage de sa mémoire, mais de sa vie. Que ce qu'il viendra d'apprendre, il le lui fasse mettre en cent visages et accommoder à autant de divers sujets, pour voir s'il l'a encore bien pris et bien fait sien. C'est témoignage de crudité et indigestion que de regorger la viande comme on l'a avalée. L'estomac n'a pas fait son opération, s'il n'a fait changer la façon et la forme à ce qu'on lui avait donné à cuire.

Montaigne, « De l'institution des enfants », *Essais*, I, chapitre XXVI, 1580.

1. **notre charge** : notre rôle, à nous élèves.
2. **il** : le maître.
3. **cette partie** : cette attitude.
4. **de belle arrivée** : dès l'abord.
5. **sur la montre** : sur la piste pour un galop d'essai.
6. **Archésilas** philosophe grec comme Socrate.
7. Phrase de Cicéron.
8. **Son train** : son allure.
9. **ravaler** : se rabaisser.
10. **à mont qu'à val** : en montant qu'en descendant.

1. Relevez, dans la première phrase, les expressions satiriques et expliquez ce qu'elles dénoncent.

2. Quelles critiques Montaigne adresse-t-il à l'enseignement traditionnel ?

3. NOTION. Montaigne a-t-il recours ici à des exemples ? Distinguez les images qu'il met en œuvre. Expliquez comment elles rendent plus convaincants les arguments proposés.

4. Quel rôle jouent la citation de Cicéron (l. 8) et la référence aux philosophes grecs ?

5. Quel but Montaigne fixe-t-il à l'enseignement ? Quelle méthode lui semble adaptée à ce but ?

6. Dans le paragraphe 3, que critique Montaigne ?

7. Par quels termes Montaigne fait-il l'éloge de la pédagogie qu'il propose ?

NOTION

Les images dans l'argumentation

Pour soutenir une thèse, étayer un argument, on peut s'appuyer sur des exemples, réels ou imaginaires. On recourt parfois à des images qui font voir ce qu'on veut dire et animent les explications.

1588

Essais

Dans ce long essai qui analyse la vanité humaine, Montaigne évoque sa façon de voyager. Refusant les chemins tracés d'avance, les idées préconçues, il se montre curieux de tout ce qui est différent.

DE LA VANITÉ

Moi, qui le plus souvent voyage pour mon plaisir, ne me guide pas si mal. S'il fait laid à droite, je prends à gauche ; si je me trouve mal propre à monter à cheval, je m'arrête. En faisant ainsi, je ne vois à la vérité rien qui ne soit aussi plaisant et commode que ma maison. Il est vrai que j'en trouve la superfluité toujours superflue, et marque de l'empêchement[1] en la délicatesse[2] même et en l'abondance. Ai-je laissé quelque chose à voir derrière moi ? J'y retourne ; c'est toujours mon chemin. Je ne trace aucune ligne certaine, ni droite, ni courbe. Ne trouvé-je point où je vais, ce qu'on m'avait dit ? Comme il advient souvent que les jugements d'autrui ne s'accordent pas aux miens, et les ai trouvés plus souvent faux, je ne plains pas ma peine ; j'ai appris que ce qu'on disait n'y est point.

J'ai la complexion du corps libre[3] et le goût commun[4], autant qu'homme du monde. La diversité des façons d'une nation à autre ne me touche que par le plaisir de la variété. Chaque usage a sa raison. Soient des assiettes d'étain, de bois, de terre, bouilli ou rôti, beurre ou huile de noix ou d'olive, chaud ou froid, tout m'est un, et si un que, vieillissant, j'accuse[5] cette généreuse faculté, et aurai besoin que la délicatesse et le choix arrêtât l'indiscrétion[6] de mon appétit et parfois soulageât mon estomac. Quand j'ai été ailleurs qu'en France et que, pour me faire courtoisie, on m'a demandé si je voulais être servi à la française, je m'en suis moqué et me suis toujours jeté aux tables les plus épaisses[7] d'étrangers.

J'ai honte de voir nos hommes énivrés de cette sotte humeur de s'effaroucher des formes contraires aux leurs : il leur semble être hors de leur élément quand ils sont hors de leur village. Où qu'ils aillent, ils se tiennent à leurs façons, et abominent les étrangères. Retrouvent-ils un compatriote en Hongrie, ils festoient cette aventure : les voilà à se rallier et à se recoudre ensemble, à condamner tant de mœurs barbares qu'ils voient. Pourquoi non barbares, puisqu'elles ne sont françaises ? Encore sont-ce les plus habiles[8] qui les ont reconnues, pour en médire. La plupart ne prennent l'aller que pour le venir[9]. Ils voyagent couverts et resserrés d'une prudence taciturne et incommunicable, se défendant de la contagion d'un air inconnu.

Ce que je dis de ceux-là me ramentait[10], en choses semblables, ce que j'ai parfois aperçu en aucuns[11] de nos jeunes courtisans. Ils ne tiennent qu'aux hommes de leur sorte, nous regardent comme gens de l'autre monde, avec dédain ou pitié. Ôtez-leur les entretiens des mystères de la cour, ils sont hors de leur gibier, aussi neufs pour nous et malhabiles comme nous sommes à[12] eux. On dit bien vrai qu'un honnête homme c'est un homme mêlé.

Michel de Montaigne, « De la vanité », *Essais*, III, chapitre IX, 1588.

1. **empêchement** : gêne.
2. **délicatesse** : raffinement.
3. **libre** : qui s'adapte à tout.
4. **commun** : qui accepte tout.
5. **j'accuse** : je me plains de.
6. **indiscrétion** : manque de modération.
7. **épaisses** : remplies.
8. **habiles** : intelligents.
9. **le venir** : le retour.
10. **ramentait** : rappelait.
11. **aucuns** : quelques-uns.
12. **à** : pour.

1. Distinguez les principaux moments de ce passage et donnez-leur un titre.

2. Peut-on parler ici d'un récit autobiographique ?

3. Reformulez la thèse soutenue par l'auteur. Distinguez quels sont ses arguments.

4. Montrez la virulence de la satire.

5. NOTION. En vous appuyant sur l'ensemble du texte, expliquez-en la dernière phrase. En quoi cette formule correspond-elle à l'idéal humaniste ?

NOTION

L'idéal humaniste

En cherchant à fonder son bonheur sur l'acceptation de la nature humaine, Montaigne est l'héritier des humanistes. Comme eux, il défend un idéal accessible à tout homme de bonne volonté.

1588

Essais

Arrivé au seuil de la vieillesse, fort d'une expérience parfois douloureuse, au moment de quitter le lecteur, Montaigne décrit avec une force singulière sa conception de la sagesse.

DE L'EXPÉRIENCE

Quand je danse, je danse ; quand je dors, je dors ; voire et[1] quand je me promène solitairement en un beau verger, si mes pensées se sont entretenues des occurrences étrangères[2] quelque partie du temps, quelque autre partie je les ramène à la promenade, au verger, à la douceur de cette solitude, et à moi. Nature a maternellement observé cela, que les actions qu'elle nous a enjointes pour notre besoin nous fussent aussi voluptueuses ; et nous y convie, non seulement par la raison, mais aussi par l'appétit[3] : c'est injustice de corrompre ses règles.

Quand je vois et César et Alexandre[4], au plus épais de sa grande besogne, jouir si pleinement des plaisirs naturels et par conséquent nécessaires et justes, je ne dis pas que ce soit relâcher son âme, je dis que c'est la roidir, soumettant par vigueur de courage à l'usage de la vie ordinaire ces violentes occupations et laborieuses pensées. Sages, s'ils eussent cru que c'était là leur ordinaire vacation[5] ; celle-ci[6], l'extraordinaire. Nous sommes de grands fous ! « Il a passé sa vie en oisiveté », disons-nous ; « Je n'ai rien fait d'aujourd'hui. » Quoi ! avez-vous pas vécu ? C'est non seulement la fondamentale, mais la plus illustre[7] de vos occupations. « Si on m'eût mis au propre des grands maniements[8], j'eusse montré ce que je savais faire. » Avez-vous su méditer et manier votre vie ? vous avez fait la plus grande besogne de toutes. Pour se montrer et exploiter[9], Nature n'a que faire de fortune ; elle se montre également en tous étages, et derrière, comme sans rideau. Avez-vous su composer vos mœurs ? vous avez bien plus fait que celui qui a composé des livres. Avez-vous su prendre du repos ? vous avez plus fait que celui qui a pris des empires et des villes.

Notre grand et glorieux chef-d'œuvre, c'est vivre à propos.

Montaigne, « De l'expérience », *Essais*, III, chapitre XIII, 1588.

1. **voire et** : et aussi.
2. **occurrences étrangères** : des réflexions sans rapport avec la promenade.
3. **appétit** : désir.
4. **César et Alexandre** : célèbres conquérants de l'Antiquité.
5. **vacation** : occupation.
6. **celle-ci** : leur gloire.
7. **illustre** : glorieuse.
8. **maniements** : responsabilités.
9. **exploiter** : porter ses fruits.

1. Reformulez la thèse soutenue par Montaigne.

2. À quelle thèse s'oppose-t-il ? Cette thèse combattue est-elle explicitement formulée dans le texte ?

3. NOTION. Relevez dans le texte les différents indices d'un dialogue. De quelle façon ce dialogue fait-il progresser l'argumentation ?

4. Étudiez la construction de la première phrase : quels éléments met-elle en valeur ?

5. Que prouve l'exemple de César et d'Alexandre ?

6. Expliquez la dernière phrase du texte.

7. Comment la Nature nous éclaire-t-elle sur le sens de notre vie ? Cette confiance en la Nature est-elle caractéristique de l'humanisme de la Renaissance ?

NOTION

Le dialogue dans l'argumentation

Le discours argumentatif peut prendre la forme d'un dialogue. Le dialogue permet la confrontation de points de vue divergents et anime la formulation d'une thèse.

Auteur du *Printemps* (poèmes d'amour qu'il ne publie pas) et des *Tragiques* (publication clandestine en 1616).

D'AUBIGNÉ

Nom et prénom : **d'Aubigné, Théodore Agrippa**

Naissance : **8 février 1552, en Saintonge**

Décès : **9 mai 1630, à Genève**

Le jeune Agrippa d'Aubigné reçoit une éducation exemplaire qui fait de lui une sorte d'enfant prodige : il connaît le grec, le latin, l'hébreu, l'italien, l'espagnol ; à sept ans, il aurait traduit un dialogue de Platon ! Mais il a juré à son père de venger les protestants suppliciés à Amboise et se jette dans la guerre au côté du futur Henri IV. Si son amour pour Diane Salviati lui inspire des sonnets et des odes, c'est en 1577, gravement blessé, qu'il décide de faire entendre la vérité que lui dicte sa foi : il entreprend *Les Tragiques* où il dénonce les injustices des catholiques et redonne courage aux protestants. Indigné par l'abjuration d'Henri IV en 1593, il se retire sur ses terres. Il ne publie son chef-d'œuvre *Les Tragiques* qu'en 1616, sans nom d'auteur. Combattant vainement Louis XIII, il doit s'exiler à Genève où il meurt.

AGRIPPA D'AUBIGNÉ ET REGISTRE ÉPIQUE

Dans *Les Tragiques*, le poète s'engage de toutes ses forces pour servir la cause des protestants. Il se déchaîne contre les princes et les juges catholiques qui ont plongé le royaume dans la misère. Il rappelle le martyre des protestants et évoque les batailles où il a combattu. Mais ces guerres sont lues comme l'affrontement entre le Bien et le Mal qui se développe à travers toute l'histoire de l'humanité. C'est dans sa foi nourrie de la lecture de la Bible, dans la souffrance des siens, dans son indignation, que le poète puise cette énergie qui donne à la satire sa dimension profondément épique.

Objet d'étude La poésie

1616 — Les Tragiques

Dans *Les Tragiques*, le poète dénonce les malheurs subis par les siens. Il évoque ainsi le 1er mars 1562 où le duc de Guise massacra à Vassy des protestants réunis pour prier. Mais le poète chante aussi le jugement dernier où Dieu renversera ce monde pour rendre justice aux martyrs.

LES FERS

On voit au bout d'un rang une troupe fidèle
Qui oppose à la peur la piété, le zèle,
Qui, au nez de Satan[1], voulant louer son Dieu
Sacrifie en chantant sa vie, au triste lieu
Où la bande meurtrière[2] arrive impitoyable,
Farouche de regards et d'armes effroyable,
Déchire le troupeau qui, humble, ne défend
Sa vie que de cris : l'un perce, l'autre fend
L'estomac et le cœur et les mains et les têtes,
Qui n'ont fer que le pleur ni boucliers que requêtes ;
Les autres de flambeaux embrasent en cent lieux
Le temple, à celle fin[3] que les aveugles feux
Ne sentent la pitié des faces gémissantes

1. **au nez de Satan** : dans une grange proche de l'église où le duc de Guise avait entendu la messe.
2. **bande meurtrière** : soldats catholiques.
3. **à celle fin** : pour que, afin que.

4. **sans changer** : sans modifier leur foi.

5. **cardinal** : Louis de Lorraine, frère du duc de Guise, aurait assisté au massacre.

6. **aux doigts** : du doigt.

Qui troublent, sans changer[4], les âmes pâlissantes.
Là même on voit flotter un fleuve dont le flanc
Du chrétien est la source et le flot est le sang.
Un cardinal[5] sanglant, les trompettes, les prêtres,
Aux places de Vassi et au haut des fenêtres,
Attisent leur ouvrage, et meurtriers de la voix
Guettent les échappés pour les montrer aux doigts[6].

Agrippa d'Aubigné, « Les Fers », *Les Tragiques*, V, 1616.

JUGEMENT

Mais quoi ! c'est trop chanté, il faut tourner les yeux
Éblouis de rayons dans le chemin des cieux.
C'est fait, Dieu vient régner[1], de toute prophétie
Se voit la période[2] à ce point accomplie.
La terre ouvre son sein, du ventre des tombeaux
Naissent des enterrés les visages nouveaux :
Du pré, du bois, du champ, presque de toutes places
Sortent les corps nouveaux et les nouvelles faces.
Ici les fondements des châteaux rehaussés[3]
Par les ressuscitants promptement sont percés ;
Ici un arbre sent des bras de sa racine
Grouiller un chef[4] vivant, sortir une poitrine ;
Là l'eau trouble bouillonne, et puis s'éparpillant
Sent en soi des cheveux et un chef s'éveillant.
Comme un nageur venant du profond de son plonge[5],
Tous sortent de la mort comme l'on sort d'un songe.
Les corps par les tyrans autrefois déchirés
Se sont en un moment en leurs corps asserrés[6],
Bien qu'un bras ait vogué par la mer écumeuse
De l'Afrique brûlée en Thulé[7] froiduleuse.
Les cendres des brûlés volent de toutes parts ;
Les brins[8] plus tôt unis qu'ils ne furent épars
Viennent à leur poteau[9], en cette heureuse place,
Riants au ciel riant d'une agréable audace.

Agrippa d'Aubigné, « Jugement » (extrait), *Les Tragiques*, VII, 1616.

1. **Dieu vient régner** : le Christ remet le monde à Dieu le Père.

2. **période** : quand toute prophétie se réalise.

3. **rehaussés** : élevés.

4. **chef** : tête.

5. **son plonge** : sa plongée.

6. **asserrés** : resserrés, réunis.

7. **Thulé** : île à demi légendaire située au nord de l'Écosse.

8. **brins** : particules de cendre.

9. **poteau** : là où on les a brûlés.

1. Relevez dans le premier texte les périphrases qui désignent les protestants.

2. Quels contrastes opposent les agresseurs aux victimes ?

3. Distinguez trois moments du massacre. Expliquez la formule « meurtriers de la voix » (v. 20) dans « Les Fers ».

4. Comment le poète rend-il sensible le mouvement de la résurrection ? Observez l'ordre des mots, les adverbes de lieu, les répétitions, les verbes.

5. NOTION. Étudiez les sonorités dans les vers 6, 9-10 de « Fers » et les vers 15-16 et 20 de « Jugement ».

6. Pourquoi peut-on dire qu'un souffle épique anime la scène du Jugement dernier comme celle du massacre ?

NOTION

La fonction poétique des sonorités

Les sonorités n'ont pas de sens en elles-mêmes. Mais le retour de sons identiques – voyelles ouvertes (a, è) ou fermées (i, u) placées sous l'accent, consonnes palatales (g, k) ou liquides (l, r) – renforce les effets liés à la syntaxe et au lexique. C'est le retour des sonorités identiques qui signale la fin des vers. Ainsi les combinaisons sonores contribuent de façon décisive à l'élaboration du langage poétique.

LA LITTÉRATURE EN EUROPE

1500 1600

Introduite en Italie dès le début du XVe siècle, la révolution humaniste se répand dans toute l'Europe du XVIe siècle. Elle est à l'origine d'une renaissance des littératures européennes. Le modèle antique, évidemment déterminant en Italie, fascine les écrivains anglais comme il a touché les Français.

L'Espagne

Dans un style d'une grande simplicité, sainte Thérèse d'Avila, la réformatrice du Carmel, éclaire une expérience singulière : l'amour de Dieu. *Le Château intérieur*, paru en 1577, évoque les sept chambres où l'âme doit séjourner avant de parvenir à s'unir à Dieu. Saint Jean de la Croix, collaborateur de Thérèse d'Avila, écrit en prison son grand poème mystique, Le *Cantique spirituel*, et publie sept ans plus tard, en 1587, *La Vive Flamme d'amour*. Écriture rigoureuse qui reste brûlante, alors que le bel Amadis, héros du célèbre roman de Montalvo, a sombré dans l'oubli.

Sainte Thérèse d'Avila. Gouache du XVIe siècle.

L'Amadis de Gaule (1508)

Ordóñez de Montalvo fait paraître en Espagne, en 1508, *L'Amadis de Gaule*. Le roman de chevalerie raconte, au cours d'épisodes innombrables et fabuleux, les amours d'Amadis et d'Oriane, fille du roi de Bretagne. Comment ne pas aimer l'aimable Amadis, cet amant fidèle et respectueux de sa dame ? L'ouvrage connaît un immense succès en Italie, où il est traduit dès 1512. Le succès est aussi vif en France : *L'Amadis de Gaule* devient, sous Henri IV, la « Bible du roi » !

EL RAMO
QVE DE LOS QVA
TRO LIBROS DE AMADIS
DE GAVLA SALE.
LLAMADO LAS SERGAS DEL MVY
Esforçado Cauallero Esplandian hijo del excelente Rey Amadis Gaula.
AORA NVEVAMENTE ENMENDADAS
en esta impression, de muchos errores que en las impressiones passadas auia.
CON LICENCIA.
Impresso en Alcala de Henares, por los herederos de Iuan Gracia que sea en gloria, Año M.D.LXXXVIII.
A costa de Iuan de Sarria mercader de libros.

La page de garde de la première édition de *L'Amadis de Gaule*.

Illustration de la première édition de *La Reine des fées* de Edmund Spenser.

La Grande-Bretagne

Au début du siècle Thomas More publie l'*Utopie*, roman politique et social qui décrit le fonctionnement idéal d'une communauté. Plus tard, l'esprit de la Renaissance s'exprime avec une fantaisie brillante dans le chef-d'œuvre d'Edmund Spenser, *La Reine des fées* : chacun des six chants qui composent cette création inachevée célèbre le triomphe d'une vertu : Sainteté, Tempérance, Chasteté, Amitié, Justice, Courtoisie. Sir Philip Sydney compose des poèmes raffinés, comme son *Arcadia*, publiée en 1590, ou *Astrophel et Stella*, qui s'inspire des poètes italiens Sannazar et Pétrarque.

Sous le règne de la reine Élisabeth Ire, le théâtre anglais connaît un essor remarquable. Les théâtres permanents se multiplient : Londres en compte huit à la fin du siècle. Le théâtre attire tous les publics et, de 1580 à 1640, on aurait joué plus de deux mille pièces !

L'île d'Utopie du roman de Thomas More (1516).

1500
1600

L'Italie

Dans *Roland furieux*, paru en 1516 et 1532, le poète Ludovico Ariosto (l'Arioste) combine récits populaires et souvenirs érudits d'Homère, de Virgile et d'Ovide : il évoque le paladin Roland, amoureux de la païenne Angélique, qui perd l'esprit quand il découvre qu'elle lui préfère un simple soldat sarrasin, Médor. Le poème raconte aussi l'amour et le mariage de la vierge guerrière Bradamante avec le héros sarrasin Roger. Ces aventures extraordinaires, grâce à la verve d'un écrivain qui sait sourire de ses inventions, passionnent toute l'Europe.

Montaigne rendant visite à Torquato Tasso dans sa prison.

Torquato Tasso (le Tasse), dans les vingt chants de sa *Jérusalem délivrée*, publiée malgré lui en 1581, cherche à retrouver la majesté et l'unité de l'*Iliade* et de l'*Énéide*. S'il chante la prise de Jérusalem par les croisés, ce sont surtout les amours de Renaud et de la belle enchanteresse Armide, ceux de Tancrède et de la guerrière Clorinde qui font battre le cœur des lecteurs.

Le grand peintre vénitien Tiepolo s'inspire au XVIIIe siècle des épisodes de *Jérusalem délivrée* pour décorer la villa Valmarana à Vicence.

Érasme de Rotterdam, le prince de l'humanisme européen

Pour Didier Érasme, l'Europe n'est pas un vain mot : après des études en Italie puis à Paris, il séjourne en Angleterre, passe trois ans à Rome et à Venise, se fixe à Bâle et meurt à Fribourg. C'est à son ami l'humaniste anglais Thomas More qu'Érasme de Rotterdam dédie son *Éloge de la folie.* Rédigée en latin, publiée à Paris en 1511, cette satire brillante donne la parole à la Folie pour mieux dénoncer l'arrogance des hommes toujours prêts à céder à la violence du fanatisme. On retrouve dans cette œuvre l'humour de cet écrivain qui s'est battu constamment pour sauver la paix civile et religieuse dans toute l'Europe.

Le sourire d'Érasme vu par Dürer, le grand artiste allemand.

Thomas More, ami d'Érasme, auteur de la célèbre *Utopie* publiée en 1516.

La peinture et la musique

Peinture

— Jérôme Bosch, *Le Jardin des délices*, vers 1501 (Pays-Bas)
— Léonard de Vinci, *La Joconde*,vers 1505 (Italie)
— Albrecht Dürer, *Eve*, 1507 (Allemagne)
— Raphaël, *L'École d'Athènes*, 1511 (Italie)
— Michel-Ange, La voûte de la chapelle Sixtine, 1512 (Italie)
— Titien, *L'Amour sacré et l'amour profane*, 1512 (Italie)
— Tintoret, *Suzanne et les vieillards*, 1560 (Italie)
— Pieter Bruegel, *Les Chasseurs de neige*, 1565 (Flandres)
— Greco, *L'Enterrement du comte d'Orgaz*, 1588 (Espagne)

Musique

— Jacopo Peri, *Dafné*, 1597 (Italie)
— Roland de Lassus, *Lamentations du prophète Jérémie*, 1585 (Flandres)
— William Byrd, *Songs of Sundrie Natures*, 1589

Démontrer, convaincre et persuader

Alors que la démonstration établit de manière logique une vérité indiscutable, admise par tous, l'art de convaincre s'adresse à la raison du destinataire de l'argumentation, tandis que l'art de persuader s'adresse au cœur et aux émotions.

DÉMONTRER

La démonstration s'apparente à la démarche du raisonnement scientifique. Elle conduit à établir une vérité vérifiable et reconnue par tous. La démonstration utilise deux types de raisonnement.

Le raisonnement déductif

Il consiste à partir d'une loi générale, d'une vérité incontestable, pour en tirer les conséquences qui en découlent logiquement.
Exemple : *Tous les hommes sont mortels. Pierre est un homme. Donc, Pierre est mortel.*

Le raisonnement inductif

Il consiste à s'appuyer sur un fait établi pour aboutir à une règle, une loi ou un principe certain. Il généralise ainsi une observation, réalisée à partir d'un ou de plusieurs cas particuliers.
Exemple : *Les Français, les Chinois, les Américains, l'ensemble des individus que je connais sont mortels. Donc, tous les hommes sont mortels.*

CONVAINCRE

Pour convaincre le destinataire de l'argumentation, l'émetteur s'appuie sur la raison. Il vise à faire admettre une thèse dans des domaines où il n'y a pas de certitudes scientifiquement démontrables.

L'expression de la thèse

L'émetteur expose d'abord la thèse qu'il défend. Cette opinion, ce point de vue personnel structure l'ensemble de son discours.

Le rôle des arguments

L'émetteur apporte ensuite l'ensemble des arguments successifs, c'est-à-dire des idées qui viennent étayer la thèse défendue.

Les exemples et les illustrations

Chaque argument peut être illustré par des exemples, qui leur donnent un caractère concret. Les exemples doivent être adaptés à la personnalité et à la culture de l'émetteur et du destinataire.

PERSUADER

Pour persuader le destinataire de l'argumentation, l'émetteur s'appuie sur l'art de séduire par le discours. L'argumentation fait appel aux sentiments et aux émotions et utilise les ressources de l'éloquence.

L'implication par les pronoms

L'émetteur établit une relation étroite avec le destinataire au moyen des pronoms personnels et des pronoms et adjectifs possessifs : ceux de la première personne du singulier (« je », « me », « moi », « mon ») impliquent fortement l'émetteur dans l'énoncé ; ceux de la première personne du pluriel (« nous », « nos ») créent un lien entre l'émetteur et le destinataire ; et ceux de la deuxième personne (« tu », « vous », « ton », « vos ») donnent au destinataire le sentiment d'être directement sollicité et impliqué.

L'interpellation du destinataire

En interpellant directement son destinataire, l'émetteur le pousse à réfléchir ou à agir. Les procédés rhétoriques utilisés sont l'exclamation, qui traduit une émotion (« Jeunesse, jeunesse ! sois toujours avec la justice. », Zola) ; la question oratoire, qui fournit la réponse attendue (« Tu es venu ; nous sommes-nous jetés sur ta personne ? avons-nous pillé ton vaisseau ? », Diderot) ; ou encore l'apostrophe, qui exprime un ordre pressant, sur le mode impératif (« Riches, portez le fardeau du pauvre ; soulagez sa nécessité. », Bossuet).

Le lexique, le rythme de la phrase et les figures de style

Le choix du vocabulaire, la maîtrise de la syntaxe et la beauté des figures de style contribuent à développer l'éloquence du discours argumentatif, et donc à sa force de persuasion.

EXEMPLE

La formulation de la thèse

Moins expressive que l'image – et donc, quand on se borne à donner à voir, moins rapide –, l'écriture est hautement privilégiée quand il s'agit de transmettre un savoir. Quand une œuvre est riche, elle nous communique une expérience vécue qui s'enlève sur un fond de connaissances abstraites : sans ce contexte, l'expérience est mutilée ou même inintelligible. Or, des images visuelles ne suffisent pas à la fournir : si elles essaient de la suggérer, c'est grossièrement et en général avec maladresse. On s'en est aperçu quand Costa-Gavras[1] a tourné *L'Aveu*. Il a réussi *Z* parce que l'intrigue était très simple, le contexte connu : une machination policière parmi d'autres. Mais *L'Aveu* n'a de sens que dans une situation qui renvoie à toute l'histoire de l'après-guerre en URSS et dans les pays de l'Est.

Simone de Beauvoir, *Tout compte fait*, 1972.

1. **Costa-Gavras** : cinéaste, auteur des films *Z*, qui traite de la dictature des colonels en Grèce, et de *L'Aveu*, qui évoque la dictature communiste en Tchécoslovaquie.

Explication sous la forme d'un raisonnement déductif :

Première affirmation : toute grande œuvre s'appuie sur des connaissances abstraites

Deuxième affirmation : or l'image est incapable d'abstraction

Conclusion (le « donc » est implicite) : le cinéma est grossier et maladroit

Développement de l'exemple : comparaison d'un film facile à comprendre et d'un film complexe si l'on ne connaît pas le contexte

SÉQUENCES

SÉQUENCE	PROBLÉMATIQUE	TEXTES
La réflexion sur l'école et l'éducation	Quels points de vue sur l'éducation développent les écrivains, du XVIe au XVIIIe siècle ?	– Rabelais, *Gargantua*, p. 64-66. – Montaigne, *Essais*, p. 85-87. – Rousseau, *Émile*, p. 255.
L'argumentation au théâtre	En quoi le genre théâtral développe-t-il des formes originales d'argumentation ?	– Corneille, *Le Cid*, p. 118. – Molière, *Dom Juan*, p. 146. – Camus, *Les Justes*, p. 481. – Sartre, *Huis clos*, p. 482. – Césaire, *Une saison au Congo*, p. 550.
Le livre et la circulation des idées	Comment les Lumières défendent-elles la libre circulation des livres et des idées ?	– Voltaire, *De l'Encyclopédie*, p. 229. – Beaumarchais, *Le Mariage de Figaro*, p. 262. – Condorcet, *Des progrès de l'esprit humain*, p. 270.

OBJET D'ÉTUDE **Démontrer, convaincre et persuader**

Exercice d'analyse Répondez aux questions suivantes.

1. Ces trois textes abordent-ils le même thème ?
2. Sans reprendre les mots du texte, expliquez ce que les Indiens évoqués par Montaigne trouvent surprenant.
3. Reformulez les thèses soutenues par Gobineau et par Lévi-Strauss. Vous vous limiterez à une seule phrase pour chaque texte.
4. Parmi les exemples proposés dans ces trois textes, quels sont ceux qui remplacent l'argument, quels sont ceux qui sont intégrés à la démonstration ?

Exercice de rédaction Entraînez-vous sur l'un des exercices suivants.

Vers le commentaire
Rédigez deux paragraphes dans lesquels vous comparerez l'argumentation de Gobineau et celle de Lévi-Stauss.

Vers la dissertation
Vous rédigerez deux paragraphes qui répondront à la question : quel est le rôle et éventuellement le danger des exemples dans le développement d'une argumentation ?
Rédigez ces deux paragraphes en vous appuyant sur des extraits des textes.

Vers le sujet d'invention
Rédigez un paragraphe qui répondra à Gobineau. Votre réponse devra recourir aux procédés de la polémique.

Texte 1

En 1562, à Rouen, Montaigne a eu l'occasion de discuter avec trois Indiens d'Amérique venus en France. On leur a demandé ce qu'ils avaient trouvé de plus surprenant au cours de leur visite. Montaigne se souvient de leur réponse.

Ils dirent qu'ils trouvaient en premier lieu fort étrange que tant de grands hommes, portant barbe, forts et armés, qui étaient autour du Roi (il est vraisemblable qu'ils parlaient des Suisses de sa garde) se soumissent à obéir à un enfant[1], et qu'on ne choisissait plutôt quelqu'un d'entre eux pour commander ; secondement (ils ont une façon de leur langage telle, qu'ils nomment les hommes moitié les uns des autres) qu'ils avaient aperçu qu'il y avait parmi nous des hommes pleins et gorgés de toutes sortes de commodités, et que leurs moitiés étaient mendiants à leurs portes, décharnés de faim et de pauvreté ; et trouvaient étrange comme[2] ces moitiés ici nécessiteuses[3] pouvaient souffrir telle injustice, qu'ils ne prissent les autres à la gorge, ou missent le feu à leurs maisons.

Michel de Montaigne, *Essais*, Livre I, chapitre XXXI, 1580.

1. **un enfant** : le roi de France Charles IX a douze ans.
2. **comme** : comment.
3. **nécessiteuses** : très pauvres, misérables.

Texte 2

« Tous les hommes, disent les défenseurs de l'égalité humaine, sont pourvus d'instruments intellectuels pareils, de même nature, de même valeur, de même portée. » Ce ne sont pas les paroles expresses, peut-être, mais du moins c'est le sens. Ainsi, le cervelet d'un Huron[1] contient en germe un esprit tout à fait semblable à celui de l'Anglais et du Français ! Pourquoi donc, dans le cours des siècles, n'a-t-il découvert l'imprimerie ni la vapeur ? Je serais en droit de lui demander, à ce Huron, s'il est égal à nos compatriotes, d'où il vient que les guerriers de sa tribu n'ont pas fourni ni de César ni de Charlemagne, et par quelle inexplicable négligence ses chanteurs et ses sorciers ne sont jamais devenus ni des Homères ni des Hippocrates ?

Arthur de Gobineau, *Essai sur l'inégalité des races humaines*, 1855.

1. Huron : homme considéré comme sauvage appartenant à une nation vivant au bord du lac Huron, en Amérique du Nord.

Texte 3

On lit dans les traités d'ethnologie – et non des moindres – que l'homme doit la connaissance du feu au hasard de la foudre ou d'un incendie de brousse ; que la trouvaille d'un gibier accidentellement rôti dans ces conditions lui a révélé la cuisson des aliments ; que la poterie résulte de l'oubli d'une boulette d'argile au voisinage d'un foyer. On dirait que l'homme aurait d'abord vécu dans une sorte d'âge d'or technologique, où les inventions se cueillaient avec la même facilité que les fruits et les fleurs. À l'homme moderne seraient réservées les fatigues du labeur et les illuminations du génie. Cette vue naïve résulte d'une totale ignorance de la complexité et de la diversité des opérations impliquées dans les techniques les plus élémentaires. Pour fabriquer un outil de pierre taillée efficace, il ne suffit pas de frapper sur un caillou jusqu'à ce qu'il éclate : on s'en est bien aperçu le jour où l'on a essayé de reproduire les principaux types d'outils préhistoriques. Alors – et aussi en observant la même technique chez les indigènes qui la possèdent encore – on a découvert la complication des procédés indispensables et qui vont quelquefois jusqu'à la fabrication préliminaire de véritables « appareils à tailler » : marteaux à contrepoids pour contrôler l'impact et sa direction ; dispositifs amortisseurs pour éviter que la vibration ne rompe l'éclat.

Claude Lévi-Strauss, *Race et Histoire*, 1952.

Louis Le Nain, *La Tabagie*, dit aussi *Le Corps de garde*, 1643.
Huile sur toile, 117 x 137 cm. Musée du Louvre, Paris.

1600
1650

Le temps des frondes

LA LITTÉRATURE ET SES CONTEXTES

1600 1650
Le temps des frondes

La proclamation de l'édit de Nantes en 1598 autorise les protestants à pratiquer librement leur culte. Elle met fin à des guerres civiles cruelles et dévastatrices. Ce retour à la paix, certes fragile, permet un véritable renouveau dans le domaine des arts et des lettres. C'est un moment de liberté pour des créateurs originaux, parfois désordonnés, longtemps méconnus mais toujours attachants, qu'on appelle aujourd'hui baroques.

1. L'histoire Les résistances à la monarchie

Assassinat du roi Henri IV, à Paris, le 14 mai 1610.

Un épisode de la Fronde, représenté par un tableau anonyme du XVIIe siècle.

En 1610, l'assassinat du roi Henri IV montre la fragilité de la paix que la France redécouvre après des années de guerres civiles. Il faut toute l'énergie du Premier ministre Richelieu, toute l'habileté de son successeur Mazarin pour maintenir un ordre d'autant plus contesté qu'il affirme partout sa présence. En 1648 éclatent plusieurs révoltes, les frondes, qui forcent le jeune dauphin, le futur Louis XIV, à fuir Paris. Mais la bourgeoisie et les grands seigneurs n'arrivent pas à s'unir : le pouvoir royal s'impose alors comme seul capable d'éloigner le spectre de l'anarchie.

L'entrée triomphale de Louis XIII, lors de la prise de La Rochelle, en 1628.

Portrait de Louis XIV, à l'âge de 10 ans, réalisé par Henri Testelin en 1648.

2. La société La recherche d'un ordre

Portrait de Mère Angélique Arnauld, par Philippe de Champaigne, 1654.

Saint François, par Zurbaran.

Dès le début du siècle, on assiste à une éclatante renaissance catholique : de nouveaux ordres se créent ; les ouvrages religieux se multiplient ; le clergé, mieux formé, influence tous les milieux. La noblesse d'épée, souvent brutale, toujours prête au duel ou à la rébellion est sévèrement combattue par Richelieu qui interdit les duels, fait décapiter les insoumis, rase les châteaux forts. La noblesse de robe, comme une grande partie de la bourgeoisie, s'enrichit et aspire à la paix civile. Mais les classes populaires, exploitées par les gens de guerre, écrasées par les impôts, épuisées par les famines et les épidémies, en sont réduites à des révoltes sauvagement réprimées.

Fileuses de laine.
Peinture flamande du XVIIe siècle.

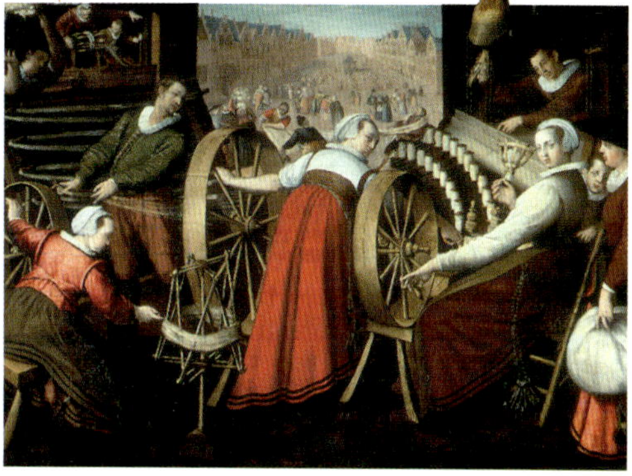

3. Les sciences La naissance de la science moderne

Riche de travaux décisifs, cette période voit naître la science moderne. En s'emparant du télescope pour observer le ciel, Galilée bouleverse notre conception de la science et de la nature. L'univers ordonné, clos, incorruptible conçu par Aristote laisse place à un monde ouvert sur l'infini. Surtout, dans ses *Discours* rédigés après sa condamnation par l'Église de Rome, Galilée étudie le mouvement en accordant une théorie mathématique et des mesures expérimentales précises. Descartes, Pascal, Gassendi pensent comme Galilée que les mathématiques permettent de connaître objectivement la nature. Voilà les savants lancés à l'assaut de l'univers.

René Descartes, le philosophe, renouvelle complètement la manière d'analyser les phénomènes.

La machine à calculer inventée par Blaise Pascal en 1642.

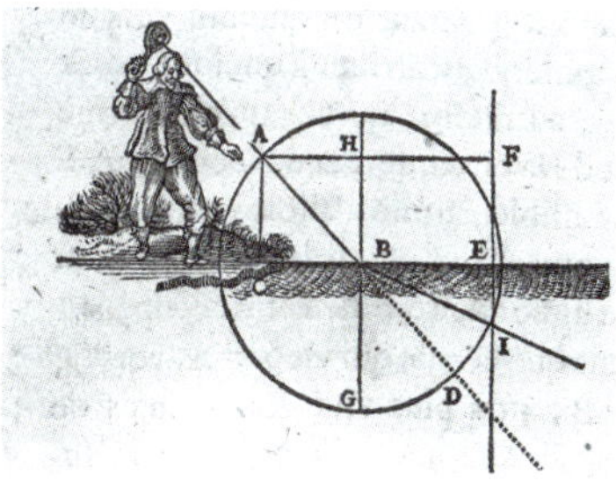

Illustration du *Discours de la méthode* de Descartes, 1637.

Le procès de Galilée confronté aux juges de l'Inquisition, en 1633.

Les lunettes astronomiques mises au point par Galilée.

4. Les lettres De l'indépendance au goût des règles

Écartant l'héritage des poètes humanistes qui s'imposent par l'étendue de leurs connaissances, les poètes, les dramaturges, les romanciers revendiquent hautement leur originalité. Dans les salons aristocratiques qu'ils fréquentent, comme celui de Madame de Rambouillet, on apprécie aussi la liberté de ton : on y parle amour, poésie, beau langage sans le moindre pédantisme. Tous ces créateurs originaux résistent aux exigences des partisans du poète Malherbe, aux règles théâtrales qu'élaborent les critiques. Mais la recherche de normes qui légitimeraient l'œuvre d'art se fait de plus en plus insistante. En 1634 Richelieu crée l'Académie française qui a pour mission de « nettoyer la langue » et la querelle du *Cid* en 1637 met un frein aux libertés du théâtre baroque.

Décret royal signé par Louis XIII, qui fonde l'Académie française.

L'Académie française, créée en 1635.

5. L'édition La renaissance des librairies

Épuisée pendant les guerres de religion, l'édition française renaît rapidement de ces cendres. La plupart des livres publiés sont des ouvrages religieux : savantes recherches théologiques que les Jésuites répandent contre les protestants, missels, bréviaires.

Mais peu à peu, les ouvrages savants en latin réservés aux spécialistes se font rares tandis que se multiplient les petits livres de piété et de dévotion dans la langue du pays. Se développe aussi toute une série d'ouvrages brefs ou « moyen court » qui intéressent le public aux controverses politiques ou religieuses. L'édition française manifeste pendant la Fronde une grande liberté qui inquiète le pouvoir.

Le Colporteur de livres.
Peinture à l'huile de l'École française, XVIIe siècle.

Cavalier français lisant, de profil. Dessin à la plume du XVIIe siècle.

6. Les arts La diversité du baroque

La vie des arts est d'une grande diversité. Les hôtels particuliers jouent sur les contrastes de la brique, de la pierre et de l'ardoise des toits, on s'inspire parfois, à l'italienne, d'éléments antiques : à la Sorbonne, au palais du Luxembourg, à l'église du Val-de-Grâce. L'influence de l'Italie se fait sentir aussi en peinture : les envolées lyriques de Rubens, les peintures claires de Simon Vouet, les ténébreuses compositions de Valentin. À l'écart de Rome et de la cour, les frères Le Nain, Georges de La Tour donnent eux aussi tout leur éclat à la peinture française.

La place Royale, à Paris, en 1655.

Marthe reprochant sa vanité à Marie-Madeleine

Simon Vouet (1621)

Artiste précoce, Simon Vouet s'est d'abord imposé à Rome puis a été rappelé à Paris par Louis XIII en 1627. D'une prodigieuse inventivité, il a fait souffler l'esprit baroque sur la peinture, les tapisseries, la décoration. Il interprète un thème tiré de la Bible qui a aussi inspiré les grands peintres baroques, l'Italien Caravage et le Flamand Rubens. (Huile sur toile, 110 x 140 cm, Musée des Beaux-arts, Vienne.)

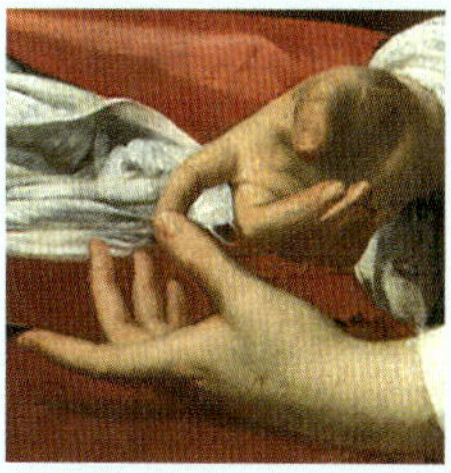

Marthe compte sur les doigts de sa main les griefs qu'elle adresse à Marie-Madeleine. La scène s'organise autour de ce dialogue qui invite à la conversation. Le visage de Marthe est tendu vers son interlocutrice qui, légèrement en surplomb, semble marquer un mouvement de recul.

La discrétion de Marthe s'oppose au luxe tapageur de Marie-Madeleine : la lourdeur moirée des étoffes, les perles dans ses cheveux, les boucles d'oreilles, les colliers, une fiole de parfum, l'élégant décolleté composent le portrait moral d'une femme séduite par les apparences.

L'éclairage théâtral qui fait jaillir les visages de l'ombre, le jeu des diagonales et des courbes attirent l'attention vers le mouvement mystérieux d'une conversion : Marthe réussira-t-elle à tourner Marie-Madeleine vers la foi chrétienne ?

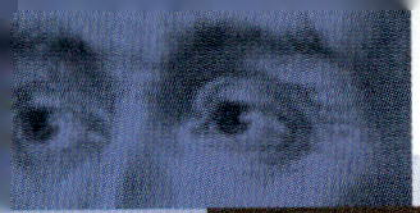

MALHERBE

Nom et prénom : **de Malherbe, François**

Naissance : **en 1555, à Rouen**

Décès : **16 octobre 1628, à Paris**

Fils aîné d'un magistrat, Malherbe reçoit une éducation approfondie mais il refuse la carrière paternelle et devient secrétaire du gouverneur de Provence. Sa notoriété de poète s'impose lentement et il doit attendre 1605 pour que le roi Henri IV le récompense d'un poste d'écuyer. Devenu favori de la régente Marie de Médicis, il fréquente l'élégant salon de Madame de Rambouillet. Dans son modeste appartement parisien, il expose à quelques disciples passionnés sa conception de la poésie : il exige la clarté et chasse pédantisme, archaïsme, virtuosité gratuite. Mourant, il aurait reproché à son hôtesse d'employer un mot incorrect : « Il voulait, dit son disciple Racan, jusques à la mort maintenir la pureté de la langue française. »

Auteur de poèmes (divers recueils collectifs jusqu'au recueil de ses plus beaux vers en 1627); de traductions de Tite-Live (1616-1621); de lettres (recueils en 1618, 1627).

MALHERBE ET L'ART DU DISCOURS POÉTIQUE

Refusant la tradition poétique de l'humanisme, Malherbe condamne les images recherchées, le symbolisme complexe, les recherches lexicales. À ses yeux la poésie ne s'adresse pas aux spécialistes, savants, érudits, juristes, mais aux gens de la cour. Discours logique, respectant l'usage courant de la langue, réglé par une versification rigoureuse, le texte poétique célèbre dans des formules mémorables les grands événements de l'actualité, les lieux communs de la sagesse antique ou chrétienne. C'est par ce travail rigoureux que le poète, « arrangeur de syllabes » traversera les siècles : « Ce que Malherbe écrit dure éternellement », affirme-t-il fièrement à ceux qui se moquent de la minceur de son œuvre.

Objet d'étude La poésie

1607

Consolation à Monsieur Du Périer sur la mort de sa fille

En s'adressant à son ami Du Périer qui vient de perdre en 1598 une petite fille de cinq ans, Malherbe, qui a perdu lui-même deux garçons en bas âge, s'inspire du philosophe stoïcien Sénèque.

Ta douleur, Du Périer, sera donc éternelle,
Et les tristes discours
Que te met en l'esprit l'amitié paternelle
L'augmenteront toujours?

Le malheur de ta fille au tombeau descendue
Par un commun trépas,
Est-ce quelque dédale[1], où ta raison perdue
Ne se retrouve pas?

Je sais de quels appas[2] son enfance était pleine,
Et n'ai pas entrepris,
Injurieux[3] ami, de soulager ta peine
Avecque son mépris[4].

1. dédale : labyrinthe.
2. appas : charmes.
3. injurieux : comme un ami qui insulterait ta douleur.
4. avecque son mépris : en méprisant son chagrin.

Mais elle était du monde, où les plus belles choses
Ont le pire destin,
Et, rose, elle a vécu ce que vivent les roses,
L'espace d'un matin.

Puis quand ainsi serait, que selon ta prière,
Elle aurait obtenu
D'avoir en cheveux blancs terminé sa carrière[5],
Qu'en fût-il advenu ?

Penses-tu que, plus vieille, en la maison céleste
Elle eût eu plus d'accueil ?
Ou qu'elle eût moins senti la poussière funeste
Et les vers du cercueil ?

Non, non, mon Du Périer, aussitôt que la Parque[6]
Ôte l'âme du corps
L'âge s'évanouit au deçà de la barque[7],
Et ne suit point les morts.
(...)
La mort a des rigueurs à nulle autre pareille ;
On a beau la prier,
La cruelle qu'elle est se bouche les oreilles
Et nous laisse crier.

Le pauvre en sa cabane, où le chaume le couvre,
Est sujet à ses lois ;
Et la garde qui veille aux barrières du Louvre
N'en défend point nos rois.

De murmurer contre elle et perdre patience
Il est mal à propos ;
Vouloir ce que Dieu veut est la seule science
Qui nous mette en repos.

François de Malherbe, *Consolation à Monsieur Du Périer*, 1607.

5. **carrière** : le cours de la vie.
6. **Parque** : divinité qui décide, en coupant le fil de la vie, de notre mort.
7. **barque** : la barque de Charon qui transportait les morts dans l'Au-delà.

1. Quels termes, quelles constructions font du poème un dialogue ?

2. Distinguez les arguments par lesquels le poète tente de combattre le chagrin de son ami.

3. Dans les strophes 5 et 6, étudiez le rôle des images et des parallélismes. De quelle façon mettent-ils les arguments en valeur ?

4. Comment le poète suggère-t-il la puissance inexorable du temps ?

5. Relevez les images par lesquelles le poète évoque la disparue : paraissent-elles surprenantes ou banales ?

6. En étudiant le choix et la place des mots, analysez les rythmes et les sonorités de la strophe 4.

7. NOTION. Identifiez les mètres qui alternent et donnez un exemple de chacun de ces effets.

NOTION

Les changements de mètre

L'alternance régulière d'un vers long et d'un vers court contribue à l'éloquence et à la musicalité du texte. Le changement de mètre permet de donner plus d'ampleur à la phrase, de détacher un groupe syntaxique ou de créer des parallélismes expressifs.

Auteur de poésies religieuses, comme *Épîtres morales* (1598) ; d'un poème pastoral, *Sireine* (1596), et d'un roman précieux, *L'Astrée* (1607-1619).

D'URFÉ

Nom et prénom : **d'Urfé, Honoré**

Naissance : **10 ou 11 février 1567, à Marseille**

Décès : **1er juin 1625, à Villefranche-sur-Mer**

Issu d'une famille d'humanistes, diplomates et hommes politiques, le jeune Honoré d'Urfé, après de solides études au collège jésuite de Tournon, combat dans les armées catholiques et se retrouve plusieurs fois en prison. Il y commence les *Épîtres morales* inspirées de Sénèque et de Platon. En 1600, il épouse sa belle-sœur récemment séparée de son mari. Il se rapproche de la cour d'Henri IV et connaît une existence plus paisible.

En 1607 paraît la première partie de son œuvre majeure *L'Astrée,* commencée une quinzaine d'années plus tôt. Le succès est immédiat mais l'œuvre, complétée en 1610, 1619, 1624, restera inachevée à la mort de l'auteur.

LE PREMIER ROMAN FLEUVE

Ce roman fleuve de cinq mille pages met en scène des bergers dans le Forez au Ve siècle de notre ère. Ces bergers sont des nobles qui ont renoncé à toute ambition sociale pour se consacrer à la recherche de l'amour vrai. À partir des amours contrariées d'Astrée et de Céladon, fil directeur constamment interrompu, se tissent de multiples épisodes qui déploient avec une élégance raffinée les mille possibilités du genre romanesque : dialogues, récits, lettres, portraits, paysages. Des phrases sinueuses cernent les replis du cœur humain. Dans une époque de guerres civiles, cette quête redonne de la force à l'idéal humaniste. D'où le succès considérable d'une œuvre qui a influencé tous les auteurs du siècle, Corneille, Racine, La Fontaine.

Objet d'étude Le récit : le roman ou la nouvelle

1610 — L'Astrée

***L'Astrée* raconte la douloureuse histoire d'Astrée et de Céladon. Astrée, croyant à tort Céladon infidèle, lui a interdit de paraître à ses yeux. Depuis cette condamnation, Céladon vit caché dans les bois. Ne sortant que la nuit, il se dirige sans le savoir vers l'endroit où Astrée et ses amis, perdus dans la forêt, se sont profondément endormis.**

Le soleil ne paraissait point encore, lorsque de fortune[1] il adressa ses pas du côté où était cette troupe. Et parce qu'il s'en allait tout en ses pensées, sans prendre garde à ce qui lui était autour, jamais homme ne fut plus étonné[2] que lui, quand tout à coup il aperçut Astrée. Elle avait un mouchoir dessus les yeux qui lui cachait une partie du visage, un bras sous la tête, et l'autre étendu le long de la cuisse, et le cotillon[3], un peu retroussé par mégarde, ne cachait pas entièrement la beauté de la jambe. Et d'autant que son corps de jupe[4] la serrait un peu, elle s'était délacée, et n'avait rien sur le sein qu'un mouchoir de reseuil[5] au travers duquel la blancheur de sa gorge paraissait merveilleusement. Du bras qu'elle avait sous la tête, on voyait la main avalée jusque sous le coude, permettant ainsi la vue d'un bras blanc et potelé, dont les veines, pour la délicatesse de la peau, par leur couleur bleue, découvraient leurs divers passages. Et quoique de cette main elle tînt sa coiffure qui la nuit s'était détachée, si est-ce que[6] pour la serrer[7] trop négligemment, une partie de ses cheveux était éparse sur sa joue, et l'autre prise à quelques ronces qui étaient voisines.

1. **de fortune** : par hasard.
2. **étonné** : stupéfait.
3. **cotillon** : jupon.
4. **corps de jupe** : corsage.
5. **reseuil** : dentelle.
6. **si est-ce que** : pourtant.
7. **pour la serrer** : parce qu'elle la serrait.

Ô quelle vue fut celle-ci pour Céladon ! Il fut tellement surpris qu'il demeura immobile sans pouls, et sans haleine, et n'y avait en lui autre signe de vie que le battement du cœur et la vue qui semblait être attachée sur ce beau visage. Mais il lui advint lors comme à ces personnes qui ont longuement demeuré dans des profondes ténèbres, et qui sont tout à coup portées aux plus clairs rayons du soleil ; car tout ainsi qu'elles demeurent éblouies par trop de clarté, de même pour avoir trop de contentements il n'en pouvait jouir d'un seul, les ayant eus tout à coup, et venant de quitter l'obscurité de ses déplaisirs.

Quelque temps après, ayant repris un peu plus de force, il commença de considérer ce qu'il voyait, tantôt regardant ce visage aimé, tantôt le sein de qui les trésors ne lui avaient jamais été découverts, et sans se pouvoir saouler de considérer toutes ces beautés, il eût voulu, comme un nouvel Argus[8], avoir tout le corps couvert d'yeux. Mais lorsqu'il était en cette agréable contemplation, voilà sa pensée qui lui trouble toute sa joie. Retire-toi, lui disait-elle, retire-toi, infortuné berger, de ce lieu bienheureux, et qu'il ne soit point davantage profané par tes yeux. As-tu déjà mis en oubli la défense qui t'a été faite ? Ne sais-tu qu'il ne t'est pas permis de te présenter devant ses yeux ? Et peux-tu mettre en oubli ce commandement, ou si tu t'en souviens, y peux-tu contrevenir[9] ? Il se retira les bras croisés et les yeux tendus au ciel après ces paroles, comme si c'eussent été des chaînes qui le retirassent avec violence de ce lieu ; mais certes ses pensées et ses pas faisaient bien un différent chemin, car plus l'un l'éloignait d'Astrée, et plus l'autre l'en approchait.

Enfin l'ayant perdue de vue, il demeura si troublé qu'il fut contraint de s'arrêter tout court. De m'en aller, disait-il, je ne puis ; de m'y en retourner, je n'oserais ; de demeurer ici, je me travaille[10] en vain : à quoi nous résoudrons-nous donc ? À recevoir, disait-il après, la faveur que le Ciel nous a faite sans la lui avoir demandée. Mais comment contreviendrons-nous au commandement de celle à qui nous n'avons jamais désobéi ? Mais, se répondait-il, ne contrevenant point à ce qu'elle m'a commandé, n'est-ce pas faute[11] d'amour, si par crainte je me prive de sa vue ? Or elle ne m'a pas commandé de ne la voir point, car dès lors je me fusse privé de mes yeux, mais seulement que je ne me fisse point voir à elle. Mais comment me verra-t-elle en dormant ? Prenons donc Amour pour guide, et sous sa conduite, allons l'adorer en elle, comme au lieu où il est en sa plus grande gloire.

Honoré d'Urfé, *L'Astrée*, seconde partie, 1610.

8. Argus : prince aux cent yeux dont cinquante restent ouverts quand il dort.

9. contrevenir : désobéir.

10. travaille : tourmente.

11. faute : manque.

---

1. Distinguez les principaux moments de cet épisode.

2. Quels points de vue successifs adopte le narrateur ?

3. Quels procédés soulignent la surprise de Céladon ? Comment est suggérée l'activité de son regard ?

4. Comment progresse la description de la belle endormie ? Montrez que les vêtements révèlent la beauté du corps.

5. Relevez les procédés et les remarques qui montrent le déchirement de l'amoureux.

6. NOTION. Pourquoi Céladon a-t-il quitté Astrée ? Pourquoi craint-il de retourner sur ses pas ? Quel idéal explique ses craintes ?

7. Pourquoi peut-on parler d'un monologue délibératif ? Comment le héros justifie-t-il la décision qu'il prend ?

NOTION

Le roman et l'idéal courtois

« Presque tous les romans, écrit George Sand, sont des histoires d'amour. » C'est le cas de *L'Astrée* qui doit sans doute son succès à la façon dont il idéalise l'amour et la femme aimée. Le roman donne une nouvelle vie à la femme, désirée mais inaccessible, de la tradition courtoise. L'amour apparaît comme une divinité dont le héros se veut le fidèle serviteur.

Le baroque

Le mouvement baroque se répand dans toute l'Europe au début du XVIIe. Refusant de se plier à une doctrine, l'artiste baroque revendique son indépendance, se livre aux élans de son imagination, adore étonner par sa virtuosité.

Le mot « baroque »

Au XVIIe siècle, le mot « baroque » appartient au lexique des joailliers et « ne se dit que des perles qui ne sont pas parfaitement rondes » (Furetière). Sans doute influencé par un mot du latin médiéval qui désignait des raisonnements illogiques, « baroque » a longtemps qualifié tout ce qui est d'une « bizarrerie choquante » (Littré). C'est seulement à la fin du XIXe siècle que le mot a été utilisé en histoire de l'art : architecture, peinture, puis musique, littérature. Il désigne toutes les formes d'art apparues en Europe à la fin des guerres de religion.

L'œuvre de Rubens exprime toute la virtuosité et la fougue de l'art baroque. Pierre Paul Rubens, *Chasse au tigre et au léopard*, 1615.

Pierre Corneille lisant une de ses pièces dans un salon du XVIIe siècle.

HISTOIRE DU MOUVEMENT

Un monde en crise

Le mouvement baroque se développe dans un univers déchiré par les guerres civiles et religieuses qui ont mis fin aux rêves des humanistes. Cet univers instable sécrète une anxiété diffuse qui nourrit les créations baroques.

Les créateurs solitaires

Les écrivains baroques sont trop indépendants pour former un mouvement : il n'est pas question pour eux d'obéir à une doctrine ou à un chef d'école. Opposés aux conceptions rigoureuses de Malherbe, ils se rencontrent dans les salons, dans les cabarets, parfois à la cour. Dès 1620, Théophile de Viau est célèbre ; Saint-Amant sera admis à l'Académie française. Au théâtre, *Pyrame et Thisbé* de Théophile de Viau, la *Marianne* de Tristan l'Hermite, *Clitandre* de Corneille obtiennent de véritables triomphes. Le genre romanesque offre une liberté dont ils profitent : *L'Astrée* d'Honoré d'Urfé, *Francion*, de Sorel, *Le Page disgracié* de Tristan l'Hermitte ouvrent des voies nouvelles.

Poète et romancier, Tristan l'Hermite est également l'auteur d'une tragédie, *Marianne*, en 1636, dont le succès rivalise avec *Le Cid* de Corneille.

Le coup d'arrêt

Le mouvement s'affaiblit dès les années 1640. La recherche de règles imposées par Malherbe et les critiques vont démoder rapidement le goût de la démesure et de l'imagination. En 1623, l'emprisonnement de Théophile de Viau met un coup d'arrêt au libertinage de ces esprits hostiles à tous les dogmes.

LES PRINCIPES DU MOUVEMENT

La modernité

Refusant la tradition humaniste fondée sur l'étude et l'imitation des « anciens auteurs », l'écrivain baroque valorise l'originalité : il se veut moderne.

La liberté

Aux constructions rigoureusement réglées, le poète baroque préfère l'improvisation. Ce désordre lui paraît plus exaltant qu'un ordre qu'il trouve froid.

La virtuosité

L'artiste baroque multiplie les hyperboles outrées, les métaphores recherchées, les antithèses hardies. Plus la figure est recherchée, plus elle frappe l'esprit : l'usage de la pointe étonne la raison, crée la surprise, chasse la banalité.

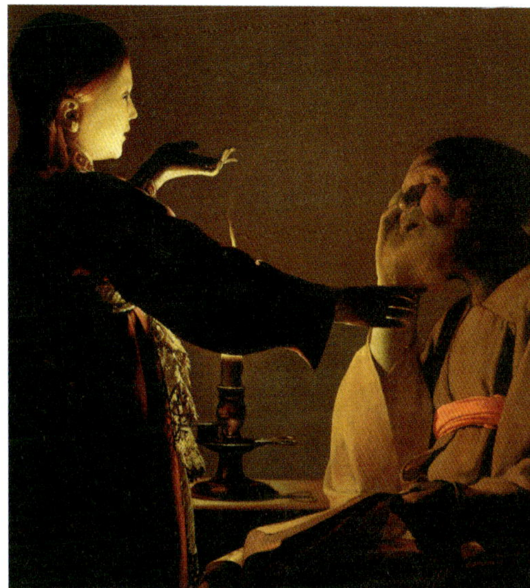

Georges de La Tour, peintre de la nuit et de la lumière. *Apparition de l'ange à saint Joseph*, 1635-1640.

L'influence de l'art baroque s'exprime encore aujourd'hui. Création du couturier Christian Lacroix. Automne 1996.

LES PRINCIPAUX THÈMES DU MOUVEMENT

L'univers en mouvement

Des transformations incessantes modifient les apparences. Entre l'extase et l'effroi, le baroque est fasciné par la puissance du devenir.

La solitude

Dans la solitude, le poète existe enfin pour lui-même. Loin de la cour et de ses contraintes, le poète se sent lié aux forces qui animent l'univers.

Les éclats de la beauté

Dans un monde où les masques et les miroirs troublent les certitudes, les sensations sont exaltées par des métaphores qui en révèlent la beauté.

À travers la mise en scène spectaculaire de l'extase de sainte Thérèse, Lorenzo Bernini, dit le Bernin, s'impose comme l'un des maîtres du mouvement baroque. *Extase de sainte Thérèse*, 1652.

Les grandes œuvres du baroque

Littérature

Théophile de Viau, *Œuvres*,1621
Sorel, *Francion*, 1623
Corneille, *Clitandre*, 1632, *L'Illusion comique*, 1635

Peinture

Le Caravage, *La Mort de la vierge*, 1606
Rubens, *Histoire de Marie de Médicis*, 1625
Georges de La Tour, *Le Tricheur à l'as de carreau*, vers 1638

Architecture

Le Bernin, la place Saint-Pierre, à Rome, 1656
Borromini, l'église Sant'Ivo della Sapienza, 1642-1661
Lemercier, la chapelle de la Sorbonne, 1635
Hardouin-Mansart, le dôme des Invalides, à Paris, 1679-1691

Auteur de divers recueils de poèmes ; d'un *Traité de l'immortalité de l'âme* (adapté de Platon) en 1621 ; et d'une tragédie : *Pyrame et Thisbé* (1621).

VIAU

Nom et prénom : **de Viau, Théophile**
Naissance : **1590, à Clairac en Agenais**
Décès : **25 septembre 1626, à Paris**

Théophile de Viau, fils d'un noble lettré, a fréquenté divers collèges protestants, visité de nombreux pays avant d'être présenté à la cour où l'on apprécie son « esprit hardi », sa verve audacieuse. Ses vers, parus d'abord dans des recueils collectifs, ont en 1621 l'honneur d'une édition séparée. La même année, sa tragédie *Pyrame* et *Thisbé* remporte un éclatant succès. Il est le plus célèbre des poètes anticonformistes qu'on appelle libertins ou épicuriens.

Mais en 1622, les jésuites Garasse et Voisin l'accusent de libertinage, c'est-à-dire d'impiété, de débauche. Arrêté le 17 septembre 1623, jeté dans le cachot de Ravaillac, harcelé par des juges hostiles, il n'est libéré que le 1er septembre 1625. Il meurt un an plus tard, épuisé par ces épreuves.

THÉOPHILE DE VIAU ET LE REGISTRE LYRIQUE

Pour Théophile de Viau, le vrai poète ne se soucie ni des auteurs antiques ni des contemporains, il veut écrire à sa guise, librement. Dans la solitude de la retraite, à l'écart des contraintes sociales mais proche des forces naturelles, le poète se livre aux mouvements d'une inspiration vagabonde. Bouleversé par la beauté du monde, troublé par sa fragilité, toujours à vif, il laisse le champ libre à ses élans les plus singuliers. C'est parce qu'il est indifférent aux règles et aux modèles qu'il peut exprimer librement ce qu'il ressent, rêvant d'« inventer quelque nouveau langage » pour rester au plus près des sensations, des émotions qui inspirent son œuvre.

Objet d'étude La poésie

1621 — Œuvres

Dans l'« Élégie à une dame », Théophile de Viau revendique pour sa poésie la pleine liberté de l'inspiration. Cette même liberté s'affirme, non sans provocation, dans l'éloge qu'il adresse à Cloris.

ÉLÉGIE À UNE DAME

Je veux faire des vers qui ne soient pas contraints,
Promener mon esprit par de petits desseins,
Chercher des lieux secrets où rien ne me déplaise,
Méditer à loisir, rêver tout à mon aise,
Employer toute une heure à me mirer dans l'eau,
Ouïr comme en songeant la course d'un ruisseau,
Écrire dans les bois, m'interrompre, me taire,
Composer un quatrain sans songer à le faire.

Théophile de Viau, *Œuvres*,
« Élégie à une dame » (extrait), 1621.

STANCES

Quand tu me vois baiser tes bras
Que tu poses nus sur tes draps
Bien plus blancs que le linge même :
Quand tu sens ma brûlante main
Se promener dessus ton sein,
Tu sens bien, Cloris, que je t'aime.

Comme un dévot devers les cieux,
Mes yeux tournés devers tes yeux,
À genoux auprès de ta couche,
Pressé de mille ardents désirs,
Je laisse sans ouvrir ma bouche
Avec toi dormir mes plaisirs.

Le sommeil aise de t'avoir
Empêche tes yeux de me voir,
Et te retient dans son empire
Avec si peu de liberté,
Que ton esprit tout arrêté
Ne murmure ni ne respire.

La rose en rendant son odeur,
Le Soleil donnant son ardeur,
Diane et le char qui la traîne,
Une Naïade dedans l'eau,
Et les Grâces dans un tableau,
Font plus de bruit que ton haleine.

Là je soupire auprès de toi,
Et considérant comme quoi
Ton œil si doucement repose,
Je m'écrie : Ô ciel ! peux-tu bien
Tirer d'une si belle chose,
Un si cruel mal que le mien ?

Théophile de Viau, *Œuvres,* « Stances », 1621.

1. Dans l'« Élégie à une dame », quelle image le poète veut-il donner de lui-même ? À quelle conception de la poésie s'oppose-t-il ?

2. Étudiez la composition du poème adressé à Cloris. Est-elle narrative, descriptive ?

3. Quelle comparaison paraît audacieuse ? Pourquoi ?

4. De quelle façon le poète rend-il l'univers présent ?

5. Quelles sensations Théophile de Viau évoque-t-il ? Cette forme de lyrisme s'accorde-t-elle avec l'image que l'élégie donne du poète ?

6. NOTION. Expliquez ce qui surprend dans les vers 28-30 de « Stances ». Comment cette chute a-t-elle été préparée ?

NOTION

La poésie et l'art de la chute

Pour donner du relief à la fin d'une phrase, d'une strophe, d'un poème, on y place une formule frappante, une réponse inattendue, un renversement de perspective. La chute est le meilleur endroit pour glisser une pointe, une remarque ingénieuse qui étonne et éblouit.

SOREL

Nom et prénom : **Sorel, Charles**

Naissance : **vers 1600, à Paris**

Décès : **7 mars 1674, à Paris**

Fils d'un procureur parisien, Charles Sorel écrit très tôt des nouvelles et des romans. Ami de poètes libertins comme Théophile de Viau et Saint-Amant, il exprime des idées audacieuses dans les premiers livres de l'*Histoire comique de Francion* qui paraissent en 1623. Mais l'arrestation de Viau le force à la prudence et il élimine les pages les plus provocantes dans les éditions qui suivent. Après l'échec de *Polyandre* où il projette de peindre la société de son temps, il renonce au roman et se consacre à des études variées car il s'intéresse à tout : histoire, sciences, morale, littérature, bibliographie. Esprit indépendant, à l'écart des modes et du succès, il meurt dans la gêne.

Auteur de romans, dont : *Histoire comique de Francion* (1623), *Le Berger extravagant* (1627), *Polyandre* (1648) ; d'ouvrages historiques, dont : *Histoire de la monarchie française* (1629), d'ouvrages de critique, dont : *De la connaissance des bons livres* (1671).

CHARLES SOREL ET LE ROMAN LIBERTIN

Œuvre audacieuse qui se souvient des romans latins et des romans picaresques, le roman de Sorel lance un aventurier, Francion, dans une série d'aventures qui lui permettent de traverser des milieux très différents dont le romancier se moque : les nobles sont lâches, les juges avares, les bourgeois ridicules et les femmes frivoles. La vivacité de la narration, la précision des descriptions, l'audace des dialogues donnent beaucoup de force à cette démystification radicale qui bouscule toutes les normes sociales, morales, religieuses. Après la condamnation de Théophile de Viau, le roman ne reparaîtra que dans des éditions édulcorées.

Objet d'étude Un mouvement littéraire et culturel du XVIIe siècle : le baroque

1623 — Histoire comique de Francion

Dans sa version de 1623, le roman de Sorel multiplie les audaces. Ici, une entremetteuse, Perrette, meurt dans les bras de la prostituée qu'elle a instruite.

Pour ne vous point mentir, il n'y avait aucun scrupule en elle, ni aucune superstition ; elle vivait si rondement que (si ce que l'on dit de l'autre monde est vrai) les autres âmes jouent maintenant à la boule de la sienne. Elle ne savait non plus[1] ce que c'est des cas de conscience qu'un Topinambou[2], parce qu'elle disait que si l'on lui en avait appris autrefois quelque peu, elle l'avait oublié, comme une chose qui ne sert qu'à troubler le repos. Souvent elle m'avait dit que les biens de la terre sont si communs, qu'ils ne doivent être non plus à une personne qu'à l'autre, et que c'est très sagement fait que de les ravir subitement quand l'on peut de la main d'autrui ; « car, disait-elle, je suis venue toute nue en ce monde et nue je m'en retournerai. Les biens que j'ai pris d'autrui, je ne les emporterai point, que l'on aille les chercher où ils sont et que l'on les prenne, je n'en ai plus que faire. Hé quoi, si j'étais punie après ma mort pour avoir commis ce que l'on appelle larcin, n'aurais-je pas raison de dire à quiconque m'en parlerait que ç'aurait été une injustice de m'avoir mise au monde pour y vivre, sans me permettre de prendre les choses dont l'on y vit ? »

Après m'avoir tenu de pareils discours, elle expira et je la fis enterrer sans aucune pompe comme elle me l'avait recommandé, parce qu'elle savait qu'il n'est rien de plus inutile.

Charles Sorel, *Histoire comique de Francion,* deuxième livre, 1623.

Au cours de ses aventures, le héros Francion a été invité à une fête que son ami Roland donne dans son château. Tout est permis sauf d'accepter les « opinions du vulgaire ».

Hô bien, dit Raymond, chacun est libre ici, suivez la volupté qui vous est la plus agréable. Alors il vint des musiciens qui chantèrent beaucoup d'airs joignant le son de leurs luths et de leurs violes à celui de leurs voix. Ah ! dit Francion, ayant la tête penchée dessus le sein de Laurette, après la vue d'une beauté, il n'y a point de plaisir qui m'enchante comme fait celui de la musique. Mon cœur bondit à chaque accent, je ne suis plus à moi-même. Ces tremblements[3] de voix font trembler mignardement[4] mon âme : mais ce n'est pas une merveille, car mon naturel n'a de l'inclination qu'au mouvement, je suis toujours dans une douce agitation. Mon esprit et mon corps tremblent toujours à petites secousses, l'on en a vu tantôt une preuve, car à peine ai-je pu tenir tantôt mon verre dedans ma main, tant j'avais de tremblement en tout mon bras ; aussi je ne touche ce beau sein qu'en tremblant, mon souverain plaisir c'est de frétiller[5], je suis tout divin, je veux être toujours en mouvement[6] comme le ciel. Ayant dit ces paroles, il prit le luth, d'un des musiciens, et les dames l'ayant prié de montrer ce qu'il savait, il commença de le toucher et chanta cet air en même temps :

Apprenez, mes belles âmes,
À mépriser tous les blâmes
De ces hommes hébétés,
Ennemis des voluptés.

Charles Sorel, *Histoire comique de Francion*,
septième livre, 1623.

1. **non plus ce que** : pas plus ce que.
2. **Topinambou** : peuple du Brésil.
3. **tremblement** : en musique, mouvement précipité des sons.
4. **mignardement** : délicatement.
5. **frétiller** : remuer sans cesse, comme un enfant.
6. **mouvement** : les libertins s'inspiraient d'Aristote qui avait dit, dans un tout autre contexte, que la vie consiste dans le mouvement.

Réunion galante,
tableau de Dirck Hals
(1591-1656).

1. Le narrateur adopte-t-il le même point de vue dans les deux passages ? Pourquoi ?

2. Quels effets produit le passage au style direct dans le premier texte (l. 8-14) ?

3. Expliquez l'adverbe « rondement » dans le premier texte (l. 2) et la façon dont le romancier en joue.

4. Par quels arguments Perrette justifie-t-elle le vol ? Quel passage de son propre discours pourrait-on lui opposer ?

5. Quelles raisons Francion donne-t-il pour justifier son amour de la musique dans le second texte ?

6. NOTION. Repérez et expliquez les affirmations qui contestent les valeurs religieuses et morales.

NOTION

La subversion baroque

Si le baroque est souvent lié au développement de la réforme catholique, il est aussi, particulièrement en France au début du XVIIe siècle, très proche des esprits libertins. La prise de conscience de l'instabilité de l'univers amène ces esprits forts à une remise en cause radicale des valeurs morales et religieuses.

Auteur de poèmes (publiés en 1627) et d'une épopée biblique, *Moïse sauvé* (1653).

SAINT-AMANT

Nom et prénom : **Saint-Amant Girard, Antoine**

Naissance : **30 septembre 1594, à Quevilly, près de Rouen**

Décès : **29 décembre 1661, à Paris**

Fils d'un marin de Rouen qui avait fait fortune, ce Normand robuste, fait très jeune de grands voyages. Attaché à de puissants protecteurs, il connaît Rome, Londres, les Antilles, la Pologne, la cour de Suède. Il se vante d'ignorer le grec et le latin mais parle l'anglais, l'italien, l'espagnol. Connu pour son ode « Solitude» dès 1619, ses vers sont régulièrement publiés. Amateur de tableaux, curieux de sciences (il rend visite à Galilée à Florence), remarquable joueur de luth, académicien dès 1634, il fréquente les salons les plus élégants de Paris où il s'installe en 1651. Mais son poème « Moïse sauvé », terminé en 1653, est un échec : cette tentative d'« idylle héroïque » paraît alors vaine et maladroite.

L'ORIGINALITÉ DE SAINT-AMANT

Saint-Amant ne se soucie pas des auteurs anciens et recherche avant tout l'originalité. Un tableau d'un peintre mineur, dit-il, sera toujours « beaucoup plus prisé que n'est la meilleure copie de Michel-Ange ». Il cherche cette originalité dans la variété des thèmes : paysages merveilleux, visions fantastiques, éloge du melon ou du fromage. Cette originalité s'affiche aussi dans la richesse de la langue. Mêlant les registres et les rythmes, il veut avoir « les coudées franches avec le langage ». Résolument moderne, sa poésie crée un univers inédit, singulier, qui frappe par la fraîcheur des notations, la force des émotions et une combinaison singulière d'humour et de sensualité.

Objet d'étude Un mouvement littéraire et culturel du XVIIe siècle : le baroque

1629

Œuvres

Le thème de l'homme seul face à la nature, ou à son destin, passait pour libertin au début du XVIIe siècle. Cette situation se retrouve dans l'ode sur la « Solitude », qui rendit Saint-Amant célèbre, et dans le sonnet qui évoque les assemblées de fumeurs souvent peintes par les artistes flamands.

LA SOLITUDE

Que c'est une chose agréable
D'être sur le bord de la mer,
Quand elle vient à se calmer
Après quelque orage effroyable !
Et que les chevelus Tritons[1],
Hauts, sur les vagues secouées,
Frappent les airs d'étranges tons
Avec leurs trompes enrouées,
Dont l'éclat rend respectueux
Les vents les plus impétueux.

Tantôt l'onde, brouillant l'arène[2],
Murmure et frémit de courroux[3],
Se roulant dessus les cailloux
Qu'elle apporte et qu'elle r'entraîne.

Tantôt, elle étale en ses bords,
Que l'ire[3] de Neptune[4] outrage,
Des gens noyés, des monstres morts,
Des vaisseaux brisés du naufrage,
Des diamants, de l'ambre gris,
Et mille autres choses de prix.

Tantôt la plus claire du monde,
Elle semble un miroir flottant,
Et nous représente à l'instant
Encore d'autres cieux sous l'onde.
Le soleil s'y fait si bien voir,
Y contemplant son beau visage,
Qu'on est quelque temps à savoir
Si c'est lui-même ou son image,
Et d'abord il semble à nos yeux
Qu'il s'est laissé tomber des cieux.

Saint-Amant « La Solitude » (extrait), *Œuvres*, 1629.

1. **Triton** : demi-dieu marin dont la trompette portait sur la mer les ordres de Neptune.
2. **l'arène** : sable menu et mouvant.
3. **courroux, ire** : colère.
4. **Neptune** : le dieu de la mer.

LE FUMEUR

Assis sur un fagot, une pipe à la main,
Tristement accoudé contre une cheminée,
Les yeux fixés vers terre, et l'âme mutinée[1],
Je songe aux cruautés de mon sort inhumain.

L'espoir qui me remet[2] du jour au lendemain,
Essaie à gagner temps sur ma peine obstinée,
Et, me venant promettre une autre destinée,
Me fait monter plus haut qu'un empereur romain.

Mais à peine cette herbe[3] est-elle mise en cendre,
Qu'en mon premier état il me convient descendre
Et passer mes ennuis à redire souvent :

Non, je ne trouve point beaucoup de différence
De[4] prendre du tabac à[4] vivre d'espérance,
Car l'un n'est que fumée, et l'autre n'est que vent.

Saint-Amant, « Le fumeur », *Œuvres*, 1629.

1. **mutinée** : révoltée
2. **remet** : renvoie
3. **herbe** : tabac
4. **de... à** : entre... et...

1. Comment, dans « Solitude », le poète fait-il sentir la force des éléments naturels ?

2. Montrez que chaque strophe de « Solitude » orchestre un renversement.

3. D'où vient l'unité de chaque strophe du sonnet « Le fumeur » ? Montrez comment le premier quatrain s'oppose au second et comment celui-ci s'oppose au premier tercet.

4. Quelle surprise provoque le dernier vers du sonnet ? Comment a-t-elle été préparée ?

5. NOTION. Pourquoi peut-on dire que ces poèmes relèvent tous deux d'une sensibilité baroque ?

NOTION

La sensibilité baroque

Le poète baroque est sensible à la fragilité des apparences : l'univers est soumis à d'incessantes métamorphoses qui font à la fois sa beauté et son inquiétante étrangeté. Le paysage qui a parfois l'éclat d'une pierre précieuse peut n'être bientôt qu'un mirage : le monde alors n'est qu'une vaine fumée.

Auteur de lettres et de poèmes. Ses *Œuvres* (incomplètes) ne furent publiées qu'en 1650.

VOITURE

Nom et prénom : **Voiture, Vincent**

Naissance : **27 février 1597, à Amiens**

Décès : **26 mai 1648, à Paris**

Fils d'un marchand de vin fournisseur attitré de la cour, Vincent Voiture, après de sérieuses études, se lance dans le monde où il réussit rapidement : il est maître d'hôtel de Madame en 1634 et du roi Louis XIII en 1639. Il devient une figure essentielle de l'hôtel de Rambouillet où se réunissent gens du monde et écrivains qui fuient tout pédantisme : jamais servile, toujours élégant, spirituel, inventif. Nommé (malgré lui, dit-on) à l'Académie française en 1634, il se veut avant tout homme du monde : ses lettres et ses poésies qui font l'essentiel de son œuvre ne seront publiées qu'un an après sa mort.

VOITURE ET LE REGISTRE DE L'HUMOUR

Pour Voiture, fin connaisseur de Marot et de la poésie italienne et espagnole, le poète n'a d'autre ambition que d'amuser par le tour qu'il donne à ce qu'il dit. Le poète suggère, effleure et fait naître l'émotion ou le sourire par la pointe finale, qui fait du lecteur un complice. Qu'il s'amuse d'un soulier noir et bleu, d'un éventuel désir, d'un souvenir furtif, il préfère l'allusion parfois osée mais jamais choquante à l'expression directe des sentiments. Voiture fait de la poésie un jeu spirituel, d'une gaieté désinvolte, qui séduit par son élégance et son humour.

1639

Recueil de divers rondeaux

Amateur de « vers en vieux langage », Voiture pour s'amuser remet à la mode le rondeau que Du Bellay avait sévèrement condamné. Ce « genre d'écrire qui est propre à la raillerie » fit aussitôt fureur dans les salons et, en 1639, parut un recueil de 179 rondeaux dont 26 étaient de Voiture.

Pour vos beaux yeux auteurs de mon trépas,
Hier au Ciel se firent maints combats,
L'Amour[1] ayant dit tout haut à sa mère,
Qu'ils surpassaient en douceur et lumière
Ceux de là-haut, comme ceux d'ici-bas.

Mars[2] avoua qu'ils avaient plus d'appas,
Saturne[3] même alors hâtant le pas,
Vint l'approuver, et parut moins sévère
Pour vos beaux yeux.

La belle Iris[4], et la fière Pallas[5],
Quoi qu'on en dît, n'y consentirent pas,
Vénus pensa s'étrangler de colère,
Tout est brouillé dans la dixième Sphère[6],
Et tout le Ciel est rempli de débats
Pour vos beaux yeux.

Vincent Voiture, *Recueil de divers rondeaux*, 1639.

1. **Amour** : Éros ou Cupidon, fils de Vénus.
2. **Mars** : dieu de la guerre, amoureux de Vénus.
3. **Saturne** : dieu représenté en vieillard souvent mélancolique.
4. **Iris** : messagère d'Héra, personnifie l'arc-en-ciel.
5. **Pallas** : autre nom d'Athéna, fille de Zeus.
6. **dixième Sphère** : pour Voiture, le séjour des dieux.

Ou vous savez tromper bien finement,
Ou vous m'aimez assez fidèlement,
Lequel des deux je ne le saurais dire,
Mais cependant je pleure et je soupire,
Et ne reçois aucun soulagement.

Pour votre amour j'ai quitté franchement
Ce que j'avais acquis bien sûrement;
Car on m'aimait, et j'avais quelque empire
Où vous savez.

Je n'attends pas tout le contentement
Qu'on peut donner aux peines d'un Amant,
Et qui pourrait me tirer de martyre,
À si grand bien mon courage n'aspire;
Mais laissez-moi vous toucher seulement
Où vous savez.

Vincent Voiture, *Recueil de divers rondeaux*, 1639.

Dedans ces prés herbus et spacieux,
Où mille fleurs semblent sourire aux cieux,
Je viens blessé d'une atteinte mortelle,
Pour soulager le mal qui me martelle,
Et divertir mon esprit par mes yeux.

Mais contre moi mon cœur séditieux[1]
Me donne plus de pensers soucieux
Que l'on ne voit de brins d'herbe nouvelle
Dedans ces prés.

De ces tapis le pourpre[2] précieux,
De ces ruisseaux le bruit délicieux,
De ces vallons la grâce naturelle,
Blesse mes sens, me gêne et me bourelle[3],
Ne voyant pas ce que j'aime le mieux
Dedans ces prés.

Vincent Voiture, *Recueil de divers rondeaux*, 1639.

1. **séditieux** : révolté..
2. **pourpre** : rouge foncé.
3. **bourelle** : tourmente.

1. En analysant la disposition des strophes et des rimes, dégagez les règles du rondeau.

2. L'expression reprise, nommée parfois « rentrement », change de valeur. Distinguez ces différences.

3. Montrez comment les allusions mythologiques sont traitées de façon vivante et désinvolte.

4. Relevez les expressions appartenant au vocabulaire amoureux. Le poète les prend-il au sérieux ?

5. NOTION. Relevez les différentes allusions dans les trois rondeaux et expliquez l'effet produit.

NOTION

L'art de l'allusion et la poésie galante

L'allusion est une façon de jouer avec les mots qui permet de parler sans insister, de laisser sous-entendu l'essentiel de ce qu'on aurait voulu dire. L'allusion, toujours légère, est signe d'élégance. Voiture fait seulement allusion aux douleurs de l'amour : il évite le registre lyrique ou pathétique.

CORNEILLE

Nom et prénom : **Corneille, Pierre**

Naissance : **6 juin 1606, à Rouen**

Décès : **1er octobre 1684, à Paris**

Après de brillantes études chez les Jésuites de Rouen, Corneille acquiert deux offices d'avocat mais il ne plaidera jamais. Dès 1629, il fait jouer à Paris une comédie, *Mélite*, qui remporte un vif succès. Dès lors il se consacre au théâtre, passe de la comédie à la tragédie et s'impose rapidement comme un auteur essentiel. Le triomphe du *Cid* provoque une célèbre querelle qui conduit Corneille à composer des tragédies parfaitement régulières : *Horace, Cinna, Polyeucte*. Après l'échec de *Pertharite*, il se consacre à un travail critique considérable : il corrige et commente toutes ses œuvres dont il publie en1660 une édition en trois volumes. En 1651, *Œdipe* lui permet de renouer avec le succès mais le public se tourne de plus en plus vers ses jeunes rivaux, Molière et Racine. En juillet 1675, le roi lui retire même sa pension qui ne lui sera rendue que dans les dernières années de sa vie.

Auteur de comédies dont : *Mélite* (1629), *L'Illusion comique* (1636), *Le Menteur* (1643) ; de tragi-comédies, dont : *Clitandre* (1630), *Le Cid* (1636) ; de tragédies, dont : *Horace* (1640), *Cinna* (1641), *Polyeucte* (1643), *Rodogune* (1644), *Sertorius* (1662), *Othon* (1664) ; d'études sur le théâtre, dont : *Trois discours sur le poème dramatique* (1660).

L'ŒUVRE DE CORNEILLE

Les comédies

Dans ses comédies, *Mélite* (1629), *La Veuve* (1633) *La Place royale* (1634), *L'Illusion comique* (1636), *Le Menteur* (1643), Corneille sait faire parler ses personnages avec élégance et humour. Ce style naturel « faisait, dit-il, une peinture de la conversation des honnêtes gens ». Corneille renouvelle ainsi la comédie réduite jusqu'à lui aux bouffonneries les plus grossières.

Les tragédies politiques

Fondées sur des récits historiques, *Horace* (1640), *Cinna* (1642), *Polyeucte* (1643) révèlent les tensions qui déchirent les sociétés et les êtres humains : la guerre, la paix, le pouvoir, la place de la religion. Mettant en scène des héros qui cherchent à surmonter des conflits déchirants, ces œuvres suscitent un nouveau ressort théâtral : l'admiration.

Les tragédies romanesques

Dans *Rodogune* (1645), *Nicomède* (1651), *Sertorius* (1663), Corneille se plaît à évoquer des situations extraordinaires qui rappellent le climat des romans d'aventure de l'époque. Il crée librement des personnages d'exception qui se moquent des lois communes. C'est le déploiement de cette énergie qui fait trembler et rêver le public.

LA GRANDEUR HÉROÏQUE

Dans cette première moitié de siècle, l'héroïsme était à la mode et le public retrouvait dans les héros de Corneille les valeurs qui l'exaltaient, le goût du risque, les passions folles, le sens de l'honneur, la force de la volonté. La vertu héroïque n'est pas un devoir auquel il faut se soumettre, c'est l'énergie qu'il faut déployer pour être pleinement soi-même, pour « remplir son nom », pour conquérir la gloire. La haute idée que le héros a de lui-même montre sa grandeur et l'appelle à se dépasser, à surmonter les pires épreuves, à faire éclater sa valeur. Si périlleuse que soit la prouesse, le héros connaît alors la joie d'être admirable. Même si la gloire est ainsi réservée à quelques êtres hors du commun, l'héroïsme cornélien exprime la confiance que l'on peut avoir dans la grandeur humaine.

1635

L'Illusion comique

Dans *L'Illusion comique*, Corneille met en scène, « exprès pour faire rire », le capitaine gascon Matamore. Au deuxième acte, ce parfait fanfaron songe à « mettre en poudre » le roi de Perse ou le Grand Mogol, le très puissant roi des Indes ! Il réplique au jeune Clindor qui essaye de calmer son ardeur.

CLINDOR

Et puis quand auriez-vous rassemblé votre armée ?

MATAMORE

Mon armée ! Ah, poltron ! ah, traître ! pour leur mort
Tu crois donc que ce bras ne soit pas assez fort !
Le seul bruit de mon nom renverse les murailles,
Défait les escadrons et gagne les batailles,
Mon courage invaincu contre les empereurs
N'arme que la moitié de ses moindres fureurs ;
D'un seul commandement que je fais aux trois Parques[1],
Je dépeuple l'État des plus heureux monarques ;
La foudre est mon canon, les destins mes soldats ;
Je couche d'un revers mille ennemis à bas ;
D'un souffle je réduis leurs projets en fumée,
Et tu m'oses parler cependant d'une armée !
Tu n'auras plus l'honneur de voir un second Mars[2] :
Je vais t'assassiner d'un seul de mes regards,
Veillaque[3]. Toutefois, je songe à ma maîtresse :
Ce penser m'adoucit ; va, ma colère cesse,
Et ce petit archer[4] qui dompte tous les Dieux
Vient de chasser la mort qui logeait dans mes yeux.
Regarde, j'ai quitté cette effroyable mine
Qui massacre, détruit, brise, brûle, extermine ;
Et, pensant au bel œil qui tient ma liberté,
Je ne suis plus qu'amour, que grâce, que beauté.

CLINDOR

Ô Dieux ! en un moment que tout vous est possible !

Pierre Corneille, *L'Illusion comique*, Acte II, scène 2, 1635.

1. **les trois Parques** : divinités qui tissent les destinées humaines.
2. **Mars** : dieu de la guerre.
3. **Veillaque** : maraud, coquin, paysan (injure gasconne).
4. **petit archer** : le dieu de l'amour, qui lance ses flèches dans les cœurs.

1. En relevant les expressions qui désignent Clindor, distinguez les divers moments de la tirade.

2. Par quelles antithèses Matamore met-il sa puissance en lumière ?

3. Relevez les expressions galantes. Matamore est-il plus convaincant dans ce nouveau rôle ?

4. Quelles expressions évoquent le jeu des regards ? En quoi contribuent-elles au registre du passage ?

5. NOTION. Quel rôle joue Clindor face à Matamore ? Son attitude accentue-t-elle le comique de la scène ?

NOTION

Le personnage comique

Le rire peut naître du décalage entre le ton d'un personnage et la situation qui est la sienne. Des images recherchées, des hyperboles qui auraient pu convenir à la noblesse de la tragédie apparaissent alors déplacées, excessives et semblent ridicules.

1637

Le Cid

Dans *Le Cid*, Corneille évoque la légende espagnole de Rodrigue. Don Diègue vient de demander à son fils Rodrigue de venger son honneur en provoquant en duel le comte don Gormas, le père de celle qu'il aime, Chimène.

RODRIGUE

Percé jusques au fond du cœur
D'une atteinte imprévue aussi bien que mortelle,
Misérable[1] vengeur d'une juste querelle,
Et malheureux objet d'une injuste rigueur,
Je demeure immobile, et mon âme abattue
Cède au coup qui me tue.
Si près de voir mon feu[2] récompensé,
Ô Dieu, l'étrange peine !
En cet affront mon père est l'offensé,
Et l'offenseur le père de Chimène !

Que je sens de rudes combats !
Contre mon propre honneur mon amour s'intéresse[3] ;
Il faut venger un père, et perdre une maîtresse[4] ;
L'un m'anime le cœur[5], l'autre retient mon bras.
Réduit au triste choix ou de trahir ma flamme,
Ou de vivre en infâme,
Des deux côtés mon mal est infini.
Ô Dieu, l'étrange peine !
Faut-il laisser un affront impuni ?
Faut-il punir le père de Chimène ?

Père, maîtresse, honneur, amour,
Noble et dure contrainte, aimable tyrannie,
Tous mes plaisirs sont morts, ou ma gloire ternie.
L'un me rend malheureux, l'autre indigne du jour.
Cher et cruel espoir d'une âme généreuse[6]
Mais ensemble[7] amoureuse,
Digne ennemi de mon plus grand bonheur,
Fer qui causes ma peine,
M'es-tu donné pour venger mon honneur ?
M'est-tu donné pour perdre ma Chimène ?

Il vaut mieux courir au trépas.
Je dois à ma maîtresse aussi bien qu'à mon père :
J'attire en me vengeant sa haine et sa colère ;
J'attire ses mépris en ne me vengeant pas.
À mon plus doux espoir l'un me rend infidèle,
Et l'autre, indigne d'elle.
Mon mal augmente à le vouloir guérir,
Tout redouble ma peine.

1. **misérable** : digne de pitié.
2. **feu** : amour.
3. **s'intéresse** : prend parti.
4. **maîtresse** : jeune fille aimée.
5. **cœur** : courage.
6. **généreuse** : noble, digne de ses ancêtres.
7. **ensemble** : en même temps.

Allons, mon âme ; et puisqu'il faut mourir,
Mourons du moins sans offenser Chimène.

Mourir sans tirer ma raison[8] !
Rechercher un trépas si mortel à ma gloire !
Endurer que l'Espagne impute à ma mémoire
D'avoir mal soutenu l'honneur de ma maison[9] !
Respecter un amour dont mon âme égarée
Voit la perte assurée !
N'écoutons plus ce penser suborneur[10],
Qui ne sert qu'à ma peine.
Allons, mon bras, sauvons du moins l'honneur,
Puisqu'après tout il faut perdre Chimène.

Oui, mon esprit s'était déçu[11].
Je dois tout à mon père avant qu'à ma maîtresse.
Que je meure au combat, ou meure de tristesse,
Je rendrai mon sang pur comme je l'ai reçu.
Je m'accuse déjà de trop de négligence :
Courons à la vengeance ;
Et tout honteux d'avoir tant balancé[12],
Ne soyons plus en peine,
Puisqu'aujourd'hui mon père est l'offensé,
Si l'offenseur est père de Chimène.

Pierre Corneille, *Le Cid,* Acte I, scène 6, 1637.

8. **tirer ma raison** : exiger ce qui est dû.
9. **maison** : lignée.
10. **suborneur** : qui pousse au mal.
11. **déçu** : trompé.
12. **balancé** : hésité.

1. Qu'est-ce qui, dans la situation de Rodrigue, justifie le recours au monologue ?

2. Comparez les deux derniers vers de chaque strophe : parallélismes, modalités, rythmes. Comment soulignent-ils le déchirement et l'évolution de Rodrigue ?

3. Pourquoi peut-on parler d'un monologue délibératif ? Quels procédés évoquent les forces qui s'opposent ?

4. Pourquoi Rodrigue renonce-t-il à se suicider ? Quel argument paraît décisif ? Rodrigue est-il le même au début et à la fin de cette délibération ?

5. NOTION. La poésie limite-t-elle ou renforce-t-elle la force théâtrale de ce monologue ?

NOTION

Le théâtre et la poésie

La structure en strophe, le retour d'un refrain donnent au monologue de Rodrigue la forme d'un poème. Les stances rompent ainsi le cours de l'action théâtrale. Pour l'abbé d'Aubignac, il était invraisemblable « qu'un homme en cet état eût la liberté de faire des chansons » et en 1660, Corneille lui-même reconnaît que cela « marque un jeu du côté du poète qui n'a rien de naturel du côté de l'acteur ». Pourtant cette scène avait ravi « toute la cour et tout Paris ».

1637

Corneille et la querelle du *Cid*

La querelle qui oppose pendant toute l'année 1637 les partisans et les adversaires du *Cid* de Corneille passionne l'opinion, divise le monde littéraire et suscite l'intervention du pouvoir politique. Elle témoigne de la vivacité du débat critique et du renouveau de la vie théâtrale en France. Baptême du feu de la jeune Académie française, la querelle eut un retentissement considérable sur l'évolution du théâtre français.

Chronologie de la querelle

Janvier 1637	la tragi-comédie *Le Cid* triomphe au théâtre du Marais
Février 1637	dans *L'Excuse à Ariste,* Corneille déclare : « Je ne dois qu'à moi seul toute ma renommée »
Mars 1637	un libelle, attribué à Mairet, accuse Corneille de plagiat
Avril 1637	dans ses *Observations sur le Cid* , Scudéry dénonce les faiblesses de l'œuvre
Mai 1637	dans une *Lettre apologétique,* Corneille refuse de répondre aux *Observations* de Scudéry : le triomphe du *Cid* est à lui seul un argument
16 Juin 1637	l'Académie française, à la demande de Scudéry soutenu par le cardinal Richelieu, nomme trois commissaires « pour examiner *Le Cid* et les *Observations contre Le Cid* »
Octobre 1637	Richelieu ordonne qu'on arrête une querelle devenue pénible
Décembre 1637	les *Sentiments de l'Académie française sur la tragi-comédie du Cid* donnent en deux cents pages un point de vue nuancé plutôt favorable à Scudéry

Dès la première de la pièce, le public assiste en foule aux représentations du *Cid* au théâtre du Marais. Dessin à la plume d'une salle de spectacle au XVIIe siècle par Alexandre Bosse.

Le cardinal de Richelieu intervient contre Corneille dans la querelle du *Cid.*

Le triomphe du *Cid*

En janvier 1637, *Le Cid,* la nouvelle tragi-comédie du jeune Corneille, fait courir tout Paris ; le théâtre du Marais ne désemplit pas et, certains soirs, les nobles doivent se contenter des niches habituellement réservées aux domestiques. Inspirée d'un récit historique, la tragédie avait de quoi séduire un public passionné d'amour et d'héroïsme. Pour venger l'honneur de son père Don Diègue, Rodrigue tue en duel le père de celle qu'il aime, le comte Don Gormas. Chimène doit alors réclamer la mort du jeune homme dont elle est toujours amoureuse. Bientôt, on en récite par cœur des tirades entières.

La querelle des pamphlets

Un tel succès irrite critiques et écrivains. On accuse Corneille d'avoir plagié un auteur espagnol et d'avoir négligé l'unité de lieu et l'unité de temps. Pour Scudéry, auteur dramatique d'une certaine renommée, Corneille ne respecte ni la vraisemblance ni les bienséances. « Il n'est point vraisemblable, écrit Scudéry, qu'une fille d'honneur épouse le meurtrier de son père. » Le critique condamne cette « fille dénaturée », « cette impudique », « ce monstre » qui dit à Rodrigue « cent choses dignes d'une prostituée ». L'écrivain de théâtre, « pour instruire en divertissant », ne doit montrer sur scène que des personnages crédibles et exemplaires.

LES SENTIMENS
DE
L'ACADEMIE
FRANÇOISE
SVR
LA TRAGI-COMEDIE
DV CID.

A PARIS,
IEAN CAMVSAT ruë sainct
Iacques, à la Toyson d'Or.
M. DC. XXXVIII.
Avec Privilege du Roy.

La tragédie du *Cid* déchaîne la critique des censeurs de l'Académie française. Illustration du XIXe siècle pour la pièce de Corneille.

L'intervention de l'Académie française

Corneille refuse de répondre à ces rivaux envieux qu'il défie de faire mieux. Afin de mettre un terme à un conflit qui s'envenime, le Premier ministre, le cardinal de Richelieu, impose alors à l'Académie française de prendre officiellement parti. Le Premier ministre saisit ainsi l'occasion de donner une leçon à un auteur qu'il juge trop indépendant : *Le Cid* ne fait-il pas l'éloge du duel que Richelieu vient de mettre hors la loi ? Il interviendra personnellement dans la rédaction du rapport qui affirme que le sujet du *Cid* n'est « pas bon, qu'il pèche dans son dénouement, qu'il est chargé d'épisodes inutiles, que la bienséance y manque en beaucoup de lieux ».

La réplique de Corneille

Corneille, blessé par ce verdict, se tait pendant trois ans. Mais il reviendra sur ces critiques en 1648 puis en 1660, longtemps après la mort de Richelieu. Pour répondre à l'accusation de plagiat, il publie les vers de Guilhem de Castro dont il s'est inspiré. S'il reconnaît n'avoir pas respecté les unités de temps et de lieu, il souligne qu'Aristote n'avait jamais fixé de telles règles. Puis il prend la défense de Chimène en citant les historiens qui ont fait son éloge. Pour lui, c'est une héroïne moderne et touchante. Mais la réponse est tardive : la querelle du *Cid* a annoncé la victoire du théâtre régulier. Avec *Horace*, en 1640, Corneille crée une tragédie parfaitement classique.

La victoire du théâtre classique

L'Académie française s'est imposée comme une autorité légitime qui, tout en surveillant la création littéraire, contribue à la valoriser.

La querelle annonce la victoire du théâtre régulier : le respect de la vraisemblance et des bienséances qui assurent la valeur esthétique et morale du théâtre s'impose à tout écrivain qui veut obtenir l'assentiment de la critique et du public.

Les reproches de Scudéry

Scudéry présente ainsi sa critique :
« Je prétends donc prouver contre cette pièce du *Cid :*
Que le sujet n'en vaut rien du tout,
Qu'il choque les principales règles du Poème dramatique,
Qu'il manque de jugement en sa conduite,
Qu'il a beaucoup de méchants vers,
Que presque tout ce qu'il a de beautés sont dérobées,
Et qu'ainsi l'estime qu'on en fait est injuste. »

Georges de Scudéry, l'un des plus farouches opposants de Corneille dans la querelle du *Cid.*

COMPRENDRE L'ESSENTIEL

1. **Comment s'explique le triomphe du *Cid* ?**
2. **Reformulez les reproches adressés par Scudécy à Corneille.**
3. **Pour quelles raisons Richelieu est-il intervenu dans la querelle ?**
4. **Comment s'explique le silence de Corneille ?**

1640

Horace

La tragédie *Horace* évoque la guerre qui oppose Rome à Albe. Chaque ville confie sa défense à ses meilleurs soldats : Albe a choisi Curiace, Rome a choisi Horace. Or, Horace est le beau-frère de Curiace et Curiace est le fiancé de la sœur d'Horace.

CURIACE

Que désormais le Ciel, les Enfers et la Terre
Unissent leurs fureurs à nous faire la guerre,
Que les hommes, les Dieux, les Démons et le Sort
Préparent contre nous un général effort ;
Je mets à[1] faire pis en l'état où nous sommes
Le Sort, et les Démons, et les Dieux, et les hommes,
Ce qu'ils ont de cruel, et d'horrible et d'affreux,
L'est bien moins que l'honneur qu'on nous fait à tous deux.

HORACE

Le Sort qui de l'honneur nous ouvre la barrière
Offre à notre constance[2] une illustre matière[3].
Il épuise sa force à former un malheur,
Pour mieux se mesurer avec notre valeur,
Et comme il voit en nous des âmes peu communes,
Hors de l'ordre commun il nous fait des fortunes[4].
Combattre un ennemi pour le salut de tous,
Et contre un inconnu s'exposer seul aux coups,
D'une simple vertu c'est l'effet ordinaire,
Mille déjà l'ont fait, mille pourraient le faire.
Mourir pour le pays est un si digne sort,
Qu'on briguerait[5] en foule une si belle mort.
Mais vouloir au Public[6] immoler ce qu'on aime,
S'attacher au combat contre un autre soi-même,
Attaquer un parti qui prend pour défenseur
Le frère d'une femme et l'Amant[7] d'une sœur,
Et, rompant tous ces nœuds[8] s'armer pour la Patrie
Contre un sang qu'on voudrait racheter de sa vie,
Une telle vertu n'appartenait qu'à nous,
L'éclat de son grand nom[9] lui fait peu de jaloux,
Et peu d'hommes au cœur l'ont assez imprimée,
Pour oser aspirer à tant de Renommée.

Pierre Corneille, *Horace,* Acte IV, scène 3, 1640.

1. **mets à** : mets au défi de.
2. **constance** : fermeté, courage inébralable.
3. **illustre matière** : occasion de gloire.
4. **fortunes** : destinées.
5. **briguerait** : rechercherait, désirerait.
6. **public** : bien public, patrie.
7. **amant** : fiancé.
8. **nœuds** : alliances, liens familiaux ou affectifs.
9. **grand nom** : renommée d'un tel «exploit».

1. **Quel est le personnage qui décrit le plus précisément l'atrocité de la situation qu'ils viennent de découvrir ?**

2. **Étudiez la valeur de « nous » dans les deux discours.**

3. **Analysez la composition de la tirade d'Horace ; par quelles formules se manifeste son orgueil ?**

4. **À qui Horace veut-il donner du courage ?**

5. NOTION. **En quoi la situation des deux héros est-elle tragique ?**

NOTION

La situation tragique

On appelle tragique une situation qui exclut tout dénouement heureux. Une situation dramatique laisse l'espoir d'une issue heureuse : dans la tragédie, le malheur est inéluctable.

1642 — Cinna

Dans sa tragédie en cinq actes *Cinna*, Corneille raconte un épisode de la vie de l'empereur romain, Auguste. Il vient d'apprendre qu'Émilie et Cinna qu'il avait couverts de bienfaits préparent sa mort. Désespéré par une telle trahison, l'empereur songe d'abord à se tuer, puis à se venger.

AUGUSTE

En est-ce assez, ô Ciel ! et le Sort, pour me nuire,
A-t-il quelqu'un des miens qu'il veuille encor séduire[1] ?
Qu'il joigne à ses efforts le secours des Enfers.
Je suis maître de moi comme de l'Univers.
Je le suis, je veux l'être. Ô Siècles, ô Mémoire[2],
Conservez à jamais ma dernière victoire,
Je triomphe aujourd'hui du plus juste courroux
De qui le souvenir puisse aller jusqu'à vous.
Soyons amis, Cinna, c'est moi qui t'en convie :
Comme à mon ennemi je t'ai donné la vie,
Et malgré la fureur de ton lâche destin[3],
Je te la donne encor comme à mon assassin.
Commençons un combat qui montre par l'issue
Qui l'aura mieux de nous, ou donnée, ou reçue.
Tu trahis mes bienfaits, je les veux redoubler,
Je t'en avais comblé, je t'en veux accabler.
Avec cette beauté[4] que je t'avais donnée,
Reçois le Consulat pour la prochaine année.
Aime Cinna, ma fille, en cet illustre rang,
Préfères-en la pourpre[5] à celle de mon sang,
Apprends sur mon exemple à vaincre ta colère,
Te rendant un époux, je te rends[6] plus qu'un père.

ÉMILIE

Et je me rends, Seigneur, à ces hautes bontés ;
Je recouvre la vue auprès de leurs clartés.

Pierre Corneille, *Cinna*, Acte V, scène 3, 1642.

1. **séduire** : détourner du droit chemin.
2. **mémoire** : renommée.
3. **destin** : projet, dessein (« destiner » au XVIIe siècle veut dire « projeter »).
4. **cette beauté** : Émilie.
5. **pourpre** : la toge des consuls était bordée de rouge.
6. **rends** : avant d'être empereur, Auguste avait fait tuer le père d'Émilie.

1. Distinguez les trois moments de la tirade d'Auguste. Quel passage a le ton d'un monologue ?

2. En quoi le discours d'Auguste est-il une action qui change le cours des choses ?

3. À quel combat Auguste invite-t-il Cinna ? Montrez que l'empereur fait de la clémence le signe de sa supériorité.

4. Comment la réplique d'Émilie contribue-t-elle à souligner la grandeur épique de ce qui se produit sur la scène ?

5. NOTION. Quels indices permettent de repérer l'élévation du style et de la pensée ?

NOTION

Le style élevé

Selon les théoriciens antiques, le style élevé doit être « majestueux, riche, sublime, éclatant » (Cicéron). Le niveau lexical, l'abondance des figures de style, le rythme des vers comme l'intérêt supérieur du thème abordé doivent concourir à l'émotion du public, provoquer son étonnement et son admiration.

CYRANO DE BERGERAC

Nom et prénom : **Cyrano de Bergerac, Hector Savinien**

Naissance : **1619, à Paris**

Décés : **28 juillet 1655, à Sannois**

Savinien Cyrano tire son nom de Bergerac d'une petite terre que son grand-père, marchand parisien, avait acquise dans la vallée de Chevreuse. Après des études à Paris, il se fait engager dans les cadets de Gascogne en 1638. Escrimeur redouté, ce « démon de la bravoure » selon ses amis, est blessé à Arras en 1640 et doit renoncer à la gloire des armes. Il fréquente alors les gens de lettres et entre en contact avec le philosophe Gassendi. Il écrit des lettres, une comédie, *Le Pédant joué*, des poésies et une tragédie, *La Mort d'Agrippine* jouée en 1653. Blessé à la tête, il ne se remet pas de sa blessure et meurt avant d'avoir pu achever son œuvre la plus originale : *L'Autre Monde*.

Auteur d'une comédie, *Le Pédant joué* (1645) et d'une tragédie, *La Mort d'Agrippine* (1647) ; de *Lettres* (1654) et d'un long roman, *L'Autre Monde*, comprenant *L'Histoire comique des États et Empires de la Lune* (1657, posthume) et *L'Histoire comique des États et Empires du soleil* (1662, posthume).

L'AUTRE MONDE ET LE ROMAN PHILOSOPHIQUE

Dans ce roman inachevé, le personnage principal s'arrache à la Terre et s'élève dans le ciel pour découvrir les *États et Empires de la Lune* avant de visiter les *États et Empires du Soleil*. Les sociétés traversées sont loin d'être idéales. Le héros y rencontre d'étranges peuples avec lesquels il engage des conversations qui lui permettent de regarder d'un autre œil la Terre et les hommes qui y vivent. Non, la terre n'est pas le centre de l'univers ; non, les hommes ne sont pas la mesure de toute chose. Héritier des philosophes antiques, des humanistes sceptiques, ce romancier libertin n'hésite pas à exprimer son athéisme, et invite ainsi à résister à tous les préjugés, sociaux, sexuels, moraux, religieux.

Objet d'étude Un mouvement littéraire et culturel du XVIIe siècle : le baroque

1649

Les États et Empires de la Lune

Le narrateur des *États et Empires de la Lune*, ayant d'abord atterri au Canada, y discute de la place du soleil dans l'univers. Son interlocuteur lui demande pourquoi on a tant de mal à admettre que la terre n'est pas le centre du monde.

– Monsieur, lui répondis-je, la plupart des hommes, qui ne jugent que par les sens, se sont laissé persuader à[1] leurs yeux ; et de même que celui dont le vaisseau vogue terre à terre, croit demeurer immobile, et que le rivage chemine, ainsi les hommes tournant avec la terre autour du ciel, ont cru que c'était le ciel lui-même qui tournait autour d'eux. Ajoutez à cela l'orgueil insupportable des humains, qui se persuadent que la nature n'a été faite que pour eux ; comme s'il était vraisemblable que le soleil, un grand corps quatre cent trente-quatre fois plus vaste que la terre, n'eût été allumé que pour mûrir ses nèfles, et pommer ses choux. Quant à moi, bien loin de consentir à leur insolence, je crois que les planètes sont des mondes autour du soleil, et que les étoiles fixes[2] sont aussi des soleils qui ont des planètes autour d'eux, c'est-à-dire des mondes que nous ne voyons pas d'ici à cause de leur petitesse, et parce que leur lumière empruntée ne saurait venir jusqu'à nous. Car comment, en bonne foi, s'imaginer que ces globes si spacieux ne soient que de grandes campagnes désertes, et que le nôtre, à cause que nous y rampons, pour une douzaine de glorieux coquins, ait été bâti pour commander à tous ? Quoi ! parce que le soleil compasse[3] nos jours et nos années, est-ce à dire pour cela qu'il n'ait été construit qu'afin que nous ne frappions pas de la tête contre les murs ? Non, non, si ce Dieu visible éclaire l'homme, c'est par accident, comme le flambeau du roi éclaire par accident au crocheteur[4] qui passe par la rue.

– Mais, me dit-il, si comme vous assurez, les étoiles fixes sont autant de soleils, on pourrait conclure de là que le monde serait infini, puisqu'il est vraisemblable que les peuples de ce monde qui sont autour d'une étoile fixe que vous prenez pour un soleil, découvrent encore au-dessus d'eux d'autres étoiles fixes que nous ne saurions apercevoir d'ici, et qu'il en va éternellement[5] de cette sorte.

– N'en doutez point, lui répliquai-je.

Cyrano de Bergerac *L'Autre Monde* ou *Les États et Empires de la Lune* (éd. posth.), 1657.

1. à : par.

2. étoiles fixes : pour les Anciens, les étoiles sont attachées sur la sphère qui englobe l'univers.

3. compasse : mesure avec précision.

4. crocheteur : porteur qui se servait de crochets.

5. éternellement : le mot s'oppose au dogme chrétien de la création et de la fin du monde.

Illustration d'époque pour *Les États et Empires de la Lune*, 1709.

1. Reformulez la thèse soutenue par le narrateur.

2. À quelle thèse couramment admise le narrateur s'oppose-t-il ?

3. Quelles formules cocasses dénoncent ce qu'il présente comme préjugés ?

4. Le narrateur a-t-il convaincu son interlocuteur ? Étudiez les lignes 19 à 24.

5. NOTION. Expliquez en quoi ce texte s'inscrit dans le mouvement baroque.

NOTION

Le mouvement baroque et la libre pensée

L'écrivain baroque est sensible à la fragilité de l'être humain livré au hasard d'un univers dont les métamorphoses restent souvent énigmatiques. Le mouvement baroque, qui refuse les dogmes de l'Église catholique, admire le scepticisme de Montaigne, s'intéresse aux idées de Giordano Bruno brûlé à Rome en 1600 pour avoir affirmé que l'univers était éternel et infini.

LA LITTÉRATURE EN EUROPE

1600 1650

Un nouvel équilibre se met lentement en place : tandis que l'Espagne perd de sa puissance, l'Angleterre et les Pays-Bas affichent de nouvelles ambitions. Si le renouveau de l'Église catholique s'affirme dans le flamboiement de l'art baroque, des savants de génie, comme Galilée, changent notre vision du monde. À l'orée du siècle, presque contemporains de Montaigne, Cervantès et Shakespeare ouvrent les portes du monde moderne.

L'Espagne

Publié en 1605, traduit en français dès 1614, puis doublé d'une seconde partie en 1615, le chef-d'œuvre de Cervantès, *L'Ingénieux Hidalgo Don Quichotte de la Manche*, a connu un succès immédiat.

Miguel de Cervantès (1547-1615).

Don Quichotte de la Manche (1614)

Don Quichotte, gentilhomme sans fortune, se passionne pour les romans de chevalerie, comme *L'Amadis de Gaule*. Abusé par ces lectures, le malheureux ne parvient plus à distinguer la réalité de ses rêves. Riant du romanesque dont il montre aussi la grandeur, le roman de Cervantès exprime une inquiétude toujours actuelle : ce « fameux Don Quichotte, miroir et lumière de toute la chevalerie errante » n'est-il pas le miroir, admirable et dérisoire, de l'humanité ?

Don Quichotte, le chevalier à la triste figure, voudrait transformer le monde pour y faire régner des valeurs idéales. Son écuyer Sancho Pança l'accompagne, prudent, d'un réalisme avisé mais égoïste. Ils incarnent deux tendances opposées de l'esprit humain.

Deux maîtres en poésie s'imposent et s'opposent. Luis de Gongora, dans *Les Solitudes*, publiées, en 1613 multiplie des métaphores recherchées, des symboles surprenants et n'hésite pas à être obscur. Il donne son nom au goût de la poésie hermétique : le « gongorisme ». Son rival, Francisco de Quevedo, raille cet hermétisme, qu'il appelle le « jargongora ». Dans de vigoureuses satires publiées en 1631, il se moque des nobles comme des roturiers, des marchands comme des politiciens.

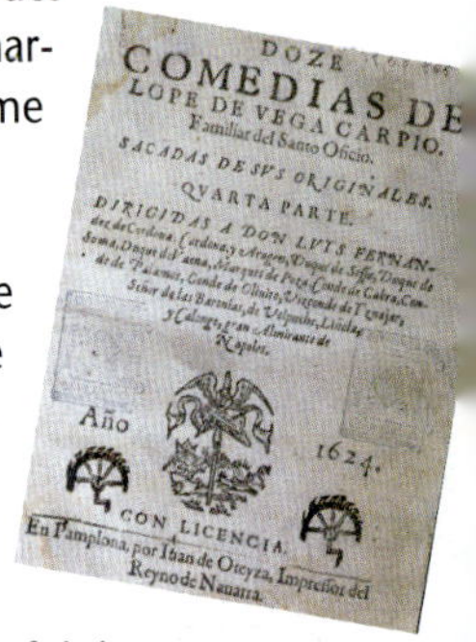

Le théâtre espagnol brille alors de tous ses feux. Lope de Vega aurait composé huit cents pièces : parfois improvisées en vingt-quatre heures, elles regorgent d'invention et de vie. *Le Séducteur de Séville*, de Tirso de Molina, lance la sulfureuse figure de Don Juan à travers le monde. Les œuvres de Calderón semblent les plus accomplies : drame comme *Le plus grand monstre est la jalousie*, comédie comme *Le Secret de Polichinelle*, œuvres religieuses et poétiques comme *La Dévotion de la Croix* en 1634 et *La vie est un songe* en 1635. Les écrivains français, qui lisaient couramment l'espagnol, comme Pierre et Thomas Corneille, Quinault, Scarron, s'en sont souvent inspirés.

Pedro Calderón (1600-1681).

La Grande-Bretagne

Le théâtre de Shakespeare triomphe. Il aborde tous les genres, tous les registres et touche tous les publics : comédie comme *Le Songe d'une nuit d'été* en 1600, drame historique comme *Henry V* en 1599, tragédie comme *Hamlet* en 1602, *Othello* en 1604, *Le Roi Lear* en 1607. Ce théâtre, « plein de bruit et de fureur », qui montre le mal à l'œuvre dans le monde, fait surgir des personnages fascinants : la douloureuse perplexité d'Hamlet, la douce Ophélie glissant dans la mort, Lady Macbeth lavant vainement ses mains pleines de sang, le roi Lear portant le cadavre de sa fille Cordélia sont des moments de théâtre inoubliables qui justifient la formule de Hugo évoquant Shakespeare : « le semeur d'éblouissements ».

AN
EXCELLENT
conceited Tragedie
OF
Romeo and Iuliet.
As it hath been often (with great applause) plaid publiquely, by the right Honourable the L. of Hunsdon his Seruants.
LONDON,
Printed by Iohn Danter.
1597.

Le théâtre du Globe, sur la rive de la Tamise. Le célèbre théâtre de Shakespeare a été construit en 1599. Les œuvres se jouaient sur un plateau nu, sans le moindre décor : le texte dit par les acteurs devait éveiller l'imagination du public.

MR. WILLIAM
SHAKESPEARES
COMEDIES,
HISTORIES, &
TRAGEDIES.
Published according to the True Originall Copies.
LONDON
Printed by Isaac Iaggard, and Ed. Blount. 1623.

Shakespeare et la tardive reconnaissance française

Mêlant tous les tons et tous les styles, se moquant du vraisemblable et des bienséances, ignorant superbement la *Poétique* d'Aristote, le théâtre de Shakespeare a été très difficilement compris en France. Voltaire, en 1735, admire son génie mais regrette ses grossièretés. Ce sont les romantiques, Stendhal, Hugo, qui ont senti la force de son art. Aujourd'hui, traduit par nos plus grands poètes comme Jules Supervielle ou Yves Bonnefoy, transposé par Eugène Ionesco, son génie singulier s'impose à tous.

La peinture et la musique

Peinture

— Caravage, *La Résurrection de Lazare*, 1608 (Italie)
— Rubens, *Le Silène ivre*, 1618 (Flandres)
— Van Dyck, *Portrait de Pierre Stevens*, 1627 (Flandres)
— Velasquez, *La Reddition de Breda*, 1635 (Espagne)
— Rembrandt, *La Ronde de nuit*, 1642 (Pays-Bas)

Musique

— Monteverdi, *Orfeo*, 1607 (Italie)
— Dowland, *Lacrymae*, 1605 (Grande-Bretagne)
— Frescobaldi, *Fiori musicali*, 1635 (Italie)

Le théâtre : les genres et registres (le comique et le tragique)

Au théâtre, les événements sont représentés directement, comme s'ils se produisaient sous les yeux des spectateurs. À partir de situations semblables, le théâtre peut faire rire, pleurer, réfléchir : toutes les émotions, tous les registres y sont possibles.

LES DIFFÉRENTS GENRES THÉÂTRAUX

La distinction des genres

Dès l'Antiquité, Aristote oppose la tragédie, qui représente « les belles actions et celles des caractères nobles », à la comédie, qui montre des « hommes de caractère inférieur ». Jusqu'au XVIIIe siècle, les œuvres théâtrales sont distinguées et hiérarchisées.

• La tragédie met en scène des personnages illustres, princes ou héros légendaires, dans des intrigues dont le dénouement est malheureux : mort du héros, ruine du pays.

• La comédie met en scène des personnages ordinaires, souvent contemporains, dans des situations familières. Elle se termine par un dénouement heureux.

• Les genres intermédiaires : quand le dénouement d'une tragédie n'est pas malheureux, on parle d'une tragi-comédie. La comédie peut aller de la farce la plus grossière à la comédie la plus raffinée, en vers et en cinq actes, en passant par la comédie-ballet qui fait appel à la musique et à la danse.

Le mélange des genres

À partir du XIXe siècle, la distinction des genres est remise en cause. Pour rendre compte de la complexité du réel, le drame romantique veut mêler le sublime et le grotesque, le rire et les larmes. Au XXe siècle, dans le théâtre de l'absurde, c'est par le comique le plus dérisoire qu'on atteint le tragique le plus sombre. Les auteurs d'aujourd'hui cherchent à échapper à des définitions qui limiteraient leur liberté créatrice.

LES DIFFÉRENTS REGISTRES : LE COMIQUE ET LE TRAGIQUE

Art public, qui réunit autour d'une scène toute une collectivité, le théâtre est particulièrement apte à exprimer les grandes émotions qui secouent les sociétés humaines.

Le registre tragique

En montrant des personnages victimes d'un destin inéluctable, les tragédies suscitent la pitié ou la crainte, parfois l'admiration. L'accumulation de coïncidences malheureuses provoque la compassion propre au registre pathétique qu'on trouve fréquemment dans le mélodrame. Quand le malheur évoqué éclaire une des faiblesses propres à la condition humaine, on est pleinement dans le registre tragique. La représentation de ces faiblesses devrait nous libérer de nos propres passions : c'est ce qu'Aristote appelle la « catharsis », la purgation des passions.

Le registre comique

De la farce à la comédie de mœurs, de la tendresse de l'humour à la violence de la satire, les comédies suscitent toutes les sortes de rires. Tantôt les comédies créent un climat d'euphorie qui donne le plaisir d'un divertissement ; tantôt le rire permet de dénoncer le ridicule d'un personnage ou les abus d'une classe sociale et l'on retrouve alors l'âpreté du registre satirique.

EXEMPLE

La scène d'exposition signale, dès les premiers vers, le genre dans lequel s'inscrit l'œuvre qu'on va découvrir par la lecture ou la représentation.

Le nom renvoie à une figure légendaire

Style noble : question oratoire (v. 4)

Champ lexical de la douleur et de la mort

JOCASTE

Ils sont sortis, Olympe ? Ah mortelles douleurs !
Qu'un moment de repos va me coûter de pleurs !
Mes yeux depuis six mois étaient ouverts aux larmes,
Et le sommeil les ferme en de telles alarmes ?
Puisse plutôt la mort les fermer pour jamais,
Et m'empêcher de voir le plus noir des forfaits !

Jean Racine, *La Thébaïde*, Acte I, scène 1, 1664.

Le nom indique un personnage issu du peuple

Dictons populaires

Jeu de mots amusant

Expressions familières

On retrouve le thème du valet intéressé

PETIT JEAN, *traînant un gros sac de procès*

Ma foi, sur l'avenir bien fou qui se fiera :
Tel qui rit vendredi, dimanche pleurera.
Un juge, l'an passé, me prit à son service ;
Il m'avait fait venir d'Amiens pour être Suisse[1].
Tous ces Normands voulaient se divertir de nous :
On apprend à hurler, dit l'autre, avec les loups.
Tout Picard que j'étais, j'étais un bon apôtre,
Et je faisais claquer mon fouet tout comme un autre.
Tous les plus gros monsieurs me parlaient chapeau bas :
« Monsieur de Petit Jean, » ah ! gros comme le bras !
Mais sans argent l'honneur n'est qu'une maladie.

1. **Suisse** : portier, concierge.

Jean Racine, *Les Plaideurs*, Acte I, scène 1, 1668.

SÉQUENCES

SÉQUENCE	PROBLÉMATIQUE	TEXTES
Le héros tragique	Étudier et comparer les caractéristiques des héros tragiques. Quelles émotions suscitent-elles ?	– Corneille, *Horace*, p. 122. – Racine, *Iphigénie*, p. 166. – Giraudoux, *Électre*, p. 472. – Ionesco, *Le Roi se meurt*, p. 518
La représentation théâtrale du sentiment amoureux	Étudier les différences de registres et de genres. Comment le théâtre permet-il l'expression d'un sentiment personnel ?	– Molière, *L'École des femmes*, p. 144. – Racine, *Bérénice*, p. 165. – Claudel, *Le Soulier de Satin*, p. 450. – Koltès, *Combat de nègre et de chiens*, p. 566.
Les éclats du rire	Étudier les procédés qui provoquent le rire au théâtre. Dans quels buts cherche-t-on à faire rire le public ?	– Molière, *Tartuffe*, p. 145. – Molière, *Le Misanthrope*, p. 148. – Beaumarchais, *Le Barbier de Séville*, p. 260. – Ionesco, *La Cantatrice chauve*, p. 516.

OBJET D'ÉTUDE **Le théâtre : les genres et registres (le comique et le tragique)**

Exercice d'analyse **Répondez aux questions suivantes.**

1. Expliquez en quoi la situation diffère d'une scène à l'autre.
2. Étudiez les mouvements scéniques dans les deux scènes.
3. Dans la tirade de Sganarelle (texte 1, v. 12-26), analysez le champ lexical du corps et montrez qu'il inscrit la scène dans le registre de la comédie.
4. Comparez les motifs qui animent la femme de Sganarelle et celle de Pompée.
5. En analysant la première réplique d'Aristie (texte 2, v. 1 à 12), expliquez la réaction de Pompée : « Ah, c'en est trop ».

Exercice de rédaction **Entraînez-vous sur l'un des exercices suivants.**

Vers le commentaire
Vous rédigerez un paragraphe où vous expliquerez pourquoi Sganarelle fait rire.

Vers la dissertation
Molière fait dire à l'une de ses adversaires : « Est-il un esprit si affamé de plaisanterie, qu'il puisse tâter des fadaises dont cette comédie est assaisonnée ? » Pour faire rire, la comédie donne-t-elle une image dégradée des hommes et des femmes ? Vous répondrez en un ou deux paragraphes en vous appuyant sur les deux passages proposés et les œuvres que vous connaissez.

Vers le sujet d'invention
Tout en conservant la situation mise en place par Molière, vous réécrirez le dialogue de Molière en l'inscrivant dans le registre tragique.

Texte 1

Sganarelle surprend sa femme en train de regarder le portrait d'un jeune homme qu'elle vient de ramasser par terre.

SGANARELLE, *à part, et regardant sur l'épaule de sa femme.*
Que considère-t-elle avec attention ?
Ce portrait, mon honneur, ne nous dit rien de bon.
D'un fort vilain soupçon je me sens l'âme émue.
SA FEMME, *sans l'apercevoir, continue.*
Jamais rien de plus beau ne s'offrit à ma vue ;
Le travail plus que l'or s'en doit encore priser.
Hon ! que cela sent bon !
SGANARELLE, *à part.*
Quoi ? peste ! le baiser !
Ah ! j'en tiens[1].
SA FEMME, *poursuit.*
Avouons qu'on doit être ravie
Quand d'un homme ainsi fait on se peut voir servie,
Et que s'il en contait avec attention,
Le penchant serait grand à la tentation.
Ah ! que n'ai-je un mari d'une aussi bonne mine,
Au lieu de mon pelé, de mon rustre... !
SGANARELLE, *lui arrachant le portrait.*
Ah ! mâtine[2] !

1. **j'en tiens :** attraper une vilaine maladie.
2. **mâtine :** chienne (injure populaire).

Nous vous y surprenons en faute contre nous,
Et diffamant l'honneur de votre cher époux.
Donc, à votre calcul, ô ma trop digne femme,
Monsieur, tout bien compté, ne vaut pas bien Madame ?
Et, de par Belzébut, qui vous puisse emporter !
Quel plus rare parti pourriez-vous souhaiter ?
Peut-on trouver en moi quelque chose à redire ?
Cette taille, ce port que tout le monde admire,
Ce visage si propre à donner de l'amour,
Pour qui mille beautés soupirent nuit et jour ;
Bref, en tout et partout, ma personne charmante
N'est donc pas un morceau dont vous soyez contente ?
Et pour rassasier votre appétit gourmand,
Il faut à son mari le ragoût[3] d'un galant[4] ?

3. ragoût : un mets supplémentaire pour redonner l'appétit.

4. galant : homme séduisant, qui plaît aux femmes.

Molière, *Sganarelle ou le Cocu imaginaire*, scène 6, 1660.

Texte 2

Pour s'allier au redoutable dictateur romain Sylla, Pompée a dû répudier sa première femme, Aristie, et épouser Émilie. Cependant, il aime encore Aristie, et lui demande d'attendre un changement de situation. Mais celle-ci s'impatiente.

ARISTIE

Je ne suis pas, Seigneur, d'une telle importance.
D'autres soins[1] éteindront cette ardeur de vengeance.
Ceux de vous agrandir vous porteront ailleurs,
Où vous pourrez trouver quelques destins meilleurs :
Ceux de servir Sylla, d'aimer son Émilie,
D'imprimer du respect à toute l'Italie,
De rendre à votre Rome un jour sa liberté,
Sauront tourner vos pas de quelque autre côté.
Surtout ce privilège acquis aux grandes âmes,
De changer à leur gré de maris, et de femmes,
Mérite qu'on l'étale aux bouts de l'univers,
Pour en donner l'exemple à cent climats divers.

1. soins : soucis, préoccupations.

POMPÉE

Ah, c'en est trop, Madame, et de nouveau je jure…

ARISTIE

Seigneur, les vérités font-elles quelque injure ?

POMPÉE

Vous oubliez trop tôt que je suis votre époux.

ARISTIE

Ah, si ce nom vous plaît, je suis encore à vous,
Voilà ma main, Seigneur.

POMPÉE

Gardez-la moi, Madame.

ARISTIE

Tandis que vous avez à Rome une autre femme ?

Pierre Corneille, *Sertorius*, Acte III, scène 2, 1662.

Charles Le Brun, *Entrée d'Alexandre dans Babylone ou le Triomphe d'Alexandre*, 1665. Huile sur toile, 4,50 × 7,07m. Musée du Louvre, Paris.

1650
1700

L'âge classique

1650 1700 L'âge classique

Après les troubles de la Fronde, le règne de Louis XIV ouvre pour le pays une période de stabilité exceptionnelle. Soucieux de sa gloire, le roi encourage les arts et les lettres. Dans tous les genres, dans tous les arts, on assiste alors à une floraison d'œuvres inoubliables.

1. L'histoire La monarchie de droit divin

Louis XIV, le Roi Soleil, dont le règne s'étend de 1661 à 1715. Portrait par Charles Le Brun, 1662 (détail).

Louis XIV dans la tranchée, au siège de Tournai, en 1667.

À partir de 1661, Louis XIV dirige seul le royaume en s'appuyant sur une administration centralisée qui impose partout sa loi. Tout en développant le commerce et l'industrie, le roi lance le pays dans des guerres de conquêtes qu'il voudrait rentables et glorieuses mais qui se révèlent meurtrières et ruineuses. Le roi veut aussi imposer un ordre unique dans le domaine religieux : il résiste au pouvoir du pape, pourchasse les jansénistes et persécute les protestants. Toutes ces violences assombrissent les dernières années du règne.

Nicolas Fouquet, intendant de Louis XIV, qui le fait enfermer, jaloux du faste de son ministre.

Les compagnies de dragons envoyées par Louis XIV pour contraindre les protestants à se convertir.

Louis XIV reçoit les membres du Parlement à qui il impose sa volonté.

L'abbaye de Port-Royal, refuge des jansénistes, que Louis XIV fait raser.

2. La société La cour, la ville et la campagne

Écartée des responsabilités politiques, la noblesse doit se plier aux règles de l'étiquette : pour plaire au pouvoir, il faut adopter la posture du courtisan. Mais elle est comblée d'honneurs et de privilèges, s'illustre et meurt sur les champs de bataille, met à la mode l'air de la cour. En ville, les résistances à ce monde brillant et soumis restent vives. La rigueur des jansénistes influence en profondeur la noblesse de robe et la bourgeoisie cultivée. Les paysans, grâce aux écoles de campagne, sont de plus en plus nombreux à pouvoir signer et même à pouvoir lire, mais les inégalités restent sensibles : il y a loin du riche fermier au journalier qui vit dans la misère !

Les poissonnières et les blanchisseuses se retrouvent sur les quais de la Seine à Paris.

Louis XIV au milieu des jardins de Versailles en 1688.

Dîner du roi, entouré de sa cour, à l'Hôtel de Ville de Paris.

Un crieur des rues au XVIIe siècle.

3. Les sciences Des avancées décisives

Sur le modèle des académies savantes qui existaient à Londres, à Florence, à Rome, Colbert fonde en 1666 l'Académie royale des sciences qui jouera un rôle décisif dans le développement de l'esprit scientifique en France. À l'époque, les universités répètent les dogmes anciens et tournent le dos aux nouveautés qui agitent le monde des savants. Et quels savants ! Huygens (1629-1695), physicien, astronome et mathématicien, étudie la force centrifuge, invente une théorie ondulatoire de la lumière et fonde l'horlogerie moderne. Leibniz (1646-1716), savant et philosophe, invente, entre autres, le calcul infinitésimal et met au point le concept d'énergie cinétique. Newton (1642-1727), incomparable génie, inventeur de la méthode expérimentale et de la physique mathématique, met au point le principe de la gravitation universelle.

Gottfried Wilhelm Leibniz, mathématicien et philosophe.

La pendule de Huygens, auteur du premier grand traité de dynamique.

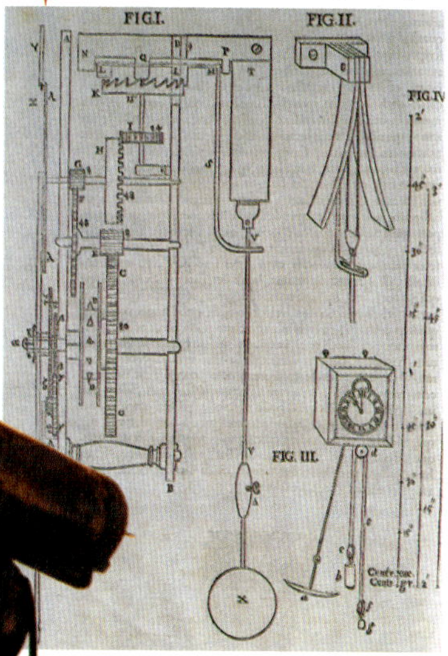

Le télescope d'Isaac Newton. Isaac Newton permet à l'astronomie de se développer grâce au télescope à réflexion et à l'analyse spectrale de la lumière.

4. Les lettres La difficile naissance de l'écrivain

Jean Racine, peint par François de Troy.

Le Malade imaginaire, représenté à Versailles, en 1674.

En se regroupant dans des académies, en fréquentant les salons du grand monde et parfois la cour, les écrivains connaissent de plus en plus souvent reconnaissance et autorité. Le pouvoir royal se substitue aux mécènes privés, et contribue, par des pensions, des récompenses honorifiques, à légitimer leur fonction : s'il les surveille, il reconnaît leur rôle. La figure de l'homme de lettres au savoir encyclopédique s'efface devant l'écrivain dont on admire la créativité proprement littéraire : c'est à lui de former l'esprit et le goût du public, d'accroître le prestige du royaume par des œuvres de qualité.

Dessin de costume pour un personnage de *Proserpine*, opéra de Quinault et de Lully.

Portrait de Jean Chapelain, poète, membre de l'Académie française où il contribua à fixer les principes de la doctrine classique.

5. L'édition Les lectures surveillées

TRAITTÉ DE LA CULTURE DES FORESTS

IL y a longtemps qu'on se plaint que les Futaies se ruinent; qu'elles s'aneantissent par tout; que dans peu elles seront reduittes en taillis; et qu'incessamment nous manquerons

Jean-Baptiste Colbert, tout-puissant ministre de Louis XIV, qui contrôle imprimeurs et libraires.

Accentuant les efforts de Richelieu, le jeune Louis XIV place l'édition sous haute surveillance. Son Premier ministre Colbert organise la propagande royale, pensionne les écrivains qui sont invités à faire l'éloge du roi, développe les académies qui légitiment et normalisent. Le nombre des imprimeries autorisées est réduit de moitié et les éditeurs soumis au pouvoir se voient accorder des monopoles exorbitants. Ceux de Paris publient des livres autorisés, soignés et chers, tandis que les éditeurs de province survivent en publiant des contrefaçons de mauvaise qualité. Les livres interdits arrivent par Rouen de Hollande où ils font la fortune des éditeurs étrangers.

L'imprimerie au travail.

6. Les arts La grandeur et l'harmonie

Très sensible aux images qui diffusent sa gloire, Louis XIV joue un rôle essentiel dans le développement des académies de peinture, de sculpture et d'architecture où s'enseignent sous la ferme direction du peintre Le Brun « les règles les plus justes et les plus correctes » des beaux-arts. Lulli crée l'opéra français en équilibrant la part du récit et celle du chant. Le château de Versailles exprime avec éclat le goût du temps pour la grandeur et le luxe. D'élégants effets de symétrie allègent les 580 mètres de façade qui donnent sur les jardins dessinés par Le Nôtre. La puissante harmonie de l'ensemble fait de Versailles une réalisation exemplaire du classicisme français.

Volets de la chambre de Louis XIV au château de Versailles. Seconde moitié du XVIIe siècle.

L'Été

Nicolas Poussin (1664)

Le tableau L'Été *appartient à une série de quatre toiles représentant les saisons que Poussin acheva un an avant sa mort. On y retrouve ce qui fait de Poussin le plus illustre représentant du classicisme en peinture : clarté de la composition, accord savoureux des formes et des couleurs, richesses du récit. Comme l'écrivain classique, le peintre cherche à plaire et à instruire. (1,18 m x 1,60 m, Paris, Musée du Louvre.)*

Poussin s'inspire de la Bible : le riche propriétaire Booz ordonne au serviteur de laisser Ruth, une étrangère, ramasser les épis tombés des gerbes. L'image de la moisson se lie ainsi à ce hasard providentiel qui sauve Ruth de la misère. Célébrant l'accord du ciel et de la terre, *L'Été* invite à croire aux promesses de l'avenir.

Une ligne cerne chaque feuille : chaque forme est ainsi autonome et intégrée à l'ensemble. Si les verticales rythment le tableau, les horizontales font passer progressivement du premier plan aux perspectives plus éloignées. Ces lignes précises et claires construisent un espace apaisé, d'une puissante harmonie.

PASCAL

Nom et prénom : **Pascal, Blaise**

Naissance : **19 juin 1623, à Clermont-Ferrand**

Décès : **19 août 1662, à Paris**

Auteur d'ouvrages scientifiques, dont : *Traité des coniques* (1640), *Expériences nouvelles touchant le vide* (1647); d'ouvrages de polémique, dont : *Lettres provinciales* (1656-1657); d'une série de réflexions philosophiques publiées en 1670, après sa mort, sous le titre de *Pensées*.

Tout enfant, Blaise Pascal surprend son entourage par sa précocité. « Il voulait, écrit sa sœur Gilberte, savoir la raison de toutes choses. » Pour aider son père, il met au point la première machine à calculer. En 1648, il conduit une série d'expériences qui établissent l'existence du vide et la pression de l'air. Cet infatigable chercheur correspond avec la reine Christine de Suède, fréquente les cercles mondains, médite les *Essais* de Montaigne. Mais il se détourne de ce monde qu'il méprise et s'engage de plus en plus auprès de ses amis de Port-Royal, les jansénistes, qui défendent une vision rigoureuse de la vie chrétienne.

Lorsque ces derniers sont accusés d'hérésie par la Sorbonne, il prend leur défense en rédigeant de 1656 à 1657 les *Lettres provinciales*. Le succès de ces textes clandestins suscite les foudres de la censure et Pascal doit changer plusieurs fois de nom et de domicile pour échapper à la police. Sans renoncer à ses travaux scientifiques, il se consacre ensuite à la rédaction d'une « Apologie de la religion chrétienne » que sa mort précoce à trente-neuf ans l'empêche de terminer. Ses amis en donnent une première édition en 1670 sous le titre *Pensées*.

L'ŒUVRE DE PASCAL

Les Provinciales et l'art de la polémique

Dans ces dix-huit lettres qu'un provincial est censé adresser à un de ses amis, Pascal use d'un langage simple, direct, et réussit à passionner le public pour de difficiles questions de doctrine religieuse. Le recours à l'ironie lui permet de ridiculiser les discours qu'il dénonce en faisant semblant d'y croire. Redoutable polémiste, il n'hésite pas à déformer le point de vue adverse pour en démasquer les contradictions.

Les *Pensées* et l'art de persuader

Dans cette œuvre dont il ne reste que des fragments, Pascal se proposait de faire l'apologie de la religion chrétienne. Il veut montrer aux indifférents la vérité du christianisme. Mais comment faire voir une vérité que l'autre ne voit pas, qu'il n'a pas envie de voir ? Il ne suffit pas de convaincre sa raison par des arguments, il faut frapper son imagination, atteindre sa sensibilité, remuer sa volonté. Pour persuader le lecteur indifférent, Pascal déploie toutes les ressources d'une véritable éloquence. C'est par l'intensité toujours intacte de son style que les *Pensées* touchent le lecteur d'aujourd'hui, qu'il soit croyant ou incroyant.

UNE ANALYSE RADICALE DE LA CONDITION HUMAINE

En s'appuyant sur les analyses sceptiques de Montaigne, entre autres, Pascal montre la misère de l'homme sans Dieu. L'être humain, abusé par les puissances trompeuses, l'imagination, la coutume, l'amour-propre, est incapable par lui-même d'atteindre la vérité et le bonheur. Toutes les occupations sociales ne sont que des divertissements, des illusions qui nous permettent d'échapper à l'angoisse d'être mortel. Mais ne voir que la misère humaine serait méconnaître ce qui fait la grandeur spécifique de l'être humain : sa conscience en fait un être à part dans l'univers. Pour Pascal, seule la religion chrétienne permet de comprendre la nature essentiellement contradictoire de la créature humaine, mystérieuse combinaison de chair et d'esprit, de grandeur et de misère.

1658

Pensées

Dans la première section des *Pensées*, Pascal veut montrer la misère de l'homme sans Dieu. Reprenant les analyses de Montaigne qui montrent la puissance de l'imagination, il leur donne un tour plus incisif : c'est avec une sorte d'ironie rageuse qu'il dénonce la faiblesse de la raison humaine.

IMAGINATION

Qui dispense la réputation, qui donne le respect et la vénération aux personnes, aux ouvrages, aux lois, aux grands, sinon cette faculté imaginante ? Toutes les richesses de la terre sont insuffisantes sans son consentement. Ne diriez-vous pas que ce magistrat dont la vieillesse vénérable impose le respect à tout un peuple se gouverne par une raison pure et sublime, et qu'il juge des choses par leur nature sans s'arrêter à ces vaines circonstances qui ne blessent que l'imagination des faibles ? Voyez-le entrer dans un sermon[1], où il apporte un zèle tout dévot[2] renforçant la solidité de sa raison par l'ardeur de sa charité ; le voilà prêt à l'ouïr avec un respect exemplaire. Que le prédicateur[3] vienne à paraître, si la nature lui a donné une voix enrouée et un tour de visage bizarre, que son barbier l'ait mal rasé, si le hasard l'a encore barbouillé[4] de surcroît, quelque grandes vérités qu'il annonce, je parie la perte de la gravité de notre sénateur !

Le plus grand philosophe du monde sur une planche plus large qu'il ne faut, s'il y a au-dessous un précipice, quoique sa raison le convainque de sa sûreté, son imagination prévaudra. Plusieurs n'en sauraient soutenir la pensée sans pâlir et suer.

Je ne veux pas rapporter tous ses effets ; qui ne sait que la vue des chats, des rats, l'écrasement d'un charbon, etc. emportent la raison hors des gonds ? Le ton de voix impose aux plus sages et change un discours et un poème de force.

L'affection ou la haine changent la justice de face, et combien un avocat bien payé par avance trouve-t-il plus juste la cause qu'il plaide ! Combien son geste hardi la fait-il paraître meilleure aux juges dupés[5] par cette apparence ! Plaisante raison qu'un vent manie et à tous sens !

Blaise Pascal, *Pensées*, écrites avant 1658, première édition posthume, 1669.

1. **dans un sermon** : dans une église pour y écouter un sermon.
2. **dévot** : pieux.
3. **prédicateur** : prêcheur.
4. **barbouillé** : sali.
5. **dupés** : trompés.

1. Pour soutenir sa thèse, Pascal s'appuie sur l'exemple d'un magistrat. Expliquez ce choix. Dans la présentation du magistrat, quels aspects met-il en valeur ?

2. Relevez les formules par lesquelles Pascal transforme cette démonstration en une sorte de dialogue.

3. Les effets de l'imagination s'enchaînent. Comment, dans les deux derniers paragraphes, Pascal montre-t-il cet enchaînement et ses conséquences ?

4. Relevez deux métaphores. Que dénoncent-elles ? En quoi sont-elles ironiques ?

5. NOTION. Comparez la construction des deux phrases des lignes 8 à 11 et 12 à 14. Quelle phrase serait considérée aujourd'hui comme incorrecte ? Quel argument est mis en valeur ?

NOTION

Syntaxe et argumentation

La façon dont la phrase est construite joue un rôle essentiel dans l'argumentation. La liaison des propositions, juxtaposées ou logiquement subordonnées, l'ordre et la place des mots contribuent à renforcer un raisonnement, à mettre en valeur un argument.

1658 Pensées

Dans un fragment longuement développé classé dans la section « Misère de l'homme sans Dieu », Pascal montre que l'être humain est incapable de regarder sa vérité en face. Pascal redonne toute sa force au sens étymologique de « divertir » : se détourner, se séparer.

DIVERTISSEMENT

Tel homme passe sa vie sans ennui en jouant tous les jours peu de chose. Donnez-lui tous les matins l'argent qu'il peut gagner chaque jour, à la charge[1] qu'il ne joue point, vous le rendez malheureux. On dira peut-être que c'est qu'il recherche l'amusement du jeu et non pas le gain. Faites-le donc jouer pour rien, il ne s'y échauffera pas et s'y ennuiera. Ce n'est donc pas l'amusement seul qu'il recherche. Un amusement languissant et sans passion l'ennuiera. Il faut qu'il s'y échauffe, et qu'il se pipe[2] lui-même en s'imaginant qu'il serait heureux de gagner ce qu'il ne voudrait pas qu'on lui donnât à condition de ne point jouer, afin qu'il se forme un sujet de passion et qu'il excite sur cela son désir, sa colère, sa crainte pour cet objet qu'il s'est formé comme les enfants qui s'effraient du visage qu'ils ont barbouillé.

D'où vient que cet homme qui a perdu depuis peu de mois son fils unique et qui accablé de procès et de querelles était ce matin si troublé, n'y pense plus maintenant ? Ne vous en étonnez pas, il est tout occupé à voir par où passera ce sanglier que ses chiens poursuivent avec tant d'ardeur depuis six heures. Il n'en faut pas davantage. L'homme, quelque plein de tristesse qu'il soit, si on peut gagner sur lui de le faire entrer en quelque divertissement le voilà heureux pendant ce temps-là, et l'homme quelque heureux qu'il soit s'il n'est diverti et occupé par quelque passion ou quelque amusement, qui empêche l'ennui de se répandre, sera bientôt chagrin et malheureux. Sans divertissement il n'y a point de joie ; avec le divertissement il n'y a point de tristesse. Et c'est aussi ce qui forme le bonheur des personnes de grande condition qu'ils ont un nombre de personnes qui les divertissent et qu'ils ont le pouvoir de se maintenir en cet état.

Prenez-y garde, qu'est-ce autre chose d'être surintendant[3], chancelier[4], premier président[5] sinon d'être en une condition où l'on a le matin un grand nombre de gens qui viennent de tous côtés pour ne leur laisser pas une heure en la journée où ils puissent penser à eux-mêmes, et quand ils sont dans la disgrâce, et qu'on les renvoie à leurs maisons des champs où ils ne manquent ni de biens ni de domestiques pour les assister dans leur besoin, ils ne laissent pas d'être misérables et abandonnés parce que personne ne les empêche de songer à eux.

Blaise Pascal, *Pensées,* écrites avant 1658, première édition posthume, 1669.

1. **à la charge :** à la condition.
2. **se pipe :** se trompe.
3. **surintendant :** responsable des finances.
4. **chancelier :** garde des sceaux.
5. **premier président :** du Parlement.

1. Quel sens Pascal donne-t-il au mot « divertissement » ? En quoi ce sens est-il éloigné du sens courant ?

2. Comparez les exemples utilisés. Comment Pascal les a-t-il présentés pour qu'ils justifient sa thèse ?

3. Comment Pascal souligne-t-il les contradictions de l'être humain ?

4. Pourquoi peut-on dire que l'analyse pascalienne du divertissement s'inscrit dans le registre tragique ?

5. NOTION. Étudiez le jeu des pronoms, les modalités des phrases, les déterminants : l'argumentation en est-elle plus convaincante ?

NOTION

L'implication du lecteur dans l'argumentation

En s'impliquant dans l'argumentation qu'il développe, en prenant le lecteur à partie, en actualisant le propos, l'auteur cherche à entraîner l'adhésion du lecteur.

1658

Pensées

D'où vient la grandeur propre à l'être humain ? Qu'est-ce qui le différencie des animaux, des végétaux, des autres organismes présents dans l'univers ? C'est à cette question que répondent ces célèbres fragments où Pascal montre que la misère de l'homme est inséparable de sa grandeur.

LE ROSEAU PENSANT

– L'homme n'est qu'un roseau, le plus faible de la nature, mais c'est un roseau pensant. Il ne faut pas que l'univers entier s'arme pour l'écraser ; une vapeur, une goutte d'eau suffit pour le tuer. Mais quand[1] l'univers l'écraserait, l'homme serait encore[2] plus noble que ce qui le tue, puisqu'il sait qu'il meurt et l'avantage[3] que l'univers a sur lui. L'univers n'en sait rien.

Toute notre dignité consiste donc en la pensée. C'est de là qu'il nous faut relever et non de l'espace et de la durée, que nous ne saurions remplir. Travaillons donc à bien penser : voilà le principe de la morale[4].

– Le silence éternel de ces espaces infinis m'effraie.

– Roseau pensant.

Ce n'est point de l'espace que je dois chercher ma dignité, mais c'est du règlement de ma pensée. Je n'aurai pas davantage en possédant des terres. Par l'espace l'univers me comprend et m'engloutit comme un point : par la pensée je le comprends.

– La grandeur de l'homme.

La grandeur de l'homme est si visible qu'elle se tire même de sa misère, car ce qui est nature aux animaux nous l'appelons misère en l'homme par où nous reconnaissons que sa nature étant aujourd'hui pareille à celle des animaux il est déchu d'une meilleure nature qui lui était propre autrefois.

Car qui se trouve malheureux de n'être pas roi sinon un roi dépossédé. Trouvait-on Paul Émile[5] malheureux de n'être pas consul ? Au contraire tout le monde trouvait qu'il était heureux de l'avoir été, parce que sa condition n'était pas de l'être toujours. Mais on trouvait Persée[6] si malheureux de n'être plus roi, parce que sa condition était de l'être toujours qu'on trouvait étrange de ce qu'il supportait la vie. Qui se trouve malheureux de n'avoir qu'une bouche et qui ne se trouverait malheureux de n'avoir qu'un œil ? On ne s'est peut-être jamais avisé de s'affliger de n'avoir pas trois yeux, mais on est inconsolable de n'en point avoir.

Blaise Pascal, *Pensées*, écrites avant 1658, première édition posthume, 1669.

1. **quand** : même si.
2. **encore** : même dans ce cas.
3. **avantage** : complément de « sait ».
4. **morale** : ce qui règle notre façon de vivre, d'agir.
5. **Paul Émile** : consul romain, vainqueur de Persée.
6. **Persée** : roi de Macédoine ; après sa défaite, on s'étonne qu'il ne préfère pas se suicider plutôt que de participer au triomphe de son vainqueur.

1. Quelle image montre la double nature de l'être humain ? Expliquez-la avec précision.

2. Quels procédés dramatisent l'analyse proposée ?

3. Quelle conséquence Pascal tire-t-il de cette analyse de la condition humaine ?

4. D'où vient, pour Pascal, la misère de l'homme ?

5. Comparez les lignes 6 à 8 et les lignes 10 à 13. Quelle formulation préférez-vous ? Pourquoi ?

6. NOTION. Quels exemples Pascal a-t-il choisis pour montrer la grandeur de l'homme ? Comment ces exemples sont-ils intégrés à l'argumentation (l. 14 à 26) ?

NOTION

Le rôle des exemples dans l'argumentation

Du latin *exemplum*, objet mis à part pour servir de modèle, le mot exemple désigne un fait servant à appuyer une affirmation. L'exemple montre comment l'argument s'applique à des situations particulières.

MOLIÈRE

Nom et prénom : **Poquelin, Jean-Baptiste**

Pseudonyme : **Molière**

Naissance : **15 janvier 1622, à Paris**

Décès : **17 février 1673, à Paris**

Auteur de comédies en vers, dont : *L'École des femmes* (1662), *Le Misanthrope* (1666), *Tartuffe* (1669), *Les Femmes savantes* (1672); de comédies en prose, dont : *Dom Juan* (1665), *George Dandin* et *L'Avare* (1668); de comédies-ballets, dont : *Le Bourgeois gentilhomme* (1670), *Le Malade imaginaire* (1673).

Le jeune Poquelin, fils aîné d'une famille aisée de la bourgeoisie parisienne, renonce à faire carrière dans le droit et se lance à vingt ans, sous le nom de Molière, dans l'aventureuse carrière théâtrale. En juin 1643 il fonde l'Illustre-Théâtre qui fait faillite deux ans plus tard. Il quitte alors la capitale pour une tournée en province qui dure douze ans. De retour à Paris en 1658, il se distingue par le naturel de son jeu : « Jamais personne, dit-on, ne sut démonter si bien son visage. » Mais c'est par son talent d'écrivain qu'il va plaire à la cour comme au public parisien. Avec *Les Précieuses ridicules*, il met les procédés de la farce au service d'une satire sociale et renouvelle ainsi la comédie.

En 1662 l'éclatant succès de son premier chef-d'œuvre, *L'École des femmes*, suscite la jalousie des rivaux et la colère des dévots. Malgré le soutien discret mais actif du roi, il va se heurter à l'hostilité du parti religieux qui réussit à faire interdire *Tartuffe* en 1664 puis *Dom Juan* en 1665. Molière, tombé malade, se voit même forcé de fermer son théâtre en 1666. De là sans doute, l'amertume douloureuse qui transparaît dans son nouveau chef-d'œuvre, *Le Misanthrope*. En 1669, une troisième version de *Tartuffe* enfin autorisée obtient un succès triomphal mais ces luttes ont épuisé Molière qui évitera désormais les sujets trop brûlants. Il ne cesse cependant de recréer de nouveaux personnages, Harpagon, Georges Dandin, Amphitryon. Il retrouve avec *Les Fourberies de Scapin* les bonheurs de la farce, et cherche à combiner les plaisirs de la comédie, de la musique et de la danse avec *Le Bourgeois gentilhomme* (1670) et *Le Malade imaginaire* (1673).

Le 17 février 1673, Molière ne se sent pas bien mais il joue pour ne pas priver de leur salaire « cinquante pauvres ouvriers qui n'ont que leur journée pour vivre ». Une crise mortelle l'interrompt. Le roi lui-même doit intervenir pour que les prêtres de sa paroisse veuillent bien, de nuit, l'enterrer.

L'ŒUVRE DE MOLIÈRE

Les comédies en prose

Les comédies en prose sont d'une grande variété : inspirées de l'actualité comme *Les Précieuses ridicules* (1659), de la tradition latine comme *L'Avare* (1668), des contes de Boccace comme *Georges Dandin* (1668), de la comédie italienne comme *Les Fourberies de Scapin* (1671), elles multiplient les situations embarrassantes, les effets de répétition, les quiproquos, les gestuelles propres au répertoire de la farce. Molière déploie sa verve en toute liberté pour dénoncer des attitudes ridicules, des prétentions déplacées. Avec Scapin, le valet qui a plus d'un tour dans son sac, il se donne le plaisir de jouer en laissant le rire se déployer sans chercher à instruire. Toutes les sortes de comique – de situation, de geste, de mots, de caractère, de mœurs – se retrouvent dans toutes les pièces de Molière mais selon un dosage différent qui fait de chaque œuvre une création originale.

Les grandes comédies

Les grandes comédies en cinq actes et en vers obéissent aux règles du théâtre classique avec autant de naturel que les tragédies de Racine. Mettant en scène des personnages de la haute bourgeoisie dans *L'École des femmes* (1662), *Tartuffe* (1669) et *Les Femmes savantes* (1672), ou de l'aristocratie dans *Le Misanthrope* (1666), elles frappent par leur complexité. L'aveuglement d'Orgon, de Bélise, d'Arnolphe les rend pathétiques et les excès d'Alceste montrent sa grandeur. Le rire se nuance en sourire : il ne se contente pas d'exclure, il comprend.

Molière interprétant le rôle de Mascarille dans *Les Précieuses ridicules*, en 1659.

Dom Juan

Dom Juan apparaît comme une pièce unique. Rapidement improvisée pour remplacer *Tartuffe*, interdit, la pièce n'obéit à aucune règle et brosse le portrait du libertin en mêlant les registres tragique, fantastique et comique. Mais le comique, incarné par Sganarelle que jouait Molière, y montre sa puissance subversive. Sganarelle, par ses lâchetés, ses sottises et ses contradictions, ridiculise les valeurs morales et religieuses couramment admises. C'est lui, beaucoup plus que Dom Juan qui sème le désordre et le doute : c'est lui que visèrent les censeurs. On comprend que de telles audaces restèrent sans lendemain.

Les comédies-ballets

Les comédies-ballets, comme *Le Bourgeois gentilhomme* (1670), *Le Malade imaginaire* (1673), cherchent à combiner la peinture des caractères, l'analyse d'un milieu et la fantaisie due à la musique et à la danse. Des cérémonies burlesques viennent satisfaire les lubies du bourgeois gentilhomme qui devient mamamouchi et du malade imaginaire qui devient médecin. Musiques et danses donnent une sorte d'ivresse à la représentation de ces délires.

Madeleine Béjart, dans le rôle de Madelon, donne la réplique à Molière.

LA FORCE DU RIRE

Avant Molière, et malgré quelques réussites de Corneille, la comédie en langue française se limitait au souvenir des farces médiévales, à des imitations du théâtre espagnol, à des comédies sentimentales. Sans renoncer en rien aux traditions de la farce, Molière crée des œuvres qui donnent au rire la profondeur de l'émotion tragique. Bossuet, l'homme d'église, comme Rousseau, le philosophe, ont accusé Molière d'être immoral. L'un dénonce ses audaces de libre penseur, l'autre lui reproche son conformisme conservateur. On oublie alors que Molière n'est ni prêtre, ni philosophe, mais homme de théâtre. Il cherche à faire rire en montrant sur scène la façon dont vivent les êtres humains, leurs passions, leurs amours, leurs ambitions, leurs peurs, leurs aveuglements. Molière s'efface devant ses personnages et laisse au spectateur la liberté de choisir de qui ou de quoi il rit. Parce qu'il donne du plaisir, parce qu'il fait voir d'un autre œil le monde où nous vivons, parce qu'il ne respecte aucun dogme, le théâtre de Molière est un instrument de liberté. C'est parce qu'il fait toujours rire que Molière, à sa façon, reste toujours subversif.

La scène du théâtre du Palais-Royal au temps de Molière. Dessin de Charles Antoine Coypel.

1662 — L'École des femmes

Pour s'assurer la fidélité de sa future femme, Arnolphe recueille une jeune fille et l'élève à l'écart de tout et de tous. Malgré ces précautions, la jeune Agnès tombe amoureuse du jeune Horace. Arnolphe, furieux de voir ses projets déjoués, menace puis s'attendrit.

AGNÈS

Du meilleur de mon cœur je voudrais vous complaire :
Que me coûterait-il, si je le pouvais faire ?

ARNOLPHE

Mon pauvre petit bec[1], tu le peux, si tu veux.
(Il fait un soupir.)
Écoute seulement ce soupir amoureux,
Vois ce regard mourant, contemple ma personne,
Et quitte ce morveux et l'amour qu'il te donne.
C'est quelque sort qu'il faut qu'il ait jeté sur toi,
Et tu seras cent fois plus heureuse avec moi.
Ta forte passion est d'être brave[2] et leste[3] :
Tu le seras toujours, va, je te le proteste[4],
Sans cesse, nuit et jour, je te caresserai,
Je te bouchonnerai[5], baiserai, mangerai ;
Tout comme tu voudras, tu pourras te conduire :
Je ne m'explique point, et cela, c'est tout dire.
(À part.)
Jusqu'où la passion peut-elle faire aller !
Enfin, à mon amour rien ne peut s'égaler :
Quelle preuve veux-tu que je t'en donne, ingrate ?
Me veux-tu voir pleurer ? Veux-tu que je me batte ?
Veux-tu que je m'arrache un côté de cheveux ?
Veux-tu que je me tue ? Oui, dis si tu le veux :
Je suis tout prêt, cruelle, à te prouver ma flamme.

AGNÈS

Tenez, tous vos discours ne me touchent point l'âme :
Horace avec deux mots en ferait plus que vous.

Molière, *L'École des femmes*, Acte V, scène 4, 1662.

1. **petit bec** : petite bouche, joli minois.
2. **brave** : bien vêtue.
3. **leste** : élégante, séduisante.
4. **proteste** : promets solennellement.
5. **bouchonnerai** : cajolerai.

1. Quels gestes suggèrent les didascalies ? Quels mots du texte appellent une mimique ?

2. Quelle est l'attitude d'Agnès pendant le discours d'Arnolphe ? Pourquoi se décide-t-elle à parler ?

3. Quelles expressions montrent l'amour d'Arnolphe ? Peuvent-elles toucher Agnès ?

4. Quelle image Arnolphe se fait-il d'Agnès ? De quelle façon pense-t-il pouvoir lui plaire ?

5. Comment explique-t-il qu'elle aime celui qu'il appelle le « morveux » ?

6. NOTION. Relevez des exagérations qui font rire le public. Rendent-elles le personnage ridicule ou contribuent-elles à le rendre émouvant ? Pourquoi ?

NOTION

Le rôle des hyperboles dans le registre comique

L'hyperbole présente les choses avec excès. Pour être persuasive, cette figure, qui peut facilement paraître emphatique, doit être justifiée.

1664 — Tartuffe

Orgon, riche bourgeois parisien, prend Tartuffe pour un saint tandis que toute la famille se moque de cet hypocrite qui fait semblant d'être un croyant sincère pour en tirer profit. Pendant deux actes, tout le monde ne parle que de Tartuffe. Au troisième acte, il apparaît enfin.

TARTUFFE, *apercevant Dorine*
Laurent, serrez[1] ma haire[2] avec ma discipline[3]
Et priez que toujours le Ciel vous illumine.
Si l'on vient pour me voir, je vais aux prisonniers
Des aumônes que j'ai partager les deniers.
DORINE
Que d'affectation et de forfanterie[4] !
TARTUFFE
Que voulez-vous ?
DORINE
Vous dire...
TARTUFFE. *Il tire un mouchoir de sa poche.*
Ah ! mon Dieu, je vous prie,
Avant que de parler prenez-moi ce mouchoir.
DORINE
Comment ?
TARTUFFE
Couvrez ce sein que je ne saurais voir :
Par de pareils objets[5] les âmes sont blessées,
Et cela fait venir de coupables pensées.
DORINE
Vous êtes donc bien tendre à la tentation,
Et la chair sur vos sens fait grande impression ?
Certes je ne sais pas quelle chaleur vous monte :
Mais à vous convoiter, moi, je ne suis point si prompte,
Et je vous verrais nu du haut jusques en bas,
Que toute votre peau ne me tenterait pas.
TARTUFFE
Mettez dans vos discours un peu de modestie[6],
Ou je vais sur le champ vous quitter la partie[7].

Molière, *Tartuffe ou l'Imposteur*, Acte III, scène 2, publié en 1669.

1. **serrez** : rangez.
2. **haire** : vêtement de crin piquant porté à même la peau pour faire pénitence.
3. **discipline** : petit fouet en crin ou en métal pour humilier le corps.
4. **forfanterie** : imposture, scélératesse.
5. **objets** : visions, ce qui frappe la vue.
6. **modestie** : pudeur, décence.
7. **quitter la partie** : s'en aller.

1. Comment imaginez-vous l'attitude de Tartuffe au cours de cette scène : geste, regard, ton de la voix ?

2. À quelles pratiques Tartuffe dit-il se livrer ? Pourquoi peut-on douter de sa sincérité ?

3. Relevez, dans les paroles de Tartuffe, les termes religieux ou moraux. À quels mots de Dorine s'opposent-ils ?

4. Comment Dorine se moque-t-elle de la pudeur hypocrite de Tartuffe ?

5. NOTION. Quel comportement Molière dénonce-t-il dans le personnage de Tartuffe ? Cette satire peut-elle encore intéresser les spectateurs d'aujourd'hui ?

NOTION

La comédie et la satire

Comme Molière le rappelle dans sa Préface au *Tartuffe*, la fonction de la comédie est de corriger les vices des hommes, et pour cela, rien ne vaut la satire qui expose les vices « à la risée de tout le monde ». En effet, « on veut bien être méchant mais on ne veut point être ridicule ».

1665 — Dom Juan

Dom Juan, le personnage de Molière, n'est pas seulement un séducteur qui considère la fidélité conjugale comme un préjugé ridicule ; c'est aussi un libertin, un esprit fort qui se moque de la religion. Égaré dans une forêt avec son valet Sganarelle, Dom Juan demande son chemin à un pauvre. Il a soudain envie de provoquer cet homme qui vit loin du monde pour prier Dieu. Pour un louis d'or, commettrait-il un péché mortel ?

DOM JUAN. – Mais tout en raisonnant, je crois que nous sommes égarés. Appelle un peu cet homme que voilà là-bas, pour lui demander le chemin.

SGANARELLE. – Holà, ho, l'homme ! ho, mon compère ! ho, l'ami ! un petit mot s'il vous plaît. Enseignez-nous un peu le chemin qui mène à la ville.

LE PAUVRE. – Vous n'avez qu'à suivre cette route, Messieurs, et détourner à main droite quand vous serez au bout de la forêt. Mais je vous donne avis que vous devez vous tenir sur vos gardes, et que depuis quelque temps il y a des voleurs ici autour.

DOM JUAN. – Je te suis bien obligé[1], mon ami, et je te rends grâce de tout mon cœur.

LE PAUVRE. – Si vous vouliez, Monsieur, me secourir de quelque aumône ?

DOM JUAN. – Ah ! ah ! ton avis est intéressé, à ce que je vois.

LE PAUVRE. – Je suis un pauvre homme, Monsieur, retiré tout seul dans ce bois depuis dix ans, et je ne manquerai pas de prier le Ciel qu'il vous donne toute sorte de biens.

DOM JUAN. – Eh ! prie-le qu'il te donne un habit, sans te mettre en peine des affaires des autres.

SGANARELLE. – Vous ne connaissez pas Monsieur, bonhomme ; il ne croit qu'en deux et deux sont quatre, et en quatre et quatre sont huit.

DOM JUAN. – Quelle est ton occupation parmi ces arbres ?

LE PAUVRE. – De prier le Ciel tout le jour pour la prospérité des gens de bien qui me donnent quelque chose.

DOM JUAN. – Il ne se peut donc pas que tu ne sois bien à ton aise ?

LE PAUVRE. – Hélas ! Monsieur, je suis dans la plus grande nécessité[2] du monde.

DOM JUAN. – Tu te moques : un homme qui prie le Ciel tout le jour, ne peut pas manquer d'être bien dans ses affaires.

LE PAUVRE. – Je vous assure, Monsieur, que le plus souvent je n'ai pas un morceau de pain à mettre sous les dents.

DOM JUAN. – Voilà qui est étrange, et tu es bien mal reconnu[3] de tes soins. Ah ! ah ! je m'en vais te donner un louis d'or tout à l'heure[4], pourvu que tu veuilles jurer[5].

1. **je te suis bien obligé** : je te remercie.
2. **nécessité** : très grande pauvreté, indigence.
3. **reconnu** : récompensé.
4. **tout à l'heure** : immédiatement.
5. **jurer** : parler de façon impie contre Dieu, ou les saints.

Marcel Maréchal (Sganarelle) et Pierre Arditi ((Dom Juan) interprètent *Dom Juan* de Molière en 1989.

LE PAUVRE. – Ah ! Monsieur, voudriez-vous que je commisse un tel péché ?

DOM JUAN. – Tu n'as qu'à voir si tu veux gagner un louis d'or ou non. En voici un que je te donne, si tu jures ; tiens ; il faut jurer.

LE PAUVRE. – Monsieur !

DOM JUAN. – À moins de cela, tu ne l'auras pas.

SGANARELLE. – Va, va, jure un peu, il n'y a pas de mal.

DOM JUAN. – Prends, le voilà ; prends, te dis-je ; mais jure donc.

LE PAUVRE. – Non, Monsieur, j'aime mieux mourir de faim.

DOM JUAN. – Va, va, je te le donne pour l'amour de l'humanité. Mais que vois-je là ? Un homme attaqué par trois autres ? La partie est trop inégale, et je ne dois pas souffrir cette lâcheté. *(Il court au lieu du combat.)*

SGANARELLE, *seul.* – Mon maître est un vrai enragé d'aller se présenter à un péril qui ne le cherche pas ; mais, ma foi ! le secours a servi, et les deux ont fait fuir les trois.

Molière, *Dom Juan*, Acte III, 1665.

Daniel Mesguich dans le rôle de Dom Juan et Christian Hecq dans le rôle de Sganarelle. Le maître et le valet s'affrontent tout au long de la pièce. Mise en scène de Daniel Mesguich (2004).

1. Distinguez les principaux moments de cette épreuve de force. À la fin de la scène, sait-on qui a gagné, qui a perdu ?

2. Par quels arguments le pauvre justifie-t-il la pratique de l'aumône ? Quels arguments Dom Juan lui oppose-t-il ?

3. Expliquez de quelle façon le personnage de Sganarelle éclaire les deux autres personnages de cette scène.

4. En incitant le pauvre à trahir sa foi, que veut montrer Dom Juan ? Pourquoi s'irrite-t-il de la résistance du pauvre ?

5. Pourquoi Dom Juan donne-t-il finalement le louis d'or au pauvre ? Est-ce générosité ou dépit ?

6. Qu'est-ce, qui dans ce passage, peut donner un sens à la formule « pour l'amour de l'humanité » (l. 36)?

7. NOTION. Peut-on deviner ce que Molière pense de ses personnages dans cette scène, et particulièrement de Dom Juan ? Le pauvre lui-même est-il admirable ou pitoyable ?

NOTION

La double énonciation

Au théâtre, l'énonciation est d'une grande complexité. L'écrivain, en effet, cède la parole à ses personnages : il s'exprime par l'intermédiaire de ceux-ci qui ne parlent qu'en leur nom. Du coup, on ne sait jamais de façon certaine quel est le point de vue de l'auteur lui-même.

1666 — Le Misanthrope

Le héros du *Misanthrope*, Alceste, ne supporte plus les hypocrisies du monde. Molière justifie sa colère en montrant la vanité d'Acaste et de Clitandre, deux marquis qui ont leurs entrées à Versailles.

CLITANDRE
Cher Marquis, je te vois l'âme bien satisfaite :
Toute chose t'égaye, et rien ne t'inquiète.
En bonne foi, crois-tu, sans t'éblouir les yeux,
Avoir de grands sujets de paraître joyeux ?

ACASTE
Parbleu ! je ne vois pas, lorsque je m'examine,
Où prendre aucun sujet d'avoir l'âme chagrine.
J'ai du bien, je suis jeune, et sors d'une maison
Qui se peut dire noble avec quelque raison ;
Et je crois, par le rang que me donne ma race,
Qu'il est fort peu d'emplois dont je ne sois en passe[1].
Pour le cœur[2], dont sur tout nous devons faire cas,
On sait, sans vanité, que je n'en manque pas,
Et l'on m'a vu pousser, dans le monde, une affaire[3]
D'une assez vigoureuse et gaillarde manière.
Pour de l'esprit, j'en ai sans doute, et du bon goût
À juger sans étude[4] et raisonner de tout,
À faire aux nouveautés, dont je suis idolâtre,
Figure de savant[5] sur les bancs[6] du théâtre,
Y décider en chef, et faire du fracas
À tous les beaux endroits qui méritent des has.
Je suis assez adroit[7] ; j'ai bon air, bonne mine,
Les dents belles surtout, et la taille fort fine.
Quant à se mettre bien[8], je crois, sans me flatter,
Qu'on serait mal venu de me le disputer.
Je me vois dans l'estime autant qu'on y puisse être,
Fort aimé du beau sexe, et bien auprès du maître[9].
Je crois qu'avec cela, mon cher Marquis, je crois
Qu'on peut, par tout pays, être content de soi.

Molière, *Le Misanthrope*, Acte III, scène 1, 1666.

1. **en passe** : en bonne position pour les obtenir.
2. **cœur** : courage.
3. **pousser une affaire** : avoir un duel.
4. **sans étude** : sans avoir eu besoin d'étudier.
5. **savant** : connaisseur.
6. **bancs** : banquettes sur la scène réservées aux gens de qualité.
7. **adroit** : capable de raisonner, subtil.
8. **se mettre bien** : bien s'habiller.
9. **maître** : le roi.

1. Étudiez la composition de cet autoportrait. Distinguez les divers avantages dont Acaste se félicite.

2. Sur quel ton Clitandre s'est-il adressé à son ami ? Quelle est son attitude lorsqu'il écoute le discours d'Acaste ?

3. Montrez que les qualités dont Acaste se loue sont en fait des vices qu'on devrait blâmer.

4. Molière se moque-t-il d'un caractère ou d'une classe sociale ? De quelles vertus Molière fait-il l'éloge ?

5. NOTION. Relevez les adverbes et les expressions par lesquelles Acaste nuance son propos. De quelle façon ces mots contribuent-ils à l'éloge qu'Acaste fait de lui-même ?

NOTION

L'éloge et ses nuances

Certains adverbes expriment une appréciation subjective : ils évaluent et nuancent les degrés d'une qualité. Dans l'éloge, ils mettent en valeur les qualités qu'on s'attribue.

1668 — L'Avare

S'inspirant d'une comédie latine, Molière dans *L'Avare* montre la folie d'un personnage obsédé par l'argent. Dès qu'il le peut, Harpagon se précipite dans son jardin pour vérifier que les dix mille écus qu'il y a enterrés y sont toujours. Mais voilà qu'il arrive en hurlant sur scène : on lui a volé son trésor !

HARPAGON. *(Il crie au voleur dès le jardin, et vient sans chapeau.)* – Au voleur ! au voleur ! à l'assassin ! au meurtrier ! Justice, juste ciel ! Je suis perdu, je suis assassiné ! On m'a coupé la gorge, on m'a dérobé mon argent ! Qui peut-ce être ? Qu'est-il devenu ? Où est-il ? Où se cache-t-il ? Que ferai-je pour le trouver ? Où courir ? Où ne pas courir ? N'est-il point là ? N'est-il point ici ? Qui est-ce ? Arrête ? *(Il se prend lui-même le bras.)* Rends-moi mon argent, coquin !… Ah ! c'est moi. Mon esprit est troublé, et j'ignore où je suis, qui je suis, et ce que je fais. Hélas ! mon pauvre argent, mon pauvre argent, mon cher ami, on m'a privé de toi ! Et, puisque tu m'es enlevé, j'ai perdu mon support[1], ma consolation, ma joie ; tout est fini pour moi, et je n'ai plus que faire au monde ! Sans toi, il m'est impossible de vivre. C'en est fait, je n'en puis plus, je me meurs, je suis mort, je suis enterré ! N'y a-t-il personne qui veuille me ressusciter en me rendant mon cher argent, ou en m'apprenant qui l'a pris ? Euh ! que dites-vous ? Ce n'est personne. Il faut, qui que ce soit qui ait fait le coup, qu'avec beaucoup de soin on ait épié l'heure ; et l'on a choisi justement le temps que je parlais à mon traître de fils. Sortons. Je veux aller quérir[2] la justice et faire donner la question[3] à toute ma maison : à servantes, à valets, à fils, à fille, et à moi aussi. Que de gens assemblés ! Je ne jette mes regards sur personne qui ne me donne des soupçons, et tout me semble mon voleur. Eh ! de quoi est-ce qu'on parle là ? De celui qui m'a dérobé ? Quel bruit fait-on là haut ? Est-ce mon voleur qui y est ? De grâce, si l'on sait des nouvelles de mon voleur, je supplie que l'on m'en dise. N'est-il point caché là parmi vous ? Ils me regardent tous, et se mettent à rire. Vous verrez qu'ils ont part, sans doute, au vol que l'on m'a fait. Allons, vite, des commissaires, des archers[4], des prévôts[5], des juges, des gênes[6], des potences et des bourreaux ! Je veux faire pendre tout le monde ; et si je ne retrouve mon argent, je me pendrai moi-même après !

Molière, *L'Avare*, Acte VII, scène 7, 1668.

1. **support** : soutien.
2. **quérir** : chercher.
3. **faire donner la question** : torturer pour obtenir des aveux.
4. **archers** : soldats qui accompagnent les prévôts pour les arrestations.
5. **prévôts** : juges subalternes.
6. **gênes** : instruments de torture.

1. À quels moments le texte oblige-t-il l'acteur à se déplacer ? Que révèlent ces mouvements et ces gestes ?

2. En distinguant les interlocuteurs auxquels s'adresse Harpagon, délimitez les principaux moments du monologue.

3. Quelle frontière habituellement infranchissable est un moment remise en cause par le discours et les mouvements d'Harpagon ?

4. Relevez les expressions par lesquelles Harpagon évoque son argent. De quoi sont-elles révélatrices ?

5. Quels éléments viennent perturber cette délibération ? À quelles décisions aboutit le personnage ?

6. NOTION. En quoi ce monologue montre-t-il la solitude et la folie de Harpagon ? L'acteur qui interprète ce rôle doit-il rendre son personnage, ridicule, inquiétant ou pitoyable ?

NOTION

Le monologue

Le monologue est l'exemple même d'une convention propre à l'art théâtral. Le public accepte de trouver normal que le personnage en scène parle tout seul. Le recours au monologue permet de donner des informations et surtout d'éclairer le personnage souvent saisi au moment d'une crise qui le pousse à prendre des décisions. De plus, le monologue offre à l'acteur un morceau de bravoure qui lui donne l'occasion de briller.

LA FONTAINE

Nom et prénom : **de La Fontaine, Jean**

Naissance : **8 juillet 1621, à Château-Thierry**

Décès : **13 avril 1695, à Paris**

Tenté tour à tour par le droit puis par les ordres, le jeune La Fontaine hésite à trouver sa voie. Son mariage à vingt-six ans, la naissance d'un fils, sa charge de maître des eaux et forêts ne parviennent pas à fixer ce caractère inquiet : seule la littérature l'intéresse vraiment. Introduit auprès de Fouquet, surintendant des finances, rival de Colbert, il rencontre Molière, Racine, Mme de Sévigné. Quand Fouquet est brutalement arrêté par le jeune Louis XIV, il ose prendre sa défense.

Il a plus de quarante ans lorsque paraissent ses premiers *Contes et Nouvelles en vers* qui lui assurent la réputation d'un auteur libertin et élégant. Ses *Fables*, recueillies en 1668 puis en 1678, obtiennent un succès immédiat. Aimant la diversité, il publie en 1671 et 1673 des poésies chrétiennes et en 1674 de *Nouveaux Contes* trop osés pour la police qui les saisit un an plus tard. Toujours trop indépendant, proche à la fois des libertins et des jansénistes, le poète est écarté des faveurs de la cour et Louis XIV retarde son entrée à l'Académie française jusqu'en 1684. On lui demande même à la fin de sa vie de renier publiquement ses contes trop libertins. Mais la publication du dernier livre des *Fables* un an avant sa mort le montre fidèle à son génie.

Auteur de poèmes dont : *L'Élégie aux nymphes de Vaux* (1662) ; de comédies dont : *L'Eunuque* (1654), *Le Rendez-vous* (1683) ; de contes et de fables : *Contes et nouvelles en vers* (1665, 1666, 1671), *Fables* (1668, 1678, 1693) ; d'un roman : *Les Amours de Psyché et Cupidon* (1669) ; de livrets d'opéra : *Galatée* (1682), *Astrée* (1691).

L'ŒUVRE DE LA FONTAINE

Les *Contes* et l'art du récit

La Fontaine s'est essayé dans de nombreux genres, roman, livrets d'opéras, lettres, théâtre mais il est devenu célèbre avec les *Contes* dont la publication s'étend de 1665 à 1675. S'inspirant de récits traditionnels, d'auteurs latins ou italiens, La Fontaine s'amuse à évoquer des situations scabreuses avec le plus d'élégance possible. La liberté des vers, le jeu des ellipses et des périphrases montrent sa virtuosité et son humour.

Les *Fables* et l'argumentation

Avant La Fontaine, l'apologue se limite à un bref récit qui facilite la compréhension et la mémorisation d'une règle de conduite. Avec La Fontaine, le récit est soigneusement développé pour retenir l'intérêt et mettre en lumière l'essentiel. En quelques vers, le poète donne un caractère singulier aux êtres qu'il met en scène. La moralité découlant du tableau devient secondaire et peut même ne pas être formulée.

Les *Fables* et la poésie

Passant du tableau réaliste à la confidence élégiaque, sachant fondre tous les tons, jouer de tous les registres, le fabuliste fait son miel des fabliaux du Moyen Âge comme des poèmes antiques. La maîtrise souveraine de la versification, la justesse des dialogues, les interventions du poète contribuent à cette impression de vie, de naturel et de vérité. La fable est devenue poésie.

LE SOURIRE DE LA SAGESSE

Les douze livres des *Fables* composent, selon le mot du poète, une « ample comédie aux cent actes divers et dont la scène est l'univers ». De fable en fable en effet, c'est toute la comédie humaine qui est mise à jour et le regard du fabuliste est d'une lucidité implacable. Comme Pascal, et de façon tout aussi radicale, il dénonce la fragilité de notre raison abusée par l'imagination, la vanité, la sottise. Comme lui, il montre que les relations entre les hommes sont fondées sur la violence, l'abus de pouvoir, l'injustice. Mais Dieu n'est plus un recours. Pour La Fontaine, une sagesse fragile mais généreuse reste possible. Le goût de la beauté, la complicité des amis, la lucidité amusée ouvrent des refuges où le poète peut sourire.

1668

Fables

LE CHÊNE ET LE ROSEAU

Le Chêne un jour dit au Roseau :
« Vous avez bien sujet d'accuser la nature,
Un roitelet pour vous est un pesant fardeau ;
Le moindre vent qui d'aventure[1]
Fait rider la face de l'eau
Vous oblige à baisser la tête ;
Cependant que[2] mon front, au Caucase pareil,
Non content d'arrêter les rayons du soleil,
Brave l'effort de la tempête.
Tout vous est aquilon[3], tout me semble zéphyr[4].
Encor si vous naissiez à l'abri du feuillage
Dont je couvre le voisinage,
Vous n'auriez pas tant à souffrir :
Je vous défendrais de l'orage ;
Mais vous naissez le plus souvent
Sur les humides bords des royaumes du vent[5].
La nature envers vous me semble bien injuste.
– Votre compassion, lui répondit l'arbuste,
Part d'un bon naturel ; mais quittez ce souci :
Les vents me sont moins qu'à vous redoutables ;
Je plie, et ne romps pas. Vous avez jusqu'ici
Contre leurs coups épouvantables
Résisté sans courber le dos ;
Mais attendons la fin. » Comme il disait ces mots,
Du bout de l'horizon accourt avec furie
Le plus terrible[6] des enfants
Que le Nord eût portés jusque-là dans ses flancs.
L'arbre tient bon ; le Roseau plie.
Le vent redouble ses efforts,
Et fait si bien qu'il déracine
Celui de qui la tête au ciel était voisine,
Et dont les pieds touchaient à l'empire des morts[7].

Jean de La Fontaine, *Fables*, I, 22, 1668.

1. **d'aventure** : par hasard.
2. **cependant que** : alors que.
3. **aquilon** : vent du Nord.
4. **zéphir** : brise légère.
5. **royaumes du vent** : marais, étangs, rivières.
6. **terrible** : terrifiant.
7. **l'empire des morts** : le monde souterrain des enfers.

1. Donnez un titre aux divers moments de cette fable.

2. Sur quel ton le chêne s'adresse-t-il au roseau ? Quelles expressions laissent percer l'ironie du roseau ?

3. Quelle est l'attitude que le récit donne en exemple ?

4. Relevez et commentez l'expressivité des inversions, des enjambements, des césures fortement marquées.

5. NOTION. Expliquez les divers sens – moral, politique, esthétique – de cette fable.

NOTION

La moralité dans la fable

Pour La Fontaine, la moralité est « l'âme » de la fable. C'est elle qui lui donne son sens. Mais elle peut s'appliquer à des situations différentes. De là vient sa richesse.

1668 — Fables

Tous deux partisans de l'imitation des Anciens, Boileau et La Fontaine n'étaient pas toujours d'accord sur la façon de pratiquer cette imitation. On le voit à la lecture de ces fables réécrites par les deux poètes.

LA MORT ET LE BÛCHERON

Un pauvre Bûcheron, tout couvert de ramée[1],
Sous le faix[2] du fagot aussi bien que des ans
Gémissant et courbé, marchait à pas pesants,
Et tâchait de gagner sa chaumine[3] enfumée.
Enfin, n'en pouvant plus d'effort et de douleur,
Il met bas son fagot, il songe à son malheur.
Quel plaisir a-t-il eu depuis qu'il est au monde ?
En est-il un plus pauvre en la machine ronde ?
Point de pain quelquefois, et jamais de repos.
Sa femme, ses enfants, les soldats[4], les impôts,
Le créancier, et la corvée[5]
Lui font d'un malheureux la peinture achevée.
Il appelle la Mort. Elle vient sans tarder,
Lui demande ce qu'il faut faire.
« C'est, dit-il, afin de m'aider
À recharger ce bois ; tu ne tarderas[6] guère. »

Le trépas vient tout guérir ;
Mais ne bougeons d'où nous sommes.
Plutôt souffrir que mourir,
C'est la devise des hommes.

Jean de La Fontaine, *Fables*, I, 16, 1668.

1. **ramée** : branches coupées avec leurs feuilles.
2. **faix** : fardeau, poids pénible.
3. **chaumine** : cabane couverte de chaume.
4. **soldats** : les soldats qu'on devait loger étaient une charge redoutable.
5. **corvée** : journée de travail gratuite due au seigneur ou au roi.
6. **tarderas** : cela ne te prendra pas longtemps.

LE BÛCHERON ET LA MORT

Le dos chargé de bois et le corps tout en eau,
Un pauvre bûcheron, dans l'extrême vieillesse,
Marchait en haletant de peine et de détresse ;
Enfin, las de souffrir, jetant là son fardeau,
Plutôt que de s'en voir accablé de nouveau,
Il souhaite la Mort et cent fois il l'appelle.
La Mort vient à la fin : « Que veux-tu ? lui crie-t-elle.
– Qui, moi ? dit-il alors, prompt à se corriger.
Que tu m'aides à me charger. »

Boileau, *Poésies diverses*, 1701.

1. Étudiez de quelle façon le bûcheron est présenté dans les deux fables. Quelles différences observez-vous ?

2. Comment La Fontaine montre-t-il le désespoir de son personnage (v. 5 à 12) ? Ce développement est-il nécessaire au développement du récit ?

3. Étudiez la composition de la fable de Boileau.

4. Comparez les dénouements des fables. Caractérisez les choix des deux auteurs.

5. La Fontaine et Boileau ne développent pas le récit de la même façon. Ces différences de traitement changent-elles le sens de la fable ?

1678

Fables

L'HUÎTRE ET LES PLAIDEURS

Un jour deux Pèlerins[1] sur le sable rencontrent
Une Huître, que le flot y venait d'apporter :
Ils l'avalent des yeux, du doigt ils se la montrent ;
À l'égard de la dent il fallut contester[2].
L'un se baissait déjà pour amasser[3] la proie ;
L'autre le pousse, et dit : « Il est bon de savoir
Qui de nous en aura la joie[4].
Celui qui le premier a pu l'apercevoir
En sera le gobeur ; l'autre le verra faire.
– Si par là l'on juge l'affaire,
Reprit son compagnon, j'ai l'œil bon, Dieu merci.
– Je ne l'ai pas mauvais aussi,
Dit l'autre, et je l'ai vue avant vous, sur ma vie.
– Eh bien ! vous l'avez vue, et moi je l'ai sentie. »
Pendant tout ce bel incident,
Perrin Dandin[5] arrive : ils le prennent pour juge.
Perrin, fort gravement, ouvre l'Huître, et la gruge[6],
Nos deux Messieurs le regardant.
Ce repas fait, il dit d'un ton de président :
« Tenez, la cour vous donne à chacun une écaille,
Sans dépens[7], et qu'en paix chacun chez soi s'en aille. »

Mettez ce qu'il en coûte à plaider aujourd'hui ;
Comptez ce qu'il en reste à beaucoup de familles,
Vous verrez que Perrin tire l'argent à lui,
Et ne laisse aux plaideurs que le sac et les quilles[8].

Jean de La Fontaine, « L'huître et les plaideurs », *Fables*, IX, 9, 1678.

1. **Pèlerins** : voyageurs.
2. **contester** : quereller, plaider.
3. **amasser** : recueillir ce qui est par terre.
4. **joie** : le plaisir de la manger.
5. **Perrin Dandin** : personnage de Rabelais.
6. **la gruge** : la mange ; au sens figuré, prend l'argent des plaideurs.
7. **dépens** : frais.
8. **sac et quilles** : le juge prend l'enjeu et les plaideurs n'ont plus qu'un sac (à procès) vide et des quilles pour jouer. L'expression signifie aussi donner son congé, chasser.

1. Distinguez les principaux moments de la fable. Montrez que chaque épisode est caractérisé par un rythme différent.

3. Indiquez par quels procédés le poète a donné de la vivacité au dialogue entre les deux voyageurs. Que veut-il nous montrer ainsi ?

4. Comment La Fontaine a-t-il rendu amusante l'intervention du juge ?

5. NOTION. De quels défauts de la justice La Fontaine fait-il la satire ? Dénonce-t-il seulement le juge ? De qui se fait-il l'avocat ?

NOTION

La révélation des ridicules

De façon plus ou moins directe, le fabuliste décrit tous les acteurs de société et dénonce leurs ridicules. « Ces petits récits, écrit Taine, contiennent en abrégé la société du XVIIe siècle, la société française, la société humaine. »

1678

Fables

LE POUVOIR DES FABLES

Dans Athène autrefois, peuple vain et léger,
Un Orateur, voyant sa patrie en danger,
Courut à la tribune ; et d'un art tyrannique,
Voulant forcer les cœurs dans une république,
Il parla fortement sur le commun salut.
On ne l'écoutait pas. L'orateur recourut
À ces figures[1] violentes
Qui savent exciter les âmes les plus lentes ;
Il fit parler les morts, tonna, dit ce qu'il put.
Le vent emporta tout ; personne ne s'émut ;
L'animal aux têtes frivoles[2],
Étant fait à ces traits[3], ne daignait l'écouter ;
Tous regardaient ailleurs ; il en vit s'arrêter[4]
À des combats d'enfants, et point à ses paroles.
Que fit le harangueur[5] ? Il prit un autre tour.
« Cérès, commença-t-il, faisait voyage un jour
Avec l'anguille et l'hirondelle ;
Un fleuve les arrête ; et l'anguille en nageant,
Comme l'hirondelle en volant,
Le traversa bientôt. » L'assemblée à l'instant
Cria tout d'une voix : « Et Cérès[6], que fit-elle ?
– Ce qu'elle fit ? Un prompt courroux[7]
L'anima d'abord[8] contre vous.
Quoi ! de contes d'enfants son peuple s'embarrasse !
Et du péril qui le menace
Lui seul entre les Grecs il néglige l'effet[9] !
Que ne demandez-vous ce que Philippe[10] fait ? »
À ce reproche l'assemblée,
Par l'apologue réveillée,
Se donne entière à l'Orateur :
Un trait de fable en eut l'honneur.

Nous sommes tous d'Athène en ce point ; et moi-même,
Au moment que je fais cette moralité,
Si *Peau d'âne* m'était conté,
J'y prendrais un plaisir extrême.
Le monde est vieux, dit-on, je le crois ; cependant
Il le faut amuser encor comme un enfant.

Jean de La Fontaine, « Le pouvoir des fables » (extrait), *Fables*, VIII, 4, 1678.

1. figures : procédés rhétoriques ; la prosopopée, par exemple, fait parler les morts.
2. têtes frivoles : souvenir du poète Horace qui appelait le peuple romain « monstre aux multiples têtes ».
3. traits : procédés de style.
4. s'arrêter : s'intéresser.
5. harangueur : qui fait des discours trop longs, ennuyeux.
6. Cérès : déesse célébrée à Éleusis, en Attique.
7. courroux : colère.
8. d'abord : tout de suite.
9. l'effet : la réalité.
10. Philippe : Philippe de Macédoine. Allusion à Démosthène qui dénonça les Athéniens inconscients du danger que représentait Philippe.

1. Distinguez les divers moments de ce récit. Quelles surprises relancent l'intérêt ?

2. Comparez les méthodes que l'orateur utilise tour à tour. Comment le recours à la fable est-il mis en valeur ?

3. Comment se manifeste le changement d'attitude des Athéniens ? Quel mot indique l'effet produit par la fable ?

4. Relevez les expressions qui blâment l'attitude des Athéniens. Pourquoi l'orateur de la fable a-t-il raison de condamner son public ? La Fontaine est-il aussi sévère ?

5. Pour les artistes classiques, l'art doit « plaire et instruire ». En quoi la fable, telle qu'elle est présentée par La Fontaine, remplit-elle ce double objectif ?

1678

Fables

LE VIEILLARD ET LES TROIS JEUNES HOMMES

1. **jouvenceaux** : jeunes hommes.
2. **soins** : soucis, tracas.
3. **à vous-mêmes** : même à vous.
4. **établissement** : tout ce qu'on fonde de façon stable.
5. **Parques** : divinités qui décident de la durée de nos vies.
6. **termes** : marque une fin, dernier moment.
7. **arrière-neveux** : arrière petits-enfants.
8. **à** : vers.
9. **Mars** : Dieu de la guerre.
10. **la république** : l'État.
11. **enter** : greffer.

Un octogénaire plantait.
« Passe encor de bâtir ; mais planter à cet âge ! »
Disaient trois jouvenceaux[1], enfants du voisinage ;
Assurément il radotait.
Car, au nom des dieux, je vous prie,
Quel fruit de ce labeur pouvez-vous recueillir ?
Autant qu'un patriarche il vous faudrait vieillir.
À quoi bon charger votre vie
Des soins[2] d'un avenir qui n'est pas fait pour vous ?
Ne songez désormais qu'à vos erreurs passées ;
Quittez le long espoir et les vastes pensées ;
Tout cela ne convient qu'à nous.
« Il ne convient pas à vous-mêmes[3],
Repartit le Vieillard. Tout établissement[4]
Vient tard, et dure peu. La main des Parques[5] blêmes
De vos jours et des miens se joue également.
Nos termes[6] sont pareils par leur courte durée.
Qui de nous des clartés de la voûte azurée
Doit jouir le dernier ? Est-il aucun moment
Qui vous puisse assurer d'un second seulement ?
Mes arrière-neveux[7] me devront cet ombrage :
Eh bien ! défendez-vous au sage
De se donner des soins pour le plaisir d'autrui ?
Cela même est un fruit que je goûte aujourd'hui :
J'en puis jouir demain, et quelques jours encore ;
Je puis enfin compter l'aurore
Plus d'une fois sur vos tombeaux. »
Le Vieillard eut raison : l'un des trois jouvenceaux
Se noya dès le port, allant à[8] l'Amérique ;
L'autre, afin de monter aux grandes dignités,
Dans les emplois de Mars[9] servant la république[10],
Par un coup imprévu vit ses jours emportés ;
Le troisième tomba d'un arbre
Que lui-même il voulut enter[11] ;
Et, pleurés du Vieillard, il grava sur leur marbre
Ce que je viens de raconter.

Jean de La Fontaine, « Le Vieillard et les trois jeunes hommes », *Fables*, XI, 8, 1678.

1. En quoi la situation initiale est-elle surprenante ?

2. À quoi sert le récit qui suit le discours du vieillard ?

3. Comparez le ton des jeunes hommes à celui du vieillard.

4. Quels vers invitent à contempler la beauté du monde ?

5. La délibération confronte des points de vue différents pour agir de la façon la plus efficace possible. Comparez les conseils que donnent les jouvenceaux à ceux que donne le vieillard.

LA ROCHEFOUCAULD

Nom et prénom : **de La Rochefoucauld, François**

Naissance : **15 septembre 1613, à Paris**

Décès : **17 mars 1680, à Paris**

Auteur de *Mémoires* (1662), *Réflexions ou Sentences et maximes morales* (1664), *Réflexions diverses* (publication posthume).

Ce grand seigneur qui appartient à la plus haute aristocratie montre dans sa jeunesse la générosité d'un héros romanesque : plein de bravoure sur les champs de bataille et d'audace à la cour, où il projette d'enlever la reine – ce qui lui vaut huit jours de prison et deux ans d'exil. Sa participation à la fronde des nobles contre le pouvoir royal se soldera par un échec particulièrement douloureux.

Lorsqu'il revient à Paris en 1656, après de longues années d'exil sur ses terres, La Rochefoucauld se consacre à la rédaction des *Maximes* qui le rendront célèbre. Dans les salons qu'il fréquente il donne l'image d'un authentique « honnête homme ». Ouvert aux autres, d'une finesse pénétrante, l'ami intime de Madame de La Fayette affronte avec courage les deuils et les douleurs qui assombrissent la fin de son existence.

LES MAXIMES ET L'ART DE CONVAINCRE

Au lieu de développer des arguments, la maxime propose une affirmation générale que le lecteur doit confronter à son expérience et à sa réflexion pour en éprouver la validité. L'art de la maxime s'est développé dans les salons, en particulier celui de Madame de Sablé qui, comme l'abbé Jacques Esprit, en a publié un recueil. Mais La Rochefoucauld s'est imposé avec un succès qui ne s'est jamais démenti. Ses analyses frappent certes par leur rigueur et leur cohérence mais surtout il a su rendre surprenante chaque formule, parfois par une image, ailleurs par des antithèses, souvent par des retournements paradoxaux. Tout un art de la formule est nécessaire pour faire voir des vérités que nous aimons nous cacher.

Objet d'étude Le travail de l'écriture

1664

Réflexions ou Sentences et maximes morales

Lancée dès 1659, la rédaction des *Réflexions ou Sentences et maximes morales* s'est poursuivie pendant de longues années : La Rochefoucauld n'a cessé de modifier les maximes, d'en écarter certaines, d'en proposer d'autres. La comparaison des diverses éditions permet d'entrevoir ce travail incessant de l'écrivain.

VERSION DE 1663 – Les biens et les maux sont plus grands dans notre imagination qu'ils ne le sont en effet, et on n'est jamais si heureux ni si malheureux que l'on pense.

VERSION DE 1664 – On n'est jamais si heureux ni si malheureux que l'on pense.

VERSION DÉFINITIVE – **On n'est jamais si heureux ni si malheureux qu'on s'imagine.** (Maxime 49)

VERSION DE 1663 – Il est de l'amour comme de l'apparition des esprits : tout le monde en parle, mais peu de gens en ont vu.
VERSION DÉFINITIVE – **Il est du véritable amour comme de l'apparition des esprits : tout le monde en parle, mais peu de gens en ont vu.** (Maxime 76)

VERSION DE 1663 – L'amitié la plus sainte et la plus sacrée n'est qu'un trafic où nous croyons toujours gagner quelque chose.
VERSION DE 1664 – L'amitié la plus désintéressée n'est qu'un trafic où notre amour-propre se propose toujours quelque chose à gagner.
VERSION DE 1666 – L'amitié la plus désintéressée n'est qu'un commerce où notre amour-propre se propose toujours quelque chose à gagner.
VERSION DÉFINITIVE – **Ce que les hommes ont nommé amitié n'est qu'une société, qu'un ménagement réciproque d'intérêts, et qu'un échange de bons offices ; ce n'est enfin qu'un commerce où l'amour-propre se propose toujours quelque chose à gagner.** (Maxime 83)

VERSION DE 1663 – Notre repentir ne vient point de nos actions, mais du dommage qu'elles nous causent.
VERSION DE 1664 – **Notre repentir n'est pas une douleur du mal que nous avons fait ; c'est une crainte de celui qui nous en peut arriver** (Maxime 180)

VERSION DE 1663 – Nul ne mérite d'être loué de bonté s'il n'a la force et la hardiesse de pouvoir être méchant : toute autre bonté n'est en effet qu'une privation de vice ou plutôt la timidité des vices et leur endormissement.
VERSION DE 1664 – Nul ne mérite d'être loué de bonté s'il n'a la force, et la hardiesse d'être méchant : toute autre bonté n'est le plus souvent qu'une paresse ou une impuissance de la mauvaise volonté.
VERSION DÉFINITIVE – **Nul ne mérite d'être loué de bonté, s'il n'a pas la force d'être méchant : toute autre bonté n'est le plus souvent qu'une paresse ou une impuissance de la volonté.** (Maxime 237)

François de La Rochefoucauld,
Réflexions ou Sentences et maximes morales, 1664.

---

1. Indiquez quelle évidence couramment admise dénonce chaque maxime.

2. Les maximes frappent par leur concision : elles tirent leur force des oppositions qu'elles mettent en jeu. Relevez quelques exemples de ces oppositions.

3. Quelle image de l'homme se dégage de ces diverses remarques ? Quelles faiblesses sont mises en lumière ?

4. Comparez les diverses versions proposées. Distinguez les corrections qui visent la concision de celles qui modifient le sens ou la portée de la maxime.

5. NOTION. Choisissez une de ces maximes et, dans un paragraphe argumentatif d'une vingtaine de lignes, expliquez pour quelles raisons elle vous semble convaincante ou discutable.

NOTION

L'art de la maxime

La maxime affirme sans chercher à démontrer ni à convaincre : c'est au lecteur de chercher à comprendre, de penser à d'éventuels exemples, d'être étonné, indigné puis convaincu.

MOUVEMENT LITTÉRAIRE ET CULTUREL

Le classicisme

On utilise le mot de « classicisme » pour désigner l'idéal esthétique commun aux écrivains les plus inventifs des années 1660-1680. Si divers que soient Molière et Racine, La Fontaine et Bossuet, La Rochefoucauld et La Bruyère, ils partagent une même vision de l'art et de l'homme. Artistes exigeants, inquiets, toujours inspirés, ils ont créé en quelques années des œuvres qui se sont rapidement imposées comme exemplaires.

Le mot « classicisme »

Au XVIIe siècle, le mot « classique », du latin *classici scriptores*, écrivains de première classe, désigne les auteurs anciens grecs et latins dignes d'être étudiés comme des modèles. Les écrivains du règne de Louis XIV se considéraient eux-mêmes comme des Modernes. Mais dès la fin du siècle, on considérait que les meilleurs d'entre eux pouvaient égaler les Anciens. Au début du XIXe siècle, les jeunes romantiques ont utilisé le mot « classique » dans leurs polémiques pour dénoncer une tradition qui leur semblait devenue stérile.

Rivalisant avec les Anciens, les peintres et les écrivains classiques s'inspirent de l'Antiquité. Laurent de La Hyre, *La Muse Euterpe, allégorie de la musique*, 1648.

Fortifications de la ville de Fribourg, édifiées par Vauban, maréchal de France, ministre de Louis XIV.

L'HISTOIRE DU MOUVEMENT

La naissance d'un idéal

L'idéal classique naît de la convergence de plusieurs évolutions amorcées dès le début du siècle. D'une part, les critiques élaborent les règles du beau fondées sur la lecture d'Aristote et des théoriciens italiens. D'autre part, le public instruit s'intéresse aux questions littéraires, morales, religieuses. Les écrivains enfin cherchent à rivaliser ; ils veulent toucher le public par des œuvres fortes, qui puissent plaire à tous : doctes, mondains, bourgeois.

Nicolas Poussin découvre à Rome, les œuvres des peintres italiens. Plus tard, il s'impose comme un maître de l'art classique : « Mon naturel me contraint à chercher et aimer les choses bien ordonnées, fuyant la confusion qui m'est aussi contraire et ennemie comme est la lumière des obscures ténèbres. » *Autoportrait*, 1649.

La floraison des chefs-d'œuvre

Molière, Racine, Boileau doivent se battre pour imposer des œuvres qui sont toujours âprement contestées. Ces artistes aujourd'hui reconnus par tous doivent imposer la légitimité d'une littérature profane face au clan des religieux qui condamnent les séductions du théâtre et de l'art. Mais il faut aussi résister aux écrivains officiels comme Chapelain, comme Quinault, comme Perrault toujours prêts à flatter le pouvoir par des œuvres faciles. C'est par la beauté de leurs créations que ces écrivains indépendants montrent la valeur d'une littérature originale et rigoureuse.

Les derniers combats

Louis XIV, qui a soutenu Molière contre les dévots, défend Racine et Boileau qu'il nomme en 1677 historiographes du roi. Mais les ennemis de ces écrivains qu'on appellera classiques ne désarment pas. À partir de 1687, la querelle des Anciens et des Modernes devient plus aiguë. Au nom de l'actualité, on dénonce l'importance accordée à la tradition. Un nouvel état d'esprit s'affirme qui annonce le siècle suivant. « Ce temps ne se retrouvera plus, écrit Voltaire en 1751, où un duc de La Rochefoucauld, l'auteur des *Maximes*, au sortir de la conversation d'un Pascal ou d'un Arnauld, allait au théâtre de Corneille. »

LES PRINCIPES DU MOUVEMENT

Plaire et instruire

L'art doit d'abord émouvoir, provoquer le rire ou les larmes : pour tous les écrivains classiques, rien n'est pire que ce qui laisse froid. Mais ce plaisir est révélateur : « Il faut de l'agréable et du réel, écrit Pascal, mais il faut que cet agréable soit lui-même pris du vrai. »

Rechercher le naturel

L'art classique refuse les effets gratuits, l'abondance verbale, l'accumulation des figures. Il se veut simple, clair, naturel, mais le naturel résulte d'un choix raisonné qui ne retient du réel que ce qui est à la fois crédible et exemplaire.

Respecter des règles

Il faut certes respecter les règles de chaque genre car elles assurent la cohérence de l'œuvre d'art mais cela ne suffit pas : il faut encore un « je ne sais quoi », le charme qui séduit, le sublime qui bouleverse.

Le château de Versailles, conçu par l'architecte Le Vau, se développe de façon symétrique autour d'un axe central. Les jardins, aménagés par Le Nôtre, suivent le même ordre géométrique qui semble se prolonger jusqu'à l'horizon.

LES THÈMES DU MOUVEMENT

Les écrivains classiques partagent une même vision désenchantée de la nature humaine. Mais loin de désespérer, ils forgent l'idéal de l'honnête homme.

Une société étouffante

La monarchie autoritaire a remplacé les héros par les courtisans. La nouvelle société de cour multiplie intrigues, jalousies, mensonges : on ne peut y vivre que masqué, à la merci d'ennemis sournois.

La faiblesse de l'être humain

L'être humain se détourne du vrai et du bien par un égoïsme inhérent à sa nature. Pascal, La Fontaine, La Rochefoucauld dénoncent tous, avec Molière, « ce grand aveuglement où chacun est pour soi ».

L'honnête homme

Cultivé sans être pédant, élégant sans être précieux, sociable sans être servile, toujours lucide et généreux, l'honnête homme invite à rester soi-même dans une société de plus en plus étouffante.

Admiré pour ses marines et pour ses tableaux de la campagne romaine, Claude Gellée, dit le Lorrain, est, à côté de Poussin, le peintre dominant de la peinture classique. *Paysage de campagne*, 1644.

Les règles du théâtre classique

À partir de 1630, les règles, formulées par les théoriciens, s'imposent aux dramaturges car elles renforcent l'illusion théâtrale : elles aident le spectateur à faire comme s'il assistait en direct à l'action jouée sur scène.

La règle des trois unités

L'unité d'action : elle impose une intrigue unique et élimine les épisodes ou les personnages qui ne sont pas directement liés à l'action principale. L'unité de temps : tout se passe en seul jour. L'unité de lieu : tout se passe en un seul lieu.

Le souci de la vraisemblance

La vraisemblance permet aussi d'atteindre une vérité plus exemplaire qui peut manquer à un événement réel mais exceptionnel.

Le respect des bienséances

Le respect des bienséances internes assure la cohérence des personnages et de l'action. Chaque personnage doit être « jusqu'au bout tel qu'on l'a vu d'abord ». Les bienséances externes interdisent tout ce qui pourrait choquer le public : vulgarités, grossièretés, brutalités. Les héros tuent et meurent en coulisses.

Phèdre de Jean Racine, mis en scène par Patrice Chéreau au théâtre de l'Odéon en janvier 2003.

Les grandes œuvres du classicisme

Littérature
Blaise Pascal, *Pensées*, 1670
Molière, *Le Misanthrope*, 1666
Racine, *Bérénice*, 1670
La Fontaine, *Fables*, 1668, 1678
Mme de Lafayette, *La Princesse de Clèves*, 1678

Peinture
Nicolas Poussin, *Les Quatre Saisons*, 1660-1664
Philippe de Champaigne, *Angélique Arnaud*, 1643
Charles Le Brun, *Les Reines de Perse au pied d'Alexandre*, 1660

Architecture
Claude Perrault, la colonnade du Louvre, 1667
Jules Hardouin-Mansart, le grand Trianon à Versailles, 1698

Jardins
Le Nôtre, le parc de Vaux-le-Vicomte, les jardins de Versailles, 1665.

Musique
François Couperin, *Trois Leçons de ténèbres*, 1714
Jean-Baptiste Lully, *Atys*, 1676

RACINE

Nom et prénom : **Racine, Jean**

Naissance : **22 décembre 1639, à la Ferté-Milon**

Décès : **21 avril 1699, à Paris**

Orphelin tout enfant, Jean Racine est élevé dans le milieu austère des amis de Port-Royal, les jansénistes. Ces esprits remarquables, d'une piété rigoureuse, donnent à Racine le goût de la langue et de la littérature grecques. Mais bientôt, il se laisse emporter par son amour des lettres et des plaisirs et raille ses anciens professeurs qui condamnent le théâtre.

De 1667 à 1677, outre une brillante comédie, *Les Plaideurs* en 1668, Racine donne coup sur coup sept tragédies, sept chefs-d'œuvre qui l'imposent comme un maître. Mais, à trente-huit ans, il renonce brutalement au théâtre et épouse une jeune fille de vingt-cinq ans qui lui donne sept enfants. Devenu l'écrivain officiel du roi qui lui demande d'écrire la chronique de ses campagnes militaires, il compose encore, à la demande de Madame de Maintenon, deux tragédies religieuses. Courtisan averti, il est comblé de richesses et d'honneurs. Mais il n'oublie pas ses anciens maîtres cruellement persécutés : il écrit en secret une histoire de Port-Royal et demande à y être enterré.

Auteur de poèmes : *La Nymphe de la Seine* (1660), *Cantiques spirituels* (1694); de tragédies : *Andromaque* (1667), *Britannicus* (1669), *Bérénice* (1670), *Bajazet* (1672), *Mithridate* (1673), *Iphigénie* (1674), *Phèdre* (1677); d'une comédie : *Les Plaideurs* (1668).

L'ŒUVRE DE RACINE

Les tragédies historiques et l'effacement du thème politique

Composées à partir de récits historiques, *Britannicus* en 1669, *Bérénice* en 1670, *Mithridate* en 1673, ou contemporains, *Bajazet* en 1672, ces quatre tragédies évoquent des conflits d'ordre politique. Mais contrairement à Corneille qui place la réflexion politique au cœur du spectacle tragique, Racine se sert des relations politiques pour exacerber les conflits moraux et passionnels. C'est la nature même du désir humain et de ses contradictions qui constitue le tragique racinien.

Les tragédies légendaires et l'affaiblissement des héros

Inspirées principalement par le dramaturge grec Euripide, *Andromaque* en 1667, *Iphigénie* en 1674, *Phèdre* en 1677 mettent en scène des héros de la mythologie grecque. Racine montre leur désarroi criminel (Oreste, Phèdre), leur impuissance (Pyrrhus, Agamemnon) ou leur aveuglement (Thésée). L'éclat de leurs exploits fabuleux n'est plus qu'un souvenir qui éclaire cruellement leur faiblesse, leur égarement tragique.

Les tragédies bibliques et le tragique chrétien

Les deux dernières tragédies de Racine, *Esther* en 1689, *Athalie* en 1691, ont été tirées de l'Écriture sainte. Dans ces œuvres qui célèbrent la puissance de Dieu, on retrouve la hantise d'une humanité disgraciée, abandonnée au mal.

LA VISION TRAGIQUE DE LA CONDITION HUMAINE

Profondément influencé par la vision janséniste de l'homme qui voit dans l'être humain un être perdu, aveuglé par son amour-propre, impuissant devant le mal qu'il découvre avec horreur en lui, mais aussi inspiré par l'expérience d'une société de cour qui exacerbe les jalousies, le théâtre racinien est hanté par l'angoisse de la disgrâce. Racine peint un monde où le mal triomphe : les êtres les plus innocents, Junie, Bajazet, Hippolyte, y sont la proie de tyrans ou de monstres dévorés par leurs passions, Néron, Roxane, Phèdre. L'amour qu'on désire comme le salut y est ou interdit ou impossible; lové dans les replis de l'amour-propre ou du désir le plus possessif, il est l'expérience d'une douleur essentielle : celle de n'être pas aimé. La lucidité qui vient éclairer certains personnages ne fait que raviver la conscience douloureuse de leur impuissance. Comme Pascal, comme La Rochefoucauld, Racine montre la misère de l'être humain.

1667 Andromaque

La première tragédie racinienne, *Andromaque,* montre des héros qui se déchirent parce qu'ils aiment sans être aimés. Quand Pyrrhus annonce à sa fiancée Hermione qu'il épouse finalement la Troyenne Andromaque, il suggère qu'elle ne l'aimait pas vraiment. Hermione laisse éclater sa douleur.

HERMIONE

Je ne t'ai point aimé, cruel ? Qu'ai-je donc fait ?
J'ai dédaigné pour toi les vœux de tous nos princes,
Je t'ai cherché moi-même au fond de tes provinces ;
J'y suis encor, malgré tes infidélités,
Et malgré tous mes Grecs honteux de mes bontés.
Je leur ai commandé de cacher mon injure[1] ;
J'attendais en secret le retour d'un parjure[2] ;
J'ai cru que tôt ou tard, à ton devoir rendu,
Tu me rapporterais un cœur qui m'était dû.
Je t'aimais inconstant, qu'aurais-je fait fidèle ?
Et même en ce moment où ta bouche cruelle
Vient si tranquillement m'annoncer le trépas[3],
Ingrat, je doute encor si je ne t'aime pas.
Mais, Seigneur, s'il le faut, si le ciel en colère
Réserve à d'autres yeux le bonheur de vous plaire,
Achevez votre hymen[4], j'y consens. Mais du moins
Ne forcez pas mes yeux d'en être les témoins.
Pour la dernière fois je vous parle peut-être :
Différez-le d'un jour ; demain vous serez maître
Vous ne répondez point ? Perfide, je le voi[5],
Tu comptes les moments que tu perds avec moi !
Ton cœur impatient de revoir ta Troyenne,
Ne souffre qu'à regret qu'un autre t'entretienne.
Tu lui parles du cœur, tu la cherches des yeux.
Je ne retiens plus, sauve-toi de ces lieux :
Va lui jurer la foi que tu m'avais jurée,
Va profaner des Dieux la majesté sacrée.
Ces dieux, ces justes dieux n'auront pas oublié
Que les mêmes serments avec moi t'ont lié.
Porte aux pieds des autels ce cœur qui m'abandonne ;
Va, cours. Mais crains encor d'y trouver Hermione.

Jean Racine, *Andromaque,* Acte IV, scène 5, 1667.

1. **mon injure** : l'injustice qui m'est faite.
2. **parjure** : traître.
3. **trépas** : mort.
4. **hymen** : mariage.
5. **voi** : vois.

1. En expliquant les passages du « vous » au « tu », distinguez les divers moments de la tirade. Quand Hermione passe-t-elle de la plainte à la menace ?

2. Relevez et commentez les mots et les expressions qui désignent Pyrrhus.

3. Quelles périphrases évitent à Hermione de prononcer le nom de sa rivale ?

4. À quel moment Hermione confesse-t-elle son amour ? En quoi la présence de Pyrrhus rend-elle son aveu plus tragique ?

1669 Britannicus

Dans *Britannicus*, Néron a fait enlever de nuit Junie, la fiancée de Britannicus, son demi-frère qu'il veut éliminer. Le jeune empereur confie son trouble à Narcisse, son perfide confident.

NÉRON
Narcisse, c'en est fait, Néron est amoureux.
NARCISSE
Vous !
NÉRON
Depuis un moment ; mais pour toute ma vie,
J'aime, que dis-je aimer ? J'idolâtre Junie.
NARCISSE
Vous l'aimez !
NÉRON
Excité d'un désir curieux,
Cette nuit je l'ai vue arriver en ces lieux,
Triste, levant au ciel ses yeux mouillés de larmes,
Qui brillaient au travers des flambeaux et des armes :
Belle sans ornements, dans le simple appareil[1]
D'une beauté qu'on vient d'arracher au sommeil.
Que veux-tu ? Je ne sais si cette négligence,
Les ombres, les flambeaux, les cris et le silence,
Et le farouche aspect de ses fiers[2] ravisseurs
Relevaient[3] de ses yeux les timides douceurs.
Quoi qu'il en soit, ravi[4] d'une si belle vue,
J'ai voulu lui parler, et ma voix s'est perdue :
Immobile, saisi d'un long étonnement,
Je l'ai laissé passer dans son appartement.
J'ai passé dans le mien. C'est là que, solitaire,
De son image en vain j'ai voulu me distraire[5] :
J'aimais jusqu'à ses pleurs que je faisais couler.
Quelquefois, mais trop tard, je lui demandais grâce ;
J'employais les soupirs et même la menace.
Voilà comme, occupé de mon nouvel amour,
Mes yeux sans se fermer ont attendu le jour.

Jean Racine, *Britannicus,* Acte II, scène 2, 1669.

1. appareil : toilette.
3. fiers : brutaux.
2. relevaient : accentuaient.
4. ravi : ébloui.
5. distraire : détourner.

1. En relevant les mots qui évoquent les yeux et le regard, distinguez trois moments dans la tirade de Néron.

2. Quels contrastes rendent Junie fascinante pour Néron ?

3. À quels signes l'empereur découvre-t-il qu'il est amoureux ? La tendresse du tyran ne le rend-elle pas encore plus inquiétant ?

4. NOTION. En quoi le récit de Néron est-il plus intéressant qu'une représentation du rapt de Junie ?

NOTION

Le récit au théâtre

Le jeune Corneille condamne au théâtre « les longs et ennuyeux récits ». Il préfère que l'action soit montrée sur la scène. Mais, pour Molière comme pour Racine, on ne peut pas tout représenter sur la scène et le récit est souvent plus révélateur, et donc plus intéressant, que le spectacle.

1670

Bérénice

Toute la tragédie de *Bérénice* montre l'empereur de Rome Titus se séparant de la reine Bérénice « malgré lui et malgré elle ». Les Romains en effet refusent une reine étrangère. Titus annonce à Bérénice qu'il la renvoie de Rome car, dit-il, « il ne s'agit plus de vivre, il faut régner ».

BÉRÉNICE

Eh bien ! régnez, cruel ; contentez votre gloire :
Je ne dispute[1] plus. J'attendais, pour vous croire,
Que cette même bouche, après mille serments
D'un amour qui devait unir tous nos moments,
Cette bouche, à mes yeux[2] s'avouant infidèle,
M'ordonnât elle-même une absence éternelle.
Moi-même j'ai voulu vous entendre en ce lieu.
Je n'écoute plus rien : et pour jamais, adieu.
Pour jamais ! Ah ! seigneur, songez-vous en vous-même
Combien ce mot cruel est affreux quand on aime ?
Dans un mois, dans un an, comment souffrirons-nous,
Seigneur, que tant de mers me séparent de vous ?
Que le jour recommence et que le jour finisse,
Sans que jamais Titus puisse voir Bérénice,
Sans que de tout le jour je puisse voir Titus !
Mais quelle est mon erreur, et que de soins[3] perdus !
L'ingrat, de mon départ consolé par avance,
Daignera-t-il compter les jours de mon absence ?
Ces jours si longs pour moi lui sembleront trop courts.

TITUS

Je n'aurai pas, Madame, à compter tant de jours.
J'espère que bientôt la triste Renommée
Vous fera confesser que vous étiez aimée.
Vous verrez que Titus n'a pu sans expirer...

BÉRÉNICE

Ah ! Seigneur, s'il est vrai, pourquoi nous séparer ?

Jean Racine, *Bérénice*, Acte IV, scène 5, 1670.

1. **dispute :** défend sa cause par des arguments.
2. **à mes yeux :** en ma présence.
3. **soins :** inquiétude, sollicitude.

1. En repérant les moments où Bérénice s'interrompt, distinguez dans la tirade trois mouvements différents.

2. Quels reproches Bérénice adresse-t-elle à Titus ? Quand et pourquoi se fait-elle ironique ?

3. Relevez les parallélismes qui réunissent les amants. Quel vers les maintient cependant désunis ?

4. Quels types de phrase marquent l'émotion de la reine ? Que montre sa dernière réplique ?

5. NOTION. Expliquez en quoi la noblesse du style inscrit le passage dans le registre tragique.

NOTION

Le style noble et la tragédie classique

La noblesse du style naît du niveau soutenu du lexique, de l'élégance de la syntaxe, du jeu sur les sonorités et les rythmes. La façon dont les personnages se désignent contribue aussi à « cette tristesse majestueuse » où Racine voyait « tout le plaisir de la tragédie ».

1674 — Iphigénie

Pour permettre le départ des Grecs vers Troie, les dieux ordonnent à Agamemnon de faire périr sa fille Iphigénie. Le roi a fait venir sa fille en prétendant qu'Achille voulait l'épouser. Au début du deuxième acte, Iphigénie, accompagnée d'Ériphile, une esclave qu'elle protège, vient saluer son père, sans se douter de ses projets.

IPHIGÉNIE

Seigneur, où courez-vous ? et quels empressements[1]
Vous dérobent sitôt à nos embrassements ?
À qui dois-je imputer cette fuite soudaine ?
Mon respect a fait place aux transports de la Reine.
Un moment à mon tour ne vous puis-je arrêter ?
Et ma joie à vos yeux n'ose-t-elle éclater ?
Ne puis-je... ?

AGAMEMNON

Hé bien ! ma fille, embrassez votre père,
Il vous aime toujours.

IPHIGÉNIE

Que cette amour m'est chère !
Quel plaisir de vous voir et de vous contempler
Dans ce nouvel éclat dont je vous vois briller !
Quels honneurs ! Quel pouvoir ! Déjà la Renommée
Par d'étonnants récits m'en avait informée ;
Mais que voyant de près ce spectacle charmant[2],
Je sens croître ma joie et mon étonnement[3] !
Dieux ! avec quel amour la Grèce vous révère !
Quel bonheur de me voir la fille d'un tel père !

AGAMEMNON

Vous méritiez, ma fille, un père plus heureux.

IPHIGÉNIE

Quelle félicité peut manquer à vos vœux ?
À de plus grands honneurs un roi peut-il prétendre ?
J'ai cru n'avoir au ciel que des grâces à rendre.

AGAMEMNON *(à part)*

Grands Dieux ! à son malheur dois-je la préparer ?

IPHIGÉNIE

Vous vous cachez, Seigneur, et semblez soupirer ;
Tous vos regards sur moi ne tombent qu'avec peine.
Avons-nous sans votre ordre abandonné Mycène[4] ?

AGAMEMNON

Ma fille, je vous vois toujours des mêmes yeux.
Mais les temps sont changés, aussi bien que les lieux.
D'un soin cruel ma joie est ici combattue.

IPHIGÉNIE

Hé ! mon père, oubliez votre rang à ma vue.
Je prévois la rigueur d'un long éloignement.
N'osez-vous sans rougir être père un moment ?
Vous n'avez devant vous qu'une jeune princesse[5]
À qui j'avais pour moi vanté votre tendresse.

1. **empressements** : affaires urgentes.
2. **charmant** : merveilleux, fascinant.
3. **étonnement** : stupéfaction.
4. **Mycène** : ville d'où vient Iphigénie.
5. **princesse** : Ériphile, prisonnière d'Achille qu'Iphigénie protège, assiste à la scène.
6. **ai-je flatté** : ai-je trompé, abusé.
7. **ennuis** : tourments, afflictions.
8. **Calchas** : devin, prêtre grec.

Cent fois lui promettant mes soins, votre bonté,
J'ai fait gloire à ses yeux de ma félicité.
Que va-t-elle penser de votre indifférence ?
Ai-je flatté[6] ses vœux d'une fausse espérance ?
N'éclaircirez-vous point ce front chargé d'ennuis[7] ?

AGAMEMNON

Ah, ma fille !

IPHIGÉNIE

Seigneur, poursuivez.

AGAMEMNON

Je ne puis.

IPHIGÉNIE

Périsse le Troyen auteur de nos alarmes !

AGAMEMNON

Sa perte à ses vainqueurs coûtera bien des larmes.

IPHIGÉNIE

Les Dieux daignent surtout prendre soin de vos jours !

AGAMEMNON

Les Dieux depuis un temps me sont cruels et sourds.

IPHIGÉNIE

Calchas[8], dit-on, prépare un pompeux sacrifice.

AGAMEMNON

Puissé-je auparavant fléchir leur injustice !

IPHIGÉNIE

L'offrira-t-on bientôt ?

AGAMEMNON

Plus tôt que je ne veux.

IPHIGÉNIE

Me sera-t-il permis de me joindre à vos vœux ?
Verra-t-on à l'autel votre heureuse famille ?

AGAMEMNON

Hélas !

IPHIGÉNIE

Vous vous taisez ?

AGAMEMNON

Vous y serez, ma fille.
Adieu.

Jean Racine, *Iphigénie*, Acte II, scène 2, 1674.

1. Comment Iphigénie procède-t-elle pour engager puis prolonger le dialogue ?

2. Quels vers indiquent un mouvement scénique ? Quels vers doivent orienter l'acteur qui joue Agamemnon ?

3. Quel effet produit la présence d'Ériphile ?

4. NOTION. Relevez les vers qui n'ont pas le même sens pour les deux personnages. En quoi ce quiproquo est-une tragique ?

5. Le père et la fille sont-ils tous les deux des victimes ?

6. Relevez dans les répliques d'Iphigénie des formules qui signalent son rang. Rendent-elles la scène plus tragique ?

NOTION

Le quiproquo dans la tragédie

Le malentendu qui consiste à comprendre un mot dans un sens qu'il n'a pas pour l'interlocuteur, à confondre une personne ou une chose (quiproquo) mine le déroulement du dialogue. Il souligne l'aveuglement des êtres humains, victimes des dieux ou de leurs illusions.

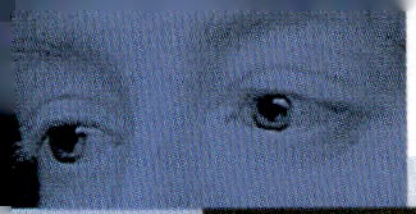

Auteur de *Lettres*, non destinées à être publiées.

MADAME DE SÉVIGNÉ

Nom et prénom : **de Sévigné, Marie, née Rabutin-Chantal**

Naissance : **5 février 1626, à Paris**

Décès : **17 avril 1696, à Grignan, en Provence**

Veuve à vingt-cinq ans, la marquise de Sévigné brille dans les salons du grand monde par sa vivacité, son charme, son esprit. Elle se consacre surtout à l'éducation de ses deux enfants, Marie-Françoise et Charles, qu'elle aime tendrement. C'est pourquoi elle est désespérée lorsqu'en 1671, sa fille doit la quitter pour rejoindre son mari le comte de Grignan en Provence où il est lieutenant-général. Seules les lettres peuvent apaiser la douleur de la séparation. Le départ du courrier, deux ou trois fois par semaine, rythme désormais la vie de la marquise. Elle écrit des centaines de lettres à sa fille qui lui répond régulièrement. Dès qu'elle le peut, la mère rejoint sa fille au château de Grignan où elle s'éteint à soixante-dix ans.

MADAME DE SÉVIGNÉ ET L'ÉPISTOLAIRE

Si, parmi tant d'autres, les lettres de Madame de Sévigné sont restées célèbres, c'est d'abord pour leur extrême variété : elles font partager au jour le jour la vie d'une marquise du grand siècle. Tour à tour amusée, désinvolte, poignante, la marquise sait faire voir les événements de la cour auxquels on a l'impression d'assister. Mais surtout, l'amour de la marquise pour sa fille donne à chaque lettre une intensité qui en font le charme et la valeur. Les lettres de la mère retissent un lien que la séparation a déchiré. Elles font partager des sentiments qui resteraient voués au silence. Comme toute écriture véritable, elles luttent contre l'absence. Quelques siècles plus tard, ses lettres sont toujours merveilleusement vivantes. C'est en cela que, sans l'avoir voulu, Madame de Sévigné est vraiment un écrivain.

Objet d'étude Un mouvement littéraire et culturel du XVIIe siècle : le classicisme

3, 4 mars 1671

Lettres

Le 4 février 1671, Madame de Grignan part rejoindre son mari en Provence. Sa mère, la marquise de Sévigné, se retrouve seule dans sa demeure parisienne. Dans ses toutes premières lettres à sa fille, elle exprime sa douleur et son inquiétude.

À Paris, mardi 3 mars 1671.

Je vous assure, ma chère bonne, que je songe à vous continuellement, et je sens tous les jours ce que vous me dites une fois, qu'il ne fallait point appuyer sur ces pensées. Si l'on ne glissait pas dessus, on serait toujours en larmes, c'est-à-dire moi. Il n'y a lieu dans cette maison qui ne me blesse le cœur. Toute votre chambre me tue ; j'y ai fait mettre un paravent tout au milieu, pour rompre un peu la vue d'une fenêtre sur ce degré[1] par où je vous vis monter dans le carrosse de d'Hacqueville[2], et par où je vous rappelai. Je me fais peur quand je pense combien alors j'étais capable de me jeter par la fenêtre, car je suis folle quelquefois ; ce cabinet[3], où je vous embrassai sans savoir ce que je faisais ; ces Capu-

1. **degré** : escalier.

2. **d'Hacqueville** : ami dévoué qui a emmené Mme de Grignan dans son carrosse.

3. **cabinet** : petite pièce à l'écart.

4. **les Capucins** : moines de la rue d'Orléans, dans le Marais.

5. **Sainte-Marie** : couvent où sa fille a été élevée autrefois.

6. **Mme de Lafayette** : l'auteur de *La Princesse de Clèves*, amie intime de l'auteur.

7. **ses mesures** : précautions.

cins[4], où j'allai entendre la messe; ces larmes qui tombaient de mes yeux à terre, comme si c'eût été de l'eau qu'on eût répandue; Sainte-Marie[5], Mme de Lafayette[6], mon retour dans cette maison, votre appartement, la nuit et le lendemain; et votre première lettre, et toutes les autres, et encore tous les jours, et tous les entretiens de ceux qui entrent dans mes sentiments. Ce pauvre d'Hacqueville est le premier; je n'oublierai jamais la pitié qu'il eut de moi. Voilà donc où j'en reviens : il faut glisser sur tout cela, et se bien garder de s'abandonner à ses pensées et aux mouvements de son cœur. J'aime mieux m'occuper de la vie que vous faites présentement; cela me fait une diversion, sans m'éloigner pourtant de mon sujet et de mon objet, qui est ce qui s'appelle poétiquement l'objet aimé. Je songe donc à vous, et je souhaite toujours de vos lettres. Quand je viens d'en recevoir, j'en voudrais bien encore. J'en attends présentement, et reprendrai ma lettre quand j'en aurai reçu. J'abuse de vous, ma chère bonne. J'ai voulu aujourd'hui me permettre cette lettre d'avance; mon cœur en avait besoin. Je n'en ferai pas une coutume.

Mercredi 4 mars.

Ah! ma bonne, quelle lettre! quelle peinture de l'état où vous avez été! et que je vous aurais mal tenu ma parole, si je vous avais promis de n'être point effrayée d'un si grand péril! Je sais qu'il est passé, mais il est impossible de se représenter votre vie si proche de sa fin, sans frémir d'horreur. Et M. de Grignan vous laisse conduire la barque! et quand vous êtes téméraire, il trouve plaisant de l'être encore plus que vous! Au lieu de vous faire attendre que l'orage fût passé, il veut bien vous exposer et vogue la galère! Ah mon Dieu! qu'il eût été bien mieux d'être timide, et de vous dire que si vous n'aviez point de peur, il en avait, lui, et ne souffrirait point que vous traversassiez le Rhône par un temps comme celui qu'il faisait! Que j'ai de peine à comprendre sa tendresse en cette occasion! Ce Rhône qui fait peur à tout le monde! Ce pont d'Avignon où l'on aurait tort de passer en prenant de loin toutes ses mesures[7]! Un tourbillon de vent vous jette violemment sous une arche! Et quel miracle que vous n'ayez pas été brisée et noyée dans un moment! Ma bonne, je ne soutiens pas cette pensée; j'en frissonne, et m'en suis réveillée avec des sursauts dont je ne suis pas la maîtresse. Trouvez-vous toujours que le Rhône ne soit que de l'eau?

Marquise de Sévigné, *Lettre à Mme de Grignan*, 3, 4 mars 1671.

1. Repérez les indices qui permettent d'identifier le texte épistolaire. À quoi reconnaît-on qu'il s'agit d'une correspondance privée?

2. Qu'est-ce qui explique le changement de ton entre les deux passages du 3 mars et du 4 mars?

3. Repérez les adjectifs démonstratifs. Ont-ils le même rôle dans les deux passages?

4. À qui la marquise adresse-t-elle des reproches?

5. Dans le passage daté du 4 mars, distinguez les différentes valeurs du présent. Comment contribue-t-il à la vivacité du passage?

6. En vous appuyant sur des citations précises du texte, expliquez le rôle que jouent les lettres dans la vie de la marquise.

7. Relevez dans les deux passages les expressions qui révèlent la violence des sentiments de la marquise. Pourquoi veut-elle « glisser dessus » (l. 3) ? Y parvient-elle?

NOTION

Le classicisme et l'expression des émotions

Les écrivains classiques, bien loin d'être asservis aux règles, ne les respectent que si elles permettent l'expression de l'émotion. Ils condamnent les recherches artificielles et veulent toucher le lecteur par l'expression vivante, directe, de ce qu'ils ressentent, C'est cette vivacité souvent poignante qui fait de Madame de Sévigné un écrivain classique.

BOILEAU

Nom et prénom : **Boileau, Nicolas**

Naissance : **1er novembre 1636, à Paris**

Décès : **13 mars 1711, à Paris**

Auteur de nombreux recueils en vers dont les *Satires* (1660-1711) et les *Épîtres* (1669-1695) ; d'une parodie du *Cid*, *Le Chapelain décoiffé* (1665) ; il a écrit surtout un *Art poétique* (1674), long poème généralement considéré comme le manifeste du classicisme.

Quinzième enfant d'une famille de juristes, Boileau renonce vite à la profession d'avocat pour se consacrer à sa passion : la littérature. Dans de virulentes *Satires*, publiées de 1666 à 1711, il défend Molière et Racine et ridiculise des auteurs qui font alors autorité comme Chapelain ou Bensérade. Son inspiration s'adoucit dans les *Épîtres* et, en 1674, *L'Art poétique* fait de lui le théoricien de l'art qu'on appellera, plus tard, classique. Ces œuvres lui attirent la bienveillance du roi qui le nomme historiographe en 1677 et qui l'impose, en 1684, à l'Académie française où il s'était fait de nombreux ennemis. À l'Académie, il prend, contre les Modernes, le parti des Anciens avec les auteurs qu'il a toujours défendus et qu'il défendra jusqu'à sa mort.

BOILEAU ET LE REGISTRE POLÉMIQUE

Dans son « Discours au roi » que Boileau place en 1674 en tête de ses *Satires*, le poète justifie la virulence du registre polémique qui domine dans ses œuvres. Il se présente comme le « censeur » qui, au nom de la vérité, démasque librement « les sottises du temps ». Contre les avares, les coquettes, les précieuses, les jésuites, les auteurs prétentieux, les poètes ridicules, Boileau déploie avec une verve cruelle tous les procédés de la satire : mise en relief outrancière du défaut dénoncé, apostrophes indignées au lecteur, ironie mordante. Dans *L'Art poétique*, il reste combatif pour défendre son idéal. Versificateur exigeant comme Malherbe, qu'il admirait, il aime frapper des formules mémorables par leur clarté et leur densité. Par sa passion, l'intégrité de son engagement, il donne ainsi vie à des polémiques littéraires qu'on aurait sans lui oubliées aujourd'hui.

Objet d'étude L'éloge et le blâme

1668

Satires

Toujours passionné, Boileau n'hésite pas à prendre à partie des personnages importants. De là des critiques dont il se défend en justifiant la satire. Dans la satire VIII, adressée à un docteur en Sorbonne, il semble oublier l'actualité pour démontrer que « le plus sot animal, c'est l'homme ». Pour couronner ses arguments, il imagine ce qu'un âne observateur pourrait dire de l'espèce humaine.

La satire, en leçons, en nouveautés[1] fertile,
Sait seule assaisonner[2] le plaisant et l'utile,
Et, d'un vers qu'elle épure aux rayons du bon sens,
Détromper les esprits des erreurs de leur temps.
Elle seule, bravant l'orgueil et l'injustice,
Va jusque sous le dais[3] faire pâlir le vice ;
Et souvent sans rien craindre, à l'aide d'un bon mot.
Va venger la raison des attentats d'un sot.

Nicolas Boileau, *Satires*, IX, 1668.

1. **nouveautés :** actualités.
2. **assaisonner :** rendre plus savoureux.
3. **dais :** ciel de lit placé au-dessus d'un trône.

– Oui, d'un âne : et qu'a-t-il qui nous excite à rire ?
Nous nous moquons de lui : mais s'il pouvait un jour,
Docteur[1], sur nos défauts s'exprimer à son tour ;
Si, pour nous réformer, le ciel prudent et sage
De la parole enfin lui permettait l'usage ;
Qu'il pût dire tout haut ce qu'il se dit tout bas ;
Oh ! docteur, entre nous, que ne dirait-il pas ?
Et que peut-il penser lorsque dans une rue,
Au milieu de Paris, il promène sa vue ;
Qu'il voit de toutes parts les hommes bigarrés[2],
Les uns gris, les uns noirs, les autres chamarrés[3] ?
Que dit-il quand il voit, avec la mort en trousse[4],
Courir chez un malade un assassin en housse[5] ;
Qu'il trouve de pédants un escadron fourré[6] ;
Suivi par un recteur de bedeaux[7] entouré,
Ou qu'il voit la Justice, en grosse compagnie,
Mener tuer un homme avec cérémonie ?
Que pense-t-il de nous lorsque sur le midi
Un hasard au palais le conduit un jeudi[8] ;
Lorsqu'il entend de loin, d'une gueule infernale,
La chicane[9] en fureur mugir dans la grand'salle ?
Que dit-il quand il voit les juges, les huissiers,
Les clercs, les procureurs, les sergents, les greffiers ?
Oh ! que si l'âne alors, à bon droit misanthrope,
Pouvait trouver la voix qu'il eut au temps d'Ésope,
De tous côtés, docteur, voyant les hommes fous,
Qu'il dirait de bon cœur, sans en être jaloux,
Content de ses chardons, et secouant la tête :
Ma foi, non plus que nous[10] ; l'homme n'est qu'une bête !

Nicolas Boileau, *Satires*, VIII, 1668.

1. **Docteur** : savant.
2. **bigarrés** : de plusieurs couleurs.
3. **chamarrés** : couverts de galons, de rubans.
4. **en trousse** : en croupe.
5. **en housse** : qui couvre le cheval du médecin.
6. **fourré** : fourré d'hermine comme les robes des savants en droit, en médecine.
7. **bedeaux** : appariteurs, huissiers dans les universités.
8. **jeudi** : jour des grandes audiences.
9. **chicane** : dispute abusive.
10. **non plus que nous** : rien de plus que nous.

1. Qu'est-ce qui, selon Boileau, rend la satire indispensable et courageuse ?

2. Pourquoi la satire est-elle une œuvre d'art ?

3. En analysant la composition du passage tirée de la satire VIII, indiquez ce que dénonce le poète.

4. Quel effet produit le retour des verbes de perception ?

5. Par quels procédés le poète a-t-il réussi à animer cette tirade ? Repérez les modalités de phrases, les anaphores, les accumulations, les métaphores, les champs lexicaux et les rythmes.

6. NOTION. Relevez les effets d'exagération caricaturale et indiquez s'ils provoquent le rire ou l'indignation.

7. La satire caricature, dénonce et agresse. Pourtant, un ami de Boileau a affirmé que cette satire était destinée « à plaire à tout le monde ». Qu'en pensez-vous ?

NOTION

L'exagération caricaturale

À la croisée du registre comique et du registre polémique, la satire a recours à l'exagération : en forçant le trait, on met en lumière ce qu'on veut ridiculiser ou dénoncer.

1687

Boileau et la querelle des Anciens et des Modernes

La querelle des Anciens et des Modernes oppose pendant plusieurs années ceux qui se tournent vers les auteurs du passé et ceux qui veulent rompre avec ce passé. Les partisans des auteurs de l'Antiquité grecque et romaine sont Boileau, Racine, La Fontaine, La Bruyère ; on les surnomme les Anciens. Ceux qu'on appelle les Modernes regroupent Perrault ou Fontenelle, qui pensent que l'on peut progresser, dans les arts comme dans les sciences, sans se soucier des Anciens.

Chronologie de la querelle

1684 15 avril	Boileau est élu à l'Académie française, grâce à l'appui du roi
1687 27 janvier	Perrault fait lire *Le Siècle de Louis le Grand* : scandale
1687	La Fontaine, *Épître à Monseigneur de Soissons*
1688	Charles Perrault, *Parallèle des Anciens et des Modernes*
1688-1697	Fontenelle, *Digression sur les Anciens et les Modernes*
1691	Fontenelle est élu à l'Académie française
1693	La Bruyère, élu à l'Académie française, fait l'éloge des Anciens
1694 30 août	réconciliation officielle de Boileau et de Perrault

Le succès des partisans des Anciens

Depuis la Renaissance, les auteurs de l'Antiquité grecque et romaine, les Anciens, étaient reconnus comme des références absolues en tous les genres de poésie. Admirer les Anciens permet d'affirmer l'exigence d'un idéal qui place le véritable écrivain au-dessus des modes passagères. L'écrivain doit certes plaire à ses contemporains mais il doit aussi rivaliser avec les œuvres qui ont traversé les siècles. Dans les années 1680, les partisans des Anciens sont soutenus par le roi Louis XIV et son entourage.

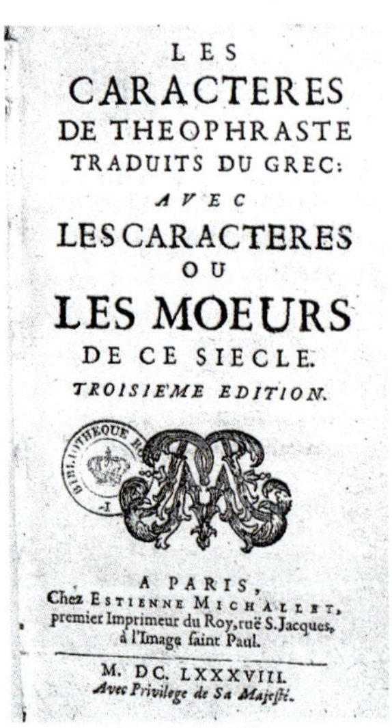
LES
CARACTERES
DE THEOPHRASTE
TRADUITS DU GREC:
AVEC
LES CARACTERES
OU
LES MOEURS
DE CE SIECLE.
TROISIEME EDITION.

A PARIS,
Chez ESTIENNE MICHALLET,
premier Imprimeur du Roy, ruë S. Jacques,
à l'Image saint Paul.

M. DC. LXXXVIII.
Avec Privilege de Sa Majesté.

Charles Perrault, défenseur des Modernes à l'Académie française.

Le coup d'éclat de Charles Perrault

Perrault fait donc un coup d'éclat en faisant lire à l'Académie, le 27 janvier 1687, son poème *Le Siècle de Louis le Grand*. Il s'y moque ouvertement des Anciens, Homère, Aristote, Platon mais vante Corneille et d'autres poètes de son temps alors oubliés. L'ensemble se termine par un éloge effréné de Louis XIV, « des grands rois le parfait modèle ». Boileau, furieux, quitte ostensiblement la séance.

Fontenelle s'engage dans la querelle, en refusant les modèles hérités de l'Antiquité.

La réplique des partisans des Anciens

Tandis que Perrault développe ses arguments dans les quatre volumes du *Parallèle des Anciens et des Modernes* qui paraissent de 1688 à 1696, les partisans des Anciens répliquent. La Fontaine d'abord, dès 1687, en appelle à plus de modestie et affirme que son « imitation n'est point un esclavage ». En 1694, dans son discours à l'Académie française, La Bruyère nargue les Modernes en ne louant que les partisans des Anciens. En 1694, Boileau dans ses *Réflexions sur Longin* prend la défense d'Homère.

Au cœur de l'affrontement, Nicolas Boileau, poète et académicien, manifeste toute la fougue du polémiste.

L'offensive de Fontenelle

Le clan des Modernes va trouver en Fontenelle, écrivain subtil, féru de sciences, un défenseur particulièrement avisé. Dans sa *Digression sur les Anciens et les Modernes* parue en 1688, il affirme que « rien n'arrête tant le progrès des choses, rien ne borne tant les esprits, que l'admiration excessive des Anciens ». Il s'appuie sur les progrès que l'on constate en physique, en mathématique, en médecine pour refuser toute tradition artistique. Et Perrault d'affirmer que « c'est au philosophe à conduire le poète et non pas au poète à conduire le philosophe ». En 1701, Perrault et Boileau se réconcilient officiellement. Mais après une accalmie, la querelle reprendra au siècle suivant à propos des traductions d'Homère.

Les membres de l'Académie française au XVIIe siècle.

La naissance de la modernité

La querelle marque la fin d'une époque où les artistes – et quels artistes ! – ont trouvé dans le respect des Anciens la source de leur propre originalité. Elle annonce la naissance d'un nouvel état d'esprit plein de confiance dans les pouvoirs de la raison et de l'individu. Ainsi le siècle des Lumières impose dès sa naissance le mythe du progrès et de la modernité.

La Fontaine et l'art de l'imitation

La Fontaine, dans son *Épître à Monseigneur de Soissons*, Pierre-Daniel Huet, évoque son admiration pour les Anciens :

« Mon imitation n'est point un esclavage :
Je ne prends que l'idée, et les tours, et les lois,
Que nos maîtres suivaient eux-mêmes autrefois.
Si d'ailleurs quelque endroit plein chez eux d'excellence
Peut entrer dans mes vers sans nulle violence,
Je l'y transporte, et veux qu'il n'ait rien d'affecté,
Tâchant de rendre mien cet air d'antiquité.
Je vois avec douleur ces routes méprisées
Art et guides, tout est dans les Champs-Élysées. »

COMPRENDRE L'ESSENTIEL

1. Qui sont les partisans des Anciens ? Pour quelles raisons tiennent-ils à se référer à la littérature grecque et latine ?

2. Pour quelles raisons les Modernes rejettent-ils toute référence aux Anciens ?

3. De quels autres débats littéraires se rapproche cette querelle ?

BOSSUET

Nom et prénom : **Bossuet, Jacques Bénigne**

Naissance : **27 septembre 1627, à Dijon**

Décès : **12 avril 1704, à Paris**

Ordonné prêtre à vingt-cinq ans après une solide formation chez les jésuites à Dijon puis à Paris, ce jeune théologien devient rapidement le prédicateur préféré de la reine-mère Anne d'Autriche. Il gagne la confiance de Louis XIV qui lui confie en 1670 l'éducation du dauphin et lui demande de prononcer les oraisons funèbres des plus hauts personnages de la cour. Nommé en 1682 évêque de Meaux, il se bat contre tous ceux qui lui semblent menacer l'unité religieuse du pays : protestants, jansénistes, gens de théâtre, quiétistes. Tout esprit critique semble dangereux à cet homme de foi qui pense que seule la tradition peut garantir la paix, celle du royaume comme celle des âmes.

Auteur de *Sermons* innombrables (publiés à partir de 1772); des *Oraisons funèbres* pour Henriette de France (1669), Henriette d'Angleterre (1670), Condé (1687), etc.; d'ouvrages d'histoire, de polémique et de piété.

BOSSUET ET L'ART DE L'ÉLOQUENCE

Si Bossuet a écrit des ouvrages d'histoire et de théologie, ce sont ses sermons et ses oraisons funèbres qui l'ont rendu très vite célèbre. Au début du siècle, les orateurs sacrés multipliaient les éloges hyperboliques, les images outrées, les pédantismes, les préciosités. Comme son maître Vincent de Paul, Bossuet fuit les artifices oratoires, s'adapte à l'auditoire, construit clairement ses interventions. Les images nourries de la lecture de la Bible se lient aux citations du texte sacré qui rappellent que le discours est au service d'un message religieux. Dans les oraisons funèbres, il évite le risque de complaisance en faisant de ces discours d'apparat de véritables sermons. Questions, exclamations, apostrophes, animent le discours et contribuent à cette « grandeur majestueuse qui tient un peu à la poésie » (Voltaire).

Objet d'étude Démontrer, convaincre et persuader

1670 — Oraison funèbre d'Henriette d'Angleterre

Henriette d'Angleterre, qu'on appelle Madame car elle est l'épouse du frère du roi, meurt brutalement à vingt-six ans. Quand Bossuet évoqua ces moments terribles, « l'auditoire, écrit Voltaire, éclata en sanglots et la voix de l'orateur fut interrompue par ses soupirs et ses pleurs ».

Considérez, Messieurs, ces grandes puissances que nous regardons de si bas. Pendant que nous tremblons sous leur main, Dieu les frappe pour nous avertir. Leur élévation en est la cause ; et il les épargne si peu qu'il ne craint pas de les sacrifier à l'instruction du reste des hommes. Chrétiens, ne murmurez pas si Madame a été choisie pour nous donner une telle instruction. Il n'y a rien ici de rude pour elle, puisque, comme vous le verrez dans la suite, Dieu la sauve par le même coup qui nous instruit. Nous devrions être assez convaincus de notre néant ; mais s'il faut des coups de surprise à nos cœurs enchantés de l'amour du monde, celui-ci est assez grand et assez terrible. Ô nuit désastreuse ! ô nuit effroyable, où retentit tout à coup, comme un éclat de tonnerre, cette étonnante[1] nouvelle : Madame se meurt, Madame est morte ! Qui de nous ne se sentit frappé à ce coup, comme si quelque tragique accident avait désolé[2] sa famille ? Au premier bruit d'un mal si étrange[3], on accourut à Saint-Cloud de toutes parts ; on trouve tout consterné, excepté le cœur de cette princesse. Partout on entend des cris, partout on voit la douleur et le désespoir, et l'image de la mort. Le roi, la reine, Monsieur, toute la cour, tout le peuple, tout est abattu, tout est désespéré, et il me semble que je vois l'accomplissement de cette parole du prophète : *Le roi pleurera, le prince sera désolé et les mains tomberont au peuple, de douleur et d'étonnement.*

Mais et les princes et les peuples gémissaient en vain. En vain Monsieur, en vain le roi même tenait MADAME serrée par de si étroits embrassements. Alors ils pouvaient dire l'un et l'autre, avec saint Ambroise : *Stringebam brachia, sed jam amiseram quam tenebam* ; je serrais les bras, mais j'avais déjà perdu ce que je tenais. La princesse leur échappait parmi des embrassements si tendres, et la mort plus puissante nous l'enlevait entre ces royales mains. Quoi donc, elle devait périr si tôt ! Dans la plupart des hommes, les changements se font peu à peu, et la mort les prépare ordinairement à son dernier coup. Madame cependant a passé[4] du matin au soir, ainsi que l'herbe des champs. Le matin elle fleurissait ; avec quelles grâces, vous le savez : le soir, nous la vîmes séchée, et ces fortes expressions, par lesquelles l'Écriture sainte exagère[5] l'inconstance des choses humaines, devaient être pour cette princesse si précises et si littérales.

Bossuet, *Oraison funèbre d'Henriette d'Angleterre,* 21 août 1670.

1. étonnante : qui frappe comme le tonnerre.
2. désolé : ravagé, détruit.
3. étrange : extraordinaire et redoutable.
4. a passé : souvenir du Psaume 102, 15 :
« L'homme ! ses jours sont comme l'herbe ;
Il fleurit comme la fleur des champs :
Que le vent passe, elle n'est plus,
Et la place où elle était l'a oubliée. »
5. exagère : souligne, accentue.

Portrait d'Henriette, duchesse d'Orléans, École française XVIIe siècle.

1. Étudiez la composition du passage. Peut-on distinguer divers épisodes ? Lesquels ? Quelle orientation donne au récit l'articulation marquée par « mais » (l. 18) ?

2. Comment l'orateur met-il en scène l'émotion générale (l. 9 à l. 17) ? Étudiez le rôle des pluriels, des indéfinis, les modalités et le rythme des phrases.

3. Quelles expressions désignent la princesse ?

4. Comment l'orateur crée-t-il un lien avec la princesse ?

5. Relevez les citations qui rythment le passage. Comment sont-elles liées au développement du discours ? Quelle est leur fonction ?

6. NOTION. Ce récit est conduit pour persuader les auditeurs d'une vérité. Laquelle ? Commentez l'expression « royales mains » (l. 23).

NOTION

L'oraison funèbre et l'art de la persuasion

L'art de la persuasion consiste à amener un auditeur à partager un point de vue par une adhésion entière, en touchant sa sensibilité autant que son intelligence. Les circonstances dans lesquelles est prononcée l'oraison funèbre facilitent cette adhésion. Mais Bossuet cherche ici à émouvoir pour mieux faire comprendre : il fait de l'oraison funèbre un sermon sur la mort.

1687 — Oraison funèbre de Condé

Le 19 mai 1643, un jeune homme de vingt-deux ans, contre l'avis de tous ses conseillers, livre bataille, à Rocroi dans les Ardennes, à la redoutable armée d'Espagne qui envahit la France. Le jeune Condé fait triompher les armées françaises. C'est cette victoire décisive que Bossuet retrace dans la première partie de l'oraison funèbre.

À la veille d'un si grand jour, et dès la première bataille, il est tranquille, tant il se trouve dans son naturel ; et on sait que le lendemain, à l'heure marquée, il fallut réveiller d'un profond sommeil cet autre Alexandre[1]. Le voyez-vous comme il vole ou à la victoire ou à la mort ? Aussitôt qu'il eut porté de rang en rang l'ardeur dont il était animé, on le vit presque en même temps pousser l'aile droite[2] des ennemis, soutenir la nôtre ébranlée, rallier le Français à demi vaincu, mettre en fuite l'Espagnol victorieux, porter partout la terreur, et étonner[3] de ses regards étincelants ceux qui échappaient à ces coups. Restait cette redoutable infanterie de l'armée d'Espagne, dont les gros bataillons serrés, semblables à autant de tours, mais à des tours qui sauraient réparer leurs brèches, demeuraient inébranlables au milieu de tout le reste en déroute, et lançaient des feux de toutes parts. Trois fois le jeune vainqueur s'efforça de rompre ces intrépides combattants, trois fois il fut repoussé par le valeureux comte de Fontaines[4], qu'on voyait porté dans sa chaise, et, malgré ses infirmités, montrer qu'une âme guerrière est maîtresse du corps qu'elle anime ; mais enfin il faut céder. C'est en vain qu'à travers des bois, avec sa cavalerie toute fraîche, Bek[5] précipite sa marche pour tomber sur nos soldats épuisés ; le prince l'a prévenu[6], les bataillons enfoncés demandent quartier[7] ; mais la victoire va devenir plus terrible pour le duc d'Enghien[8] que le combat. Pendant qu'avec un air assuré il s'avance pour recevoir la parole de ces braves[9] gens, ceux-ci toujours en garde, craignent la surprise de quelque nouvelle attaque ; leur effroyable décharge met les nôtres en furie ; on ne voit plus que carnage ; le sang enivre le soldat, jusqu'à ce que le grand prince, qui ne put voir égorger ces lions comme de timides brebis, calma les courages émus, et joignit au plaisir de vaincre celui de pardonner. Quel fut alors l'étonnement de ces vieilles troupes et de leurs braves officiers, lorsqu'ils virent qu'il n'y avait plus de salut pour eux qu'entre les bras du vainqueur ! De quels yeux regardèrent-ils le jeune prince, dont la victoire avait relevé la haute contenance, à qui la clémence ajoutait de nouvelles grâces ! Qu'il eût encore volontiers sauvé la vie au brave comte de Fontaines ! mais il se trouva par terre parmi des milliers de morts dont l'Espagne sent encore la perte. Elle ne savait pas que le prince qui lui fit perdre tant de ces vieux régiments à la journée de Rocroi en devait achever les restes dans les plaines de Lens. Ainsi la première victoire fut le gage de beaucoup d'autres. Le prince fléchit le genou, et, dans le champ de bataille, il rend au dieu des Armées la gloire qu'il lui envoyait ; là on célébra Rocroi délivré, les menaces d'un redoutable ennemi tournées à sa honte, la régence affermie, la France en repos, et un règne, qui devait être si beau, commencé par un si heureux présage.

Bossuet, *Oraison funèbre de Condé,* 10 mars 1687.

Louis II de Bourbon, prince de Condé.

1. **Alexandre :** Alexandre le Grand dormit profondément à la veille de la bataille d'Arbelles.
2. **aile droite :** en fait Condé a d'abord attaqué l'aile gauche, puis s'est précipité sur l'aile droite qu'il a prise à revers.
3. **étonner :** frapper, stupéfier.
4. **Fontaines :** ou de Fuentès, maréchal espagnol.
5. **Bek :** chef des renforts allemands.
6. **prévenu :** devancé.
7. **quartier :** la vie sauve.
8. **duc d'Enghien :** nom que portait Condé du vivant de son père.
9. **braves :** courageux, hardis.

LE REGARD DE VOLTAIRE SUR CONDÉ

Dans *Le Siècle de Louis XIV*, Voltaire explique à sa façon la victoire de Condé.

(19 mai 1643). On remarque que le prince, ayant tout réglé le soir, veille de la bataille, s'endormit si profondément qu'il fallut le réveiller pour combattre. On conte la même chose d'Alexandre. Il est naturel qu'un jeune homme, épuisé des fatigues que demande l'arrangement d'un si grand jour, tombe ensuite dans un sommeil plein ; il l'est aussi qu'un génie[1] fait pour la guerre, agissant sans inquiétude, laisse au corps assez de calme pour dormir. Le prince gagna la bataille par lui-même, par un coup d'œil qui voyait à la fois le danger et la ressource, par son activité exempte de trouble, qui le portait à propos à tous les endroits. Ce fut lui qui, avec de la cavalerie, attaque cette infanterie espagnole jusque-là invincible, aussi forte, aussi serrée que la phalange[2] ancienne si estimée, et qui s'ouvrait avec une agilité que la phalange n'avait pas, pour laisser partir la décharge de dix-huit canons qu'elle renfermait au milieu d'elle. Le prince l'entoura et l'attaqua trois fois. À peine victorieux, il arrêta le carnage. Les officiers espagnols se jetaient à ses genoux pour trouver auprès de lui asile contre la fureur du soldat vainqueur. Le duc d'Enghien eut autant de soin de les épargner qu'il en avait pris pour les vaincre.

Voltaire, *Le Siècle de Louis XIV*, 1739.

1. **génie** : tempérament.
2. **phalange** : dans l'antiquité, bataillon redoutable.

La bataille de Rocroi, le 19 mai 1643, qui voit le triomphe du jeune Condé.

1. Distinguez les différents épisodes de ce récit. Bossuet retrace-t-il précisément le déroulement de la bataille? Comment l'orateur place-t-il Condé au centre du récit?

2. Relevez les divers emplois de « voir » et des expressions synonymes. En quoi contribuent-ils au registre épique?

3. Relevez les expressions qui évoquent l'armée ennemie. À quoi sert cet éloge?

4. Étudiez les procédés de l'épopée : amplification, parallèle, hyperbole. Quelles qualités font de Condé un héros épique?

5. Comment et pourquoi Voltaire critique-t-il le récit de Bossuet ?

6. NOTION. Comparez la construction des deux phrases sur Condé et la résistance espagnole (l. 4 à 12 p. 176 et 6 à 12 p.177). Que mettent-elles en valeur ?

NOTION

L'art de l'éloge et le rythme des phrases

L'oraison funèbre est un genre d'apparat qui use de toutes les ressources de l'éloquence pour célébrer les qualités du défunt. Élément essentiel de l'art oratoire, le rythme des phrases que l'orateur fait résonner dans les lieux saints participe à la force de l'éloge.

MADAME DE LAFAYETTE

Nom et prénom : **de Lafayette, Marie-Madeleine, née Pioche de La Vergne**
Naissance : **18 mars 1634, à Paris**
Décès : **25 mai 1693, à Paris**

Élevée au milieu d'intellectuels, de critiques littéraires et de mathématiciens, la jeune Marie-Madeleine Pioche de La Vergne est vite réputée pour sa finesse et son esprit. Nommée à dix-sept ans demoiselle d'honneur de la reine Anne d'Autriche, elle observe de près les intrigues de la cour. Très proche de la brillante Henriette d'Angleterre, elle a l'estime du jeune Louis XIV. Amie intime de Madame de Sévigné et de La Rochefoucauld, entourée d'humanistes brillants comme Huet et Segrais, elle écrit des nouvelles et des romans qui ne sont pas publiés sous son nom, car une dame de son rang dérogerait en s'avouant auteur. Celle qu'on surnomme « le brouillard » ne reconnaîtra jamais qu'elle a écrit *La Princesse de Clèves*, roman salué comme un chef-d'œuvre dès sa parution.

Auteur de : *La Princesse de Montpensier* (1662), *Zaïde* (1669-1671), *La Princesse de Clèves* (1678) ; de mémoires sur Henriette d'Angleterre et la cour (publications posthumes).

LA PRINCESSE DE CLÈVES ET LE RENOUVEAU DU ROMAN

Le roman de Madame de Lafayette *La Princesse de Clèves* joue un rôle essentiel dans l'évolution du roman français. Refusant aussi bien l'idéalisation des romans précieux que la démystification des romans réalistes, ce roman se rapproche de la chronique historique par sa brièveté, la rigueur de la composition, son exigence de vérité. Tout en maintenant intact le charme du romanesque, l'auteur démonte les rouages de la vie de cour et analyse les faiblesses et les désirs de son héroïne. Une prose étrange qui multiplie à la fois les hyperboles et les litotes, une progression implacable, un dénouement surprenant soigneusement préparé et pourtant mystérieux, donnent au récit l'intensité d'une tragédie.

Objet d'étude Le roman et ses personnages : visions de l'homme et du monde

1678

La Princesse de Clèves

Le roman *La Princesse de Clèves* s'ouvre par une galerie de portraits qui situent l'action à la cour du roi Henri II. La romancière brosse le portrait de la reine Catherine de Médicis avant de faire apparaître l'héroïne fictive du roman, Mademoiselle de Chartres.

CATHERINE DE MÉDICIS

Cette princesse était belle, quoiqu'elle eût passé la première jeunesse ; elle aimait la grandeur, la magnificence et les plaisirs. Le roi l'avait épousée lorsqu'il était encore duc d'Orléans, et qu'il avait pour aîné le dauphin qui mourut à Tournon, prince que sa naissance et ses grandes qualités destinaient à remplir dignement la place du roi François premier, son père.

L'humeur ambitieuse de la reine lui faisait trouver une grande douceur à régner ; il semblait qu'elle souffrît sans peine l'attachement du roi pour la duchesse de Valentinois[1], et elle n'en témoignait aucune jalousie, mais elle avait une si profonde dissimulation qu'il était impossible de juger de ses sentiments, et la politique l'obligeait d'approcher

1. **duchesse de Valentinois :** Diane de Poitiers, la maîtresse du roi Henri II.

2. **commerce** : conversation.
3. **cercle** : les dames se tiennent en rond autour de la Reine.

cette duchesse de sa personne, afin d'en approcher aussi le roi. Ce prince aimait le commerce[2] des femmes, même de celles dont il n'était pas amoureux : il demeurait tous les jours chez la reine à l'heure du cercle[3], où tout ce qu'il y avait de plus beau et de mieux fait, de l'un et de l'autre sexe, ne manquait pas de se trouver.

MADEMOISELLE DE CHARTRES

1. **vidame** : titre nobiliaire.
2. **galanteries** : intrigues amoureuses.
3. **domestiques** : familiaux.
4. **engagements** : liaisons amoureuses.
5. **partis** : personne à marier.
6. **glorieuse** : orgueilleuse, fière de son rang.

Il parut alors une beauté à la cour, qui attira les yeux de tout le monde, et l'on doit croire que c'était une beauté parfaite, puisqu'elle donna de l'admiration dans un lieu où l'on était si accoutumé à voir de belles personnes. Elle était de la même maison que le vidame[1] de Chartres et une des plus grandes héritières de France. Son père était mort jeune, et l'avait laissée sous la conduite de Mme de Chartres, sa femme, dont le bien, la vertu et le mérite étaient extraordinaires. Après avoir perdu son mari, elle avait passé plusieurs années sans revenir à la cour. Pendant cette absence, elle avait donné ses soins à l'éducation de sa fille; mais elle ne travailla pas seulement à cultiver son esprit et sa beauté, elle songea aussi à lui donner de la vertu et à la lui rendre aimable. La plupart des mères s'imaginent qu'il suffit de ne parler jamais de galanteries[2] devant les jeunes personnes pour les en éloigner. Mme de Chartres avait une opinion opposée; elle faisait souvent à sa fille des peintures de l'amour; elle lui montrait ce qu'il a d'agréable pour la persuader plus aisément sur ce qu'elle lui en apprenait de dangereux; elle lui contait le peu de sincérité des hommes, leurs tromperies et leur infidélité, les malheurs domestiques[3] où plongent les engagements[4]; et elle lui faisait voir, d'un autre côté, quelle tranquillité suivait la vie d'une honnête femme, et combien la vertu donnait d'éclat et d'élévation à une personne qui avait de la beauté et de la naissance; mais elle lui faisait voir aussi combien il était difficile de conserver cette vertu, que par une extrême défiance de soi-même et par un grand soin de s'attacher à ce qui seul peut faire le bonheur d'une femme, qui est d'aimer son mari et d'en être aimée.

Cette héritière était alors un des grands partis[5] qu'il y eût en France; et quoiqu'elle fût dans une extrême jeunesse, l'on avait déjà proposé plusieurs mariages. Mme de Chartres, qui était extrêmement glorieuse[6], ne trouvait presque rien digne de sa fille; la voyant dans sa seizième année, elle voulut la mener à la cour. Lorsqu'elle arriva, le vidame alla au-devant d'elle; il fut surpris de la grande beauté de Mlle de Chartres, et il en fut surpris avec raison. La blancheur de son teint et ses cheveux blonds lui donnaient un éclat que l'on n'a jamais vu qu'à elle; tous ses traits étaient réguliers, et son visage et sa personne étaient pleins de grâce et de charmes.

Madame de Lafayette, *La Princesse de Clèves*, première partie, 1678.

1. Relevez les indications qui se réfèrent à l'histoire de France. Quel statut donnent-elles au récit ?

2. Relevez les hyperboles qui peignent l'héroïne. Quelles qualités la romancière met-elle en valeur ?

3. Qu'est-ce qui suggère la fragilité de l'héroïne ?

4. Dans le portrait de la reine Catherine de Médicis, relevez les indications élogieuses; quelles remarques apparaissent comme des critiques ?

5. NOTION. En présentant l'héroïne de son roman, quelle place la romancière accorde-t-elle à la mère de celle-ci, Mme de Chartres, à ses idées et à ses choix ? Que pouvons-nous en déduire de sa vision de l'être humain ?

NOTION

Le portrait du personnage et la vision du romancier

Le portrait que le romancier fait de ses personnages révèle la vision qu'il se fait de l'être humain, la place qu'il accorde au rang social, au passé familial, aux caractères individuels, au corps, aux idées. En découvrant les personnages de Mme de Lafayette, de Balzac, de Proust, on voit comment chaque romancier conçoit l'être humain.

LA BRUYÈRE

Nom et prénom : **de La Bruyère, Jean**

Naissance : **le 17 août 1645, à Paris**

Décès : **11 mai 1696, à Versailles**

Auteur de : *Les Caractères* (1688, 1689, 1691, 1692, 1694).

Après des études de droit, La Bruyère s'inscrit sur la liste du barreau, pour exercer comme avocat mais il n'a, semble-t-il, jamais plaidé la moindre cause. À trente-neuf ans, sur la recommandation de Bossuet, il est chargé de l'éducation du petit-fils de Condé, le vainqueur de Rocroi. Son élève manque de zèle et les Condé sont hautains, violents, coléreux, mais La Bruyère peut observer de près ce qu'on appelle le grand monde. Riche de cette expérience, il fait paraître en mars 1688, sans nom d'auteur, *Les Caractères ou mœurs de ce siècle*. L'ouvrage, qui connaît un succès immédiat, sera constamment enrichi, passant en huit ans de 420 à 1 120 remarques ! Attaqué par les Modernes, c'est à dire par Perrault et Fontenelle, La Bruyère prend clairement parti pour les Anciens. Il travaille à un ouvrage de théologie quand la mort le surprend à cinquante et un ans.

LA BRUYÈRE ET L'ART DU PORTRAIT

Si *Les Caractères* présentent des remarques variées dans un désordre peut-être voulu, ce sont surtout les portraits qui ont fait le succès de l'ouvrage. On s'amusait à y reconnaître des contemporains et des listes de clefs circulaient où l'on indiquait les modèles de La Bruyère. Ces portraits, en petit nombre au début, étaient en effet saisissants. Quelle vie, quelle vitesse, quelle variété ! Les traits acérés, qui font voir les gestes, les attitudes, les manies s'accumulent jusqu'à la pointe finale qui surprend, amuse et désole. Aussi incisifs que les *Pensées* de Pascal ou les *Maximes* de La Rochefoucauld, *Les Caractères* démasquent les faiblesses de l'être humain, vaniteux, superficiel, d'un égoïsme souvent terrifiant. Pour La Bruyère, « on ne doit parler, on ne doit écrire que pour l'instruction ». En proposant ces portraits, il espère nous rendre meilleurs.

Objet d'étude L'éloge et le blâme

1691 — Les Caractères ou mœurs de ce siècle

Dans *Les Caractères*, La Bruyère a le projet de « peindre l'homme en général » ; il jette aussi un regard particulièrement aigu sur l'actualité de son temps comme l'indique le sous-titre de son œuvre : *mœurs de ce siècle*. Le double portrait de Giton et Phédon termine le chapitre intitulé « Des biens de fortune ».

GITON

Giton a le teint frais, le visage plein et les joues pendantes, l'œil fixe et assuré, les épaules larges, l'estomac haut[1], la démarche ferme et délibérée[2]. Il parle avec confiance ; il fait répéter celui qui l'entretient, et il ne goûte que médiocrement tout ce qu'il lui dit. Il déploie un ample mouchoir, et se mouche avec grand bruit ; il crache fort loin, et il éternue fort haut. Il dort le jour, il dort la nuit, et profondément ; il ronfle en compagnie. Il occupe à la table et à la promenade plus de place qu'un autre. Il tient le milieu en se promenant avec ses égaux ; il s'arrête, et l'on s'arrête ; il continue de marcher, et l'on

1. **l'estomac haut** : le torse bombé.
2. **délibérée** : résolue, hardie.

3. **redresse** : corrige.

4. **débite** : raconte, rend publiques (non péjoratif).

5. **libertin** : incrédule, athée.

6. **politique** : discret ou feignant de l'être.

marche : tous se règlent sur lui. Il interrompt, il redresse[3] ceux qui ont la parole : on ne l'interrompt pas, on l'écoute aussi longtemps qu'il veut parler ; on est de son avis, on croit les nouvelles qu'il débite[4]. S'il s'assied, vous le voyez s'enfoncer dans un fauteuil, croiser les jambes l'une sur l'autre, froncer le sourcil, abaisser son chapeau sur ses yeux pour ne voir personne, ou le relever ensuite, et découvrir son front par fierté et par audace. Il est enjoué, grand rieur, impatient, présomptueux, colère, libertin[5], politique[6], mystérieux sur les affaires du temps ; il se croit des talents et de l'esprit. Il est riche.

PHÉDON

Phédon a les yeux creux, le teint échauffé[1], le corps sec et le visage maigre ; il dort peu, et d'un sommeil fort léger ; il est abstrait[2], rêveur, et il a avec de l'esprit l'air d'un stupide : il oublie de dire ce qu'il sait, ou de parler d'événements qui lui sont connus ; et s'il le fait quelquefois, il s'en tire mal, il croit peser à ceux à qui il parle, il conte brièvement, mais froidement ; il ne se fait pas écouter, il ne fait point rire. Il applaudit, il sourit à ce que les autres lui disent, il est de leur avis ; il court, il vole pour leur rendre de petits services. Il est complaisant, flatteur, empressé ; il est mystérieux sur ses affaires, quelquefois menteur ; il est superstitieux[3], scrupuleux, timide. Il marche doucement et légèrement, il semble craindre de fouler la terre ; il marche les yeux baissés, et il n'ose les lever sur ceux qui passent. Il n'est jamais du nombre de ceux qui forment un cercle pour discourir ; il se met derrière celui qui parle, recueille furtivement ce qui se dit, et il se retire si on le regarde. Il n'occupe point de lieu, il ne tient point de place ; il va les épaules serrées, le chapeau abaissé sur ses yeux pour n'être point vu ; il se replie et se renferme dans son manteau ; il n'y a point de rues ni de galeries si embarrassées[4] et si remplies de monde, où il ne trouve moyen de passer sans effort, et de se couler sans être aperçu. Si on le prie de s'asseoir, il se met à peine sur le bord d'un siège ; il parle bas dans la conversation, et il articule mal ; libre néanmoins sur les affaires publiques, chagrin[5] contre le siècle, médiocrement prévenu[6] des ministres et du ministère. Il n'ouvre la bouche que pour répondre ; il tousse, il se mouche sous son chapeau, il crache presque sur soi, et il attend qu'il soit seul pour éternuer, ou, si cela lui arrive, c'est à l'insu de la compagnie : il n'en coûte à personne ni salut ni compliment. Il est pauvre.

1. **échauffé** : marqué de rougeurs et de boutons.

2. **abstrait** : absorbé dans ses pensées.

3. **superstitieux** : consciencieux jusqu'à la superstition.

4. **embarrassées** encombrées.

5. **chagrin** : mécontent.

6. **médiocrement prévenu** : peu favorable à.

Jean de La Bruyère,
Les Caractères ou mœurs de ce siècle, 1691.

1. Relevez traits communs et différences dans les portraits de Giton et Phédon.

2. Quel lien logique pourrait lier la dernière phrase de chaque portrait aux remarques qui précèdent ? En quoi le trait final est-il surprenant ?

3. Quels gestes et quelles remarques illustrent les formules opposées : Giton occupe « plus de place qu'un autre » (l. 6) et Phédon « ne tient point de place » (l. 12) ?

4. Relevez dans les trois portraits les exagérations. Par quels procédés ces hyperboles sont-elles rendues vraisemblables ? Quelles conduites cherchent-elles à blâmer ?

5. NOTION. Ces portraits de Giton et de Phédon cherchent à dénoncer un phénomène que La Bruyère condamne. Lequel ?

NOTION

Le portrait satirique et la critique sociale

Dans une satire, une comédie, un roman, le portrait satirique permet de blâmer, en les ridiculisant, les comportements dus à des manies, des traits de caractère, des comportements. On se moque du jaloux, du coléreux, du fanfaron, de la coquette. Mais ce blâme peut dénoncer des groupes sociaux dont les abus sont liés à l'évolution de la société : nouveaux riches, parvenus, arrivistes, juges, médecins. La liste n'est pas close et se renouvelle à chaque époque.

PERRAULT

Nom et prénom : **Perrault, Charles**

Naissance : **12 janvier 1628, à Paris**

Décès : **16 mai 1703, à Paris**

Septième enfant d'une famille aisée de la bourgeoisie parisienne, Charles Perrault, après des études de droit, fréquente les salons et écrit des œuvres mondaines, parodies, poésies, portraits, qui le font remarquer. Perrault devient alors l'agent actif de la politique de Colbert qui met la culture au service de la propagande royale. Sans fonctions à la mort de Colbert, il se consacre à son œuvre et se lance dans l'éloge provocant des Modernes : les quatre tomes du *Parallèle des Anciens et des Modernes* paraissent de 1688 à 1697. Mais c'est le petit volume des *Histoires ou contes du temps passé, avec des moralités* qui lui donne une sorte de gloire.

Auteur d'une parodie burlesque de l'*Iliade*, intitulée *Les Murs de Troyes ou l'Origine du burlesque* (1649), de poèmes galants, comme le *Dialogue de l'amour et de l'amitié* (1660) ; d'études critiques réunies dans *Parallèle des Anciens et des modernes* (1688-1697) ; il demeure célèbre pour ses *Contes du temps passé* (1697), parmi lesquels *La Belle au bois dormant* ou *Le Petit Chaperon rouge.*

LES *CONTES* DE PERRAULT ET L'ART DU RÉCIT

Méprisés par certains, les contes de fée, contes à dormir debout bons pour les chaumières, ont de plus en plus de succès à la cour et dans les salons. S'inspirant de traditions médiévales ou de récits italiens, Perrault donne ses lettres de noblesse à ce genre essentiellement oral : il condense le récit, dose le merveilleux et le vraisemblable, lie chaque histoire à l'évocation discrète de l'univers social ; les fées, quelques ogres, frappent d'autant plus l'imagination qu'ils sont discrètement évoqués. Un style simple, savoureux, des formules mémorables concourent à la fascination que ces textes exercent sur tous les publics.

Objet d'étude Le récit : le roman ou la nouvelle

1697 — Histoires ou contes du temps passé

Avant de partir pour un voyage de six semaines, la Barbe bleue remet à sa jeune épouse toutes les clés de son château, mais il lui interdit de pénétrer dans le petit cabinet situé au bout de la grande galerie de l'appartement bas : « S'il vous arrive de l'ouvrir, lui dit-il, il n'y a rien que vous ne deviez attendre de ma colère. » La jeune femme ne peut résister longtemps à son impatience.

Étant arrivée à la porte du cabinet[1], elle s'y arrêta quelque temps, songeant à la défense que son Mari lui avait faite, et considérant qu'il pourrait lui arriver malheur d'avoir été désobéissante ; mais la tentation était si forte qu'elle ne put la surmonter : elle prit donc la petite clef, et ouvrit en tremblant la porte du cabinet. D'abord elle ne vit rien, parce que les fenêtres étaient fermées ; après quelques moments elle commença à voir que le plancher était tout couvert de sang caillé, et que dans ce sang se miraient les corps de plusieurs femmes mortes et attachées le long des murs (c'était toutes les femmes que la Barbe bleue avait épousées et qu'il avait égorgées l'une après l'autre). Elle pensa mourir de peur, et la clef du cabinet qu'elle venait de retirer de la serrure lui tomba de la main. Après avoir un peu repris ses esprits, elle ramassa la clef, referma la porte, et monta à sa

1. **cabinet** : pièce isolée.

chambre pour se remettre un peu ; mais elle n'en pouvait venir à bout, tant elle était émue. Ayant remarqué que la clef du cabinet était tachée de sang, elle l'essuya deux ou trois fois, mais le sang ne s'en allait point. Elle eut beau la laver, et même la frotter avec du sablon[2] et avec du grais[3], il y demeura toujours du sang, car la clef était Fée[4], et il n'y avait pas moyen de la nettoyer tout à fait : quand on ôtait le sang d'un côté, il revenait de l'autre. La Barbe bleue revint de son voyage dès le soir même, et dit qu'il avait reçu des Lettres dans le chemin, qui lui avaient appris que l'affaire pour laquelle il était parti venait d'être terminée à son avantage. Sa femme fit tout ce qu'elle put pour lui témoigner qu'elle était ravie de son prompt retour. Le lendemain il lui redemanda les clefs, et elle les lui donna, mais d'une main si tremblante, qu'il devina sans peine tout ce qui s'était passé. « D'où vient, lui dit-il, que la clef du cabinet n'est point avec les autres ? – Il faut, dit-elle, que je l'aie laissée là-haut sur ma table. – Ne manquez pas, dit la Barbe bleue, de me la donner tantôt[5]. » Après plusieurs remises[6], il fallut apporter la clef. La Barbe bleue, l'ayant considérée, dit à sa femme : « Pourquoi y a-t-il du sang sur cette clef ? – Je n'en sais rien, répondit la pauvre femme, plus pâle que la mort. – Vous n'en savez rien, reprit la Barbe bleue, je le sais bien, moi ; vous avez voulu entrer dans le cabinet ! Hé bien, Madame, vous y entrerez, et irez prendre votre place auprès des Dames que vous y avez vues. »

Elle se jeta aux pieds de son Mari, en pleurant et en lui demandant pardon, avec toutes les marques d'un vrai repentir de n'avoir pas été obéissante. Elle aurait attendri un rocher, belle et affligée comme elle était ; mais la Barbe bleue avait le cœur plus dur qu'un rocher. « Il faut mourir, madame, lui dit-il, et tout à l'heure[7]. – Puisqu'il faut mourir, répondit-elle, en le regardant les yeux baignés de larmes, donnez-moi un peu de temps pour prier Dieu. – Je vous donne un demi-quart d'heure, reprit la Barbe bleue, mais pas un moment davantage. » Lorsqu'elle fut seule, elle appela sa sœur, et lui dit : « Ma sœur Anne (car elle s'appelait ainsi), monte, je te prie, sur le haut de la Tour, pour voir si mes frères ne viennent point ; ils m'ont promis qu'ils me viendraient voir aujourd'hui, et si tu les vois, fais-leur signe de se hâter. » La sœur Anne monta sur le haut de la Tour, et la pauvre affligée lui criait de temps en temps : *« Anne, ma sœur Anne, ne vois-tu rien venir ? »* Et la sœur Anne lui répondait : *« Je ne vois rien que le soleil qui poudroie, et l'herbe qui verdoie. »*

Charles Perrault, « La Barbe bleue »,
Histoires ou contes du temps passé, 1697.

2. **sablon** : sable très menu pour poncer.
3. **grais** : grès en poudre servant à poncer.
4. **fée** : qualifie un objet enchanté, magique.
5. **tantôt** : bientôt, prochainement.
6. **remises** : délais.
7. **tout à l'heure** : tout se suite.

1. Relevez les indications temporelles ; distinguez celles qui retardent l'action et celles qui la précipitent.

2. Comment se manifestent les sentiments qui secouent l'héroïne ? Relevez une expression qui introduit dans le récit une sorte de nuance : pour quelle raison ?

3. Comment la jeune femme réagit-elle à sa découverte ?

4. Quels dialogues sont rapportés indirectement ? Dans le dialogue rapporté directement, qui occupe le premier plan ? Relevez les expressions par lesquelles le narrateur commente les répliques.

5. Comment le retour de la Barbe bleue est-il justifié ? Indiquez les marques de sa patience : en paraît-il moins terrifiant ?

6. Dans quelle mesure la dernière phrase du passage donne-t-elle une dimension tragique à l'épisode ?

7. NOTION. Relevez les indices qui situent les événements dans l'ordre du réel. Quels sont ceux qui font basculer le récit dans l'inexplicable ?

NOTION

Le conte, une forme du récit

Parmi tous les récits possibles, relations d'événements vrais ou imaginaires, les contes évoquent des événements présentés comme imaginaires. Le conte s'inscrit dans tous les registres : satirique, humoristique, fantastique, ou merveilleux. Le conte peut avoir un but moral ou philosophique : il se rapproche alors de l'apologue.

LA LITTÉRATURE EN EUROPE

1650 1700

Face à l'Angleterre où s'impose le système parlementaire, la France voit le triomphe de la monarchie absolue de droit divin. Louis XIV encourage ces écrivains qui deviendront des classiques et qui contribueront au rayonnement de la langue française. Mais l'Angleterre et les Pays-Bas, où se réfugient les protestants persécutés par Louis XIV, apparaissent comme des foyers de liberté qui préparent l'avènement des Lumières.

La Grande-Bretagne

Pamphlétaire passionné, partisan du divorce et de la liberté de la presse, John Milton, ruiné et aveugle, se retire de la vie publique et dicte dix chants d'un vaste poème biblique : *Le Paradis perdu*, publié en 1667. Sans suivre aucune chronologie, le poète évoque le paradis, Adam et Ève, l'enfer, Satan. Cette œuvre, qui exalte la grandeur de la révolte, séduira les romantiques : Chateaubriand donnera une magnifique traduction de cette unique épopée anglaise.

John Milton (1608-1674).

THE REASON OF Church-governement Urg'd against PRELATY By Mr. John Milton. In two Books.

LONDON,

En 1678, John Bunyan, un prédicateur qui a passé douze ans en prison à cause de ses sermons jugés séditieux, publie *Le Voyage du pèlerin*. Le livre exerce une forte influence sur les gens du peuple.

Tous les théâtres anglais dont les puritains avaient ordonné la fermeture en 1642 sont rouverts en 1660. John Dryden, puritain d'origine, compose une trentaine d'œuvres, dont *Tout pour l'amour*, représenté en 1677. Dans son *Essai sur la poésie dramatique*, publié en 1668, il s'efforce de concilier la tradition du théâtre élisabéthain anglais avec les exigences du classicisme français.

Illustration de Gustave Doré pour *Le Paradis perdu* : la chute de Satan.

Le Voyage du pèlerin (1678)

John Bunyan, puritain fervent, choisit l'allégorie pour évoquer les mouvements de son âme. La première partie de son œuvre, la plus inspirée, publiée en 1678, montre Chrétien quittant la Ville de Perdition où il habite pour rejoindre la Cité céleste. Il lui faut traverser le Bourbier du Découragement, affronter la terrible Vallée de l'Ombre de la Mort, éviter la Foire aux Vanités avant d'apercevoir les tours de la Cité céleste. Écrite dans une prose d'une grande pureté, simple, directe, sincère, l'œuvre a conservé toute sa fraîcheur.

L'Allemagne

Publiées en 1669, les aventures de *Simplicius Simplicissimus* dépeignent la vie quotidienne des Allemands pendant la guerre de Trente Ans qui avait dévasté le pays. Largement inspiré par la vie de l'auteur von Grimmelhausen, qui se cache sous le pseudonyme de German Schleifheim, le héros Simplex, chassé de son pays par la guerre, est tour à tour ermite, page, bouffon. Le roi des Sylphes, rencontré au centre de la Terre, lui donne finalement un trésor. De ces multiples aventures naît la sensation d'un univers inquiétant et dérisoire qui pousse à chercher Dieu.

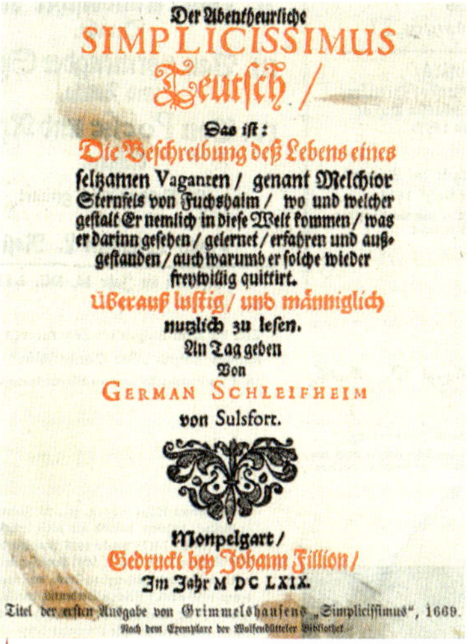

Der Abentheurliche
SIMPLICISSIMUS
Teutsch /
Das ist:
Die Beschreibung deß Lebens eines seltzamen Vaganten / genant Melchior Sternfels von Fuchshaim / wo und welcher gestalt Er nemlich in diese Welt kommen / was er darinn gesehen / gelernet / erfahren und außgestanden / auch warumb er solche wieder freywillig quittirt.
Überauß lustig / und männiglich nutzlich zu lesen.
An Tag geben
Von
GERMAN SCHLEIFHEIM
von Sulsfort.
Monpelgart /
Gedruckt bey Johann Fillion /
Im Jahr M DC LXIX.
Titel der ersten Ausgabe von Grimmelshausens „Simplicissimus", 1669.
Nach dem Exemplare der Wolfenbütteler Bibliothek.

La première édition de *Simplicius Simplicissimus* (1669).

L'Italie

Dès la fin du XVIe siècle, les comédiens italiens ont mis au point un genre très libre de comédie. Faisant des séjours de plus en plus longs en France, ils y jouent jusqu'en 1697. Ils contribuent à faire connaître la commedia dell'arte. À partir d'un canevas préétabli et de types théâtraux stéréotypés, les comédiens inventent des jeux de scène, improvisent des dialogues où brillent les mots d'esprit, les lazzis. Jouant habilement du corps et des mimiques, maîtrisant parfaitement la technique du masque, ils inspireront Molière et, plus tard, Marivaux.

Hobbes, Spinoza, Pufendorf et Locke

Dans toute l'Europe se met en place une nouvelle façon de concevoir les relations de pouvoir au sein des sociétés humaines. Dans le *Léviathan*, publié en 1650, le philosophe anglais Hobbes montre qu'à l'état de nature, l'homme est un loup pour l'homme : il doit renoncer à la liberté pour obtenir la sécurité que lui garantit un pouvoir tout-puissant. En 1670, dans le *Tractatus theologico-politicus*, le philosophe hollandais Spinoza affirme qu'en religion comme en politique, il faut pouvoir raisonner librement : le droit naturel de chaque individu garantit sa liberté. En 1672, le juriste allemand Pufendorf publie en Suède son ouvrage *Du droit de la nature et des gens*, où il fait du contrat social la base rationnelle de l'État. Réfugié en Hollande, le philosophe anglais Locke affirme, dans le *Traité sur le gouvernement civil*, publié en 1690, que le pacte social ne détruit pas les droits naturels des individus. Ainsi, selon des modalités variées, s'impose la notion d'un contrat qui fonde le droit civil et les rapports politiques entre les hommes.

Baruch Spinoza (1632-1677). Son œuvre maîtresse, l'*Éthique*, paraît après sa mort.

La page de garde du chef-d'œuvre de Hobbes (1650).

La peinture et la musique

Peinture

— Murillo, *Le Jeune Mendiant*, 1650 (Espagne)
— Pierre de Cortone, *Le Sacrifice à Diane*, 1653 (Italie)
— Velasquez, *Les Ménines*, 1656 (Espagne)
— Rembrandt, *Portrait de l'artiste*, 1660 (Pays-Bas)
— Franz Hals, *Les Régents de l'hospice des vieillards*, 1664 (Pays-Bas)
— Vermeer, *Vue de Delft*, 1660 (Pays-Bas)

Musique

— Heinrich Schütz, *Oratorio de Noël*, 1664 (Allemagne)
— Henry Purcell, *Didon et Enée*, 1689 (Angleterre)
— Alessandro Scarlatti, *Teodora*, 1693 (Italie)

La *Vue de Delft* de Vermeer, le « plus beau tableau du monde » selon l'écrivain Marcel Proust.

L'éloge et le blâme

Parfois un discours peut souligner l'importance d'un événement ou d'une personnalité. Il s'agit d'un éloge si le discours célèbre les succès, et d'un blâme s'il dénonce les abus.

LES GENRES DE L'ÉLOGE ET DU BLÂME

■ La diversité des genres et des registres

On trouve des éloges et des blâmes en poésie, dans les romans, au théâtre, dans les tragédies comme dans les comédies. L'éloge et le blâme peuvent s'inscrire dans tous les registres : polémique, pathétique, satirique. Ils ne sont pas seulement littéraires : on les retrouve en peinture, au cinéma, dans les médias. Dans tous les cas, l'orateur doit tenir compte des circonstances : une cérémonie funèbre se prête mal à la raillerie. Le plus souvent, l'orateur doit respecter les valeurs admises par le public auquel il s'adresse.

■ Les genres de l'éloge

En vers, l'ode célèbre une saison (Ronsard, « Ode de la venue de l'été »), une politique (Malherbe, « Ode à la Reine »). En prose, les oraisons funèbres, comme celles de Bossuet, de Malraux, honorent un défunt prestigieux. L'hagiographie retrace la vie d'un saint. Le panégyrique est la louange d'une personne ou d'une cité. Les discours qui saluent la réception d'un académicien, les rubriques nécrologiques relèvent de l'éloge.

■ Les genres du blâme

En vers, la satire aborde des sujets divers : Boileau se moque des poètes ridicules, des avares, des embouteillages. Dans *Les Châtiments*, Victor Hugo dénonce un régime injuste. L'épigramme, en quelques vers, se termine par un trait cruel. En prose, le pamphlet se signale par sa violence polémique. Le libelle, la diatribe sont aussi violents mais plus courts.

LES PROCÉDÉS DE L'ÉLOGE ET DU BLÂME

■ L'amplification

Pour montrer la vie de quelqu'un sous un jour élogieux, on présente les traits de caractère comme des qualités dans l'éloge, alors qu'on les présente comme des défauts dans le blâme. Dans le blâme, la prudence sera présentée comme un signe de faiblesse, l'énergie sera la marque d'un tempérament tyrannique. Ainsi Aristote conseille de dire d'un homme colérique qu'il est tout d'une pièce, d'un lâche qu'il est prudent.

■ Le parallèle

Pour mettre en valeur la personne qu'on loue, on la compare à des personnages illustres qu'elle a égalés ou dépassés. Dans le blâme, la comparaison déprécie le personnage évoqué.

■ L'hyperbole

Elle exagère en augmentant ou en diminuant, non pour tromper, mais pour montrer ce qui est admirable ou ce qui est méprisable. Pour être persuasive, l'hyperbole doit être acceptable par l'auditoire et respecter la vérité. Dans les vers de Boileau qui suivent, la magnifique hyperbole est rendue acceptable par la gloire que Condé s'était acquise.

> « Condé dont le seul nom fait tomber les murailles,
> Force les escadrons, et gagne les batailles. »

EXEMPLE

Dans son *Histoire de la Révolution française*, Jules Michelet brosse le portrait des acteurs de la Révolution avec un talent qui suscita l'admiration de Victor Hugo. La page qui suit évoque Charlotte Corday qui vint de Caen pour assassiner Marat à Paris. Elle fut guillotinée en 1793.

Mademoiselle Corday se trouvait être d'une bien grande noblesse : la très proche parente des héroïnes de Corneille, de Chimène, de Pauline et de la sœur d'Horace. Elle était l'arrière-petite-nièce de l'auteur de Cinna. Le sublime en elle était la nature.

Dans sa dernière lettre de mort, elle fait assez entendre tout ce qui fut dans son esprit : elle dit tout d'un mot qu'elle répète sans cesse : « *La paix ! la paix !* »

Sublime et raisonneuse, comme son oncle, à la normande, elle fit ce raisonnement : la Loi est la Paix même. Qui a tué la Loi le 2 juin[1] ? Marat surtout. Le meurtrier de la Loi tué, la Paix va refleurir. La mort d'un seul sera la vie de tous.

Telle fut sa pensée. Pour sa vie, à elle-même, qu'elle donnait, elle n'y songea point.

Pensée étroite, autant que haute. Elle vit tout en un homme ; dans le fil d'une vie elle crut couper celui de nos mauvaises destinées, nettement, simplement, comme elle coupait, fille laborieuse, celui de son fuseau.

Qu'on ne croie pas voir en mademoiselle Corday une virago[2] farouche qui ne comptait pour rien le sang. Tout au contraire, ce fut pour l'épargner qu'elle se décida à frapper ce coup. Elle crut sauver tout un monde en exterminant l'exterminateur. Elle avait un cœur de femme tendre et doux. L'acte qu'elle s'imposa fut un acte de pitié.

Jules Michelet, *Histoire de la Révolution française*, 1847-1853.

1. le 2 juin : le 2 juin 1793, les sans-culottes envahissent la Convention et font arrêter de nombreux deputés girondins.

2. virago : fille ou femme de grande taille qui a les allures d'un homme (expression péjorative).

L'amplification
Elle tue Marat au nom de la paix. Elle agit poussée par un raisonnement. Ce raisonnement est présenté par une référence prestigieuse à Corneille : elle semble ainsi fidèle à sa famille, à sa province et à sa patrie.

Le parallèle
Elle est comparée aux plus illustres héroïnes de tragédie. Elle est opposée à des figures sanguinaires : elle a tué par douceur.

L'hyperbole
Les expressions hyperboliques viennent conclure chaque paragraphe. Le crime est présenté comme un devoir non de haine mais de pitié.

SÉQUENCES

SÉQUENCE	PROBLÉMATIQUE	TEXTES
L'art du portrait au XVIIe siècle	Quelles sont, à travers les divers portraits, les valeurs défendues par les écrivains ?	– Bossuet, *Oraison funèbre de Condé,* p. 176. – Mme de Lafayette, « Portrait de Mlle de Chartres », p. 179. – La Bruyère, « Giton » p.180, « Phédon » p. 181.
Le portrait satirique	Quelles sont les formes et les fonctions de la satire ?	– Rabelais, « Panurge dans la tempête », p. 69. – Molière, *Le Misanthrope*, p. 148. – Beaumarchais, *Le Mariage de Figaro* p. 262.

Exercice d'analyse **Répondez aux questions suivantes.**

1. Analysez la composition des deux passages.
2. Relevez les modalités interrogatives et exclamatives. Jouent-elles le même rôle dans les deux textes ?
3. Relevez dans les deux textes des hyperboles. Sont-elles aussi convaincantes dans l'éloge que dans le blâme ?
4. Reformulez chaque fois en une phrase ce que Racine loue en Corneille et ce que Boileau blâme en Scudéry.

Exercice de rédaction **Entraînez-vous sur l'un des exercices suivants.**

Vers le commentaire
Dans un paragraphe qui s'appuiera sur des citations précisément commentées, vous montrerez la violence polémique de la satire de Boileau.

Vers la dissertation
Quelles conditions doit remplir un éloge pour être vraiment convaincant ?
Vous rédigerez deux paragraphes qui s'appuieront sur des exemples précis.

Vers le sujet d'invention
Vous écrivez à un chanteur, un réalisateur ou un romancier pour lui expliquer pourquoi vous avez admiré sa dernière œuvre.

Texte 1

Jean Racine a combattu les conceptions de Corneille dans ses préfaces et dans ses œuvres. Mais, le 2 janvier 1685, il a tenu à prononcer devant l'Académie française l'éloge de Pierre Corneille, son plus redoutable et son plus ancien rival.

La scène retentit encore des acclamations qu'excitèrent à leur naissance *Le Cid, Horace, Cinna, Pompée*[1], tous ces chefs-d'œuvre représentés depuis sur tant de théâtres, traduits en tant de langues, et qui vivront à jamais dans la bouche des hommes. À dire le vrai, où trouvera-t-on un poète qui ait possédé à la fois tant de grands talents, tant d'excellentes parties : l'art, la force, le jugement, l'esprit ? Quelle noblesse, quelle économie dans les sujets ! Quelle véhémence dans les passions ! Quelle gravité dans les sentiments !

1. *Le Cid* (1637), *Horace* (1640), *Cinna* (1642), *La Mort de Pompée* (1643) sont de célèbres succès de Corneille.

Quelle dignité, et en même temps quelle prodigieuse variété dans les caractères ! Combien de rois, de princes, de héros de toutes nations nous a-t-il représentés, toujours tels qu'ils doivent être, toujours uniformes avec eux-mêmes, et jamais ne se ressemblant les uns avec les autres ! Parmi tout cela, une magnificence d'expression proportionnée aux maîtres du monde qu'il fait souvent parler, capable néanmoins de s'abaisser, quand il veut, et de descendre jusqu'aux plus simples naïvetés du comique, où il est encore inimitable[2]. Enfin, ce qui lui est surtout particulier, une certaine force, une certaine élévation qui surprend, qui enlève, et qui rend jusqu'à ses défauts, si on peut lui en reprocher quelques-uns, plus estimables que les vertus des autres. Personnage véritablement né pour la gloire de son pays ; comparable, je ne dis pas à tout ce que l'ancienne Rome a eu d'excellents tragiques, puisqu'elle confesse elle-même qu'en ce genre elle n'a pas été fort heureuse[3], mais aux Eschyles, aux Sophocles, aux Euripides[4], dont la fameuse Athènes ne s'honore pas moins que des Thémistocles, des Périclès, des Alcibiades[5], qui vivaient en même temps qu'eux.

Jean Racine, *Discours prononcé à l'Académie française,* le 2 janvier 1685.

2. Corneille est également l'auteur de brillantes comédies comme *Mélite* (1629), *La Galerie du Palais* (1634) ou *Le Menteur* (1644).

3. Du théâtre tragique romain, il ne nous reste que les tragédies de Sénèque (4 av. J.-C.-65 ap. J.-C.)

4. Eschyle, Sophocle, Euripide : les plus célèbres auteurs de tragédies en Grèce, au Ve siècle avant Jésus-Christ.

5. Thémistocle, Périclès, Alcibiade : célèbres hommes d'État athéniens au Ve siècle avant Jésus-Christ.

Texte 2

Dans ce passage de la seconde Satire *consacrée à l'éloge de Molière, Boileau raille le romancier Scudéry et le critique dans un blâme cinglant.*

Bienheureux Scudéry, dont la fertile plume
Peut tous les mois sans peine enfanter un volume !
Tes écrits, il est vrai, sans art et languissants,
Semblent être formés en dépit du bon sens :
Mais ils trouvent pourtant, quoi qu'on en puisse dire,
Un marchand pour les vendre et des sots pour les lire.
Et quand la rime enfin se trouve au bout des vers,
Qu'importe que le reste y soit mis de travers ?
Malheureux mille fois celui dont la manie
Veut aux règles de l'art asservir son génie !
Un sot en écrivant fait tout avec plaisir :
Il n'a point en ses vers l'embarras de choisir,
Et toujours amoureux de ce qu'il vient d'écrire,
Ravi d'étonnement, en soi-même il s'admire.

Nicolas Boileau, *Satire II*, v. 77-90, 1664.

Les réécritures

À travers les sources dont elles s'inspirent, les œuvres littéraires se nourrissent d'effets d'échos et de reprises. Un écrivain peut ainsi reprendre le texte d'un autre auteur, proposer une variation nouvelle autour d'un personnage mythique, adapter une œuvre à un nouveau public, ou en détourner le sens en la parodiant.

L'IMITATION DES MODÈLES ANTIQUES

Depuis le XVIe siècle jusqu'à la fin du XVIIIe siècle, les écrivains de l'époque classique redécouvrent et admirent les auteurs de l'Antiquité. La tradition les engage à prendre pour modèle les grandes œuvres du passé. Ils respectent alors le cadre, le niveau de langage et le registre des œuvres imitées. Mais les auteurs peuvent aussi prendre avec leurs sources plus de liberté.

LES REPRISES ET LES ÉCHOS

L'écrivain peut être influencé par la lecture d'une œuvre, antérieure ou contemporaine, avec laquelle il instaure un rapport de complicité ou de rivalité.

■ L'allusion

L'auteur fait, dans son texte, référence à un autre texte. Il indique le titre d'une œuvre. Il évoque explicitement un auteur. Il renvoie à un personnage, à une scène ou une phrase célèbres.

■ La variation autour d'un mythe

L'auteur partage avec d'autres écrivains l'exploitation d'un même thème, d'une même situation, d'un personnage mythique qui s'inscrit dans la mémoire collective du lecteur. Il peut alors prendre la plus grande liberté avec les œuvres auxquelles il fait écho.

■ L'adaptation

Un texte peut être adapté pour rencontrer un public différent : un roman peut être réécrit pour le théâtre ou pour le cinéma ; une œuvre peut être reprise pour s'adresser à des lecteurs plus jeunes ; un texte antique ou classique peut être adapté au lecteur ou au spectateur contemporain à travers la modernisation du langage.

LE DÉTOURNEMENT D'UN TEXTE

Le pastiche et la parodie correspondent à une tradition littéraire qui vise à transformer un texte pour mettre en évidence ses défauts ou le tourner en dérision.

■ Le pastiche

Il consiste à imiter le style d'un écrivain de manière plaisante en amplifiant les procédés qu'il utilise, dans une intention de jeu et de complicité.

■ La parodie

Elle consiste à reprendre une œuvre célèbre en changeant son genre, son registre, son niveau de langage, son cadre historique ou géographique, dans le but de faire rire.

EXEMPLE

référence à la guerre de Troie

anachronismes

lexique familier

chute burlesque

Les vents sont morts : partout le calme et la torpeur
et les vaisseaux des Grecs dorment sur leur carène
qui cinglaient vers l'Asie au pourchas de la reine
Hélène que ravit Pâris, l'hôte trompeur.

Ivre d'une fureur qu'Ulysse en vain réfrène,
Agamemnon, le roi des rois, l'homme sans peur,
déplore en maudissant la mer toujours sereine
qu'on n'ait pas inventé les bateaux à vapeur.

Mais sa fille, à ses pieds, la douce Iphigénie
fermant ses yeux dolents de douceur infinie
s'endort comme les flots dans le soir étouffant...

Lors, ayant dégainé son grand sabre, le maître
des peuples et des rois jugule son enfant
et braille : « Ça fera baisser le baromètre ! »

Georges Fourest, « Iphigénie », *La Négresse blonde*, 1909.

SÉQUENCES

SÉQUENCE	PROBLÉMATIQUE	TEXTES
Le théâtre et la réécriture des mythes de l'Antiquité	Comment la réécriture des mythes antiques permet-elle à la tragédie de se renouveler, en témoignant des préoccupations propres à chaque époque ?	– Racine, *Iphigénie*, p. 166. – Giraudoux, *La guerre de Troie n'aura pas lieu*, p. 470 ; *Électre*, p. 472. – Anouilh, *Antigone*, p. 486.
Le détournement d'un texte : le pastiche et la parodie	En quoi la reprise d'un texte suscite-t-elle le rire à travers les procédés du pastiche et de la parodie ?	– Jarry, *Ubu roi*, p. 410. – Proust, *Pastiches et mélanges*, p. 426. – Queneau, *Le Chiendent*, p. 466.
Les effets d'échos à partir d'un même thème	De quelle manière l'originalité et la sensibilité de chaque auteur se révèlent-elles à travers la reprise d'un même thème ?	– Baudelaire, « La chevelure », p. 364. – Verlaine, « Il pleure dans mon cœur... », p. 378. – Apollinaire, « Il pleut », p. 432.

SUJET DU BAC

CLASSE DE PREMIÈRE L

OBJET D'ÉTUDE **Les réécritures**

Textes

A – **Ésope**, « La cigale et les fourmis », *Fables*, VIIe-VIe siècle av. J.-C.
B – **Jean de La Fontaine**, « La Cigale et la Fourmi », *Fables*, 1668.
C – **Tristan Corbière**, « La Muse et le Poète », *Les Amours jaunes*, 1873.

Écriture

Vous répondrez d'abord aux questions suivantes. (4 points)

1. Quelles sont les caractéristiques de la fable qu'on retrouve dans les trois textes suivants ?
2. Quelle leçon morale chacun de ces apologues dégage-t-il ?

Vous traiterez ensuite un de ces trois sujets. (16 points)

→ Sujet 1 : Commentaire

Vous ferez le commentaire du poème de Corbière (Texte C) en vous aidant du parcours de lecture suivant :

1. La structure de l'apologue
2. La dimension parodique du texte

→ Sujet 2 : Dissertation

En vous aidant des trois documents du corpus et de vos connaissances personnelles, analysez les principes et les fonctions de la réécriture au sein des œuvres littéraires.

→ Sujet 3 : Invention

Vous défendrez dans une lettre la parodie de Tristan Corbière face à un détracteur qui considère que sa réécriture dévalorise les fables de La Fontaine et la littérature.

Texte A

La cigale et les fourmis

Pendant l'hiver, leur blé étant humide, les fourmis le faisaient sécher. La cigale, mourant de faim, leur demandait de la nourriture. Les fourmis lui répondirent : « Pourquoi en été n'amassais-tu pas de quoi manger ? – Je n'étais pas inactive, dit celle-ci, mais je chantais mélodieusement. » Les fourmis se mirent à rire. « Eh bien, si en été tu chantais, maintenant que c'est l'hiver, danse. » Cette fable montre qu'il ne faut pas être négligent en quoi que ce soit, si l'on veut éviter le chagrin et les dangers.

Ésope, « La cigale et les fourmis », *Fables*, VIIe-VIe siècle av. J.-C.

Texte B

La Cigale et la Fourmi

La Cigale ayant chanté
Tout l'été,
Se trouva fort dépourvue
Quand la bise fut venue.
Pas un seul petit morceau
De mouche ou de vermisseau.
Elle alla crier famine
Chez la Fourmi sa voisine,
La priant de lui prêter
Quelque grain pour subsister
Jusqu'à la saison nouvelle.
« Je vous paierai, lui dit-elle,
Avant l'août, foi d'animal,
Intérêt et principal. »
La Fourmi n'est pas prêteuse ;
C'est là son moindre défaut.
« Que faisiez-vous au temps chaud ?
Dit-elle à cette emprunteuse.
– Nuit et jour à tout venant
Je chantais, ne vous en déplaise.
– Vous chantiez ? J'en suis fort aise :
Et bien ! dansez maintenant. »

Jean de La Fontaine, *Fables*, 1668.

Texte C

La Muse et le Poète

Le poète ayant rimé,
Imprimé,
Vit sa Muse dépourvue,
De marraine et presque nue :
Pas le plus petit morceau
De vers ou de vermisseau.
Il alla crier famine
Chez une blonde voisine,
La priant de lui prêter
Son petit nom pour rimer.
(C'était une rime en elle.)
– Oh ! je vous paierai, Marcelle
Avant l'août, foi d'animal !
Intérêt et principal.
La voisine est très prêteuse,
C'est son plus joli défaut :
– Quoi : c'est tout ce qu'il vous faut ?
Votre Muse est bien heureuse...
Nuit et jour, à tout venant,
Rimez mon nom... Qu'il vous plaise !
Et moi, j'en serai fort aise.
Voyez : chantez maintenant.

Tristan Corbière, « La Muse et le Poète », *Les Amours jaunes*, 1873.

Nicolas Lancret, *L'Hiver*, 1738.
Huile sur toile, 65 x 89 cm. Musée du Louvre, Paris.

1700
1750

La naissance des Lumières

1700 1750
La naissance des Lumières

Après la mort de Louis XIV, la société française se transforme rapidement. Malicieuse, enjouée, satirique, la littérature puise une force nouvelle dans la pensée critique et l'esprit d'examen. Les écrivains manifestent leur confiance dans la raison. Ils luttent contre l'autorité religieuse et politique en faveur de la tolérance, de la liberté et de la dignité humaine. Menacés, emprisonnés ou condamnés à l'exil, on les appelle désormais « philosophes ».

1. L'histoire La Régence et Louis XV

Portrait de Louis XV, par Charles Van Loo.

Lit de justice au Parlement.

À la mort du Roi Soleil, en 1715, la France est ruinée par la longue guerre de succession d'Espagne. Le Régent, Philippe d'Orléans, relance l'économie et crée de nouvelles alliances avec l'Angleterre et les Pays-Bas. En 1723, âgé de 13 ans, Louis XV est sacré roi. Il incarne alors tous les espoirs. En 1744, le monarque est au sommet de sa popularité. Il est surnommé le Bien-Aimé. Mais il perd l'amour de son peuple, qui lui reproche sa passion pour la chasse et son indifférence pour les problèmes du royaume.

Louis XV chassant le cerf dans la forêt de Saint-Germain.

2. La société La quête du bonheur

Mademoiselle Camargo dansant sur la scène de l'Opéra.

Dès le début de la Régence, la noblesse s'ouvre à la recherche du plaisir et au libertinage. Les fêtes se multiplient, au Palais-Royal, à l'Opéra, comme dans les théâtres privés que se font construire les grands seigneurs et les puissants financiers. Cependant, la bourgeoisie s'enrichit grâce au commerce international et colonial. Les paysans profitent eux aussi de cette prospérité nouvelle. L'idée de bonheur et de progrès se répand : c'est grâce à l'expansion économique, associée aux valeurs de justice, de vertu et de travail, que la société pourra évoluer.

La marchande de modes, représentée par François Boucher.

Le commerce maritime en pleine expansion au XVIIIe siècle. *Vue du port de Marseille*, peint par Joseph Vernet.

3. Les sciences L'essor de la physique et des mathématiques

Déjà, à la fin du XVIIe siècle, Bayle et Fontenelle revendiquent l'exercice de la raison critique, contre les préjugés religieux. Un nouvel esprit scientifique se répand, influencé par les travaux de Newton, Leibniz et Locke.

Isaac Newton, peint par Godfrey Kneller.

Expérience publique de l'abbé Nollet sur l'électricité, en 1746.

C'est le triomphe des mathématiques, de l'astronomie et de la physique. On multiplie les expériences publiques, qui attirent une foule passionnée. En 1705, avec l'invention de la première machine à vapeur, c'est la révolution industrielle elle-même qui s'est mise en marche.

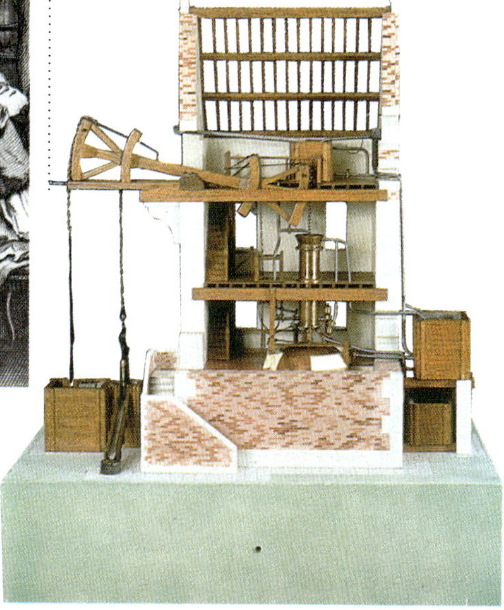

La machine de Newcomen de 1705, première machine à vapeur réellement utilisable, comportant chaudière, cylindre et piston.

4. Les lettres La naissance de l'écrivain philosophe

Fontenelle au milieu de ses amis, en 1716.

Les gens de lettres se retrouvent dans les cafés, les salons parisiens ou les académies de province, pour débattre des idées nouvelles. La littérature célèbre les progrès de la science et de la civilisation. Les écrivains, comme Montesquieu, voyagent à travers l'Europe, multipliant les échanges et les rencontres. Ils s'engagent dans le combat contre l'autorité religieuse et politique.

Une soirée dans un salon.

Ils s'exposent ainsi à la colère du pouvoir royal : en 1726, Voltaire est contraint de s'exiler en Angleterre ; en 1749, Diderot est enfermé au château de Vincennes. C'est alors que le mot « philosophe » se répand pour désigner celui qui exerce son esprit critique.

Philosophes en discussion au café Procope, à Paris.

5. L'édition Le développement de la lecture

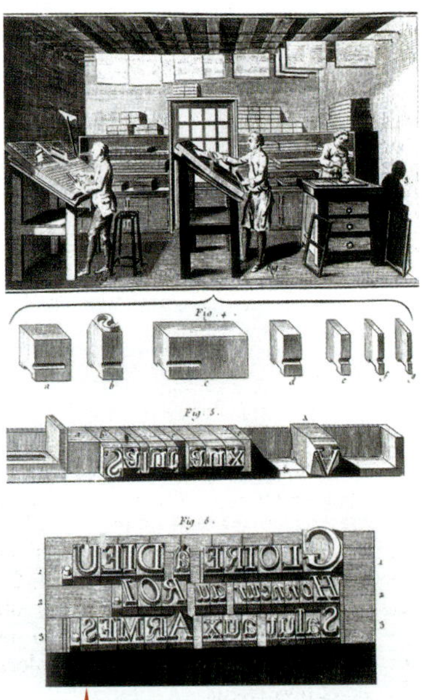

L'imprimerie. Planche extraite de l'*Encyclopédie*.

Le commerce de la librairie se développe : malgré la censure, le nombre de livres édités est en progression constante, comme le nombre de ceux qui savent lire. Des cabinets de lecture s'ouvrent dans les villes, tandis que les petits livres de la Bibliothèque bleue, imprimés à Troyes, se répandent dans les campagnes grâce aux colporteurs. La mise en page du livre change, avec la création de nouveaux caractères d'imprimerie qui rendent la lecture plus facile. Les formats se multiplient : feuilles volantes, brochures légères, livres qu'on peut glisser dans la poche, ouvrages volumineux… En 1750 paraît le prospectus de l'*Encyclopédie*, le projet le plus ambitieux de l'histoire de l'édition.

6. Les arts Le style rococo

Le style Louis XV s'impose rapidement, en réaction aux principes de rigueur et de symétrie du style classique. On préfère désormais l'entrelacement des lignes sinueuses, les guirlandes et les arabesques. Les artistes créent ainsi un univers élégant et raffiné qui privilégie les courbes, le joli et le brillant. La peinture de Watteau représente le théâtre et ses fêtes galantes. Les belles marquises de Lancret, comme les divinités mythologiques de Boucher, sont accrochées dans les salons et les boudoirs. L'Opéra est le lieu privilégié de la création artistique. Décorateurs, librettistes et musiciens lui consacrent tout leur talent, et Rameau s'y impose comme le plus grand musicien de son époque.

Fauteuil de style Louis XV, bergère recouverte d'un brocard d'or et d'argent.

170
175

Les Charmes de la vie

Antoine Watteau
(vers 1716)

Indifférent au répertoire et au style noble de la peinture classique, Antoine Watteau crée un univers singulier qui inspirera Boucher, Chardin, Fragonard. Dans Les Charmes de la vie, *les personnages de la fête galante sont évoqués avec cette grâce secrètement douloureuse qui les rend si proches des personnages de Marivaux. (Huile sur toile, 67,3 x 92,5 cm, Wallace Collection, Londres.)*

Le tableau réunit les images d'un moment heureux : des enfants s'amusent au pied des personnages qui se parlent d'amour. Un musicien accorde son théorbe tandis qu'un jeune Noir rafraîchit les bouteilles. Au-delà de la terrasse, des silhouettes se promènent ou s'allongent pour contempler la chaude lumière du ciel.

Cadrées par les hautes colonnes, zébrées par l'oblique du théorbe, les courbes animent toute la composition : amorcées dans le dallage, elles cerclent les fûts, lient les personnages ; les torses s'inclinent ou s'écartent, le chien se love. Dans les feuillages, dans le contour des nuages, elles font sentir le frémissement de la vie.

Comme Rubens qu'il admirait, Watteau fait chatoyer les masses colorées. L'ombre des colonnes et des arbres fait ressortir la lumière nacrée des étoffes et du ciel. Ce vaste ciel où se perdent les colonnes, où s'enfonce l'horizon, envahit le tableau : le bonheur des êtres humains paraît alors fragile et mystérieux.

LESAGE

Nom et prénom : **Lesage, Alain-René**

Naissance : **8 mai 1668, à Sarzeau dans le Morbihan**

Décès : **17 novembre 1747, à Boulogne-sur-Mer**

Orphelin à l'âge de quatorze ans, Lesage, qui a grandi en Bretagne, s'installe à Paris. Après des études de droit, le jeune avocat décide de devenir écrivain. Il écrit des pièces pour la Comédie-Française, comme *Turcaret*, mais il se consacre surtout au théâtre de la Foire. Plus de cent pièces comiques, livrets de vaudevilles, parodies pour le théâtre de marionnettes le font connaître comme un écrivain spirituel et satirique. Marié et père de quatre enfants, Lesage écrit aussi des romans pour subvenir aux besoins de sa famille. *Le Diable boiteux*, *Gil Blas de Santillane* rencontrent un énorme succès et imposent Lesage comme l'un des romanciers les plus populaires du XVIIIe siècle.

Auteur de très nombreuses pièces de théâtre, dont : *Crispin rival de son maître* (1707), *Turcaret* (1709) ; de nombreux romans, parmi lesquels : *Le Diable boiteux* (1707), *Gil Blas de Santillane* (1715, 1724, 1735), *Les Aventures de Robert Chevalier, dit de Beauchêne* (1732), *Le Bachelier de Salamanque* (1734).

LESAGE ET LE ROMAN PICARESQUE

Lesage, qui n'est jamais allé en Espagne, y inscrit pourtant l'action de son roman, *Gil Blas de Santillane* : c'est le triomphe du roman picaresque. À dix-sept ans, Gil Blas prend la route pour étudier à l'université de Salamanque et connaît mille mésaventures. Le jeune *picaro* sera enrôlé de force par une bande de voleurs, mis en prison, dupé par les femmes, valet, secrétaire d'un ministre, avant de se marier et de se retirer au terme d'une vie mouvementée. Tour à tour hypocrite et sincère, honnête et escroc, le héros picaresque porte un regard ironique sur les hommes. À travers l'Espagne, c'est la société française que le romancier met en scène, multipliant les rebondissements et mélangeant les registres : épique, comique ou polémique.

Objet d'étude Le récit : le roman ou la nouvelle

1715 — Gil Blas de Santillane

Le roman le plus célèbre de Lesage, *Gil Blas de Santillane*, met en scène un jeune homme qui prend le chemin de l'université de Salamanque. À peine est-il en route que Gil Blas, prisonnier d'une troupe de brigands, est contraint à participer à leur vie de voleurs de grand chemin.

Nous attendions que la fortune nous offrît quelque bon coup à faire, quand nous aperçûmes un religieux de l'ordre de Saint-Dominique, monté, contre l'ordinaire de ces bons pères, sur une mauvaise mule. « Dieu soit loué, s'écria le capitaine en riant, voici le chef-d'œuvre de Gil Blas. Il faudra qu'il aille détrousser ce moine : voyons comment il s'y prendra. » Tous les voleurs jugèrent qu'effectivement cette commission me convenait, et ils m'exhortèrent à m'en acquitter. « Messieurs, leur dis-je, vous serez contents ; je vais mettre ce père nu comme la main, et vous amener ici sa mule. – Non, non, dit Rolando, elle n'en vaut pas la peine ; apporte-nous seulement la bourse de Sa Révérence ; c'est tout ce que nous exigeons de toi. – Je vais donc, repris-je, sous les yeux de mes maîtres, faire mon coup d'essai ; j'espère qu'ils m'honoreront de leurs suffrages. » Là-dessus je sortis du bois, et poussai[1] vers le religieux, en priant le ciel de me pardonner l'action que j'allais faire, car il n'y avait pas assez longtemps que j'étais avec ces brigands pour la faire sans répugnance. J'aurais bien voulu m'échapper de ce moment-là ; mais la plupart des voleurs

1. **poussai** : dirigeai mon cheval.

2. **pistoles** : monnaie en usage en Espagne.

3. **tout à l'heure** : immédiatement.

étaient encore mieux montés que moi : s'ils m'eussent vu fuir, ils se seraient mis à mes trousses, et m'auraient bientôt rattrapé, ou peut-être auraient-ils fait de moi une décharge de leurs carabines, dont je me serais fort mal trouvé. Je n'osai donc hasarder une démarche si délicate. Je joignis le père, et lui demandai la bourse, en lui présentant le bout d'un pistolet. Il s'arrêta tout court pour me considérer ; et, sans paraître fort effrayé : « Mon enfant, me dit-il, vous êtes bien jeune ; vous faites de bonne heure un vilain métier.
– Mon père, lui répondis-je, tout vilain qu'il est, je voudrais l'avoir commencé plus tôt.
– Ah ! mon fils, répliqua le bon religieux, qui n'avait garde de comprendre le vrai sens de mes paroles, que dites-vous ? quel aveuglement ! souffrez que je vous représente l'état malheureux... – Oh ! mon père, interrompis-je avec précipitation, trêve de morale, s'il vous plaît : je ne viens pas sur les grands chemins pour entendre des sermons : il ne s'agit point ici de cela ; il faut que vous me donniez des espèces. Je veux de l'argent. – De l'argent ? me dit-il d'un air étonné ; vous jugez bien mal de la charité des Espagnols, si vous croyez que les personnes de mon caractère aient besoin d'argent pour voyager en Espagne. Détrompez-vous. On nous reçoit agréablement partout : on nous loge, on nous nourrit et l'on ne nous demande pour cela que des prières. Enfin, nous ne portons point d'argent sur la route ; nous nous abandonnons à la Providence. – Non, non, non, lui repartis-je, vous ne vous y abandonnez pas ; vous avez toujours de bonnes pistoles[2] pour être plus sûrs de la Providence. Mais, mon père, ajoutai-je, finissons : mes camarades, qui sont dans ce bois, s'impatientent ; jetez tout à l'heure[3] votre bourse à terre, ou bien je vous tue. »

À ces mots, que je prononçai d'un air menaçant, le religieux sembla craindre pour sa vie. « Attendez, me dit-il, je vais donc vous satisfaire, puisqu'il le faut absolument. Je vois bien qu'avec vous autres, les figures de rhétorique sont inutiles. » En disant cela, il tira de dessous sa robe une grosse bourse de peau de chamois, qu'il laissa tomber à terre. Alors je lui dis qu'il pouvait continuer son chemin, ce qu'il ne me donna pas la peine de répéter. Il pressa les flancs de sa mule, qui, démentant l'opinion que j'avais d'elle, car je ne la croyais pas meilleure que celle de mon oncle, prit tout à coup assez bon train. Tandis qu'il s'éloignait, je mis pied à terre. Je ramassai la bourse qui me parut pesante. Je remontai sur ma bête, et regagnai promptement le bois, où les voleurs m'attendaient avec impatience, pour me féliciter, comme si la victoire que je venais de remporter m'eût coûté beaucoup. À peine me donnèrent-ils le temps de descendre de cheval, tant ils s'empressaient de m'embrasser. « Courage, Gil Blas, me dit Rolando, tu viens de faire des merveilles. J'ai eu les yeux attachés sur toi pendant ton expédition ; j'ai observé ta contenance ; je te prédis que tu deviendras un excellent bandit de grand chemin, ou je ne m'y connais pas. »

Alain-René Lesage, *Gil Blas de Santillane*, 1715-1735.

1. Distinguez dans le texte le récit et le discours rapporté. Retrouvez leurs caractéristiques : situation d'énonciation, indices personnels, modes et temps verbaux...

2. NOTION. Retrouvez les différentes étapes de la séquence narrative et donnez-leur un titre.

3. Relevez les traits dominants des trois personnages de l'épisode. En quoi sont-ils pittoresques ?

4. Analysez, après en avoir relevé quelques exemples, l'humour de ce passage.

5. En quoi cet extrait est-il caractéristique du roman picaresque ?

NOTION

La séquence narrative

L'intrigue du roman est constituée d'une série d'épisodes qui s'enchaînent. Chaque épisode constitue une séquence narrative : on y trouve une situation initiale, un élément perturbateur, des péripéties, un événement équilibrant et une situation finale.

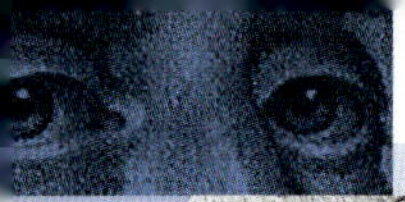

MONTESQUIEU

Nom et prénom : **de Secondat, baron de Montesquieu, Charles-Louis**

Naissance : **18 janvier 1689, au château de La Brède, près de Bordeaux**

Décès : **10 février 1755, à Paris**

Auteur de mémoires, considérations, réflexions sur des matières scientifiques ou historiques; de romans parmi lesquels *Lettres persanes* (1721); d'ouvrages d'analyse, parmi lesquels *De l'esprit des lois* (1748); de Pensées, écrites pour lui-même sans souci de publication.

Montesquieu appartient à une puissante famille de parlementaires de la Gironde. Il fait lui-même des études de droit, avant d'hériter de la charge de son oncle au Parlement de Bordeaux.

À Paris, où il fréquente les salons, la publication des *Lettres persanes* le rend célèbre : l'écrivain entre à l'Académie française en 1727. Mais c'est dans son château de la Brède et son immense bibliothèque que Montesquieu aime se retirer pour écrire.

En 1728, il entreprend un long voyage à travers l'Europe, visitant l'Autriche, la Hongrie, l'Italie, la Prusse, les Pays-Bas et l'Angleterre. Il multiplie les rencontres, s'informe partout sur les mœurs, la religion, l'économie, la politique. C'est ainsi qu'à la fin de sa vie, le romancier brillant s'est effacé devant l'historien qui s'use au travail pour achever son « grand œuvre », *De l'esprit des lois*. Montesquieu meurt quelques années plus tard, entouré de ses amis. Diderot suit son convoi funèbre.

L'ŒUVRE DE MONTESQUIEU

Le maître du roman épistolaire

Dès leur publication, en 1721, les *Lettres persanes* connaissent un immense succès. Le roman par lettres permet à Montesquieu de traverser toutes les formes d'écriture : le récit de voyage, la réflexion satirique, le roman libertin et le conte oriental. À travers le regard que ses deux voyageurs persans jettent sur Paris et la société française, l'écrivain se moque du pouvoir et arrache le lecteur à ses préjugés.

Le penseur politique

C'est dans *De l'esprit des lois* que Montesquieu réunit les thèmes qui ont animé ses recherches et ses réflexions. Il s'interroge sur le pouvoir politique, sur les liens entre le type de gouvernement, les mœurs, le climat et l'économie d'un pays. La publication du texte, en 1748, entraîne une violente bataille. Dénoncé par l'Église, le livre est mis à l'index, c'est-à-dire interdit par le pape. Mais les philosophes le considèrent, selon l'expression de Voltaire, comme « le code de la raison et de la liberté ».

LA PHILOSOPHIE POLITIQUE DE MONTESQUIEU

À travers son œuvre, c'est une véritable réflexion politique que mène Montesquieu. L'écrivain exprime son opposition à la monarchie absolue, de manière ironique et légère dans les *Lettres persanes*, de manière rigoureuse et théorique dans *De l'esprit des lois*. Il souligne la diversité des coutumes, des lois et des institutions, et les différentes formes de gouvernements qui leur correspondent. Aux yeux de Montesquieu, le meilleur système politique est celui de la monarchie modérée. Seule la séparation des pouvoirs exécutif, législatif et judiciaire peut assurer au citoyen la liberté politique et le bonheur. Montesquieu montre ainsi une forme d'optimisme, une foi dans la raison, qui permet à l'homme de s'affranchir des préjugés et de refuser l'autorité quand elle n'est pas juste ni raisonnable.

1717 — Éloge de la sincérité

Les premières œuvres de Montesquieu sont des études scientifiques, des essais historiques et des discours académiques. S'inspirant des écrivains de l'Antiquité, il écrit ainsi un *Éloge de la sincérité*. Le philosophe y analyse l'importance de la sincérité sur le plan politique, en condamnant le courtisan qui flatte le prince, et sur le plan de la vie privée, en s'interrogeant sur le rôle qu'elle joue dans l'amitié.

On croit, par la douceur de la flatterie, avoir trouvé le moyen de rendre la vie délicieuse. Un homme simple qui n'a que la vérité à dire est regardé comme le perturbateur du plaisir public. On le fuit, parce qu'il ne plaît point ; on fuit la vérité qu'il annonce, parce qu'elle est amère ; on fuit la sincérité dont il fait profession, parce qu'elle ne porte que des fruits sauvages ; on la redoute, parce qu'elle humilie, parce qu'elle révolte l'orgueil, qui est la plus chère des passions, parce qu'elle est un peintre fidèle, qui nous fait voir aussi difformes que nous le sommes.

Il ne faut donc pas s'étonner si elle est si rare : elle est chassée, elle est proscrite partout. Chose merveilleuse[1] ! elle trouve à peine un asile dans le sein de l'amitié.

Toujours séduits par la même erreur, nous ne prenons des amis que pour avoir des gens particulièrement destinés à nous plaire : notre estime finit avec leur complaisance ; le terme de l'amitié est le terme des agréments. Et quels sont ces agréments ? qu'est-ce qui nous plaît davantage dans nos amis ? Ce sont les louanges continuelles, que nous levons sur eux comme des tributs[2].

D'où vient qu'il n'y a plus de véritable amitié parmi les hommes ? que ce nom n'est plus qu'un piège, qu'ils emploient avec bassesse pour se séduire ? « C'est, dit un poète, parce qu'il n'y a plus de sincérité. »

En effet, ôter la sincérité de l'amitié, c'est en faire une vertu de théâtre ; c'est défigurer cette reine des cœurs ; c'est rendre chimérique[3] l'union des âmes ; c'est mettre l'artifice dans ce qu'il y a de plus sain, et la gène dans ce qu'il y a de plus libre.

Montesquieu, *Éloge de la sincérité*, 1717.

1. **merveilleuse** : extraordinaire, étonnante, curieuse.
2. **tributs** : impôts, obligations, rançon.
3. **chimérique** : illusoire, vaine.

1. Analysez la construction du passage en repérant les deux parties qui le constituent et en leur donnant un titre.

2. Montesquieu oppose la flatterie à la sincérité. Relevez les caractéristiques qui leur sont attribuées.

3. Expliquez l'image : « cette reine des cœurs » (ligne 19).

4. Au moyen de quels pronoms Montesquieu implique-t-il le lecteur dans son argumentation ? Étudiez leurs valeurs d'emploi.

5. NOTION. Relevez et commentez, dans le texte, un exemple de chacun des procédés de l'art oratoire.

NOTION

L'éloge et les procédés de l'art oratoire

L'éloge célèbre une vertu ou les qualités d'une personne. Il utilise pour cela les procédés de l'art oratoire qui soulignent l'implication du locuteur : les répétitions, les exclamations et les fausses questions, le rythme ternaire, les images, le jeu des oppositions, etc.

1721 — Lettres persanes

Les *Lettres persanes* mettent en scène deux voyageurs persans, Usbek et Rica, qui visitent la France. Ils communiquent leurs observations en envoyant des lettres à leurs amis. À travers leur regard faussement naïf, Montesquieu critique les institutions politiques du royaume et les mœurs de ses contemporains.

RICA À RHEDI *À Venise*

Je trouve les caprices de la mode, chez les Français, étonnants. Ils ont oublié comment ils étaient habillés cet été ; ils ignorent encore plus comment ils le seront cet hiver. Mais surtout, on ne saurait croire combien il en coûte à un mari pour mettre sa femme à la mode.

Que me servirait de te faire une description exacte de leur habillement et de leurs parures ? Une mode nouvelle viendrait détruire tout mon ouvrage, comme celui de leurs ouvriers, et, avant que tu n'eusses reçu ma lettre, tout serait changé.

Une femme qui quitte Paris pour aller passer six mois à la campagne en revient aussi antique que si elle s'y était oubliée trente ans. Le fils méconnaîtrait le portrait de sa mère, tant l'habit avec lequel elle est peinte lui paraît étranger ; il s'imagine que c'est quelque Américaine qui y est représentée, ou que le peintre a voulu exprimer quelqu'une de ses fantaisies.

Quelquefois, les coiffures montent insensiblement, et une révolution les fait descendre tout à coup. Il a été un temps que leur hauteur immense mettait le visage d'une femme au milieu d'elle-même. Dans un autre, c'était les pieds qui occupaient cette place : les talons faisaient un piédestal, qui les tenait en l'air. Qui pourrait le croire ? Les architectes ont été souvent obligés de hausser, de baisser et d'élargir les portes, selon que les parures des femmes exigeaient d'eux ce changement, et les règles de leur art ont été asservies à ces caprices. On voit quelquefois sur un visage une quantité prodigieuse de mouches[1], et elles disparaissent toutes le lendemain. Autrefois, les femmes avaient de la taille et des dents[2] ; aujourd'hui, il n'en est pas question. Dans cette changeante nation, quoi qu'en disent les mauvais plaisants, les filles se trouvent autrement faites que leurs mères.

Il en est des manières de vivre comme des modes : les Français changent de mœurs selon l'âge de leur roi. Le Monarque pourrait même parvenir à rendre la Nation grave, s'il l'avait entrepris.

De Paris, le 8 de la lune de Saphar[3], 1717.

Montesquieu, *Lettres persanes*, Lettre XCIX, 1721.

1. **mouches** : morceaux de tissu noir que l'on pose sur le visage pour séduire.
2. **avoir de la taille et des dents** : mettre en valeur sa silhouette et son sourire.
3. **la lune de Saphar** : le mois d'avril.

1. Relevez les marques de l'épistolaire dans le texte.

2. Analysez la progression de l'argumentation : thèse, arguments, exemples, conclusion.

3. Quel sens donnez-vous au dernier paragraphe ? En quoi le roman épistolaire s'inscrit-il dans la réflexion philosophique des Lumières ?

4. NOTION. Montrez que la lettre de Montesquieu remplit les fonctions de la satire, en vous appuyant sur des exemples précis du texte.

NOTION

Les fonctions de la satire

La satire dénonce les vices et les défauts d'une personne, elle blâme les mœurs ou les institutions d'une époque. Elle recherche le rire du lecteur à travers les procédés de la caricature, mais elle l'invite également à réfléchir sur lui-même et ses contemporains.

1748 De l'esprit des lois

De l'esprit des lois **analyse la diversité des régimes politiques tout au long de l'Histoire. Montesquieu défend avec vigueur le principe de la tolérance, fondé sur la raison et l'amour de l'humanité. Dans ce passage, il combat l'esclavage des Noirs en utilisant l'arme favorite des philosophes du XVIIIe siècle : l'ironie.**

Si j'avais à soutenir le droit que nous avons de rendre les nègres esclaves, voici ce que je dirais :

Les peuples d'Europe ayant exterminé ceux de l'Amérique, ils ont dû mettre en esclavage ceux de l'Afrique, pour s'en servir à défricher tant de terres.

Le sucre serait trop cher, si l'on ne faisait travailler la plante qui le produit par des esclaves.

Ceux dont il s'agit sont noirs depuis les pieds jusqu'à la tête ; et ils ont le nez si écrasé qu'il est presque impossible de les plaindre.

On ne peut se mettre dans l'esprit que Dieu, qui est un être très sage, ait mis une âme, surtout une âme bonne, dans un corps tout noir.

Il est si naturel de penser que c'est la couleur qui constitue l'essence de l'humanité, que les peuples d'Asie, qui font des eunuques, privent toujours les Noirs du rapport qu'ils ont avec nous d'une façon plus marquée.

On peut juger de la couleur de la peau par celle des cheveux, qui, chez les Égyptiens, les meilleurs philosophes du monde, étaient d'une si grande conséquence[1], qu'ils faisaient mourir tous les hommes roux qui leur tombaient entre leurs mains.

Une preuve que les nègres n'ont pas le sens commun, c'est qu'ils font plus de cas d'un collier de verre que de l'or, qui, chez les nations policées[2], est d'une si grande conséquence.

Il est impossible que nous supposions que ces gens-là soient des hommes ; parce que, si nous les supposions des hommes, on commencerait à croire que nous ne sommes pas nous-mêmes chrétiens.

De petits esprits exagèrent trop l'injustice que l'on fait aux Africains. Car, si elle était telle qu'ils le disent, ne serait-il pas venu dans la tête des princes d'Europe, qui font entre eux tant de conventions inutiles, d'en faire une générale en faveur de la miséricorde et de la pitié ?

Montesquieu, *De l'esprit des lois,* chapitre XV, 5, 1748.

1. **conséquence** : importance.
2. **policées** : civilisées, cultivées.

1. Quelle est la situation d'argumentation mise en place par la première phrase du texte ?

2. Repérez les différents arguments des esclavagistes. Relevez des exemples d'égoïsme, d'absurdité, de contradictions et de mauvaise foi.

3. NOTION. Relevez des exemples d'antiphrases et analysez leur rôle dans ce texte.

4. Selon vous, à qui l'expression « de petits esprits » (l. 23) renvoie-t-elle ? Quel est le message contenu dans le dernier paragraphe ?

5. En définitive, ce texte constitue-t-il un plaidoyer ou un réquisitoire ?

NOTION

L'ironie et l'antiphrase

L'ironie consiste à feindre de suivre l'opinion de son adversaire, pour mieux le ridiculiser ou montrer l'absurdité de ses arguments. Elle utilise l'antiphrase, un procédé qui consiste à dire le contraire de ce qu'on veut faire comprendre au lecteur.

Les Lumières

Le mouvement des Lumières se propage en Europe tout au long du XVIIIe siècle. Il propose une conception de l'homme capable de dissiper les ténèbres de l'ignorance pour penser par lui-même. Conduits par la raison et l'esprit critique, les écrivains des Lumières défendent les valeurs nouvelles et contribuent à la transformation profonde de la société.

L'HISTOIRE DU MOUVEMENT

Après la mort de Louis XIV, en 1715, les salons littéraires, les cafés, les journaux profitent de la libéralisation du pouvoir pour discuter les idées nouvelles qui se répandent. C'est ainsi que se forme un vaste mouvement littéraire et culturel européen.

L'essor de l'esprit critique

Le mouvement des Lumières prend naissance à la fin du XVIIe siècle, à partir d'une nouvelle forme de raisonnement, qu'on retrouve à la fois chez les scientifiques, comme Newton, chez les philosophes comme Locke, mais aussi chez les historiens et les écrivains. S'appuyant sur l'expérimentation et l'analyse critique, Fontenelle dénonce ainsi la croyance aux miracles, tandis que le *Dictionnaire historique et critique* de Bayle corrige les erreurs acceptées par tous jusque-là.

Le mot « lumières »

Le XVIIIe siècle utilise l'image des « lumières » pour exprimer la volonté d'éclairer les hommes par la raison. Le rayonnement des sciences remplace celui de la religion. Les savants, les écrivains, les artistes partagent le même idéal : ils se donnent pour mission de lutter contre l'aveuglement des préjugés, les croyances absurdes et les superstitions héritées des siècles précédents.

La Vérité enlevant son masque à la Superstition. Frontispice des *Pensées philosophiques* de Diderot.

Fontenelle méditant sur la pluralité des mondes.

L'engagement de l'écrivain philosophe

Dans la première moitié du XVIIIe siècle, les œuvres de Montesquieu et de Voltaire défient la censure en multipliant leurs attaques contre la monarchie absolue et le pouvoir de l'Église. À partir de 1749, le mot « philosophe » désigne ceux qui partagent le même idéal de diffusion des connaissances, la même confiance en la nature de l'homme, le même espoir de renouvellement social. De 1751 à 1772, l'*Encyclopédie* de Diderot et d'Alembert, lue dans l'Europe entière, répond à cette ambition de favoriser le progrès des esprits et des mœurs. En 1762, le *Contrat social* de Rousseau propose aux citoyens une nouvelle organisation politique fondée sur la notion de contrat entre le pouvoir et les hommes.

Charles de Secondat, baron de Montesquieu.

Jean-Jacques Rousseau.

Le triomphe des Lumières

En 1776, la Déclaration d'indépendance des États-Unis fonde une société basée sur la liberté et l'égalité de tous. Sous le règne de Louis XVI, des hommes politiques comme Turgot ou Necker tentent d'appliquer les réformes inspirées par les écrivains philosophes. Leur échec conduit à la Révolution française, en 1789, qui voit le triomphe et l'aboutissement des Lumières. L'exemple de Condorcet en témoigne : mathématicien, ami des philosophes, député, il exprime avec ferveur sa foi dans la raison, la tolérance et l'humanité.

DE L'ESPRIT DES LOIX

Ou du rapport que les Loix doivent avoir avec la Constitution de chaque Gouvernement, les Mœurs, le Climat, la Religion, le Commerce, &c.

à quoi l'Auteur a ajouté

Des recherches nouvelles sur les Loix Romaines touchant les Successions, sur les Loix Françoises, & sur les Loix Féodales.

TOME PREMIER.

A GENEVE,

Chez Barrillot & Fils.

Une librairie au XVIIIe siècle, à Amsterdam.

LES PRINCIPES DU MOUVEMENT

Exercer l'esprit critique

Les Lumières revendiquent un état d'esprit et une démarche scientifique, le rationalisme, fondés sur l'expérience, l'analyse des faits et le raisonnement logique.

Combattre les préjugés

Les Lumières opposent la passion de la vérité aux superstitions et la diffusion des connaissances à la censure exercée par le pouvoir.

Multiplier les formes de la polémique

Les Lumières militent à travers une littérature de combat, qu'ils mettent au service des idées nouvelles : lettres et dialogues argumentatifs, contes philosophiques, essais, pamphlets, dictionnaires.

Une soirée au salon de Madame Geoffrin, où les écrivains présentent leurs œuvres nouvelles.

LES THÈMES ESSENTIELS DES LUMIÈRES

La littérature, mais aussi la musique ou la peinture, développent à travers l'Europe des thèmes communs qui témoignent de l'importance des Lumières.

Le regard de l'Autre

L'écrivain philosophe fait découvrir au lecteur ses préjugés à travers le regard qu'un étranger porte sur la société européenne.

La prison de la Bastille, en 1702, symbole du pouvoir absolu contre lequel luttent les philosophes.

La tolérance et la raison

L'homme des Lumières dénonce au nom de la raison le fanatisme religieux, les superstitions et toutes les formes d'aveuglement qui rendent intolérant.

L'égalité et la justice

L'esprit critique s'exerce à l'encontre des privilèges de la noblesse et du clergé pour réclamer une monarchie éclairée, soucieuse de justice et d'égalité.

Le bonheur naturel

Les artistes, marqués par le récit des grands voyageurs, imaginent des sociétés heureuses au contact de la nature.

Le dîner des philosophes : Voltaire entouré de d'Alembert, Diderot, Condorcet. Peinture à l'huile par Jean Huber.

La science au service des Lumières

Au XVIIIe siècle, les mathématiciens, les physiciens, les historiens mettent l'homme au centre de leurs travaux. Buffon, dans les trente-six volumes de son *Histoire naturelle*, s'attache à l'observation de la réalité pour mettre en évidence « le grand œuvre de la nature ». Il explique la formation de l'univers, l'évolution des espèces animales et de l'humanité, sans recourir au discours religieux, mais en suivant une démarche scientifique. De l'*Encyclopédie* à l'*Esquisse d'un tableau historique des progrès de l'esprit humain* de Condorcet, le même esprit rigoureux inspire ainsi les œuvres des écrivains philosophes.

Buffon, l'auteur de l'*Histoire naturelle*, dans son cabinet.

Les Attributs des sciences, par Chardin, 1731.

Les grandes œuvres des Lumières

Littérature
- Montesquieu, *Lettres persanes*, 1721.
- Diderot et d'Alembert, *Encyclopédie*, 1751.
- Rousseau, *Du contrat social*, 1762.
- Voltaire, *Dictionnaire philosophique*, 1764.

Sciences
- Buffon, *Histoire naturelle*, 1749-1789.

Peinture
- Boucher, *Portrait de Madame de Pompadour*, 1750.
- David, *Le Serment des Horace*, 1786.

Musique
- Rameau, *Les Indes galantes*, 1735.
- Mozart, *La Flûte enchantée*, 1791.

MARIVAUX

Nom et prénom : **Carlet de Chamblain de Marivaux, Pierre**

Naissance : **4 février 1688, à Paris**

Décès : **12 février 1763, à Paris**

Marivaux passe sa jeunesse en Auvergne. À Paris, après des études d'avocat, il se lance dans la littérature. Il épouse Colombe Bologne en 1717, dont il a une fille. Très vite, ses articles de journaux et ses écrits satiriques révèlent un ton brillant et original. Ruiné par la banqueroute de Law, il se tourne vers le théâtre, en créant une comédie nouvelle fondée sur la confusion des sentiments. Gianetta Benozzi, surnommée Silvia, tient le rôle principal de ses pièces. Célèbre, Marivaux fréquente les salons littéraires et gagne de nouveaux lecteurs à travers deux romans d'apprentissage : *La Vie de Marianne* et *Le Paysan parvenu*. Il est élu à l'Académie française à cinquante-cinq ans. Mais le goût change. Son influence décroît. Silvia, qui fut sa brillante interprète, meurt en 1758. Marivaux meurt le 12 février 1763. On ignore où son corps est enterré.

Auteur de journaux, d'écrits satiriques, de pièces de théâtre, parmi lesquelles : *Arlequin poli par l'amour* (1720), *La Surprise de l'amour* (1722), *La Double Inconstance* (1723), *L'Île des esclaves* (1725), *Le Jeu de l'amour et du hasard* (1730), *Les Fausses Confidences* (1737) ; de romans : *La Vie de Marianne* (1731-1741), *Le Paysan parvenu* (1735).

LE MARIVAUDAGE ET LES SURPRISES DE L'AMOUR

Alors que, dans la comédie classique, les obstacles à l'amour viennent de l'extérieur, ce sont les personnages eux-mêmes qui, dans les comédies de Marivaux, s'interrogent sur leurs sentiments. Pour savoir s'ils aiment, ils ont recours aux déguisements, et doivent faire tomber en eux les préjugés de l'amour-propre jusqu'à l'aveu final. Le réalisme de la différence sociale entre maîtres et valets alterne avec le romanesque du travestissement. On appelle marivaudage cette finesse du dialogue qui répond à l'exploration du cœur par lui-même. Les répliques semblent en avance sur la conscience que les personnages ont de leurs propres sentiments. C'est ce qui fait du théâtre de Marivaux cette fête du langage, du cœur et de l'esprit.

Objet d'étude Le théâtre : les genres et registres (le comique et le tragique)

1723

La Surprise de l'amour

Dans le théâtre de Marivaux, les personnages sont tous confrontés aux « surprises de l'amour ». Ainsi, à la suite d'une déception sentimentale, Lélio et son valet Arlequin font le serment de ne plus tomber amoureux. Mais l'amour finira par triompher dans cette comédie pleine de grâce et de légèreté.

LELIO, ARLEQUIN, *tous deux d'un air triste.*

LELIO. – Le temps est sombre aujourd'hui.

ARLEQUIN. – Ma foi, oui, il est aussi mélancolique que nous.

LELIO. – Oh ! on n'est pas toujours dans la même disposition ; l'esprit, aussi bien que le temps, est sujet à des nuages.

ARLEQUIN. – Mais je trouve toujours le temps vilain, quand je suis triste.

LELIO. – C'est que tu as quelque chose qui te chagrine.

ARLEQUIN. – Non.

LELIO. – Tu n'as donc point de tristesse ?

ARLEQUIN. – Si fait.

LELIO. – Dis donc pourquoi ?

ARLEQUIN. – Pourquoi ? En vérité, je n'en sais rien ; c'est peut-être que je suis triste de ce que je ne suis pas gai.

LELIO. – Va, tu ne sais ce que tu dis.

ARLEQUIN. – Avec cela, il me semble que je ne me porte pas bien.

LELIO. – Ah ! si tu es malade, c'est une autre affaire.

ARLEQUIN. – Je ne suis pas malade non plus.

LELIO. – Es-tu fou ? Si tu n'es pas malade, comment trouves-tu donc que tu n'es pas bien ?

ARLEQUIN. – Tenez, Monsieur, je bois à merveille, je mange de même, je dors comme une marmotte ; voilà ma santé.

LELIO. – C'est une santé de crocheteur[1] ; un honnête homme serait heureux de l'avoir.

ARLEQUIN. – Cependant, je me sens pesant et lourd ; j'ai une fainéantise dans les membres ; je bâille sans sujet ; je n'ai du courage qu'à mes repas ; tout me déplaît. Je ne vis pas, je traîne ; quand le jour est venu, je voudrais qu'il fût nuit ; quand il est nuit, je voudrais qu'il fût jour : voilà ma maladie ; voilà comment je me porte bien et mal.

LELIO. – Je t'entends[2], c'est un peu d'ennui qui t'a pris ; cela se passera. As-tu sur toi ce livre qu'on m'a envoyé de Paris ?... Réponds donc.

ARLEQUIN. – Monsieur, avec votre permission, que je passe de l'autre côté.

LELIO. – Que veux-tu donc ? Qu'est-ce que cette cérémonie ?

ARLEQUIN. – C'est pour ne pas voir sur cet arbre deux petits oiseaux qui sont amoureux ; cela me tracasse. J'ai juré de ne plus faire l'amour[3] ; mais quand je le vois faire, j'ai presque envie de manquer de parole à mon serment, cela me raccommode avec ces pestes de femmes ; et puis c'est le diable de me refâcher contre elles.

LELIO. – Eh ! mon cher Arlequin, me crois-tu plus exempt que toi de ces petites inquiétudes-là ? Je me ressouviens qu'il y a des femmes au monde, qu'elles sont aimables, et ce ressouvenir ne va pas sans quelques émotions de cœur ; mais ce sont ces émotions-là qui me rendent inébranlable dans la résolution de ne plus voir de femmes.

Marivaux, *La Surprise de l'amour*,
Acte I, scène 2, 1723.

1. **crocheteur** : qui porte de lourdes charges.
2. **je t'entends** : je te comprends.
3. **faire l'amour** : faire la cour, séduire les femmes.

1. Quelles informations le dialogue apporte-t-il aux spectateurs sur la situation de chacun des personnages ? Pourquoi peut-on parler de scène d'exposition ?

2. Quels rapports le maître et le valet semblent-ils entretenir ? Analysez les indices de l'énonciation, les niveaux de langage et l'expression des sentiments dans le texte.

3. Étudiez l'enchaînement des répliques de manière à mettre en évidence la progression du dialogue.

4. NOTION. Repérez les répliques qui témoignent du marivaudage. Analysez l'opposition sur laquelle elles reposent.

NOTION

Le marivaudage

On parle de marivaudage lorsque les personnages s'interrogent sur leurs propres sentiments. Ils sont partagés entre leur amour-propre et leur désir d'aimer. S'inscrivant dans le registre comique, les comédies de Marivaux provoquent le sourire du spectateur. Elles jouent sur la confusion des sentiments qu'éprouvent les personnages, passant de la mélancolie à la quête du bonheur.

1730 Le Jeu de l'amour et du hasard

Dans *Le Jeu de l'amour et du hasard*, Sylvia échange ses vêtements avec sa servante Lisette pour connaître les sentiments de Dorante, qu'elle doit épouser. Mais celui-ci fait la même chose avec son valet… Les deux personnages se découvrent peu à peu, sans savoir qui ils sont vraiment.

SILVIA, *déguisée en Lisette, sa servante, à part.* – Mais en vérité, voilà un garçon qui me surprend, malgré que j'en aie… *(Haut.)* Dis-moi, qui es-tu, toi qui me parles ainsi ?

DORANTE, *déguisé en Bourguignon, son valet.* – Le fils d'honnêtes gens qui n'étaient pas riches.

SILVIA. – Va, je te souhaite de bon cœur une meilleure situation que la tienne, et je voudrais pouvoir y contribuer ; la fortune[1] a tort avec toi.

DORANTE. – Ma foi, l'amour a plus tort qu'elle ; j'aimerais mieux qu'il me fût permis de te demander ton cœur, que d'avoir tous les biens du monde.

SILVIA, *à part.* – Nous voilà, grâce au ciel, en conversation réglée[2]. *(Haut.)* Bourguignon, je ne saurais me fâcher des discours que tu me tiens ; mais, je t'en prie, changeons d'entretien ; venons à ton maître ; tu peux te passer de me parler d'amour, je pense ?

DORANTE. – Tu pourrais bien te passer de m'en faire sentir, toi.

SILVIA. – Aïe ! je me fâcherai ; tu m'impatientes. Encore une fois, laisse là ton amour.

DORANTE. – Quitte donc ta figure.

SILVIA, *à part.* – À la fin, je crois qu'il m'amuse… *(Haut.)* Eh, bien, Bourguignon, tu ne veux donc pas finir ? faudra-t-il que je te quitte ? *(À part.)* Je devrais l'avoir fait.

DORANTE. – Attends, Lisette, je voulais moi-même te parler d'autre chose, mais je ne sais plus ce que c'est.

SILVIA. – J'avais de mon côté quelque chose à te dire ; mais tu m'as fait perdre mes idées aussi, à moi.

DORANTE. – Je me rappelle de t'avoir demandé si ta maîtresse te valait.

SILVIA. – Tu reviens à ton chemin par un détour ; adieu.

DORANTE. – Eh ! non, te dis-je, Lisette ; il ne s'agit ici que de mon maître.

SILVIA. – Eh bien, soit ! je voulais te parler de lui aussi, et j'espère que tu voudras bien me dire confidemment ce qu'il est ; ton attachement pour lui m'en donne bonne opinion ; il faut qu'il ait du mérite, puisque tu le sers.

Marivaux, *Le Jeu de l'amour et du hasard*, Acte I, scène 7, 1730.

1. **la fortune** : le hasard de la naissance.
2. **en conversation réglée** : en discussion amoureuse.

1. Quels sentiments les deux personnages éprouvent-ils l'un pour l'autre ? Pourquoi Silvia repousse-t-elle Dorante ?

2. Relevez les apartés. Quelle est leur fonction ?

3. Analysez les noms des personnages. Que révèlent-ils ?

4. Étudiez la vivacité du dialogue dans les lignes 5 à 20 en relevant des exemples de répétitions et de parallélismes dans l'enchaînement des répliques.

5. NOTION. Montrez comment le jeu des acteurs est déterminé par le quiproquo mis en place au début de la pièce de Marivaux.

NOTION

Le quiproquo dans la comédie

Le quiproquo est un malentendu sur un personnage, un objet ou une situation qui est pris pour un autre. C'est un ressort de la comédie. Il permet à l'action de rebondir en entretenant la confusion. Grâce à la double énonciation, il provoque le rire du spectateur qui, seul, est au courant de la méprise dont sont victimes les personnages.

1731-1742 La Vie de Marianne

À l'âge de cinquante ans, Marianne écrit à une amie le récit de sa vie. Jeune orpheline, ignorant l'identité de ses parents, elle est mise en pension chez une lingère. Au cours d'une cérémonie religieuse, elle est séduite par les regards d'un jeune homme dont elle tombe amoureuse.

Enfin, on sortit de l'église ; et je me souviens que j'en sortis lentement, que je retardais mes pas, que je regrettais la place que je quittais, et que je m'en allais avec un cœur à qui il manquait quelque chose, et qui ne savait pas ce que c'était. Je dis qu'il ne le savait pas, c'est peut-être trop dire ; car, en m'en allant, je retournais souvent la tête pour revoir encore le jeune homme que je laissais derrière moi ; mais je ne croyais pas me retourner pour lui.

De son côté, il parlait à des personnes qui l'arrêtaient, et mes yeux rencontraient toujours les siens.

La foule à la fin m'enveloppa et m'entraîna avec elle ; je me trouvai dans la rue, et je pris tristement le chemin de la maison.

Je ne pensais plus à mon ajustement[1] en m'en retournant ; je négligeais ma figure, et ne me souciais plus de la faire valoir.

J'étais si rêveuse, que je n'entendis pas le bruit d'un carrosse qui venait derrière moi, et qui allait me renverser, et dont le cocher s'enrouait à me crier : « Gare ! »

Son dernier cri me tira de ma rêverie ; mais le danger où je me vis m'étourdit si fort, que je tombai en voulant fuir, et me blessai le pied en tombant.

Les chevaux n'avaient plus qu'un pas à faire pour marcher sur moi : cela alarma tout le monde ; on se mit à crier ; mais celui qui cria le plus fort fut le maître de cet équipage[2], qui en sortit aussitôt, et qui vint à moi : j'étais encore à terre, d'où malgré mes efforts je n'avais pu me relever.

On me releva pourtant, ou plutôt on m'enleva, car on vit bien qu'il m'était impossible de me soutenir. Mais jugez de mon étonnement, quand, parmi ceux qui s'empressaient à me secourir, je reconnus le jeune homme que j'avais laissé à l'église ! C'était lui à qui appartenait le carrosse, sa maison n'était qu'à deux pas plus loin ; et ce fut où il voulut qu'on me transporta.

Marivaux, *La Vie de Marianne,* 1731-1742.

1. mon ajustement : ma tenue, mes vêtements.
2. cet équipage : les chevaux du carrosse.

1. Identifiez auteur, narrateur et personnage principal de ce récit. De quel type de roman s'agit-il ?

2. Commentez le choix de ce mode de narration par l'auteur en relevant les passages qui permettent de connaître les sentiments intimes de Marianne.

3. NOTION. Repérez dans le texte ce qui appartient au moment de la narration et ce qui appartient à l'époque de la fiction. Identifiez et commentez les temps utilisés dans les deux cas.

4. Quel est l'effet recherché par la succession rapide des paragraphes ?

5. En quoi cette scène peut-elle être qualifiée de romanesque ? Quelles sont les attentes qu'elle crée chez le lecteur ?

NOTION

Le discours dans le récit

Dans un récit à la première personne, les temps du discours (présent, passé composé, futur...) correspondent aux moments, où le narrateur-personnage interrompt la narration des événements pour les commenter ou pour interpeller le lecteur.

PRÉVOST

Nom et prénom : **Prévost, Antoine-François**

Pseudonyme : **Prévost d'Exiles**

Naissance : **1er avril 1697, à Hesdin en Artois**

Décès : **25 novembre 1763, près de Chantilly**

Profondément affecté par la mort de sa mère puis celle de sa sœur, Prévost quitte le collège pour s'engager dans l'armée. Dès lors, il se partage entre Paris, la Hollande et l'Angleterre. En 1721, il prononce les vœux ecclésiastiques. Mais la vie monacale lui pèse. Prévost écrit un roman, abandonne le couvent, se réfugie à Londres. Il rejoint la Hollande et poursuit son œuvre de romancier. Son pseudonyme, Prévost d'Exiles, exprime cette vie d'errance qui le conduit de nouveau à Londres où il fonde un journal. En 1734, l'abbé Prévost regagne la France et devient l'aumônier du prince de Conti, même s'il ne dit jamais la messe. Prévost est célèbre mais ne s'est pas assagi : menacé de la Bastille pour dettes, il fuit à nouveau. Il finit par s'installer à Chantilly et meurt d'une attaque d'apoplexie au cours d'une promenade.

Auteur de nombreux romans, dont : *Mémoires et Aventures d'un homme de qualité*, dont le tome VII est constitué par *l'Histoire du chevalier Des Grieux* et de *Manon Lescaut* (1728-1731), *Histoire de M. Cleveland* (1731-1739), *Histoire d'une Grecque moderne* (1740) ; d'un périodique : le *Pour et Contre* (1733) ; d'une volumineuse *Histoire générale des voyages* (1746-1759).

MANON LESCAUT OU LE ROMAN DE LA PASSION AMOUREUSE

L'œuvre romanesque de Prévost est considérable mais il laisse surtout à la postérité le roman d'un amour fatal : *Manon Lescaut*. C'est l'histoire tragique des amants passionnés et sans cesse partagés entre la plénitude de l'amour et les menaces de la société, entre la complicité et l'infidélité. Les scènes réalistes, liées au besoin d'argent, et les scènes tragiques de séparation et d'enfermement se mêlent tout au long du roman. Le récit d'aventures se double d'une méditation sur le destin et la fatalité de l'amour. Le personnage de Manon s'impose d'autant plus dans la mémoire du lecteur qu'elle n'a d'existence que par la parole de Des Grieux. Le narrateur fait revivre celle pour qui il a tout abandonné, renouant ainsi, au-delà de la mort, le dialogue des amants.

Objet d'étude Le roman et ses personnages : visions de l'homme et du monde

1731 — Manon Lescaut

Avec le personnage de Manon Lescaut, Prévost s'impose comme le romancier de l'amour fou. En faisant l'histoire de sa vie, le narrateur, Des Grieux, raconte comment il a sacrifié honneur, gloire, famille, au vertige de la passion amoureuse. L'instant de la première rencontre décide ainsi de la naissance d'un amour fatal pour la belle Manon.

J'avais marqué[1] le temps de mon départ d'Amiens. Hélas ! que ne le marquais-je un jour plus tôt ! j'aurais porté chez mon père toute mon innocence. La veille même de celui que je devais quitter cette ville, étant à me promener avec mon ami, qui se nommait Tiberge, nous vîmes arriver le coche d'Arras, et nous le suivîmes jusqu'à l'hôtellerie où ces voitures descendent. Nous n'avions pas d'autre motif que la curiosité. Il en sortit quelques femmes, qui se retirèrent aussitôt. Mais il en resta une, fort jeune, qui s'arrêta seule, dans la cour, pendant qu'un homme d'un âge avancé, qui paraissait lui servir de conducteur, s'empressait pour faire tirer son équipage des paniers[2]. Elle me parut si charmante que moi, qui n'avais jamais pensé à la différence des sexes, ni regardé une fille avec un peu d'attention, moi, dis-je, dont tout le monde admirait la sagesse et la retenue, je me trouvais enflammé tout à coup jusqu'au transport. J'avais le défaut d'être excessivement timide et facile à déconcerter; mais, loin d'être arrêté alors par cette faiblesse, je m'avançai vers la maîtresse de mon cœur. Quoiqu'elle fût encore moins âgée que moi, elle reçut mes politesses sans paraître embarrassée. Je lui demandai ce qui l'amenait à Amiens et si elle y avait quelques personnes de connaissance. Elle me répondit ingénument qu'elle y était envoyée par ses parents pour être religieuse. L'amour me rendait déjà si éclairé, depuis un moment qu'il était dans mon cœur, que je regardai ce dessein[3] comme un coup mortel pour mes désirs. Je lui parlai d'une manière qui lui fit comprendre mes sentiments, car elle était bien plus expérimentée que moi. C'était malgré elle qu'on l'envoyait au couvent, pour arrêter sans doute son penchant au plaisir, qui s'était déjà déclaré et qui a causé, dans la suite, tous ses malheurs et les miens. Je combattis la cruelle intention de ses parents par toutes les raisons que mon amour naissant et mon éloquence scolastique[4] purent me suggérer. Elle n'affecta ni rigueur ni dédain. Elle me dit, après un moment de silence, qu'elle ne prévoyait que trop qu'elle allait être malheureuse, mais que c'était apparemment la volonté du Ciel, puisqu'il ne lui laissait nul moyen de l'éviter.

La douceur de ses regards, un air charmant de tristesse en prononçant ces paroles, ou, plutôt, l'ascendant de ma destinée qui m'entraînait à ma perte, ne me permirent pas de balancer[5] un moment sur ma réponse. Je l'assurai que, si elle voulait faire quelque fond[6] sur mon honneur et sur la tendresse infinie qu'elle m'inspirait déjà, j'emploierais ma vie pour la délivrer de la tyrannie de ses parents et pour la rendre heureuse. Je me suis étonné mille fois, en y réfléchissant, d'où me venait alors tant de hardiesse et de facilité à m'exprimer; mais on ne ferait pas une divinité de l'amour, s'il n'opérait souvent des prodiges. J'ajoutai mille choses pressantes. Ma belle inconnue savait bien qu'on est point trompeur à mon âge; elle me confessa que, si je voyais quelque jour à la pouvoir mettre en liberté, elle croirait m'être redevable de quelque chose de plus cher que la vie. Je lui répétai que j'étais prêt à tout entreprendre, mais, n'ayant point assez d'expérience pour imaginer tout d'un coup les moyens de la servir, je m'en tenais à cette assurance générale, qui ne pouvait être d'un grand secours pour elle et pour moi.

Antoine-François Prévost, *Histoire du chevalier Des Grieux et de Manon Lescaut,* 1731.

1. **j'avais marqué** : j'avais fixé.
2. **paniers** : grandes caisses d'osier pour les bagages.
3. **ce dessein** : ce projet.
4. **scolastique** : apprise à l'école.
5. **de balancer** : d'hésiter.
6. **faire quelque fond** : croire, accorder confiance.

1. Dans quelles circonstances Des Grieux rencontre-t-il Manon ? Quelle situation romanesque le récit met-il ainsi en scène ?

2. Étudiez le portrait de Manon telle qu'elle apparaît dans cette première rencontre : traits physiques, traits de caractère, attitudes et comportement, situation sociale.

3. Indiquez ce qui, dans l'attitude de Des Grieux, témoigne du caractère irrésistible de la passion amoureuse.

4. À travers quelles remarques annonce-t-il au lecteur que son amour sera malheureux ?

5. NOTION. Relevez l'ensemble des informations apportées par le narrateur sur lui-même. Confrontez les deux portraits de Des Grieux, avant et après la rencontre de Manon.

NOTION

L'autobiographie imaginaire

L'autobiographie imaginaire est un texte de fiction qui prend l'apparence d'une autobiographie. Le héros, personnage fictif, revient sur son passé. Il rapporte ses aventures en écrivant l'histoire de sa vie à la première personne. Il traduit ainsi une vision originale de l'homme et du monde.

Auteur de romans dont : *L'Écumoire* (1734), *Les Égarements du cœur et de l'esprit* (1738), *Le Sopha* (1740).

CRÉBILLON

Nom et prénom : **Jolyot de Crébillon, Claude**

Naissance : **31 janvier 1707, à Paris**

Décès : **12 avril 1777, à Paris**

Claude de Crébillon fait ses études au collège Louis-le-Grand, où les Jésuites enseignent à leurs élèves l'éloquence et la littérature. Fils d'un auteur dramatique célèbre, Crébillon a ses entrées gratuites au théâtre. Il fréquente ainsi les coulisses de la Comédie-Italienne. Mais c'est au roman que le jeune écrivain consacre tous ses talents. En 1734, *L'Écumoire*, qui fait un tableau satirique de la cour de Louis XV, lui vaut d'être enfermé au château de Vincennes. De même, *Le Sopha*, en 1742, le fait exiler à trente lieues de Paris. Chaque semaine, Crébillon retrouve ses amis au cours d'un repas où il multiplie chansons et traits d'esprit contre les ridicules de leurs contemporains. Grâce à l'appui de la marquise de Pompadour, Crébillon succède à son père à la place de censeur royal, qu'il occupe jusqu'à sa mort, à l'âge de soixante-dix ans.

CRÉBILLON ET LE PORTRAIT DU LIBERTIN

Claude de Crébillon montre dans ses romans la société galante du XVIIIe siècle. Il décrit les manœuvres des séducteurs qui, par vanité, par goût du plaisir, multiplient les conquêtes : « On se plaît, on se prend. S'ennuie-t-on l'un de l'autre ? on se quitte avec tout aussi peu de cérémonie que l'on s'est pris. » À la cour, à l'opéra, dans les salons et les boudoirs, le libertin brille par son insolence et son esprit. Il maîtrise parfaitement l'art de la conversation qui lui permet de séduire. L'œuvre de Crébillon met ainsi en scène la cour de Louis XV, la société aristocratique, l'hypocrisie mondaine et le langage des salons. Elle montre la noblesse désœuvrée, à travers le regard étonné, puis cynique, du jeune héros des *Égarements du cœur et de l'esprit*.

Objet d'étude Le roman et ses personnages : visions de l'homme et du monde

1736 — Les Égarements du cœur et de l'esprit

À l'âge de dix-sept ans, Meilcour, le narrateur et héros des *Égarements du cœur et de l'esprit*, s'initie au monde des salons aristocratiques. Il y fait ses premières rencontres amoureuses et découvre le type du grand seigneur libertin qu'incarne Versac. Celui-ci s'impose aux yeux du jeune homme comme un modèle qui le fascine et qu'il veut imiter.

Versac, de qui j'aurai beaucoup à parler dans la suite de ces Mémoires, joignait à la plus haute naissance l'esprit le plus agréable, et la figure la plus séduisante. Adoré de toutes les femmes qu'il trompait et déchirait sans cesse, vain, impérieux[1], étourdi : le plus audacieux petit-maître[2] qu'on eût jamais vu et plus cher peut-être à leurs yeux par ces mêmes défauts, quelque contraires qu'ils leur soient. Quoi qu'il en puisse être, elles l'avaient mis à la mode dès l'instant qu'il était entré dans le monde, et il était depuis dix ans en possession de vaincre les plus insensibles, de fixer les plus coquettes et de déplacer[3] les amants les plus accrédités ; ou, s'il lui était arrivé de ne pas réussir, il avait toujours su tourner les choses si bien à son avantage, que la Dame n'en passait pas moins pour lui avoir appartenu. Il s'était fait un jargon extraordinaire qui, tout apprêté qu'il était, avait cependant l'air naturel. Plaisant de sang-froid et toujours agréable, soit par le fond des choses, soit par la tournure neuve dont il les décorait, il donnait un charme nouveau à ce qu'il rendait d'après les autres, et personne ne redisait comme lui ce dont il était l'inventeur. Il avait composé les grâces de sa personne comme celles de son esprit, et savait se donner de ces agréments singuliers qu'on ne peut ni attraper ni définir. Il y avait cependant peu de gens qui ne voulussent l'imiter, et parmi ceux-là, aucun qui n'en devînt plus désagréable. Il semblait que cette heureuse impertinence fût un don de la nature, et qu'elle n'avait pu faire qu'à lui. Personne ne pouvait lui ressembler, et moi-même, qui ai marché si avantageusement sur ses traces, et qui parvins enfin à mettre la cour et Paris entre nous deux, je me suis vu longtemps au nombre de ces copies gauches et contraintes qui, sans posséder aucune de ses grâces, ne faisaient que défigurer ses défauts et les ajouter aux leurs. Vêtu superbement, il l'était toujours avec goût et avec noblesse, et il avait l'air seigneur, même lorsqu'il l'affectait le plus.

Versac, tel qu'il était, m'avait toujours plu beaucoup. Je ne le voyais jamais sans l'étudier et sans chercher à me rendre propres ces airs fastueux que j'admirais tant en lui. Madame de Meilcour[4] qui, simple et sans art, trouvait ridicule tout ce qui n'était pas naturel, avait reconnu le goût que j'avais pour Versac, et en avait frémi. Par cette raison, plus encore que par l'éloignement qu'elle avait pour les gens du caractère de Versac, elle ne le souffrait[5] qu'impatiemment ; mais les égards qu'on se doit dans le monde et qui, entre personnes d'un rang distingué, s'observent avec une extrême exactitude, l'obligeaient de se contraindre.

Il entra avec fracas, fit à Madame de Meilcour une révérence distraite, à moi, une moins ménagée encore, parla un peu de choses indifférentes, et se mit à médire de tant de monde que ma mère ne put s'empêcher de lui demander ce que lui avait fait toute la terre pour la déchirer perpétuellement.

« Eh ! parbleu, Madame, répondit-il, que ne me demandez-vous plutôt ce que j'ai fait à toute la terre, pour en être perpétuellement déchiré ? »

Claude de Crébillon, *Les Égarements du cœur et de l'esprit*, 1738.

1. **impérieux** : autoritaire, énergique.
2. **petit-maître** : seigneur à la mode.
3. **déplacer** : remplacer.
4. **Madame de Meilcour** : la mère du narrateur.
5. **elle ne le souffrait** : elle ne le supportait.

1. Qui prend en charge le récit ? Indiquez quel est le mode de narration choisi par le romancier. Quelles sont selon vous les raisons de ce choix ?

2. Le récit de Meilcour rapporte-t-il les événements dans l'ordre chronologique de leur apparition ou, au contraire, procède-t-il à des retours en arrière et à des anticipations ? Justifiez votre réponse.

3. Quels sentiments Madame de Meilcour éprouve-t-elle à l'égard de Versac ? Comment se manifeste l'affrontement des deux personnages ?

4. NOTION. Relevez sous forme de tableau l'ensemble des caractéristiques de Versac : physique, caractère, comportement, situation sociale. Quels sentiments Versac inspire-t-il au narrateur ?

NOTION

Le portrait romanesque

Le portrait romanesque est la description physique, morale et psychologique d'un personnage. Dans le récit à la première personne, il apparaît à travers le regard du narrateur qui donne des informations en livrant ses propres sentiments, son propre jugement.

Auteur de *Mémoires* (écrits entre 1739 et 1750).

SAINT-SIMON

Nom et prénom : **de Rouvroy, duc de Saint-Simon, Louis**

Naissance : **15 janvier 1675, à Paris**

Décès : **2 mars 1755, à Paris**

Enfant chétif, mais doté d'une grande énergie, Louis de Saint-Simon est élevé par son père dans le culte de la grande noblesse. Il a l'idée de ses *Mémoires* à l'âge de dix-neuf ans, au cours d'une campagne militaire. Après avoir servi Louis XIV aux armées, il abandonne le métier des armes et s'établit à Versailles. À la cour, où il découvre les cabales et les rivalités des courtisans, Saint-Simon cherche des alliés à travers son mariage avec la fille aînée du duc de Lorges, en 1695, et noue des amitiés fidèles. Il s'attache à Philippe d'Orléans, qui devient régent en 1715. Une profonde estime unit les deux hommes. À la mort du Régent, en 1723, Saint-Simon se retire de la vie politique pour se consacrer entièrement à la rédaction de ses *Mémoires*, après avoir été le témoin privilégié de trois règnes successifs.

SAINT-SIMON, LE MÉMORIALISTE DU GRAND SIÈCLE

Saint-Simon consacre dix ans de sa vie à rédiger ses *Mémoires*. À travers ses portraits, il met en scène plus de huit mille personnes, rois, princes, maîtresses et confesseurs du roi, ministres et courtisans : « J'examinai tous les personnages des yeux et des oreilles. » Les *Mémoires* sont d'autant plus captivants qu'ils sont ceux d'un grand seigneur, partisan de la monarchie absolue, nostalgique du siècle de Louis XIV. Exilé dans son temps, Saint-Simon exprime ses haines et ses sympathies à l'égard des acteurs de l'Histoire. Le mémorialiste met ainsi au jour les intrigues, les ambitions, les grandeurs et les petitesses des puissants.

Objet d'étude L'éloge et le blâme

1739-1750 — Mémoires

C'est la figure du roi Louis XIV qui domine les *Mémoires* de Saint-Simon. Témoin privilégié de son temps, le mémorialiste exprime à la fois son admiration pour le Roi Soleil et les réticences qu'il éprouve à l'égard de certains aspects de sa politique.

Grâces naturelles du Roi en tout; son adresse, son air galant, grand, imposant. Rien n'était pareil à lui aux revues, aux fêtes et partout où un air de galanterie pouvait avoir lieu par la présence des dames. On l'a déjà dit, il l'avait puisée[1] à la cour de la Reine sa mère, et chez la comtesse de Soissons. La compagnie de ses maîtresses l'y avait accoutumé de plus en plus. Mais toujours majestueuse, quoique quelquefois avec de la gaieté, et jamais devant le monde rien de déplacé ni d'hasardé, mais jusqu'au moindre geste, son marcher, son port[2], toute sa contenance, tout mesuré, tout décent, noble, grand, majestueux, et toutefois très naturel, à quoi l'habitude et l'avantage incomparable et unique de toute sa figure donnait une grande facilité. Aussi, dans les choses sérieuses, les audiences d'ambassadeurs, les cérémonies, jamais homme n'a tant imposé, et il fallait commencer par s'accoutumer à le voir, si en le haranguant[3] on ne voulait s'exposer à demeurer court[4]. Ses réponses en ces occasions étaient toujours courtes, justes, pleines, et très rarement sans quelque chose d'obligeant, quelquefois même de flatteur quand le discours le méritait.

....

Politique du plus grand luxe ; son mauvais goût. Il aima en tout la splendeur, la magnificence, la profusion. Ce goût, il le tourna en maxime par politique, et l'inspira en tout à sa cour. C'était lui plaire que de s'y jeter en tables, en habits, en équipages, en bâtiments, en jeu. C'étaient des occasions pour qu'il parlât aux gens. Le fond était qu'il tendait et parvint par là à épuiser tout le monde en mettant le luxe en honneur, et pour certaines parties en nécessité ; et réduisit ainsi peu à peu tout le monde à dépendre entièrement de ses bienfaits pour subsister. Il y trouvait encore la satisfaction de son orgueil par une cour superbe en tout, et par une plus grande confusion qui anéantissait de plus en plus les distinctions naturelles. C'est une plaie qui, une fois introduite, est devenue le cancer intérieur qui ronge tous les particuliers, qui force ceux d'un état à pouvoir voler[5] à ne pas s'y épargner pour la plupart, dans la nécessité de soutenir leur dépense, et que la confusion des états, que l'orgueil, que jusqu'à la bienséance entretiennent, qui par la folie du gros va toujours en augmentant, dont les suites sont infinies, et ne vont à rien moins qu'à la ruine et au renversement général. Rien jusqu'à lui n'a jamais approché du nombre et de la magnificence de ses équipages de chasses, et de toutes ses autres sortes d'équipages. Ses bâtiments, qui les pourrait nombrer ? En même temps, qui n'en déplorera pas l'orgueil, le caprice, le mauvais goût ?

Saint-Simon, *Mémoires*, écrits de 1739 à 1750.

1. **il l'avait puisée** : il avait acquis cette galanterie.
2. **son port** : son attitude.
3. **en le haranguant** : en lui adressant un discours.
4. **à demeurer court** : à rester muet.
5. **ceux d'un état à pouvoir voler** : les personnes qui par leur fonction sont à portée de détourner de l'argent.

1. Quelle est la fonction des indications portées en italique par Saint-Simon au début de chaque paragraphe ?

2. Expliquez le rôle des adjectifs qualificatifs et des énumérations de substantifs dans les deux passages.

3. Comment le portrait de Saint-Simon explique-t-il l'expression de « Roi Soleil » appliquée à Louis XIV ?

4. Reformulez les louanges et les reproches développés par Saint-Simon.

5. NOTION. Confrontez les deux passages de manière à mettre en évidence le regard critique porté par Saint-Simon sur la personnalité de Louis XIV.

NOTION

Le regard critique

L'éloge célèbre les qualités d'une personnalité dont il fait le portrait en soulignant tout ce qui est chez elle digne d'admiration ou de reconnaissance. Le blâme manifeste un regard critique en dénonçant les défauts de caractère et les comportements jugés condamnables.

VOLTAIRE

Nom et prénom : **Arouet, François-Marie**

Pseudonyme : **Voltaire**

Naissance : **21 novembre 1694, à Paris**

Décès : **30 mai 1778, à Paris**

François Arouet fait ses études au collège Louis-le-Grand, dirigé par les Jésuites. En 1716, ses écrits satiriques contre le Régent le conduisent à la Bastille. Deux ans plus tard, alors qu'il a pris le pseudonyme de Voltaire, sa tragédie *Œdipe* connaît un grand succès. Le jeune écrivain est reçu à la cour. Mais à la suite d'un conflit avec un membre de la noblesse, le chevalier de Rohan, il est contraint de s'exiler en Angleterre. Il y découvre un régime parlementaire qui protège les droits de l'individu. De retour en France, ses publications se multiplient. En 1745, il est nommé historiographe du roi Louis XV et, un an plus tard, il est élu à l'Académie française. Mais, affecté par la mort de sa maîtresse, Émilie du Châtelet, il s'installe à Berlin à l'invitation de Frédéric II.

Déçu par les trois années passées à la cour de Prusse, Voltaire s'installe en Suisse. De là, il mène son combat pour les Lumières, collabore à l'*Encyclopédie* de Diderot et d'Alembert, écrit ses contes philosophiques. En 1760, de retour en France, installé par prudence à Ferney, près de la frontière suisse, Voltaire prend la défense de Jean Calas et du chevalier de La Barre, victimes de l'intolérance religieuse : « Écrasons l'infâme ! » est son mot d'ordre. À quatre-vingt-quatre ans, il est acclamé par le peuple à Paris et couronné sur la scène du Théâtre-Français comme le génie de son siècle. Il meurt la même année. Ses cendres sont transférées au Panthéon en 1791, pendant la Révolution française.

Auteur de tragédies, dont : *Œdipe* (1718), *Zaïre* (1732) ; d'un poème épique : *La Henriade* (1728) ; d'un poème satirique : *Le Mondain* (1736) ; de contes : *Zadig* (1747), *Micromégas* (1752), *Candide* (1759), *L'Ingénu* (1767), *La Princesse de Babylone* (1768) ; d'essais et d'œuvres polémiques : *Les Lettres philosophiques* (1734), *Poème sur le désastre de Lisbonne* (1756), *Essai sur les mœurs* (1756), *Traité sur la tolérance* (1763), *Dictionnaire philosophique* (1764).

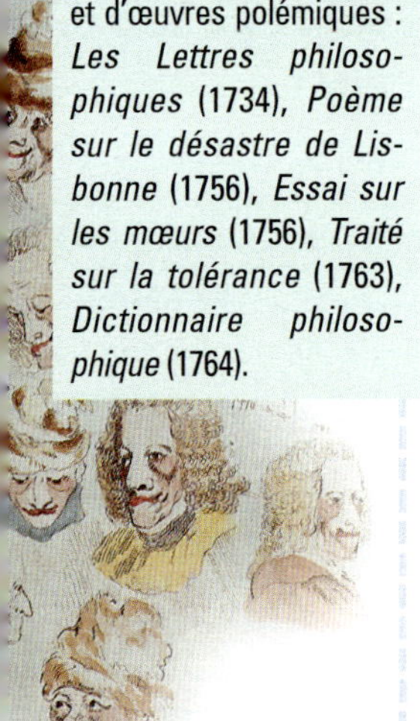

UNE ŒUVRE PRODIGIEUSE

Épris de littérature et de science, Voltaire s'intéresse à l'ensemble des domaines de la connaissance : philosophies, religions, histoire, politique, économie. Il défend ses idées à travers tous les genres littéraires et utilise tous les registres. Il fascine ses contemporains par la richesse et la diversité de son œuvre.

Les tragédies

Passionné de théâtre, depuis *Œdipe* en 1718, jusqu'à *Irène* soixante ans plus tard, Voltaire écrit des tragédies en vers qui rencontrent un énorme succès. Ses contemporains le considèrent comme le plus grand dramaturge du siècle. Il multiplie sur la scène les situations pathétiques et abandonne l'Antiquité pour adopter un cadre exotique, comme dans *Mahomet* en 1742.

L'œuvre philosophique

Dès 1735, dans les *Lettres philosophiques*, Voltaire défend des institutions qui favorisent la liberté des individus, la tolérance religieuse et l'esprit scientifique. Son œuvre philosophique exprime ainsi son indignation devant les abus du pouvoir, la torture ou la guerre. Révolté par la condamnation injuste de Calas, il écrit le *Traité sur la tolérance* en 1763. Un an plus tard, son *Dictionnaire philosophique portatif* réclame à nouveau la réforme de la justice et condamne le fanatisme religieux.

L'œuvre poétique

La poésie est considérée au XVIIIe siècle comme le genre le plus « élevé ». En 1728, Voltaire compose ainsi un long poème épique à la gloire de Henri IV, *La Henriade*, où il exprime son horreur pour les guerres de religion. *Le Mondain*, en 1738, fait l'éloge de la civilisation et du bonheur social dans un registre satirique. Le tremblement de terre qui ravage le Portugal en 1755 lui inspire son *Poème sur le désastre de Lisbonne* dans lequel il exprime son angoisse devant le tragique de l'existence.

Voltaire au milieu d'un groupe de paysans à Ferney.

Le château de Ferney, près de la Suisse, où Voltaire s'installe en 1760.

Les contes

S'inspirant des contes orientaux, Voltaire crée un nouveau genre, le conte philosophique. À travers des récits pleins d'aventures, il aborde ainsi de manière plaisante les questions posées par les philosophes des Lumières : Zadig, Micromégas et Candide sont les porte-parole de l'écrivain, qui tourne en dérision les préjugés et propose au lecteur une leçon de sagesse.

Les pamphlets

Voltaire utilise souvent le pamphlet, texte bref et polémique, pour défendre ses idées et ridiculiser ses adversaires en prenant à témoin l'opinion publique. De la *Relation de la maladie du jésuite Berthier* à *De l'horrible danger de la lecture*, le pamphlet prend de multiples formes comme celles du dialogue, du conte, de la lettre ou de l'essai.

Les essais historiques

Voltaire consacre vingt années de recherche documentaire pour écrire *Le Siècle de Louis XIV* : ce ne sont pas les événements politiques qui l'intéressent, mais les manières de vivre et de penser, l'avancée des arts et des sciences, tout ce qui contribue aux « progrès de l'esprit humain ». De même, en 1756, l'*Essai sur les mœurs* montre la diversité des civilisations et dénonce les violences commises au nom des religions.

Le couronnement de Voltaire, à la Comédie-Française, en 1778.

L'œuvre épistolaire

La correspondance joue un rôle capital dans la vie de Voltaire. À travers plus de vingt mille lettres envoyées dans toute l'Europe, il communique ses enthousiasmes et ses indignations à ses amis, aux rois et aux princes, aux écrivains ou aux savants, qu'il cherche à entraîner dans sa lutte pour les idées nouvelles.

LE COMBATTANT DES LUMIÈRES

Le légendaire sourire ironique de Voltaire symbolise l'esprit des Lumières. Il invite à prendre ses distances avec les habitudes et les préjugés, à dénoncer les abus et les privilèges, à tourner en dérision le fanatisme et la superstition. Voltaire se montre également sensible à la douleur et à la misère des hommes, quels qu'ils soient. Très vite, il apparaît comme le chef de file des écrivains philosophes, qui défient le pouvoir politique et religieux et proposent une vision nouvelle de la société. En défendant un idéal de progrès, de justice et de liberté, Voltaire tient en éveil la conscience morale de ses contemporains. Il exerce une véritable influence sur l'opinion publique, répandant les idées qui conduiront à la Révolution française.

1747

Zadig

Voltaire invente le conte philosophique qui lui permet, à travers les tribulations de ses héros, d'exposer son point de vue sur la morale et la religion, le pouvoir et la liberté. C'est ainsi que Zadig, après de nombreuses péripéties, est nommé ministre du roi : il incarne aux yeux de tous un modèle de justice et d'honnêteté.

Le roi avait perdu son premier ministre. Il choisit Zadig pour remplir cette place. Toutes les belles dames de Babylone applaudirent à ce choix, car depuis la fondation de l'empire il n'y avait jamais eu de ministre aussi jeune. Tous les courtisans furent fâchés (...). Zadig se rassura bientôt et se mit à exercer son ministère de son mieux.

Il fit sentir à tout le monde le pouvoir sacré des lois, et ne fit sentir à personne le poids de sa dignité. Il ne gêna point les voix du divan[1], et chaque vizir[2] pouvait avoir un avis sans lui déplaire. Quand il jugeait une affaire, ce n'était pas lui qui jugeait, c'était la loi ; mais quand elle était trop sévère, il la tempérait ; et quand on manquait de lois, son équité en faisait qu'on aurait prises pour celles de Zoroastre[3].

C'est de lui que les nations tiennent ce grand principe : qu'il vaut mieux hasarder de sauver un coupable que de condamner un innocent. Il croyait que les lois étaient faites pour secourir les citoyens autant que pour les intimider. Son principal talent était de démêler la vérité, que tous les hommes cherchent à obscurcir. Dès les premiers jours de son administration il mit ce grand talent en usage. Un fameux négociant de Babylone était mort aux Indes ; il avait fait ses héritiers ses deux fils par portions égales, après avoir marié leur sœur, et il laissait un présent de trente mille pièces d'or à celui de ses deux fils qui serait jugé l'aimer davantage. L'aîné lui bâtit un tombeau, le second augmenta d'une partie de son héritage la dot[4] de sa sœur ; chacun disait : « C'est l'aîné qui aime le mieux son père, le cadet aime mieux sa sœur ; c'est à l'aîné qu'appartiennent les trente mille pièces. »

Zadig les fit venir tous deux l'un après l'autre. Il dit à l'aîné : « Votre père n'est point mort, il est guéri de sa dernière maladie, il revient à Babylone. – Dieu soit loué, répondit le jeune homme ; mais voilà un tombeau qui m'a coûté bien cher ! » Zadig dit ensuite la même chose au cadet. « Dieu soit loué, répondit-il, je vais rendre à mon père tout ce que j'ai ; mais je voudrais qu'il laissât à ma sœur ce que je lui ai donné. – Vous ne rendrez rien, dit Zadig, et vous aurez les trente mille pièces : c'est vous qui aimez le mieux votre père. »

Voltaire, *Zadig*, 1747.

1. **divan** : conseil des ministres.
2. **vizir** : ministre du sultan.
3. **Zoroastre** : personnage religieux dont l'influence fut considérable.
4. **dot** : biens qu'une femme apporte en mariage.

1. **Relevez dans le texte les différentes qualités attribuées à Zadig. En quoi apparaît-il comme un héros de conte ?**

2. **Retrouvez les éléments qui se rapportent à l'univers du conte oriental. Quelles sont, selon vous, les raisons qui conduisent Voltaire à situer l'action du récit en Orient ?**

3. **Quels traits de caractère, quelles attitudes s'appliquent selon vous à la cour du roi Louis XV ? Que dénonce Voltaire à travers eux ?**

4. **Quelles sont, de la ligne 5 à la ligne 13, les valeurs nouvelles que Voltaire cherche à faire partager au lecteur ?**

5. NOTION. **Montrez comment le récit de Voltaire, dans cet extrait, répond aux principes du conte philosophique.**

NOTION

Les Lumières et le conte philosophique

Le conte philosophique est un récit court et plaisant qui repose sur une structure simple dans laquelle un personnage est confronté à des situations qui amènent le lecteur à réfléchir. Il développe une argumentation indirecte qui unit l'art du récit à un enseignement moral ou didactique. Il cherche à faire partager des valeurs nouvelles. En ce sens, il participe au mouvement des Lumières.

1759

Candide

Candide est élevé par son maître Pangloss dans l'illusion que « tout est pour le mieux dans le meilleur des mondes ». Il parcourt la planète, découvrant au gré de ses mésaventures les terribles réalités qui l'habitent. C'est ainsi qu'aux portes de Surinam, il rencontre un esclave qui dénonce sa condition et lui enlève ses dernières illusions.

En approchant de la ville, ils rencontrèrent un nègre étendu par terre, n'ayant plus que la moitié de son habit, c'est-à-dire d'un caleçon de toile bleue ; il manquait à ce pauvre homme la jambe gauche et la main droite. « Eh ! mon Dieu ! lui dit Candide en hollandais, que fais-tu là, mon ami, dans l'état horrible où je te vois ? – J'attends mon maître, M. Vanderdendur, le fameux négociant, répondit le nègre. – Est-ce M. Vanderdendur, dit Candide, qui t'a traité ainsi ? – Oui, monsieur, dit le nègre, c'est l'usage. On nous donne un caleçon de toile pour tout vêtement deux fois l'année. Quand nous travaillons aux sucreries, et que la meule nous attrape le doigt, on nous coupe la main ; quand nous voulons nous enfuir, on nous coupe la jambe : je me suis trouvé dans les deux cas. C'est à ce prix que vous mangez du sucre en Europe. Cependant, lorsque ma mère me vendit dix écus patagons sur la côte de Guinée, elle me disait : « Mon cher enfant, bénis nos fétiches[1], adore-les toujours, ils te feront vivre heureux ; tu as l'honneur d'être esclave de nos seigneurs les Blancs, et tu fais par là la fortune de ton père et de ta mère. » Hélas ! je ne sais pas si j'ai fait leur fortune, mais ils n'ont pas fait la mienne. Les chiens, les singes et les perroquets sont mille fois moins malheureux que nous ; les fétiches hollandais qui m'ont converti me disent tous les dimanches que nous sommes tous enfants d'Adam, blancs et noirs. Je ne suis pas généalogiste[2] ; mais si ces prêcheurs disent vrai, nous sommes tous cousins issus de germain. Or vous m'avouerez qu'on ne peut pas en user avec ses parents d'une manière plus horrible.

– Ô Pangloss ! s'écria Candide, tu n'avais pas deviné cette abomination ; c'en est fait, il faudra qu'à la fin je renonce à ton optimisme. – Qu'est-ce qu'optimisme ? disait Cacambo. – Hélas ! dit Candide, c'est la rage de soutenir que tout est bien quand tout est mal » ; et il versait des larmes en regardant son nègre ; et en pleurant, il entra dans Surinam.

Voltaire, *Candide*, 1759.

1. fétiches : objets de culte supposés chargés d'une puissance surnaturelle.

2. généalogiste : qui étudie l'origine et la descendance d'une famille.

1. Relevez et étudiez les marques de la surprise éprouvée par Candide à la vue du nègre de Surinam.

2. De la ligne 6 à la ligne 19, étudiez la progression du discours. En quoi constitue-t-il un réquisitoire ?

3. À travers quel niveau de langage le nègre de Surinam s'exprime-t-il ? Illustrez votre réponse.

4. Comment se manifeste l'émotion éprouvée par Candide à la fin de l'extrait ? Comment s'explique-t-elle ?

5. NOTION. Étudiez les connotations que Voltaire attribue aux mots et expressions : « Candide », « Vanderdendur », « fétiches hollandais », « nos seigneurs les Blancs », « son nègre ».

NOTION

Les connotations et l'expression de l'opinion

Les connotations sont constituées par l'ensemble des associations d'idées et d'impressions qui s'ajoutent au sens premier d'un mot ou d'un nom, en fonction du contexte culturel. Dans ses contes, Voltaire joue ainsi des connotations pour enrichir le sens du texte et amplifier son argumentation.

1762

Voltaire et l'affaire Calas

Le 10 mars 1762, Jean Calas, injustement accusé d'avoir tué son fils, est exécuté sur la place publique, à Toulouse. Voltaire, qui est alors reconnu par toute l'Europe comme le plus grand écrivain de son temps, est révolté. Conduit par les lumières de la raison et l'amour de la vérité, il s'engage pour obtenir sa réhabilitation et « arrêter chez les hommes la rage du fanatisme ». C'est le début de l'affaire Calas.

Chronologie de l'affaire Calas

13 octobre 1761	assassinat de Marc-Antoine Calas, dans la maison familiale, à Toulouse
10 mars 1762	exécution de Jean Calas, condamné pour infanticide
avril 1762	début de la campagne de Voltaire pour la réhabilitation de Jean Calas et de sa famille
1763	publication du *Traité sur la tolérance à l'occasion de la mort de Jean Calas*
9 mars 1765	réhabilitation de Jean Calas, à l'unanimité des juges

Les Calas emprisonnés.

La condamnation de Jean Calas

Les Calas sont une famille d'honnêtes commerçants protestants, installés à Toulouse, dont l'un des fils, Louis, avait abjuré la religion réformée pour se convertir au catholicisme. Le 13 octobre 1761, le corps de Marc-Antoine, le fils aîné, est retrouvé assassiné dans la maison familiale. La rumeur populaire désigne le père, Jean Calas, comme le meurtrier. On l'accuse d'avoir voulu empêcher Marc-Antoine de se convertir à son tour. L'enquête criminelle est aveuglée par les mêmes préjugés. Par sept voix sur treize, les juges condamnent Jean Calas, malgré toutes les incohérences de l'enquête, à être roué en place publique puis brûlé sur le bûcher.

Les Capitouls, les juges du Parlement de Toulouse, qui condamnent Jean Calas.

Le combat de Voltaire

Quelques semaines après l'exécution de Calas, Voltaire se saisit de l'affaire. Après une enquête minutieuse, il est convaincu de l'innocence de Jean Calas. Il voit dans la monstrueuse erreur judiciaire un effet du fanatisme religieux. Dès lors, il mobilise ses amis philosophes et ses soutiens parmi la noblesse éclairée. Il interpelle l'opinion publique à travers ses écrits, qui démontrent que le procès a été mené sans respect de la justice et de la vérité. Il publie ainsi son *Traité sur la tolérance* qui connaît un immense succès et fait basculer l'opinion en faveur de Calas.

La famille Calas plaidant sa cause devant Voltaire. Peinture anonyme du XVIIIe siècle.

Le triomphe de la vérité

En 1764, après deux ans de combat, l'arrêt du Parlement de Toulouse qui avait condamné Calas est cassé. Un nouvel arrêt ordonne la révision du procès. Le 9 mars 1765, Jean Calas est solennellement réhabilité, à l'unanimité des juges. Sa famille est indemnisée par le roi Louis XV. C'est le triomphe de la justice et, comme l'espère Voltaire, la fin de « cette sombre superstition qui porte les âmes faibles à imputer des crimes à quiconque ne pense pas comme elles ».

La lutte contre l'injustice

Désormais, et jusqu'à la fin de sa vie, Voltaire fait de la lutte contre l'intolérance son principal combat. En effet, le fanatisme conduit à de nouvelles erreurs judiciaires après l'affaire Calas. C'est ainsi que Voltaire se mobilise à nouveau en 1765 en faveur des Sirven, injustement accusés d'avoir assassiné leur fille. Il prend également la défense du jeune chevalier de La Barre, jugé pour être passé devant une procession religieuse sans se découvrir, et exécuté le 1er juillet 1766. Le *Dictionnaire philosophique* de Voltaire, trouvé parmi les livres du chevalier, est lui aussi brûlé publiquement. C'est le défenseur de Calas et des libertés qu'honorera la Révolution française en conduisant les cendres de Voltaire au Panthéon, en 1791.

La naissance de l'écrivain engagé

Avec l'affaire Calas, Voltaire impose une nouvelle figure de l'écrivain, celle de l'écrivain engagé. Le philosophe, qui a été lui-même victime de l'intolérance et du fanatisme, examine les faits, enquête, interroge et prend position au nom de l'innocence contre les arrêts injustes des tribunaux. Il interpelle l'opinion publique, qu'il a contribué à forger, et s'appuie sur ce nouveau contre-pouvoir pour obtenir justice. C'est ainsi que Voltaire impose la figure de l'écrivain engagé, annonçant tous ceux qui, comme Victor Hugo, Émile Zola, André Gide, Albert Camus, André Malraux, Jean-Paul Sartre, alerteront l'opinion au nom de la justice et de la vérité.

COMPRENDRE L'ESSENTIEL

1. **Comment s'explique l'aveuglement des juges de Calas ?**
2. **Sous quelles formes Voltaire s'engage-t-il pour la réhabilitation de Calas ?**
3. **Pourquoi peut-on dire, en 1765, que la justice triomphe ?**
4. **En quoi Voltaire est-il directement visé par la condamnation du chevalier de La Barre ?**

1763

Traité sur la tolérance

À la fin du *Traité sur la tolérance*, écrit pour appuyer le combat en vue de la réhabilitation de Jean Calas victime des préjugés religieux, Voltaire s'adresse à Dieu. Il en appelle à un dieu de justice et d'humanité qui, au-delà de la diversité des peuples et des religions, rassemble les hommes dans un sentiment universel de fraternité.

Ce n'est donc plus aux hommes que je m'adresse ; c'est à toi, Dieu de tous les êtres, de tous les mondes et de tous les temps : s'il est permis à de faibles créatures perdues dans l'immensité, et imperceptibles au reste de l'univers, d'oser te demander quelque chose, à toi qui as tout donné, à toi dont les décrets sont immuables comme éternels, daigne regarder en pitié les erreurs attachées à notre nature ; que ces erreurs ne fassent point nos calamités. Tu ne nous as point donné un cœur pour nous haïr, et des mains pour nous égorger ; fais que nous nous aidions mutuellement à supporter le fardeau d'une vie pénible et passagère ; que les petites différences entre les vêtements qui couvrent nos débiles[1] corps, entre tous nos langages insuffisants, entre tous nos usages[2] ridicules, entre toutes nos lois imparfaites, entre toutes nos opinions insensées, entre toutes nos conditions[3] si disproportionnées à nos yeux, et si égales devant toi ; que toutes ces petites nuances qui distinguent les atomes appelés *hommes* ne soient pas des signaux de haine et de persécution ; que ceux qui allument des cierges en plein midi pour te célébrer supportent ceux qui se contentent de la lumière de ton soleil ; que ceux qui couvrent leur robe d'une toile blanche pour dire qu'il faut t'aimer ne détestent pas ceux qui disent la même chose sous un manteau de laine noire ; qu'il soit égal de t'adorer dans un jargon formé d'une ancienne langue, ou dans un jargon plus nouveau ; que ceux dont l'habit est teint en rouge ou en violet, qui dominent sur une petite parcelle d'un petit tas de la boue de ce monde, et qui possèdent quelques fragments arrondis d'un certain métal, jouissent sans orgueil de ce qu'ils appellent *grandeur* et *richesse*, et que les autres les voient sans envie : car tu sais qu'il n'y a dans ces vanités ni de quoi envier, ni de quoi s'enorgueillir.

Puissent tous les hommes se souvenir qu'ils sont frères ! Qu'ils aient en horreur la tyrannie exercée sur les âmes, comme ils ont en exécration[4] le brigandage qui ravit par la force le fruit du travail et de l'industrie paisible ! Si les fléaux de la guerre sont inévitables, ne nous haïssons pas, ne nous déchirons pas les uns les autres dans le sein de la paix, et employons l'instant de notre existence à bénir également en mille langages divers, depuis Siam[5] jusqu'à la Californie, ta bonté qui nous a donné cet instant.

Voltaire, *Traité sur la tolérance*, 1763.

1. débiles corps : faibles corps.
2. usages : habitudes, coutumes.
3. conditions : situations sociales.
4. en exécration : en haine.
5. Siam : région d'Asie du Sud-Est.

1. Quelle image de l'homme ce texte développe-t-il dans le premier paragraphe ? Relevez et commentez les termes et expressions dévalorisants.

2. Quelles valeurs Voltaire défend-il ? Quelles sont les cibles qu'il attaque ?

3. Étudiez le système énonciatif mis en place dans le texte. En quoi participe-t-il à la persuasion de l'argumentation ?

4. Étudiez la construction de la longue phrase des lignes 6 à 21. En quoi cette période participe-t-elle à l'éloquence du texte ?

5. NOTION. Quels sont les trois destinataires successifs de cette longue apostrophe ? Analysez le jeu des pronoms et la progression du texte.

NOTION

L'apostrophe

L'apostrophe est un des procédés de la persuasion qui participe à l'éloquence du discours. En interpellant directement le destinataire qu'il prend à témoin ou invite à agir, l'auteur donne une dimension oratoire au texte.

1764

Dictionnaire philosophique

Le *Dictionnaire philosophique* est conçu par Voltaire pour compléter l'*Encyclopédie*. Il se présente comme une suite d'articles dans lesquels l'écrivain peut développer avec force, dans le registre polémique, ses réflexions sur l'intolérance, la torture, la guerre ou le fanatisme.

FANATISME

Le fanatisme est à la superstition, ce que le transport est à la fièvre, ce que la rage est à la colère. Celui qui a des extases, des visions, qui prend des songes pour des réalités, et ses imaginations pour des prophéties, est un enthousiaste; celui qui soutient sa folie par le meurtre est un fanatique (...).

Il n'y a d'autre remède à cette maladie épidémique que l'esprit philosophique qui, répandu de proche en proche, adoucit enfin les mœurs des hommes, et qui prévient les accès du mal; car dès que ce mal fait progrès, il faut fuir, et attendre que l'air soit purifié. Les lois et la religion ne suffisent pas contre la peste des âmes; la religion, loin d'être pour elles un aliment salutaire, se tourne en poison dans les cerveaux infectés. Ces misérables ont sans cesse présent à l'esprit l'exemple d'Aod, qui assassine le roi Eglon; de Judith, qui coupe la tête d'Holopherne en couchant avec lui; de Samuel, qui hache en morceaux le roi Agag : ils ne voient pas que ces exemples qui sont respectables dans l'Antiquité, sont abominables dans le temps présent; ils puisent leurs fureurs dans la religion même qui les condamne.

Les lois sont encore très impuissantes contre ces accès de rage; c'est comme si vous lisiez un arrêt du Conseil[1] à un frénétique. Ces gens-là sont persuadés que l'Esprit-Saint qui les pénètre est au-dessus des lois, que leur enthousiasme est la seule loi qu'ils doivent entendre.

Que répondre à un homme qui vous dit qu'il aime mieux obéir à Dieu qu'aux hommes, et qui en conséquence est sûr de mériter le ciel en vous égorgeant?

Ce sont d'ordinaire les fripons qui conduisent les fanatiques, et qui mettent le poignard entre leurs mains; ils ressemblent à ce vieux de la montagne[2] qui faisait, dit-on, goûter les joies du paradis à des imbéciles, et qui leur promettait une éternité de ces plaisirs, dont il leur avait donné un avant-goût, à condition qu'ils iraient assassiner tous ceux qu'il leur nommerait. Il n'y a eu qu'une seule religion dans le monde qui n'ait pas été souillée par le fanatisme, c'est celle des lettrés de la Chine. Les sectes des philosophes étaient non seulement exemptes de cette peste, mais elles en étaient le remède.

Car l'effet de la philosophie est de rendre l'âme tranquille, et le fanatisme est incompatible avec la tranquillité.

Voltaire, *Dictionnaire philosophique*, 1764.

1. **le conseil** : le gouvernement.
2. **vieux de la montagne** : chef d'une secte orientale.

1. Repérez dans cet article du *Dictionnaire* la définition du terme « fanatisme ». Reformulez cette définition.

2. Quelle est la fonction des exemples ?

3. Analysez la métaphore filée des lignes 5 à 9.

4. NOTION. Quelles sont les valeurs défendues par Voltaire ? Sur quels procédés de style s'appuie-t-il ? Commentez le dernier paragraphe.

NOTION

Les Lumières et le combat contre l'intolérance

Voltaire représente la première grande figure de l'écrivain engagé. Il prend position, polémique. Il attaque ou défend avec vivacité. Il utilise les procédés de la valorisation ou de la dévalorisation : fausse question, vocabulaire et images évaluatifs, hyperbole, sarcasme, ironie.

1772 Correspondance

À travers plus de vingt mille lettres écrites tout au long de sa vie, c'est la vie intellectuelle et sociale du XVIIIe siècle que livre Voltaire. Il communique ici la satisfaction de tout le travail entrepris pour mettre en valeur le domaine de Ferney. L'auteur de *Candide*, âgé de 78 ans, met en application la morale de son héros : « Il faut cultiver son jardin. »

À Pierre Samuel Du Pont de Nemours

9 novembre 1772.

Monsieur,

J'ai eu le bonheur depuis votre voyage à Ferney[1] de faire de ce malheureux hameau une espèce de petite ville remplie de manufactures, sans négliger les travaux de la campagne. Car en attirant chez moi plus de six cents artistes en plus d'un genre, j'ai augmenté l'agriculture du double. Tout le monde est à son aise dans ma petite terre, parce que tout le monde travaille. Ferney est devenu un séjour si agréable que des philosophes y ont bâti des maisons, et ont quitté Paris pour cette retraite. Ce sont là surtout les ouvrages pour qui je demande votre approbation. Je me flatte qu'ils auraient eu celle d'un Sully et celle d'un Colbert.[2]

Figurez-vous, Monsieur, que nous avons envoyé le même jour à Pétersbourg et à Constantinople des montres fabriquées dans mon village aussi bonnes que celles de Londres, et qui coûtent moitié moins. Ce qui vous surprendra davantage, c'est que des horlogers de Paris nous ont envoyé leurs enfants pour les instruire, et surtout pour être à l'abri des séductions qui pervertissent quelquefois la jeunesse dans votre capitale.

Ces occupations valent bien celle de faire des vers et je suis honteux de m'amuser encore à la poésie à l'âge de près de quatre-vingts ans. Vous verrez un beau tapage à la première représentation des *Lois de Minos*[3], les Cléments et les Frérons[4] auront beau jeu. Mais les sifflets de Paris ne me feront point abandonner mes charrues.

Agréez, Monsieur, tous les sentiments de la reconnaissance, de l'estime infinie et de l'attachement très sincères qu'aura toujours pour vous le vieux malade de Ferney.

Voltaire, *Lettre à P.S. Du Pont de Nemours,* 9 novembre 1772.

1. **Ferney** : la propriété de Voltaire, près de la frontière suisse.
2. **celle d'un Sully ou d'un Colbert** : ministres des Finances de Henri IV et de Louis XIV.
3. ***Les Lois de Minos*** : tragédie à laquelle travaille Voltaire.
4. **les Cléments et les Frérons** : Clément et Fréron sont des critiques littéraires, adversaires des Lumières.

1. **Quelle image Voltaire donne-t-il de son domaine à travers cette lettre ? Relevez l'ensemble des réalisations dont il se montre satisfait.**

2. NOTION. À travers quels indices le lecteur devine-t-il qu'il s'agit d'une lettre de sollicitation ? Étudiez la stratégie mise en place pour persuader son correspondant.

3. Montrez que Voltaire, tout en faisant l'éloge de Ferney, ne perd pas de vue l'actualité parisienne. Quelles sont ses cibles ?

4. Comment le philosophe des Lumières apparaît-il dans cette lettre ? Montrez comment il a mis en application les grands principes développés dans son œuvre.

NOTION

La lettre au service des Lumières

La lettre permet d'interpeller, de communiquer des idées, ou tout simplement de donner des nouvelles. Elle crée une proximité avec le lecteur à travers un système d'énonciation particulier : marques de l'émetteur, du destinataire, lieu et moment de l'énonciation, jeu des pronoms et des temps verbaux.

1774 De l'Encyclopédie

Le combat de Voltaire se poursuit à travers les pamphlets qu'il multiplie dans les journaux. Ils combattent les adversaires des philosophes à travers des récits et des dialogues légers et amusants.

Un domestique de Louis XV me contait qu'un jour, le roi son maître soupant à Trianon en petite compagnie, la conversation roula d'abord sur la chasse, et ensuite sur la poudre à tirer. Quelqu'un dit que la meilleure poudre se faisait avec des parties égales de salpêtre, de soufre, et de charbon. Le duc de La Vallière, mieux instruit, soutint que pour faire de bonne poudre à canon il fallait une seule partie de soufre et une de charbon, sur cinq parties de salpêtre bien filtré, bien évaporé, bien cristallisé.

« Il est plaisant, dit M. le duc de Nivernois, que nous nous amusions tous les jours à tuer des perdrix dans le parc de Versailles, et quelquefois à tuer des hommes ou à nous faire tuer sur la frontière, sans savoir précisément avec quoi l'on tue. – Hélas ! nous en sommes réduits là sur toutes les choses de ce monde, répondit Mme de Pompadour[1] ; je ne sais de quoi est composé le rouge que je mets sur mes joues, et on m'embarrasserait fort si on me demandait comment on fait les bas de soie dont je suis chaussée.

– C'est dommage, dit alors le duc de La Vallière, que sa Majesté nous ait confisqué nos dictionnaires encyclopédiques, qui nous ont coûté chacun cent pistoles : nous y trouverions bien sûr la décision de toutes nos questions. »

Le roi justifia sa confiscation : il avait été averti que les vingt et un volumes *in-folio*[2], qu'on trouvait sur la toilette[3] de toutes les dames, étaient la chose du monde la plus dangereuse pour le royaume de France ; et il avait voulu savoir par lui-même si la chose était vraie, avant de permettre qu'on lût ce livre. Il envoya sur la fin du souper chercher un exemplaire par trois garçons de sa chambre qui apportèrent chacun sept volumes avec bien de la peine.

On vit à l'article *Poudre* que le duc de La Vallière avait raison et bientôt Mme de Pompadour apprit la différence entre l'ancien rouge d'Espagne, dont les dames de Madrid coloraient leurs joues, et le rouge des dames de Paris. Elle sut que les dames grecques et romaines étaient peintes avec de la pourpre qui sortait du *murex*[4] et que par conséquent notre écarlate[5] était la pourpre des anciens et qu'il entrait plus de safran dans le rouge d'Espagne, et plus de cochenille dans celui de France.

Elle vit comme[6] on lui faisait ses bas au métier ; et la marche de cette manœuvre la ravit d'étonnement. « Ah ! le beau livre, s'écria-t-elle. Sire, vous avez donc confisqué ce magasin de toutes les choses utiles pour le posséder seul, et pour être le seul savant de notre royaume ? »

Voltaire, « De l'Encyclopédie », *Pamphlets*, 1774.

1. **Madame de Pompadour** : maîtresse de Louis XV.
2. **volumes *in-folio*** : livres volumineux.
3. **la toilette** : la coiffeuse.
4. **murex** : coquillage.
5. **écarlate** : rouge.
6. **comme** : comment, de quelle manière.

1. Repérez dans le texte ce qui constitue le cadre du dialogue : lieu, époque, personnages, sujet de la discussion.

2. NOTION. Étudiez dans le texte l'alternance entre les paroles rapportées au discours direct et au discours indirect.

3. Relevez et commentez dans le dialogue les indices de la familiarité des interlocuteurs avec le roi. Comment s'explique l'importance accordée à Mme de Pompadour dans l'ensemble des prises de parole ?

4. Poursuivez ce dialogue en terminant votre texte par une moralité.

NOTION

L'apologue et l'argumentation indirecte

Dans l'apologue qui est un récit court, le dialogue développe une argumentation indirecte. Il se conclut par un enseignement, une leçon de portée générale donnée par l'auteur.

LA LITTÉRATURE EN EUROPE

1700 1750

Dès la fin du XVIIe siècle, l'esprit des Lumières, fondé sur la science, se répand progressivement en Europe, à partir de l'Angleterre et des Pays-Bas. Cependant, la langue et la culture françaises continuent d'exercer une influence considérable, aussi bien dans le domaine des idées que dans celui de l'architecture ou de la mode. Les écrivains voyagent, multiplient les échanges épistolaires et partagent le sentiment d'appartenir à une Europe solidaire fondée sur la raison.

La Grande-Bretagne

Les Anglais Isaac Newton et David Hume, comme l'Irlandais Georges Berkeley, créent les bases d'une philosophie nouvelle, fondée sur l'observation scientifique et le rôle des sens dans la connaissance.

L'écrivain Daniel Defoe (1660-1731).

On retrouve ce même esprit chez les écrivains qui mettent en pratique ces théories dans leurs œuvres, Daniel Defoe dans *Robinson Crusoé* (1719) ou Jonathan Swift dans *Les Voyages de Gulliver* (1726). Les romanciers anglais multiplient ainsi les audaces, n'hésitant pas à représenter l'univers des voleurs et des prostituées, la misère des campagnes comme les bas-fonds de Londres. L'humour et la satire triomphent dans la verdeur réaliste du *Tom Jones* de Henry Fielding (1749) ou dans les *Mémoires de Fanny Hill*, fille de joie, de John Cleland (1749). Cependant, avec *Clarissa Harlowe* (1747), Samuel Richardson invente le roman sentimental et devient célèbre et imité dans toute l'Europe.

Le roman *Tom Jones* (1749) raconte les aventures d'un enfant trouvé.

C'est en réaction au réalisme romanesque que *Les Nuits de Young* (1741) développent leur poésie mélancolique, qui annonce les délices et les souffrances des épanchements romantiques.

Les Voyages de Gulliver (1726)

Les Voyages dans plusieurs nations éloignées du monde par Lemurel Gulliver, d'abord chirurgien, puis capitaine de divers navires reprennent le principe de l'*Utopie* de Thomas More. Jonathan Swift conduit le lecteur chez les nains de Lilliput, dans l'île des géants, au pays des chevaux plus sensés que les hommes. Avec une imagination éblouissante, l'écrivain fait, à travers les voyages de son héros, la satire des institutions anglaises, donne des leçons sur l'éducation ou la démocratie, combat le colonialisme. « J'écris dans le noble art d'instruire, d'améliorer le genre humain », écrit-il, mêlant à merveille l'instruction et le plaisir du lecteur.

Illustration des *Voyages de Gulliver*.

Robinson Crusoé (1719)

Daniel Defoe a publié plus de quatre cents ouvrages, laissant quelques chefs-d'œuvre, que domine la figure exceptionnelle de Robinson Crusoé. Quand il publie la vie d'un marin abandonné sur une île déserte à l'ouest des côtes du Chili, le romancier ne sait pas qu'il écrit un livre qui sera l'un des plus lus au monde. C'est que, à travers l'esprit pratique du naufragé solitaire, le roman manifeste alors le triomphe de la civilisation européenne dans sa volonté de conquérir et d'organiser la terre. Mais on y retrouve, plus simplement, le courage de l'homme, la saveur de l'exotisme, la lutte pour la survie, qui constituent les fondements de l'imaginaire de l'enfance. Qui, depuis Robinson, n'a pas rêvé de se retrouver seul sur une île déserte pour y reconstituer le cheminement de l'humanité, en se débrouillant par soi-même, en faisant ses preuves ?

Robinson fait un feu pour signaler sa présence. Illustration du XVIIIe siècle.

L'Italie

En Italie, Scipione Maffei, dont la tragédie *Mérope* triomphe en 1713, contribue à répandre l'esprit des Lumières. De même, Francesco Algarotti, en publiant, en 1735, *Le Newtonisme pour les dames*, participe à l'effort de vulgarisation scientifique qui caractérise alors la culture européenne. À l'inverse, Giambattista Vico conteste l'idée que l'accumulation des connaissances mène au progrès. Sa *Science nouvelle* (1725) et l'ensemble de son œuvre proposent ainsi une nouvelle philosophie de l'Histoire.

Scipione Maffei (1675-1755).

L'Espagne

La littérature espagnole est dominée par l'œuvre de Benito Jerónimo Feijoo y Montenegro. Constitué d'un recueil de cent dix-huit essais, son *Théâtre critique* (1726-1741) suscite de violentes réactions et déclenche la polémique. Feijoo combat en effet les erreurs communes, la superstition et les préjugés, dans une prose brillante et incisive. Il se heurte ainsi à l'opposition acharnée de nombreux contemporains, comme celle Diego de Torres Villarroel.

Le Danemark

Historien, essayiste, moraliste, romancier, Ludvig Holberg participe à la création d'une littérature nationale danoise à travers son théâtre. L'écrivain multiplie en effet les comédies de mœurs, qui attaquent les faux savants, comme dans *Erasmus Montanus* (1731), dénoncent l'hypocrisie et les travers des mœurs bourgeoises ou de la vie politique. Maître dans l'art de la comédie et de la satire, Holberg épure la langue de ses archaïsmes et de ses emprunts, s'imposant ainsi comme l'un des fondateurs de la littérature danoise.

Statue de l'écrivain Ludvig Holberg (1684-1754).

La peinture et la musique

Peinture

— Luce Giordano, *Histoire de Judith*, 1704 (Italie)
— Giambattista Piranèse, *Les Prisons*, 1754 (Italie)
— Giambattista Piazetta, *L'Assomption*, 1735 (Italie)
— William Hogarth, *Le Mariage à la mode*, 1745 (Grande-Bretagne)
— Joshua Reynolds, *Capitaine John Hamilton*, 1746 (Grande-Bretagne)

Musique

— Antonio Vivaldi, *Les Quatre Saisons*, 1725 (Italie)
— Johann Sebastian Bach, *La Passion selon saint Matthieu*, 1729 (Allemagne)
— Georg Friedrich Haendel, *Le Messie*, 1742 (Grande-Bretagne)
— Christoph Gluck, *Iphigénie en Aulide*, 1744 (Allemagne)

Le théâtre : texte et représentation

De la célébration des mystères sur le parvis des églises au Moyen Âge jusqu'à la construction des grandes scènes contemporaines, l'évolution du genre théâtral est liée aux conditions de la représentation sur l'espace scénique. L'importance accrue du metteur en scène et des moyens techniques mis à sa disposition témoigne du statut particulier du texte de théâtre, qui est à la fois fait pour être lu et joué sur la scène.

LE TEXTE DE THÉÂTRE

Le texte de théâtre distingue, d'une part, les répliques prononcées par les acteurs (dialogue, monologue ou aparté) et, d'autre part, des indications données par l'auteur appelées didascalies. Issues d'un mot grec qui signifie « enseigner, renseigner », les didascalies apportent des informations sur le décor, les costumes, les déplacements, les intonations, les gestes et les mimiques des acteurs. Les formes du discours théâtral et l'importance donnée aux didascalies varient en fonction de la diversité des époques et des genres (comédie, tragédie, drame, vaudeville, théâtre contemporain).

LA SCÈNE, LE DÉCOR ET LES ACCESSOIRES

La scène est le lieu où est effectuée la représentation du texte, à travers le jeu des acteurs. Le décor situe l'action théâtrale dans un lieu et à une époque. Il peut représenter un lieu unique, comme un palais ou une maison bourgeoise dans le théâtre classique, ou changer au cours de la pièce, lors du passage d'un acte à un autre. Le décor peut être réaliste, c'est-à-dire conçu de manière à donner l'illusion de la réalité, ou au contraire symbolique, construisant ainsi un espace imaginaire. De la même manière, les costumes et les accessoires participent à créer une atmosphère originale qui contribue à renouveler la représentation théâtrale.

LE JEU DES ACTEURS

Le texte théâtral se caractérise par une double énonciation. En effet, sur la scène, les personnages parlent entre eux, tout en s'adressant indirectement au public. Le texte théâtral appelle ainsi l'intervention des acteurs qui l'interprètent, le font vivre et lui apportent à chaque représentation un sens singulier. Le jeu de l'acteur, sa gestuelle, sa présence physique et sa physionomie donnent du sens et de l'intensité au texte à travers les intonations, les mimiques et les mouvements.

LA MISE EN SCÈNE

Jusqu'au XXe siècle, la mise en scène du texte théâtral est confiée à des décorateurs qui se plient aux lois générales du genre représenté. Depuis le début du XXe siècle au contraire, la personnalité du metteur en scène joue un rôle considérable. C'est lui qui orchestre décor, éclairage, jeu des acteurs pour assurer la cohérence de la représentation. Il peut ainsi changer le sens donné au texte en lui donnant une interprétation personnelle, adaptée à l'évolution des mentalités et à l'horizon d'attente du spectateur.

EXEMPLE

■ Des constructions transforment un lieu historique en un espace théâtral.

■ L'espace de la scène est nettement séparé des spectateurs.

■ Les costumes permettent d'identifier des personnages-types.

■ Le rituel du salut clôt le spectacle par un ultime face-à-face entre les acteurs et les spectateurs.

Festival d'Avigon, cour d'honneur du Palais des Papes : salut final à l'issue de la représentation du *Soulier de satin* de Paul Claudel, dans une mise en scène d'Antoine Vitez (juillet 1987)

SÉQUENCES

SÉQUENCE	PROBLÉMATIQUE	TEXTES
Le texte théâtral à travers la diversité des genres, des registres et des époques	Quels sont les genres théâtraux dominants ? Quelles sont les caractéristiques du texte théâtral et de sa représentation à travers les siècles ?	– Anonyme, *La Farce de Maître Pathelin*, p. 42. – Molière, *L'Avare*, p. 149. – Racine, *Britannicus*, p. 164. – Hugo, *Hernani*, p. 312. – Labiche, *Un chapeau de paille d'Italie*, p. 354. – Camus, *Les Justes*, p. 481. – Réza, « *Art* », p. 576.
Le renouvellement de la représentation tragique	De quelle manière le théâtre au XXe siècle reprend-il l'héritage de la tragédie classique pour l'adapter aux préoccupations de son temps ?	– Corneille, *Le Cid*, p. 118. – Jarry, *Ubu roi*, p. 410. – Giraudoux, *La guerre de Troie...*, p. 470. – Anouilh, *Antigone*, p. 486. – Ionesco, *Le Roi se meurt*, p. 518.
L'espace scénique et les lieux de l'action dans le théâtre contemporain	Comment le renouveau du texte théâtral du XXe siècle passe-t-il par l'exploration de nouveaux lieux de l'action théâtrale ?	– Sartre, *Huis clos*, p. 482. – Beckett, *En attendant Godot*, p. 522. – Claudel, *Le Soulier de satin*, p. 450. – Grumberg, *L'Atelier*, p. 558. – Koltès, *Quai Ouest*, p. 564.

SUJET DU BAC

CLASSE DE PREMIÈRE

OBJET D'ÉTUDE **Le théâtre : texte et représentation**

Textes

A – **Arnoul Gréban**, *Le Mystère de la passion*, vers 1450.
B – **Molière**, *Les Fourberies de Scapin*, 1671.
C – **Edmond Rostand**, *Cyrano de Bergerac*, 1897.

Écriture

Vous répondrez d'abord aux questions suivantes. (4 points)

1. Étudiez la fonction des didascalies présentes dans les textes B et C.
2. Expliquez brièvement sur quoi repose le comique dans chacun des trois textes.

Vous traiterez ensuite un de ces trois sujets. (16 points)

→ **Sujet I** : Commentaire

Vous ferez le commentaire du texte de Molière (texte B).

→ **Sujet II** : Dissertation

Il y a de nombreuses manières de rire au théâtre, mais le comique se définit généralement comme « la mise en forme théâtrale d'un défaut ou d'une laideur aussi bien physique que morale, dont la représentation suscite chez le spectateur un sentiment de supériorité ».
Vous discuterez cette définition en la confrontant à la lecture des textes du corpus.

→ **Sujet III** : Invention

Vous rédigerez, pour les acteurs d'une troupe théâtrale du lycée, les indications de mise en scène pour la représentation du texte C. Vous indiquerez notamment votre conception du décor et des costumes, de même que les didascalies portant sur les mouvements, les gestes, les mimiques et les intonations des acteurs.

Texte A

LUCIFER. – Qui est là ? D'où nous viennent ces baladins[1] ?

ASTAROTH. – C'est nous, vos trois envoyés ; nous nous dépêchons de rentrer.

LUCIFER. – Avec quel résultat ?

SATAN. – Roi Lucifer, ne vous fâchez pas, par ma patte. Ce n'est pas de notre faute. Personne n'y aurait mis plus du sien.

LUCIFER. – Comment ? Avec toutes vos courses par monts et par vaux, vous n'êtes arrivés à rien ?

SATAN. – Je n'ai rien à vous cacher, c'est comme je vous le dis : ce fameux Jésus est monté[2] dans la gloire au Paradis en traînant avec lui toutes les générations passées des hommes, patriarches, prophètes, une telle foule que j'ai cru enrager de les voir partir.

LUCIFER. – Et toi, l'ennemi invétéré du genre humain, tu t'es tenu à l'écart ? Tu n'as pas couru à travers champs pour en rattraper au moins une dizaine ou une douzaine en choisissant les pires et pour les traîner dans notre fournaise ?

1. **baladins** : saltimbanques.
2. **monté** : référence à l'Ascension du Christ.
3. ***domine*** : en latin, maître.

SATAN. – C'est facile à dire ! Ils n'avaient plus peur ni de vous ni de nous. Ils resplendissaient comme le soleil en plein jour ! Quand j'ai vu ça, je me suis cassé la gueule d'horreur et de honte, et me voilà au rapport !

LUCIFER. – C'est le diable qui vous a ramenés ici ! Bandits que vous êtes, vous et tous vos semblables, mais vous allez le sentir passer ! Cerbère !

CERBÈRE. – À vos ordres, *domine*[3] !

LUCIFER. – Prends-moi ces trois fichus brigands ! Pends-les par les pieds à la potence et plonge-les tout au fond de la cuve ! Et pousse les feux, qu'ils transpirent bien !

Arnoul Gréban, *Le Mystère de la Passion*, Quatrième journée, vers 1450, traduction de M. de Combarieu du Grès et J. Subrenat, Éd. Gallimard.

Texte B

Pour se venger de son maître Géronte, Scapin le persuade de se cacher dans un sac pour échapper à de prétendus poursuivants...

SCAPIN. – Cachez-vous : voici un spadassin[1] qui vous cherche. *(En contrefaisant sa voix.)* « Quoi ? je n'aurai pas l'abantage dé tuer cé Géronte, et quelqu'un par charité né m'enseignera pas où il est ? » *(À Géronte, de sa voix ordinaire.)* Ne branlez[2] pas. *(Reprenant son ton contrefait.)* « Cadédis[3], je lé trouberai, sé cachât-t-il au centre dé la terre. » *(À Géronte avec son ton naturel.)* Ne vous montrez pas. *(Tout le langage gascon est supposé de celui qu'il contrefait, et le reste de lui.)*. « Oh, l'homme au sac ! » Monsieur. « Jé té vaille[4] un louis, et m'enseigne où être Géronte. » Vous cherchez le seigneur Géronte ? « Oui, mordis[5] ! jé lé cherche. » Et pour quelle affaire, Monsieur ? « Pour quelle affaire ? » Oui. « Jé beux, cadédis, lé faire mourir sous les coups de vaton. » Oh ! Monsieur, les coups de bâton ne se donnent point à des gens comme lui, et ce n'est pas un homme à être traité de la sorte. « Qui, cé fat dé Géronte, cé maraut, cé vélître[6] ? » Le seigneur Géronte, Monsieur, n'est ni fat, ni maraud, ni bélître, et vous devriez, s'il vous plaît, parler d'autre façon. « Comment, tu me traites, à moi, avec cette hautur » Je défends, comme je dois, un homme d'honneur qu'on offense. « Est-ce que tu es des amis dé cé Géronte ? » Oui, Monsieur, j'en suis. « Ah ! cadédis, tu es de ses amis, à la vonne hure. » *(Il donne plusieurs coups de bâton sur le sac.)* « Tiens. Boilà cé que jé té vaille pour lui. » Ah, ah, ah, Monsieur ! Ah, ah, Monsieur ! tout beau. Ah, doucement, ah, ah, ah ! « Va, porte-lui cela de ma part. Adiusias[7]. » Ah ! diable soit le Gascon. Ah ! *(En se plaignant et remuant le dos, comme s'il avait reçu les coups de bâton.)*

GÉRONTE, *mettant la tête hors du sac.* – Ah ! Scapin, je n'en puis plus !

SCAPIN. – Ah ! Monsieur, je suis tout moulu, et les épaules me font un mal épouvantable.

GÉRONTE. – Comment ? c'est sur les miennes qu'il a frappé.

SCAPIN. – Nenni, Monsieur, c'était sur mon dos qu'il frappait.

GÉRONTE. – Que veux-tu dire ? J'ai bien senti les coups, et les sens bien encore.

SCAPIN. – Non, vous dis-je, ce n'est que le bout du bâton qui a été jusque sur vos épaules.

GÉRONTE. – Tu devais donc te retirer un peu plus loin, pour m'épargner...

SCAPIN, *lui remet la tête dans le sac.* – Prenez garde. En voici un autre qui a la mine d'un étranger.

Molière, *Les Fourberies de Scapin*, Acte III, scène 2, 1671.

1. **Spadassin** : tueur à gages.
2. **Branlez** : bougez.
3. **Cadédis** : tête de Dieu (juron).
4. **vaille** : déformation de « baille » (donne).
5. **Mordis** : déformation de « mordieu » (juron).
6. **Vélître** : déformations de « bélître » (coquin).
7. **Adiusias** : adieu, en gascon.

Texte C

De Guiche, *qui est descendu de la scène, avec les marquis.*

Mais à la fin il nous ennuie !

Le Vicomte De Valvert, *haussant les épaules.*

Il fanfaronne !

De Guiche

Personne ne va donc lui répondre ?...

Le Vicomte

Personne ?
Attendez ! Je vais lui lancer un de ces traits !...

Il s'avance vers Cyrano qui l'observe, et se campant devant lui d'un air fat.

Vous... vous avez un nez... heu... un nez... très grand.

Cyrano, *gravement.*

Très.

Le Vicomte, *riant.*

Ha !

Cyrano, *imperturbable.*

C'est tout ?...

Le Vicomte

Mais...

Cyrano

Ah ! non ! c'est un peu court, jeune homme !
On pouvait dire... Oh ! Dieu !... bien des choses en somme.
En variant le ton, – par exemple, tenez :
Agressif : « Moi, monsieur, si j'avais un tel nez,
Il faudrait sur-le-champ que je me l'amputasse ! »
Amical : « Mais il doit tremper dans votre tasse :
Pour boire, faites-vous fabriquer un hanap ! »
Descriptif : « C'est un roc !... c'est un pic !... c'est un cap !
Que dis-je, c'est un cap ?... C'est une péninsule ! »
Curieux : « De quoi sert cette oblongue capsule ?
D'écritoire, monsieur, ou de boîte à ciseaux ? »
Gracieux : « Aimez-vous à ce point les oiseaux
Que paternellement vous vous préoccupâtes
De tendre ce perchoir à leurs petites pattes ? »
Truculent : « Çà, monsieur, lorsque vous pétunez,
La vapeur du tabac vous sort-elle du nez
Sans qu'un voisin ne crie au feu de cheminée ? »
Prévenant : « Gardez-vous, votre tête entraînée
Par ce poids, de tomber en avant sur le sol ! »
Tendre : « Faites-lui faire un petit parasol
De peur que sa couleur au soleil ne se fane ! »
Pédant : « L'animal seul, monsieur, qu'Aristophane
Appelle Hippocampéléphantocamélos

Dut avoir sous le front tant de chair sur tant d'os ! »
Cavalier : « Quoi, l'ami, ce croc est à la mode ?
Pour pendre son chapeau, c'est vraiment très commode ! »
Emphatique : « Aucun vent ne peut, nez magistral,
T'enrhumer tout entier, excepté le mistral ! »
Dramatique : « C'est la mer Rouge quand il saigne ! »
Admiratif : « Pour un parfumeur, quelle enseigne ! »
Lyrique : « Est-ce une conque, êtes-vous un triton ? »
Naïf : « Ce monument, quand le visite-t-on ? »
Respectueux : « Souffrez, monsieur, qu'on vous salue,
C'est là ce qui s'appelle avoir pignon sur rue ! »
Campagnard : « Hé, ardé ! C'est-y un nez ? Nanain !
C'est queuqu'navet géant ou ben queuqu'melon nain ! »
Militaire : « Pointez contre cavalerie ! »
Pratique : « Voulez-vous le mettre en loterie ?
Assurément, monsieur, ce sera le gros lot ! »
Enfin, parodiant Pyrame en un sanglot :
« Le voilà donc ce nez qui des traits de son maître
A détruit l'harmonie ! Il en rougit, le traître ! »
– Voilà ce qu'à peu près, mon cher, vous m'auriez dit
Si vous aviez un peu de lettres et d'esprit :
Mais d'esprit, ô le plus lamentable des êtres,
Vous n'en eûtes jamais un atome, et de lettres
Vous n'avez que les trois qui forment le mot : sot !
Eussiez-vous eu, d'ailleurs, l'invention qu'il faut
Pour pouvoir là, devant ces nobles galeries,
Me servir toutes ces folles plaisanteries,
Que vous n'en eussiez pas articulé le quart
De la moitié du commencement d'une, car
Je me les sers moi-même, avec assez de verve,
Mais je ne permets pas qu'un autre me les serve.

Edmond Rostand, *Cyrano de Bergerac*, Acte I, scène 10, 1897.

Jacques Weber dans le rôle de Cyrano. Mise en scène de Jérôme Savary, théâtre Mogador à Paris, septembre 1983.

Jean-Baptiste Greuze, *La Malédiction paternelle ou le Fils ingrat.* Huile sur toile, 1777, 130 x 262 cm. Musée du Louvre, Paris.

1750
1800

Le triomphe des Lumières

LA LITTÉRATURE
ET SES
CONTEXTES

1750 1800

Le triomphe des Lumières

Alors que Louis XV achève son règne dans l'impopularité, son petit-fils Louis XVI ne parvient pas, lui non plus, à répondre aux attentes du peuple. La bourgeoisie, qui ne supporte plus les privilèges de la noblesse et du clergé, conteste le pouvoir royal. Elle s'appuie sur les œuvres polémiques et satiriques des écrivains pour défendre des valeurs nouvelles. La Révolution française apparaît ainsi comme l'aboutissement du mouvement des Lumières.

1. L'histoire L'effondrement de la monarchie et la Révolution française

Le serment du Jeu de Paume des députés du tiers état, en juin 1789.

La fin du règne de Louis XV est marquée par de nombreux échecs : les dépenses de la cour aggravent le déficit du royaume, tandis qu'à l'extérieur la France perd les Indes et le Canada. Faible et indécis, Louis XVI, qui lui succède en 1774, nomme des ministres réformateurs, comme Turgot ou Necker. De mauvaises récoltes successives engendrent une profonde crise économique. Des émeutes éclatent mais l'aristocratie s'oppose à toute réforme. Le roi convoque les États généraux en 1789 pour écouter les doléances du peuple. Mais il est trop tard et la Révolution éclate. La royauté est alors abolie, Louis XVI est guillotiné. À peine établie, la République doit repousser la coalition des armées royalistes formée par les pays voisins. La mort de Robespierre, en 1794, met fin au régime de la Terreur qu'il avait mis en place, et prépare l'installation du Directoire.

La prise du château de la Bastille, le 14 juillet 1789, marque le début de la Révolution.

Exécution de Louis XVI, le 21 janvier 1793.

2. La société La consécration du tiers état

Ouvriers tanneurs au travail.
Tableau de Léonard Defrance, 1790.

Le pays prospère grâce à la libéralisation du commerce et aux progrès de l'agriculture. L'agronomie est à la mode; Parmentier introduit la culture de la pomme de terre à partir de 1766. Partout dans le pays, les manufactures se multiplient. Cependant, l'artisanat reste dominant en France. Cette relative aisance profite à la bourgeoisie qui revendique l'égalité et la liberté. Elle s'accompagne d'une laïcisation de la société. À Paris, les nouveaux boulevards deviennent le centre de la vie sociale. On y commente les mesures du gouvernement. C'est du Palais-Royal, à travers les discours enflammés des orateurs, que part la Révolution française. Dès lors s'effondre la structure sociale liée à la monarchie : les membres de la noblesse et du clergé qui ne l'acceptent pas sont contraints à l'exil ou conduits à l'échafaud.

Portrait de Parmentier, en 1777, qui introduit en France la culture de la pomme de terre.

La promenade du boulevard des Italiens.

3. Les sciences L'affirmation des sciences de la nature

Louis XVI donne des instructions à La Pérouse pour son voyage autour du monde.

Aussi célèbre que Voltaire, admiré dans toute l'Europe, Buffon domine le monde de la recherche scientifique. Son *Histoire naturelle* sait faire comprendre et aimer la science, ouvrant la voie aux théories sur l'évolution de l'homme. Celles-ci profitent également des témoignages ramenés par les grands voyageurs, Bougainville, Cook et La Pérouse. Dans le même temps, la chimie fait des progrès considérables, à travers les découvertes de Lavoisier sur le gaz, ou l'invention de l'aérostat par les frères Montgolfier. Les nombreuses avancées scientifiques profitent à l'économie du pays. C'est ainsi que l'industrie est bouleversée par le métier à tisser mis au point par Jacquard.

Le nouveau jeu des ballons aérostatiques.

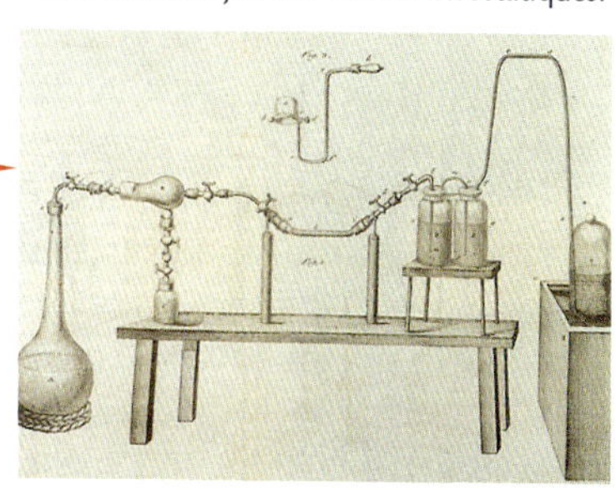

Instruments de laboratoire, dessinés par Lavoisier, créateur de la chimie moderne.

4. Les lettres La passion pour la littérature polémique

Figaro, le héros de l'œuvre de Beaumarchais.

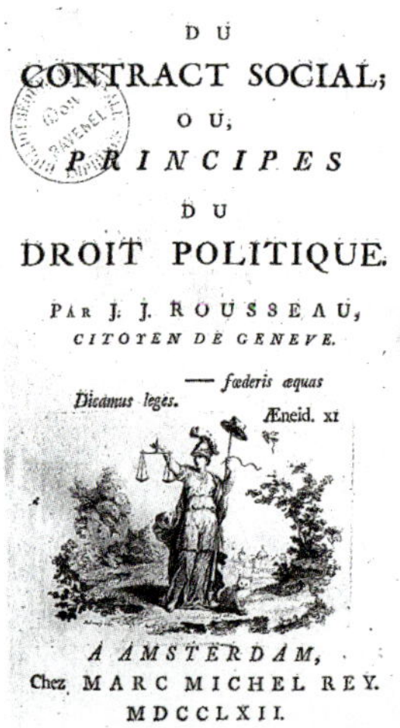
DU
CONTRACT SOCIAL;
OU,
PRINCIPES
DU
DROIT POLITIQUE.
PAR J. J. ROUSSEAU,
CITOYEN DE GENEVE.
— fœderis æquas
Dicamus leges.
Æneid. xi
A AMSTERDAM,
Chez MARC MICHEL REY.
MDCCLXII.

L'écrivain acquiert un statut nouveau. Il éclaire les peuples et les princes, propose de nouvelles conceptions de la société. C'est ainsi que Voltaire et Rousseau font l'objet d'un véritable culte et partout, dans les académies de Paris et de province, dans les salons et les cafés, l'esprit critique se répand. L'essai, l'apologue, le dialogue, le pamphlet, mais aussi le conte philosophique, le roman ou le théâtre se mettent au service des idées et du combat philosophique. Ils répandent un idéal de liberté, qui participe à la constitution d'une véritable opinion publique. Les lecteurs ne sont plus seulement les sujets de Louis XVI, ils deviennent des citoyens. Après 1789, nombreux sont les écrivains qui mettent leur talent d'orateur au service du peuple à la tribune de l'Assemblée.

Allégorie révolutionnaire en l'honneur de Rousseau.

5. L'édition L'*Encyclopédie* et la fièvre de l'édition

La lecture de la gazette, peinture anonyme du XVIIIe siècle.

Dans une société de plus en plus laïque, le livre permet de s'ouvrir à la rêverie et aux plaisirs de l'imagination. Les romans se multiplient et connaissent d'énormes succès de librairie. Les tirages de *La Nouvelle Héloïse*, de *Paul et Virginie* ou des *Liaisons dangereuses* se succèdent.

Les écrivains comme Voltaire ou Rousseau publient leurs œuvres dans de belles éditions pour lesquelles ils sollicitent illustrateurs et imprimeurs prestigieux. Cependant, les récits de voyages et les ouvrages de vulgarisation diffusent les connaissances nouvelles à travers l'Europe. L'*Encyclopédie* apparaît alors comme la plus grande aventure éditoriale depuis l'invention de l'imprimerie, en offrant au lecteur la somme de toutes les connaissances humaines. La prolifération des journaux, parfois constitués de quelques feuillets, stimule l'expression des opinions qui conduit, avec la Révolution française, à l'abolition de la censure et à la liberté de la presse.

Essor de la presse, après l'abolition de la censure et la suppression des corporations par la Révolution française.

6. Les arts Le retour au goût classique

De nombreux peintres, comme Fragonard, poursuivent la tradition de la peinture galante, sensuelle et délicate qui représente les plaisirs du libertinage. Cependant, la société bourgeoise trouve dans Greuze le peintre des vertus de la vie familiale, tandis que Chardin renouvelle l'art de la nature morte. Dans la peinture, l'architecture et le mobilier, les courbes brillantes et raffinées du style Louis XV s'effacent devant la redécouverte des formes classiques, plus sobres et rigoureuses. Sous la Révolution, David consacre ainsi le retour à l'inspiration antique et la République fait de l'église Sainte-Geneviève, construite par Soufflot, un monument consacré au culte des grands hommes : le Panthéon.

Le Panthéon, au cœur du Quartier latin, construit par Soufflot de 1764 à 1780, achevé en 1812.

La Mort de Marat

Jacques-Louis David (1793)

David est le chef incontesté de l'école néo-classique. S'inspirant de la grandeur antique, il fait preuve d'une maîtrise exceptionnelle dans la description anatomique et revendique la dimension morale de son art. Assassiné par Charlotte Corday alors qu'il écrit dans son bain, Marat, dans une nudité sans défense, devient ici un véritable martyr. (Huile sur toile, 165 x 128 cm, Musées royaux de Bruxelles.)

Le tableau a été commandé par la Convention qui veut rendre hommage au grand homme de la Révolution. Mais David connaissait personnellement Marat, à qui il avait rendu visite la veille de son assassinat. En choisissant de montrer Marat chez lui, David mêle souvenir personnel et commémoration officielle, comme le démontre l'inscription et la signature sur le bas de la caisse.

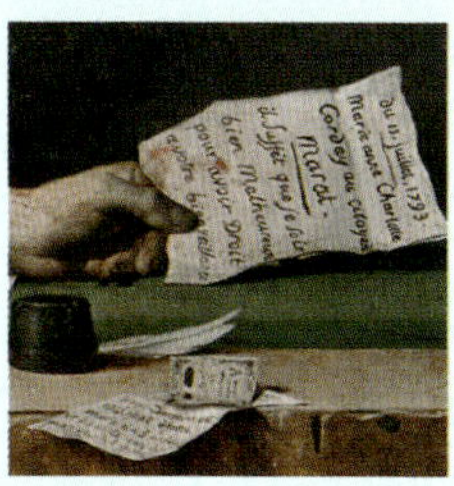

Tel un témoin qui serait présent dans les instants qui suivent le geste assassin, le spectateur perçoit rapidement tous les indices du crime : la blessure et le sang encore frais, le couteau en bas à gauche, le billet qui désigne la meurtrière. Visible par tous, la tragédie atteint une dimension nationale.

La scène du crime se détache sur un fond sombre qui occupe la moitié supérieure du tableau. Le corps de Marat repose sur un drap blanc, alors que sa tête penchée vers le spectateur est mise en valeur par une lumière verticale. À droite et dans une parfaite horizontalité, la main tient le billet qui a permis à la meurtrière d'être introduite auprès de Marat.

Diderot

Nom et prénom : **Diderot, Denis**

Naissance : **5 octobre 1713, à Langres**

Décès : **31 juillet 1784, à Paris**

Diderot est issu d'une famille d'artisans aisés. Brillant élève, il refuse la carrière ecclésiastique et s'enfuit à Paris où il achève ses études. Il mène au Quartier latin une vie marquée par le manque d'argent. Il épouse à trente ans une jolie marchande de lingerie. Quelques années plus tard, Diderot affiche son matérialisme dans la *Lettre sur les aveugles*.

Le 24 juillet 1749, il est arrêté et enfermé au château de Vincennes. Libéré après quelques mois, il se consacre à la rédaction de l'*Encyclopédie*. Pendant vingt ans, Diderot recrute des collaborateurs, rédige des centaines d'articles, ruse avec la censure. Doué d'une énergie peu commune, il développe en même temps son œuvre romanesque et théâtrale. À partir de 1759, il fournit également de riches comptes rendus des tableaux exposés dans les salons de l'Académie de Paris. À soixante ans, l'écrivain philosophe se rend auprès de Catherine II, l'impératrice de Russie, qui cherche à appliquer dans son pays les doctrines des Lumières. Diderot meurt à soixante et onze ans, quelques mois après la disparition de son ami d'Alembert.

Auteur de romans, dont : *La Religieuse* (1760), *Jacques le fataliste* (1778) ; d'essais, dont : *Lettre sur les aveugles* (1749) ; d'articles dans l'*Encyclopédie* (1751-1772) ; de dialogues philosophiques, dont : *Le Neveu de Rameau* (posthume), *Le Rêve de d'Alembert* (1769), *Supplément au Voyage de Bougainville* (1772), *Paradoxe sur le comédien* (1773).

L'ŒUVRE DE DIDEROT

Le plaidoyer pour les Lumières

Dès les *Pensées philosophiques*, en 1746, condamnées par la censure à être brûlées, Diderot s'affirme comme un ardent défenseur des Lumières. En 1749, il défend l'athéisme dans la *Lettre sur les aveugles*. Il milite dans l'*Encyclopédie* pour un régime politique fondé sur l'égalité. En 1772, son *Supplément au Voyage de Bougainville* argumente en faveur des valeurs et du mode de vie des sociétés proches de la nature.

Le renouvellement du théâtre et du roman

Le Fils naturel, en 1757, et *Le Père de famille* l'année suivante donnent naissance à un nouveau genre théâtral : le drame bourgeois. Par ailleurs, écrits entre 1762 et 1777, *Le Neveu de Rameau* et *Jacques le fataliste et son maître* révèlent un écrivain exceptionnel qui bouleverse les règles du roman.

L'éloge et le blâme de la peinture

À partir de 1759, dans la description qu'il fait des tableaux du salon de Paris, Diderot crée une critique d'art qui exprime avec enthousiasme et liberté les sentiments éprouvés par le spectateur passionné devant la peinture.

DIDEROT ET LA PASSION DU DIALOGUE

Diderot défend la liberté de penser et son œuvre s'affirme comme un plaidoyer enthousiaste pour la circulation et l'échange des idées. C'est ainsi qu'à travers les genres qu'il aborde – théâtre, roman, essai, lettre ouverte, entretien –, l'écrivain a constamment recours au dialogue, forme privilégiée du débat. Derrière Jacques et son maître, derrière les deux personnages du *Neveu de Rameau*, derrière les spectateurs du salon qui discutent face à un tableau, derrière les interlocuteurs anonymes du *Supplément au Voyage de Bougainville*, on devine Diderot qui délibère avec lui-même, exposant ses propres interrogations pour balayer les doutes et faire aboutir la réflexion philosophique.

1751-1772

Encyclopédie

C'est l'article « Autorité politique » qui, dans le premier tome de l'*Encyclopédie*, déclenche les réactions les plus hostiles des partisans de la monarchie absolue. Diderot examine en effet la légitimité du pouvoir politique et revendique une plus grande liberté pour les citoyens.

AUTORITÉ POLITIQUE

Aucun homme n'a reçu de la nature le droit de commander aux autres. La liberté est un présent du ciel, et chaque individu de la même espèce a le droit d'en jouir aussitôt qu'il jouit de la raison. Si la nature a établi quelque *autorité*, c'est la puissance paternelle ; mais la puissance paternelle a ses bornes, et dans l'état de nature, elle finirait aussitôt que les enfants seraient en état de se conduire. Toute autre *autorité* vient d'une autre origine que la nature. Qu'on examine bien, et on la fera toujours remonter à l'une de ces deux sources : ou la force et la violence de celui qui s'en est emparé, ou le consentement de ceux qui s'y sont soumis par un contrat fait ou supposé entre eux et celui à qui ils ont déféré l'*autorité*.

La puissance qui s'acquiert par la violence n'est qu'une usurpation[1], et ne dure qu'autant que la force de celui qui commande l'emporte sur celle de ceux qui obéissent ; en sorte que, si ces derniers deviennent à leur tour les plus forts et qu'ils secouent le joug[2], ils le font avec autant de droit et de justice que l'autre qui le leur avait imposé. La même loi qui a fait l'*autorité* la défait alors : c'est la loi du plus fort.

Quelquefois, l'autorité qui s'établit par la violence change de nature : c'est lorsqu'elle continue et se maintient du consentement exprès de ceux qu'on a soumis ; mais elle rentre par là dans la seconde espèce, dont je vais parler ; et celui qui se l'était arrogée, devenant alors prince, cesse d'être tyran.

La puissance qui vient du consentement des peuples suppose nécessairement des conditions qui en rendent l'usage légitime, utile à la société, avantageux à la république, et qui la fixent et la restreignent entre des limites ; car l'homme ne doit ni ne peut se donner entièrement et sans réserve à un autre homme, parce qu'il a un maître supérieur au-dessus de tout, à qui seul il appartient tout entier. C'est Dieu, dont le pouvoir est toujours immédiat sur la créature[3], maître aussi jaloux qu'absolu, qui ne perd jamais de ses droits, et ne les communique point.

Denis Diderot, « Autorité politique », article de l'*Encyclopédie*, 1751.

1. **usurpation** : pouvoir illégitime.
2. **secouer le joug** : se libérer.
3. **la créature** : l'être humain.

1. Quelles sont les deux principales formes de gouvernement définies par Diderot dans son article ? Comment explique-t-il leur existence ?

2. NOTION. Quelles sont les valeurs défendues par Diderot ? Relevez et classez les termes qui défendent ou condamnent les formes de gouvernement.

3. Étudiez la définition de l'autorité proposée dans les lignes 1 à 6. Sur quelle affirmation repose-t-elle ?

4. En vous appuyant sur le contexte historique de *l'Encyclopédie*, expliquez pour quelle raison Diderot se sent tenu de reconnaître l'autorité divine à la fin du passage.

5. Sur le même modèle, rédigez un article qui prendra pour thème le mot « Citoyenneté ».

NOTION

L'article argumentatif

L'écrivain philosophe prend position sur les sujets qui suscitent la polémique ou le débat. Il adopte des formes variées : essai littéraire ou philosophique, conte ou roman, lettre ouverte. Il utilise également l'article du dictionnaire pour communiquer ses opinions au public.

1751

Diderot et l'aventure de l'*Encyclopédie*

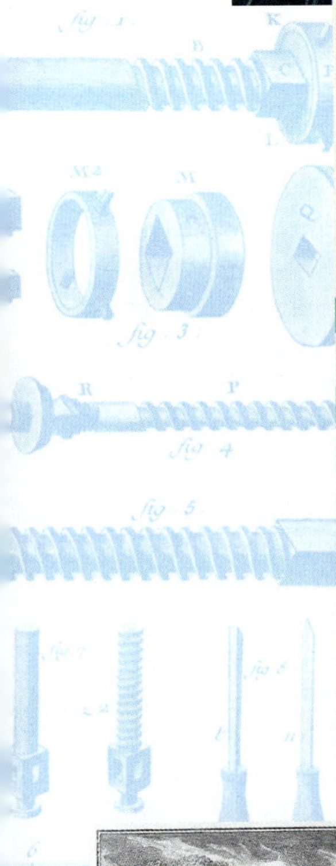

Dès la publication du premier volume de l'*Encyclopédie* en 1751, l'entreprise de Diderot et d'Alembert déchaîne une violente polémique. En fournissant à ses contemporains un tableau complet de l'état des sciences et des techniques, Diderot s'attaque en effet aux fondements de la société d'Ancien Régime : l'autorité de l'Église et la monarchie absolue.

Chronologie de l'aventure de l'*Encyclopédie*

1748	Le Breton et trois de ses collègues libraires obtiennent le privilège de publier l'*Encyclopédie*
1750	publication du prospectus rédigé par Diderot
28 juin 1751	publication du premier volume, tiré à 2050 exemplaires
1752	interdiction des deux premiers volumes
1753	reprise de la publication
1759	nouvelle révocation du privilège
1762	parution du premier tome de planches (gravures)
1766	publication des dix derniers volumes

Planche de l'*Encyclopédie*.

Un projet ambitieux

En 1748, Le Breton, un libraire parisien, associé à trois de ses collègues, obtient le privilège royal – c'est-à-dire l'autorisation – de publier une *Encyclopédie ou Dictionnaire raisonné des sciences, des arts et des techniques*. L'entreprise nécessite de nombreux collaborateurs, rédacteurs, dessinateurs, graveurs, imprimeurs. Elle apparaît d'emblée comme la plus grande aventure éditoriale du XVIIIe siècle. La direction en est confiée à Diderot et à d'Alembert. L'*Encyclopédie* est pour eux le moyen de combattre les préjugés en mettant les connaissances au service de l'homme et du progrès social.

Le scandale de l'*Encyclopédie*

Dès la publication du premier volume, en 1752, l'*Encyclopédie* connaît un énorme succès. Mais le scandale éclate, car les adversaires des philosophes, partisans de l'Église et du pouvoir royal, dénoncent les pages qui, comme l'article « Autorité », remettent en cause la monarchie absolue de droit divin. Ils obtiennent l'interdiction des deux premiers volumes. Cependant, grâce à l'intervention de personnages influents, et particulièrement de Madame de Pompadour, Diderot est autorisé à poursuivre son œuvre. Le tome III paraît en 1753.

Denis Diderot, peint par Van Loo (détail).

Le combat de Diderot

Au cours des années qui suivent, les difficultés se multiplient. Diderot subit les attaques du parti dévot, qui voit dans l'*Encyclopédie* un symbole de l'esprit critique. Le privilège accordé aux libraires est ainsi révoqué en 1759. Une fois encore, Diderot s'engage dans la défense de ce travail auquel il sacrifiera vingt-quatre années de son existence, affrontant les menaces et les critiques quotidiennes de ses adversaires. Il obtient ainsi de Malesherbes, responsable éclairé de la censure, d'aller jusqu'au bout de la publication de ce que Voltaire appelle alors le « monument de l'esprit humain ».

Le monument des Lumières

Diffusée à travers toute l'Europe, l'*Encyclopédie* apparaît comme la somme des connaissances humaines : Diderot, d'Alembert, mais aussi Voltaire, Montesquieu, Turgot et plus de deux cents collaborateurs participent à l'élaboration des dix-sept volumes, auxquels s'ajoutent onze volumes de planches. Elle apparaît ainsi comme un hymne au savoir et à la science, témoignant de la foi dans le progrès et la raison humaine. L'influence de l'*Encyclopédie* est considérable, au point qu'elle s'impose comme un modèle qui sera souvent imité aux siècles suivants.

D'Alembert, peinture anonyme du XVIIIe siècle.

L'*Encyclopédie* : une arme de combat

Avec l'*Encyclopédie*, Diderot se propose « de rassembler les connaissances éparses sur la terre » pour les transmettre aux hommes. Mais l'écrivain et ses collaborateurs ne se limitent pas à la simple description des savoirs. L'enjeu de chacun des articles qui constituent l'*Encyclopédie* est en effet de mettre en évidence les erreurs, les superstitions, les aveuglements entretenus par le pouvoir politique et religieux. L'ouvrage milite ainsi en faveur d'une société fondée sur l'égalité des citoyens et la liberté de penser. Il s'impose dès lors une véritable arme de combat au service des Lumières.

COMPRENDRE L'ESSENTIEL

1. **Pourquoi peut-on dire que l'*Encyclopédie* est le projet éditorial le plus ambitieux du XVIIIe siècle ?**
2. **En quoi l'*Encyclopédie* apparaît-elle à ses adversaires comme une menace ?**
3. **Comment expliquer que l'*Encyclopédie* ait occupé Diderot pendant vingt-quatre ans ?**
4. **Pourquoi peut-on dire que l'esprit des Lumières se retrouve tout entier dans l'*Encyclopédie* ?**

1762 Le Neveu de Rameau

***Le Neveu de Rameau* se présente comme un dialogue entre Diderot et Jean-François Rameau, neveu du célèbre compositeur d'opéra. La confrontation du philosophe et du neveu de Rameau, personnage bohème et extravagant, permet de soulever des questions de société, de morale et de littérature.**

Un après-dîner, j'étais là[1], regardant beaucoup, parlant peu et écoutant le moins que je pouvais, lorsque je fus abordé par un des plus bizarres personnages de ce pays où Dieu n'en a pas laissé manquer. C'est un composé de hauteur et de bassesse, de bon sens et de déraison. Il faut que les notions de l'honnête et du déshonnête soient bien étrangement brouillées dans sa tête, car il montre ce que la nature lui a donné de bonnes qualités sans ostentation, et ce qu'il en a reçu de mauvaise sans pudeur. Au reste, il est doué d'une organisation forte, d'une chaleur d'imagination singulière, et d'une vigueur de poumons peu commune. Si vous le rencontrez jamais et que son originalité ne vous arrête pas, ou vous mettrez vos doigts dans vos oreilles, ou vous vous enfuirez. Dieux, quels terribles poumons ! Rien ne dissemble plus de lui que lui-même. Quelquefois il est maigre et hâve comme un malade au dernier degré de la consomption[2] ; on compterait ses dents à travers ses joues ; on dirait qu'il a passé plusieurs jours sans manger, ou qu'il sort de la Trappe[3]. Le mois suivant, il est gras et replet comme s'il n'avait pas quitté la table d'un financier, ou qu'il eût été enfermé dans un couvent de Bernardins[4]. Aujourd'hui en linge sale, en culotte déchirée, couvert de lambeaux, presque sans souliers, il va la tête basse, il se dérobe, on serait tenté de l'appeler pour lui donner l'aumône. Demain, poudré, chaussé, frisé, bien vêtu, il marche la tête haute, il se montre, et vous le prendriez au peu près pour un honnête homme. Il vit au jour la journée, triste ou gai selon les circonstances. Son premier soin, le matin, quand il est levé, est de savoir où il dînera ; après dîner, il pense où il ira souper. La nuit amène aussi son inquiétude. Ou il regagne à pied un petit grenier qu'il habite, à moins que l'hôtesse, ennuyée d'attendre son loyer, ne lui en ait redemandé la clef ; ou il se rabat dans une taverne de faubourg où il attend le jour, entre un morceau de pain et un pot de bière. Quand il n'a pas six sols dans sa poche, ce qui lui arrive quelquefois, il a recours soit à un fiacre de ses amis, soit au cocher d'un grand seigneur qui lui donne un lit sur de la paille, à côté de ses chevaux. Le matin, il a encore une partie de son matelas dans ses cheveux.

Denis Diderot, *Le Neveu de Rameau* (1762-1777), éd. posthume, 1805.

1. **j'étais là** : au café de la Régence, Paris.
2. **consomption** : épuisement.
3. **la Trappe** : communauté de moines très austère.
4. **Bernardins** : moines qui passent pour de bons vivants.

1. Relevez et commentez l'ensemble des indications de temps et de lieu à travers lesquelles s'organise le portrait.

2. Quelles antithèses soulignent le caractère étrange et insaisissable du personnage ?

3. Expliquez l'expression : « Rien ne dissemble plus de lui que lui-même. » (l. 10)

4. Quelle image Diderot donne-t-il de lui-même dans les premières lignes du texte et dans le regard qu'il porte sur ses contemporains ?

5. NOTION. Relevez les caractéristiques physiques, psychologiques et sociales attribuées au neveu de Rameau. Selon vous, quel jugement Diderot porte-t-il sur ce personnage ?

NOTION

Le portrait évaluatif : une vision de l'homme

Dans un roman, mais aussi dans une biographie ou une autobiographie, le portrait permet de caractériser un personnage fictif ou réel, sur le plan physique, psychologique ou social. À travers le portrait, l'auteur révèle ses propres sentiments, ses jugements de valeur, sa propre vision de l'homme.

1765 — Jacques le fataliste

Dans *Jacques le fataliste*, Diderot met en scène un valet plein d'humanité qui accompagne son maître. Dès les premières lignes du texte, les dialogues, le récit des aventures de Jacques sont pour l'écrivain l'occasion de jouer avec les conventions du genre romanesque.

Comment s'étaient-ils rencontrés ? Par hasard, comme tout le monde. Comment s'appelaient-ils ? Que vous importe ? D'où venaient-ils ? Du lieu le plus prochain. Où allaient-ils ? Est-ce que l'on sait où l'on va ? Que disaient-ils ? Le maître ne disait rien ; et Jacques disait que son capitaine disait que tout ce qui nous arrive de bien et de mal ici-bas était écrit là-haut.

LE MAÎTRE. – C'est un grand mot que cela.

JACQUES. – Mon capitaine ajoutait que chaque balle qui partait d'un fusil avait son billet[1].

LE MAÎTRE. – Et il avait raison…

Après une courte pause, Jacques s'écria : « Que le diable emporte le cabaretier et son cabaret ! »

LE MAÎTRE. – Pourquoi donc donner au diable son prochain ? Cela n'est pas chrétien.

JACQUES. – C'est que, tandis que je m'enivre de son mauvais vin, j'oublie de mener nos chevaux à l'abreuvoir. Mon père s'en aperçoit ; il se fâche. Je hoche la tête ; il prend un bâton et m'en frotte un peu durement les épaules. Un régiment passait pour s'en aller au camp devant Fontenoy[2] ; de dépit je m'enrôle. Nous arrivons ; la bataille se donne.

LE MAÎTRE. – Et tu reçois la balle à ton adresse.

JACQUES. – Vous l'avez deviné ; un coup de feu au genou ; et Dieu sait les bonnes et mauvaises aventures amenées par ce coup de feu. Elles se tiennent ni plus ni moins que les chaînons d'une gourmette. Sans ce coup de feu, par exemple, je crois que je n'aurais été amoureux de ma vie, ni boiteux.

LE MAÎTRE. – Tu as donc été amoureux ?

JACQUES. – Si je l'ai été !

LE MAÎTRE. – Et cela par un coup de feu ?

JACQUES. – Par un coup de feu.

LE MAÎTRE. – Tu ne m'en as jamais dit un mot.

JACQUES. – Je le crois bien.

LE MAÎTRE. – Et pourquoi cela ?

JACQUES. – C'est que cela ne pouvait être dit ni plus tôt ni plus tard.

Denis Diderot, *Jacques le fataliste et son maître* (1765-1773), 1778.

1. son billet : son destinataire.
2. Fontenoy : célèbre bataille en 1745.

1. À travers les anecdotes qu'il raconte et le ton de son récit, quelle image le lecteur se fait-il de Jacques ?

2. Que signifie selon vous le titre du roman ? Comment le fatalisme de Jacques s'exprime-t-il ?

3. Quel est le rôle des interventions du maître dans le dialogue ? Montrez qu'elles servent à la fois à résumer les propos de Jacques et à relancer la discussion pour faire avancer le récit.

4. NOTION. Montrez comment Diderot déroute le lecteur en bouleversant les principes habituels du début de roman.

NOTION

Le début de roman

La fonction du début de roman est de présenter les personnages, le lieu et l'époque de l'histoire racontée et de mettre en place les premiers éléments de l'intrigue.

1772 — Supplément au Voyage de Bougainville

Grand navigateur, Bougainville a raconté son voyage à Tahiti. Dans un supplément fictif aux récits de voyage de Bougainville, Diderot prend la défense des sociétés naturelles et de leurs mœurs, qu'il oppose à la cruauté de la civilisation européenne. Dans cet extrait, il donne la parole à un vieillard qui prend la défense de son peuple.

Il était père d'une famille nombreuse. À l'arrivée des Européens, il laissa tomber des regards de dédain sur eux, sans marquer ni étonnement, ni frayeur, ni curiosité. Ils l'abordèrent; il leur tourna le dos, se retira dans sa cabane. Son silence et son souci ne décelaient que trop sa pensée : il gémissait en lui-même sur les beaux jours de son pays éclipsés. Au départ de Bougainville, lorsque les habitants accouraient en foule sur le rivage, s'attachaient à ses vêtements, serraient ses camarades entre leurs bras, et pleuraient, ce vieillard s'avança d'un air sévère et dit :

« Pleurez, malheureux Tahitiens ! pleurez; mais que ce soit de l'arrivée, et non du départ de ces hommes ambitieux et méchants : un jour, vous les connaîtrez mieux. Un jour, ils reviendront, le morceau de bois que vous voyez attaché à la ceinture de celui-ci, dans une main, et le fer qui pend au côté de celui-là, dans l'autre, vous enchaîner, vous égorger, ou vous assujettir[1] à leurs extravagances et à leurs vices; un jour vous servirez sous eux, aussi corrompus, aussi vils, aussi malheureux qu'eux. Mais je me console; je touche à la fin de ma carrière[2]; et la calamité que je vous annonce, je ne la verrai point. Ô Tahitiens ! mes amis ! Vous auriez un moyen d'échapper à un funeste avenir; mais j'aimerais mieux mourir que de vous en donner le conseil. Qu'ils s'éloignent et qu'ils vivent. »

Puis, s'adressant à Bougainville, il ajouta : « Et toi, chef des brigands qui t'obéissent, écarte promptement ton vaisseau de notre rive; nous sommes innocents, nous sommes heureux; et tu ne peux que nuire à notre bonheur. Nous suivons le pur instinct de la nature; et tu as tenté d'effacer de nos âmes son caractère. Ici tout est à tous; et tu nous as prêché je ne sais quelle distinction du *tien* et du *mien*. Nos filles et nos femmes nous sont communes; tu as partagé ce privilège avec nous; et tu es venu allumer en elles des fureurs inconnues. Elles sont devenues folles dans tes bras; tu es devenu féroce entre les leurs. Elles ont commencé à se haïr; vous vous êtes égorgés pour elles; et elles nous sont revenues teintes de votre sang. Nous sommes libres; et voilà que tu as enfoui dans notre terre le titre de notre futur esclavage. Tu n'es ni un dieu, ni un démon : qui es-tu donc, pour faire des esclaves ? Orou ! toi qui entends[3] la langue de ces hommes-là, dis-nous à tous, comme tu me l'as dit à moi, ce qu'ils ont écrit sur cette lame de métal : *Ce pays est à nous*. Ce pays est à toi ! et pourquoi ? parce que tu y as mis le pied ? Si un Tahitien débarquait un jour sur vos côtes, et qu'il gravât sur une de vos pierres ou sur l'écorce d'un de vos arbres : *Ce pays appartient aux habitants de Tahiti*, qu'en penserais-tu ? Tu es le plus fort ! Et qu'est-ce que cela fait ? Lorsqu'on t'a enlevé une des méprisables bagatelles dont ton bâtiment est rempli, tu t'es récrié, tu t'es vengé; et dans le même instant tu as projeté au fond de ton cœur le vol de toute une contrée ! Tu n'es pas esclave : tu souffrirais la mort plutôt que de l'être, et tu veux nous asservir ! Tu crois donc que le Tahitien ne sait pas défendre sa liberté et mourir ? Celui dont tu veux t'emparer comme de la brute[4], le Tahitien, est ton frère. Vous êtes deux enfants de la nature; quel droit as-tu sur lui qu'il n'ait pas sur toi ? Tu es venu; nous sommes-nous jeté sur ta personne ? avons-nous pillé ton vaisseau ? t'avons-nous saisi et exposé aux flèches de nos ennemis ? t'avons-nous associé dans nos champs au travail de nos animaux ? Nous avons respecté notre image en toi. Laisse-nous nos mœurs; elles sont plus sages et plus honnêtes que les tiennes; nous ne voulons point troquer ce que tu appelles notre ignorance contre tes inutiles lumières.

1. **assujettir** : rendre esclave.
2. **carrière** : existence.
3. **entends** : comprends.
4. **comme de la brute** : comme d'un être sauvage ou d'une bête féroce.

Tout ce qui nous est nécessaire et bon, nous le possédons. Sommes-nous dignes de mépris, parce que nous n'avons pas su nous faire des besoins superflus ? Lorsque nous avons faim, nous avons de quoi manger ; lorsque nous avons froid, nous avons de quoi nous vêtir. Tu es entré dans nos cabanes, qu'y manque-t-il, à ton avis ? Poursuis jusqu'où tu voudras ce que tu appelles les commodités de la vie ; mais permets à des êtres sensés de s'arrêter, lorsqu'ils n'auraient à obtenir de la continuité de leurs pénibles efforts que des biens imaginaires. Si tu nous persuades de franchir l'étroite limite du besoin, quand finirons-nous de travailler ? Quand jouirons-nous ? Nous avons rendu la somme de nos fatigues annuelles et journalières la moindre qu'il était possible, parce que rien ne nous paraît préférable au repos. Va dans ta contrée t'agiter, te tourmenter tant que tu voudras ; laisse-nous reposer : ne nous entête ni de tes besoins factices, ni de tes vertus chimériques. Regarde ces hommes ; vois comme ils sont droits, sains et robustes. Regarde ces femmes ; vois comme elles sont droites, saines, fraîches et belles. Prends cet arc, c'est le mien ; appelle à ton aide un, deux, trois, quatre de tes camarades, et tâchez de le tendre. Je le tends moi seul. Je laboure la terre ; je grimpe la montagne ; je perce la forêt ; je parcours une lieue de la plaine en moins d'une heure. Tes jeunes compagnons ont eu peine à me suivre ; et j'ai quatre-vingt-dix ans passés. Malheur à cette île ! malheur aux Tahitiens présents, et à tous les Tahitiens à venir, du jour où tu nous as visités ! »

Denis Diderot, *Supplément au Voyage de Bougainville*, 1772.

L'accueil des Tahitiens se traduit par des offrandes de fruits à Bougainville (détail d'un pastel du XVIIIe siècle).

1. Dans le premier paragraphe, relevez et commentez cinq informations destinées à montrer que le vieillard est digne d'être écouté.

2. Quelles sont les valeurs associées à la vie des Tahitiens ? Par quels arguments le vieillard défend-il leur liberté ?

3. Relevez et commentez les termes qui expriment la violence engendrée par l'arrivée des Européens.

4. Analysez les procédés de l'éloquence qui participent à la force de persuasion du discours à Bougainville.

5. Dans les lignes 8 à 17, relevez les termes et procédés destinés à provoquer la pitié des Tahitiens sur eux-mêmes. Montrez qu'ils inscrivent le discours dans le registre pathétique.

6. NOTION. Retrouvez les caractéristiques du réquisitoire dans le discours du vieillard.

NOTION

Le réquisitoire

Le réquisitoire est un discours prononcé pour accuser quelqu'un d'un délit ou d'un crime. Il repose sur une dénonciation construite et argumentée par un orateur devant un auditoire qui délibère avant de prononcer un jugement.

ROUSSEAU

Nom et prénom : **Rousseau, Jean-Jacques**

Naissance : **28 juin 1712, à Genève**

Décès : **2 juillet 1778, à Ermenonville**

Auteur d'essais, dont : *Discours sur les sciences et les arts* (1750), *Discours sur l'origine de l'inégalité* (1755), *Lettre à d'Alembert sur les spectacles* (1758), *Du contrat social* (1762), *Émile ou De l'éducation* (1762); d'un roman : *La Nouvelle Héloïse* (1761); de récits autobiographiques, dont : *Les Confessions* (1765-1770), *Les Rêveries du promeneur solitaire* (1782).

Rousseau, qui a perdu sa mère à sa naissance, est élevé par son père à Genève. Alors qu'il est apprenti, il rentre un soir si tard qu'il se heurte aux portes fermées de la ville de Genève. Il décide alors de partir à l'aventure. Il est recueilli à Annecy par Mme de Warens. En 1742, il s'installe à Paris où il découvre les salons littéraires et devient l'ami de Diderot. Il se lie avec Thérèse Levasseur, une servante, dont il a cinq enfants : tous sont abandonnés à l'Hospice des enfants trouvés.

Il compose un opéra qui est joué avec succès. Engagé auprès des philosophes dans leur combat pour les Lumières, Rousseau se retrouve peu à peu isolé. Voltaire, qui a foi dans le progrès, lui reproche en effet sa condamnation de la civilisation dans le *Discours sur les sciences et les arts* ou dans le *Discours sur l'origine et les fondements de l'inégalité parmi les hommes*. En 1762, condamné par le Parlement pour les idées défendues dans *Émile ou De l'éducation*, menacé d'arrestation, Rousseau est obligé de fuir. Il mène alors une vie errante avant de mourir, à soixante-six ans, peu après son installation à Ermenonville.

L'ŒUVRE DE ROUSSEAU

Le blâme de la civilisation

Dès son *Discours sur les sciences et les arts*, en 1750, Rousseau est convaincu que la civilisation a perverti les hommes. Il fait ainsi l'éloge du « bon sauvage », exalte l'homme naturel et condamne les injustices nées de la propriété. Le *Discours sur l'origine de l'inégalité* en 1755 et *Du contrat social*, en 1762, revendiquent plus de liberté et d'égalité pour les citoyens. En 1762, l'*Émile* développe les mêmes idées à travers une réflexion sur l'éducation des enfants.

Le pathétique du roman épistolaire

La Nouvelle Héloïse connaît un très grand succès, dès sa publication en 1761. Ce roman par lettres décrit la passion impossible de Saint-Preux et de son élève, Julie d'Estanges, obligée d'épouser un homme de sa condition. Rousseau y suscite l'émotion des « âmes sensibles » à travers le pathétique des situations.

L'invention de l'autobiographie

En cherchant à se justifier des attaques dont il est l'objet, avec *Les Confessions* rédigées de 1765 à 1770, Rousseau crée le genre autobiographique. Il y fait l'histoire de sa vie depuis sa naissance, en avouant au lecteur ses défauts et ses faiblesses. De 1776 à 1778, il poursuit ses confidences autobiographiques dans *Les Rêveries du promeneur solitaire.*

LE PHILOSOPHE DE LA NATURE ET DE LA SENSIBILITÉ

Que ce soit à travers les essais philosophiques, les romans ou l'œuvre autobiographique, Rousseau met en évidence la sensibilité de l'homme qui souffre au contact de la société. Il apparaît lui-même comme un être incompris qui revendique l'expression de ses émotions, de ses rêves et de ses désirs. Sa vie et son œuvre manifestent l'importance du rapport de l'homme avec la nature : c'est dans la solitude, face à la beauté des paysages, que Rousseau retrouve en lui la richesse d'une sensibilité corrompue par la civilisation. Chacun de ces thèmes prépare directement l'avènement du mouvement romantique, qui verra en Rousseau l'un de ses précurseurs.

1755 — Discours sur l'origine et les fondements de l'inégalité parmi les hommes

En 1753, l'Académie de Dijon met au concours le problème suivant : « Quelle est l'origine de l'inégalité des conditions parmi les hommes ? » Rousseau reconstitue l'histoire humaine pour identifier le moment où les hommes abandonnent l'état de nature et découvrent la vie en société.

Tant que les hommes se contentèrent de leurs cabanes rustiques, tant qu'ils se bornèrent à coudre leurs habits de peaux avec des épines ou des arêtes, à se parer de plumes et de coquillages, à se peindre le corps de diverses couleurs, à perfectionner ou embellir leurs arcs et leurs flèches, à tailler avec des pierres tranchantes quelques canots de pêcheurs ou quelques grossiers instruments de musique ; en un mot tant qu'ils ne s'appliquèrent qu'à des ouvrages qu'un seul pouvait faire, et qu'à des arts[1] qui n'avaient pas besoin du concours de plusieurs mains, ils vécurent libres, sains, bons, et heureux autant qu'ils pouvaient l'être par leur nature, et continuèrent à jouir entre eux des douceurs d'un commerce[2] indépendant : mais dès l'instant qu'un homme eut besoin du secours d'un autre ; dès qu'on s'aperçut qu'il était utile à un seul d'avoir des provisions pour deux, l'égalité disparut, la propriété s'introduisit, le travail devint nécessaire, et les vastes forêts se changèrent en des campagnes riantes qu'il fallut arroser de la sueur des hommes, et dans lesquelles on vit bientôt l'esclavage et la misère germer et croître avec les moissons.

La métallurgie et l'agriculture furent les deux arts dont l'invention produisit cette grande révolution. Pour le poète, c'est l'or et l'argent[3], mais pour le philosophe, ce sont le fer et le blé qui ont civilisé les hommes, et perdu le genre humain ; aussi l'un et l'autre étaient-ils inconnus aux sauvages de l'Amérique qui pour cela sont toujours demeurés tels ; les autres peuples semblent même être restés barbares tant qu'ils ont pratiqué l'un de ces arts sans l'autre ; et l'une des meilleures raisons pourquoi l'Europe a été, sinon plus tôt, du moins plus constamment, et mieux policée[4] que les autres parties du monde, c'est qu'elle est à la fois la plus abondante en fer et la plus fertile en blé.

Jean-Jacques Rousseau,
Discours sur l'origine et les fondements de l'inégalité parmi les hommes, 1755.

1. **arts** : activités, techniques artisanales.
2. **commerce** : relations entre les hommes.
3. **l'or et l'argent** : dans la poésie, on parle de l'âge d'or et de l'âge d'argent pour désigner la prospérité, le bonheur des premières sociétés.
4. **policée** : civilisée.

1. Comment Rousseau imagine-t-il les sociétés primitives ? Sur quel modèle fonde-t-il selon vous sa représentation ?

2. Relevez et commentez les termes qui caractérisent les hommes vivant à l'état de nature.

3. NOTION. Quelle est la thèse défendue par Rousseau dans le premier paragraphe ? Quelle opinion prend-il pour cible dans le second paragraphe ?

4. Quelles sont les conséquences, aux yeux de Rousseau, de l'introduction de la propriété parmi les hommes ?

5. Comment expliquer le paradoxe qui affirme que « ce sont le fer et le blé qui ont civilisé les hommes, et perdu le genre humain » ?

NOTION

L'expression de la thèse

Le discours ou l'essai cherche à démontrer la validité de la thèse qu'il défend, tout en réfutant un point de vue adverse. Il s'appuie pour cela sur l'affirmation et la mise en valeur de la thèse à travers l'organisation du discours et la force des arguments.

1762

Du contrat social

« L'homme est né libre, déclare Rousseau, et partout il est dans les fers. » L'écrivain philosophe veut redonner aux hommes la liberté qu'ils ont perdue et réfléchit sur les conditions d'une société plus harmonieuse. Il s'interroge sur les fondements de l'autorité au sein d'une famille et dans les rapports des citoyens entre eux.

Si l'on recherche en quoi consiste précisément le plus grand bien de tous, qui doit être la fin[1] de tout système de législation, on trouvera qu'il se réduit à ces deux objets principaux, la *liberté*, et l'*égalité*. La liberté, parce que toute dépendance particulière[2] est autant de force ôtée au corps de l'État ; l'égalité, parce que la liberté ne peut subsister sans elle.

J'ai déjà dit ce que c'est que la liberté civile ; à l'égard de l'égalité, il ne faut pas entendre par ce mot que les degrés de puissance et de richesse soient absolument les mêmes, mais que, quant à la puissance, elle soit au-dessous de toute violence et ne s'exerce jamais qu'en vertu du rang et des lois, et quant à la richesse, que nul citoyen ne soit assez opulent[3] pour en pouvoir acheter un autre, et nul assez pauvre pour être contraint de se vendre : ce qui suppose du côté des grands modération de biens et de crédit, et du côté des petits, modération d'avarice et de convoitise.

Cette égalité, disent-ils, est une chimère de spéculation[4] qui ne peut exister dans la pratique : mais si l'abus est inévitable, s'ensuit-il qu'il ne faille pas au moins le régler[5] ? C'est précisément parce que la force des choses tend toujours à détruire l'égalité, que la force de la législation doit toujours tendre à le maintenir.

Jean-Jacques Rousseau, *Du contrat social*, chapitre XI, 1762.

1. **la fin** : le but, l'objectif.
2. **toute dépendance particulière** : tout lien de dépendance, de servitude entre individus.
3. **opulent** : riche.
4. **chimère de spéculation** : réflexion abstraite, vue de l'esprit, utopie.
5. **le régler** : le limiter.

1. Quelle est la thèse défendue par Rousseau dans le premier paragraphe ?

2. Comment Rousseau conçoit-il l'égalité sociale ? Quelles limites donne-t-il à la puissance et à la richesse ?

3. NOTION. Quelles sont les deux valeurs fondamentales invoquées par Rousseau au début du texte ? Quelles sont les valeurs qui s'affrontent dans le deuxième paragraphe ?

4. Analysez le jeu des pronoms dans le texte. En quoi met-il en évidence l'affrontement de points de vue opposés ?

5. Montrez que, dans le contexte de la société du XVIIIe siècle, ce texte s'inscrit dans le registre polémique.

NOTION

L'affrontement des valeurs

Le développement d'un essai, l'expression d'un point de vue reposent sur l'invocation des valeurs, qu'elles soient sociales, morales ou esthétiques, au nom desquelles le polémiste sollicite le lecteur et engage le débat.

1762 — Émile ou De l'éducation

Fidèle à la volonté des Lumières de sortir les citoyens de l'ignorance, Rousseau s'intéresse à l'éducation des enfants. Dans son traité *Émile ou De l'éducation*, il se fait le précepteur d'un élève imaginaire, Émile, qu'il éduque à la campagne, loin de l'influence néfaste de la civilisation. À dix ans, Émile apprend à lire, tandis que son précepteur cherche à le motiver.

On se fait une grande affaire de chercher les meilleures méthodes d'apprendre à lire ; on invente des bureaux, des cartes ; on fait de la chambre d'un enfant un atelier d'imprimerie. Locke[1] veut qu'il apprenne à lire avec des dés. Ne voilà-t-il pas une invention bien trouvée ? Quelle pitié ! Un moyen plus sûr que tout cela, et celui qu'on oublie toujours, est le désir d'apprendre. Donnez à l'enfant ce désir, puis laissez-là vos bureaux et vos dés, toute méthode lui sera bonne

L'intérêt présent, voilà le grand mobile, le seul qui mène sûrement et loin. Émile reçoit quelquefois de son père, de sa mère, de ses parents, de ses amis, des billets d'invitation pour un dîner, pour une promenade, pour une partie sur l'eau, pour voir quelque fête publique. Ces billets sont courts, clairs, nets, bien écrits. Il faut trouver quelqu'un qui les lui lise ; ce quelqu'un, ou ne se trouve pas toujours à point nommé ou rend à l'enfant le peu de complaisance que l'enfant eut pour lui la veille. Ainsi l'occasion, le moment se passe. On lui dit enfin le billet, mais il n'est plus temps.

Ah ! si l'on eût su lire soi-même ! On en reçoit d'autres : ils sont si courts ! Le sujet en est si intéressant ! On voudrait essayer de les déchiffrer ; on trouve tantôt de l'aide et tantôt des refus. On s'évertue, on déchiffre enfin la moitié d'un billet : il s'agit d'aller demain manger de la crème... on ne sait où, ni avec qui... Combien on fait d'effort pour lire le reste !

Jean-Jacques Rousseau,
Émile ou De l'éducation, 1762.

1. **Locke** : philosophe anglais du XVIIIe siècle.

1. Reformulez la thèse de Rousseau. Quelle conséquence entraîne-t-elle dans la manière d'enseigner ?

2. Quelles valeurs le pronom « on » a-t-il dans ce passage ? Justifiez les différents emplois qu'en fait Rousseau.

3. Expliquez le rôle de la ponctuation dans le dernier paragraphe.

4. NOTION. Retrouvez l'exemple argumentatif dans le texte de Rousseau. Expliquez pourquoi il s'agit d'un passage narratif.

5. Par quelles expressions Rousseau marque-t-il sa distance vis-à-vis des méthodes habituelles d'apprentissage de la lecture ?

6. Relevez dans ce passage une phrase ironique et expliquez quelle en est la cible.

NOTION

L'exemple argumentatif

Dans une argumentation, l'exemple réside dans une situation concrète qui permet d'illustrer la thèse défendue. Il occupe une place plus ou moins importante dans le discours, en fonction de la stratégie argumentative du locuteur.

1765-1770

Les Confessions

En entreprenant de rédiger ses « confessions », Rousseau a décidé de réfuter toutes les attaques lancées contre lui. Il raconte ainsi sa vie et s'expose aux jugements du lecteur avec une complète sincérité, sans rien cacher de ses faiblesses, de ses fautes ou de ses erreurs. Rousseau invente ainsi l'autobiographie moderne.

PRÉAMBULE

Je forme une entreprise qui n'eut jamais d'exemple, et dont l'exécution n'aura point d'imitateur. Je veux montrer à mes semblables un homme dans toute la vérité de la nature ; et cet homme, ce sera moi.

Moi seul. Je sens mon cœur et je connais les hommes. Je ne suis fait comme aucun de ceux que j'ai vus ; j'ose croire n'être fait comme aucun de ceux qui existent. Si je ne vaux pas mieux, au moins je suis autre. Si la nature a bien ou mal fait de briser le moule dans lequel elle m'a jeté, c'est ce dont on ne peut juger qu'après m'avoir lu.

Que la trompette du jugement dernier sonne quand elle voudra ; je viendrai ce livre à la main me présenter devant le souverain juge[1]. Je dirai hautement : voilà ce que j'ai fait, ce que j'ai pensé, ce que je fus. J'ai dit le bien et le mal avec la même franchise. Je n'ai rien tu de mauvais, rien ajouté de bon, et s'il m'est arrivé d'employer quelque ornement indifférent, ce n'a jamais été que pour remplir un vide occasionné par mon défaut de mémoire ; j'ai pu supposer vrai ce que je savais avoir pu l'être, jamais ce que je savais être faux. Je me suis montré tel que je fus, méprisable et vil quand je l'ai été, bon, généreux, sublime, quand je l'ai été : j'ai dévoilé mon intérieur[2] tel que tu l'as vu toi-même. Être éternel, rassemble autour de moi l'innombrable foule de mes semblables : qu'ils écoutent mes confessions, qu'ils gémissent de mes indignités, qu'ils rougissent de mes misères. Que chacun d'eux découvre à son tour son cœur aux pieds de ton trône avec la même sincérité ; et puis qu'un seul te dise, s'il l'ose : *je fus meilleur que cet homme-là.*

Jean-Jacques Rousseau,
Les Confessions (1765-1770), éd. posthume, 1782.

1. **le souverain juge** : Dieu.
2. **mon intérieur** : ma conscience, ma vie intérieure.

1. En quoi le projet annoncé par Rousseau est-il « sans exemple » ?

2. À travers quels pronoms l'autobiographe apparaît-il ? Analysez leur présence insistante dans le texte.

3. Quel est le rôle attribué par Rousseau au lecteur de son autobiographie ?

4. Dans le troisième paragraphe, quels procédés Rousseau utilise-t-il pour persuader le lecteur de sa sincérité ?

5. NOTION. Retrouvez dans le texte et commentez les caractéristiques de l'autobiographie introduite par ce Préambule des *Confessions*.

NOTION

Le pacte autobiographique

L'autobiographie, selon la définition qu'en donne le critique littéraire Philippe Lejeune, est « le récit rétrospectif en prose qu'une personne réelle fait de sa propre existence, lorsqu'elle met l'accent sur sa vie individuelle, en particulier sur l'histoire de sa personnalité ».

1765-1770

Les Confessions

L'autobiographie conduit Rousseau à avouer ses fautes, mais elle lui permet aussi de protester de son innocence face aux injustices dont il a été victime. C'est ainsi qu'une accusation portée pendant son enfance pousse Rousseau à se justifier devant le lecteur.

J'étudiais un jour seul ma leçon dans la chambre contiguë à la cuisine. La servante avait mis sécher à la plaque les peignes de Mlle Lambercier. Quand elle revint les prendre, il s'en trouva un dont tout un côté de dents était brisé. À qui s'en prendre de ce dégât? personne autre que moi n'était entré dans la chambre. On m'interroge; je nie avoir touché le peigne. M. et Mlle Lambercier se réunissent; m'exhortent, me pressent, me menacent; je persiste avec opiniâtreté; mais la conviction était trop forte, elle l'emporta sur toutes mes protestations, quoique ce fût la première fois qu'on m'eût trouvé tant d'audace à mentir. La chose fut prise au sérieux; elle méritait de l'être. La méchanceté, le mensonge, l'obstination parurent également dignes de punition : mais pour le coup ce ne fut pas par Mlle Lambercier qu'elle me fut infligée. On écrivit à mon oncle Bernard; il vint. Mon pauvre cousin était chargé d'un autre délit non moins grave : nous fûmes enveloppés dans la même exécution[1]. Elle fut terrible. Quand, cherchant le remède dans le mal même, on eût voulu pour jamais amortir mes sens dépravés, on n'aurait pu mieux s'y prendre. Aussi me laissèrent-ils en repos pour longtemps.

On ne put m'arracher l'aveu qu'on exigeait. Repris à plusieurs fois[2], et mis dans l'état le plus affreux, je fus inébranlable. J'aurais souffert la mort et j'y étais résolu. Il fallut que la force même cédât au diabolique entêtement d'un enfant; car on n'appela pas autrement ma constance. Enfin je sortis de cette cruelle épreuve en pièces, mais triomphant.

Il y a maintenant près de cinquante ans de cette aventure, et je n'ai pas peur d'être aujourd'hui puni derechef[3] pour le même fait. Eh bien, je déclare à la face du Ciel que j'en étais innocent, que je n'avais ni cassé ni touché le peigne, que je n'avais pas approché de la plaque, et que je n'y avais pas même songé. Qu'on ne me demande pas comment ce dégât se fit; je l'ignore, et ne puis le comprendre; ce que je sais très certainement, c'est que j'en étais innocent.

Jean-Jacques Rousseau,
Les Confessions (1765-1770), éd. posthume, 1782.

1. **exécution** : Rousseau et son cousin sont punis par le fouet.
2. **repris à plusieurs fois** : puni à plusieurs reprises.
3. **derechef** : à nouveau, une nouvelle fois.

1. Indiquez quelles sont les différentes étapes de l'épisode raconté par Rousseau.

2. Quels reproches l'attitude de l'enfant provoque-t-elle à son encontre?

3. Comment Rousseau anime-t-il son récit de la ligne 1 à la ligne 8 ?

4. À travers cet épisode, quelle image Rousseau donne-t-il de l'enfant qu'il a été?

5. Montrez que le troisième paragraphe constitue un plaidoyer. Analysez les procédés utilisés par l'auteur pour persuader le lecteur de son innocence.

6. NOTION. « Elle fut terrible », écrit Rousseau à propos de la punition reçue : en quoi cet épisode constitue-t-il selon vous un événement déterminant dans la vie de l'auteur?

NOTION

L'autobiographie et l'enfance

Les Confessions et toutes les autobiographies qui ont suivi celle de Rousseau insistent sur l'importance déterminante de l'enfance dans la formation de la personnalité, qu'il s'agisse du milieu familial ou des événements traumatisants qui l'ont marquée.

1765-1770

Les Confessions

***Les Confessions* rapportent les épreuves et les chagrins, mais aussi les moments de bonheur d'une vie. À Turin, jeune domestique au service du comte de Gouvon, ignoré de tous, et en particulier de la belle Mlle de Breil, la petite-fille du comte, Rousseau a l'occasion de révéler sa vraie valeur.**

On donnait ce jour-là un grand dîner, où pour la première fois je vis avec beaucoup d'étonnement le maître d'hôtel servir l'épée au côté et le chapeau sur la tête. Par hasard on vint à parler de la devise de la maison de Solar, qui était sur la tapisserie avec les armoiries : *Tel fiert qui ne tue pas*. Comme les Piémontais[1] ne sont pas pour l'ordinaire consommés[2] dans la langue française, quelqu'un trouva dans cette devise une faute d'orthographe, et dit qu'au mot *fiert* il ne fallait point de *t*.

Le vieux comte de Gouvon allait répondre, mais ayant jeté les yeux sur moi, il vit que je souriais sans oser rien dire : il m'ordonna de parler. Alors je dis que je ne croyais pas que le *t* fût de trop ; que *fiert* était un vieux mot français qui ne venait pas du nom *ferus*, fier, menaçant ; mais du verbe *ferit*, il frappe, il blesse. Qu'ainsi la devise ne me paraissait pas dire, tel menace, mais *tel frappe qui ne tue pas*.

Tout le monde me regardait et se regardait sans rien dire. On ne vit de la vie un pareil étonnement. Mais ce qui me flatta davantage fut de voir clairement sur le visage de Mlle de Breil un air de satisfaction. Cette personne si dédaigneuse daigna me jeter un second regard qui valait tout au moins le premier ; puis tournant les yeux vers son grand-papa, elle semblait attendre avec une sorte d'impatience la louange qu'il me devait, et qu'il me donna en effet si pleine et si entière et d'un air si content que toute la table s'empressa de faire chorus[3]. Ce moment fut court, mais délicieux à tous égards. Ce fut un de ces moments trop rares qui replacent les choses dans leur ordre naturel et vengent le mérite avili[4] des outrages de la fortune. Quelques minutes après, Mlle de Breil, levant derechef[5] les yeux sur moi, pria, d'un ton de voix aussi timide qu'affable, de lui donner à boire. On juge que je ne la fis pas attendre ; mais en approchant je fus saisi d'un tel tremblement, qu'ayant trop rempli le verre, je répandis une partie de l'eau sur l'assiette et même sur elle. Son frère me demanda étourdiment pourquoi je tremblais si fort. Cette question ne servit pas à me rassurer, et Mlle de Breil rougit jusqu'au blanc des yeux.

Jean-Jacques Rousseau, *Les Confessions* (1765-1770), éd. posthume, 1782.

1. **Piémontais** : habitants du Piémont, dans le nord de l'Italie.
2. **consommés dans** : versés dans, habitués à.
3. **faire chorus** : reprendre en chœur.
4. **le mérite avili** : les qualités injustement méconnues.
5. **derechef** : de nouveau.

1. En quoi ce texte répond-il aux règles du genre autobiographique ?

2. Quelle place le regard occupe-t-il dans cette scène ? Justifiez votre réponse par une analyse du champ lexical de la vue.

3. Relevez et commentez les indications données sur les relations sociales entretenues entre le jeune héros et les participants au repas.

4. Indiquez quelles sont les différentes étapes de cet épisode et donnez-leur un titre.

5. NOTION. « Ce moment fut court, mais délicieux à tous égards » (l. 18) : comment le moment de bonheur éprouvé par Rousseau dans cet épisode s'explique-t-il ?

NOTION

L'autobiographie et l'image de soi

À travers l'autobiographie, l'écrivain veut présenter au lecteur sa véritable personnalité, en corrigeant les images fausses que les autres ont pu avoir de lui-même. L'autobiographie témoigne ainsi des moments de tension ou de bonheur, au cours desquels la vérité personnelle et l'image sociale s'opposent ou coïncident.

1776 — Les Rêveries du promeneur solitaire

Après avoir terminé ses *Confessions*, Rousseau revient à plusieurs reprises sur l'enjeu de son projet. Il mesure combien l'oubli ou le mensonge, la modestie ou la vanité menacent toute autobiographie, mais il réaffirme la sincérité de son récit de manière à réfuter les attaques de ceux qui le mettent en doute.

Oui, je le dis et le sens avec une fière élévation d'âme, j'ai porté dans cet écrit la bonne foi, la véracité, la franchise aussi loin, plus loin même, au moins je le crois, que ne fit jamais aucun autre homme ; sentant que le bien surpassait le mal j'avais mon intérêt à tout dire, et j'ai tout dit.

Je n'ai jamais dit moins, j'ai dit plus quelquefois, non dans les faits, mais dans les circonstances, et cette espèce de mensonge fut plutôt l'effet du délire de l'imagination qu'un acte de la volonté. J'ai tort même de l'appeler mensonge, car aucune de ces additions[1] n'en fut un. J'écrivais mes *Confessions* déjà vieux et dégoûté des vains plaisirs de la vie que j'avais tous effleurés et dont mon cœur avait bien senti le vide. Je les écrivais de mémoire ; cette mémoire me manquait souvent ou ne me fournissait que des souvenirs imparfaits et j'en remplissais les lacunes par des détails que j'imaginais en supplément de ces souvenirs, mais qui ne leur étaient jamais contraires. J'aimais à m'étendre sur les moments heureux de ma vie, et je les embellissais quelquefois des ornements que de tendres regrets venaient me fournir. Je disais les choses que j'avais oubliées comme il me semblait qu'elles avaient dû être, comme elles avaient été peut-être en effet, jamais au contraire de ce que je me rappelais qu'elles avaient été. Je prêtais quelquefois à la vérité des charmes étrangers, mais jamais je n'ai mis le mensonge à la place pour pallier mes vices ou pour m'arroger[2] des vertus.

Que si quelquefois sans y songer par un mouvement involontaire j'ai caché le côté difforme en me peignant de profil, ces réticences ont été bien compensées par d'autres réticences plus bizarres qui m'ont souvent fait taire le bien plus soigneusement que le mal. Ceci est une singularité de mon naturel qu'il est fort pardonnable aux hommes de ne pas croire, mais qui toute incroyable qu'elle est n'en est pas moins réelle, j'ai souvent dit le mal dans toute sa turpitude[3], j'ai rarement dit le bien dans tout ce qu'il eut d'aimable, et souvent je l'ai tu tout à fait parce qu'il m'honorait trop, et qu'en faisant mes confessions j'aurais l'air d'avoir fait mon éloge.

Jean-Jacques Rousseau, *Les Rêveries du promeneur solitaire*, 1776.

1. **additions** : ajouts.
2. **m'arroger** : m'attribuer.
3. **turpitude** : ignominie, honte.

1. Dégagez la progression argumentative de cet extrait : thèse, arguments, concession.

2. À quelles difficultés Rousseau affirme-t-il avoir été confronté au cours de l'écriture de ses *Confessions* ?

3. Quel jugement, selon vous, le lecteur porte-t-il sur la personnalité de Rousseau à travers ce passage ?

4. Expliquez le sens du mot « éloge » dans la dernière phrase du texte.

5. NOTION. Quels sont les principaux arguments apportés par Rousseau pour défendre la sincérité de ses *Confessions* ? Quelles limites donne-t-il cependant à la vérité de son récit ?

NOTION

La sincérité de l'autobiographie

Pour que le pacte autobiographique soit respecté, l'écrivain s'engage à dire toute la vérité, à rapporter les bonnes comme les mauvaises actions, les qualités et les défauts de sa personnalité. C'est la sincérité de son auteur qui donne toute sa valeur au récit autobiographique.

Auteur de comédies, dont : *Le Barbier de Séville* (1775), *Le Mariage de Figaro* (1784) ; d'un drame : *La Mère coupable* (1792).

Beaumarchais

Nom et prénom : **Caron de Beaumarchais, Pierre Augustin**

Naissance : **24 janvier 1732, à Paris**

Décès : **18 mai 1799, à Paris**

Fils d'un horloger parisien, Pierre Augustin Caron apprend le métier de son père. Il invente à vingt ans un procédé d'horlogerie novateur. Présenté à la cour de Louis XV, il fréquente dès lors le monde de la noblesse, devient professeur de musique auprès des filles du roi. À vingt-six ans, grâce à un premier mariage, il prend le nom de Beaumarchais et mène une vie d'homme d'affaires. Il sera ensuite chargé de missions secrètes à Londres et à Vienne pour le roi, armateur, fournisseur d'armes pour les insurgés américains. Ses premières œuvres littéraires ne connaissent aucun succès.

Faussement accusé de corruption, Beaumarchais fait une brève expérience de la prison, mais il devient célèbre en 1775 avec *Le Barbier de Séville*. Neuf ans plus tard, d'abord interdit par Louis XVI, *Le Mariage de Figaro* est un nouveau succès. Exilé pendant la Révolution, Beaumarchais revient en 1796 à Paris où il assiste au triomphe de sa dernière pièce, *La Mère coupable*.

LE MAÎTRE DE LA COMÉDIE SATIRIQUE

À la fin du XVIIIe siècle, Beaumarchais renouvelle la comédie à travers le personnage de Figaro. Descendant des valets de comédie et des personnages du roman picaresque, Figaro incarne le goût de la liberté, l'esprit frondeur, qui dénonce les hypocrisies et les abus du pouvoir. Dans *Le Barbier de Séville*, en 1775, comme dans *Le Mariage de Figaro*, en 1784, Beaumarchais tourne en ridicule le comportement de la noblesse. Il oppose la valeur de l'individu aux privilèges dus à la naissance. Ruses, surprises, rebondissements, vivacité des dialogues caractérisent la comédie satirique de Beaumarchais. Celui-ci met ainsi les rieurs du côté des partisans de la liberté et annonce sur la scène la Révolution française.

Objet d'étude Le théâtre : texte et représentation

1775 — Le Barbier de Séville

Barbier à Séville, Figaro y retrouve son ancien maître, le comte Almaviva. Passionnément amoureux de Rosine, que son tuteur Bartholo désire lui-même épouser, le comte demande à Figaro de lui venir en aide en le renseignant sur la personnalité de son rival.

LE COMTE. – Quel homme est-ce ?

FIGARO, *vivement*. – C'est un beau, gros, court, jeune vieillard, gris pommelé[1], rusé, rasé, blasé, qui guette, et furète, et gronde, et geint tout à la fois.

LE COMTE, *impatienté*. – Eh ! je l'ai vu. Son caractère ?

FIGARO. – Brutal, avare, amoureux et jaloux à l'excès de sa pupille[2], qui le hait à la mort.

LE COMTE. – Ainsi, ses moyens de plaire sont…

FIGARO. – Nuls.

LE COMTE. – Tant mieux. Sa probité[3] ?

FIGARO. – Tout juste autant qu'il en faut pour n'être point pendu.

LE COMTE. – Tant mieux. Punir un fripon en se rendant heureux...

FIGARO. – C'est faire à la fois le bien public et particulier : chef-d'œuvre de morale, en vérité, Monseigneur !

LE COMTE. – Tu dis que la crainte des galants lui fait fermer sa porte ?

FIGARO. – À tout le monde ; s'il pouvait la calfeutrer...

LE COMTE. – Ah diable ! tant pis. Aurais-tu de l'accès chez lui ?

FIGARO. – Si j'en ai ! Primo, la maison que j'occupe appartient au docteur, qui m'y loge gratis...

LE COMTE. – Ah ! Ah !

FIGARO. – Et moi, en reconnaissance, je lui promets dix pistoles d'or par an, gratis aussi...

LE COMTE, *impatienté*. – Tu es son locataire ?

FIGARO. – De plus, son barbier, son chirurgien, son apothicaire[4] ; il ne se donne pas dans sa maison un coup de rasoir, de lancette ou de piston, qui ne soit de la main de votre serviteur.

LE COMTE *l'embrasse*. – Ah ! Figaro, mon ami, tu seras mon ange, mon libérateur, mon dieu tutélaire[5].

FIGARO. – Peste ! comme l'utilité vous a bientôt rapproché les distances ! parlez-moi des gens passionnés !

LE COMTE. – Heureux Figaro ! tu vas voir ma Rosine ! tu vas la voir ! Conçois-tu ton bonheur ?

FIGARO. – C'est bien là un propos d'amant ! Est-ce que je l'adore, moi ? Pussiez-vous prendre ma place !

LE COMTE. – Ha ! si l'on pouvait écarter tous les surveillants !...

FIGARO. – C'est à quoi je rêvais.

Pierre Augustin Caron de Beaumarchais,
Le Barbier de Séville, Acte I, scène 4, 1775.

1. **gris pommelé** : gris marqué de taches blanches (se dit pour la robe des chevaux).
2. **pupille** : orpheline placée sous la protection d'un tuteur qui gère ses biens.
3. **probité** : honnêteté.
4. **apothicaire** : pharmacien.
5. **dieu tutélaire** : dieu protecteur.

1. Quels sont les quatre personnages présents ou évoqués dans cette scène ? En quoi constituent-ils des personnages types de la comédie ?

2. Qui domine l'échange ? Justifiez votre réponse en analysant les types de phrases employés.

3. Quels sont les procédés qui contribuent à la vivacité du dialogue théâtral ?

4. Pourquoi peut-on dire que Figaro apparaît comme le héros de la pièce ? Relevez et commentez les différents traits de caractère qui apparaissent dans cet extrait.

5. NOTION. Montrez comment, à travers le dialogue de deux Espagnols, Beaumarchais s'adresse au public français de son temps.

NOTION

Le public et la double énonciation

Le texte théâtral se caractérise par la double énonciation : les personnages s'adressent l'un à l'autre, mais à travers leurs répliques l'auteur communique aussi des informations au spectateur. Ainsi, le public ou le lecteur en sait plus que chacun des personnages sur l'intrigue, les caractères et les situations.

1784 — Le Mariage de Figaro

Beaumarchais reprend les personnages du *Barbier de Séville*. Le comte Almaviva a épousé Rosine. Son valet, Figaro, sur le point de se marier, se croit trahi par sa fiancée, que le comte cherche à séduire. Il médite alors sur son destin.

FIGARO, *seul, se promenant dans l'obscurité, dit du ton le plus sombre.* – Ô femme ! femme ! femme ! créature faible et décevante !… nul animal créé ne peut manquer à son instinct ; le tien est-il donc de tromper ?… Après m'avoir obstinément refusé quand je l'en pressais devant sa maîtresse[1], à l'instant qu'elle me donne sa parole, au milieu même de la cérémonie[2]… Il riait en lisant, le perfide ! et moi comme un benêt… ! non, Monsieur le Comte, vous ne l'aurez pas… vous ne l'aurez pas. Parce que vous êtes un grand seigneur, vous vous croyez un grand génie !… noblesse, fortune, un rang, des places ; tout cela rend si fier ! Qu'avez-vous fait pour tant de biens ! vous vous êtes donné la peine de naître, et rien de plus. Du reste homme assez ordinaire ! tandis que moi, morbleu ! perdu dans la foule obscure, il m'a fallu déployer plus de science et de calculs pour subsister seulement, qu'on n'en a mis depuis cent ans à gouverner toutes les Espagnes ; et vous voulez jouter… On vient… c'est elle… ce n'est personne. – la nuit est noire en diable, et me voilà faisant le sot métier de mari, quoique je ne le sois qu'à moitié ! *(Il s'assied sur un banc.)* – Est-il rien de plus bizarre que ma destinée ? Fils de je ne sais pas qui, volé par des bandits, élevé dans leurs mœurs, je m'en dégoûte et veux courir une carrière honnête ; et partout je suis repoussé ! J'apprends la chimie, la pharmacie, la chirurgie, et tout le crédit d'un grand seigneur peut à peine me mettre à la main une lancette vétérinaire ! – Las d'attrister des bêtes malades, et pour faire un métier contraire, je me jette à corps perdu dans le théâtre : me fussé-je mis une pierre au cou ! Je broche une comédie dans les mœurs du sérail. Auteur espagnol, je crois pouvoir y fronder Mahomet sans scrupule : à l'instant un envoyé… de je ne sais où se plaint que j'offense dans mes vers la Sublime-Porte, la Perse, une partie de la presqu'île de l'Inde, toute l'Égypte, les royaumes de Barca, de Tripoli, de Tunis, d'Alger et de Maroc : et voilà ma comédie flambée, pour plaire aux princes mahométans, dont pas un, je crois, ne sait lire, et qui nous meurtrissent l'omoplate en nous disant : *chiens de chrétiens !* – Ne pouvant avilir l'esprit, on se venge en le maltraitant. – Mes joues creusaient ; mon terme[3] était échu ; je voyais de loin arriver l'affreux recors[4], la plume fichée dans sa perruque ; en frémissant je m'évertue[5]. Il s'élève une question sur la nature des richesses ; et, comme il n'est pas nécessaire de tenir les choses pour en raisonner, n'ayant pas un sou, j'écris sur la valeur de l'argent et sur son produit net : sitôt je vois du fond d'un fiacre baisser pour moi le pont d'un château fort, à l'entrée duquel je laissai l'espérance et la liberté. *(Il se lève.)* Que je voudrais bien tenir un de ces puissants de quatre jours, si légers sur le mal qu'ils ordonnent, quand une bonne disgrâce a cuvé[6] son orgueil ! Je lui dirais… que les sottises imprimées n'ont d'importance qu'aux lieux où l'on en gêne le cours ; que sans la liberté de blâmer, il n'est point d'éloge flatteur ; et qu'il n'y a que les petits hommes qui redoutent les petits écrits. *(Il se rassied.)* Las de nourrir un obscur pensionnaire, on me met un jour dans la rue ; et comme il faut dîner, quoiqu'on ne soit plus en prison, je taille encore ma plume, et demande à chacun de quoi il est question : on me dit que, pendant ma retraite économique, il s'est établi dans Madrid un système de liberté sur la vente des productions, qui s'étend même à celles de la presse ; et que, pourvu que je ne parle en mes écrits ni de l'autorité, ni du culte, ni de la politique, ni de la morale, ni des gens en place, ni des corps en crédit, ni de l'Opéra, ni des autres spectacles, ni de personne qui tienne à quelque chose, je puis tout imprimer librement, sous l'inspection de deux ou trois censeurs. Pour profiter de cette douce liberté, j'annonce un écrit périodique, et, croyant n'aller sur les brisées[7] d'aucun autre, je le nomme *Journal inutile*. Pou-ou ! je vois s'élever contre moi mille pauvres diables à la feuille, on me supprime, et me voilà derechef sans emploi ! – Le désespoir m'allait saisir ; on pense à moi pour une place, mais par malheur j'y étais propre : il fallait un calculateur, ce fut un danseur qui l'obtint. Il ne me restait plus qu'à voler ; je me fais banquier de pharaon[8] : alors, bonnes gens, je soupe en ville, et les personnes dites *comme il faut* m'ouvrent poliment leur maison, en retenant pour elles les trois quarts du profit. J'aurais bien pu me remonter ; je commençais même à comprendre que, pour gagner du bien, le savoir-faire vaut mieux que le savoir. Mais comme chacun pillait autour de moi, en exigeant que je fusse honnête, il fallut bien périr encore. Pour le coup je quittai le monde, et vingt brasses d'eau m'en allaient séparer, lorsqu'un dieu bienfaisant m'appelle à mon premier état. Je reprends ma trousse et mon cuir anglais ; puis, laissant la fumée aux sots qui s'en nourrissent, et la honte au milieu du chemin, comme trop lourde à un piéton, je vais rasant de ville en ville, et je vis enfin sans souci.

Pierre Augustin Caron de Beaumarchais,
Le Mariage de Figaro, Acte V, scène 3, 1784.

1. **devant sa maîtresse** : Figaro avait demandé à Suzanne de donner au comte un faux rendez-vous.
2. **la cérémonie** : pendant la fête en l'honneur de son mariage, Suzanne a glissé au comte le billet du faux rendez-vous, mais sans prévenir Figaro.
3. **terme** : moment de payer le loyer.
4. **recors** : huissier.
5. **je m'évertue** : je persévère, poursuis mes efforts.
6. **cuvé** : vidé, réduit à rien.
7. **aller sur les brisées** : entrer en concurrence.
8. **banquier de pharaon** : jeu de cartes.

1. **Quelles sont les grandes étapes du monologue de Figaro ? Distinguez ce qui appartient au récit des événements des réflexions qu'il engendre.**

2. **Quelles indications les didascalies apportent-elles sur le jeu du comédien ? En quoi éclairent-elles l'état d'esprit du personnage ?**

3. **Quelles sont les formes du pouvoir attaquées par Figaro ? Montrez comment Figaro ridiculise ses adversaires en en faisant la satire.**

4. **Comment le monologue de Figaro permet-il à Beaumarchais de transposer sur scène un certain nombre d'éléments autobiographiques ?**

5. NOTION. **D'après le monologue de Figaro, quels sont les différents obstacles qui empêchent la libre expression des écrivains au XVIIIe siècle ?**

NOTION

L'œuvre et son contexte

Au cours des siècles, la condition de l'écrivain, son rôle et son importance dans la société, évoluent en fonction du contexte politique et culturel. L'écriture de l'œuvre, mais aussi sa publication et sa réception par le public, sont déterminées par un certain nombre de contraintes variables en fonction des époques.

Auteur d'essais et d'un roman, *Les Liaisons dangereuses* (1782).

Laclos

Nom et prénom : **Choderlos de Laclos, Pierre**

Naissance : **18 octobre 1741, à Amiens**

Décès : **5 septembre 1803, à Tarente, en Italie**

Né dans une famille de noblesse récente, Laclos entre à dix-huit ans à l'école d'artillerie de La Fère. Il mène ensuite une carrière militaire, voyageant au gré de ses affectations. Capitaine d'artillerie, Laclos obtient un congé de six mois et achève un roman qui décrit les mœurs d'aristocrates libertins. Publiées en 1782, *Les Liaisons dangereuses* remportent un immense succès. Cinq ans plus tard, l'officier provoque un scandale en critiquant les théories de Vauban sur l'art des fortifications et doit quitter ses fonctions militaires. Pendant la Révolution française, commissaire aux armées, il contribue à la victoire de Valmy. Il est emprisonné sous la Terreur, mais, après la mort de Robespierre, Bonaparte le nomme général de brigade. Épuisé par la maladie, il meurt en 1803, lors de la campagne d'Italie.

LACLOS ET LE ROMAN DU LIBERTINAGE

Composées de cent soixante-seize lettres, *Les Liaisons dangereuses* mettent en scène deux libertins, la marquise de Merteuil et le vicomte de Valmont, qui multiplient avec cynisme les conquêtes amoureuses. Les deux aristocrates, liés par une profonde complicité, se confient leurs projets et les stratégies qu'ils mettent en œuvre pour séduire. Le roman par lettres, qui multiplie les points de vue, permet au lecteur d'être le témoin des sentiments éprouvés par l'ensemble des protagonistes du récit : il découvre la cruauté et l'hypocrisie des libertins, l'innocence et la souffrance de leurs victimes. Le roman de Laclos s'impose ainsi, quelques années avant l'œuvre de Sade, comme l'aboutissement littéraire du mouvement libertin.

Objet d'étude Le roman et ses personnages : visions de l'homme et du monde

1782 — Les Liaisons dangereuses

Dès les premières lettres qu'il adresse à sa complice, la marquise de Merteuil, le vicomte de Valmont lui fait part de son désir de conquérir une jeune femme mariée, madame de Tourvel. Les trois premières parties du livre montrent ainsi la stratégie déployée par le libertin pour séduire cette femme à la fois attachée à son mari et à ses principes religieux. Au début de la quatrième partie, Valmont rapporte le succès de son entreprise.

LETTRE CXXV

LE VICOMTE DE VALMONT À LA MARQUISE DE MERTEUIL

La voilà donc vaincue, cette femme superbe qui avait osé croire qu'elle pourrait me résister ! Oui, mon amie, elle est à moi, entièrement à moi ; et depuis hier, elle n'a plus rien à m'accorder.

Je suis encore trop plein de mon bonheur pour pouvoir l'apprécier, mais je m'étonne du charme inconnu que j'ai ressenti. Serait-il donc vrai que la vertu augmentât le prix d'une femme, jusque dans le moment même de sa faiblesse ? Mais reléguons cette idée puérile avec les contes de bonne femme. Ne rencontre-t-on pas presque partout une résistance plus ou moins bien feinte au premier triomphe ? et ai-je trouvé nulle part le charme dont je parle ? ce n'est pourtant pas non plus celui de l'amour ; car enfin, si j'ai eu quelquefois auprès de cette femme étonnante des moments de faiblesse qui ressemblaient à cette passion pusillanime[1], j'ai toujours su les vaincre et revenir à mes principes. Quand même la scène d'hier m'aurait, comme je le crois, emporté un peu plus loin que je ne comptais ; quand j'aurais, un moment, partagé le trouble et l'ivresse que je faisais naître : cette illusion passagère serait dissipée à présent ; et cependant le même charme subsiste. J'aurais même, je l'avoue, un plaisir assez doux à m'y livrer, s'il ne me causait quelque inquiétude. Serais-je donc, à mon âge, maîtrisé comme un écolier, par un sentiment involontaire et inconnu ? Non : il faut, avant tout, le combattre et l'approfondir[2].

Peut-être, au reste, en ai-je déjà entrevu la cause ! Je me plais au moins dans cette idée, et je voudrais qu'elle fût vraie.

Dans la foule des femmes auprès desquelles j'ai rempli jusqu'à ce jour le rôle et les fonctions d'Amant, je n'en avais encore rencontré aucune qui n'eût, au moins, autant d'envie de se rendre que j'en avais de l'y déterminer ; je m'étais même accoutumé à appeler *prudes*[3] celles qui ne faisaient que la moitié du chemin, par opposition à tant d'autres, dont la défense provocante ne couvre jamais qu'imparfaitement les premières avances qu'elles ont faites.

Ici, au contraire, j'ai trouvé une première prévention défavorable et fondée depuis sur les conseils et les rapports d'une femme haineuse[4], mais clairvoyante ; une timidité naturelle et extrême, que fortifiait une pudeur éclairée ; un attachement à la vertu, que la Religion dirigeait, et qui comptait déjà deux années de triomphe[5] ; enfin des démarches éclatantes, inspirées par ces différents motifs et qui tous n'avaient pour but que de se soustraire à mes poursuites.

Ce n'est donc pas, comme dans mes autres aventures, une simple capitulation plus ou moins avantageuse, et dont il est plus facile de profiter que de s'enorgueillir ; c'est une victoire complète, achetée par une campagne pénible, et décidée par de savantes manœuvres. Il n'est donc pas surprenant que ce succès, dû à moi seul, m'en devienne plus précieux ; et le surcroît de plaisir que j'ai éprouvé dans mon triomphe, et que je ressens encore, n'est que la douce impression du sentiment de la gloire.

Paris, ce 29 octobre 17**.

Pierre Choderlos de Laclos, *Les Liaisons dangereuses*, lettre 125, 1782.

1. pusillanime : timide et faible.

2. l'approfondir : l'examiner.

3. prudes : austères, pudiques, vertueuses.

4. une femme haineuse : madame de Volanges, qui a mis en garde madame de Tourvel contre le vicomte de Valmont.

5. deux années de triomphe : madame de Tourvel est mariée depuis deux ans.

1. Relevez les différentes parties qui composent cette lettre, en indiquant quelle est l'idée directrice de chaque partie.

2. Comment madame de Tourvel apparaît-elle à travers le portrait qu'en fait le vicomte de Valmont ?

3. De la ligne 4 à la ligne 17, quel est le sentiment contre lequel Valmont cherche à se défendre ? À travers quels procédés communique-t-il au lecteur le débat intérieur qui l'anime ?

4. Relevez dans le dernier paragraphe le lexique du langage militaire. En quoi est-il caractéristique de l'esprit libertin ?

5. NOTION. Illustrez les différentes fonctions de la lettre dans un roman épistolaire en vous appuyant sur des passages précis du texte étudié.

NOTION

Le roman épistolaire

Dans le roman épistolaire, les lettres écrites par les personnages leur permettent d'exprimer leurs sentiments, et de révéler leur psychologie. Elles informent le lecteur du développement des situations et participent à l'enchaînement des péripéties.

Le mouvement libertin

Le mouvement libertin se développe en Europe à partir du XVIIe siècle. Il se présente d'abord comme une contestation des dogmes de l'Église pour devenir, au XVIIIe siècle, un mouvement à la fois littéraire et culturel qui revendique la quête des plaisirs.

Le Verrou, de Fragonard, 1774.

L'HISTOIRE DU MOUVEMENT

Avec la Régence de Philippe d'Orléans, en 1715, la noblesse se précipite dans la recherche du luxe et des plaisirs : la cour, l'opéra, les petites maisons, les boudoirs sont les lieux où s'exercent les jeux de la séduction.

La naissance de la libre pensée

Au début du XVIIe siècle, un esprit de contestation se développe chez les écrivains, mais aussi chez les savants, les médecins et les philosophes. À l'image de Théophile de Viau ou de Cyrano de Bergerac, épris de liberté, « l'esprit fort » refuse les croyances imposées par la religion. L'Église condamne violemment ces libres penseurs, que Molière met en scène à travers le personnage de Dom Juan.

Le triomphe du libertinage

Au XVIIIe siècle, le sens du mot « libertinage » évolue : il ne désigne plus seulement un mouvement de pensée philosophique, mais un comportement général qui recherche le plaisir des sens. Le libertin est désormais celui qui, comme Giacomo Casanova, multiplie les liaisons amoureuses en affichant sa soif de conquêtes. Louis XV lui-même donne à la cour l'image d'un roi libertin, célèbre pour ses soupers de débauche dans les appartements de Versailles. C'est cette atmosphère de séduction et de liberté des sens qu'on retrouve, dès leur titre, dans les romans de Crébillon, *Le Sopha* ou *Les Égarements du cœur et de l'esprit*.

Les derniers libertins

Dans la seconde moitié du XVIIIe siècle, la société aristocratique fait du libertinage un jeu cruel où la femme conquise devient une victime, comme en témoigne Mme de Tourvel, l'héroïne malheureuse des *Liaisons dangereuses* de Laclos. L'œuvre du marquis de Sade développe cette perversion du comportement amoureux jusqu'au paroxysme. La Révolution française, en renversant la société aristocratique, met un terme à la réalité sociale et culturelle du libertinage.

Le mot « libertin »

Le mot *libertinus* désigne dans l'Antiquité romaine l'esclave affranchi. On le retrouve ensuite au XVIIe siècle dans le langage de l'Église pour dénoncer les hérétiques, les esprits forts, les libres penseurs, ceux qui contestent les interdits et les superstitions engendrés par la religion. Au XVIIIe siècle, le mot « libertin » renvoie à tous ceux qui revendiquent la libéralisation des mœurs et le culte des plaisirs, dans la société comme dans la littérature.

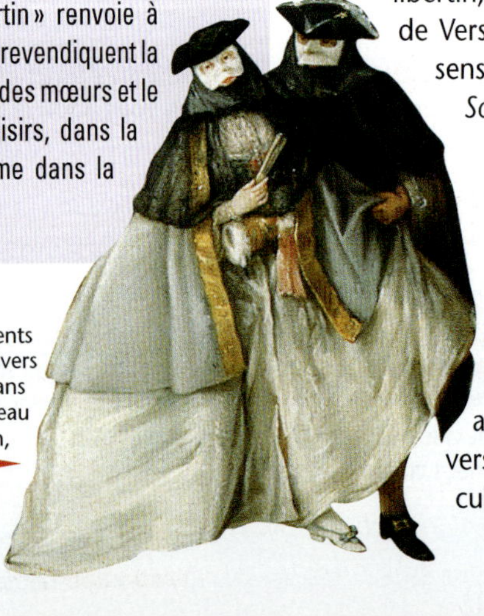

Les masques et les travestissements font partie de l'univers libertin, comme dans ce détail d'un tableau du peintre vénitien, Pietro Longhi.

Le Souper fin, dessin de Moreau le Jeune, illustrant une œuvre de Restif de la Bretonne.

LES PRINCIPES DU MOUVEMENT

Affirmer la liberté de penser

Les libertins partagent le même scepticisme devant les croyances, les préjugés et les superstitions. Ils rejettent la foi aveugle dans les principes religieux et la soumission à l'autorité de l'Église.

Frontispice du roman du marquis de Sade, *Justine ou les Malheurs de la vertu.*

Rechercher le plaisir

Les libertins sont à la recherche du plaisir sensuel et de la volupté. Ils dénoncent cyniquement l'hypocrisie sociale. Ils manifestent ainsi leur esprit de révolte contre les interdits, les tabous imposés par la morale et la société.

LES THÈMES ESSENTIELS DU MOUVEMENT

Le défi de la morale

Le libertin, par son comportement et ses discours, se place au-dessus de la morale et de ses préjugés. Il défie l'autorité paternelle, l'institution du mariage, les conventions sociales.

Le séducteur et son prestige

Le personnage du libertin brille avec éclat. Élégant, audacieux, sûr de lui, entouré d'admirateurs, c'est l'homme ou la femme à la mode qui séduit par vanité en tenant la liste de ses conquêtes.

Les stratégies de la conquête amoureuse

Le libertinage met l'art de la guerre au service de la séduction amoureuse. Le libertin agit comme un militaire au combat qui, par ses ruses et ses manœuvres, cherche à vaincre toute résistance chez ses conquêtes.

Le raffinement des plaisirs

La société libertine exalte le luxe des décors, le raffinement des soupers, la beauté des toilettes et des parures qui s'affichent à l'opéra, dans les salons et les boudoirs.

Le libertinage et les arts

Le mouvement libertin favorise la création artistique à travers sa passion du luxe. Les aristocrates et les riches bourgeois se font construire de somptueux hôtels particuliers, qu'ils ornent de miroirs, de tapis et de porcelaines raffinées. Les artistes peintres et les décorateurs à la mode embellissent les boudoirs. Boucher est ainsi le peintre préféré de la cour. Ses tableaux mythologiques et ses scènes familières sont pour lui l'occasion de créer un univers voluptueux consacré à l'exaltation des plaisirs sensuels. Son élève Fragonard développe à son tour des thèmes licencieux comme dans *Les Hasards heureux de l'escarpolette* ou *Le Baiser dérobé*.

Glenn Close et John Malkovich dans une adaptation cinématographique (1988) des *Liaisons dangereuses.*

Les grandes œuvres du mouvement libertin

Littérature

- Sorel, *Histoire comique de Francion*, 1623.
- Molière, *Dom Juan*, 1665.
- Crébillon, *Les Égarements du cœur et de l'esprit*, 1736-1738.
- Laclos, *Les Liaisons dangereuses*, 1782.
- Sade, *La Philosophie dans le boudoir*, 1795.

Peinture

- Boucher, *Odalisque*, 1754.
- Fragonard, *Le Verrou*, 1774.

Musique

- Mozart, *Don Giovanni*, 1787.

Auteur d'essais, dont : *Études de la nature* (1784); d'un roman : *Paul et Virginie* (1788).

Bernardin de Saint-Pierre

Nom et prénom : **Bernardin de Saint-Pierre, Jacques Henri**

Naissance : **19 janvier 1737, au Havre**

Décès : **21 janvier 1814, à Paris**

Bernardin de Saint-Pierre est, très jeune, orphelin de père. Influencé par la lecture de *Robinson Crusoé* et de *La Vie des saints*, il rêve de devenir missionnaire. En 1757, il entre à l'école des Ponts et Chaussées. Pendant douze ans, il tente ensuite diverses carrières qui lui permettent de voyager. Ingénieur militaire, il est chargé de mission à Madagascar, puis à l'île de France (l'actuelle île Maurice). De retour à Paris, il devient le fidèle disciple de Jean-Jacques Rousseau, dont il partage le goût pour la nature et l'exaltation de la vertu. En 1784, ses *Études de la nature* séduisent les lecteurs par de riches descriptions de paysages exotiques. On les retrouve dans *Paul et Virginie*, qui connaît un immense succès. Sous la Révolution française, Bernardin de Saint-Pierre est nommé intendant du Jardin des Plantes. Il épouse la fille de son imprimeur et donne à ses enfants les noms de Paul et Virginie. Il meurt à soixante-dix-sept ans, couvert de gloire et d'honneurs.

LE PREMIER ROMAN EXOTIQUE

Paul et Virginie exalte l'harmonie retrouvée entre l'homme et la nature. Bernardin de Saint-Pierre fait rêver son lecteur en représentant le cadre enchanteur de la nature exotique de l'île Maurice, où tout repose sur « l'abondance et la délicatesse ». Il restitue l'éblouissement de la nature tropicale, avec ses paysages grandioses, sa végétation luxuriante, ses couleurs et ses odeurs. Le récit, sur le modèle des pastorales, raconte la vie de deux enfants qui, loin de la civilisation, mènent une vie simple et innocente. Leur complicité se métamorphose en amour, mais la fin du roman est tragique. Le roman exotique, qui dépeint les bonheurs de la vie au contact de la nature, s'achève dans la douleur avec la mort de Virginie.

Objet d'étude Le récit : le roman ou la nouvelle

1788 — Paul et Virginie

Le narrateur du roman, témoin de l'existence de Paul et de Virginie, raconte la fin tragique de l'idylle des deux jeunes gens. Virginie, qui a juré à Paul un amour éternel, a été contrainte par sa mère de se rendre en France. Au moment où le navire qui la ramène enfin à l'île de France doit accoster, un ouragan se déchaîne, sous les yeux de Paul.

La mer soulevée par le vent grossissait à chaque instant, et tout le canal compris entre cette île et l'île d'Ambre n'était qu'une vaste nappe d'écumes blanches, creusée de vagues noires et profondes. Ces écumes s'amassaient dans le fond des anses à plus de six pieds de hauteur, et le vent, qui en balayait la surface, les portait par-dessus l'escarpement du rivage à plus d'une demi-lieue dans les terres. À leurs flocons blancs et innombrables qui étaient chassés horizontalement jusqu'au pied des montagnes, on eût dit une neige qui sortait de la mer. L'horizon offrait tous les signes d'une longue tempête ; la mer y paraissait confondue avec le ciel. Il s'en détachait sans cesse des nuages d'une forme horrible qui traversaient le zénith avec la vitesse des oiseaux, tandis que d'autres y paraissaient immobiles comme de grands rochers. On n'apercevait aucune partie azurée du firmament ; une lueur olivâtre et blafarde éclairait seule tous les objets de la terre, de la mer, et des cieux.

1. **aussière** : gros câble.

2. **demi-encablure** : environ cent mètres.

3. **mon fils** : terme affectueux.

4. **Domingue** : serviteur, ami du narrateur.

5. **vergues** : parties du mât qui portent la voile.

6. **poupe** : arrière du navire.

Dans les balancements du vaisseau, ce qu'on craignait arriva. Les câbles de son avant rompirent, et comme il n'était plus retenu que par une seule aussière[1] il fut jeté sur les rochers à une demi-encablure[2] du rivage. Ce ne fut qu'un cri de douleur parmi nous. Paul allait s'élancer à la mer, lorsque je le saisis par le bras : « Mon fils[3], lui-je, voulez-vous périr ? – Que j'aille à son secours, s'écria-t-il, ou que je meure ! » Comme le désespoir lui ôtait la raison, pour prévenir sa perte, Domingue[4] et moi lui attachâmes à la ceinture une longue corde dont nous saisîmes l'une des extrémités. Paul alors s'avança vers le *Saint-Géran*, tantôt nageant, tantôt marchant sur les récifs. Quelquefois, il avait l'espoir de l'aborder, car la mer, dans ses mouvements irréguliers, laissait le vaisseau presque à sec, de manière qu'on en eût pu faire le tour à pied ; mais bientôt après, revenant sur ses pas avec une nouvelle furie, elle le couvrait d'énormes voûtes d'eau qui soulevaient tout l'avant de sa carène, et rejetaient bien loin sur le rivage le malheureux Paul, les jambes en sang, la poitrine meurtrie, et à demi noyé. À peine ce jeune homme avait-il repris l'usage de ses sens qu'il se relevait et retournait avec une nouvelle ardeur vers le vaisseau, que la mer cependant entrouvrait par d'horribles secousses. Tout l'équipage, désespérant alors de son salut, se précipitait en foule à la mer, sur des vergues[5], des planches, des cages à poules, des tables, et des tonneaux. On vit alors un objet digne d'une éternelle pitié : une jeune demoiselle parut dans la galerie de la poupe[6] du *Saint-Géran*, tendant les bras vers celui qui faisait tant d'efforts pour la rejoindre. C'était Virginie. Elle avait reconnu son amant à son intrépidité. La vue de cette aimable personne, exposée à un si terrible danger, nous remplit de douleur et de désespoir. Pour Virginie, d'un port noble et assuré, elle nous faisait signe de la main, comme nous disant un éternel adieu. Tous les matelots s'étaient jetés à la mer. Il n'en restait plus qu'un sur le pont, qui était tout nu et nerveux comme Hercule. Il s'approcha de Virginie avec respect : nous le vîmes se jeter à ses genoux, et s'efforcer même de lui ôter ses habits ; mais elle, le repoussant avec dignité, détourna de lui sa vue. On entendit aussitôt ces cris redoublés des spectateurs : « Sauvez-la, sauvez-la ; ne la quittez pas ! » Mais dans ce moment une montagne d'eau d'une effroyable grandeur s'engouffra entre l'île d'Ambre et la côte, et s'avança en rugissant vers le vaisseau, qu'elle menaçait de ses flancs noirs et de ses sommets écumants. À cette terrible vue le matelot s'élança seul à la mer ; et Virginie, voyant la mort inévitable, posa une main sur ses habits, l'autre sur son cœur, et levant en haut des yeux sereins, parut un ange qui prend son vol vers les cieux.

Ô jour affreux ! hélas ! tout fut englouti.

Bernardin de Saint-Pierre, *Paul et Virginie*, 1788.

---

1. Relevez dans le texte les termes qui expriment la violence de la tempête. Quels sentiments les témoins et le lecteur ressentent-ils devant ce spectacle ?

2. Comment les réactions de l'équipage soulignent-elles la dimension dramatique du naufrage ?

3. Confrontez les attitudes de Paul et de Virginie. Comment tous deux apparaissent-ils aux yeux des témoins de cette scène ?

4. Étudiez les procédés à travers lesquels l'auteur inscrit cette scène dans le registre pathétique.

5. NOTION. Recherchez et commentez les indices qui font de ce passage une scène déterminante du roman.

NOTION

La scène romanesque

Le roman se développe à travers l'enchaînement d'épisodes successifs qui en constituent l'intrigue. Un certain nombre de scènes marquent cependant les temps forts de l'action, qu'elles déclenchent, relancent ou dénouent. Ces scènes sont capitales car elles concentrent l'intensité dramatique du récit.

Condorcet

Nom et prénom : **Caritat de Condorcet, Jean-Antoine-Nicolas**

Naissance : **17 septembre 1743, à Ribemont**

Décès : **28 mars 1794, dans la prison de Bourg-l'Égalité**

Jean-Antoine-Nicolas Caritat, marquis de Condorcet, naît à Ribemont, dans l'Aisne, en 1743. Après des études brillantes au collège des Jésuites de Reims, il se fait remarquer par une thèse consacrée aux mathématiques qu'il soutient à l'âge de quinze ans. Il se lie ainsi avec d'Alembert, le responsable avec Diderot de l'*Encyclopédie*. Il multiplie alors les essais scientifiques, en particulier sur le calcul des probabilités, entre à l'Académie des sciences et se lie avec les philosophes.

Élu à l'Académie française à trente-neuf ans, il s'engage pour la défense des droits de l'homme, et soutient la cause des États-Unis d'Amérique. Marié à Sophie de Grouchy, belle et cultivée, âgée de vingt-trois ans, il reçoit dans son salon philosophes, savants et écrivains comme Beaumarchais, Mirabeau, Adam Smith. Député à l'Assemblée législative, il participe activement à la Révolution française. Il ose s'opposer aux Jacobins, ce qui lui vaut d'être poursuivi puis arrêté. Il est retrouvé mort dans sa cellule le 28 mars 1794, sans qu'on sache s'il s'agit d'un suicide ou d'une mort provoquée par l'épuisement.

Auteur de nombreux essais et écrits scientifiques et philosophiques, dont : *Réflexions sur l'esclavage des nègres* (1781), *Vie de Voltaire* (1787), *Esquisse d'un tableau historique des progrès de l'esprit humain* (1793, publié en 1795).

LA SYNTHÈSE DES LUMIÈRES

Caché chez une amie pendant la Terreur, alors qu'il ne dispose d'aucun document pour l'aider, Condorcet rédige en juillet 1793 une esquisse destinée à annoncer une œuvre plus vaste. Ce n'est qu'après son arrestation et sa mort en prison qu'est publiée, en 1795, l'*Esquisse d'un tableau historique des progrès de l'esprit humain*. Disciple des Lumières, Condorcet développe dix tableaux qui retracent l'histoire de l'homme sur les plans politique, social et culturel. Il évoque la genèse des sociétés humaines, du langage et des institutions. Il insiste sur l'invention de l'écriture, puis celle de l'imprimerie, qui, en répandant les lumières auprès du plus grand nombre, permettent à l'homme de se libérer des pouvoirs politique et religieux. Le dernier tableau imagine l'avenir, résolument optimiste, de la société. Condorcet a confiance en l'homme, en ses progrès perpétuels, rendus possibles par l'éducation et l'exercice de la démocratie.

1795

Esquisse d'un tableau historique des progrès de l'esprit humain

L'art de l'imprimerie s'était répandu sur tant de points, il avait tellement multiplié les livres, on avait su les proportionner si bien à tous les degrés de connaissances, d'application et même de fortune ; on les avait pliés avec tant d'habileté à tous les goûts, à tous les genres d'esprit ; ils présentaient une instruction si facile, souvent si agréable ; ils avaient ouvert tant de portes à la vérité, qu'il était devenu presque impossible de les lui fermer toutes, qu'il n'y avait plus de classe, de profession à laquelle on pût l'empêcher de parvenir. Alors, quoiqu'il restât toujours un très grand nombre d'hommes condamnés à

1. **dégradation** : diminution.
2. **inaliénables et imprescriptibles** : qui ne peuvent être remis en cause.
3. **jurisprudence** : justice.
4. **catéchisme** : instruction religieuse.
5. **ni machiavélistes ni imbéciles** : ni habiles et sans scrupules ni ignorants.

une ignorance volontaire ou forcée, la limite tracée entre la portion grossière et la portion éclairée du genre humain s'était presque entièrement effacée, et une dégradation[1] insensible remplissait l'espace qui en sépare les deux extrêmes, le génie et la stupidité.

Ainsi une connaissance générale des droits naturels de l'homme, l'opinion même que ces droits sont inaliénables et imprescriptibles[2], un vœu fortement prononcé pour la liberté de penser et d'écrire, pour celle du commerce et de l'industrie, pour le soulagement du peuple, pour la proscription de toute loi pénale contre les religions dissidentes, pour l'abolition de la torture et des supplices barbares ; le désir d'une législation criminelle plus douce, d'une jurisprudence[3] qui donnât à l'innocence une entière sécurité, d'un code civil plus simple, plus conforme à la raison et à la nature ; l'indifférence pour les religions, placées enfin au nombre des superstitions ou des inventions politiques ; la haine de l'hypocrisie et du fanatisme, le mépris des préjugés, le zèle pour la propagation des lumières ; ces principes passant peu à peu des ouvrages des philosophes dans toutes les classes de la société où l'instruction s'étendait plus loin que le catéchisme[4] et l'écriture, devinrent la profession commune, le symbole de tous ceux qui n'étaient ni machiavélistes ni imbéciles[5].

Condorcet, *Esquisse d'un tableau historique des progrès de l'esprit humain*, 1795.

En supprimant la censure, la Révolution favorise la diffusion des connaissances et la réflexion personnelle à travers livres et journaux.

1. Reformulez l'idée principale développée dans chaque paragraphe.

2. Quel est l'effet recherché par l'énumération du second paragraphe ? Montrez que cette énumération participe à l'éloquence du texte.

3. Expliquez aux lignes 8-9 l'expression : « la portion éclairée du genre humain ».

4. Relevez et étudiez les liens logiques qui soulignent la rigueur de l'argumentation.

5. Quelles évolutions du livre Condorcet souligne-t-il dans le premier paragraphe ?

6. Pourquoi, à votre avis, le développement de l'imprimerie est-il pour le philosophe indispensable aux progrès de l'esprit humain ?

7. NOTION. Relevez, dans le deuxième paragraphe, les principales revendications exprimées par les philosophes des Lumières, en leur associant à chaque fois un auteur ou une œuvre qui les a particulièrement illustrées.

NOTION

La propagation des idées

Tout au long du XVIIIe siècle, les écrivains philosophes, comme Voltaire, Montesquieu, Diderot et Rousseau, consacrent leurs œuvres à la défense et à la propagation d'idées, de valeurs nouvelles. Le mouvement des Lumières mène ainsi à la Révolution française.

LA LITTÉRATURE EN EUROPE 1750 1800

Alors que la Révolution apparaît en France comme l'aboutissement du combat mené par les philosophes des Lumières, de nombreux auteurs poursuivent partout en Europe une œuvre inspirée par le rationalisme. Cependant, en Angleterre puis en Allemagne se développe une littérature nouvelle fondée sur les passions et la sensibilité, qui annonce le romantisme.

L'Allemagne

Le suicide du jeune Werther, le héros dont Goethe raconte le destin tragique dans *Les Souffrances du jeune Werther* en 1774, fait frémir l'Europe entière. L'amour déchiré, les passions douloureuses, le lyrisme des sentiments dominent dès lors l'ensemble de la littérature allemande. On retrouve cette sensibilité vibrante sous des formes diverses dans les œuvres de Klinger, de Schiller, d'Hölderlin ou de Novalis. C'est ainsi que le titre du drame de Klinger, *Sturm und Drang*, « Tempête et passions » (1776), est repris pour qualifier cette période où les émois du cœur prennent le pas sur la raison.

Goethe (1749-1832)

Johann Wolfgang von Goethe suscite l'admiration de ses contemporains à travers l'importance et la diversité de son œuvre. Dès 1774, il est l'auteur le plus lu d'Allemagne, avec *Les Souffrances du jeune Werther*, roman qui fait scandale, en analysant les états d'âme d'un jeune amoureux qui se suicide, annonçant ainsi le mouvement romantique allemand. Chacun de ses livres, drames, poèmes, essais, romans, est un événement majeur qui renouvelle la littérature et marque la sensibilité de ses lecteurs. Werther, Iphigénie, Faust, Wilhelm Meister, Götz von Berlinchingen : les personnages de Goethe restent dans la mémoire. Esprit encyclopédique, passionné de science et d'histoire, écrivain universel, il dépasse la culture nationale pour s'adresser à tous en exprimant dans son œuvre la lutte de l'homme contre « ses forces démoniaques », le tourment des âmes généreuses et la plainte des cœurs blessés.

Illustration pour *Les Souffrances du jeune Werther* (1774).

L'Italie

En Italie, s'inscrivant dans la continuité des Lumières, Giuseppe Beccaria publie, en 1764, un traité capital, *Des délits et des peines*, qui remet en cause, dans l'Europe entière, l'exercice inhumain du droit et de la justice. Mais c'est surtout le théâtre qui passionne le public. À Venise, deux rivaux, Carlo Goldoni et Carlo Gozzi, se partagent les faveurs des spectateurs. Goldoni impose alors ses comédies, avant de s'installer à Paris pour y créer de nouvelles pièces à la Comédie-Italienne.

Carlo Goldoni réforme magistralement le théâtre comique italien. Abandonnant les types caricaturaux, il crée la comédie de caractère et lui donne une dimension sociale. Les masques que portaient les acteurs sont abandonnés, la scène italienne s'ouvre à la culture européenne. Goldoni utilise toutes les ressources du dialecte vénitien. Il multiplie ainsi les pièces magistrales : *La Locandiera*, en 1753, met en scène une aubergiste, la belle Mirandola, qui se joue de tous ceux qui lui font la cour. *Les Rustres* (1760) et *Baroufe à Chioggia* (1762) sont les derniers chefs-d'œuvre de l'écrivain avant son départ pour Paris.

Carlo Goldoni (1707-1793).

La représentation comique. Peinture vénitienne du XVIIIe siècle.

À la joie de vivre du théâtre de Goldoni répondent, à la fin du siècle, les tragédies de Vittorio Alfieri, qui exprime dans son œuvre l'inquiétude et la détresse des hommes.

La Grande-Bretagne

C'est le genre romanesque qui domine la production littéraire en Angleterre. *Tristram Shandy*, de Laurence Sterne, scandalise par son indécence et son caractère provocateur ; *Vathek*, de William Beckford, séduit par son exotisme et sa fantaisie. Les romans de George Smollet, à travers le goût du mystère et de la terreur, annoncent le « roman noir » dans lequel triomphent, à la fin du siècle, Matthew Lewis et Ann Radcliffe. Cependant, rêveur et sans ressources, le poète Thomas Chatterton est conduit au suicide en 1770, préfigurant ainsi le génie incompris aux yeux des romantiques.

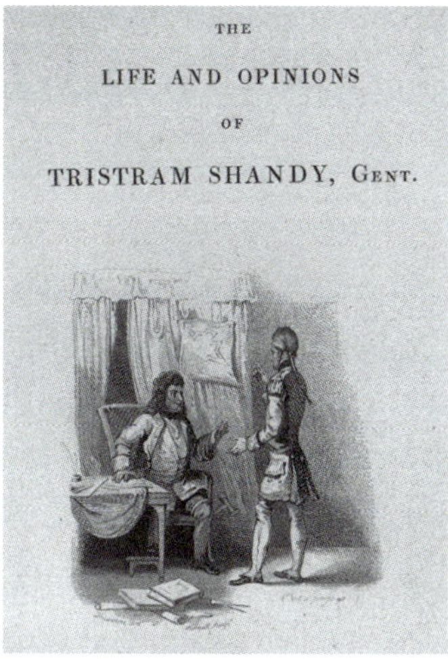

Parallèlement, l'Écossais Adam Smith souligne l'importance grandissante de l'économie dans l'essor de l'empire britannique en publiant, en 1776, son *Enquête sur la nature et les causes de la richesse des nations*, qui pose les bases de l'économie libérale.

Le roman gothique

Personnages sombres et cruels, cachots et souterrains, spectres, viols et tortures : le « roman noir », qu'on appelle aussi le « roman gothique », fait fureur en Grande-Bretagne, à la fin du siècle. Dans *Le Moine* de Lewis (1796), le moine Ambrosio devient l'amant de l'une des ses pénitentes et fait un pacte avec le diable après avoir tué sa maîtresse. Avec *L'Italien* (1797), Ann Radcliff invente le type du personnage satanique. C'est ainsi que les *tales of terror*, ces récits d'épouvante qui mêlent violence et sensualité morbide, gagnent la faveur d'un public frémissant. Ils ont de nombreux imitateurs et inspireront aussi bien l'œuvre du poète Byron que le célèbre *Frankenstein* de Mary Shelley.

Le destin tragique et le suicide à l'arsenic, à l'âge de dix-huit ans, du poète britannique Thomas Chatterton (1752-1770) inspire à Vigny un drame en trois actes, *Chatterton* (1835).

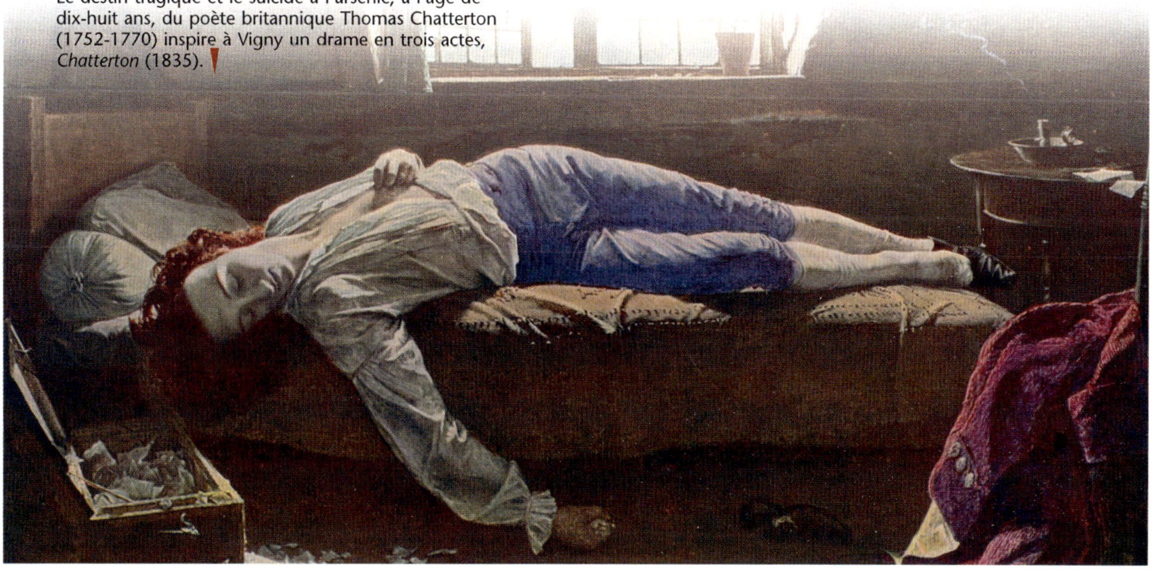

La peinture et la musique

Peinture

- — Giambaltista Tiepolo, *L'Embarquement de Cléopâtre*, 1755 (Italie)
- — Thomas Gainsborough, *Blue Boy*, 1770 (Grande-Bretagne)
- — Francesco Guardi, *Ascensione della Mongolfiera*, 1784 (Italie)
- — William Blake, *Les Chants de l'expérience*, 1794 (Grande-Bretagne)
- — Goya, les *Majas*, 1799 (Espagne)

Musique

- — Giovanni Paisiello, *Il Barbiere di Siviglia*, 1782 (Italie)
- — Mozart, *Les Noces de Figaro*, 1786 ; *Don Giovanni*, 1787 ; *La Flûte enchantée*, 1791 (Autriche)
- — Joseph Haydn, *La Création*, 1798 (Autriche)

L'argumentation : convaincre, persuader et délibérer

Le texte argumentatif repose sur le développement d'arguments rationnels qui visent à convaincre le destinataire. Il s'appuie également sur la force des émotions qui cherchent à le persuader. Il provoque la réflexion du lecteur en le conduisant à délibérer, c'est-à-dire à peser le pour et le contre.

LES FONCTIONS DE L'ARGUMENTATION

Convaincre

Pour convaincre, le texte argumentatif fait appel à la raison du destinataire. La défense de la thèse s'appuie sur la force et la diversité des arguments et des exemples. Les idées s'enchaînent de manière logique. Cette force logique conduit le lecteur à adhérer au point de vue défendu par l'auteur.

Persuader

Pour persuader, le texte argumentatif fait appel aux sentiments. Il met en œuvre des procédés et des techniques qui provoquent l'émotion : implication par les pronoms, utilisation des termes affectifs ou évaluatifs, usage de l'exclamation, de l'apostrophe et de la fausse question. L'auteur ajoute à la logique des idées une dimension affective qui entraîne l'adhésion.

Délibérer

Pour provoquer la délibération, le texte argumentatif expose des idées opposées. Il développe le pour et le contre, il recherche le débat ou la polémique à travers les thèses en présence. L'auteur invite à réfléchir de manière à se forger une opinion personnelle.

LES DIFFÉRENTS GENRES ARGUMENTATIFS

L'essai

L'essai permet à un écrivain de prendre position sur un sujet qui provoque le débat : sujet de société, considérations philosophiques, réflexions sérieuses ou amusées. L'auteur expose les points de vue développés autour de la question et dresse le bilan d'une situation. Il réfute ensuite les arguments en présence, avant de développer sa propre thèse. L'essai permet de faire preuve d'humour ou d'ironie, de séduire ou de scandaliser, en manifestant une opinion originale.

La fable

La fable est une argumentation indirecte qui, à travers le plaisir du récit, délivre un enseignement. Elle est une forme d'apologue, c'est-à-dire de récit de fiction ayant une visée argumentative. Généralement écrite en vers, elle met souvent en scène des animaux qui représentent les travers de la société humaine. Elle dénonce les inégalités sociales, les défauts et les vices des individus, pour donner une leçon de sagesse et de tolérance.

Le conte philosophique

Sous l'apparence d'un récit vif et léger, le conte philosophique expose indirectement un point de vue sur la morale, sur le pouvoir politique et la liberté. Il raconte les épreuves d'un personnage confronté à la découverte du monde. Chaque situation conduit à réfléchir sur un problème de société : l'éducation, la guerre, la justice, la liberté… L'écrivain invite ainsi le lecteur à combattre les préjugés et à défendre avec lui des valeurs nouvelles.

EXEMPLE

Dans ses célèbres *Fables*, Jean de La Fontaine dénonce les préjugés et les défauts de ses contemporains à travers les animaux qu'il fait vivre. Le récit constitue à ses yeux le « corps » de l'apologue dont la moralité est « l'âme ».

Le charme du récit

L'univers animal

L'enseignement délivré au lecteur

LA GRENOUILLE QUI SE VEUT FAIRE AUSSI GROSSE QUE LE BŒUF

Une Grenouille vit un Bœuf
Qui lui sembla de belle taille.
Elle qui n'était pas grosse en tout comme un œuf,
Envieuse, s'étend, et s'enfle, et se travaille
Pour égaler l'animal en grosseur,
Disant : « Regardez bien, ma sœur ;
Est-ce assez ? dites-moi : n'y suis-je point encore ?
– Nenni. – M'y voici donc ? – Point du tout. – M'y voilà ?
– Vous n'en approchez point. » La chétive pécore
S'enfla si bien qu'elle creva.
Le monde est plein de gens qui ne sont pas plus sages :
Tout bourgeois veut bâtir comme les grands seigneurs,
Tout petit prince a des ambassadeurs ;
Tout marquis veut avoir des pages.

Jean de La Fontaine, *Fables*, I, 3, 1668.

SÉQUENCES

SÉQUENCE	PROBLÉMATIQUE	TEXTES
Les leçons de la fable	Comment la fable met-elle la versification au service de la satire sociale ?	– La Fontaine, *Fables*, p. 151 et suivantes. – Boileau, *Le Bûcheron et la Mort*, p. 152. – Hugo, *Les Châtiments*, p. 317.
L'essai argumentatif et le débat des idées	Quelles sont les diverses stratégies de l'argumentation mises en œuvre dans l'essai ?	– Montaigne, *Essais*, p. 85-87. – Pascal, *Pensées*, p. 139-141. – Diderot, *Encyclopédie*, p. 245. – Gracq, *La Littérature à l'estomac*, p. 510.
L'argumentation indirecte : le conte et le conte philosophique	Comment le récit développe-t-il une forme originale de leçon morale à travers l'apologue ?	– Perrault, « La Barbe bleue », p. 182. – Voltaire, *Zadig*, p. 222 ; *Candide*, p. 223.

OBJET D'ÉTUDE

L'argumentation : convaincre, persuader et délibérer

Textes

A – **Jean de La Fontaine,** *Fables*, VII, 13, 1678.
B – **Voltaire,** *Candide*, chapitre III, 1759.
C – **Pierre Joseph Proudhon,** *La Guerre et la Paix*, 1861.

Écriture

Vous répondrez d'abord aux questions suivantes. (4 points)

1. Quelle vision de la guerre est donnée dans chacun des textes suivants ?
2. Retrouvez dans les textes du corpus les caractéristiques de la fable, du conte philosophique et de l'essai.

Vous traiterez ensuite un de ces trois sujets. (16 points)

→ Sujet I : Commentaire

Vous ferez le commentaire de la fable de Jean de La Fontaine (texte A).

→ Sujet II : Dissertation

Pensez-vous, comme Jean de La Fontaine, qu'un récit plaisant délivre plus facilement un enseignement qu'un ouvrage de réflexion ? Vous répondrez à cette question en vous appuyant sur les textes du corpus, les œuvres étudiées en classe, ainsi que vos lectures personnelles.

→ Sujet III : Invention

Sous la forme d'un dialogue argumentatif opposant deux interlocuteurs, vous discuterez l'éloge de la guerre développé par Proudhon (texte C).

Texte A

Les Deux Coqs

Deux Coqs vivaient en paix ; une Poule survint,
Et voilà la guerre allumée.
Amour, tu perdis Troie[1] ; et c'est de toi que vint
Cette querelle envenimée,
Où du sang des Dieux même on vit le Xanthe[2] teint.
Longtemps entre nos Coqs le combat se maintint.
Le bruit s'en répandit par tout le voisinage.
La gent qui porte crête au spectacle accourut.
Plus d'une Hélène[3] au beau plumage
Fut le prix du vainqueur ; le vaincu disparut.
Il alla se cacher au fond de sa retraite,
Pleura sa gloire et ses amours,
Ses amours qu'un rival tout fier de sa défaite
Possédait à ses yeux. Il voyait tous les jours
Cet objet rallumer sa haine et son courage.
Il aiguisait son bec, battait l'air et ses flancs,
Et s'exerçant contre les vents
S'armait d'une jalouse rage.

1. **Troie** : cité antique de l'Asie Mineure.
2. **Xanthe** : fleuve de la région de Troie.
3. **Hélène** : son enlèvement par Pâris déclenche la guerre de Troie.

Il n'en eut pas besoin. Son vainqueur sur les toits
S'alla percher, et chanter sa victoire.
        Un Vautour entendit sa voix :
        Adieu les amours et la gloire.
Tout cet orgueil périt sous l'ongle du Vautour.
        Enfin, par un fatal retour,
        Son rival autour de la Poule
        S'en revint faire le coquet :
        Je laisse à penser quel caquet,
        Car il eut des femmes en foule.
La Fortune se plaît à faire de ces coups ;
Tout vainqueur insolent à sa perte travaille.
Défions-nous du sort, et prenons garde à nous,
        Après le gain d'une bataille.

Jean de La Fontaine, *Fables*, VII, 13, 1678.

Texte B

Comment Candide se sauva d'entre les Bulgares, et ce qu'il devint

Rien n'était si beau, si leste[1], si brillant, si bien ordonné que les deux armées. Les trompettes, les fifres[2], les hautbois[3], les tambours, les canons formaient une harmonie telle qu'il n'y en eut jamais en enfer. Les canons renversèrent d'abord à peu près six cent mille hommes de chaque côté ; ensuite la mousqueterie[4] ôta du meilleur des mondes environ neuf à dix mille coquins qui en infectaient la surface. La baïonnette fut aussi la raison suffisante de la mort de quelques milliers d'hommes. Le tout pouvait bien se monter à une trentaine de mille âmes. Candide, qui tremblait comme un philosophe, se cacha du mieux qu'il put pendant cette boucherie héroïque.

Enfin, tandis que les deux rois faisaient chanter des Te Deum[5], chacun dans son camp, il prit le parti d'aller raisonner ailleurs des effets et des causes. Il passa par-dessus des tas de morts et de mourants, et gagna d'abord un village voisin ; il était en cendres : c'était un village abare que les Bulgares avaient brûlé, selon les lois du droit public. Ici des vieillards criblés de coups regardaient mourir leurs femmes égorgées, qui tenaient leurs enfants à leurs mamelles sanglantes ; là des filles, éventrées après avoir assouvi les besoins naturels de quelques héros, rendaient les derniers soupirs ; d'autres, à demi brûlées, criaient qu'on achevât de leur donner la mort. Des cervelles étaient répandues sur la terre à côté de bras et de jambes coupés.

Voltaire, *Candide*, chapitre III, 1759.

1. **leste** : bien équipé, léger, agile.
2. **fifres** : petites flûtes en bois.
3. **hautbois** : instrument à vent.
4. **mousqueterie** : infanterie (le mousquet est l'ancêtre du fusil).
5. **Te Deum** : messe solennelle pour remercier Dieu.

Texte C

Les loups, les lions, pas plus que les moutons et les castors ne se font entre eux la guerre ; il y a longtemps que l'on a fait de cette remarque une satire[1] contre notre espèce. Comment ne voit-on pas, au contraire, que là est le signe de notre grandeur ; que si, par impossible, la nature avait fait de l'homme un animal exclusivement industriel et social, et point un guerrier, il serait tombé dès le premier jour au niveau des bêtes dont l'association forme toute la destinée ; il aurait perdu, avec l'orgueil de son héroïsme, sa faculté révolutionnaire, la plus merveilleuse de toutes et la plus féconde ? Vivant en communauté pure, notre civilisation serait une étable. Saurait-on ce que vaut l'homme, sans la guerre ? Saurait-on ce que valent les peuples et les races ? Serions-nous en progrès ? [...] Philanthropes[2], vous parlez d'abolir les guerres ; prenez garde de dégrader le genre humain…

Pierre Joseph Proudhon, *La Guerre et la Paix*, 1861.

1. **satire** : caricature, critique.
2. **Philanthropes** : qui s'occupent d'améliorer le sort des hommes.

Hippolyte Lecomte, *Bataille dans la rue de Rohan, le 28 juillet*
Peinture à l'huile, 43 x 60 cm. Musée Carnavalet, Paris.

1800
1850

La révolte romantique

1800 1850

La révolte romantique

La première moitié du XIXe siècle représente l'une des périodes les plus tourmentées de l'histoire de France. C'est ainsi que se succèdent le Consulat, l'Empire, la restauration de la monarchie et le retour de la République. Cette instabilité politique n'empêche pas la société industrielle de se mettre en place. Le mouvement romantique naît de ces profondes transformations politiques et sociales qui bouleversent toute l'Europe.

1. L'histoire L'Empire et la Restauration

Napoléon Ier sur le champ de bataille, à Wagram, en 1809.

le roi Louis-Philippe, que l'on appelait « le roi bourgeois », caricaturé en poire

Porté par sa gloire militaire, Bonaparte, alors Premier consul, se déclare empereur en 1804. Jusqu'en 1815, l'Empire renforce les acquis de la Révolution à travers le Code civil et l'organisation de l'administration. Mais l'épopée napoléonienne s'achève dans la débâcle de Waterloo. La Restauration assure le retour au pouvoir de la noblesse exilée : Louis XVIII et Charles X, puis Louis-Philippe, ne parviennent pas à répondre aux aspirations du peuple, que la société industrielle plonge dans la misère. En 1848, une nouvelle révolution, dans laquelle s'engagent de nombreux écrivains comme Lamartine et Hugo, conduit à la naissance de la IIe République.

Apparition de la République au dernier conseil des ministres de la monarchie. Dessin de Daumier, en 1848.

Les révolutionnaires de 1848 mettent le feu au trône de Louis-Philippe.

2. La société La mise en place d'une société industrielle

D'un pays avant tout agricole et artisanal, la France devient une grande puissance industrielle. Cette évolution renforce le pouvoir politique et économique de la bourgeoisie. Cependant de nombreuses tensions partagent la société, entre les nostalgiques de la monarchie absolue, les partisans du libéralisme et les défenseurs de l'administration impériale. Parallèlement, l'exode rural et l'apparition du monde ouvrier suscitent de nouvelles revendications inspirées des idées républicaines ou socialistes. Les premières lignes de chemin de fer sont le symbole du dynamisme économique de la France. De la même manière, l'essor de la presse conduit au développement de l'opinion publique, qui refuse la censure et réclame toujours plus de liberté.

Les grandes industries se multiplient. Usines de filature des établissements Schlumberger, à Mulhouse.

La société française vue par Léopold Boilly, *L'Averse*, 1804.

APPEL
A tous nos Frères de la Corporation des
OUVRIERS CORDONNIERS
Et Bottiers
DE LA VILLE DE PARIS,
SANS DISTINCTION DE SOCIETÉ.

Affiche appelant à la défense des droits des ouvriers.

3. Les sciences L'alliance de la science et de l'industrie

Volta, l'inventeur de la pile électrique, devant Bonaparte.

De nombreuses découvertes scientifiques participent à la mise en place de la société industrielle. Le développement de la mécanique, les recherches de Volta sur l'électricité ou de Carnot sur la thermodynamique correspondent à une civilisation qui repose désormais sur la puissance des machines, comme sur la multiplication des moyens de transport et des modes de communication. Les premières expériences de Niepce et de Daguerre conduisent à l'invention de la photographie. Par ailleurs, les travaux de Lamarck, de Cuvier, puis de Darwin proposent des théories nouvelles sur l'apparition de l'homme et son évolution.

La Table servie, photographie réalisée par Niepce, en 1826.

Pompe à incendie, fonctionnant à la vapeur, fournie aux pompiers de Paris.

4. Les lettres Les victoires du romantisme

Les romantiques prennent la défense du peuple grec opprimé, comme dans cette peinture.
La Grèce sur les ruines de Missolonghi, par Eugène Delacroix, 1826.

En 1800, l'ouvrage de Germaine de Staël *De la littérature* ouvre la réflexion sur le rôle de la littérature dans la société. De nouvelles préoccupations esthétiques apparaissent dans les essais de Chateaubriand sur la religion ou de Stendhal sur la tragédie. Autour de Victor Hugo, une génération de jeunes écrivains s'engage dans la bataille du romantisme. En 1830, la représentation d'*Hernani* suscite l'affrontement entre les partisans de l'ordre classique et tous ceux qui, dramaturges, poètes ou romanciers, revendiquent la primauté des passions et de la sensibilité. Cette exaltation du moi aboutit à l'exigence de libertés qui ne se limitent plus à la littérature, mais doivent s'appliquer à la société dans son ensemble. C'est ainsi que les romantiques prennent la défense des peuples opprimés et participent aux révolutions successives qui aboutissent à l'instauration de la Deuxième République.

Lamartine triomphalement accueilli à l'Hôtel de Ville de Paris en mai 1848.

5. L'édition La naissance du journalisme

Balzac et Lamartine : les succès de la prose ou de la poésie.
Caricature du XIXe siècle.

De plus en plus nombreux, gagnant peu à peu toutes les classes de la société, les lecteurs ont soif de distraction et d'information. Le nombre de livres publiés chaque année passe de 2000 au début du siècle à 6000 en 1830. Les cabinets de lecture se multiplient : ouverts de huit heures du matin à onze heures du soir, ils permettent à la fois la lecture sur place et l'emprunt des ouvrages, dont le prix est encore très élevé. En 1833, la loi Guizot généralise l'instruction primaire en demandant à chaque commune d'entretenir une école, entraînant ainsi la formation de nouveaux lecteurs. En 1836, Émile de Girardin lance le journal à un sou : *La Presse*. Fondé sur les gros tirages et la publicité, il connaît un énorme succès. Un public populaire attend chaque jour avec impatience de découvrir dans le journal les feuilletons d'Honoré de Balzac, d'Eugène Sue ou d'Alexandre Dumas. C'est aussi à *La Presse* que Chateaubriand confie la première publication de ses *Mémoires d'outre-tombe*.

La critique au travail.
Caricature anonyme de 1840.

6. Les arts L'explosion des formes

Le début du XIXe siècle est marqué par le retour au classicisme. Louis David peint *Le Sacre de l'empereur* en 1807. Dominique Ingres insiste sur la prééminence de la ligne sur la couleur. Mais, très vite, l'explosion du romantisme bouleverse la peinture. En, 1819, *Le Radeau de la Méduse* de Théodore Géricault peint la souffrance des naufragés. Eugène Delacroix multiplie les scènes de chasse où dominent le tourbillon des formes et la puissance de la couleur; *La Liberté guidant le peuple*, en 1831, témoigne de l'héroïsme du peuple révolté contre l'oppression. En musique, le romantisme fait éclater les formes classiques. Les symphonies de Beethoven exaltent le public; Berlioz et Chopin expriment avec fougue la violence des passions et le désir de la liberté.

Hector Berlioz, peint par Daumier.

Le Radeau de *la Méduse*

Théodore Géricault
(seconde esquisse, 1818)

L'immense tableau (cinq mètres sur sept une fois achevé) que Géricault consacre au tragique naufrage de la frégate la Méduse *a été préparé par un travail acharné, une enquête auprès des quelques survivants et de nombreuses études préparatoires. La seconde étude montre l'audace inventive du jeune artiste romantique qui scandalisa les critiques conservateurs. (H. 65 cm x L. 83 cm, Musée du Louvre, Paris.)*

Le point de vue plongeant et rapproché montre le radeau soulevé par la mer et menacé par la vague presque verticale sur la gauche. Articulée à partir d'une diagonale de taches claires, la composition est animée par le mouvement des bras qui indiquent un bateau à peine visible à l'horizon.

Le peintre accuse le contraste entre l'ombre de la mer et des nuages et la lumière qui frappe les rescapés : cette lumière qui semble venir à la fois du fond du ciel et d'un point situé derrière le spectateur donne à la scène la dimension fantastique d'un cauchemar.

Géricault renforce les leçons d'anatomie suivies dans les écoles de peintures par des dessins de cadavres observés dans les hôpitaux. Ici, la lumière sculpte les corps tendus vers la survie. Au centre de la toile, un homme dont un bras indique le bateau, soutient ceux qui agonisent au premier plan.

CHATEAUBRIAND

Nom et prénom : **de Chateaubriand, François-René**

Naissance : **4 septembre 1768, à Saint-Malo**

Décès : **4 juillet 1848, à Paris**

Le jeune marquis de Chateaubriand passe son enfance en Bretagne, dans le château familial de Combourg, auprès d'un père solennel et taciturne, et d'une mère mélancolique. Tout au long de sa jeunesse, il éprouve l'exaltation du rêve et de l'imagination. Présenté à la cour de Louis XVI, il s'embarque pour l'Amérique en avril 1791, puis rejoint l'armée des émigrés. Il connaît à Londres la vie difficile d'un exilé sans fortune. Rentré à Paris en 1800, Chateaubriand rencontre le succès deux ans plus tard avec le *Génie du christianisme.*

Il s'engage alors dans la carrière diplomatique comme secrétaire d'ambassade à Rome. Mais, opposé à Napoléon, il démissionne en 1804 et entreprend un grand voyage à Jérusalem. En 1815, avec la Restauration, Chateaubriand devient ambassadeur à Berlin puis à Londres, avant d'être ministre des Affaires étrangères. En 1830, il se retire de la vie publique. Désormais, l'écrivain se consacre à ses *Mémoires d'outre-tombe,* commencés vingt ans plus tôt. À sa mort, Chateaubriand est enterré dans la rade de Saint-Malo, face à l'océan comme il l'avait souhaité.

Auteur d'essais parmi lesquels : *Essai sur les révolutions* (1797), *Essai sur la littérature anglaise* (1836) ; d'un grand ouvrage de réflexion : *Génie du christianisme* (1802); de récits de fiction : *Atala* (1801), *René* (1802), *Les Natchez* (1826); de récits de voyage, dont : *Itinéraire de Paris à Jérusalem* (1811); de mémoires : *Mémoires d'outre-tombe* (début de la publication posthume en 1848).

L'ŒUVRE DE CHATEAUBRIAND

Les essais sur l'histoire et la religion

Premier livre publié par Chateaubriand, en 1797, l'*Essai sur les révolutions* dénonce la violence de la Révolution française. En 1802, *Génie du christianisme,* qui s'interroge sur le rôle de la religion, connaît un immense succès. Cette réflexion de Chateaubriand sur l'Histoire se poursuit à travers ses *Études historiques* en 1831.

Les romans autobiographiques

Alors qu'il les a d'abord conçus pour illustrer le *Génie du christianisme,* Chateaubriand publie ses deux romans, *Atala* en 1801 et *René* l'année suivante. Il y dresse le portrait du héros romantique, qui marquera profondément toute une génération de lecteurs, pour lequel il s'inspire de sa propre personnalité.

Les mémoires

Commencés en 1803 et achevés en 1847, les *Mémoires d'outre-tombe* constituent l'œuvre majeure de Chateaubriand. Ils forment à la fois le témoignage privilégié de l'écrivain sur un demi-siècle particulièrement troublé de l'histoire de France et le récit d'une vie singulière et passionnante.

CHATEAUBRIAND ET L'EXPRESSION DU MOI

Toute l'œuvre de Chateaubriand est marquée par la présence du moi. De l'*Essai sur les révolutions* à l'autobiographie des *Mémoires d'outre-tombe,* à travers essais, romans, journal de voyage ou biographie, Chateaubriand s'investit tout entier dans chacun de ses textes. Enfant mélancolique, exilé souffrant, auteur célèbre, homme politique, l'écrivain fait de sa vie la matière de son œuvre. Il livre au lecteur ses réflexions sur l'évolution de la société et lui communique ses souffrances, ses plaisirs et ses enthousiasmes. Les *Mémoires d'outre-tombe* forment ainsi un témoignage exceptionnel sur une période historique complexe et troublée, marquée par la Révolution, l'Empire et la Restauration. Ils sont aussi la confidence mélancolique d'un homme tourmenté, qui rappelle le souvenir de ses passions amoureuses et de ses voyages. Œuvre gigantesque, à la fois épique et lyrique, l'autobiographie de Chateaubriand offre une méditation sur l'Histoire, sur l'écoulement du temps et le destin des hommes.

1802

René

Chateaubriand donne pour cadre à son roman *René* l'Amérique, où il a lui-même voyagé. René, un Français, fait à un vieil Indien, Chactas, et à un missionnaire, le père Souël, le récit de sa vie. Toute une génération se retrouvera dans le portrait de ce jeune homme exalté et tourmenté qui, pour les romantiques, incarne « le mal du siècle ».

Mais comment exprimer cette foule de sensations fugitives que j'éprouvais dans mes promenades ? Les sons que rendent les passions dans le vide d'un cœur solitaire, ressemblent au murmure que les vents et les eaux font entendre dans le silence d'un désert : on en jouit, mais on ne peut les peindre.

L'automne me surprit au milieu de ces incertitudes : j'entrai avec ravissement dans le mois des tempêtes. Tantôt j'aurais voulu être un de ces guerriers errant au milieu des vents, des nuages et des fantômes ; tantôt j'enviais jusqu'au sort du pâtre[1] que je voyais réchauffer ses mains à l'humble feu de broussailles qu'il avait allumé au coin d'un bois. J'écoutais ses chants mélancoliques, qui me rappelaient que dans tout pays, le chant naturel de l'homme est triste, lors même qu'il exprime le bonheur. Notre cœur est un instrument incomplet, une lyre où il manque des cordes, et où nous sommes forcés de rendre les accents de la joie sur le ton consacré aux soupirs.

Le jour je m'égarais sur de grandes bruyères terminées par des forêts. Qu'il fallait peu de choses à ma rêverie ! une feuille séchée que le vent chassait devant moi, une cabane dont la fumée s'élevait dans la cime dépouillée des arbres, la mousse qui tremblait au souffle du nord sur le tronc d'un chêne, une roche écartée, un étang désert où le jonc flétri murmurait ! Le clocher solitaire, s'élevant au loin dans la vallée, a souvent attiré mes regards ; souvent j'ai suivi des yeux les oiseaux de passage qui volaient au-dessus de ma tête. Je me figurais les bords ignorés, les climats lointains où ils se rendent ; j'aurais voulu être sur leurs ailes. Un secret instinct me tourmentait ; je sentais que je n'étais moi-même qu'un voyageur ; mais une voix semblait me dire : « Homme, la saison de ta migration n'est pas encore venue ; attends que le vent de la mort se lève, alors tu déploieras ton vol vers ces régions inconnues que ton cœur demande. »

« Levez-vous vite, orages désirés, qui devez emporter René dans les espaces d'une autre vie. » Ainsi disant, je marchais à grands pas, le visage enflammé, le vent sifflant dans ma chevelure, ne sentant ni pluie ni frimas[2], enchanté, tourmenté, et comme possédé par le démon de mon cœur.

François-René de Chateaubriand, *René*, 1802.

1. **pâtre** : berger.
2. **frimas** : le temps froid.

1. Étudiez la présence de la nature dans ce passage. Quelle image le héros romantique en donne-t-il ?

2. Relevez les différents sentiments évoqués par le narrateur. Analysez leur progression.

3. Retrouvez le champ lexical des sons dans le texte. Comment s'explique cette importance de l'ouïe ?

4. NOTION. Dans quel passage le narrateur incarne-t-il l'image du héros romantique ? Quelles caractéristiques présente-t-il ?

NOTION

Le lyrisme dans le roman

Le mot « lyrisme » vient de la lyre, l'instrument dont s'accompagne Orphée, figure du poète dans l'Antiquité grecque. Parce qu'ils expriment les sentiments intimes d'un héros exalté et tourmenté, les écrivains romantiques inscrivent le registre lyrique dans le roman.

1848

Mémoires d'outre-tombe

Dans ses *Mémoires d'outre-tombe*, Chateaubriand raconte son enfance en Bretagne, ses rêves d'adolescent, les « chimères » nées de son imagination. Cependant, grand voyageur, témoin de la Révolution, ministre des Affaires étrangères, il ajoute à l'autobiographie la dimension des mémoires. Il fait ainsi le récit de la prise de la Bastille, qui marque le début de la Révolution.

PARIS, NOVEMBRE 1821.

L'année 1789, si fameuse dans notre histoire et dans l'histoire de l'espèce humaine, me trouva dans les landes de ma Bretagne ; je ne pus même quitter la province qu'assez tard, et n'arrivai à Paris qu'après le pillage de la maison Réveillon, l'ouverture des États-généraux, la constitution du tiers-état en Assemblée nationale, le serment du Jeu-de-Paume, la séance royale du 23 juin, et la réunion du clergé et de la noblesse au tiers-état.

Le mouvement était grand sur ma route : dans les villages, les paysans arrêtaient les voitures, demandaient les passeports, interrogeaient les voyageurs. Plus on approchait de la capitale, plus l'agitation croissait. En traversant Versailles, je vis des troupes casernées dans l'orangerie[1] ; des trains d'artillerie[2] parqués dans les cours ; la salle provisoire de l'Assemblée nationale élevée sur la place du palais, et des députés allant et venant parmi des curieux, des gens du château et des soldats.

À Paris, les rues étaient encombrées d'une foule qui stationnait à la porte des boulangers ; les passants discouraient au coin des bornes ; les marchands, sortis de leurs boutiques, écoutaient et racontaient des nouvelles devant leurs portes : au Palais-Royal s'aggloméraient des agitateurs : Camille Desmoulins[3] commençait à se distinguer dans les groupes.

....

Soudain le tocsin sonne. Les boutiques des fourbisseurs[4] sont enfoncées, et trente mille fusils enlevés aux Invalides. On se pourvoit de piques, de bâtons, de fourches, de sabres, de pistolets ; on pille Saint-Lazare, on brûle les barrières. Les électeurs de Paris prennent en main le gouvernement de la capitale, et, en une nuit, soixante mille citoyens sont organisés, armés, équipés en gardes nationales.

Le 14 juillet, prise de la Bastille. J'assistai, comme spectateur, à cet assaut contre quelques invalides et un timide gouverneur : si on eût tenu les portes fermées, jamais le peuple ne fût entré dans la forteresse. Je vis tirer deux ou trois coups de canon, non par les invalides, mais par des gardes-françaises, déjà montés sur les tours. De Launay[5], arraché de sa cachette, après avoir subi mille outrages, est assommé sur les marches de l'Hôtel de Ville ; le prévôt des marchands, Flesselles, a la tête cassée d'un coup de pistolet ; c'est ce spectacle que des béats sans cœur trouvaient si beau.

....

Tout événement, si misérable ou si odieux qu'il soit en lui-même, lorsque les circonstances en sont sérieuses et qu'il fait époque, ne doit pas être traité avec légèreté : ce qu'il fallait voir dans la prise de la Bastille (et ce que l'on ne vit pas alors), c'était, non l'acte violent de l'émancipation[6] d'un peuple, mais l'émancipation même, résultat de cet acte.

On admira ce qu'il fallait condamner, l'accident, et l'on n'alla pas chercher dans l'avenir les destinées accomplies d'un peuple, le changement des mœurs, des idées, des pouvoirs politiques, une rénovation de l'espèce humaine, dont la prise de la Bastille

1. **orangerie** : lieu où l'on conserve les orangers, pendant l'hiver.
2. **trains d'artillerie** : troupes d'artillerie.
3. **Camille Desmoulins** : révolutionnaire célèbre pour avoir incité à la prise de la Bastille.
4. **fourbisseurs** : artisans qui montent les sabres et les épées.
5. **De Launay** : le commandant de la prison de la Bastille.
6. **émancipation** : libération.
7. **jubilé** : fête solennelle.
8. **piliers de Montfaucon** : gibets où étaient pendus au Moyen Âge les condamnés à mort.

ouvrait l'ère, comme un sanglant jubilé[7]. La colère brutale faisait des ruines, et sous cette colère était cachée l'intelligence qui jetait parmi ces ruines le fondement du nouvel édifice.

Mais la nation qui se trompa sur la grandeur du fait matériel, ne se trompa pas sur la grandeur du fait moral : la Bastille était à ses yeux le trophée de sa servitude ; elle lui semblait élevée à l'entrée de Paris, en face des seize piliers de Montfaucon[8], comme le gibet de ses libertés. En rasant une forteresse d'État le peuple crut briser le joug militaire, et prit l'engagement tacite de remplacer l'armée qu'il licenciait : on sait quels prodiges enfanta le peuple devenu soldat.

François-René de Chateaubriand, *Mémoires d'outre-tombe*, 1848.

Suite de gravures par Jean-François Janinet (1752-1814) illustrant les événements du 14 juillet 1789.

1. Donnez un titre à chacun des trois extraits qui constituent ce texte.

2. Relevez la présence du pronom « je » dans le texte. Pourquoi peut-on dire du mémorialiste qu'il est un témoin privilégié de l'histoire ?

3. Quels sont les passages qui inscrivent le texte dans le registre épique ? Quelles en sont les caractéristiques ?

4. Quel jugement Chateaubriand porte-t-il sur cet événement historique ? Montrez qu'il est contrasté, partagé entre l'éloge et le blâme.

5. NOTION. Retrouvez les caractéristiques des mémoires dans ce passage.

NOTION

Les mémoires

Le mémorialiste porte un regard privilégié sur les événements historiques dont il a été le témoin. Il mêle le récit de sa propre existence au portrait des personnages historiques qu'il a rencontrés et porte, avec le recul du temps, un jugement personnel sur les événements et les hommes.

MADAME DE STAËL

Nom et prénom : **Necker, baronne de Staël, Anne Louise Germaine**

Naissance : **22 avril 1766, à Paris**

Décès : **14 juillet 1817, à Paris**

Fille du célèbre banquier genevois un temps ministre de Louis XVI, Germaine Necker se passionne très tôt pour les idées des Lumières. Mariée en 1786 à l'ambassadeur de Suède, elle est d'abord favorable à la Révolution mais elle en condamne les violences et échappe de justesse aux massacres de 1792. Revenue en France en 1796, ses idées libérales irritent Napoléon. Condamnée à l'exil – « un supplice, dit-elle, beaucoup plus cruel que la mort » –, elle voyage à travers l'Europe, découvre l'Allemagne, l'Italie, la Suède, la Russie. Jusqu'à ses derniers jours, si douloureux, à Paris, elle met toute son énergie à défendre cet idéal de liberté intelligente qui a été le sien pendant toute son existence.

Auteur de romans : *Delphine* (1802), *Corinne* (1807) ; d'essais parmi lesquels : *De l'influence des passions* (1796), *De la littérature* (1800), *De l'Allemagne* (1810).

MADAME DE STAËL ET LE RENOUVELLEMENT DE LA CRITIQUE LITTÉRAIRE

Si Madame de Staël a écrit deux romans, *Delphine* et *Coralie*, qui l'ont rendue célèbre, ses deux œuvres majeures sont *De la littérature* publié en 1800 et *De l'Allemagne* achevé en 1810. S'appuyant sur les travaux de Montesquieu, elle replace les œuvres littéraires dans leur contexte géographique, religieux, social et s'écarte d'une esthétique dogmatique, normative, qui exige l'imitation des Anciens. Elle ouvre ainsi la France aux nouvelles façons de sentir et de penser qu'elle découvre en Angleterre, en Italie, et surtout en Allemagne. En montrant la dimension religieuse de l'expérience esthétique, en liant les thèmes de la mélancolie et de l'enthousiasme, elle tourne la France vers le romantisme qui fleurit partout en Europe.

Objet d'étude Démontrer, convaincre et persuader

1810 — De l'Allemagne

Composée dès 1810, l'une des œuvres majeures de Mme de Staël, *De l'Allemagne*, a été mise au pilon par Napoléon : dix mille exemplaires ont été détruits par la police ! C'est donc à Londres en 1813 que l'œuvre est d'abord publiée. Dans la quatrième partie de cette vaste enquête, Mme de Staël étudie la place de la religion et de l'enthousiasme dans la vie morale et intellectuelle des Allemands.

L'on demande s'il est possible de concevoir l'infini ; cependant, ne le conçoit-on pas, au moins d'une manière négative, lorsque, dans les mathématiques, on ne peut supposer aucun terme à la durée ni à l'étendue ? Cet infini consiste dans l'absence de bornes ; mais le sentiment de l'infini, tel que l'imagination et le cœur l'éprouvent, est positif et créateur.

L'enthousiasme que le beau idéal nous fait éprouver, cette émotion pleine de trouble et de pureté tout ensemble, c'est le sentiment de l'infini qui l'excite. Nous nous sentons comme dégagés, par l'admiration, des entraves[2] de la destinée humaine, et il nous semble qu'on nous révèle des secrets merveilleux pour affranchir l'âme à jamais de la langueur et du déclin. Quand nous contemplons le ciel étoilé, où des étincelles de lumière

1. **entraves** : ce qui empêche d'agir librement.

2. **métaphysique** : partie de la philosophie qui s'interroge sur les causes de l'univers et les principes de la connaissance.

3. **attribut** : ce qui est particulier à l'âme.

sont des univers comme le nôtre, où la poussière brillante de la Voie lactée trace avec des mondes une route dans le firmament, notre pensée se perd dans l'infini, notre cœur bat pour l'inconnu, pour l'immense, et nous sentons que ce n'est qu'au-delà des expériences terrestres que notre véritable vie doit commencer.

Quand nous nous livrons en entier aux réflexions, aux images, aux désirs qui dépassent les limites de l'expérience, c'est alors seulement que nous respirons. Quand on veut s'en tenir aux intérêts, aux convenances, aux lois de ce monde, le génie, la sensibilité, l'enthousiasme, agitent péniblement notre âme; mais ils l'inondent de délices quand on les consacre à ce souvenir, à cette attente de l'infini qui se présente, dans la métaphysique[2], sous la forme des dispositions innées; dans la vertu, sous celle du dévouement; dans les arts, sous celle de l'idéal, et dans la religion elle-même, sous celle de l'amour divin.

Le sentiment de l'infini est le véritable attribut[3] de l'âme : tout ce qui est beau dans tous les genres excite en nous l'espoir et le désir d'un avenir éternel et d'une existence sublime; on ne peut entendre ni le vent dans la forêt, ni les accords délicieux des voix humaines; on ne peut éprouver l'enchantement de l'éloquence ou de la poésie; enfin, surtout, on ne peut aimer avec innocence, avec profondeur, sans être pénétré de religion et d'immortalité.

Tous les sacrifices de l'intérêt personnel viennent du besoin de se mettre en harmonie avec ce sentiment de l'infini dont on éprouve tout le charme, quoiqu'on ne puisse l'exprimer. Si la puissance du devoir était renfermée dans le court espace de cette vie, comment donc aurait-elle plus d'empire que les passions sur notre âme? qui sacrifierait des bornes à des bornes? *Tout ce qui finit est si court,* dit saint Augustin; les instants de jouissance que peuvent valoir les penchants terrestres, et les jours de paix qu'assure une conduite morale différeraient de bien peu, si des émotions sans limite et sans terme ne s'élevaient pas au fond du cœur de l'homme qui se dévoue à la vertu.

Beaucoup de gens nieront ce sentiment de l'infini; et, certes, ils sont sur un excellent terrain pour le nier, car il est impossible de le leur expliquer; ce n'est pas quelques mots de plus qui réussiront à leur faire comprendre ce que l'univers ne leur a pas dit. La nature a revêtu l'infini des divers symboles qui peuvent le faire arriver jusqu'à nous : la lumière et les ténèbres, l'orage et le silence, le plaisir et la douleur, tout inspire à l'homme cette religion universelle dont son cœur est le sanctuaire.

Madame de Staël, *De l'Allemagne,* 1810.

1. Relevez les indices du texte argumentatif : marques des personnes, temps des verbes, modalités des phrases, repères temporels et spatiaux.

2. Dans les paragraphes 2 et 3, relevez les expressions parallèles et expliquez le rôle qu'elles jouent dans le développement de l'argumentation.

3. Quelles sont les expériences qui donnent le sentiment de l'infini ? Pourquoi peut-il être ressenti comme une libération ?

4. Reformulez la thèse soutenue dans cette page.

5. Relevez les expressions qui lient la notion d'infini et le sentiment du beau. Quelle conception de la poésie peut-on en déduire ?

6. NOTION. Relevez le passage où l'auteur formule une objection possible à sa thèse. De quelle façon Mme de Staël construit-elle sa réplique ?

NOTION

Le contre-argument

L'effort argumentatif implique la confrontation de thèses divergentes, voire opposées. Le développement de l'argumentation passe alors par la formulation du point de vue auquel on s'oppose : les contre-arguments réfutent les arguments de l'adversaire; les contre-exemples proposent une autre explication des exemples invoqués par l'adversaire.

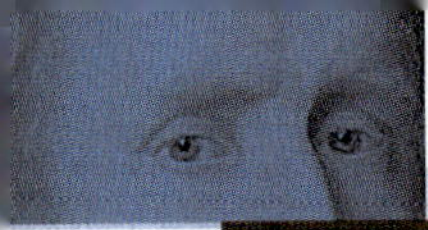

Auteur de romans dont *Adolphe* (1806, publié en 1816), *Le Cahier rouge* et *Cécile* (1951, posth.) ; d'essais, dont : *De l'esprit de conquête* (1813).

CONSTANT

Nom et prénom : **Constant de Rebecque, Benjamin**
Naissance : **25 octobre 1767, à Lausanne, en Suisse**
Décès : **10 décembre 1830, à Paris**

Ayant très tôt perdu sa mère, Benjamin Constant est élevé par son père, militaire de carrière. Son éducation est confiée à une succession de précepteurs. L'enfant accompagne son père dans ses voyages. Il étudie à Oxford et Édimbourg, découvre Paris en 1785. Introduit dans la haute société, le jeune homme se livre à la passion du jeu et connaît ses premières aventures amoureuses. Rappelé en Allemagne par son père en 1787, il y fait un mariage malheureux, puis rencontre en 1794 Germaine de Staël, avec qui il noue une liaison passionnée. La même année, il obtient la nationalité française. Engagé dans la vie politique, Benjamin Constant s'oppose à Bonaparte et, contraint à l'exil, devient l'un des maîtres à penser du libéralisme. C'est ainsi qu'il écrit *Adolphe*, à Genève en 1806. Mais en 1814, avec la Restauration, Benjamin Constant s'impose parmi les membres du parti libéral, s'opposant à la volonté de revanche des royalistes. À sa mort, en 1830, des funérailles nationales officielles consacrent la gloire de celui qui sut défendre les libertés.

ADOLPHE ET LA PSYCHOLOGIE DE LA PASSION AMOUREUSE

Benjamin Constant multiplie les écrits autobiographiques comme en témoignent son journal intime ou ses carnets secrets. *Adolphe* est ainsi le roman autobiographique d'une liaison amoureuse. Le romancier y expose les contradictions d'un jeune homme romantique qui communique son amour à Ellénore. Celle-ci abandonne tout pour le suivre. Mais la passion le quitte. Partagé entre ses engagements et ses regrets, incapable de rompre, Adolphe assiste en spectateur à sa propre faiblesse, jusqu'à la mort tragique d'Ellénore, rongée par le sentiment de la trahison. Dépouillé, resserré autour des sentiments des deux amants, *Adolphe* s'inscrit dans la tradition des romans qui développent l'analyse psychologique de la passion amoureuse.

Objet d'étude Un mouvement littéraire et culturel du XIXe siècle : le romantisme

1816 — Adolphe

Roman autobiographique, *Adolphe* raconte le passage de l'exaltation amoureuse à l'expérience du désenchantement. D'abord passionnément épris, Adolphe n'éprouve plus pour sa maîtresse que tendresse et affection. Le roman s'achève alors sur le désespoir d'Ellénore : se sentant trahie et abandonnée, elle meurt en héroïne tragique.

C'était une de ces journées d'hiver où le soleil semble éclairer tristement la campagne grisâtre, comme s'il regardait en pitié la terre qu'il a cessé de réchauffer. Ellénore me proposa de sortir. « Il fait bien froid, lui dis-je. – N'importe, je voudrais me promener avec vous. » Elle prit mon bras ; nous marchâmes longtemps sans rien dire ; elle avançait avec peine, et se penchait sur moi presque tout entière. « Arrêtons-nous un instant. – Non, me répondit-elle, j'ai du plaisir à me sentir encore soutenue par vous. » Nous retombâmes dans le silence. Le ciel était serein ; mais les arbres étaient sans feuilles ; aucun souffle n'agitait l'air, aucun oiseau ne le traversait : tout était immobile, et le seul bruit qui se fît entendre était celui de l'herbe glacée qui se brisait sous nos pas. « Comme tout est calme, me dit Ellénore ; comme la nature se résigne ! Le cœur aussi ne doit-il pas apprendre à se résigner ? » Elle s'assit sur une pierre ; tout à coup elle se mit à genoux, et, baissant la tête, elle l'appuya sur ses deux mains. J'entendis quelques mots prononcés à voix basse. Je m'aperçus qu'elle priait. Se relevant enfin : « Rentrons, dit-elle, le froid m'a saisie. J'ai peur de me trouver mal. Ne me dites rien ; je ne suis pas en état de vous entendre[1]. »

À dater de ce jour, je vis Ellénore s'affaiblir et dépérir. Je rassemblai de toutes parts des médecins autour d'elle : les uns m'annoncèrent un mal sans remède, d'autres me bercèrent d'espérances vaines ; mais la nature sombre et silencieuse poursuivait d'un bras invisible son travail impitoyable. Par moments, Ellénore semblait reprendre à[2] la vie. On eût dit quelquefois que la main de fer qui pesait sur elle s'était retirée. Elle relevait sa tête languissante[3] ; ses joues se couvraient de couleurs un peu vives ; ses yeux se ranimaient : mais tout à coup, par le jeu cruel d'une puissance inconnue, ce mieux mensonger disparaissait, sans que l'on en pût deviner la cause. Je la vis de sorte marcher par degrés à la destruction. Je vis se graver sur cette figure si noble et si expressive les signes avant-coureurs de la mort. Je vis, spectacle humiliant et déplorable, ce caractère énergique et fier recevoir de la souffrance physique mille impressions confuses et incohérentes, comme si, dans ces instants terribles, l'âme, froissée par le corps, se métamorphosait en tous sens pour se plier avec moins de peine à la dégradation des organes.

Un seul sentiment ne varia jamais dans le cœur d'Ellénore : ce fut sa tendresse pour moi. Sa faiblesse lui permettait rarement de me parler ; mais elle fixait sur moi ses yeux en silence, et il me semblait alors que ses regards me demandaient la vie que je ne pouvais plus lui donner. Je craignais de lui causer une émotion violente ; j'inventais des prétextes pour sortir : je parcourais au hasard tous les lieux où je m'étais trouvé avec elle ; j'arrosais de mes pleurs les pierres, le pied des arbres, tous les objets qui me retraçaient son souvenir.

Ce n'était pas les regrets de l'amour, c'était un sentiment plus sombre et plus triste ; l'amour s'identifie tellement à l'objet aimé que dans son désespoir même il y a quelque charme. Il lutte contre la réalité, contre la destinée ; l'ardeur de son désir le trompe sur ses forces, et l'exalte au milieu de sa douleur. La mienne était morne et solitaire ; je n'espérais point mourir avec Ellénore ; j'allais vivre avec elle dans ce désert du monde, que j'avais souhaité tant de fois de traverser indépendant.

Benjamin Constant, *Adolphe*, 1816.

1. entendre : comprendre.
2. reprendre à : revenir à.
3. languissante : abattue, langoureuse.

1. Étudiez la progression de la souffrance qu'éprouve Ellénore dans cet extrait.

2. Relevez la présence de la nature dans le passage. En quoi reflète-t-elle les états d'âme des personnages ?

3. Montrez comment s'imbriquent le récit des événements et l'analyse des sentiments.

4. Commentez la phrase : « Il me semblait alors que ses regards me demandaient la vie que je ne pouvais plus lui donner. »

5. NOTION. Montrez qu'Ellénore présente les caractéristiques de l'héroïne romantique.

NOTION

La passion romantique

Le héros ou l'héroïne romantique sacrifient tout aux exigences de la passion : liens familiaux, situation matérielle et position sociale. C'est ce qui conduit souvent la passion romantique à la tragédie ; la mort couronne alors un destin où l'amour et la souffrance sont indissociables.

Le romantisme

Dès la seconde moitié du XVIIIe siècle, nombreux sont les écrivains qui rejettent le rationalisme des Lumières en invoquant l'exploration des passions et la communion avec une nature riche et mystérieuse. Se développant en Allemagne, en Angleterre puis en France, le mouvement romantique manifeste au XIXe siècle le triomphe de la sensibilité et le rejet de l'ordre classique au profit de la liberté de création.

Le mot « romantisme »

L'adjectif « romantique » est au XVIIe siècle synonyme de « romanesque » pour désigner des sentiments et des aventures propres au roman. À la fin du XVIIIe siècle, il correspond à l'évocation de paysages mélancoliques. C'est à partir de 1820 que le mot « romantisme » désigne un mouvement littéraire et culturel qui rassemble les artistes se réclamant d'une sensibilité nouvelle : le mouvement romantique exprime alors un sentiment de révolte contre l'ordre établi, auquel il oppose l'exaltation d'un moi intime et lyrique.

Atala, l'héroïne du roman de Chateaubriand, mise au tombeau. Tableau peint par Girodet en 1808.

Bernard Debia, *Classiques et Romantiques* (détail), 1832.

L'HISTOIRE DU MOUVEMENT

Le préromantisme

Déjà, en prenant le contre-pied de l'idéal des Lumières, Rousseau et Bernardin de Saint-Pierre exprimaient le goût de la solitude et la quête d'un refuge au sein de la nature. De son côté, Diderot réclamait une poésie fondée sur la mélancolie des ruines, l'émotion des ténèbres et le silence de la nuit. Influencée par la littérature allemande, à travers Goethe et Novalis, ou anglaise, à travers Shelley et Keats, une génération d'écrivains exprime au début du XIXe siècle les passions qui agitent « les plus secrètes parties du cœur ». Les exilés qui avaient fui la Révolution reviennent ainsi à Paris en y apportant une sensibilité nouvelle. Le *Génie du christianisme* de Chateaubriand en 1802, *De L'Allemagne* de Germaine de Staël en 1810 connaissent un immense succès.

La révolte romantique et la bataille d'*Hernani*

Dès 1823, Stendhal prend la défense de Shakespeare, contre le théâtre classique. Se regroupant autour de Victor Hugo, les jeunes artistes proclament leurs idées dans des articles et des préfaces, comme celle de *Cromwell*, de Victor Hugo, en 1827. Un recueil de poèmes, une pièce de théâtre, l'exposition d'un tableau ou l'exécution d'une œuvre musicale sont l'occasion de manifestations publiques où les romantiques expriment leur révolte contre l'ordre et la raison, leur refus d'une société obsédée par le pouvoir et l'argent.

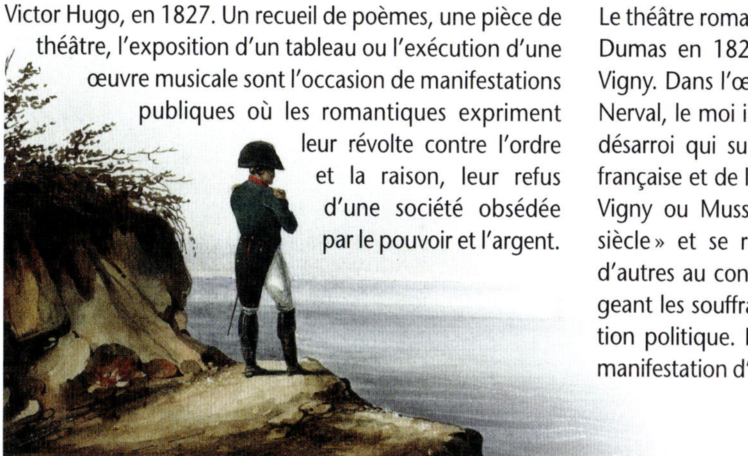

L'épopée, puis l'exil de l'empereur, inspirent l'œuvre de Stendhal, de Hugo ou de Vigny.

C'est ainsi qu'en 1830, à l'occasion de la représentation de la pièce de Victor Hugo, *Hernani*, une bataille retentissante oppose les partisans du drame romantique contre ceux qui défendent le théâtre classique.

Le sacre du moi romantique

Le théâtre romantique triomphe avec *Henri III et sa cour*, de Dumas en 1829, comme en 1835, avec *Chatterton* de Vigny. Dans l'œuvre poétique de Hugo, de Lamartine, de Nerval, le moi intime du poète exprime ses tourments, le désarroi qui succède à l'enthousiasme de la Révolution française et de l'épopée napoléonienne. Certains, comme Vigny ou Musset, ne trouvent pas d'issue au « mal du siècle » et se retirent dans l'amertume et la solitude ; d'autres au contraire, comme Lamartine ou Hugo, partageant les souffrances des opprimés, s'engagent dans l'action politique. Ils attendent de la Révolution de 1848 la manifestation d'une liberté retrouvée au service du peuple.

Gravure illustrant les *Mémoires d'outre-tombe*.

LES PRINCIPES DU MOUVEMENT

Se libérer des règles classiques

L'écrivain romantique réclame la liberté de création. Il abandonne, au théâtre, la règle des trois unités. En poésie, il trouve dans les formes poétiques médiévales une nouvelle source d'inspiration. Il se concentre, dans le roman, sur le développement des états d'âme d'un héros inquiet, déchiré devant le monde moderne.

Affirmer l'expression de l'émotion et du lyrisme

L'écrivain romantique exprime avant tout les passions du moi. Il revendique ainsi une parole authentique fondée sur le lyrisme. Il communie avec le lecteur à travers l'aveu autobiographique de ses rêves et de ses tourments.

Réaliser le mélange des genres et des registres

L'écrivain romantique mêle, au théâtre, comédie et tragédie pour inventer le drame. En poésie, il multiplie les registres, passant du comique à l'épique, du lyrique au polémique. Le roman joue du contraste entre le réquisitoire politique et l'épanchement du sentiment amoureux.

Les écrivains romantiques voient dans le drapeau républicain, rétabli en 1830, le symbole de la liberté.

Les écrivains du mouvement romantique rassemblés sous la bannière de Victor Hugo. Lithographie de Benjamin Roubaud, 1842.

LES THÈMES ESSENTIELS DU MOUVEMENT

L'expérience de la solitude

Le romantisme met en avant la représentation de l'individu confronté à lui-même, dans la solitude. En exprimant ses inquiétudes et ses espoirs, l'artiste romantique devient le porte-parole de l'humanité dont il se fait le guide.

La communion avec la nature

Le héros romantique trouve à la fois un refuge et une source d'exaltation au contact avec la nature. Un paysage grandiose, le déchaînement d'une tempête, la splendeur d'un coucher de soleil libèrent en lui une émotion qui l'emporte au-delà de lui-même.

Les souffrances du peuple

Les romantiques souffrent des misères du peuple. Ils prennent position contre toutes les formes d'oppression politique, ils dénoncent l'exploitation et la pauvreté nées du développement de l'industrialisation.

La quête d'une spiritualité

Partagé entre un idéal de pureté et l'expérience désenchantée du monde, l'art romantique se tourne vers le fantastique et le merveilleux. L'exploration du passé, l'occultisme, le spiritisme sont les moyens d'une évasion et d'une recherche de l'absolu.

Les romantiques manifestent leur admiration pour l'œuvre de Shakespeare. *Hamlet et Horatio au cimetière*, par Eugène Delacroix, 1839.

La mer, thème qui a aussi inspiré Chateaubriand ou Victor Hugo, et les navires, symboles de la destinée humaine, sont associés dans ce tableau de Caspar David Friedrich, *Les Âges de la vie*, 1834.

Le romantisme et la musique

Durant la première moitié du XIXe siècle, Schubert, Chopin, Schumann, Berlioz, Liszt témoignent de la vitalité et de la diversité de l'inspiration romantique dans le domaine musical. Cependant, c'est à l'Opéra, que la musique romantique triomphe. Le drame lyrique apparaît, chez Giuseppe Verdi en Italie ou chez Richard Wagner en Allemagne, comme le point d'aboutissement de l'expression tumultueuse des passions. « Dès les premières mesures, les nerfs vibrent à l'unisson de la mélodie », écrit Baudelaire après une représentation de *Tannhäuser*.

Les grandes œuvres du romantisme

Littérature

- Goethe, *Les Souffrances du jeune Werther*, 1774.
- Chateaubriand, *René*, 1802.
- Madame de Staël, *De l'Allemagne*, 1810.
- Byron, *Childe Harold*, 1813.
- Lamartine, *Méditations poétiques*, 1820.
- Musset, *Lorenzaccio*, 1834.
- Hugo, *Odes et Ballades*, 1828 ; *Ruy Blas*, 1838.

Peinture

- Girodet, *Les Funérailles d'Atala*, 1808.
- Géricault, *Le Radeau de la Méduse*, 1819.
- Delacroix, *La Mort de Sardanapale*, 1827 ; *La Liberté guidant le peuple*, 1831.

Musique

- Chopin, *Nocturnes*, 1833.
- Verdi, *Nabucco*, 1842.
- Wagner, *Tannhäuser*, 1845.
- Berlioz, *La Damnation de Faust*, 1846.

Danse

- Taglioni (chorégraphie), *La Sylphide*, 1832.
- Gautier (livret) et Adam (musique), *Gisèle*, 1841.

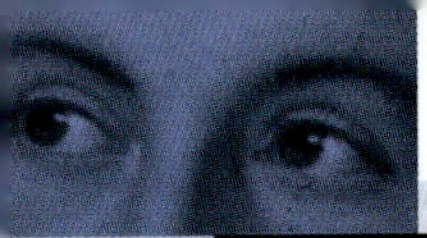

LAMARTINE

Nom et prénom : **de Lamartine, Alphonse**
Naissance : **21 octobre 1790, à Mâcon**
Décès : **28 février 1869, à Paris**

Lamartine grandit à Milly, au bord de la Saône. Après ses années d'études, où il souffre d'être mis en pension, il refuse de servir Napoléon qu'il considère comme un usurpateur. Il mène une vie oisive, lit et écrit des vers. Un voyage en Italie lui laisse le souvenir d'une jeune Italienne, Graziella. En 1814, engagé dans le régiment des Gardes du corps, il accompagne Louis XVIII durant les Cent-Jours. Deux ans plus tard, il rencontre Julie Charles à Aix-les-Bains. C'est pour elle qu'il écrit « Le lac ». Publiées en 1820, les *Méditations poétiques* consacrent la gloire du poète. S'engageant alors dans l'action politique, Lamartine prend part à la Révolution de 1830. Il est élu député en 1833. Chef du gouvernement provisoire, il proclame la République en 1848. Mais il échoue aux élections présidentielles. Accablé par des dettes énormes, Lamartine est condamné aux « travaux forcés littéraires ». Sa famille refuse des funérailles nationales à sa mort, en 1869.

Auteur de recueils de poèmes, dont : *Méditations poétiques* (1820), *Harmonies poétiques et religieuses* (1830), *Jocelyn* (1836), *La Vigne et la Maison* (1857); d'un récit de voyage : *Voyage en Orient* (1835); d'essais, dont : *Histoire des Girondins* (1847); de deux romans autobiographiques : *Raphaël* (1849), *Grazziella* (1851).

LAMARTINE ET LE LYRISME ROMANTIQUE

La publication des *Méditations poétiques* en 1820 marque le véritable début du mouvement romantique en France. Composé de vingt-quatre poèmes qui forment une autobiographie sentimentale, le recueil de Lamartine obtient immédiatement un « succès inouï, universel ». C'est par son lyrisme que le poète des *Méditations* affirme son originalité : devant la nature consolatrice, l'auteur laisse parler son cœur, déchiré par le souvenir d'un amour perdu. L'harmonie et la douceur des sonorités créent une impression de fluidité et d'écoulement de l'écriture poétique, pour laquelle un lac, un vallon, un chêne deviennent chargés de symboles et de mystère. Aux yeux de Théophile Gautier, Lamartine apparaît ainsi comme « le plus grand musicien de la langue française ».

Objet d'étude La poésie

1820

Méditations poétiques

Inspiré par sa liaison amoureuse avec Julie Charles, atteinte d'une maladie incurable, Lamartine évoque dans « Le lac » la puissance inexorable du temps qui passe et la mélancolie du souvenir. Il cherche ainsi à exprimer les passions du cœur humain et « les innombrables frissons de l'âme ».

LE LAC[1]

Ainsi, toujours poussés vers de nouveaux rivages,
Dans la nuit éternelle emportés sans retour,
Ne pourrons-nous jamais sur l'océan des âges
Jeter l'ancre un seul jour ?

Ô lac ! l'année à peine a fini sa carrière,
Et près des flots chéris qu'elle devait revoir,
Regarde ! je viens seul m'asseoir sur cette pierre
Où tu la vis s'asseoir !

Tu mugissais ainsi sous ces roches profondes,
Ainsi tu te brisais sur leurs flancs déchirés,
Ainsi le vent jetait l'écume de tes ondes
Sur ses pieds adorés.

Un soir, t'en souvient-il ? nous voguions en silence ;
On n'entendait au loin, sur l'onde et sous les cieux,
Que le bruit des rameurs qui frappaient en cadence
Tes flots harmonieux.

Tout à coup des accents inconnus à la terre
Du rivage charmé frappèrent les échos :
Le flot fut attentif, et la voix qui m'est chère
Laissa tomber ces mots :

« Ô temps ! suspends ton vol, et vous, heures propices[2] !
Suspendez votre cours :
Laissez-nous savourer les rapides délices
Des plus beaux de nos jours !

« Assez de malheureux ici-bas vous implorent
Coulez, coulez pour eux ;
Prenez avec leurs jours les soins qui les dévorent,
Oubliez les heureux.

« Mais je demande en vain quelques moments encore.
Le temps m'échappe et fuit ;
Je dis à cette nuit : Sois plus lente ; et l'aurore
Va dissiper la nuit.

« Aimons donc, aimons donc ! de l'heure fugitive,
Hâtons-nous, jouissons !
L'homme n'a point de port, le temps n'a point de rive ;
Il coule, et nous passons ! »

Alphonse de Lamartine, « Le lac » (extrait), *Méditations poétiques*, 1820.

1. **lac** : le lac du Bourget, à Aix-les-Bains.
2. **propices** : favorables.

1. Distinguez les deux parties du poème qui composent cet extrait. Confrontez leurs constructions de manière à montrer qu'elles se font écho.

2. Reformulez l'interrogation de la première strophe. Commentez l'emploi du pronom « nous » au vers 3.

3. Relevez les réseaux lexicaux du temps et du lac. Comment sont-ils associés dans le poème ?

4. En quoi ce poème correspond-il à la conception romantique de l'univers ?

5. NOTION. Retrouvez et commentez les caractéristiques de l'élégie dans ce poème.

NOTION

L'élégie

Appartenant à la tradition lyrique et sentimentale, l'élégie est un chant de célébration suscité par la mort d'une personne. Cette forme poétique se caractérise par sa tristesse, son ton de lamentation et l'unité de son inspiration autour de la déploration du temps qui passe et du regret de l'être disparu.

STENDHAL

Nom et prénom : **Beyle, Henri**

Pseudonyme : **Stendhal**

Naissance : **23 janvier 1783, à Grenoble**

Décès : **22 mars 1842, à Paris**

Henri Beyle, qui perd à six ans une mère qu'il adore, se révolte tout jeune contre son père, les prêtres et les rois. Passionné par les mathématiques, il renonce pourtant à l'École polytechnique pour s'engager à dix-sept ans dans l'armée de Napoléon. L'Italie l'enchante mais l'armée l'ennuie : il démissionne puis occupe différentes charges et participe en 1812 à la retraite de Russie. Sans emploi à la fin de l'Empire, il partage sa vie entre l'Italie et la France. Sa passion malheureuse pour Métilde lui inspire son premier grand ouvrage, *De l'amour*. Après la publication du roman *Le Rouge et le Noir* en pleine Révolution de 1830, les autorités autrichiennes qui se méfient de ses opinions politiques l'empêchent d'être consul à Trieste et il se retrouve exilé dans la petite ville de Civitavecchia près de Rome. C'est pendant un congé parisien qu'il compose *La Chartreuse de Parme*. La mort le terrasse à Paris alors que ses valises débordent de chefs-d'œuvre inachevés : *Lucien Leuwen*, *Vie de Henry Brulard*, *Lamiel*.

Auteur d'essais, dont : *De l'amour* (1822), *Racine et Shakespeare* (1823); de récits de voyage, dont : *Promenades dans Rome* (1829); de romans, dont : *Le Rouge et le Noir* (1830), *La Chartreuse de Parme* (1839), *Lucien Leuwen* (inachevé).

L'ŒUVRE DE STENDHAL

Les essais critiques et polémiques

Des lettres polémiques de *Racine et Shakespeare*, premier manifeste romantique, à la longue étude *De l'amour*, son ouvrage préféré, jusqu'aux neuf cents pages de *Mémoires d'un touriste*, Stendhal fait de l'essai un exercice de liberté. Mêlant anecdotes, réflexions, notes de lecture, il aborde tous les sujets qui le passionnent : la politique, l'amour, l'art.

Les romans de la conquête du bonheur

Se tenant au plus près de ses personnages mais sachant aussi en sourire, Stendhal renouvelle l'art du roman : instrument d'une analyse aiguë du réel, le roman est aussi création d'un univers imaginaire qui invite au bonheur. Emporté par le romancier, le lecteur devient le complice de ces héros qui, lancés à la conquête d'un monde hostile, se défont de leurs illusions pour découvrir ce qu'ils aiment vraiment.

Les écrits autobiographiques

Dans son *Journal* entrepris dès sa jeunesse, dans ses *Souvenirs d'égotisme* ou la *Vie de Henry Brulard*, Stendhal n'a jamais cessé de s'interroger sur sa vie, ses choix, ses amours. Mais il déteste l'égoïsme complaisant des écrivains qui font de belles phrases pour se mettre en valeur. Il revendique ce qu'il appelle « égotisme », cette recherche sincère de la vérité, qui « est une façon de peindre le cœur humain ».

L'ÉNERGIE DU BONHEUR

Stendhal se veut lucide, tremblant, dit-il, « de n'avoir écrit qu'un soupir quand je crois avoir noté une vérité » ; mais chaque ligne qu'il écrit nous invite à prendre parti. Stendhal a toujours l'air de faire la guerre à des ennemis bas et sournois et il entraîne le lecteur du côté de ses héros. Plein d'énergie, le héros stendhalien se moque des convenances, des opinions hypocrites, des morales étouffantes. Ne renonçant jamais à ce qu'il désire, il déploie partout cette force dont Stendhal dit : « La force que j'aime, une fourmi peut en montrer autant qu'un éléphant. » Mais s'il est souvent forcé d'avancer masqué dans un monde d'hypocrites, le héros stendhalien peut connaître le bonheur d'être soi dans la compagnie des quelques êtres qui vibrent à l'unisson. Bonheur spirituel des conversations amicales, bonheur sacré des rencontres amoureuses, bonheur fou de la tendresse : « Je ne voudrais être compris, écrit Stendhal, que de gens nés pour la musique. »

1823

Racine et Shakespeare

Irrité par l'accueil hostile fait aux acteurs anglais venus interpréter Shakespeare à Paris, Stendhal publie une brochure d'une cinquantaine de pages où il fait l'éloge du poète anglais. Après avoir évoqué le genre tragique puis le rire, il définit ce qu'il appelle, d'un mot italien, le « romanticisme ».

Le *romanticisme* est l'art de présenter aux peuples les œuvres littéraires qui, dans l'état actuel de leurs habitudes et de leurs croyances, sont susceptibles de leur donner le plus de plaisir possible.

Le *classicisme*, au contraire, leur présente la littérature qui donnait le plus grand plaisir à leurs arrière-grands-pères.

Sophocle[1] et Euripide[2] furent éminemment romantiques ; ils donnèrent aux Grecs rassemblés au théâtre d'Athènes les tragédies qui, d'après les habitudes morales de ce peuple, sa religion, ses préjugés sur ce qui fait la dignité de l'homme, devaient lui procurer le plus grand plaisir possible.

Imiter aujourd'hui Sophocle et Euripide, et prétendre que ces imitations ne feront pas bâiller le Français du XIXe siècle, c'est du classicisme.

Je n'hésite pas à avancer que Racine a été romantique ; il a donné aux marquis de la cour de Louis XIV une peinture des passions, tempérée par l'extrême dignité qui alors était de mode, et qui faisait qu'un duc de 1670, même dans les épanchements les plus tendres de l'amour paternel, ne manquait jamais d'appeler son fils *Monsieur*.

C'est pour cela que le Pylade d'*Andromaque*[3] dit toujours à Oreste : *Seigneur* ; et cependant quelle amitié que celle d'Oreste et de Pylade !

Cette dignité-là n'est nullement dans les Grecs, et c'est à cause de cette dignité, qui nous glace aujourd'hui, que Racine a été romantique. (...)

Il faut du courage pour être romantique, car il faut *hasarder*.

Le *classique* prudent, au contraire, ne s'avance jamais sans être soutenu, en cachette, par quelques vers d'Homère, ou par une remarque philosophique de Cicéron[4], dans son traité *De senuctete*.

Il me semble qu'il faut du courage à l'écrivain presque autant qu'au guerrier ; l'un ne doit pas plus songer aux journalistes que l'autre à l'hôpital.

Stendhal, *Racine et Shakespeare*,
chapitre III, « Ce que c'est que le romanticisme », 1823.

1. **Sophocle** : auteur tragique grec (494-405 avant Jésus-Christ).
2. **Euripide** : auteur tragique grec (480-406 avant Jésus-Christ).
3. ***Andromaque*** : tragédie de Racine qui met en scène les deux célèbres amis Oreste et Pylade.
4. **Cicéron** : écrivain et orateur romain (106-43 avant Jésus-Christ) *De senectute* est un traité sur la vieillesse.

1. Quelle est, selon Stendhal, la fonction essentielle de la littérature ? Reformulez la thèse qu'il soutient.

2. Qu'est-ce qui oppose ici classicisme et romantisme ?

3. Relevez les exemples évoqués par l'auteur. Comment sont-ils intégrés à l'argumentation ?

4. Quelles qualités morales Stendhal attribue-t-il à l'écrivain romantique ?

5. NOTION. Relevez les expressions dépréciatives qui désignent les partisans du classicisme. Quels reproches Stendhal leur adresse-t-il ?

NOTION

Le romantisme et le refus des traditions

Dans la querelle que les romantiques mènent contre les partisans des classiques, on retrouve les arguments qui animent à la fin du XVIIe siècle les Modernes contre les Anciens (voir page 172). Les classiques sont perçus comme les prisonniers des traditions qu'ils célèbrent. Ce respect des chefs-d'œuvre du passé paralyserait la création. Cet argument se retrouvera au XXe siècle sous la plume d'Antonin Artaud.

1830

Le Rouge et le Noir

Inspiré par un fait divers, le roman raconte l'histoire de Julien Sorel, jeune homme pauvre qui séduit tour à tour Mme de Rênal et Mathilde de La Mole. Sur le point d'épouser Mathilde et de devenir lieutenant de hussards, il est dénoncé par une lettre de Mme de Rênal. Fou de douleur, il tire sur son ancienne protectrice. Le déroulement du procès semble tourner à l'avantage de Julien.

Voilà le dernier de mes jours qui commence, pensa Julien. Bientôt il se sentit enflammé par l'idée du devoir. Il avait dominé jusque-là son attendrissement, et gardé sa résolution de ne point parler ; mais quand le président des assises lui demanda s'il avait quelque chose à ajouter, il se leva. Il voyait devant lui les yeux de Mme Derville qui, aux lumières, lui semblèrent bien brillants. Pleurerait-elle, par hasard ? pensa-t-il.

« Messieurs les jurés,

« L'horreur du mépris, que je croyais pouvoir braver au moment de la mort, me fait prendre la parole. Messieurs, je n'ai point l'honneur d'appartenir à votre classe, vous voyez en moi un paysan qui s'est révolté contre la bassesse de sa fortune.

« Je ne vous demande aucune grâce, continua Julien en affermissant sa voix. Je ne me fais point illusion, la mort m'attend : elle sera juste. J'ai pu attenter aux jours de la femme la plus digne de tous les respects, de tous les hommages. Mme de Rênal avait été pour moi comme une mère. Mon crime est atroce, et il fut *prémédité*. J'ai donc mérité la mort, messieurs les jurés. Mais quand je serais moins coupable, je vois des hommes qui, sans s'arrêter à ce que ma jeunesse peut mériter de pitié, voudront punir en moi et décourager à jamais cette classe de jeunes gens qui, nés dans une classe inférieure et en quelque sorte opprimés par la pauvreté, ont le bonheur de se procurer une bonne éducation, et l'audace de se mêler à ce que l'orgueil des gens riches appelle la société.

« Voilà mon crime, messieurs, et il sera puni avec d'autant plus de sévérité que, dans le fait, je ne suis point jugé par mes pairs. Je ne vois point sur les bancs des jurés quelque paysan enrichi, mais uniquement des bourgeois indignés… »

Pendant vingt minutes, Julien parla sur ce ton ; il dit tout ce qu'il avait sur le cœur ; l'avocat général, qui aspirait aux faveurs de l'aristocratie, bondissait sur son siège ; mais malgré le tour un peu abstrait que Julien avait donné à la discussion, toutes les femmes fondaient en larmes.

Stendhal, *Le Rouge et le Noir,* Livre second, chapitre XLI, 1830.

1. **Pour quelles raisons Julien décide-t-il de prendre la parole ?**

2. **Julien cherche-t-il à s'attirer l'indulgence des jurés ? À qui s'adresse-t-il réellement ?**

3. **Le discours de Julien permet-il de mieux comprendre son geste ?**

4. **Au nom de qui Julien prétend-il parler ? Quelle vision cette page nous donne-t-elle de la société ?**

5. **Comment Stendhal a-t-il mis en lumière les réactions du public ? Que veut-il suggérer ?**

6. **Comment Stendhal a-t-il souligné la grandeur de Julien ?**

NOTION

Le romancier et son personnage

En analysant les pensées, les émotions, les espoirs, les inquiétudes de son personnage, le romancier crée une sorte de complicité entre lui et son lecteur. Il nous fait comprendre comment il voit la société, il nous fait apprécier ce qu'il admire et nous détourne de ce qu'il méprise. Il nous fait ainsi partager sa façon de voir les hommes et le monde dans lequel ils vivent.

1839

La Chartreuse de Parme

La Chartreuse de Parme **raconte les aventures et les amours de Fabrice del Dongo. Le jeune homme a quitté l'Italie pour rejoindre Napoléon et se retrouve dans la boue, en pleine bataille de Waterloo. Par hasard, il rencontre des hussards qui escortent le maréchal Ney, ce « brave des braves » qu'il admire éperdument.**

Tout à coup on partit au grand galop. Quelques instants après, Fabrice vit, à vingt pas[1] en avant, une terre labourée qui était remuée d'une façon singulière. Le fond des sillons était plein d'eau, et la terre fort humide, qui formait la crête de ces sillons, volait en petits fragments noirs lancés à trois ou quatre pieds de haut. Fabrice remarqua en passant cet effet singulier ; puis sa pensée se remit à songer à la gloire du maréchal. Il entendit un cri sec auprès de lui : c'étaient deux hussards qui tombaient atteints par des boulets ; et, lorsqu'il les regarda, ils étaient déjà à vingt pas[1] de l'escorte. Ce qui lui sembla horrible, ce fut un cheval tout sanglant qui se débattait sur la terre labourée, en engageant ses pieds dans ses propres entrailles ; il voulait suivre les autres : le sang coulait dans la boue.

Ah ! m'y voilà donc enfin au feu[2] ! se dit-il. J'ai vu le feu ! se répétait-il avec satisfaction. Me voici un vrai militaire. À ce moment, l'escorte allait ventre à terre, et notre héros comprit que c'était des boulets qui faisaient voler la terre de toutes parts. Il avait beau regarder du côté d'où venaient les boulets, il voyait la fumée blanche de la batterie[3] à une distance énorme, et, au milieu du ronflement égal et continu produit par les coups de canon, il lui semblait entendre des décharges beaucoup plus voisines ; il n'y comprenait rien du tout.

À ce moment, les généraux et l'escorte descendirent dans un petit chemin plein d'eau, qui était à cinq pieds[4] en contre-bas.

Le maréchal s'arrêta, et regarda de nouveau avec sa lorgnette. Fabrice, cette fois, put le voir tout à son aise ; il le trouva très blond, avec une grosse tête rouge. Nous n'avons point des figures comme celles-là en Italie, se dit-il. Jamais, moi qui suis si pâle et qui ai des cheveux châtains, je ne serai comme ça, ajoutait-il avec tristesse. Pour lui ces paroles voulaient dire : Jamais je ne serai un héros.

Stendhal, *La Chartreuse de Parme,* 1839.

1. **vingt pas** : une trentaine de mètres.
2. **feu** : le combat qui expose aux tirs ennemis.
3. **batterie** : rangée de canons.
4. **cinq pieds** : environ 1, 60 m.

1. Classez en deux séries les verbes qui ont Fabrice pour sujet. En quoi ces séries sont-elles révélatrices du personnage mis en scène ?

2. Relevez les indices spatiaux et temporels. Comment contribuent-ils à donner une impression de vitesse ?

3. Quels détails font voir les horreurs de la guerre ? Le narrateur les place-t-il au premier plan du récit ?

4. Par quelles expressions le narrateur sourit-il de son personnage ?

5. NOTION. Par quel personnage les événements évoqués sont-ils perçus ? Quel effet produit l'adoption de ce point de vue ? Le lecteur en sait-il plus que le personnage ?

NOTION

La focalisation interne

Quand le narrateur adopte le point de vue de son personnage, il se concentre sur ce que le personnage perçoit, ce qu'il entend, ce qu'il voit, ce qu'il ressent. En adoptant ce point de vue, le narrateur perd la vision d'ensemble mais se rapproche de ce que son personnage éprouve vraiment : le récit semble ainsi gagner en authenticité.

1839 La Chartreuse de Parme

Brutalement arrêté et jeté dans la tour Farnèse, la redoutable prison de Parme, Fabrice se laisse charmer par « les douceurs de la prison » : il admire le paysage sublime qu'il contemple par la fenêtre et ne rêve déjà plus qu'à Clélia, la fille du commandant de la prison, le général Fabio Conti.

Est-il possible que ce soit là la prison, se dit Fabrice en regardant cet immense horizon de Trévise au mont Viso, la chaîne si étendue des Alpes, les pics couverts de neige, les étoiles, etc., et une première nuit en prison encore ! Je conçois que Clélia Conti se plaise dans cette solitude aérienne ; on est ici à mille lieues au-dessus des petitesses et des méchancetés qui nous occupent là-bas. Si ces oiseaux qui sont là sous ma fenêtre lui appartiennent, je la verrai... Rougira-t-elle en m'apercevant ? Ce fut en discutant cette grande question que le prisonnier trouva le sommeil à une heure fort avancée de la nuit.

Dès le lendemain de cette nuit, la première passée en prison, et durant laquelle il ne s'impatienta pas une seule fois, Fabrice fut réduit à faire la conversation avec Fox le chien anglais ; Grillo le geôlier lui faisait bien toujours des yeux fort aimables, mais un ordre nouveau le rendait muet, et il n'apportait ni linge, ni *nébieu*[1].

Verrai-je Clélia ? se dit Fabrice en s'éveillant. Mais ces oiseaux sont-ils à elle ? Les oiseaux commençaient à jeter des petits cris et à chanter, et à cette élévation c'était le seul bruit qui s'entendît dans les airs. Ce fut une sensation pleine de nouveauté et de plaisir pour Fabrice que ce vaste silence qui régnait à cette hauteur : il écoutait avec ravissement les petits gazouillements interrompus et si vifs par lesquels les oiseaux saluaient le jour. S'ils lui appartiennent, elle paraîtra un instant dans cette chambre, là sous ma fenêtre ; et tout en examinant les immenses chaînes des Alpes, vis-à-vis le premier étage desquelles la citadelle de Parme semblait s'élever comme un ouvrage avancé, ses regards revenaient à chaque instant aux magnifiques cages de citronnier et de bois d'acajou qui, garnies de fils dorés, s'élevaient au milieu de la chambre fort claire, servant de volière. Ce que Fabrice n'apprit que plus tard, c'est que cette chambre était la seule du second étage du palais qui eût de l'ombre de onze heures à quatre ; elle était abritée par la tour Farnèse.

Quel ne va pas être mon chagrin, se dit Fabrice, si, au lieu de cette physionomie céleste et pensive que j'attends et qui rougira peut-être un peu si elle m'aperçoit, je vois arriver la grosse figure de quelque femme de chambre bien commune, chargée par procuration de soigner les oiseaux ! Mais si je vois Clélia, daignera-t-elle m'apercevoir ? Ma foi, il faut faire des indiscrétions pour être remarqué ; ma situation doit avoir quelques privilèges ; d'ailleurs nous sommes tous deux seuls ici et si loin du monde ! Je suis un prisonnier, apparemment ce que le général Conti et les autres misérables de cette espèce appellent un de leurs subordonnés... Mais elle a tant d'esprit, ou pour mieux dire tant d'âme, comme le suppose le comte[2], que peut-être, à ce qu'il dit, méprise-t-elle le métier de son père ; de là viendrait sa mélancolie ! Noble cause de tristesse ! Mais après tout, je ne suis point précisément un étranger pour elle[3]. Avec quelle grâce pleine de modestie elle m'a salué hier soir ! Je me souviens fort bien que lors de notre rencontre près de Côme je lui dis : Un jour je viendrai voir vos beaux tableaux de Parme, vous souviendrez-vous de ce nom : Fabrice del Dongo ? L'aura-t-elle oublié ? elle était si jeune alors !

Mais à propos, se dit Fabrice étonné en interrompant tout à coup le cours de ses pensées, j'oublie d'être en colère ! Serais-je un de ces grands courages comme l'Antiquité en a montré quelques exemples au monde ? Comment ! moi qui avais tant de peur de la prison, j'y suis, et je ne me souviens pas d'être triste ! c'est bien le cas de dire que la peur a été cent fois pire que le mal. Quoi ! j'ai besoin de me raisonner pour être affligé de cette

1. **nébieu** : vin pétillant de la région d'Asti.
2. **le comte** : Mosca, Premier ministre, protecteur de Fabrice mais qui n'a pu empêcher son arrestation.
3. **pour elle** : Clélia et Fabrice se sont rencontrés sept ans plus tôt : Clélia avait douze ans.
4. **Blanès** : prêtre féru d'astrologie qui avait prédit à Fabrice qu'il irait en prison.
5. **abat-jour** : sorte de volets de bois qui bouchent la vue et ne laissent qu'une vision aérienne.

prison, qui, comme le dit Blanès[4], peut durer dix ans comme dix mois ? Serait-ce l'étonnement de tout ce nouvel établissement qui me distrait de la peine que je devrais éprouver ? Peut-être que cette bonne humeur indépendante de ma volonté et peu raisonnable cessera tout à coup, peut-être en un instant je tomberai dans le noir malheur que je devrais éprouver.

Dans tous les cas, il est bien étonnant d'être en prison et de devoir se raisonner pour être triste ! Ma foi, j'en reviens à ma supposition, peut-être que j'ai un grand caractère.

Les rêveries de Fabrice furent interrompues par le menuisier de la citadelle, lequel venait prendre mesure d'*abat-jour*[5] pour ses fenêtres ; c'était la première fois que cette prison servait, et l'on avait oublié de la compléter en cette partie essentielle.

Ainsi, se dit Fabrice, je vais être privé de cette vue sublime, et il cherchait à s'attrister de cette privation.

– Mais quoi ! s'écria-t-il tout à coup parlant au menuisier, je ne verrai plus ces jolis oiseaux ?

– Ah ! les oiseaux de mademoiselle ! qu'elle aime tant ! dit cet homme avec l'air de la bonté ; cachés, éclipsés, anéantis comme tout le reste.

Stendhal, *La Chartreuse de Parme*, 1839.

La ville et le lac de Côme, peints par Jean-Baptiste Corot en 1834.

1. Quelles circonstances auraient dû logiquement provoquer le désespoir de Fabrice ? Pourquoi le héros leur reste-t-il indifférent ?

2. Quel rôle joue l'évocation des oiseaux : donner un effet de réel, éclairer les sentiments des personnages, symboliser les valeurs qui exaltent Fabrice ?

3. Analysez la composition et la vivacité du monologue : donnez un titre aux deux principaux mouvements, analysez l'enchaînement et la modalité des phrases.

4. À partir de quels éléments Fabrice compose-t-il le portrait de Clélia ? Quelles qualités lui prête-t-il ?

5. Quelles sont les deux valeurs qui exaltent Fabrice et le rendent heureux ?

6. NOTION. Expliquez en quoi cet épisode est romanesque. Quel rôle joue l'humour de l'auteur ?

NOTION

Le roman et le romanesque

On qualifie de romanesques les événements invraisemblables, les héros extraordinaires, les passions violentes qui tranchent avec la monotonie de la vie dite ordinaire. Romancer signifie raconter en déformant plus ou moins les faits pour les idéaliser, les ennoblir. Même si le genre romanesque se développe en cherchant plus de vraisemblance et de réalisme, il reste lié à ce qui peut enchanter l'imagination des lecteurs.

BALZAC

Nom et prénom : **de Balzac, Honoré**

Naissance : **20 mai 1799, à Tours**

Décès : **19 août 1850, à Paris**

Auteur de romans dont : *Les Chouans* (1829), *La Peau de chagrin* (1831), *Eugénie Grandet* (1833), *Le Père Goriot* (1835), *Le Lys dans la vallée* (1835-1836), *Illusions perdues* (1843), *Splendeurs et Misères des courtisanes* (1838-1847), *La Cousine Bette* (1846); de contes dont : *Les Contes drolatiques* (1832-1847).

Balzac grandit à Tours. Mal aimé dans sa famille, mis en pension, il montre peu de goût pour les études. À Paris, installé dans une mansarde, il écrit des romans d'aventures sous divers pseudonymes. Il rencontre alors Mme de Berny, qui l'aide à se lancer dans les affaires, mais l'imprimerie achetée fait faillite. Balzac est endetté pour la vie. En 1829, il publie un premier roman sous son nom : *Les Chouans*. Commence alors une période d'activité prodigieuse. En dix-ans, il écrit ainsi quatre-vingt-cinq romans regroupés sous le titre *La Comédie humaine*. En 1832, il reçoit la première lettre d'une admiratrice, Mme Hanska, qui devient l'amour de sa vie. Habité par la fièvre de la création, Balzac écrit sans cesse, échafaude des projets pour faire fortune. La nuit, sa cafetière de porcelaine à portée de la main, il écrit plusieurs romans à la fois. À quarante-huit ans, il est épuisé. Il achète une maison pour y accueillir Mme Hanska. Mais l'écrivain meurt en 1850, usé par ses années d'intense production, quelques semaines après son mariage.

L'ŒUVRE DE BALZAC

Balzac conçoit le plan de *La Comédie humaine* en 1842, pour une édition de ses œuvres complètes. Il regroupe alors l'ensemble de ses romans en trois parties, à travers lesquelles reviennent certains personnages, comme Eugène Rastignac, Vautrin ou le docteur Bianchon.

Études de mœurs

La liste des œuvres établie par Balzac pour les *Études de mœurs* comprend 105 romans, déjà écrits ou à faire, regroupés à travers six ensembles. On y trouve les chefs-d'œuvre du romancier : *Le Père Goriot*, *Eugénie Grandet*, *Splendeurs et Misères des courtisanes*, *Illusions perdues*, *Le Lys dans la vallée*... mettent en évidence l'attraction de l'argent ou du pouvoir, les passions qui, dans tous les milieux, animent la société.

Études philosophiques

À la description réaliste des mœurs, Balzac ajoute une réflexion philosophique et morale sur le génie et le processus de la création. Peintres ou savants, les héros sont possédés par la recherche d'un idéal auquel ils sacrifient tout. *La Peau de chagrin*, *Le Chef-d'œuvre inconnu*, *Louis Lambert*, *La Recherche de l'Absolu* sont les romans d'une passion dévorante qui conduit à la ruine et à la folie.

Études analytiques

Prenant exemple sur la science qui, à travers la physiologie, tente d'expliquer le développement des végétaux et des animaux, Balzac mène aussi une réflexion sur la vie sociale et les comportements des individus. C'est ainsi qu'il écrit *La Physiologie du mariage* et projette de rédiger dans ses *Études analytiques* une *Pathologie de la vie sociale* qu'il n'a pu achever.

LE CRÉATEUR DE *LA COMÉDIE HUMAINE*

À travers son projet romanesque et les moyens qu'il met en œuvre, Balzac apparaît comme le premier des grands écrivains réalistes. Son ambition est de « décrire la société dans son entier, telle qu'elle est ». Immense entreprise qui fait du romancier un observateur de la réalité, mais aussi un visionnaire capable de créer d'innombrables personnages et d'imaginer leurs drames secrets. *La Comédie humaine* pénètre ainsi dans tous les milieux, démontant les mécanismes sociaux qui conduisent les individus à la richesse ou à la misère. Dans quatre-vingt-dix romans et nouvelles, à travers l'alternance de scènes tragiques et comiques, entre la vie de province et la vie parisienne, quatre mille personnages animent « cet immense assemblage de figures, de passions et d'événements ».

1829-1848 — *Avant-propos de* La Comédie humaine

S'appuyant sur les travaux de la zoologie, Balzac étudie l'homme dans son rapport avec son milieu, qui est pour lui ce que la nature est pour l'animal. Pour refléter la complexité de la nature humaine, le romancier divise les *Études de mœurs* en autant de parties qui correspondent aux différents milieux qui composent la société.

Les *Scènes de la vie privée* représentent l'enfance, l'adolescence et leurs fautes, comme les *Scènes de la vie de province* représentent l'âge des passions, des calculs, des intérêts et de l'ambition. Puis les *Scènes de la vie parisienne* offrent le tableau des goûts, des vices et de toutes les choses effrénées qu'excitent les mœurs particulières aux capitales où se rencontrent à la fois l'extrême bien et l'extrême mal. Chacune de ces trois parties a sa couleur locale : Paris et la province, cette antithèse sociale a fourni ses immenses ressources. Non seulement les hommes, mais encore les événements principaux de la vie, se formulent par des types. Il y a des situations qui se représentent dans toutes les existences, des phases typiques, et c'est là l'une des exactitudes que j'ai le plus cherchées. J'ai tâché de donner une idée des différentes contrées de notre beau pays. Mon ouvrage a sa géographie comme il a sa généalogie et ses familles, ses lieux et ses choses, ses personnes et ses faits ; comme il a son armorial[1], ses nobles et ses bourgeois, ses artisans et ses paysans, ses politiques et ses dandies[2], son armée, tout son monde, enfin !

Après avoir peint dans ces trois livres[3] la vie sociale, il restait à montrer les existences d'exception qui résument les intérêts de plusieurs ou de tous, qui sont en quelque sorte hors la loi commune : de là les *Scènes de la vie politique*. Cette vaste peinture de la société finie et achevée, ne fallait-il pas la montrer dans son état le plus violent, se portant hors de chez elle, soit pour la défense, soit pour la conquête ? De là les *Scènes de la vie militaire*, la portion la moins complète encore de mon ouvrage, mais dont la place sera laissée dans cette édition afin qu'elle en fasse partie quand je l'aurai terminée. Enfin, les *Scènes de la vie de campagne* sont en quelque sorte le soir de cette longue journée, s'il m'est permis de nommer ainsi le drame social.

Honoré de Balzac, Avant-propos de *La Comédie humaine*, 1842.

1. armorial : l'ensemble des armoiries de la noblesse, c'est-à-dire des signes, des devises et des ornements des familles nobles.

2. dandies : hommes élégants et raffinés.

3. ces trois livres : ces trois parties.

1. Relevez les emplois des pronoms de la première personne. Quelle est la fonction de leur utilisation ?

2. Relevez les indices du texte argumentatif dans cet extrait : système énonciatif, temps verbaux, connecteurs logiques.

3. Étudiez la métaphore développée au début de l'extrait. Comment est-elle reprise à la fin du passage ?

4. Quels sont les critères choisis par Balzac pour diviser ses *Études de mœurs* ? Quel est l'intérêt pour le romancier d'une telle démarche ?

5. NOTION. À quelle intention la préface obéit-elle ici ? Expliquez de quelle manière Balzac procède pour représenter la société dans sa totalité.

NOTION

La fonction de la préface

L'avant-propos ou la préface d'une œuvre permettent à l'écrivain d'expliquer les intentions qui l'ont animé et d'exposer le plan de son ouvrage. Ils sont aussi pour lui l'occasion de se défendre contre les attaques dont il a pu être l'objet.

1835 Le Père Goriot

Dans *Le Père Goriot*, Balzac met en scène la sinistre maison Vauquer et les pensionnaires qui l'habitent. Aux côtés du père Goriot, qui sacrifie sa fortune pour venir en aide à ses filles, le lecteur découvre quelques-unes des figures dominantes de *La Comédie humaine*, comme le jeune Rastignac ou l'énigmatique Vautrin, criminel endurci qui se cache de la police.

Entre ces deux personnages et les autres, Vautrin, l'homme de quarante ans, à favoris[1] peints, servait de transition. Il était un de ces gens dont le peuple dit : « Voilà un fameux gaillard ! » Il avait les épaules larges, le buste bien développé, les muscles apparents, des mains épaisses, carrées et fortement marquées aux phalanges par des bouquets de poils touffus et d'un roux ardent. Sa figure, rayée par des rides prématurées, offrait des signes de dureté que démentaient ses manières souples et liantes. Sa voix de basse-taille, en harmonie avec sa grosse gaieté, ne déplaisait point. Il était obligeant[2] et rieur. Si quelque serrure allait mal, il l'avait bientôt démontée, rafistolée, huilée, limée, remontée, en disant : « Ça me connaît. » Il connaissait tout d'ailleurs, les vaisseaux, la mer, la France, l'étranger, les affaires, les hommes, les événements, les lois, les hôtels et les prisons. Si quelqu'un se plaignait par trop, il lui offrait aussitôt ses services. Il avait prêté plusieurs fois de l'argent à Mme Vauquer[3] et à quelques pensionnaires ; mais ses obligés seraient morts plutôt que de ne pas le lui rendre, tant, malgré son air bonhomme, il imprimait de crainte par un certain regard profond et plein de résolution. À la manière dont il lançait un jet de salive, il annonçait un sang-froid imperturbable qui ne devait pas le faire reculer devant un crime pour sortir d'une position équivoque. Comme un juge sévère, son œil semblait aller au fond de toutes les questions, de toutes les consciences, de tous les sentiments. Ses mœurs consistaient à sortir après le déjeuner, à revenir pour dîner, à décamper pour toute la soirée, et à rentrer vers minuit à l'aide d'un passe-partout que lui avait confié Mme Vauquer. Lui seul jouissait de cette faveur.

Honoré de Balzac, *Le Père Goriot*, 1835.

1. **favoris** : pattes qu'on laisse pousser de chaque côté du visage.
2. **obligeant** : qui aime rendre service.
3. **Mme Vauquer** : propriétaire de la pension dans laquelle habitent les personnages du *Père Goriot*.

1. **Relevez les caractéristiques physiques et morales de Vautrin. En quoi sont-elles accordées ?**

2. **Comment le portrait rend-il compte des rapports entretenus par les différents habitants de la pension Vauquer ?**

3. **Quels sont les détails qui font du portrait de Vautrin un portrait réaliste ?**

4. NOTION. **Relisez le portrait de Vautrin en relevant toutes les indications qui prennent un autre sens lorsque l'on sait qu'il est un criminel en fuite.**

5. **Montrez que Balzac cherche à la fois à représenter un personnage singulier et à dégager un type.**

NOTION

L'implicite du portrait

À travers le portrait du personnage, le narrateur peut livrer directement la totalité des informations qui le concernent. Il peut aussi jouer avec l'implicite et indiquer de manière indirecte des éléments de la personnalité véritable, qui ne sera révélée que dans la suite.

1836

Le Lys dans la vallée

Dans une longue lettre qui occupe tout le roman, Félix de Vandenesse raconte à une amie ce qui fut la plus grande passion de sa vie : son amour pour Mme de Mortsauf. Il raconte ainsi leur première rencontre, à l'occasion d'un bal donné à Tours pour fêter la restauration de la monarchie en France.

Mes yeux furent tout à coup frappés par de blanches épaules rebondies sur lesquelles j'aurais voulu pouvoir me rouler, des épaules légèrement rosées qui semblaient rougir comme si elles se trouvaient nues pour la première fois, de pudiques épaules qui avaient une âme, et dont la peau satinée éclatait à la lumière comme un tissu de soie. Ces épaules étaient partagées par une raie, le long de laquelle coula mon regard, plus hardi que ma main. Je me haussai tout palpitant pour voir le corsage et fus complètement fasciné par une gorge chastement couverte d'une gaze[1], mais dont les globes azurés et d'une rondeur parfaite étaient douillettement couchés dans des flots de dentelle. Les plus légers détails de cette tête furent des amorces qui réveillèrent en moi des jouissances infinies : le brillant des cheveux lissés au-dessus d'un cou velouté comme celui d'une petite fille, les lignes blanches que le peigne y avait dessinées et où mon imagination courut comme en de frais sentiers, tout me fit perdre l'esprit. Après m'être assuré que personne ne me voyait, je me plongeai dans ce dos comme un enfant qui se jette dans le sein de sa mère, et je baisai toutes ces épaules en y roulant ma tête. Cette femme poussa un cri perçant que la musique empêcha d'entendre ; elle se retourna, me vit et me dit : « Monsieur ! » Ah ! si elle avait dit : « Mon petit bonhomme, qu'est-ce qui vous prend donc ? » je l'aurais tuée, peut-être ; mais à ce *monsieur !* des larmes chaudes jaillirent de mes yeux. Je fus pétrifié par un regard animé d'une sainte colère, par une tête sublime couronnée d'un diadème[2] de cheveux cendrés, en harmonie avec ce dos d'amour. La pourpre de la pudeur offensée étincela sur son visage, que désarmait déjà le pardon de la femme qui comprend une frénésie quand elle en est le principe, et devine les adorations infinies dans les larmes du repentir[3]. Elle s'en alla par un mouvement de reine.

Honoré de Balzac, *Le Lys dans la vallée*, 1836.

1. **gaze** : dentelle légère.
2. **diadème** : bijou en forme de couronne.
3. **repentir** : remords, regrets.

1. Relevez et classez dans l'apparition de Mme de Mortsauf ce qui suscite le désir amoureux d'une part et le sentiment de l'admiration et du respect de l'autre.

2. Étudiez la construction de la première phrase du texte. Comment son expansion s'effectue-t-elle ?

3. Expliquez l'expression « toutes ces épaules » (l. 14). Montrez que le narrateur apparaît en proie à une fièvre amoureuse.

4. Quelles réactions le geste du jeune homme provoque-t-il ? Quels sont les indices qui annoncent la passion qui unira les deux personnages ?

5. NOTION. Étudiez le portrait de Mme de Mortsauf en montrant qu'il obéit à la vision subjective du narrateur.

NOTION

La vision subjective du narrateur

Dans un récit à la première personne, le portrait des personnages apparaît à travers la vision limitée du narrateur. Cette vision est à la fois réduite aux éléments qu'il découvre progressivement et déformée par les sentiments qu'il éprouve.

1843 Illusions perdues

Pour rencontrer le public, l'écrivain dépend de l'éditeur qui publie son œuvre. Sensible à la transformation du monde de l'édition dans la première moitié du XIXe siècle, Balzac raconte dans *Illusions perdues* les difficultés que rencontre son héros pour se faire éditer.

– Messieurs, dit-il aux deux associés, j'ai l'honneur de vous saluer.

Les libraires le saluèrent à peine.

– Je suis auteur d'un roman sur l'histoire de France, à la manière de Walter Scott et qui a pour titre *L'Archer de Charles IX*; je vous propose d'en faire l'acquisition?

Porchon jeta sur Lucien un regard sans chaleur en posant sa plume sur son pupitre. Vidal, lui, regarda l'auteur d'un air brutal et lui répondit :

– Monsieur, nous ne sommes pas libraires-éditeurs[1], nous sommes libraires-commissionnaires. Quand nous faisons des livres pour notre compte, ils constituent des opérations que nous entreprenons alors avec des *noms faits*. Nous n'achetons d'ailleurs que des livres sérieux, des histoires, des résumés.

– Mais mon livre est très sérieux, il s'agit de peindre sous son vrai jour la lutte des catholiques qui tenaient pour le gouvernement absolu, et des protestants qui voulaient établir la république.

– Monsieur Vidal, cria un commis.

Vidal s'esquiva.

– Je ne vous dis pas, monsieur, que votre livre ne soit pas un chef-d'œuvre, reprit Porchon en faisant un geste assez impoli, mais nous ne nous occupons que des livres fabriqués. Allez voir ceux qui achètent des manuscrits, le père Doguereau, rue du Coq, auprès du Louvre, il est un de ceux qui font le roman. Si vous aviez parlé plus tôt, vous venez de voir Pollet, le concurrent de Doguereau, et des libraires des Galeries-de-Bois.

– Monsieur, j'ai un recueil de poésie…

– Monsieur Porchon! cria-t-on.

– De la poésie, s'écria Porchon en colère. Et pour qui me prenez-vous? ajouta-t-il en lui riant au nez et disparaissant dans son arrière-boutique.

Lucien traversa le Pont-Neuf en proie à mille réflexions. Ce qu'il avait compris de cet argot commercial lui fit deviner que, pour ces libraires, les livres étaient comme des bonnets de coton pour les bonnetiers, une marchandise à vendre cher, à acheter bon marché.

– Je me suis trompé, se dit-il, frappé néanmoins du brutal et matériel aspect que prenait la littérature. Il avisa, rue du Coq, une boutique modeste devant laquelle il avait déjà passé, sur laquelle étaient peints en lettres jaunes, sur un fond vert, ces mots : Doguereau, libraire. Il se souvint avoir vu ces mots répétés au bas du frontispice[2] de plusieurs des romans qu'il avait lus au cabinet littéraire de Blosse. Il entra, non sans cette trépidation intérieure que cause à tous les hommes d'imagination la certitude d'une lutte. Il trouva dans la boutique un singulier vieillard, l'une des figures originales de la librairie sous l'Empire. Doguereau portait un habit noir à grandes basques[3] carrées, et la mode taillait alors les fracs[4] en queue de morue. Il avait un gilet d'étoffe commune à carreaux de diverses couleurs, d'où pendaient, à l'endroit du gousset[5], une chaîne d'acier et une clé de cuivre qui jouaient sur une vaste culotte noire. La montre devait avoir la grosseur d'un oignon. Ce costume était complété par des bas drapés, couleur gris de fer, et par des souliers ornés de boucles en argent. Le vieillard avait la tête nue, décorée de cheveux grisonnants, et assez poétiquement épars[6]. Le père Doguereau, comme l'avait surnommé Porchon, tenait par l'habit, par la culotte et par les souliers au professeur de belles-lettres et au marchand par le gilet, la montre et les bas. Sa physionomie ne démentait point cette

1. **libraires-éditeurs** : les éditeurs étaient alors souvent libraires et imprimeurs.
2. **frontispice** : page de titre d'un livre ornée de figures gravées ou imprimées.
3. **basques** : parties tombantes de la veste.
4. **les fracs** : habits d'homme qui se boutonnent sur la poitrine et se termine en deux longs pans.
5. **à l'endroit du gousset** : poche située à la ceinture du pantalon.
6. **épars** : en désordre.
7. **Walter Scott** : écrivain anglais, auteur de romans historiques.
8. **Ann Radcliffe** : romancière anglaise, auteur d'ouvrages fantastiques.

singulière alliance : il avait l'air magistral, dogmatique, la figure creusée du maître de rhétorique, et les yeux vifs, la bouche soupçonneuse, l'inquiétude vague du libraire.

– Monsieur Doguereau ? dit Lucien.

– C'est moi, monsieur...

– Je suis auteur d'un roman, dit Lucien.

– Vous êtes bien jeune, dit le libraire.

– Mais, monsieur, mon âge ne fait rien à l'affaire.

– C'est juste, dit le vieux libraire en prenant le manuscrit. Ah, diantre ! *L'Archer de Charles IX*, un bon titre. Voyons, jeune homme, dites-moi votre sujet en deux mots.

– Monsieur, c'est une œuvre historique dans le genre de Walter Scott[7], où le caractère de la lutte entre les protestants et les catholiques est présenté comme un combat entre deux systèmes de gouvernement, et où le trône était sérieusement menacé. J'ai pris parti pour les catholiques.

– Hé ! mais, jeune homme, voilà des idées. Eh ! bien, je lirai votre ouvrage, je vous le promets. J'aurais mieux aimé un roman dans le genre de Radcliffe[8] ; mais si vous êtes travailleur, si vous avez un peu de style, de la conception, des idées, l'art de la mise en scène, je ne demande pas mieux que de vous être utile. Que nous-faut-il ?.... De bons manuscrits. »

Honoré de Balzac, *Illusions perdues*, 1843.

1. Quelle est l'attitude des libraires Vidal et Porchon devant le manuscrit de Lucien ? Quelle vision du monde de l'édition Balzac donne-t-il à travers eux ?

2. Étudiez le portrait de Doguereau. En quoi présente-t-il une « singulière alliance » (l. 44) ?

3. Quelles sont les réactions successives de Lucien dans l'extrait ? Montrez que Balzac souligne les liens de dépendance qui unissent l'auteur à l'éditeur.

4. Selon vous, en quoi cette scène fait-elle écho au titre du roman dont elle est extraite ?

5. NOTION. Quel est le circuit suivi par le manuscrit de *L'Archer de Charles IX* et le recueil de poèmes de Lucien ? Les deux ouvrages répondent-ils à l'horizon d'attente des lecteurs du XIXe siècle ?

NOTION

Du manuscrit au livre publié

Après avoir terminé son œuvre, l'écrivain soumet son manuscrit au jugement d'un éditeur. Celui-ci évalue ses qualités esthétiques. Il vérifie aussi que le manuscrit correspond à l'horizon d'attente des lecteurs afin de rencontrer le succès.

HUGO

Nom et prénom : **Hugo, Victor**

Naissance : **26 février 1802, à Besançon**

Décès : **22 mai 1885, à Paris**

Auteur de recueils de poèmes dont : *Odes et Ballades* (1826), *Les Feuilles d'automne* (1831), *Les Chants du crépuscle* (1835), *Les Voix intérieures* (1837), *Les Rayons et les Ombres* (1840), *Les Châtiments* (1853), *Les Contemplations* (1856), *La Légende des siècles* (1859), *La Fin de Satan et de Dieu* (publication posthume) ; de pièces de théâtre, dont : *Cromwell* (1827), *Hernani* (1830), *Le roi s'amuse* (1832), *Lucrèce Borgia* (1833), *Marie Tudor* (1833), *Ruy Blas* (1838) ; de romans : *Notre-Dame de Paris* (1831), *Les Misérables* (1862), *Les Travailleurs de la mer* (1866), *L'Homme qui rit* (1869), *Quatre-Vingt-Treize* (1874) ; d'essais.

D'une enfance heureuse mais déchirée entre un père général d'Empire et une mère royaliste, Victor Hugo garde le goût du combat, de la résistance et de la liberté. Poète tout enfant, un instant royaliste, il prend dès 1827 la tête du mouvement romantique qui veut révolutionner la littérature française. Le succès tapageur d'*Hernani* en 1830, le roman *Notre-Dame de Paris* publié en 1831, quatre recueils de poèmes lyriques font de lui un écrivain reconnu que le roi Louis-Philippe fait entrer à l'Académie française et à la Chambre des Pairs. Mais l'échec de son mariage, la mort de son frère devenu fou et surtout la disparition brutale de sa fille Léopoldine noyée dans la Seine en 1843 le jettent bientôt dans un douloureux silence.

Élu député en pleine révolution de 1848, il voudrait substituer les « questions sociales aux questions politiques ». Mais lorsque le prince Louis-Napoléon, qu'il avait d'abord soutenu, prend le pouvoir par le coup d'État du 2 décembre 1851, Victor Hugo, proscrit, prend la route de l'exil qui le mène d'abord à Bruxelles, puis à Jersey, enfin à Guernesey. Son adresse y devient : « M. Victor Hugo, océan. » Dédaignant l'amnistie de 1862, il répond aux drames et aux deuils par un travail acharné d'où naissent d'inoubliables chefs-d'œuvre : *Les Contemplations* en 1856, *La Légende des siècles* à partir de 1859, *Les Misérables* en 1862, *Les Travailleurs de la mer* en 1866, *L'Homme qui rit* en 1869.

« Quand la liberté rentrera, je rentrerai », avait dit le poète qui revient en France après la défaite de Napoléon III à Sedan en 1870. Mais le retour est douloureux : la France est occupée, déchirée par les violences qui accompagnent la révolte de la Commune de Paris. Hugo, d'abord brutalement contesté, ne cesse d'intervenir pour défendre les libertés individuelles, les institutions républicaines encore fragiles. Il se bat pour l'amnistie des communards. C'est le sens de son dernier roman, *Quatre-vingt-treize*, publié en 1874, et de ses derniers recueils, *L'Art d'être grand-père* en 1877, *L'Âne* en 1880, d'un dernier drame, *Torquemada*, en 1882. Malgré ses dernières volontés, on célèbre par des funérailles nationales grandioses la mort de l'écrivain de génie et du défenseur des libertés.

L'ŒUVRE DE HUGO

D'une incroyable créativité, Hugo a transformé tous les genres qu'il a abordés, poésie, théâtre, roman, pour faire de la littérature le moment d'une avancée.

Caricature de Victor Hugo, trônant sur le théâtre de la Comédie-Française et l'Académie, 1841.

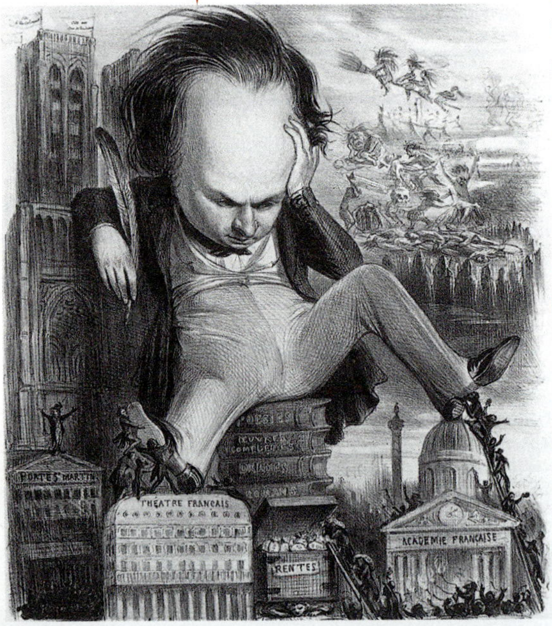

L'œuvre poétique

Victor Hugo a joué de toutes les formes, de tous les thèmes, de tous les registres de la poésie. D'une virtuosité prodigieuse qui éblouit dès *Les Orientales*, son inspiration ne cesse de s'approfondir jusqu'au lyrisme des *Contemplations* : c'est en chantant ses émotions les plus singulières que le poète exprime les joies et les douleurs de chacun. Avec *Les Châtiments*, il renouvelle la poésie satirique et les milliers de vers de *La Légende des siècles* font entendre les voix de l'épopée oubliées depuis Agrippa d'Aubigné.

L'œuvre théâtrale

Dans ses drames qui ont imposé le romantisme au théâtre, *Hernani*, *Lucrèce Borgia*, *Ruy Blas*, Victor Hugo multiplie les coups de théâtre, les affrontements violents, les dénouements pathétiques. Refusant les contraintes des unités de lieu et de temps, se moquant de la vraisemblance, le poète compose des tableaux qui ont l'intensité des cauchemars : des êtres passionnés sont broyés par des forces qui les dépassent. La fresque historique prend une dimension épique qui annonce les recherches du théâtre contemporain.

Les Travailleurs de la mer. Dessin de Victor Hugo illustrant son roman.

L'œuvre romanesque

Les romans de Hugo, *Notre-Dame de Paris*, *Les Misérables*, *Quatre-vingt-treize*, ont touché un vaste public et inspirent encore aujourd'hui cinéastes et musiciens. Le romancier utilise les conventions du genre romanesque, coïncidences invraisemblables, personnages idéalisés, pour composer des fresques complexes où il s'interroge sur les forces à l'œuvre dans l'histoire humaine. S'il se moque des règles de la littérature réaliste, c'est pour mieux dénoncer les aspects les plus scandaleux de la réalité sociale et politique.

L'œuvre critique

Dans ses préfaces où il exprime avec force sa conception de la littérature et de l'histoire, dans ses discours politiques, dans ses tracts, dans ses essais, Victor Hugo ne cesse de se battre contre la peine de mort, contre les injustices de la justice humaine, pour défendre ceux qu'il croit injustement persécutés. Ses œuvres les plus polémiques sont à l'unisson de ses œuvres les plus littéraires : une même exigence anime tous ses écrits.

LES COMBATS DU POÈTE

Victor Hugo a toujours conçu la force créatrice, qu'elle s'exprime en vers ou en prose, au théâtre ou par des romans, comme une force de libération. Il s'est réjoui d'avoir disloqué « ce grand niais d'alexandrin », d'avoir libéré la scène des contraintes arbitraires du théâtre classique, d'avoir enrichi la langue littéraire de tous les apports de l'argot. Refuser les cloisonnements, les fausses hiérarchies, retrouver, transposé dans le langage de l'art, le mouvement même de la vie, tel est le devoir du créateur. Ce combat littéraire ne peut se séparer du combat politique et social. Victor Hugo a constamment refusé les théories de l'art pour l'art. Dédaigné par les parnassiens comme par les réalistes, il a toujours affirmé que « l'utile, loin de circonscrire le sublime, le grandit ». Être poète implique un engagement de tout son être, un combat pour le progrès dont Hugo sait mieux que d'autres à quel point il est exigeant et difficile.

Victor Hugo, au côté de Gambetta, honoré par la République.

1830 Hernani

Le drame de Hugo *Hernani* raconte l'histoire de Doña Sol dont trois hommes sont amoureux. Le premier acte se déroule dans « une chambre à coucher. La nuit ». Dissimulé dans une armoire, le roi d'Espagne Don Carlos écoute le dialogue qu'échangent Doña Sol, en blanc, et Hernani, en costume de chasseur, gris, un cor à la ceinture. Hernani, banni, ennemi du roi qui a fait exécuter son père, presse Doña Sol de se décider : veut-elle épouser son oncle, le vieux duc don Ruy Gomez, ou le suivre, lui ?

DOÑA SOL

Je vous suivrai.

HERNANI

Parmi mes rudes compagnons ?
Proscrits[1] dont le bourreau sait d'avance les noms,
Gens dont jamais le fer ni le cœur ne s'émousse,
Ayant tous quelque sang à venger qui les pousse ?
Vous viendrez commander ma bande, comme on dit ?
Car, vous ne savez pas, moi, je suis un bandit !
Quand tout me poursuivait dans toutes les Espagnes,
Seule, dans les forêts, dans ses hautes montagnes,
Dans ses rocs où l'on n'est que de l'aigle aperçu,
La vieille Catalogne en mère m'a reçu.
Parmi ses montagnards, libres, pauvres, et graves,
Je grandis, et demain trois mille de ces braves,
Si ma voix dans leurs monts fait résonner ce cor,
Viendront... Vous frissonnez. Réfléchissez encor.
Me suivre dans les bois, dans les monts, sur les grèves,
Chez des hommes pareils aux démons de vos rêves,
Soupçonner tout, les yeux, les voix, les pas, le bruit,
Dormir sur l'herbe, boire au torrent, et la nuit
Entendre, en allaitant quelque enfant qui s'éveille,
Les balles des mousquets[2] siffler à votre oreille,
Être errante avec moi, proscrite, et, s'il le faut,
Me suivre où je suivrai mon père, – à l'échafaud.

DOÑA SOL

Je vous suivrai.

HERNANI

Le duc est riche, grand, prospère.
Le duc n'a pas de tache au vieux nom de son père.
Le duc peut tout. Le duc vous offre avec sa main
Trésors, titres, bonheur...

DOÑA SOL

Nous partirons demain.
Hernani, n'allez pas sur mon audace étrange
Me blâmer. Êtes-vous mon démon ou mon ange ?
Je ne sais, mais je suis votre esclave. Écoutez,

Allez où vous voudrez, j'irai. Restez, partez,
Je suis à vous. Pourquoi fais-je ainsi ? Je l'ignore.
J'ai besoin de vous voir et de vous voir encore
Et de vous voir toujours. Quand le bruit de vos pas
S'efface, alors je crois que mon cœur ne bat pas,
Vous me manquez, je suis absente de moi-même ;
Mais dès qu'enfin ce pas que j'attends et que j'aime
Vient frapper mon oreille, alors il me souvient
Que je vis, et je sens mon âme qui revient !

Victor Hugo, *Hernani*,
1830, Acte I, scène 2, vers 125-162.

1. **proscrits** : condamnés à mort ou à l'exil, ils doivent vivre cachés.

2. **mousquets** : armes à feu en usage avant le fusil.

La Préface de *Cromwell*

On doit donc reconnaître, sous peine de l'absurde, que le domaine de l'art et celui de la nature sont parfaitement distincts. La nature et l'art sont deux choses, sans quoi l'une ou l'autre n'existerait pas. (...) D'autres, ce nous semble, l'ont déjà dit : le drame est un miroir où se réfléchit la nature. Mais si ce miroir est un miroir ordinaire, une surface plane et unie, il ne renverra des objets qu'une image terne et sans relief, fidèle, mais décolorée ; on sait ce que la couleur et la lumière perdent à la réflexion simple. Il faut donc que le drame soit un miroir de concentration qui, loin de les affaiblir, ramasse et condense les rayons colorants, qui fasse d'une lueur une lumière, d'une lumière une flamme. Alors seulement le drame est avoué de l'art.

Victor Hugo, Préface de *Cromwell*, 1827.

1. Pour quelles raisons Hernani souligne-t-il ce que Doña Sol doit sacrifier pour lui ? Par quelles indications Hugo donne-t-il une dimension tragique à son héros ?

2. Quel portrait d'Hernani se dégage de sa tirade ? À quels personnages, à quels paysages est-il associé ?

3. Pourquoi Doña Sol interrompt-elle Hernani ? Analysez la composition de sa tirade en précisant quels contrastes l'animent.

4. NOTION. Dans les deux tirades, relevez les marques du locuteur et du destinataire. Expliquez en quoi ces indices intègrent chaque tirade au mouvement du dialogue.

5. Reformulez la thèse soutenue par Hugo dans la Préface de *Cromwell*. Expliquez en quoi le dialogue entre Hernani et Doña Sol illustre cette thèse.

NOTION

La tirade

Les écrivains romantiques ont condamné les longs récits qui, dans le théâtre classique, se substituent à l'action et la ralentissent. Dans un drame, l'action ne doit pas être racontée mais représentée sur scène. Mais Hugo ne se prive pas de la tirade ; pour lui, elle doit être le développement d'une réplique et participer directement à l'action théâtrale.

1830

Victor Hugo et la bataille d'*Hernani*

La représentation mouvementée d'*Hernani*, le nouveau drame d'un jeune homme de vingt-sept ans, Victor Hugo, marque une étape essentielle dans la carrière de l'écrivain et dans l'histoire du théâtre français. Avec cette œuvre discutée, le jeune poète fait triompher le romantisme au théâtre.

Chronologie de la bataille d'*Hernani*

Décembre 1827	dans la Préface de *Cromwell*, Hugo définit le drame romantique
11 février 1829	succès du drame d'Alexandre Dumas, *Henri III et sa cour* à la Comédie-Française
Juin 1829	le drame de Victor Hugo, *Marion Delorme*, est interdit par la censure
5 octobre 1829	lecture d'*Hernani*, accueillie avec enthousiasme par les comédiens-français
25 février 1830	première représentation d'*Hernani* devant un public choisi
27 février 1830	2e représentation, houleuse au point qu'on parlera de « bataille d'*Hernani* », devant le grand public
22 juin 1830	36e et dernière représentation

Victor Hugo, peint par Louis Boulanger en 1835.

Les forces en présence

Après la secousse de la Révolution française, l'Empire et la Restauration permettent le retour à la tradition théâtrale française. Des acteurs remarquables comme Talma ou Mademoiselle Mars font triompher la tragédie classique. Les jeunes romantiques, Vigny, Dumas, Hugo, refusent, avec Stendhal, cette tradition qui leur semble sclérosée. Ils appellent à l'invention d'un nouveau théâtre inspiré par les œuvres de Shakespeare que des comédiens anglais sont venus présenter à Paris en 1827. Victor Hugo, enhardi par le succès du drame de son ami Alexandre Dumas, déclare : « La brèche est ouverte, nous passerons. »

Alfred de Musset et Honoré de Balzac, défenseurs de Hugo.

Les premières escarmouches

Après l'interdiction, pour des raisons politiques, de sa pièce *Marion Delorme*, Victor Hugo en deux mois conçoit un nouveau drame : dans l'Espagne de Charles-Quint, une jeune femme, Doña Sol, qui doit épouser Ruy Gomez, est courtisée à la fois par le roi d'Espagne et par un jeune brigand mystérieux, Hernani. Ce drame en vers ne respecte ni l'unité de lieu ni l'unité de temps et multiplie les situations invraisemblables. Il est accepté par acclamation dès sa première lecture à la Comédie-Française. Mais les répétitions sont difficiles : l'interprète de Doña Sol, la grande actrice Mademoiselle Mars, ne cesse de réclamer des modifications; on fait courir dans les journaux des fragments déformés du drame pour mieux le tourner en ridicule et Victor Hugo doit défendre vers à vers son texte contre la censure royale, toujours menaçante.

Le soir de la bataille. La première représentation d'*Hernani* au théâtre de la Comédie-Française.

Le grand soir

Se méfiant de la claque, c'est-à-dire des personnes payées par le théâtre pour applaudir, Victor Hugo a fait venir ses amis. Cheveux longs, vêtements excentriques, ces jeunes écrivains et artistes ne sont pas encore célèbres : Théophile Gautier, Gérard de Nerval, Achille et Eugène Devéria, Louis Boulanger, Pétrus Borel, Balzac, Berlioz. Enfermés pendant tout l'après-midi dans la salle du théâtre, ils chantent et s'échauffent en vue du spectacle. Quand le rideau se lève enfin, la salle est d'abord silencieuse et, bien vite, l'enthousiasme bruyant des « chevaliers hernaniens » étouffe les quelques sifflets qui fusent çà et là. Les acteurs défendent magnifiquement leur rôle : les fleurs pleuvent aux pieds de Mademoiselle Mars, le nom de l'auteur est même acclamé dans la plupart des loges. La bataille est gagnée.

La victoire menacée

Dès le lendemain, tous les journaux, qu'ils soient libéraux ou royalistes, sauf un, sont hostiles. Ils dénoncent cette dangereuse bohème qui a fait applaudir une œuvre extravagante, invraisemblable : on a profané la Comédie-Française, le temple de l'art classique ! Les représentations suivantes sont de plus en plus houleuses : pas un vers qui ne soit hué, un soir ou l'autre. Balzac, pourtant ami de Hugo, déclare « le sujet inadmissible, les caractères faux, la conduite des personnages contraire au bon sens ». Mais la pièce résiste plusieurs mois et fait de jolies recettes jusqu'au mois de juin. Dès le mois de mars, on en joue des parodies : *N, I, Ni ou le Danger des Castilles,* ou *Arnali ou la Contrainte par cor.* Désormais le romantisme a quitté des salons où s'enflammaient quelques passionnés ; grâce à Victor Hugo, il est sur le devant de la scène, sur la place publique.

Les conséquences de la bataille d'*Hernani*

Les règles du théâtre classique apparaissent comme des contraintes inutiles et démodées. Le drame romantique, en prose ou en vers, entre dans les habitudes des auteurs et des spectateurs.
Le romantisme s'impose en France longtemps après les autres pays européens. La bataille d'*Hernani* encourage musiciens, peintres et écrivains à innover.

Théophile Gautier portant le gilet rouge qu'il exhibe lors des représentations d'*Hernani*.

Le témoignage de Théophile Gautier

Théophile Gautier, dans les dernières lignes qu'il ait écrites, se souvient de la première d'*Hernani* dont il dit magnifiquement : « Cette soirée décida de notre vie ! » « Pour nous, précise Théophile Gautier, le monde se divisait en *flamboyants et en grisâtres*, les uns objet de notre amour, les autres de notre aversion. Nous voulions la vie, la lumière, le mouvement, l'audace de pensée et d'exécution, le retour aux belles époques de la Renaissance et à la vraie Antiquité, et nous rejetions le coloris effacé, le dessin maigre et sec, les compositions pareilles à des groupements de mannequins, que l'Empire avait légués à la Restauration ».

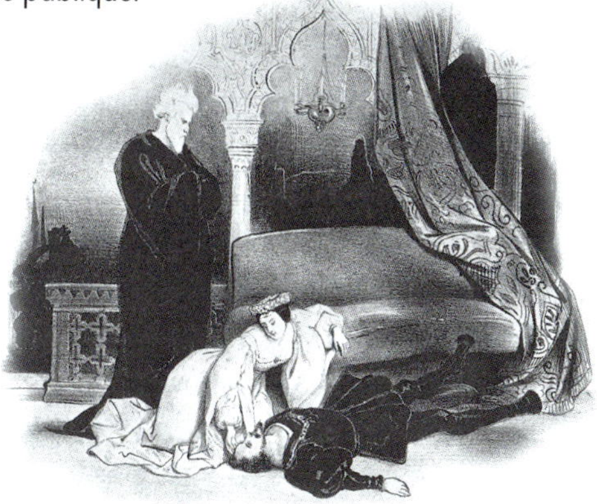

La mort d'Hernani. Lithographie illustrant la pièce de Victor Hugo.

COMPRENDRE L'ESSENTIEL

1. **Quels sont les défenseurs du classicisme ? Quels reproches adressent-ils à *Hernani*?**
2. **Pourquoi la bataille d'*Hernani* est-elle considérée comme une date importante ?**
3. **Comparez la querelle du *Cid* et la bataille d'*Hernani*. Expliquez quelles sont les connotations du mot « querelle » et du mot « bataille ».**

1831 Notre-Dame de Paris

Quasimodo, le sonneur de cloche difforme de la cathédrale Notre-Dame de Paris, est amoureux de la belle Esmeralda, qui danse sur le parvis de la cathédrale. Après avoir tenté de l'enlever, il est condamné au pilori et la foule s'amuse à le voir humilié et « presque lapidé ».

– À boire ! répéta pour la troisième fois Quasimodo pantelant[1].

En ce moment, il vit s'écarter la populace. Une jeune fille bizarrement vêtue sortit de la foule. Elle était accompagnée d'une petite chèvre blanche à cornes dorées et portait un tambour de basque à la main.

L'œil de Quasimodo étincela. C'était la bohémienne qu'il avait essayé d'enlever la nuit précédente, algarade[2] pour laquelle il sentait confusément qu'on le châtiait en cet instant même ; ce qui du reste n'était pas le moins du monde, puisqu'il n'était puni que du malheur d'être sourd et d'avoir été jugé par un sourd[3]. Il ne douta pas qu'elle ne vînt se venger aussi, et lui donner son coup comme tous les autres.

Il la vit en effet monter rapidement l'échelle. La colère et le dépit le suffoquaient. Il eût voulu pouvoir faire crouler le pilori, et si l'éclair de son œil eût pu foudroyer, l'égyptienne eût été mise en poudre avant d'arriver sur la plate-forme.

Elle s'approcha, sans dire une parole, du patient qui se tordait vainement pour lui échapper, et, détachant une gourde de sa ceinture, elle la porta doucement aux lèvres arides du misérable.

Alors, dans cet œil jusque-là si sec et si brûlé, on vit rouler une grosse larme qui tomba lentement le long de ce visage difforme et longtemps contracté par le désespoir. C'était la première peut-être que l'infortuné eût jamais versée.

Cependant il oubliait de boire. L'égyptienne fit sa petite moue avec impatience, et appuya en souriant le goulot à la bouche dentue de Quasimodo. Il but à longs traits. Sa soif était ardente.

Quand il eut fini, le misérable allongea ses lèvres noires, sans doute pour baiser la belle main qui venait de l'assister. Mais la jeune fille, qui n'était pas sans défiance peut-être et se souvenait de la violente tentative de la nuit, retira sa main avec le geste effrayé d'un enfant qui craint d'être mordu par une bête.

Alors le pauvre sourd fixa sur elle un regard plein de reproche et d'une tristesse inexprimable.

Victor Hugo, *Notre-Dame de Paris*, 1831.

1. **pantelant** : qui respire avec peine, haletant.
2. **algarade** : attaque brusquée.
3. Quasimodo, sourd, a été condamné par un juge qui dissimule sa propre surdité.

1. **Tout au long de cette page, le narrateur adopte plusieurs points de vue. Distinguez lesquels.**

2. **Le récit ménage deux effets de surprise. Comment Hugo a-t-il procédé ? De quelle façon éclairent-ils les deux personnages mis en scène ?**

3. **Comment le personnage d'Esméralda est-il opposé à celui de Quasimodo ? Qu'est-ce qui les rapproche cependant ?**

4. NOTION. **Expliquez en quoi cette scène s'inscrit dans le registre pathétique.**

NOTION

Le roman et le registre pathétique

Le pathétique, d'un mot grec qui signifie passion, désigne ce qui est propre à susciter l'émotion, la pitié, par l'expression de la souffrance. Pour provoquer l'émotion, voire la compassion, du lecteur, on souligne l'horreur d'une catastrophe, la douleur impuissante des victimes, tous les malheurs que produit le hasard. Le récit pathétique évoque des situations dont il souligne l'atrocité pour mieux fasciner le lecteur.

1853

Les Châtiments

CHANSON

Courtisans ! attablés dans la splendide orgie,
La bouche par le rire et la soif élargie,
Vous célébrez César, très-bon, très grand, très pur ;
Vous buvez, apostats[1] à tout ce qu'on révère,
Le chypre[2] à pleine coupe et la honte à plein verre...–
Mangez, moi je préfère,
Vérité, ton pain dur.

Boursier qui tonds le peuple, usurier qui le triches,
Gais soupeurs de Chevet[3], ventrus, coquins et riches,
Amis de Fould[4] le juif et de Maupas[5] le grec,
Laissez le pauvre en pleurs sous la porte cochère ;
Engraissez-vous, vivez et faites bonne chère...–
Mangez, moi je préfère,
Probité, ton pain sec.

L'opprobre[6] est une lèpre et le crime une dartre[7].
Soldats qui revenez du Boulevard Montmartre,
Le vin, au sang mêlé, jaillit sur vos habits ;
Chantez ! la table emplit l'école militaire[8],
Le festin fume, on trinque, on boit, on roule à terre...–
Mangez, moi je préfère,
Ô gloire, ton pain bis.

Ô peuple des faubourgs, je vous ai vu sublime
Aujourd'hui vous avez, serf grisé par le crime,
Plus d'argent dans la poche, au cœur moins de fierté.
On va, chaîne au cou, rire et boire à la barrière.
Et vive l'empereur ! et vive le salaire !...–
Mangez, moi je préfère,
Ton pain noir, liberté !

JERSEY, DÉCEMBRE 1852.

Victor Hugo, *Les Châtiments*, 1853.

1. **apostats** : qui ont renié leur foi.
2. **chypre** : vin réputé.
3. **Chevet** : célèbre restaurant parisien.
4. **Fould** : ministre des Finances.
5. **Maupas** : ministre de la Police.
6. **opprobre** : déshonneur.
7. **dartre** : maladie de peau.
8. **école militaire** : les troupes du coup d'État y étaient réunies.

1. Sur quelle opposition est construit le poème ?

2. Quels sont les divers destinataires du poète ? Dans quel ordre apparaissent-ils ?

3. Quelle est la valeur de l'impératif ?

4. Comment le thème de l'orgie (vers 1) est-il développé dans chaque strophe ?

5. Étudiez les variations du refrain.

6. NOTION. Expliquez en quoi ce poème s'inscrit dans le registre satirique : que dénonce le poète ?

NOTION

Les Châtiments et le registre satirique

En composant *Les Châtiments*, Victor Hugo a le sentiment d'accomplir un devoir douloureux, un « labeur austère de châtiment et de justice ». Il ne cherche pas à ridiculiser mais à punir, à rendre la justice qu'ont bafouée les juges complices du pouvoir.

1856

Les Contemplations

Le recueil des *Contemplations* évoque vingt-cinq années de la vie de Victor Hugo. Il a laissé, dit-il, « ce livre se faire en lui. La vie, en filtrant goutte à goutte à travers les événements et les souffrances, l'a déposé dans son cœur ». Ainsi les souvenirs d'enfance, les deuils les plus douloureux comme celui de sa fille Léopoldine brutalement disparue, recréés par la poésie, sont le point de départ de méditations où chacun peut se reconnaître.

AUX FEUILLANTINES[1]

Mes deux frères et moi, nous étions tout enfants.
Notre mère disait : « Jouez, mais je défends
Qu'on marche dans les fleurs et qu'on monte aux échelles. »

Abel était l'aîné, j'étais le plus petit.
Nous mangions notre pain de si bon appétit,
Que les femmes riaient quand nous passions près d'elles.

Nous montions pour jouer au grenier du couvent.
Et, là tout en jouant, nous regardions souvent,
Sur le haut d'une armoire, un livre inaccessible.

Nous grimpâmes un jour jusqu'à ce livre noir ;
Je ne sais pas comment nous fîmes pour l'avoir,
Mais je me souviens bien que c'était une Bible.

Ce vieux livre sentait une odeur d'encensoir.
Nous allâmes ravis dans un coin nous asseoir ;
Des estampes partout ! quel bonheur ! quel délire !

Nous l'ouvrîmes alors tout grand sur nos genoux,
Et, dès le premier mot, il nous parut si doux,
Qu'oubliant de jouer, nous nous mîmes à lire.

Nous lûmes tous les trois ainsi tout le matin,
Joseph, Ruth et Booz, le bon Samaritain[2],
Et, toujours plus charmés, le soir nous le relûmes.

Tels des enfants, s'ils ont pris un oiseau des cieux,
S'appellent en riant et s'étonnent, joyeux,
De sentir dans leur main la douceur de ses plumes.

MARINE-TERRACE[3], août 1855.

Préface des *Contemplations*

« Est-ce donc la vie d'un homme ? Oui, et la vie des autres hommes aussi. Nul de nous n'a l'honneur d'avoir une vie qui soit à lui. Ma vie est la vôtre, votre vie est la mienne, vous vivez ce que je vis ; la destinée est une. Prenez donc ce miroir, et regardez-vous-y. On se plaint quelquefois des écrivains qui disent moi. Parlez-nous de nous, leur crie-t-on. Hélas ! quand je vous parle de moi, je vous parle de vous. Comment ne le sentez-vous pas ? Ah ! insensé, qui crois que je ne suis pas toi ! »

« ON VIT, ON PARLE »

On vit, on parle, on a le ciel et les nuages
Sur la tête ; on se plaît aux livres des vieux sages ;
On lit Virgile et Dante ; on va joyeusement
En voiture publique à quelque endroit charmant,
En riant aux éclats de l'auberge et du gîte ;
Le regard d'une femme en passant vous agite ;
On aime, on est aimé, bonheur qui manque aux rois !

On écoute le chant des oiseaux dans les bois ;
Le matin, on s'éveille, et toute une famille
Vous embrasse, une mère, une sœur, une fille !
On déjeune en lisant son journal ; tout le jour
On mêle à sa pensée espoir, travail, amour ;
La vie arrive avec ses passions troublées ;
On jette sa parole aux sombres assemblées ;
Devant le but qu'on veut et le sort qui vous prend,
On se sent faible et fort, on est petit et grand ;
On est flot dans la foule, âme dans la tempête ;
Tout vient et passe ; on est en deuil, on est en fête ;
On arrive, on recule on lutte avec effort...–
Puis, le vaste et profond silence de la mort !

11 JUILLET 1846, EN REVENANT DU CIMETIÈRE.

« DEMAIN, DÈS L'AUBE... »

Demain, dès l'aube, à l'heure où blanchit la campagne,
Je partirai. Vois-tu, je sais que tu m'attends.
J'irai par la forêt, j'irai par la montagne,
Je ne puis demeurer loin de toi plus longtemps.

Je marcherai les yeux fixés sur mes pensées,
Sans rien voir au-dehors, sans entendre aucun bruit,
Seul, inconnu, le dos courbé, les mains croisées,
Et le jour pour moi sera comme la nuit.

Je ne regarderai ni l'or du soir qui tombe,
Ni les voiles au loin descendant vers Harfleur[4]
Et quand j'arriverai, je mettrai sur ta tombe
Un bouquet de houx vert et de bruyère en fleur.

3 SEPTEMBRE 1847

Victor Hugo, *Les Contemplations*, 1856.

1. **Feuillantines** : ancien couvent à Paris où la mère du poète s'installe en 1809.
2. **Joseph, Ruth et Booz, le bon Samaritain** : personnages évoqués dans la Bible.
3. **Marine-Terrace** : demeure du poète à Jersey.
4. **Harfleur** : ville des environs du Havre.

---

1. Analysez la composition des poèmes. Montrez que le dernier vers de chacun d'eux crée un effet de surprise.

2. Identifiez le temps dominant dans ces poèmes. Expliquez en quoi il contribue au climat de chaque poème.

3. Quelle image, dans « Demain, dès l'aube », le poète donne-t-il de lui-même lorsqu'il cherche à rejoindre sa fille ?

4. Comment le poète suggère-t-il la beauté du paysage qu'il traverse ? Pourquoi ?

5. Quelles antithèses soulignent, dans « On vit, on parle », l'agitation de la vie du poète ?

6. NOTION. Par quel argument Hugo défend-il sa conception du lyrisme dans sa Préface (page 318) ?

NOTION

La défense du lyrisme personnel

Lorsque paraissent *Les Contemplations*, le lyrisme romantique n'est plus à la mode. Les poètes parnassiens, adeptes de l'art pour l'art – Théophile Gautier, Leconte de Lisle – reprochent aux romantiques Musset, Lamartine et Hugo d'avoir confondu la poésie et la confidence personnelle. L'artiste, impassible, doit créer des œuvres d'une beauté impersonnelle. C'est contre cette conception que s'élève Victor Hugo à travers chacun de ses poèmes.

1862

Les Misérables

Dans *Les Misérables*, Victor Hugo imagine le douloureux destin de Jean Valjean. Après dix-neuf ans de bagne, Jean Valjean est devenu mauvais : il a volé l'argenterie de Monseigneur Myriel, le seul à l'avoir accueilli à sa sortie du bagne. Or, lorsque Jean Valjean est arrêté par des gendarmes, Monseigneur Myriel prétend lui avoir donné l'argenterie en lui disant : « C'est votre âme que je vous achète ; je la retire aux pensées noires et à l'esprit de perdition, et je la donne à Dieu. »

Comme le soleil déclinait au couchant, allongeant en lui le sol l'ombre du moindre caillou, Jean Valjean était assis derrière un buisson dans une grande plaine rousse absolument déserte. Il n'y avait à l'horizon que les Alpes ; pas même le clocher d'un village lointain. Jean Valjean pouvait être à trois lieues de Digne. Un sentier qui coupait la plaine passait à quelques pas du buisson.

Au milieu de cette méditation qui n'eût pas peu contribué à rendre ses haillons effrayants pour quelqu'un qui l'eût rencontré, il entendit un bruit joyeux.

Il tourna la tête, et vit venir par le sentier un petit Savoyard d'une dizaine d'années qui chantait, sa vielle au flanc et sa boîte à marmotte sur le dos.

Un de ces doux et gais enfants qui vont de pays en pays, laissant voir leurs genoux par les trous de leur pantalon.

Tout en chantant, l'enfant interrompait de temps en temps sa marche et jouait aux osselets avec quelques pièces de monnaie qu'il avait dans sa main, toute sa fortune probablement. Parmi cette monnaie, il y avait une pièce de quarante sous.

L'enfant s'arrêta à côté du buisson sans voir Jean Valjean et fit sauter sa poignée de sous, que jusque-là il avait reçue avec assez d'adresse tout entière sur le dos de la main.

Cette fois la pièce de quarante sous lui échappa, et vint rouler vers la broussaille jusqu'à Jean Valjean.

Jean Valjean posa le pied dessus.

Cependant l'enfant avait suivi sa pièce du regard, et l'avait vu.

Il ne s'étonna point et marcha droit à l'homme.

C'était un lieu absolument solitaire. Aussi loin que le regard pouvait s'étendre, il n'y avait personne dans la plaine ni dans le sentier. On n'entendait que les petits cris faibles d'une nuée d'oiseaux de passage qui traversaient le ciel à une hauteur immense. L'enfant tournait le dos au soleil qui lui mettait des fils d'or dans les cheveux et qui empourprait[1] d'une lueur sanglante la face sauvage de Jean Valjean.

– Monsieur, dit le petit Savoyard, avec cette confiance de l'enfance qui se compose d'ignorance et d'innocence, – ma pièce ?

– Comment t'appelles-tu ? dit Jean Valjean.

– Petit-Gervais, monsieur.

– Va-t'en, dit Jean Valjean.

– Monsieur, reprit l'enfant, rendez-moi ma pièce.

Jean Valjean baissa la tête et ne répondit pas.

L'enfant recommença :

– Ma pièce, monsieur !

L'œil de Jean Valjean resta fixé à terre.

– Ma pièce ! cria l'enfant, ma pièce blanche ! mon argent !

Il semblait que Jean Valjean n'entendît point. L'enfant le prit au collet de sa blouse et le secoua. Et en même temps il faisait effort pour déranger le gros soulier ferré posé sur son trésor.

– Je veux ma pièce ! ma pièce de quarante sous !

1. empourprait : donnait une couleur rouge.

2. stupeur : étonnement violent qui immobilise.

3. tesson : débris de verre ou de poterie.

4. commotion galvanique : violente secousse, comme une décharge électrique.

5. convulsivement : avec des secousses violentes.

L'enfant pleurait. La tête de Jean Valjean se releva. Il était toujours assis. Ses yeux étaient troubles. Il considéra l'enfant avec une sorte d'étonnement, puis il étendit la main vers son bâton et cria d'une voix terrible :

– Qui est là ?

– Moi, monsieur, répondit l'enfant. Petit-Gervais ! moi ! moi ! Rendez-moi mes quarante sous, s'il vous plaît ! Ôtez votre pied, monsieur, s'il vous plaît !

Puis irrité, quoique tout petit, et devenant presque menaçant :

– Ah çà, ôterez-vous votre pied ? Ôtez donc votre pied, voyons.

– Ah ! c'est encore toi ! dit Jean Valjean, et se dressant brusquement tout debout, le pied toujours sur la pièce d'argent, il ajouta : – Veux-tu bien te sauver !

L'enfant effaré le regarda, puis commença à trembler de la tête aux pieds, et, après quelques secondes de stupeur[2], se mit à s'enfuir en courant de toutes ses forces sans oser tourner le cou ni jeter un cri.

Cependant à une certaine distance l'essoufflement le força de s'arrêter, et Jean Valjean, à travers sa rêverie, l'entendit qui sanglotait.

Au bout de quelques instants l'enfant avait disparu.

Le soleil s'était couché.

L'ombre se faisait autour de Jean Valjean. Il n'avait pas mangé de la journée ; il est probable qu'il avait la fièvre.

Il était resté debout, et n'avait pas changé d'attitude depuis que l'enfant s'était s'enfui. Son souffle soulevait sa poitrine à des intervalles longs et inégaux. Son regard, arrêté à dix ou douze pas devant lui, semblait étudier avec une attention profonde la forme d'un vieux tesson[3] de faïence bleue tombé dans l'herbe. Tout à coup il tressaillit ; il venait de sentir le froid du soir.

Il raffermit sa casquette sur son front, chercha machinalement à croiser et à boutonner sa blouse, fit un pas, et se baissa pour reprendre à terre son bâton.

En ce moment il aperçut la pièce de quarante sous que son pied avait à demi enfoncée dans la terre et qui brillait parmi les cailloux.

Ce fut comme une commotion galvanique[4]. – Qu'est-ce que c'est que ça ? dit-il entre ses dents. Il recula de trois pas, puis s'arrêta, sans pouvoir détacher son regard de ce point que son pied avait foulé l'instant d'auparavant, comme si cette chose qui luisait là dans l'obscurité eût été un œil ouvert fixé sur lui.

Au bout de quelques minutes, il s'élança convulsivement[5] vers la pièce d'argent, la saisit, et, se redressant, se mit à regarder au loin dans la plaine, jetant à la fois ses yeux vers tous les points de l'horizon, debout et frissonnant comme une bête fauve effarée qui cherche un asile.

Il ne vit rien. La nuit tombait, la plaine était froide et vague, de grandes brumes violettes montaient dans la clarté crépusculaire.

Victor Hugo, *Les Misérables*, 1862.

1. Distinguez les principaux moments de cet épisode.

2. Relevez les expressions qui indiquent à quel moment et en quel endroit se déroule la scène. Quel rôle jouent-elles dans le récit ? Ont-elles une valeur symbolique ?

3. Jean Valjean est-il dans un état second ? Quand revient-il à la réalité ? Quelles sont les forces qui le déchirent ?

4. Comment Hugo a-t-il rendu cette scène particulièrement pathétique ?

5. NOTION. En maintenant son lecteur en suspens, sur quoi Hugo veut-il attirer l'attention ?

NOTION

Le roman et l'art du « suspense »

Un roman bien conduit donne au lecteur l'envie de lire la suite : on reste en suspens quand on veut savoir si le personnage échappera au danger qui le menace. Mais si le « suspense » peut être simplement anecdotique, il contribue aussi à mettre en scène un motif de réflexion.

1859

La Légende des siècles

***La Légende des siècles* de Victor Hugo retrace les principaux épisodes de la marche en avant de l'humanité. Dans « Les pauvres gens », le poète donne une grandeur épique à l'évocation d'une humble famille de pêcheurs.**

LES PAUVRES GENS

L'homme est en mer. Depuis l'enfance matelot,
Il livre au hasard sombre une rude bataille.
Pluie ou bourrasque, il faut qu'il sorte, il faut qu'il aille,
Car les petits enfants ont faim. Il part le soir,
Quand l'eau profonde monte aux marches du musoir[1].
Il gouverne à lui seul sa barque à quatre voiles.
La femme est au logis, cousant les vieilles toiles,
Remmaillant les filets, préparant l'hameçon,
Surveillant l'âtre où bout la soupe de poisson,
Puis priant Dieu sitôt que les cinq enfants dorment.
Lui, seul, battu des flots qui toujours se reforment,
Il s'en va dans l'abîme et s'en va dans la nuit.
Dur labeur ! tout est noir, tout est froid ; rien ne luit.
Dans les brisants[2], parmi les lames[3] en démence,
L'endroit bon à la pêche, et, sur la mer immense,
Le lieu mobile, obscur, capricieux, changeant,
Où se plaît le poisson aux nageoires d'argent,
Ce n'est qu'un point ; c'est grand deux fois comme la chambre.
Or, la nuit, dans l'ondée et la brume, en décembre,
Pour rencontrer ce point sur le désert mouvant,
Comme il faut calculer la marée et le vent !
Comme il faut combiner sûrement les manœuvres !
Les flots le long du bord glissent, vertes couleuvres.
Le gouffre roule et tord ses plis démesurés
Et fait râler d'horreur les agrès[4] effarés.
Lui songe à sa Jeannie, au sein des mers glacées,
Et Jeannie en pleurant l'appelle ; et leurs pensées
Se croisent la nuit, divins oiseaux du cœur.

Victor Hugo, *La Légende des siècles*, 1859.

1. **musoir** : pointe d'une digue.
2. **brisants** : écueils où la mer vient se briser.
3. **lames** : soulèvement de la mer sous l'effet du vent.
4. **agrès** : tous les objets qui tiennent aux mâts, voiles, cordages, etc.

1. Relevez les expressions qui décrivent de façon concrète le travail du pêcheur et de sa femme.

2. Montrez que la vie du pêcheur est présentée comme une lutte. Dans les vers 13 et 14, expliquez comment le rythme et les sonorités mettent en valeur ce combat.

3. Étudiez l'image que le poète donne de la mer ; quel effet cherche-t-il à produire ?

4. NOTION. Relevez trois métaphores et expliquez ce qui fait leur force.

5. Comment les êtres humains résistent-ils à la violence des éléments naturels ? En quoi cette résistance contribue-t-elle au registre épique du passage ?

NOTION

La puissance de la métaphore

La métaphore réunit étroitement des termes qui évoquent des réalités différentes. Plus ces réalités sont éloignées, plus frappante est l'image.

1873

À Théophile Gautier

Théophile Gautier, poète et romancier, partisan de « l'art pour l'art », meurt le 22 octobre 1872. Victor Hugo se sent proche de cet ami qui a participé activement à la bataille d'*Hernani* et qu'il vient de retrouver à son retour en France.

Ami, je sens du sort la sombre plénitude,
J'ai commencé la mort par de la solitude,
Je vois mon profond soir vaguement s'étoiler ;
Voici l'heure où je vais aussi, moi, m'en aller.
Mon fil trop long frissonne et touche presque au glaive[1] ;
Le vent qui t'emporta doucement me soulève,
Et je vais suivre ceux qui m'aimaient, moi, banni.
Leur œil fixe m'attire au fond de l'infini.
J'y cours. Ne fermez pas la porte funéraire.

Passons, car c'est la loi ; nul ne peut s'y soustraire ;
Tout penche, et ce grand siècle, avec tous ses rayons,
Entre en cette ombre immense où, pâles, nous fuyons.
Oh ! quel farouche bruit font dans le crépuscule
Les chênes qu'on abat pour le bûcher d'Hercule[2] !
Les chevaux de la Mort se mettent à hennir
Et sont joyeux, car l'âge éclatant va finir.
Ce siècle altier, qui sut dompter le vent contraire,
Expire... Ô Gautier ! toi leur égal et leur frère,
Tu pars après Dumas, Lamartine et Musset.
L'onde antique est tarie où l'on rajeunissait ;
Comme il n'est plus de Styx[3], il n'est plus de Jouvence[4].
Le dur faucheur avec sa large lame avance,
Pensif et pas à pas, vers le reste du blé ;
C'est mon tour ; et la nuit emplit mon œil troublé
Qui, devinant, hélas ! l'avenir des colombes,
Pleure sur des berceaux et sourit à des tombes.

Victor Hugo, « À Théophile Gautier », *Toute la lyre,* 1873, éd. posthume, 1888.

1. glaive : épée qui coupe le fil de la vie.
2. Hercule : dévoré par la tunique de Nessus, Hercule ordonna qu'on lui dressât un bûcher pour mourir plus vite.
3. Styx : fleuve des Enfers que traversent les morts.
4. Jouvence : fontaine fabuleuse où l'on retrouvait la jeunesse perdue.

1. Quelles expressions font du poème un dialogue ? Quels sont les divers interlocuteurs du poète ?

2. En comparant les expressions qui évoquent la vue, expliquez quelle image elles donnent du poète.

3. Quelles expressions opposent l'ombre à la lumière ?

4. Quelle image de la mort compose le poème ? Pourquoi le poète sourit-il à des tombes ?

5. Quelles modalités de phrase contribuent à inscrire le poème dans le registre lyrique ?

6. NOTION. Relevez les références aux récits mythologiques. Comment ces allusions sont-elles intégrées au poème ? Expliquez de quelle façon elles contribuent au lyrisme de Hugo.

NOTION

Les références mythologiques

Les légendes de la littérature grecque et romaine proposent un vaste répertoire de métaphores, de formules, de symboles auxquels les poètes et les romanciers ont constamment recours. Ces références relient un événement actuel à un passé légendaire ; elles créent un espace imaginaire qui transfigure le réel et enrichit le texte de multiples significations.

NERVAL

Nom et prénom : **Labrunie, Gérard**

Pseudonyme : **Gérard de Nerval**

Naissance : **22 mai 1808, à Paris**

Décès : **26 janvier 1855, à Paris**

Auteur de récits divers : *Voyage en Orient* (1851), *Sylvie* (1853), *Les Filles du feu* (1853), *Petits Châteaux de Bohême* (1853), *Aurélia* (1855), et d'un recueil de poèmes, *Les Chimères* (1854).

Fils d'un médecin de la Grande Armée, Gérard Labrunie est élevé par son oncle, dans le Valois. Sa mère meurt en 1810 en Silésie, où elle a suivi son mari. Celui-ci s'installe à Paris en 1814. Au collège Charlemagne, l'enfant a pour ami Théophile Gautier. À dix-huit ans, il fréquente les cercles romantiques, et prend à partir de 1831, le pseudonyme de Gérard de Nerval. Il publie dans des revues ses *Odelettes*. L'héritage de son grand-père lui permet de visiter l'Italie et de mener une vie de bohème à Paris. Nerval connaît alors une passion dévorante pour une actrice, Jenny Colon.

Fasciné par l'ésotérisme, il voyage en Allemagne. En 1841, terrassé par une crise de folie, il doit être interné. Il entreprend l'année suivante un voyage en Orient, mais les crises se succèdent, coïncidant avec une intense activité d'écriture. *Les Filles du feu* et *Les Chimères* paraissent en 1854. Après plusieurs rechutes, l'errance de Gérard de Nerval s'achève un matin de janvier 1855 lorsqu'on le découvre pendu rue de la Vieille-Lanterne, près du Châtelet.

NERVAL, LE RÊVEUR MÉLANCOLIQUE

Surnommé « le jeune homme », Nerval apparaît toute sa vie comme un être mélancolique, hanté par le souvenir de son Valois natal et la nostalgie des siècles passés. Son œuvre se partage entre le monde des chimères et celui de la réalité, entre l'amour rêvé et l'amour réel. C'est ainsi que le théâtre joue pour lui un rôle majeur. Passionnément amoureux d'une actrice, Nerval cherche en elle le lien entre l'illusion et la réalité. Ses « filles du feu », Adrienne, Aurélia, Sylvie, représentent à la fois des personnes réelles et des figures mythologiques, comme Isis ou la reine de Saba, qui suscitent la rêverie de l'écrivain. De la même manière, Nerval associe les souvenirs de l'Italie et de l'Orient aux paysages imaginaires qui habitent son œuvre.

Objet d'étude La poésie

1833 — Odelettes

Écrites pour la plupart au début des années 1830, publiées dans des revues, les *Odelettes* de Nerval expriment les émotions et les rêveries du jeune poète. Un paysage, une rencontre, le souvenir mélancolique d'un vieil air de musique fixent les thèmes qui seront développés dans l'ensemble de l'œuvre de Nerval.

UNE ALLÉE DU LUXEMBOURG[1]

Elle a passé, la jeune fille
Vive et preste comme un oiseau :
À la main une fleur qui brille,
À la bouche un refrain nouveau.

1. Luxembourg : jardin public à Paris.

C'est peut-être la seule au monde
Dont le cœur au mien répondrait,
Qui venant dans ma nuit profonde
D'un seul regard l'éclairerait !....

Mais, non, – ma jeunesse est finie...
Adieu, doux rayon qui m'as lui, –
Parfum, jeune fille, harmonie...
Le bonheur passait, – il a fui !

FANTAISIE

Il est un air pour qui je donnerais
Tout Rossini, tout Mozart et tout Wèbre[1],
Un air très vieux, languissant et funèbre,
Qui pour moi seul a des charmes secrets.

Or, chaque fois que je viens à l'entendre,
De deux cents ans mon âme rajeunit...
C'est sous Louis treize[2] – et je crois voir s'étendre
Un coteau vert, que le couchant jaunit ;

Puis un château de brique à coins de pierre,
Aux vitraux peints de rougeâtres couleurs,
Ceint[3] de grands parcs, avec une rivière
Baignant ses pieds, qui coule entre les fleurs.

Puis une dame, à sa haute fenêtre,
Blonde aux yeux noirs, en son costume ancien
Que dans une autre existence peut-être
J'ai déjà vue et dont je me souviens !

Gérard de Nerval, *Odelettes*, 1833.

1. **Wèbre** : Weber, compositeur allemand dont Nerval transcrit le nom comme il se prononce.
2. **Louis treize** : roi de France, fils de Henri IV (1601-1643).
3. **ceint** : entouré.

1. Relevez les thèmes développés dans chaque poème. Quelles correspondances les poèmes entretiennent-ils ?

2. Quels sont, parmi les cinq sens – vue, ouïe, odorat, goût, toucher –, les sens dominants dans les deux textes ? Relevez leurs réseaux lexicaux.

3. Étudiez, dans chaque poème, l'expression de la rêverie mélancolique de Nerval.

4. Observez les deux derniers vers de chaque poème. Pourquoi peut-on dire qu'ils sont d'inspiration romantique ?

5. NOTION. Retrouvez dans ces deux poèmes les caractéristiques de l'odelette.

NOTION

L'odelette

Alors que l'ode désigne un long poème solennel destiné à être mis en musique, l'odelette est d'inspiration plus légère. Composée de trois ou quatre strophes en vers de six, huit ou dix syllabes, elle mêle la rêverie, l'inspiration amoureuse et l'humour, à travers lesquels peut s'exprimer la fantaisie du poète.

1854 Les Filles du feu

Le recueil des *Filles du feu* explore les rapports de l'illusion et de la réalité. L'actrice représente ainsi la femme idéale, le rêve qui transcende le quotidien. Dans la nouvelle intitulée « Sylvie », le narrateur oppose au charme de la sage et réservée Sylvie la fascination qu'exerce sur lui l'actrice Aurélie, qu'il admire chaque soir au théâtre.

Je sortais d'un théâtre où tous les soirs je paraissais aux avant-scènes en grande tenue de soupirant. Quelquefois tout était plein, quelquefois tout était vide. Peu m'importait d'arrêter mes regards sur un parterre peuplé seulement d'une trentaine d'amateurs forcés, sur des loges garnies de bonnets[1] ou de toilettes surannées, – ou bien de faire partie d'une salle animée et frémissante couronnée à tous ses étages de toilettes fleuries, de bijoux étincelants et de visages radieux. Indifférent au spectacle de la salle, celui du théâtre ne m'arrêtait guère, – excepté lorsqu'à la seconde ou à la troisième scène d'un maussade chef-d'œuvre d'alors, une apparition bien connue illuminait l'espace vide, rendant la vie d'un souffle et d'un mot à ces vaines figures qui m'entouraient.

Je me sentais vivre en elle, et elle vivait pour moi seul. Son sourire me remplissait d'une béatitude infinie ; la vibration de sa voix si douce et cependant fortement timbrée me faisait tressaillir de joie et d'amour. Elle avait pour moi toutes les perfections, elle répondait à tous mes enthousiasmes, à tous mes caprices, – belle comme le jour aux feux de la rampe qui l'éclairait d'en bas, pâle comme la nuit, quand la rampe baissée la laissait éclairée d'en haut sous les rayons du lustre et la montrait plus naturelle, brillant dans l'ombre de sa seule beauté, comme les Heures divines[2] qui se découpent avec une étoile au front, sur les fonds bruns des fresques d'Herculanum[3] !

Depuis un an, je n'avais pas encore songé à m'informer de ce qu'elle pouvait être d'ailleurs ; je craignais de troubler le miroir magique qui me renvoyait son image, – et tout au plus avais-je prêté l'oreille à quelques propos concernant non plus l'actrice, mais la femme. Je m'en informais aussi peu que des bruits qui ont pu courir sur la princesse d'Elide[4] ou sur la reine de Trébizonde[5], – un de mes oncles qui avait vécu les avant-dernières années du XVIIIe siècle, comme il fallait y vivre pour les bien connaître, m'ayant prévenu de bonne heure que les actrices n'étaient pas des femmes, et que la nature avait oublié de leur faire un cœur. Il parlait de celles de ce temps-là sans doute ; mais il m'avait raconté tant d'histoires de ses illusions, de ses déceptions, et montré tant de portraits sur ivoire, médaillons charmants qu'il utilisait depuis à parer des tabatières, tant de billets jaunis, tant de faveurs[6] fanées, en m'en faisant l'histoire et le compte définitif, que je m'étais habitué à penser mal de toutes sans tenir compte de l'ordre des temps.

Nous vivions alors une époque étrange, comme celles qui d'ordinaire succèdent aux révolutions ou aux abaissements des grands règnes. Ce n'était plus la galanterie héroïque comme sous la Fronde, le vice élégant et paré comme sous la Régence, le scepticisme et les folles orgies du Directoire ; c'était un mélange d'activité, d'hésitation et de paresse, d'utopies brillantes, d'aspirations philosophiques ou religieuses, d'enthousiasmes vagues, mêlés de certains instincts de renaissance ; d'ennuis des discordes passées, d'espoirs incertains, – quelque chose comme l'époque de Pérégrinus et d'Apulée[7]. L'homme matériel aspirait au bouquet de roses qui devait le régénérer par les mains de la belle Isis[8] ; la déesse éternellement jeune et pure nous apparaissait dans les nuits, et nous faisait honte de nos heures de jour perdues. L'ambition n'était cependant pas de notre âge, et l'avide curée qui

1. **bonnets** : coiffures des femmes du peuple.
2. **les Heures divines** : divinités mythologiques qui représentent le temps qui passe.
3. **Herculanum** : ville romaine ensevelie en 79 sous les cendres du Vésuve.
4. **Elide** : région de la Grèce antique.
5. **Trébizonde** : ville de Turquie.
6. **faveurs** : rubans.
7. **l'époque de Pérégrinus et d'Apulée** : IIe siècle après J-C.
8. **la belle Isis** : déesse égyptienne, objet d'un culte mystique.

se faisait alors des positions et des honneurs nous éloignait des sphères d'activité possibles. Il ne nous restait pour asile que cette tour d'ivoire des poètes, où nous montions toujours plus haut pour nous isoler de la foule. À ces points élevés où nous guidaient nos maîtres, nous respirions enfin l'air pur des solitudes, nous buvions l'oubli dans la coupe d'or des légendes, nous étions ivres de poésie et d'amour. Amour, hélas ! des formes vagues, des teintes roses et bleues, des fantômes métaphysiques ! Vue de près, la femme réelle révoltait notre ingénuité ; il fallait qu'elle apparût reine ou déesse, et surtout n'en pas approcher.

Gérard de Nerval,
« Sylvie, souvenirs du Valois »,
Les Filles du feu, 1854.

Jean Béraud, *Le Théâtre des Variétés à Paris*, peinture, 1885.

1. Étudiez la progression de l'extrait. Donnez un titre à chacune des parties qui le composent.

2. Comment le narrateur apparaît-il au début du texte ? Que recherche-t-il au théâtre ?

3. Relevez et étudiez les différentes caractéristiques de l'actrice qui suscitent la fascination du narrateur.

4. Montrez comment le narrateur fait de la femme aimée une figure mythique, qui fait le lien entre le présent et le passé.

5. NOTION. Dans le dernier paragraphe du texte, quelle image Gérard de Nerval donne-t-il des années 1820-1830, au cours desquelles s'est exprimée la sensibilité romantique ?

NOTION

Les contextes d'un mouvement littéraire et culturel

Chaque mouvement littéraire naît à une époque particulière. Il s'inscrit dans un contexte historique, social et culturel qui forme le cadre dans lequel les écrivains du mouvement ont vécu, et ont conçu leurs œuvres. L'analyse d'un mouvement littéraire prend en compte les contextes dans lesquels il s'est développé.

VIGNY

Nom et prénom : **de Vigny, Alfred**

Naissance : **27 mars 1797, à Loches**

Décès : **17 septembre 1863, à Paris**

Fils du chevalier de Vigny, qui s'est illustré à la guerre, le jeune Alfred de Vigny est profondément imprégné des valeurs monarchiques. En 1814, il est admis au corps des mousquetaires de Louis XVIII, à l'âge de dix-sept ans. Lui qui rêvait de gloire, le voilà confiné dans une vie de garnison. Il publie alors un premier recueil de poèmes et, en 1826, un roman historique, *Cinq-Mars*. Un an plus tard, il démissionne de l'armée et se consacre à son œuvre. L'écrivain est de plus en plus solitaire et se sent incompris. Représentée en 1835, sa pièce *Chatterton*, connaît cependant un grand succès. Réfugié dans le manoir de ses ancêtres, Vigny mène une vie de gentilhomme campagnard. Admis à l'Académie française, il se présente en vain aux élections législatives de 1848. Il consigne ses réflexions dans son *Journal d'un poète*, mais un cancer l'emporte en 1863.

Auteur de romans, dont : *Cinq-Mars* (1826), *Servitude et grandeur militaires* (1835); de recueils de poèmes dont : *Poèmes antiques et modernes* (1822-1826), *Les Destinées* (1864); de pièces de théâtre dont : *Chatterton* (1835); d'un journal : *Journal d'un poète* (1867, posthume).

LES RÊVES DE GLOIRE ET LA DÉSILLUSION

Avide de gloire militaire, admirateur des campagnes de Napoléon, Vigny trouve dans la littérature le moyen d'exprimer sa ferveur et son enthousiasme. Ami de Victor Hugo et d'Eugène Delacroix, il participe aux discussions passionnées des cénacles romantiques. Son roman historique *Cinq-Mars* fait de l'Histoire « un roman dont le peuple est l'auteur » ; sa pièce de théâtre *Chatterton* est immédiatement reconnue comme un chef d'œuvre du romantisme, tandis que ses *Poèmes antiques et modernes* développent la figure du héros maudit et incompris. Son recueil de nouvelles, *Servitude et Grandeur militaires*, témoigne de la déception des rêves d'épopée, à travers le sentiment de la désillusion et l'horreur de la guerre.

Objet d'étude Le récit : le roman ou la nouvelle

1835 — Servitude et grandeur militaires

Dernier livre publié du vivant de Vigny, *Servitude et Grandeur militaires* se compose de réflexions sur la condition militaire, illustrées par trois nouvelles. À travers le récit du capitaine Renaud, Vigny fait apparaître Napoléon, après un combat sanglant contre l'armée du tsar, conscient de l'imminence de sa défaite.

Quand je me trouvai au grand air, j'eus la force d'essuyer mon front rouge et mouillé. Mes grenadiers[1] étaient à leur rang; chacun essuyait froidement sa baïonnette dans le gazon et raffermissait sa pierre à feu[2] dans la batterie[3]. Mon sergent-major, suivi du fourrier[4], marchait devant les rangs, tenant sa liste à la main, et lisant à la lueur d'un bout de chandelle planté dans le canon de son fusil comme dans un flambeau; il faisait paisiblement l'appel. Je m'appuyai contre un arbre, et le chirurgien-major vint me bander le front. Une large pluie de mars tombait sur ma tête et me faisait quelque bien. Je ne pus m'empêcher de pousser un profond soupir :

– Je suis las de la guerre, dis-je au chirurgien.

– Et moi aussi, dit une voix grave que je connaissais.

Je soulevai le bandage de mes sourcils, et je vis, non pas Napoléon empereur, mais Bonaparte soldat. Il était seul, triste, à pied, debout devant moi, ses bottes enfoncées dans la boue, son habit déchiré, son chapeau ruisselant la pluie par les bords ; il sentait ses derniers jours venus, et regardait autour de lui ses derniers soldats.

Il me considérait attentivement. « Je t'ai vu quelque part, dit-il, grognard[5] ? »

À ce dernier mot, je sentis qu'il ne me disait là qu'une phrase banale, je savais que j'avais vieilli de visage plus que d'années, et que fatigues, moustaches et blessures me déguisaient assez.

– Je vous ai vu partout, sans être vu, répondis-je.

– Veux-tu de l'avancement ?

Je dis : « Il est bien tard. »

Il croisa les bras un moment sans répondre, puis :

– Tu as raison, va, dans trois jours, toi et moi nous quitterons le service.

Il me tourna le dos et remonta sur son cheval, tenu à quelques pas. En ce moment, notre tête de colonne avait attaqué et l'on nous lançait des obus. Il en tomba un devant le front de ma compagnie, et quelques hommes se jetèrent en arrière, par un premier mouvement dont ils eurent honte. Bonaparte s'avança seul vers l'obus qui brûlait et fumait devant son cheval, et lui fit flairer cette fumée. Tout se tut et resta sans mouvement ; l'obus éclata et n'atteignit personne. Les grenadiers sentirent la leçon terrible qu'il leur donnait ; moi j'y sentis de plus quelque chose qui tenait du désespoir. La France lui manquait, et il avait douté un instant de ses vieux braves. Je me trouvai trop vengé de lui et trop puni de ses fautes par un si grand abandon. Je me levai avec effort, et, m'approchant de lui, je pris et serrai la main qu'il tendait à plusieurs d'entre nous. Il ne me reconnut point, mais ce fut pour moi une réconciliation tacite entre le plus obscur et le plus illustre des hommes de notre siècle.

Alfred de Vigny,
Servitude et Grandeur militaires, 1835.

1. **mes grenadiers** : les soldats sous les ordres du narrateur, le capitaine Renaud, qui viennent de massacrer des soldats de l'armée russe.

2. **pierre à feu** : caillou qu'on frappe contre le fusil pour faire feu.

3. **batterie** : endroit où sont réunies les pièces d'artillerie.

4. **fourrier** : sous-officier chargé des vivres et des vêtements.

5. **grognard** : surnom donné par Napoléon à ses soldats.

1. **Relevez les détails qui mettent en évidence chez les soldats l'habitude du danger et des combats. Quels sentiments le narrateur exprime-t-il ?**

2. **Étudiez le portrait de l'empereur : son apparition, son apparence, ses propos (l. 10 à 23). Sur quels procédés la dramatisation de ce portrait repose-t-elle ?**

3. **En quoi cet extrait fait-il à la fois l'éloge de Napoléon et le blâme de la guerre ?**

4. NOTION. **Retrouvez dans cet extrait les caractéristiques du récit historique. Quelle vision de l'Empire Vigny expose-t-il ?**

NOTION

Le récit historique

Le roman historique mêle à la fiction des personnages historiques qui jouent un rôle essentiel dans le déroulement du récit. Il est pour le lecteur un moyen de distraction et de connaissance du passé. Il est pour l'auteur l'occasion d'interpréter l'histoire et d'exprimer sa conception du monde.

MUSSET

Nom et prénom : **de Musset, Alfred**

Naissance : **11 décembre 1810, à Paris**

Décès : **2 mai 1857, à Paris**

Alfred de Musset passe une enfance heureuse dans une famille imprégnée de littérature et de philosophie. Après une scolarité brillante au lycée Henri IV, il commence puis abandonne des études de droit et de médecine. Jeune dandy, Musset mène une vie mondaine et amoureuse, fréquentant les cercles romantiques. Il publie en 1829 son premier volume de vers. Après l'échec de sa pièce, *La Nuit vénitienne*, sifflée par le public, il décide de ne plus écrire que des pièces destinées à être lues, qu'il rassemble sous le titre de *Un spectacle dans un fauteuil*. Il rencontre l'écrivain George Sand et connaît avec elle une passion intense et orageuse, qui nourrira toute son œuvre. Séparé d'elle, il multiplie les liaisons et les abus, et manifeste un sentiment d'amertume et de désillusion, qu'on retrouve dans ses poèmes *Les Nuits*. Sa santé se dégrade. Reçu à l'Académie française en 1852, Musset termine sa vie dans l'inaction. Il meurt à l'âge de quarante-sept ans, dans la solitude, au milieu de l'indifférence générale.

Auteur de pièces de théâtre : *La Nuit vénitienne* (1830), *Les Caprices de Marianne* (1833), *Fantasio* (1834), *Lorenzaccio* (1834), *On ne badine pas avec l'amour* (1834) ; de poèmes : *Rolla* (1833), *La Nuit de mai, La Nuit de décembre* (1835) ; d'un récit autobiographique : *Les Confessions d'un enfant du siècle* (1836).

MUSSET, POÈTE DE LA NUIT

Dans ses comédies comme dans ses drames, Musset, qui se libère des règles de la dramaturgie classique, crée des personnages complexes habités de tensions contradictoires. À la fois débauchés et idéalistes, ses héros apparaissent comme profondément humains : Octave dans *Les Caprices de Marianne*, Lorenzo dans *Lorenzaccio* sont les doubles de Musset lui-même. On retrouve cette dimension autobiographique dans sa poésie : *Les Nuits* expriment son expérience de la solitude et de la douleur. Au cœur de la nuit, le poète est confronté à cet autre « moi » ténébreux et secret qui est en lui. Le poète romantique va ainsi à la rencontre du mystère en poursuivant son idéal de sincérité.

Objet d'étude Le théâtre : les genres et registres (le comique et le tragique)

1833

Les Caprices de Marianne

Dans *Les Caprices de Marianne*, Cœlio est amoureux de la belle Marianne, épouse du grotesque juge Claudio. Celui-ci, jaloux et soupçonneux, multiplie les précautions, avec l'aide de son serviteur Tibia, contre les manœuvres du jeune homme et de son confident Octave.

CLAUDIO. – Es-tu mon fidèle serviteur ? mon valet de chambre dévoué ? Apprends que j'ai à me venger d'un outrage.

TIBIA. – Vous, monsieur !

CLAUDIO. – Moi-même, puisque ces impudentes guitares ne cessent de murmurer sous les fenêtres de ma femme. Mais, patience ! tout n'est pas fini. – Écoute un peu de ce côté-ci : voilà du monde qui pourrait nous entendre. Tu m'iras chercher ce soir le spadassin[1] que je t'ai dit.

TIBIA. – Pour quoi faire ?

CLAUDIO. – Je crois que Marianne a des amants.

1. **spadassin** : homme armé d'une épée, aux gages de quelqu'un.

2. **entremetteuses** : femmes servant d'intermédiaires pour des mariages ou des liaisons amoureuses.

3. **poterne** : porte cachée.

4. **trame** : machination.

5. **Eldorado** : pays imaginaire, lieu d'abondance et de délices.

Tibia. – Vous croyez, monsieur ?

Claudio. – Oui ; il y a autour de ma maison une odeur d'amants ; personne ne passe naturellement devant ma porte ; il y pleut des guitares et des entremetteuses[2].

Tibia. – Est-ce que vous pouvez empêcher qu'on donne des sérénades à votre femme ?

Claudio. – Non ; mais je puis poster un homme derrière la poterne[3] et me débarrasser du premier qui entrera.

Tibia. – Fi ! votre femme n'a pas d'amants. – C'est comme si vous disiez que j'ai des maîtresses.

Claudio. – Pourquoi n'en aurais-tu pas, Tibia ? Tu es fort laid, mais tu as beaucoup d'esprit.

Tibia. – J'en conviens, j'en conviens.

Claudio. – Regarde, Tibia, tu en conviens toi-même ; il n'en faut plus douter, et mon déshonneur est public.

Tibia. – Pourquoi public ?

Claudio. – Je te dis qu'il est public.

Tibia. – Mais, monsieur, votre femme passe pour un dragon de vertu dans toute la ville ; elle ne voit personne, elle ne sort de chez elle que pour aller à la messe.

Claudio. – Laisse-moi faire. – Je ne me sens pas de colère après tous les cadeaux qu'elle a reçus de moi. – Oui, Tibia, je machine en ce moment une épouvantable trame[4], et je me sens prêt à mourir de douleur.

Tibia. – Oh ! que non.

Claudio. – Quand je te dis quelque chose, tu me ferais plaisir de le croire.

Ils sortent.

Cœlio, *rentrant.* – Malheur à celui qui, au milieu de la jeunesse, s'abandonne à un amour sans espoir ! Malheur à celui qui se livre à une douce rêverie, avant de savoir où sa chimère le mène, et s'il peut être payé de retour ! Mollement couché dans une barque, il s'éloigne peu à peu de la rive ; il aperçoit au loin des plaines enchantées, de vertes prairies et le mirage léger de son Eldorado[5]. Les vents l'entraînent en silence, et quand sa réalité le réveille, il est aussi loin du but où il aspire que du rivage qu'il a quitté ; il ne peut plus ni poursuivre sa route ni revenir sur ses pas. *(On entend un bruit d'instruments.)* Quelle est cette mascarade ? N'est-ce pas Octave que j'aperçois ?

Alfred de Musset, *Les Caprices de Marianne*,
Acte I, scène 1, 1833.

1. En quoi les personnages de Claudio et de Tibia constituent-ils des personnages-types ?

2. Retrouvez dans cet extrait les caractéristiques d'une scène d'exposition. Quels sont les indices qui annoncent un drame à venir ?

3. Étudiez le monologue de Cœlio. Pourquoi peut-on parler de lyrisme amoureux ?

4. Analysez l'image développée de la ligne 33 à ligne 39. Montrez que Cœlio incarne le héros romantique.

5. NOTION. Étudiez l'opposition de registres entre les répliques de Claudio et de Tibia, et le monologue de Cœlio. En quoi cette scène obéit-elle à la définition du drame romantique ?

NOTION

Le mélange des registres : le cocasse et le lyrique

Le drame romantique crée une atmosphère particulière dans laquelle genres et registres théâtraux se mêlent. La comédie et la tragédie, le burlesque et le lyrisme se retrouvent dans la même scène, voire au cœur d'un même personnage.

1835

La Nuit de décembre

Dans les quatre poèmes qui constituent le cycle des *Nuits*, Alfred de Musset livre ses expériences et ses émotions. Il dialogue avec la femme aimée, exprime son appétit devant la vie ou confie ses souffrances. Le poète rapporte ainsi l'expérience du double dans *La Nuit de décembre*.

Du temps que j'étais écolier,
Je restais un soir à veiller
Dans notre salle solitaire.
Devant ma table vint s'asseoir
Un pauvre enfant vêtu de noir,
Qui me ressemblait comme un frère.

Son visage était triste et beau :
À la lueur de mon flambeau,
Dans mon livre ouvert il vint lire.
Il pencha son front sur sa main,
Et resta jusqu'au lendemain,
Pensif, avec un doux sourire.

Comme j'allais avoir quinze ans
Je marchais un jour, à pas lents,
Dans un bois, sur une bruyère.
Au pied d'un arbre vint s'asseoir
Un jeune homme vêtu de noir,
Qui me ressemblait comme un frère.

Je lui demandai mon chemin ;
Il tenait un luth[1] d'une main,
De l'autre un bouquet d'églantine.
Il me fit un salut d'ami,
Et, se détournant à demi,
Me montra du doigt la colline.

À l'âge où l'on croit à l'amour,
J'étais seul dans ma chambre un jour,
Pleurant ma première misère.
Au coin de mon feu vint s'asseoir
Un étranger vêtu de noir,
Qui me ressemblait comme un frère.

Il était morne et soucieux ;
D'une main il montrait les cieux,
Et de l'autre il tenait un glaive[2].
De ma peine il semblait souffrir,
Mais il ne poussa qu'un soupir,
Et s'évanouit comme un rêve.

1. **le luth** : instrument de musique à cordes, qui symbolise le poète.
2. **le glaive** : épée, dans le langage poétique.
3. **pourpre** : étoffe teinte en rouge, en usage chez les Romains.
4. **un myrte** : plante de Vénus, déesse de l'amour.
5. **débile** : faible, malade.

À l'âge où l'on est libertin,
Pour boire un toast en un festin,
Un jour je soulevais mon verre.
En face de moi vint s'asseoir
Un convive vêtu de noir,
Qui me ressemblait comme un frère.

Il secouait sous son manteau
Un haillon de pourpre[3] en lambeau,
Sur sa tête un myrte[4] stérile.
Son bras maigre cherchait le mien,
Et mon verre, en touchant le sien,
Se brisa dans ma main débile[5].

Un an après, il était nuit ;
J'étais à genoux près du lit
Où venait de mourir mon père.
Au chevet du lit vint s'asseoir
Un orphelin vêtu de noir,
Qui me ressemblait comme un frère.

Ses yeux étaient noyés de pleurs ;
Comme les anges de douleurs,
Il était couronné d'épine ;
Son luth à terre était gisant,
Sa pourpre de couleur de sang,
Et son glaive dans sa poitrine.

Je m'en suis si bien souvenu,
Que je l'ai toujours reconnu
À tous les instants de ma vie.
C'est une étrange vision,
Et cependant, ange ou démon,
J'ai vu partout cette ombre amie.

Alfred de Musset, *La Nuit de décembre* (extrait), 1835.

1. Opérez le découpage du récit mis en place par le poème et donnez un titre à chaque partie.

2. Étudiez et commentez les différentes variantes du refrain. Quelle progression mettent-elles en phase ?

3. Que symbolisent les objets qui accompagnent l'apparition du double ? Expliquez les références à l'Antiquité.

4. Quelle image Musset donne-t-il de lui-même dans ce poème ? Confrontez-la à celle du double qui apparaît de manière régulière.

5. NOTION. Montrez que la progression du poème, à travers la présence du double, affirme la présence de plus en plus insistante de la mort.

6. En quoi ce texte s'inscrit-il dans le mouvement romantique ? Comparez l'image du poète donné par Musset avec celle de René (p. 285) et celle du héros-narrateur de la nouvelle « Sylvie » (p. 326).

NOTION

Le thème du double

La littérature explore les formes d'apparition du double. Celui-ci peut représenter l'opposition du bien et du mal à l'intérieur d'un personnage. Souvent présent dans le registre fantastique, le double peut également constituer une apparition maléfique qui annonce la proximité de la folie ou de la mort.

SUE

Nom et prénom : **Sue, Eugène**

Naissance : **10 décembre 1804, à Paris**

Décès : **3 août 1857, à Annecy**

Auteur de romans-feuilletons, dont : *Les Mystères de Paris* (1842-1843), *Les Mystères du peuple* (1849-1857).

Fils de médecin, Eugène Sue est lui-même chirurgien à bord d'un vaisseau de la Marine royale. L'héritage paternel lui laisse cependant le loisir d'écrire. Eugène Sue est alors célèbre dans Paris pour son élégance, son dandysme et son goût des chevaux. Il publie d'abord des romans maritimes, *Kernoch le pirate* en 1830, *Atar-Gull* en 1831. Après des romans de mœurs et des romans historiques, l'écrivain connaît un immense succès avec ses deux grands romans-feuilletons, *Les Mystères de Paris* en 1842, et *Le Juif errant* en 1845. Grand bourgeois converti aux doctrines socialistes, Eugène Sue est élu député en 1848. Après le coup d'État de Louis-Napoléon Bonaparte, en 1851, fidèle à ses convictions, il s'exile. La vaste fresque des *Mystères du peuple* est ainsi interdite à sa parution, en 1856, un an avant sa mort.

EUGÈNE SUE ET LE TRIOMPHE DU ROMAN-FEUILLETON

Parus de juin 1842 à octobre 1843 dans *Le Journal des débats*, *Les Mystères de Paris* comprennent cent quarante-sept feuilletons donnés quotidiennement par Eugène Sue. Le feuilletonniste révèle ainsi à ses lecteurs la misère du peuple. Il met en scène une multitude de personnages qui hantent les bas-fonds parisiens : mendiants, hors-la-loi, voleurs et assassins témoignent de la lutte incessante des forces du bien et du mal. Le romancier multiplie les rebondissements, tenant son lecteur en haleine par le sens du suspense et des situations cruelles et pathétiques. Habité par une sensibilité généreuse, Eugène Sue prend peu à peu fait et cause pour les misérables qui habitent ses romans. Sa popularité est considérable, comme en témoignent les centaines de lettres que lui envoient ses lecteurs.

Objet d'étude Le récit : le roman ou la nouvelle

1842-1843

Les Mystères de Paris

À travers les aventures du prince Rodolphe, justicier qui parcourt les bas-fonds de Paris, *Les Mystères de Paris* présentent une galerie de personnages pittoresques et inquiétants, dont l'un des plus cruels est le Maître d'école. Ce redoutable chef de bande, aveugle, guidé par le jeune Tortillard, demande l'hospitalité dans une ferme des environs de Paris, pour y préparer un enlèvement.

Le Maître d'école et Tortillard restaient à la porte de la cuisine, n'osant pas avancer.

Enveloppé d'un manteau bleu à collet de fourrure, son chapeau enfoncé sur le bonnet noir qui lui cachait presque entièrement le front, le brigand tenait la main de Tortillard, qui se pressait contre lui en regardant les paysans avec défiance ; l'honnêteté de ces physionomies déroutait et effrayait presque le fils de Bras-Rouge[1].

Les natures mauvaises ont aussi leurs répulsions et leurs sympathies.

Les traits du Maître d'école étaient si hideux, que les habitants de la ferme restèrent un instant frappés, les uns de dégoût, les autres d'effroi. Cette impression n'échappa pas à Tortillard ; la frayeur des paysans le rassura, il fut fier de l'épouvante qu'inspirait son compagnon. Ce premier mouvement passé, le père Châtelain, ne songeant qu'à remplir les devoirs de l'hospitalité, dit au Maître d'école :

– Mon brave homme, avancez près du feu, vous vous réchaufferez d'abord. Vous souperez ensuite avec nous, car vous arrivez au moment où nous allions nous mettre à table. Tenez, asseyez-vous là. Mais à quoi ai-je la tête ! ajouta le père Châtelain ; ce n'est pas à vous, mais à votre fils que je dois m'adresser, puisque, malheureusement, vous êtes aveugle. Voyons, mon enfant, conduis ton père auprès de la cheminée.

– Oui, mon bon monsieur, répondit Tortillard d'un ton nasillard, patelin[2] et hypocrite ; que le bon Dieu vous rende votre bonne charité !... Suis-moi, pauvre papa, suis-moi, prends bien garde.

Et l'enfant guida les pas du brigand.

Tout deux arrivèrent près de la cheminée.

D'abord, Lysandre[3] gronda sourdement ; mais, ayant flairé un instant le Maître d'école, il poussa tout à coup cette sorte d'aboiement lugubre qui fait dire communément que les chiens hurlent à la mort.

– Enfer ! se dit le Maître d'école. Est-ce donc le sang qu'ils flairent, ces maudits animaux ? J'avais ce pantalon-là pendant la nuit de l'assassinat du marchand de bœufs...

– Tiens, c'est étonnant, dit tout bas Jean-René, le vieux Lysandre qui hurle à la mort en sentant le bonhomme !

Alors il arriva une chose étrange.

Les cris de Lysandre étaient si perçants, si plaintifs, que les autres chiens l'entendirent (la cour de la ferme n'étant séparée de la cuisine que par une fenêtre vitrée), et selon l'habitude de la race canine, ils répétèrent à l'envi[4] ces gémissements lamentables.

Quoique peu superstitieux, les métayers[5] s'entre-regardèrent avec effroi.

En effet, ce qui se passait était singulier.

Un homme qu'ils n'avaient pu envisager sans horreur entrait dans la ferme. Alors des animaux jusqu'alors paisibles devenaient furieux et jetaient ces clameurs sinistres qui, selon les croyances populaires, prédisent les approches de la mort.

Eugène Sue, *Les Mystères de Paris*, 1842-1843.

1. **le fils de Bras-Rouge** : Tortillard, qui sert de guide au Maître d'école.
2. **patelin** : qui trompe par des paroles douces et flatteuses.
3. **Lysandre** : le chien de la ferme.
4. **à l'envi** : à qui mieux mieux.
5. **les métayers** : les fermiers.

1. **Relevez le réseau lexical de la peur dans cet extrait. Quelle atmosphère cette présence donne-t-elle au récit ?**

2. **Étudiez comment l'auteur, à travers l'opposition de deux groupes de personnages, met en scène l'affrontement du bien et du mal.**

3. **Commentez les interventions du narrateur, en montrant qu'il apparaît comme un narrateur omniscient.**

4. **Montrez comment l'omniprésence de la déchéance physique et de la mort inscrit le texte dans le registre pathétique.**

5. NOTION. **Relevez et commentez les procédés mis en œuvre par l'auteur pour dramatiser le récit.**

NOTION

Les procédés du roman-feuilleton

Le romancier amplifie l'émotion du lecteur en créant des situations et des personnages qui inspirent les sentiments de terreur ou de pitié. Le roman-feuilleton multiplie les procédés de l'exagération, parfois jusqu'à la caricature, qui permettent de tenir le lecteur en haleine.

DUMAS

Nom et prénom : **Dumas Davy de La Pailleterie, Alexandre**

Naissance : **24 juillet 1802 à Villers-Cotterêts, dans l'Aisne**

Décès : **5 décembre 1870, à Puys, près de Dieppe**

Le père d'Alexandre Dumas, général d'Empire, meurt en 1806 en laissant sa famille sans ressources. Après ses études, Alexandre est contraint de gagner sa vie comme employé de bureau à Paris. Mais il se consacre surtout à l'écriture et attend du théâtre gloire et richesse. Son premier drame historique, *Henri III et sa cour,* connaît un grand succès. Gérard de Nerval lui présente alors Auguste Maquet, qui souhaite écrire les mémoires de d'Artagnan. La collaboration des deux hommes leur permettra de publier de nombreux romans populaires, que Dumas signe seul. Cette collaboration dure quinze ans et s'achève par un procès. Cependant, Dumas fait construire le Théâtre historique pour y représenter les adaptations de ses romans. Il fonde deux journaux qui font faillite, tout comme son théâtre. Ruiné, il quitte Paris. En 1858, il entreprend un voyage en Russie, rejoint Garibaldi en Italie, devient bibliothécaire puis marchand d'armes. Il meurt en 1870 après avoir lancé en vain un nouveau journal. En 2002, ses cendres sont transférées au Panthéon.

Auteur de pièces de théâtre, dont : *Henri III et sa cour* (1829), *Antony* (1831); de romans, dont : *Les Trois Mousquetaires* (1844), *Le Comte de Monte-Cristo* (1844), *Vingt ans après* (1845), *La Reine Margot* (1845), *Le Chevalier de Maison-Rouge* (1845), *Le Vicomte de Bragelonne* (1848), *La Tulipe noire* (1850).

LE MAÎTRE DU ROMAN HISTORIQUE

Aux yeux des écrivains romantiques, Vigny, Hugo et Dumas, le roman historique est une forme moderne de l'épopée. Les héros de Dumas, d'Artagnan, le comte de Monte-Cristo, le chevalier de Maison-Rouge, auquel Dumas laisse une large place, rejoignent ainsi la légende. La liberté que prend Dumas avec l'Histoire, son sens de l'action et des rebondissements, l'imposent comme le maître du genre. Mais c'est surtout l'art du dialogue qui caractérise ses romans. C'est en effet le dialogue qui, comme au théâtre, fait progresser l'intrigue, c'est à travers lui que les personnages se révèlent. La publication préalable des romans en feuilleton explique cette technique narrative qui, jour après jour, tient le lecteur en haleine.

Objet d'étude Le roman et ses personnages : visions de l'homme et du monde

1844 — Les Trois Mousquetaires

Dumas raconte dans *Les Trois Mousquetaires* les aventures du jeune d'Artagnan qui cherche à s'enrôler dans la compagnie des mousquetaires du roi. Il fait ainsi la rencontre d'Athos, Porthos et Aramis, et affronte à leurs côtés les gardes du cardinal de Richelieu, rivaux des mousquetaires.

« Ils sont cinq, dit Athos à demi-voix, et nous ne sommes que trois; nous serons encore battus, et il nous faudra mourir ici, car je le déclare, je ne reparais pas vaincu devant le capitaine. »

Alors Porthos et Aramis se rapprochèrent à l'instant les uns des autres, pendant que Jussac[1] alignait ses soldats.

Ce seul moment suffit à d'Artagnan pour prendre son parti : c'était là un de ces événements qui décident de la vie d'un homme, c'était un choix à faire entre le roi et le cardinal; ce choix fait, il allait y persévérer. Se battre, c'est-à-dire désobéir à la loi[2], c'est-à-dire risquer sa tête, c'est-à-dire se faire d'un seul coup l'ennemi d'un ministre plus puissant que le roi lui-même : voilà ce qu'entrevit le jeune homme, et, disons-le à sa louange, il n'hésita point une seconde. Se tournant donc vers Athos et ses amis :

« Messieurs, dit-il, je reprendrai, s'il vous plaît, quelque chose à vos paroles. Vous avez dit que vous n'étiez que trois, mais il me semble, à moi, que nous sommes quatre.

– Mais vous n'êtes pas des nôtres, dit Porthos.

– C'est vrai, répondit d'Artagnan ; je n'ai pas l'habit, mais j'ai l'âme. Mon cœur est mousquetaire, je le sens bien, monsieur, et cela m'entraîne.

– Écartez-vous, jeune homme, cria Jussac, qui sans doute à ses gestes et à l'expression du visage, avait deviné le dessein de d'Artagnan. Vous pouvez vous retirer, nous y consentons. Sauvez votre peau ; allez vite. »

D'Artagnan ne bougea point.

« Décidément vous êtes un joli garçon, dit Athos en serrant la main du jeune homme.

– Allons ! allons ! prenons un parti, reprit Jussac.

– Voyons, dirent Porthos et Aramis, faisons quelque chose.

– Monsieur est plein de générosité », dit Athos.

Mais tous trois pensaient à la jeunesse de d'Artagnan et redoutaient son inexpérience.

« Nous ne serons que trois, dont un blessé, plus un enfant[3], reprit Athos, et l'on n'en dira pas moins que nous étions quatre hommes.

– Oui, mais reculer ! dit Porthos.

– C'est difficile », reprit Athos.

D'Artagnan comprit leur irrésolution.

« Messieurs, essayez-moi toujours, dit-il, et je vous jure sur l'honneur que je ne veux pas m'en aller d'ici si nous sommes vaincus.

– Comment vous appelle-t-on, mon brave ? dit Athos.

– D'Artagnan, monsieur.

– Eh bien, Athos, Porthos, Aramis et d'Artagnan, en avant ! »

Alexandre Dumas, *Les Trois Mousquetaires*, 1844.

1. **Jussac** : capitaine des gardes du cardinal.

2. **la loi** : l'édit du cardinal de Richelieu qui interdit les duels.

3. **un blessé, plus un enfant** : Athos, qui est tombé dans une embuscade, et d'Artagnan, âgé de dix-huit ans.

1. Quelles valeurs Athos, Porthos et Aramis incarnent-ils ? Comment doit-on comprendre la phrase de d'Artagnan : « Mon cœur est mousquetaire » ?

2. En quoi l'attitude de Jussac s'oppose-t-elle à celle des mousquetaires ?

3. Montrez qu'Athos apparaît ici comme celui qui domine le groupe.

4. Comment Dumas entraîne-t-il l'enthousiasme du lecteur ? En quoi la dernière ligne de l'extrait correspond-elle aux exigences d'une publication en feuilleton ?

5. NOTION. Relevez et commentez ce qui, dans ce passage, révèle en d'Artagnan le véritable héros du roman d'Alexandre Dumas.

NOTION

La naissance du héros

Le développement de l'intrigue permet au héros du roman d'aventures de se révéler tout d'un coup, à un moment-clé du roman. Ses gestes, ses paroles, ses pensées montrent en lui un être à part, qui incarne les valeurs de courage, d'adresse et de fidélité.

MÉRIMÉE

Nom et prénom : **Mérimée, Prosper**

Naissance : **27 septembre 1803, à Paris**

Décès : **23 septembre 1870, à Cannes**

Enfant, à Paris, Mérimée nourrit sa rêverie des récits fantastiques que lui raconte son père, artiste peintre. Sa mère, au contraire, montre un caractère austère. Lycéen, Mérimée se passionne pour les sciences occultes. Après le baccalauréat, il suit des études de droit et devient avocat en 1825. Ami de Stendhal, il est rapidement connu dans les salons. Une mystification lui assure un premier succès en 1825 : Mérimée, en effet, est lui-même l'auteur du *Théâtre de Clara Gazul* qu'il affirme avoir traduit de l'espagnol. Il écrit un roman historique, *Chronique du règne de Charles IX,* et publie des nouvelles. Nommé en 1834 inspecteur des Monuments historiques, Mérimée sauve de la ruine de nombreux monuments laissés à l'abandon. Il devient le familier de l'impératrice Eugénie, voyage beaucoup et apprend le russe. Mais cette effervescence est freinée par la maladie. Mérimée décède à Cannes à l'âge de soixante-sept ans.

Auteur de nouvelles, dont : *L'Enlèvement de la redoute* (1829), *Mateo Falcone* (1830), *Les Âmes du Purgatoire* (1834), *La Vénus d'Ille* (1837), *Colomba* (1840), *Carmen* (1845); de récits documentaires, dont : *Notes de voyages* (de 1835 à 1840).

LE MAÎTRE DE LA NOUVELLE

C'est dans ses nouvelles, qu'il fait d'abord paraître en revue, que Mérimée affirme tout son talent. Il inscrit la nouvelle dans un registre réaliste où parfois le fantastique fait irruption, comme dans *La Vénus d'Ille*, en 1837. Ses récits jouent souvent du pittoresque : *Mateo Falcone* et *Colomba* se déroulent en Corse, *Lokis* est une histoire slave, l'action de *Carmen* se situe dans le décor de l'Espagne andalouse. L'art de la concision, la sobriété et la rigueur de son écriture font de Mérimée le maître d'un genre dans lequel s'illustrera également Guy de Maupassant. Avec *Carmen*, en 1845, Mérimée crée un personnage rendu mythique grâce à l'opéra de Bizet en 1873, et à ses nombreuses adaptations théâtrales et cinématographiques.

Objet d'étude Le récit : le roman ou la nouvelle

1845 — Carmen

D'origine basque, brigadier de la garde, don José est chargé d'arrêter Carmen, qu'il emmène en prison. Il cède cependant au charme de la belle bohémienne, pour laquelle il deviendra ensuite bandit de grand chemin, en la laissant s'échapper.

En ce moment nous passions devant une de ces ruelles étroites comme il y en a tant à Séville. Tout à coup Carmen se retourne et me lance un coup de poing dans la poitrine. Je me laissai tomber exprès à la renverse. D'un bond, elle saute par-dessus moi et se met à courir en nous montrant une paire de jambes !…

On dit jambes de Basque : les siennes en valaient bien d'autres… aussi vite que bien tournées. Moi, je me relève aussitôt ; mais je mets ma lance en travers, de façon à barrer la rue, si bien que, de prime abord, les camarades furent arrêtés au moment de la poursuite. Puis je me mis moi-même à courir, et eux après moi ; mais l'atteindre ! Il n'y avait pas de risque, avec nos éperons, nos sabres et nos lances ! En moins de temps que je n'en mets à vous le dire, la prisonnière avait disparu. D'ailleurs, toutes les commères[1] du quartier favorisaient sa fuite, et se moquaient de nous, et nous indiquaient la fausse voie. Après plusieurs marches et contre-marches, il fallut nous en revenir au corps de garde sans un reçu du gouverneur de la prison.

Mes hommes, pour n'être pas punis, dirent que Carmen m'avait parlé en basque ; et il ne paraissait pas trop naturel, pour dire la vérité, qu'un coup de poing d'une tant petite fille eût terrassé si facilement un gaillard de ma force. Tout cela parut louche ou plutôt clair. En descendant la garde, je fus dégradé et envoyé pour un mois à la prison. C'était ma première punition depuis que j'étais au service. Adieu les galons de maréchal de logis que je croyais déjà tenir !

Mes premiers jours de prison se passèrent fort tristement. En me faisant soldat, je m'étais figuré que je deviendrais tout au moins officier. Longa, Mina, mes compatriotes, sont bien capitaines généraux ; Chapalangarra, qui est un négro[2] comme Mina, et réfugié comme lui dans votre pays, Chapalangarra était colonel, et j'ai joué à la paume[3] vingt fois avec son frère, qui était un pauvre diable comme moi. Maintenant je me disais : « Tout le temps que tu as servi sans punition, c'est du temps perdu. Te voilà mal noté : pour te remettre bien dans l'esprit des chefs, il te faudra travailler dix fois plus que lorsque tu es venu comme conscrit[4] ! Et pourquoi me suis-je fait punir ? Pour une coquine de bohémienne qui s'est moquée de moi, et qui, dans ce moment, est à voler dans quelque coin de la ville. » Pourtant je ne pouvais m'empêcher de penser à elle. Le croiriez-vous, monsieur ? ses bas de soie troués qu'elle me faisait voir tout en plein en s'enfuyant, je les avais toujours devant les yeux. Je regardais par les barreaux de la prison dans la rue, et, parmi toutes les femmes qui passaient, je n'en voyais pas une seule qui valût cette diable de fille-là. Et puis, malgré moi, je sentais la fleur de cassie[5] qu'elle m'avait jetée, et qui, sèche, gardait toujours sa bonne odeur… S'il y a des sorcières, cette fille-là en était une !

Prosper Mérimée, *Carmen*, 1845.

1. **les commères** : femmes curieuses et bavardes.
2. **négro** : d'origine basque, au teint sombre et cuivré.
3. **paume** : jeu de paume, semblable à la pelote basque.
4. **conscrit** : soldat.
5. **cassie** : arbre tropical, qu'on appelle aussi cassier.

1. Relevez les traits caractéristiques de Carmen dans cet extrait.

2. Comment Carmen séduit-elle don José ?

3. Analysez la fin de l'extrait (l. 29 à 34). Qu'est-ce qui selon vous explique la dimension mythique que prendra le personnage ?

4. Par quel stratagème don José aide-t-il Carmen à s'échapper ? Quelles seront pour lui les conséquences de ce geste ?

5. NOTION. Relevez et étudiez l'inscription du pittoresque dans ce passage.

6. Relevez la présence d'un destinataire dans le récit de don José. Pourquoi peut-on parler d'autobiographie imaginaire ?

NOTION

Le pittoresque

Les écrivains romantiques s'inspirent de leurs voyages pour nourrir le décor de leurs romans : l'Amérique chez Chateaubriand, l'Italie chez Stendhal, ou encore l'Espagne chez Mérimée. Le pittoresque est à la source de fictions originales qui permettent l'évasion du lecteur.

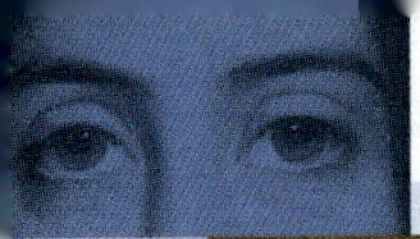

GEORGE SAND

Nom et prénom : **Dupin, Aurore**

Pseudonyme : **George Sand**

Naissance : **1 juillet 1804, à Paris**

Décès : **8 juin 1876, à Nohant**

Auteur de romans dont : *Lélia* (1833), *Consuelo* (1842), *La Mare au diable* (1846), *La Petite Fadette* (1849), *François le Champi* (1850) ; d'une œuvre autobiographique, *Histoire de ma vie* (1854-1855).

Fille d'un officier de l'armée napoléonienne mort d'une chute de cheval en 1808, Aurore Dupin est élevée par sa grand-mère à Nohant, dans le Berry, où elle vit une enfance libre et heureuse. Elle épouse à dix-huit ans le baron Dudevant, dont elle se sépare en 1831, après avoir eu deux enfants. Elle écrit alors, en collaboration avec Jules Sandeau, une nouvelle et deux romans. Habillée en homme et fumant la pipe, la romancière provoque le scandale.

Ses récits, *Indiana* en 1832, *Lélia* en 1833, publiés sous le pseudonyme de George Sand, expriment la révolte d'une conscience féministe et romantique. Elle noue avec Alfred de Musset puis Frédéric Chopin des liaisons tumultueuses et passionnées. Marquée par les idéaux humanitaires et socialistes, elle accueille avec enthousiasme la Révolution de 1848. Cependant, l'élection de Louis-Napoléon Bonaparte déçoit ses espérances : elle s'installe alors dans le domaine familial de Nohant, où elle poursuit le cycle de ses « romans champêtres ». Elle devient alors « la bonne dame de Nohant » et publie, en 1855, une autobiographie, *Histoire de ma vie*, à laquelle succéderont plus tard ses *Impressions et Souvenirs*.

GEORGE SAND ET LE ROMAN CHAMPÊTRE

George Sand décrit dans ses « romans champêtres » la campagne berrichonne de son enfance. *La Mare au Diable* en 1850, *François le champi* en 1848, *La Petite Fadette* en 1849 opposent un idéal de vie modeste et sincère au monde corrompu que représente Paris. Les paysans, dont ses romans rapportent les mœurs et le patois, ont su garder des valeurs de courage et d'honnêteté. Mais ce sont aussi les paysages rustiques et l'univers de la campagne, ses fêtes traditionnelles, ses superstitions et ses légendes, ses « contes de la veillée » que restitue la romancière. Elle crée ainsi une atmosphère bucolique où s'expriment des sentiments naturels comme la tendresse, la confiance et la simplicité, à l'opposé du mouvement réaliste dominant.

Objet d'étude Le récit : le roman ou la nouvelle

1847-1848

François le champi

Le « champi » est le surnom donné dans les campagnes à l'enfant trouvé. Mariée à un époux avare, la meunière Madeleine Blanchet se prend d'affection pour le petit François, rencontré au lavoir. Elle convient avec la Zabelle, qui élève l'enfant avec difficulté, de l'aide qu'elle va leur apporter.

« Cet enfant-là, voyez-vous, est d'un cœur comme on n'en trouve guère ; ça ne se plaint jamais, et c'est aussi soumis qu'un enfant de famille ; c'est tout le contraire des autres champis, qui sont terribles et tabâtres[1], et qui ont toujours l'esprit tourné vers la malice.

– Parce qu'on les rebute et parce qu'on les maltraite. Si celui-là est bon, c'est que vous êtes bonne pour lui, soyez-en assurée.

– C'est la vérité, reprit la Zabelle ; les enfants ont plus de connaissance qu'on ne croit. Tenez, celui-là n'est pas malin, et pourtant il sait très bien se rendre utile. Une fois que j'étais malade, l'an passé (il n'avait que cinq ans), il m'a soignée comme ferait une personne.

1. **tabâtre** : en patois du Berry, tapageur.

2. **quenouille** : bâton servant à filer le lin ou la soie.

3. **sa maison** : la chaumière que la Zabelle a louée au meunier.

4. **la pelle du moulin** : la vanne du moulin.

5. **folâtres** : vifs, sauvages.

6. **les amusettes** : les jeux.

7. **la vimère** : en patois du Berry, catastrophe qui s'abat sur les champs.

– Écoutez, dit la meunière : vous me l'enverrez tous les matins et tous les soirs, à l'heure où je donnerai la soupe à mon petit. J'en ferai trop, et il mangera le reste ; on n'y prendra pas garde.

– Oh ! c'est que je n'oserai pas vous le conduire, et, de lui-même, il n'aura jamais l'esprit de savoir l'heure.

– Faisons une chose. Quand la soupe sera prête, je poserai ma quenouille[2] sur le pont de l'écluse. Tenez, d'ici, ça se verra très bien. Alors, vous enverrez l'enfant avec un sabot dans la main, comme pour chercher du feu, et puisqu'il mangera ma soupe, toute la vôtre vous restera. Vous serez mieux nourris tous les deux.

– C'est juste, répondit la Zabelle. Je vois que vous êtes une femme d'esprit, et j'ai du bonheur d'être venue ici. On m'avait fait grand'peur de votre mari qui passe pour être un rude homme, et si j'avais pu trouver ailleurs, je n'aurais pas pris sa maison[3], d'autant plus qu'elle est mauvaise, et qu'il en demande beaucoup d'argent. Mais je vois que vous êtes bonne au pauvre monde, et que vous m'aiderez à élever mon champi. Ah ! si la soupe pouvait lui couper sa fièvre ! Il ne me manquerait plus que de perdre cet enfant-là ! C'est un pauvre profit, et tout ce que je reçois de l'hospice passe à son entretien. Mais je l'aime comme mon enfant, parce que je vois qu'il est bon, et qu'il m'assistera plus tard. Savez-vous qu'il est beau pour son âge, et qu'il sera de bonne heure en état de travailler ? »

C'est ainsi que François le champi fut élevé par les soins et le bon cœur de Madeleine la meunière. Il retrouva la santé très vite, car il était bâti, comme on dit chez nous, à chaux et à sable, et il n'y avait point de richard dans le pays qui n'eût souhaité avoir un fils aussi joli de figure et aussi bien construit de ses membres. Avec cela, il était courageux comme un homme ; il allait à la rivière comme un poisson, et plongeait jusque sous la pelle du moulin[4], ne craignant pas plus l'eau que le feu ; il sautait sur les poulains les plus folâtres[5] et les conduisait au pré sans même leur passer une corde autour du nez, jouant des talons pour les faire marcher droit, et les tenant aux crins pour sauter les fossés avec eux. Et ce qu'il y avait de singulier, c'est qu'il faisait tout cela d'une manière fort tranquille, sans embarras, sans rien dire, et sans quitter son air simple et un peu endormi.

Cet air-là était cause qu'il passait pour sot ; mais il n'en était pas moins vrai que s'il fallait dénicher des pies à la pointe du plus haut peuplier, ou retrouver une vache perdue bien loin de la maison, ou encore abattre une grive d'un coup de pierre, il n'y avait pas d'enfant plus hardi, plus adroit et plus sûr de son fait. Les autres enfants attribuaient cela au bonheur du sort, qui passe pour être le lot du champi dans ce bas monde. Aussi le laissaient-ils toujours passer le premier dans les amusettes[6] dangereuses.

– Celui-là, disaient-ils, n'attrapera jamais de mal parce qu'il est champi. Froment de semence craint la vimère[7] du temps ; mais folle graine ne périt point. »

George Sand, *François le champi*, 1847-1848.

1. À travers quels détails l'écrivain recrée-t-elle l'univers de la campagne ?

2. NOTION. Relevez et commentez l'utilisation du patois dans ce texte.

3. Quels sont les sentiments qui animent les deux femmes ? En quoi diffèrent-ils ?

4. Étudiez et commentez le portrait du « champi », de la ligne 29 à la ligne 44.

5. En vous appuyant sur la présentation de la vie de George Sand, étudiez l'inscription du biographique dans ce passage.

NOTION

Le patois dans le récit

Alors que l'argot constitue le langage de la société urbaine, celui de la pègre ou des faubourgs, le patois représente le langage des campagnes dans les diverses régions de France. En l'utilisant, l'écrivain cherche à produire un effet comique, une impression de réalité ou le sentiment du pittoresque.

LA LITTÉRATURE EN EUROPE

1800 1850

Partout en Europe, les écrivains défendent l'identité nationale à travers l'affirmation d'une langue littéraire qui exalte la liberté. On retrouve alors l'importance de l'Histoire ; on cherche l'origine des cultures populaires à travers les mythes, les chansons et les contes. Le romantisme inspire tous les arts, et fait battre un cœur nouveau.

La Grande-Bretagne

Dès la fin du XVIIIe siècle, peintres et écrivains expriment l'émergence d'une nouvelle sensibilité, jusqu'à ce qu'en 1812, la publication de *Childe Harold* fasse de Byron la figure dominante du mouvement romantique en Angleterre. On retrouve la même exaltation passionnée dans les œuvres poétiques de John Keats et de Percy Shelley, ou dans le roman d'épouvante de Mary Shelley, *Frankenstein* (1817). Mais le romantisme s'exprime aussi dans le roman historique, dont le plus grand représentant est Walter Scott, qui publie *Ivanhoé* en 1819. En 1847, *Les Hauts de Hurlevent*, d'Emily Brontë, apparaît comme la résurgence du romantisme, dont la vitalité diminue après 1830. En effet, c'est l'œuvre de Charles Dickens qui occupe alors le premier plan. Le réalisme du créateur de Mr Picwick, d'Oliver Twist et de David Copperfield lui permet de manifester son indignation devant les injustices et la misère engendrées par le capitalisme naissant.

Mary Shelley (1797-1851).

Oliver Twist, le héros de Dickens.

Ivanhoé (1819)

Avec son héros Ivanhoé, le preux chevalier qui accompagne Richard Cœur de Lion à la croisade, Walter Scott lance la vogue du roman historique, qui ravit partout en Europe un public avide d'évasion, de pittoresque, d'amour et d'aventure. De retour en Angleterre, amoureux de lady Rowena, aidé de la belle Rebecca, Ivanhoé aide le roi à lutter contre son frère Jean sans Terre, l'usurpateur. Tournois, batailles, vengeances, duels, fourberies rythment merveilleusement le récit, qui doit plus à l'imagination du romancier qu'à la vérité historique.

La lande, le décor envoûtant du roman *Les Hauts de Hurlevent* de Emily Brontë (1818-1848).

L'Allemagne

Commencée dans la seconde moitié du XVIIIe siècle, célébrée, admirée, l'œuvre de Goethe continue de dominer la littérature allemande. Mais le romantisme allemand s'exprime puissamment à travers les drames de Johann Tieck ou d'Heinrich von Kleist. En 1835, *La Mort de Danton*, inspirée de Shakespeare et de la Révolution française, fait de Georg Büchner l'un des plus grands dramaturges allemands de l'époque moderne. Installé à Paris, le poète Heinrich Heine écrit une œuvre émouvante et profonde, *Le Livre des chants* (1827-1844). Mais le romantisme cultive également le conte populaire : les frères Grimm écrivent ainsi leurs célèbres contes en 1812, tandis qu'Hoffmann publie ses textes fantastiques.

Cette vogue du conte se retrouve au Danemark, où Andersen commence la publication de ses recueils de contes à partir de 1835.

L'écrivain danois Hans Christian Andersen lisant une histoire à ses enfants.

La petite sirène imaginée par Andersen.

La Russie

Poète et dramaturge, romancier et historien, Alexandre Pouchkine, en peignant dans son œuvre « l'âme russe », apparaît aux yeux de ses contemporains comme l'incarnation du génie national. Le romantisme russe s'exprime également dans l'œuvre de Lermontov, tandis que les nouvelles pittoresques de Nicolas Gogol s'ouvrent au fantastique moderne, en mêlant le rêve et la réalité, la farce et le tragique, la caricature et l'angoisse de la mort.

Cependant, l'ensemble des nations opprimées se révoltent contre les grands empires – russe, turc ou autrichien. Sandor Petöfi en Hongrie, Adam Mickiewcz et Juliusz Slowacki en Pologne sont les représentants les plus illustres, souvent exilés, de cette littérature ardemment nationaliste.

Pouchkine (1799-1837)

Dandy, libertin, esprit frondeur, mauvais garçon, fêté ou méprisé dans les salons, flatté ou exilé par le pouvoir, mort en duel à l'âge de trente-huit ans, Pouchkine est une figure majeure de la littérature européenne. Refusant les conventions rhétoriques, créant un style simple, élégant dans sa précision, il débarrasse la langue russe de ses lourdeurs et de ses nombreux emprunts aux autres langues. Poèmes, romans, pièces de théâtre, l'écrivain multiplie les chefs-d'œuvre : *Boris Godounov* (1831), *Eugène Onéguine* (1833), *La Dame de pique* (1833), *La Fille du capitaine* (1836) témoignent de sa puissante capacité créatrice. L'œuvre de Pouchkine touche les lecteurs en explorant le thème du héros brisé dans son élan par la société et la douleur de l'amour impossible.

La peinture et la musique

Peinture

- Caspar David Friedrich, *Moine au bord de la mer*, 1809 (Allemagne)
- Francisco Goya, *La Fusillade du 3 mai 1808 (El tres de Mayo)*, 1814 (Espagne)
- John Constable, *La Charrette de foin*, 1821 (Grande-Bretagne)
- William Turner, *Pluie, vapeur et vitesse*, 1844 (Grande-Bretagne)

Musique

- Carl Maria von Weber, *Der Freischütz*, 1821 (Allemagne)
- Ludwig von Beethoven, *IXe Symphonie avec chœurs*, 1824 (Allemagne)
- Franz Schubert, *Le Voyage d'Hiver*, 1827 (Autriche)
- Gioacchino Rossini, *Guillaume Tell*, 1829 (Italie)
- Vincenzo Bellini, *Norma*, 1831 (Italie)
- Frédéric Chopin, *Études, opus 10*, 1833 (Pologne)
- Robert Schumann, *Carnaval*, 1835 (Allemagne)

Le récit : le roman ou la nouvelle

Nés au Moyen Âge, d'abord écrits en vers puis en prose, le roman ou la nouvelle montrent une grande diversité de thèmes et de constructions qui témoignent de la vitalité du genre romanesque.

LES MODES DE NARRATION

Le narrateur témoin ou personnage

Le narrateur est présent dans le récit qu'il raconte à la première personne. Il peut être témoin ou héros de l'action. C'est son point de vue qu'il livre au lecteur.

Le narrateur extérieur

Le narrateur est absent de l'histoire, qu'il raconte à la troisième personne. Sa présence se traduit à travers la focalisation, c'est-à-dire le point de vue qu'il adopte pour effectuer son récit.

- **La focalisation zéro.** Le récit se développe à travers la vision d'un narrateur omniscient qui connaît tous les éléments de l'intrigue, les sentiments et les secrets des personnages.
- **La focalisation externe.** Le récit se développe à travers la vision d'un observateur objectif qui porte un regard neutre sur l'action, en ne livrant au lecteur que les gestes et les paroles des personnages.
- **La focalisation interne.** Le récit se développe à travers le regard d'un personnage qui découvre les lieux, les êtres et les événements de l'action. La focalisation interne permet de passer du point de vue d'un personnage à celui d'un autre.

LES PERSONNAGES ET LE DÉVELOPPEMENT DE L'INTRIGUE

Les fonctions du personnage

Être fictif pourvu d'une identité, d'une situation sociale et familiale, le rôle du personnage varie dans le roman : le héros est le sujet d'une quête. Il rencontre des auxiliaires et des opposants, qui constituent les personnages secondaires de l'action.

La structure du récit

L'action romanesque se développe à travers cinq étapes successives : la situation initiale ; l'événement déclencheur ; les péripéties ; l'élément équilibrant qui rétablit une stabilité définitive ou provisoire ; la situation finale qui expose l'état, heureux ou malheureux, des personnages à la fin du récit.

LA REPRÉSENTATION DE L'ESPACE ET DU TEMPS

Le cadre du récit et le rôle de la description

Le cadre spatial fixe le lieu de l'action et en dresse le décor, au moyen de la description. Celle-ci donne au lecteur l'illusion de la réalité à travers la représentation des paysages et le portrait des personnages.

Le temps de la fiction et le temps de la narration

Le cadre temporel fixe l'époque de l'action et rapporte les événements selon l'ordre chronologique ou grâce à des retours en arrière ou des projections dans l'avenir. Le rythme du récit varie à travers la manière dont les événements sont rapportés : scène, sommaire, ellipse ou pause.

EXEMPLE

cadre spatio-temporel du récit

présentation des personnages

interventions du narrateur omniscient

Dans les premiers jours de l'an VIII, au commencement de vendémiaire, ou, pour se conformer au calendrier actuel, vers la fin du mois de septembre 1799, une centaine de paysans et un assez grand nombre de bourgeois, partis de Fougères pour se rendre à Mayenne, gravissaient la montagne de la Pèlerine, située à mi-chemin environ de Fougères à Ernée, petite ville où les voyageurs ont coutume de se reposer. Ce détachement, divisé en groupes plus ou moins nombreux, offrait une collection de costumes si bizarres et une réunion d'individus appartenant à des localités ou à des professions si diverses, qu'il ne sera pas inutile de décrire leurs différences caractéristiques pour donner à cette histoire les couleurs vives auxquelles on met tant de prix aujourd'hui.

Honoré de Balzac, *Les Chouans*, 1829.

SÉQUENCES

SÉQUENCE	PROBLÉMATIQUE	TEXTES
Le genre narratif bref : le fabliau, le conte, la nouvelle	Quelles sont les caractéristiques du genre narratif bref ? Quels sont les différents registres qui y sont représentés ?	– Anonyme, *Le Prudhomme qui sauva son compère*, p. 38. – Voltaire, *Zadig*, p. 222. – Nerval, *Les Filles du feu*, p. 326. – Mérimée, *Carmen*, p. 338. – Maupassant, « Qui sait ? », p. 401.
Les grandes étapes de l'histoire du roman	Du roman médiéval au roman contemporain, quelles sont les grandes œuvres qui marquent l'évolution du genre romanesque ?	– Chrétien de Troyes, *Yvain*, p. 28. – Rabelais, *Gargantua*, p. 64-66. – Mme de Lafayette, *La Princesse de Clèves*, p. 178. – Flaubert, *Madame Bovary*, p. 367-368. – Proust, *Du côté de chez Swann*, p. 427. – Céline, *Voyage au bout de la nuit*, p. 462. – Camus, *L'Étranger*, p. 478.
L'écriture du roman	Incipit, représentation de l'espace et du temps, description et portrait, structure de l'intrigue… Quels sont les éléments constitutifs du genre romanesque ?	– Lesage, *Gil Blas de Santillane*, p. 200. – Prévost, *Manon Lescaut*, p. 214. – Diderot, *Jacques le fataliste*, p. 249. – Stendhal, *Le Rouge et le Noir*, p. 300. – Balzac, *Le Père Goriot*, p. 306. – Zola, *Germinal*, p. 392. – Malraux, *L'Espoir*, p. 474.

OBJET D'ÉTUDE **Le récit : le roman ou la nouvelle**

Exercice d'analyse **Répondez aux questions suivantes.**

1. Quel est le mode de narration choisi par l'auteur dans cette nouvelle fantastique ? Relevez-en les caractéristiques et justifiez ce choix.
2. Quelles sont les différentes étapes du récit présentes dans ce début de nouvelle ?
3. Étudiez la mise en place du cadre spatio-temporel du récit.

Exercice de rédaction **Entraînez-vous sur l'un des exercices suivants.**

Vers le commentaire
Rédigez deux paragraphes dans lesquels vous montrerez :
– la mise en place d'un cadre réaliste qui produit le sentiment de réalité ;
– la montée progressive du registre fantastique dans le récit.

Vers la dissertation
On définit souvent la littérature fantastique comme « un jeu avec la peur ». En vous appuyant sur la nouvelle de Théophile Gautier, ainsi que sur vos lectures personnelles, vous discuterez cette définition sous la forme de deux paragraphes rédigés.

Vers le sujet d'invention
Imaginez une suite à ce récit.

Texte

L'année dernière, je fus invité, ainsi que deux de mes camarades d'atelier, Arrigo Cohic et Pedrino Borgnioli, à passer quelques jours dans une terre au fond de la Normandie.

Le temps, qui, à notre départ, promettait d'être superbe, s'avisa de changer tout à coup, et il tomba tant de pluie, que les chemins creux où nous marchions étaient comme le lit d'un torrent.

Nous enfoncions dans la bourbe jusqu'aux genoux, une couche épaisse de terre grasse s'était attachée aux semelles de nos bottes, et par sa pesanteur ralentissait tellement nos pas, que nous n'arrivâmes au lieu de notre destination qu'une heure après le coucher du soleil.

Nous étions harassés ; aussi, notre hôte, voyant les efforts que nous faisions pour comprimer nos bâillements et tenir les yeux ouverts, aussitôt que nous eûmes soupé, nous fit conduire chacun dans notre chambre.

La mienne était vaste ; je sentis, en y entrant, comme un frisson de fièvre, car il me sembla que j'entrais dans un monde nouveau.

En effet, l'on aurait pu se croire au temps de la Régence[1], à voir les dessus de porte de Boucher[2] représentant les quatre Saisons, les meubles surchargés d'ornements de rocaille du plus mauvais goût, et les trumeaux[3] des glaces sculptés lourdement.

Rien n'était dérangé. La toilette[4] couverte de boîtes à peignes, de houppes à poudrer, paraissait avoir servi la veille. Deux ou trois robes de couleurs changeantes, un éventail semé de paillettes d'argent, jonchaient le parquet bien ciré, et, à mon grand étonnement, une tabatière d'écaille ouverte sur la cheminée était pleine de tabac encore frais.

Je ne remarquai ces choses qu'après que le domestique, déposant son bougeoir sur la table de nuit, m'eut souhaité un bon somme, et, je l'avoue, je commençai à trembler comme la feuille. Je me déshabillai promptement, je me couchai, et, pour en finir avec ces sottes frayeurs, je fermai bientôt les yeux en me tournant du côté de la muraille.

Mais il me fut impossible de rester dans cette position : le lit s'agitait sous moi comme une vague, mes paupières se retiraient violemment en arrière. Force me fut de me retourner et de voir.

Le feu qui flambait jetait des reflets rougeâtres dans l'appartement, de sorte qu'on pouvait sans peine distinguer les personnages de la tapisserie et les figures des portraits enfumés pendus à la muraille.

C'étaient les aïeux de notre hôte, des chevaliers bardés de fer, des conseillers en perruque, et de belles dames au visage fardé et aux cheveux poudrés à blanc, tenant une rose à la main.

Tout à coup le feu prit un étrange degré d'activité ; une lueur blafarde illumina la chambre, et je vis clairement que ce que j'avais pris pour de vaines peintures était la réalité ; car les prunelles de ces êtres encadrés remuaient, scintillaient d'une façon singulière ; leurs lèvres s'ouvraient et se fermaient comme des lèvres de gens qui parlent, mais je n'entendais rien que le tic-tac de la pendule et le sifflement de la bise d'automne.

Une terreur insurmontable s'empara de moi, mes cheveux se hérissèrent sur mon front, mes dents s'entre-choquèrent à se briser, une sueur froide inonda tout mon corps.

La pendule sonna onze heures. Le vibrement du dernier coup retentit longtemps, et, lorsqu'il fut éteint tout à fait…

Oh ! non, je n'ose pas dire ce qui arriva, personne ne me croirait, et l'on me prendrait pour un fou.

Les bougies s'allumèrent toutes seules ; le soufflet[5], sans qu'aucun être visible lui imprimât le mouvement, se prit à souffler le feu, en râlant comme un vieillard asthmatique, pendant que les pincettes fourgonnaient dans les tisons[6] et que la pelle relevait les cendres.

Ensuite une cafetière se jeta en bas d'une table où elle était posée, et se dirigea, clopin-clopant, vers le foyer, où elle se plaça entre les tisons.

Quelques instants après, les fauteuils commencèrent à s'ébranler, et, agitant leurs pieds tortillés d'une manière surprenante, vinrent se ranger autour de la cheminée.

Théophile Gautier, *La Cafetière*, 1831.

1. Régence : gouvernement de Philippe d'Orléans (1715-1723).

2. Boucher : peintre et dessinateur de scènes pastorales ou mythologiques (1703-1770).

3. trumeaux : panneaux de peinture ou de sculpture entre deux miroirs.

4. toilette : meuble destiné à la coiffure et au maquillage.

5. soufflet : instrument qui produit de l'air.

6. tisons : braises.

Claude Monet, *La Gare Saint-Lazare*, 1877.
Huile sur toile, 75 x 100 cm. Musée d'Orsay, Paris.

1850
1900

La marche vers le progrès

1850
1900
La marche vers le progrès

Alors que le Second Empire favorise l'essor de la révolution industrielle et remodèle le paysage de la France, la Troisième République assure définitivement l'installation de la bourgeoisie au pouvoir. C'est le moment des grands travaux et du développement de l'empire colonial. Nombreux sont alors les écrivains qui, rejetant les valeurs établies, dénoncent l'hypocrisie et les injustices sociales.

1. L'histoire Le Second Empire et la Troisième République

Le 2 décembre 1851, le coup d'État du président de la République, Louis-Napoléon Bonaparte, lui permet de se faire proclamer empereur. Son règne dure vingt années, durant lesquelles les grands travaux se multiplient : transformation de Paris par Haussmann, construction de la première ligne de métro, développement des voies ferrées. La guerre franco-prussienne de 1870 provoque la chute de Napoléon III et suscite la révolte populaire de la Commune de Paris, réprimée dans le sang par les troupes gouvernementales de Thiers.

De 1862 à 1875, Charles Garnier édifie l'Opéra de Paris, qui s'inscrit dans les grands travaux du Second Empire.

Cependant, l'exercice de la démocratie parlementaire, l'expansion coloniale en Afrique et en Asie, et la prospérité économique permettent à la République de trouver un ancrage définitif au cœur de la nation.

Napoléon III, portrait officiel de l'empereur.

La défaite de Sedan, en octobre 1870, marque la chute de Napoléon III et la fin du Second Empire.

Au cimetière du Père-Lachaise, les troupes de Thiers fusillent les derniers combattants de la Commune.

2. La société Le triomphe de la bourgeoisie

L'exode rural, commencé au début du siècle, contribue au développement d'un prolétariat urbain au sein duquel les ouvriers s'organisent pour lutter contre des conditions de travail inhumaines. Parallèlement, le demi-siècle est marqué par l'enrichissement de la bourgeoisie : les compagnies minières, les sociétés de chemins de fer, les investissements dans le canal de Suez puis celui de Panama stimulent le dynamisme de la bourse. L'ingénieur incarne alors la foi dans la technique et le progrès, consacrée par l'inauguration de la tour Eiffel, en 1889. Les lois Ferry, qui ont rendu l'école laïque, gratuite et obligatoire, permettent aux instituteurs d'enseigner les valeurs de la République dans tous les villages de France. L'euphorie de la Belle Époque culmine avec l'Exposition universelle de 1900.

L'exposition universelle de 1855 célèbre le triomphe des machines et du monde industriel.

La corbeille de la Bourse de Paris, symbole du dynamisme économique.

Le Déjeuner de l'ouvrier, par Henri Cain, seconde moitié du XIXe siècle (détail).

3. Les sciences L'âge d'or de la recherche scientifique

Soutenue par la prospérité économique, la recherche scientifique se développe dans de nombreux domaines en chimie, en physique, en biologie. Toute la médecine profite des travaux de Pasteur sur la rage, de la découverte par Koch du bacille de la tuberculose ou des recherches menées sur la radioactivité par Pierre et Marie Curie. Parallèlement, un grand nombre d'inventions comme celle de la lampe électrique, du téléphone ou du phonographe bouleversent la vie quotidienne. En 1895 les frères Lumières mettent au point le cinématographe, tandis que l'apparition de l'automobile et le vol du premier aéroplane ouvrent de nouvelles perspectives dans le domaine de l'industrie et des transports.

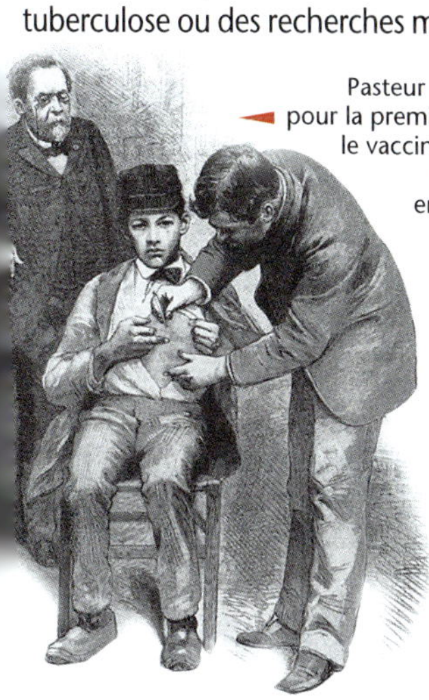

Pasteur inocule pour la première fois le vaccin contre la rage en 1885.

Graham Bell effectue, en 1892, le premier appel téléphonique interurbain entre New York et Chicago.

4. Les lettres La figure de l'intellectuel

En 1851, Victor Hugo, exilé en Angleterre, dénonce le coup d'État de celui qu'il surnomme « Napoléon le Petit ». Incapable de reconnaître les nouveaux créateurs, la société bourgeoise contraint de nombreux artistes à la marginalité ou à la révolte : Baudelaire, Verlaine, Rimbaud sont des « poètes maudits ». En 1857, *Madame Bovary* et *Les Fleurs du mal* font l'objet de poursuites judiciaires pour immoralité. Cependant, on se presse au théâtre pour assister aux comédies de boulevard, vaudevilles et opérettes à la mode, tandis que le roman réaliste connaît d'énormes succès avec les œuvres de Zola ou de Maupassant. Par ailleurs, le développement de la presse offre une tribune nouvelle aux écrivains. Quand éclate l'affaire Dreyfus, en 1898, Émile Zola, Octave Mirbeau ou Anatole France prennent dans les journaux la défense de l'officier injustement accusé de trahison. Cet épisode fait de l'écrivain un homme que l'on écoute, un intellectuel qui s'engage dans les combats et les épreuves de son temps.

Victor Hugo, pendant l'exil à Jersey, en 1853, photographié par son fils Charles.

Verlaine et Rimbaud dans les rues de Londres. Dessin de Regamey.

L'AURORE
Littéraire, Artistique, Sociale
J'Accuse...!
LETTRE AU PRÉSIDENT DE LA RÉPUBLIQUE
Par ÉMILE ZOLA

5. L'édition L'essor de la presse et du livre de masse

La bibliothèque Sainte-Geneviève à Paris.

Le développement de l'alphabétisation crée sans cesse de nouveaux lecteurs. Le prix du livre diminue et permet une démocratisation de la lecture avec des ouvrages à vingt centimes. On détache pour les coudre les feuilletons qui paraissent dans les journaux. La presse connaît en effet des tirages croissants et *Le Petit Journal*, en 1900, paraît à un million d'exemplaires. La littérature populaire est ainsi présente dans tous les foyers, que ce soit à travers les petits fascicules, les livres brochés ou les éditions plus luxueuses. La distribution des prix est aussi l'occasion d'offrir aux meilleurs élèves les livres destinés à la jeunesse, aux couvertures colorées et brillantes, comme les romans de Jules Verne, publiés par Hetzel. Pierre Larousse lance le *Nouveau Larousse illustré*, Louis Hachette crée la « Bibliothèque des chemins de fer », qui permet de se procurer, dans les gares, les œuvres des auteurs à la mode.

Affiche publicitaire pour la librairie Hetzel en 1882.

6. Les arts Le temps des scandales

En 1850, le réalisme de Gustave Courbet heurte le conformisme académique et le goût du public en peignant sans lyrisme la vie quotidienne. De la même manière, la plupart des chef-d'œuvres impressionnistes suscitent à leur tour des réactions violentes et hostiles. Rejetés du Salon officiel, les peintres novateurs, comme Monet, Renoir, Manet ou Degas exposent leurs œuvres au Salon des refusés. Ils sont soutenus par les écrivains qui font leur éloge, comme Zola ou Mirbeau. D'autres grands peintres, comme Gauguin et Van Gogh, poursuivent leur œuvre dans l'isolement, loin du grand public. À la fin du siècle, le rapprochement entre les arts est de plus en plus marqué : le pianiste Claude Debussy s'inspire ainsi de la peinture impressionniste dans ses œuvres et met en musique les poèmes de Verlaine et de Mallarmé.

Vincent Van Gogh, *Autoportrait*, 1889.

Chez la modiste

Edgar Degas
(1898)

Influencé par la ligne d'Ingres, troublé par les couleurs de Delacroix, Degas participe à sept des huit salons impressionnistes entre 1874 et 1886. Si, comme Monet ou Pissarro, il refuse l'académisme figé de l'art officiel, il ne s'intéresse pourtant pas à la perception de la nature et à la peinture en extérieur. Il travaille essentiellement de mémoire (Pastel, 91 x 75 cm, Musée d'Orsay).

S'inspirant des estampes japonaises, Degas propose des dispositions audacieuses. Au premier plan, la tête de la modiste est en partie cachée par un chapeau et son support; à droite, l'assistante est coupée verticalement et horizontalement. Le travail sur le hors-champ, le souci du décentrement modifient les perspectives traditionnelles.

Avec l'univers de la danse, celui des courses de chevaux ou celui de la toilette, la « modiste » constitue un thème privilégié de l'œuvre de Degas. Il ne s'agit pas de représenter une société idéale, mais de dévoiler la réalité d'un univers en saisissant un geste, une attitude. Le travail de la modiste semble ici pris sur le vif.

Poursuivant ici le travail des impressionnistes, Degas explore les possibilités plastiques de la couleur. Il réalise des mélanges savants, crée des harmonies originales, joue sur des oppositions entre des plans aux tonalités sombres et d'autres plus claires. Ses expériences colorées annoncent ici l'art du XXe siècle.

LABICHE

Nom et prénom : **Labiche, Eugène**

Naissance : **5 mai 1815, à Paris**

Décès : **22 janvier 1888, à Paris**

Après une enfance facile dans une famille aisée, Eugène Labiche obtient le baccalauréat. Aux cercles romantiques qui sont alors en pleine effervescence, il préfère la fréquentation des grands restaurants, des cafés et des lieux à la mode. Il se consacre au théâtre où il rencontre le succès en 1851 avec *Un chapeau de paille d'Italie*. Dès lors, les directeurs de théâtre s'arrachent ses vaudevilles, petites pièces faciles mêlées de chansons, dont raffole la société du Second Empire. *L'Affaire de la rue de Lourcine, Le Voyage de M. Perrichon, La Cagnotte* sont autant de triomphes, associant au comique du vaudeville la satire de la société bourgeoise. Travailleur infatigable, Labiche écrit ainsi 173 pièces. À partir de 1870, Labiche s'occupe de la commune de Souvigny-en-Sologne dont il est le maire. Il est élu à l'Académie française en 1880. Huit ans plus tard, la maladie le ramène à Paris, où il meurt.

Auteur de nombreuses pièces de théâtre, dont : *Un chapeau de paille d'Italie* (1851), *La Perle de la Canebière* (1855), *L'Affaire de la rue de Lourcine* (1857), *Le Voyage de Monsieur Perrichon* (1860), *La Station Champbaudet* (1862), *La Cagnotte* (1864), *Le Plus Heureux des trois* (1870).

LA MÉCANIQUE DU VAUDEVILLE

Le vaudeville, considéré comme un genre mineur, trouve en Eugène Labiche son meilleur représentant. Son extraordinaire faculté d'invention lui fait créer des situations cocasses, qui provoquent immédiatement le rire. La mécanique du vaudeville repose sur l'enchaînement des quiproquos conduits jusqu'à l'absurde. Les personnages sont entraînés malgré eux dans une course folle qu'on retrouvera dans les pièces légères de Georges Feydeau. Mais le comique dans ces pièces n'est pas gratuit : Labiche fait la satire enjouée de ses contemporains. Il crée des personnages-types qui résistent à l'épreuve du temps et qui expliquent qu'aujourd'hui encore ses pièces rencontrent un succès considérable.

Objet d'étude Le théâtre : texte et représentation

1851 — Un chapeau de paille d'Italie

***Un chapeau de paille d'Italie* présente toutes les caractéristiques du vaudeville. Au début de la pièce, c'est à travers le dialogue de deux domestiques, Félix et Virginie, que le spectateur prend connaissance des premiers éléments de l'intrigue.**

CHEZ FADINARD

Un salon octogone. – Au fond, porte à deux battants s'ouvrant sur la scène. – Une porte dans chaque pan coupé. – Deux portes aux premiers plans latéraux. – À gauche, contre la cloison, une table avec tapis, sur laquelle est un plateau portant carafe, verre, sucrier. – Chaises.

Scène Première

VIRGINIE, à Félix, *qui cherche à l'embrasser.* – Non, laissez-moi, monsieur Félix !… Je n'ai pas le temps de jouer.

FÉLIX. – Rien qu'un baiser ?

VIRGINIE. – Je ne veux pas !...

FÉLIX. – Puisque je suis de votre pays[1] !... Je suis de Rambouillet...

VIRGINIE. – Ah ! ben ! s'il fallait embrasser tous ceux qui sont de Rambouillet !...

FÉLIX. – Il n'y a que quatre mille habitants.

VIRGINIE. – Il ne s'agit pas de ça... M. Fadinard, votre bourgeois, se marie aujourd'hui... Vous m'avez invitée à venir voir la corbeille... voyons la corbeille !...

FÉLIX. – Nous avons bien le temps... Mon maître est parti, hier soir, pour aller signer son contrat chez le beau-père... il ne revient qu'à onze heures, avec toute sa noce, pour aller à la mairie.

VIRGINIE. – La mariée est-elle jolie ?

FÉLIX. – Peuh !... je lui trouve l'air godiche ; mais elle est d'une bonne famille... C'est la fille d'un pépiniériste de Charentonneau... le père Nonancourt.

VIRGINIE. – Dites donc, monsieur Félix... si vous entendez dire qu'elle ait besoin d'une femme de chambre... pensez à moi.

FÉLIX. – Vous voulez donc quitter votre maître... M. Beauperthuis ?

VIRGINIE. – Ne m'en parlez pas... C'est un acariâtre[2], premier numéro... Il est grognon, maussade, sournois, jaloux... et sa femme donc !... Certainement, je n'aime pas à dire du mal des maîtres...

FÉLIX. – Oh ! non !...

VIRGINIE. – Une chipie ! une bégueule, qui ne vaut pas mieux qu'une autre.

FÉLIX. – Parbleu !

VIRGINIE. – Dès que monsieur part... crac ! elle part... et où va-t-elle ?... elle ne me l'a jamais dit... jamais !...

FÉLIX. – Oh ! vous ne pouvez pas rester dans cette maison-là.

VIRGINIE, *baissant les yeux*. – Et puis, ça me ferait tant de plaisir de servir avec quelqu'un de Rambouillet...

FÉLIX, *l'embrassant*. – Seine-et-Oise !

Eugène Labiche,
Un chapeau de paille d'Italie, 1851.

1. **pays** : région, ville ou village natal.
2. **acariâtre** : colérique.

1. Relevez les noms des lieux et des personnages. Étudiez leurs connotations. En quoi participent-ils au comique de la scène ?

2. En quoi le dialogue des deux domestiques fait-il la satire de la société bourgeoise ?

3. Quel est le niveau de langage utilisé ? Montrez qu'il participe à la caractérisation des personnages.

4. Sur quels procédés le comique de la scène repose-t-il ? Relevez et étudiez trois répliques qui provoquent le rire.

5. NOTION. Observez les indications concernant le décor, données par les didascalies initiales. Quel est l'élément le plus présent ? Selon vous, pourquoi ?

NOTION

Le décor au théâtre

Dans le texte théâtral, la liste des personnages et les indications portant sur le décor permettent de reconnaître le genre de la pièce. Au moment de la représentation, il joue un rôle capital et le metteur en scène lui porte une grande attention. Dans le théâtre de boulevard, le décor est conçu pour favoriser la mécanique du rire.

BARBEY D'AUREVILLY

Nom et prénom : **Barbey d'Aurevilly, Jules**

Naissance : **2 novembre 1808, en Normandie**

Décès : **23 avril 1889, à Paris**

Auteur de romans, dont : *L'Ensorcelée* (1852), *Le Chevalier Des Touches* (1864), et d'un recueil de nouvelles : *Les Diaboliques* (1874).

Barbey passe son enfance dans la petite noblesse du Cotentin, attachée à la religion catholique et à la monarchie. Il subit cependant l'influence de son oncle, médecin et athée. Après ses études, Barbey, révolté contre le milieu familial, s'installe à Paris. Dans les salons, les femmes s'empressent autour de ce brillant causeur, hostile à la civilisation industrielle. Il commence une carrière de critique littéraire dans les journaux et publie des nouvelles.

Barbey mène une existence tapageuse de dandy, multipliant les liaisons amoureuses et s'adonnant à l'alcool, sa « maîtresse rousse ». Il connaît une grande passion pour la baronne de Bouglon, qu'il surnomme l'Ange blanc. Il se réconcilie avec sa famille, retourne à Valognes et conçoit le projet d'une série de romans inspirés de la Chouannerie. Le scandale des *Diaboliques*, en 1874, le rend célèbre. Surnommé « le Connétable des lettres » par ses amis, Barbey devient un maître pour une génération de jeunes écrivains. Il meurt à l'âge de 81 ans, entouré d'un cercle de fervents admirateurs.

LE ROMANCIER DU SOUVENIR ET DES PASSIONS IMPOSSIBLES

Barbey d'Aurevilly est le romancier du souvenir. Souvenirs d'enfance, tragédies oubliées, premiers amours, mystères enfouis : à travers les aventures des Chouans qui, pendant la Révolution, se révoltent contre les armées de la République, c'est sa Normandie natale que l'écrivain fait revivre. Habité par la mélancolie des choses mortes, le romancier veut recréer le passé disparu. Mais l'œuvre de Barbey d'Aurevilly est aussi celle des passions violentes et désespérées. Ses personnages sont « ensorcelés », victimes d'un amour impossible, qui les conduit le plus souvent à la mort. Barbey communique ainsi au lecteur la violence des désirs, des rêves inaccomplis et des chagrins qui restent à jamais enfouis dans le cœur.

Objet d'étude Le récit : le roman ou la nouvelle

1852 — L'Ensorcelée

Dans son roman, *L'Ensorcelée*, Barbey d'Aurevilly évoque des épisodes de la Chouannerie et fait revivre les vieilles légendes normandes dans un climat d'angoisse et d'inquiétude proche du fantastique. C'est ainsi que le narrateur se retrouve dans la lande, au milieu de la nuit, en compagnie d'un paysan, maître Louis Tainnebouy.

L'horloge qui sonna avait un timbre grêle et clair qui marqua minuit. Nous le remarquâmes, car nous avions compté l'un et l'autre et nous ne pensions pas qu'il fût si tard. Mais le dernier coup de minuit n'avait pas encore fini d'osciller à nos oreilles, qu'à un point plus distant et plus enfoncé dans l'horizon nous entendîmes résonner non plus une horloge de clocher, mais une grosse cloche, sombre, lente et pleine, et dont les vibrations puissantes nous arrêtèrent tous les deux pour les écouter.

« Entendez-vous, maître Tainnebouy ? dis-je un peu ému, je l'avoue, de cette sinistre clameur d'airain dans la nuit, on sonne à cette heure : serait-ce le feu ?

– Non, répondit-il, ce n'est pas le feu. Le tocsin[1] sonne plus vite, et ceci est lent comme une agonie. Attendez ! voilà cinq coups ! en voilà six ! en voilà sept ! huit et neuf ! C'est fini, on ne sonnera plus.

– Qu'est-ce que cela, fis-je. La cloche à cette heure ! C'est bien étrange. Est-ce que les oreilles nous corneraient[2] par hasard ?...

– Vère[3] ! étrange en effet, mais réel ! répondit une voix que je n'aurais pas reconnue si je n'avais pas été sûr que c'était lui, maître Tainnebouy, qui marchait à côté de moi dans la nuit et le brouillard ; voilà la seconde fois de ma vie que je l'entends, et la première m'a assez porté malheur pour que je ne puisse plus l'oublier. La nuit où je l'entendis, Monsieur, il y a des années de ça, c'était de l'autre côté de Blanchelande, et minute pour minute, à cette heure-là, mon cher enfant, âgé de quatre ans et qui semblait fort comme père et mère, mourait de convulsions dans son berceau. Que m'arrivera-t-il cette fois ?

– Qu'est donc cette cloche de mauvais présage ? dis-je à mon Cotentinais[4], dont l'impression me gagnait.

– Ah ! fit-il, c'est la cloche de Blanchelande qui sonne la messe de l'abbé de la Croix-Jugan.

– La messe, maître Tainnebouy ! m'écriai-je. Oubliez-vous que nous sommes en octobre, et non pas à Noël, en décembre, pour qu'on sonne la messe de minuit ?

– Je le sais aussi bien que vous, Monsieur, dit-il d'un ton grave ; mais la messe de l'abbé de la Croix-Jugan n'est pas une messe de Noël, c'est une messe des Morts, sans répons[5] et sans assistance, une terrible et horrible messe, si ce qu'on en rapporte est vrai.

Jules Barbey d'Aurevilly, *L'Ensorcelée*, 1852.

1. **tocsin** : bruit de la cloche qui donne l'alarme.
2. **corneraient** : tromperaient.
3. **vère** : interjection du patois normand.
4. **Contentinais** : habitant du Cotentin, région de la Normandie.
5. **répons** : paroles prononcées à la messe.

1. **À travers lequel des cinq sens les personnages perçoivent-ils l'univers qui les entoure ? Relevez le champ lexical correspondant.**

2. **Selon vous, pour quelles raisons l'auteur a-t-il choisi la narration à la première personne ?**

3. **En quoi la situation des deux personnages à ce moment du récit favorise-t-elle l'échange dialogué ?**

4. NOTION. **Montrez comment cet extrait remplit les différentes fonctions du dialogue romanesque.**

5. **Relevez les éléments de l'intrigue, le lexique et l'expression des sentiments qui participent à la mise en place d'une atmosphère fantastique.**

NOTION

Le dialogue romanesque

Le dialogue romanesque utilise le style direct pour rapporter les paroles des personnages telles qu'elles sont censées avoir été prononcées. Le dialogue interrompt la narration pour apporter des informations nécessaires à l'intrigue, mais aussi pour renseigner le lecteur sur le statut social des personnages, leurs sentiments ou leurs opinions.

BAUDELAIRE

Nom et prénom : **Baudelaire, Charles**

Naissance : **9 avril 1821, à Paris**

Décès : **31 août 1867, à Paris**

Baudelaire a six ans à la mort de son père. Sa mère se remarie avec un militaire, le commandant Aupick. Le beau-père et l'enfant ne peuvent se comprendre. Après la pension et le baccalauréat, Charles mène une vie de bohème. Inquiète, la famille décide de l'éloigner. Baudelaire découvre ainsi l'île de la Réunion en 1841. De retour à Paris, il dilapide l'argent hérité de son père et mène la vie d'un dandy élégant et raffiné. Effrayée par ses dépenses, sa mère lui impose un conseil judiciaire : Baudelaire perçoit désormais une modeste rente mensuelle.

Baudelaire publie dans des revues ses poèmes et ses comptes rendus des Salons. Ami de Delacroix, il porte un regard neuf et passionné sur la peinture. Souvent mélancolique, il retrouve auprès de Jeanne Duval, une métisse, le souvenir ébloui du voyage dans les îles. À trente-six ans, en 1857, Baudelaire publie *Les Fleurs du mal*. Le recueil fait scandale, la justice condamne six pièces pour immoralité. La correspondance de Baudelaire montre combien il est accablé par les dettes et la maladie. C'est pour fuir ses tourments qu'il s'installe à Bruxelles, où il est victime d'un grave malaise. Ramené à Paris, il meurt le 31 août 1867.

Auteur d'essais, dont : *Du vin et du haschich* (1851), *Les Paradis artificiels* (1860); de critiques d'art, dont : *Salons* (1845, 1846, 1859), *L'Art romantique* (édition complète posthume); de recueils de poèmes : *Les Fleurs du mal* (1857), *Petits Poèmes en prose* (1864, édition complète posthume).

L'ŒUVRE DE BAUDELAIRE

L'éloge de l'art moderne

De 1845 à 1863, Baudelaire défend, à travers ses comptes rendus des Salons de peinture et les essais esthétiques qu'il consacre aux peintres, une nouvelle vision de l'art, fondée sur l'idée de modernité : à ses yeux, l'artiste doit être capable de fixer dans son œuvre les impressions fugitives et transitoires du monde moderne.

L'étude des paradis artificiels

Dans ses essais consacrés à l'alcool, au haschich et au tabac, Baudelaire réfléchit sur la tentation des drogues. Il publie ainsi *Du vin et du haschich* en 1851 et *Les Paradis artificiels* en 1860.

La traduction d'Edgar Poe

Admirateur d'Edgar Poe, en qui il voit un double de lui-même, Baudelaire écrit la première traduction de ses *Histoires extraordinaires* en 1856, mais aussi de nombreuses autres œuvres de l'écrivain américain.

La poésie du spleen et de l'idéal

Les poèmes des *Fleurs du mal*, en 1857, expriment la tension entre l'expérience amère et mélancolique du spleen et l'exaltation du rêve et de la beauté. Baudelaire poursuit, à travers la forme nouvelle du poème en prose, l'exploration d'un univers intérieur confronté à la violence de la vie urbaine. Les *Petits Poèmes en prose* sont publiés après sa mort, en 1868.

LE POÈTE DE LA MODERNITÉ

Les Fleurs du mal constituent l'unique recueil de poèmes en vers écrit par Baudelaire. Les six sections du livre – « Spleen et Idéal », « Tableaux parisiens », « Le Vin », « Fleurs du mal », « Révolte », « La Mort » – mettent en évidence les tensions qui caractérisent l'esprit de la modernité. Entre l'exaltation de la beauté et l'accablement de l'ennui, entre l'expression de la sensualité et celle de la douleur, Baudelaire témoigne des déchirements de l'homme moderne plongé au cœur des grandes villes. La poésie doit tout dire : la révolte et l'écrasement, les délices de la rêverie et de la volupté, l'expérience de la solitude.

1857 Les Fleurs du mal

Dans la première section des *Fleurs du mal*, « Spleen et Idéal », Baudelaire consacre quatre poèmes au spleen, c'est-à-dire au sentiment d'accablement et de désespoir. À travers le spleen, c'est sa propre mélancolie et son angoisse devant la mort qu'exprime le poète.

SPLEEN[1]

Quand le ciel bas et lourd pèse comme un couvercle
Sur l'esprit gémissant en proie aux longs ennuis,
Et que de l'horizon embrassant tout le cercle
Il nous verse un jour noir plus triste que les nuits ;

Quand la terre est changée en un cachot humide,
Où l'Espérance, comme une chauve-souris,
S'en va battant les murs de son aile timide
Et se cognant la tête à des plafonds pourris ;

Quand la pluie étalant ses immenses traînées
D'une vaste prison imite les barreaux,
Et qu'un peuple muet d'infâmes araignées
Vient tendre ses filets au fond de nos cerveaux,

Des cloches tout à coup sautent avec furie
Et lancent vers le ciel un affreux hurlement,
Ainsi que des esprits errants et sans patrie
Qui se mettent à geindre opiniâtrement[2].

– Et de longs corbillards, sans tambours ni musique,
Défilent lentement dans mon âme ; l'Espoir,
Vaincu, pleure, et l'Angoisse atroce, despotique,
Sur mon crâne incliné plante son drapeau noir.

Charles Baudelaire, « Spleen », *Les Fleurs du mal*, 1857.

1. **Spleen** : mot d'origine anglaise qui désigne un sentiment de dépression et de mélancolie.
2. **opiniâtrement** : avec obstination et entêtement.

1. Étudiez la construction générale du poème. Quel est selon vous le rôle de la dernière strophe ?

2. Quel est le thème développé par chacune des strophes du poème ? Montrez qu'elles associent chaque fois un élément du paysage et une sensation.

3. Repérez les mots qui commencent par une majuscule. Pourquoi peut-on parler d'allégorie ?

4. En vous reportant à la biographie de Baudelaire (page 358), expliquez en quoi ce poème témoigne de moments vécus par le poète.

5. NOTION. Choisissez et analysez dans chaque strophe une image poétique exprimant le sentiment du spleen. Expliquez en quoi cette image est originale.

NOTION

L'image poétique

Le texte poétique privilégie l'usage de l'image, à travers la comparaison et la métaphore. Celles-ci permettent en effet de mettre en relation deux éléments appartenant à des univers différents. C'est ainsi que le lecteur accède à l'imaginaire personnel du poète.

1857

Les Fleurs du mal

Dans *Les Fleurs du mal,* Baudelaire multiplie les formes poétiques en variant le nombre des strophes et la mesure des vers. Cependant, il reste fidèle au sonnet, qu'on retrouve à de nombreuses reprises tout au long du recueil.

PARFUM EXOTIQUE

Quand, les deux yeux fermés, en un soir chaud d'automne,
Je respire l'odeur de ton sein chaleureux,
Je vois se dérouler des rivages heureux
Qu'éblouissent les feux d'un soleil monotone ;

Une île paresseuse où la nature donne
Des arbres singuliers et des fruits savoureux ;
Des hommes dont le corps est mince et vigoureux,
Et des femmes dont l'œil par sa franchise étonne.

Guidé par ton odeur vers de charmants climats,
Je vois un port rempli de voiles et de mâts
Encor tout fatigués par la vague marine,

Pendant que le parfum des verts tamariniers[1],
Qui circule dans l'air et m'enfle la narine,
Se mêle dans mon âme au chant des mariniers.

1. **tamarinier :** arbre des régions tropicales.

LA MORT DES AMANTS

Nous aurons des lits pleins d'odeurs légères,
Des divans profonds comme des tombeaux,
Et d'étranges fleurs sur des étagères,
Écloses pour nous sous des cieux plus beaux.

Usant à l'envi leurs chaleurs dernières,
Nos deux cœurs seront deux vastes flambeaux,
Qui réfléchiront leurs doubles lumières
Dans nos deux esprits, ces miroirs jumeaux.

Un soir fait de rose et de bleu mystique,
Nous échangerons un éclair unique,
Comme un long sanglot, tout chargé d'adieux ;

Et plus tard un Ange, entr'ouvrant les portes,
Viendra ranimer, fidèle et joyeux,
Les miroirs ternis et les flammes mortes.

LES CHATS

Les amoureux fervents et les savants austères
Aiment également, dans leur mûre saison,
Les chats puissants et doux, orgueil de la maison,
Qui comme eux sont frileux et comme eux sédentaires.

Amis de la science et de la volupté,
Ils cherchent le silence et l'horreur des ténèbres ;
L'Érèbe[1] les eût pris pour ses coursiers funèbres,
S'ils pouvaient au servage incliner leur fierté.

Ils prennent en songeant les nobles attitudes
Des grands sphinx allongés au fond des solitudes,
Qui semblent s'endormir dans un rêve sans fin ;

Leurs reins féconds sont pleins d'étincelles magiques
Et des parcelles d'or, ainsi qu'un sable fin,
Étoilent vaguement leurs prunelles mystiques.

Charles Baudelaire, *Les Fleurs du mal*, 1857.

1. **Érèbe** : fils du Chaos, symbole des enfers, dans la mythologie grecque.

Détail de *Olympia*, peinture d'Édouard Manet (1863).

1. Quel est le thème dominant de chaque poème ? Relevez les champs lexicaux qui lui correspondent.

2. Comment chacun des trois poèmes illustre-t-il l'attrait de la volupté qui caractérise *Les Fleurs du mal* ? Relevez et commentez la présence des sensations dans les poèmes.

3. Justifiez le titre « Parfum exotique » donné par Baudelaire à son poème.

4. Analysez l'opposition de l'ombre et de la lumière dans les deux derniers sonnets.

5. NOTION. Lequel de ces trois sonnets est régulier ? Justifiez votre réponse.

NOTION

Le sonnet

Le sonnet, introduit en France à la Renaissance, est la forme favorite des poètes de la seconde moitié du XIXe siècle. Le sonnet classique, dit régulier, se compose de deux quatrains suivis de deux tercets. Il obéit au schéma des rimes suivant : abba abba ccd ede. Cependant, Baudelaire, Rimbaud ou Verlaine s'écartent de cette règle en écrivant des sonnets irréguliers qu'on appelle aussi « sonnets libertins ».

1857

Baudelaire et le procès des *Fleurs du mal*

Le 20 août 1857, Charles Baudelaire et son éditeur sont condamnés par la justice pour « outrage à la morale publique et aux bonnes mœurs ». Le procès des *Fleurs du mal* pose à nouveau, plus de cinquante ans après l'abolition de la censure par la Révolution française, la question des rapports de l'écrivain avec la liberté d'expression.

Chronologie du procès des *Fleurs du mal*

21 juin 1857	parution des *Fleurs du mal*, à Paris, éditées par Poulet-Malassis et De Broise, à 1100 exemplaires
Juin-juillet 1857	une série d'articles de presse accusent Baudelaire d'immoralité
17 juillet 1857	le procureur général ordonne la saisie des exemplaires
20 août 1857	procès et condamnation des *Fleurs du mal* : l'auteur doit verser une amende de 300 francs, six poèmes sont retirés du recueil
1861	deuxième édition des *Fleurs du mal*, amputée des six poèmes condamnés mais augmentée de trente et un poèmes nouveaux
1866	publication à Bruxelles, par Poulet-Malassis, d'un recueil de poèmes de Baudelaire, *Les Épaves*, contenant les poèmes interdits en France
6 mai 1866	condamnation des *Épaves* par le tribunal correctionnel de Lille

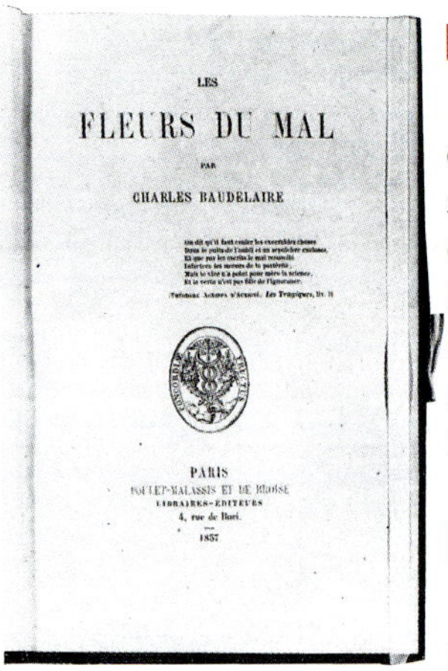
LES
FLEURS DU MAL
PAR
CHARLES BAUDELAIRE
PARIS
POULET-MALASSIS ET DE BROISE
LIBRAIRES-ÉDITEURS
4, rue de Buci.
1857

Les écrivains face à l'ordre moral du Second Empire

Sous le Second Empire, la justice engage régulièrement des poursuites contre les écrivains qu'elle accuse de publier des œuvres immorales. C'est ainsi qu'en 1853 les frères Goncourt sont poursuivis pour un article qui leur vaut d'être blâmés. Au début de l'année 1857, un procès est intenté à Gustave Flaubert pour son roman *Madame Bovary*. Flaubert est acquitté le 7 février. C'est dans ce contexte que paraissent *Les Fleurs du mal* de Baudelaire au mois de juin 1857, suscitant le déchaînement de la presse qui dénonce « de semblables monstruosités ».

Le scandale des *Fleurs du mal*

Les attaques des journalistes attirent l'attention de la justice sur un certain nombre de poèmes, considérés « comme un défi aux lois qui protègent la religion et la morale ». Aux arguments de ceux qui incriminent quelques expressions ou passages jugés choquants, Baudelaire oppose le sens général de son œuvre : « Le livre doit être jugé *dans son ensemble*, et alors il en ressort une terrible moralité. » C'est en vain qu'il fait intervenir ses amis, Théophile Gautier ou Prosper Mérimée. Barbey d'Aurevilly écrit un article qui fait l'éloge du livre, mais le journal refuse de le publier. La police saisit les exemplaires des *Fleurs du mal*. Le procès est fixé au 20 août.

Charles Baudelaire photographié vers 1855 par son ami Nadar.

Illustration de Félix Bracquemond pour l'œuvre de Baudelaire.

Le procès et la condamnation

Le réquisitoire est prononcé par Ernest Pinard, qui était aussi le procureur général dans le procès intenté à *Madame Bovary*. Il accuse la poésie de Baudelaire de manquer « au sens de la pudeur », de multiplier « les peintures lascives ». L'avocat du poète plaide l'indépendance de l'artiste et la beauté de l'œuvre. Persuadé qu'il sera acquitté, Baudelaire est abasourdi quand tombe la sentence. En effet, le livre est condamné pour « délit d'outrage à la morale publique et aux bonnes mœurs », à cause de « passages ou expressions obscènes et immorales ». Baudelaire et son éditeur doivent payer une amende et retirer six poèmes du livre.

Dans ce tableau intitulé *Le Péché*, peint en 1893, Franz von Stuck retrouve l'esprit des *Fleurs du mal*.

Gustave Courbet, *Charles Baudelaire à sa table de travail*, 1847.

Le poète maudit

Le soir même du verdict, Baudelaire apparaît dans une brasserie parisienne en « toilette de guillotiné », portant une chemise sans col et les cheveux rasés. Il éprouve un profond sentiment d'injustice qui ne le quittera plus. La seconde édition des *Fleurs du mal* lui permet d'ajouter de nouveaux poèmes au recueil, mais Baudelaire se sent incompris par le public et rejeté par la société. Il faut attendre la mort du poète, en 1867, pour que le livre rencontre le succès et soit reconnu comme un chef-d'œuvre. En 1949, la Cour de cassation annule la condamnation des *Fleurs du mal*, considérant que les poèmes « ne renferment aucun terme obscène ou même grossier ».

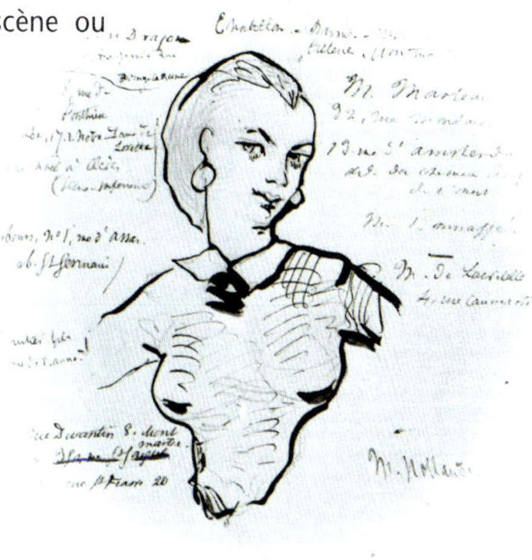

Jeanne Duval, inspiratrice de nombreux poèmes des *Fleurs du mal*. Dessin de Baudelaire.

La littérature et la censure

Sous l'Ancien Régime, les auteurs doivent communiquer leurs manuscrits à un censeur royal pour obtenir la permission d'imprimer. Les représentations d'une pièce peuvent être interrompues, comme ce fut le cas pour *Tartuffe* ou *Dom Juan*. La Déclaration des droits de l'homme de 1789 proclame que tout citoyen peut « parler, écrire, imprimer librement, sauf à répondre de l'abus de cette liberté dans les cas déterminés par la loi ». La censure préalable est abolie, mais les livres peuvent être attaqués en justice pour atteinte aux bonnes mœurs. De nos jours, la censure s'exerce pour protéger les publications destinées à la jeunesse. Les ouvrages à caractère raciste sont poursuivis devant les tribunaux.

COMPRENDRE L'ESSENTIEL

1. Comment la volonté d'instaurer un « ordre moral » se manifeste-t-elle sous le Second Empire ?

2. Quels sont les arguments des adversaires de Baudelaire ? Comment se défend-il ?

3. Quel sens peut-on donner, selon vous, au jugement prononcé par le tribunal ?

4. Quel rôle la condamnation des *Fleurs du mal* joue-t-elle dans la vie de Baudelaire ?

1857

Les Fleurs du mal

Fuyant l'accablement du spleen, Baudelaire retrouve auprès de sa compagne Jeanne Duval les sensations éprouvées lors de son voyage à l'île de la Réunion. La femme ouvre ainsi le chemin du rêve et de l'exotisme. Simultanément, Baudelaire écrit alors un poème en vers et un poème en prose à partir des mêmes thèmes.

LA CHEVELURE

Ô toison, moutonnant jusque sur l'encolure!
Ô boucles! Ô parfum chargé de nonchaloir[1]!
Extase! Pour peupler ce soir l'alcôve obscure
Des souvenirs dormant dans cette chevelure,
Je la veux agiter dans l'air comme un mouchoir!

La langoureuse Asie et la brûlante Afrique,
Tout un monde lointain, absent, presque défunt,
Vit dans tes profondeurs, forêt aromatique!
Comme d'autres esprits voguent sur la musique,
Le mien, ô mon amour! nage sur ton parfum.

J'irai là-bas où l'arbre et l'homme, pleins de sève,
Se pâment longuement sous l'ardeur des climats;
Fortes tresses, soyez la houle qui m'enlève!
Tu contiens, mer d'ébène, un éblouissant rêve
De voiles, de rameurs, de flammes et de mâts :

Un port retentissant où mon âme peut boire
À grands flots le parfum, le son et la couleur;
Où les vaisseaux, glissant dans l'or et dans la moire[2],
Ouvrent leurs vastes bras pour embrasser la gloire
D'un ciel pur où frémit l'éternelle chaleur.

Je plongerai ma tête amoureuse d'ivresse
Dans ce noir océan où l'autre est enfermé;
Et mon esprit subtil que le roulis caresse
Saura vous retrouver, ô féconde paresse,
Infinis bercements du loisir embaumé!

Cheveux bleus, pavillon[3] de ténèbres tendues,
Vous me rendez l'azur du ciel immense et rond;
Sur les bords duvetés de vos mèches tordues
Je m'enivre ardemment des senteurs confondues
De l'huile de coco, du musc[4] et du goudron.

Longtemps! toujours! ma main dans ta crinière lourde
Sèmera le rubis, la perle et le saphir,
Afin qu'à mon désir tu ne sois jamais sourde!
N'es-tu pas l'oasis où je rêve, et la gourde
Où je hume à longs traits le vin du souvenir?

Charles Baudelaire, « La chevelure », *Les Fleurs du mal*, 1857.

1. **nonchaloir** : paresse, abandon.
2. **la moire** : tissu chatoyant, à reflets changeants.
3. **pavillon** : le mot peut désigner le drapeau, l'étendard ou bien la tente, l'abri formé par l'abondante chevelure.
4. **musc** : substance odorante très puissante utilisée en parfumerie.

1862

Petits Poèmes en prose

UN HÉMISPHÈRE DANS UNE CHEVELURE

Laisse-moi respirer longtemps, longtemps, l'odeur de tes cheveux, y plonger tout mon visage, comme un homme altéré[1] dans l'eau d'une source, et les agiter avec ma main comme un mouchoir odorant, pour secouer des souvenirs dans l'air.

Si tu pouvais savoir tout ce que je vois ! tout ce que je sens ! tout ce que j'entends dans tes cheveux ! Mon âme voyage sur le parfum comme l'âme des autres hommes sur la musique.

Tes cheveux contiennent tout un rêve, plein de voilures et de mâtures ; ils contiennent de grandes mers dont les moussons me portent vers de charmants climats, où l'espace est plus bleu et plus profond, où l'atmosphère est parfumée par les fruits, par les feuilles et par la peau humaine.

Dans l'océan de ta chevelure, j'entrevois un port fourmillant de chants mélancoliques, d'hommes vigoureux de toutes nations et de navires de toutes formes découpant leurs architectures fines et compliquées sur un ciel immense où se prélasse l'éternelle chaleur.

Dans les caresses de ta chevelure, je retrouve les langueurs des longues heures passées sur un divan, dans la chambre d'un beau navire, bercées par le roulis imperceptible du port, entre les pots de fleurs et les gargoulettes[2] rafraîchissantes.

Dans l'ardent foyer de ta chevelure, je respire l'odeur du tabac mêlé à l'opium et au sucre ; dans la nuit de ta chevelure, je vois resplendir l'infini de l'azur tropical ; sur les rivages duvetés de ta chevelure je m'enivre des odeurs combinées du goudron, du musc[3] et de l'huile de coco.

Laisse-moi mordre longtemps tes tresses lourdes et noires. Quand je mordille tes cheveux élastiques et rebelles, il me semble que je mange des souvenirs.

Charles Baudelaire, « Un hémisphère dans une chevelure », *Petits Poèmes en prose*, 1862.

1. **altéré** : assoiffé.
2. **gargoulettes** : sortes de vases où l'on conserve l'eau fraîche.
3. **musc** : substance odorante très puissante utilisée en parfumerie.

1. Analysez la construction du poème en vers : mesure des vers, disposition des rimes et unité des strophes. Que recherche Baudelaire à travers ces effets de répétition ?

2. Étudiez la composition du poème en prose. Sur quel thème chaque paragraphe est-il construit ?

3. À travers quels thèmes et quels procédés ces poèmes s'inscrivent-ils dans le registre lyrique ?

4. Relevez dans chaque poème le thème du voyage. Comment se développe-t-il ?

5. NOTION. Quels points communs, quelles différences « Un hémisphère dans une chevelure » présente-t-il par rapport à « La chevelure » ? Quel poème préférez-vous ?

NOTION

La réécriture d'un poème

Baudelaire cherche à exprimer la même impression, le même élan vers la rêverie et l'évasion à travers deux formes différentes. Le poème en vers et le poème en prose apparaissent ainsi comme les variantes d'un même projet.

FLAUBERT

Nom et prénom : **Flaubert, Gustave**

Naissance : **12 décembre 1821, à Rouen**

Décès : **8 mai 1880, à Rouen**

Fils du chirurgien chef de l'hôpital de Rouen, le jeune Flaubert grandit dans un foyer chaleureux entouré de l'affection de sa sœur Caroline et de son ami Alfred Le Poitevin. À quinze ans, il tombe amoureux d'Elisa Schlesinger, de onze ans son aînée, rencontrée sur la plage de Trouville. Après le baccalauréat, Flaubert entreprend des études de droit qui l'ennuient. Éprouvé par la mort de son père et celle de sa sœur Caroline, frappé par une grave crise d'épilepsie, il décide de vivre à Croisset, la propriété familiale au bord de la Seine, et de se consacrer à l'écriture. En 1849 cependant, il effectue un long voyage en Orient, au cours duquel il découvre l'Égypte.

La publication de *Madame Bovary*, en 1857, lui vaut d'être poursuivi en justice pour immoralité. Acquitté, Flaubert est désormais célèbre. *Madame Bovary* est reconnu comme un chef-d'œuvre. De nombreux écrivains lui témoignent leur admiration, comme les frères Goncourt, le romancier russe Ivan Tourgueniev, Alphonse Daudet. Flaubert s'attache au jeune Guy de Maupassant qui devient son élève. Mais les romans qui suivent ne rencontrent pas le succès espéré. Préoccupé par des soucis d'argent, épuisé par le travail, Flaubert meurt à Croisset en laissant inachevé son dernier roman, *Bouvard et Pécuchet*.

Auteur de : *Mémoires d'un fou* (1838), *Madame Bovary* (1857), *Salammbô* (1862), *L'Éducation sentimentale* (1869), *La Tentation de saint Antoine* (1874), *Trois Contes* (1877), *Bouvard et Pécuchet* (inachevé, édition posthume).

L'ŒUVRE DE FLAUBERT

L'exploration du réel et du désenchantement

À travers ses romans, *Madame Bovary* en 1857, *L'Éducation sentimentale* en 1869, *Bouvard et Pécuchet* qu'il laisse inachevé, Flaubert s'affirme comme un maître du réalisme. Chacun de ses romans fait le constat de l'échec, d'une expérience amère et désenchantée du monde. S'inspirant d'un fait divers, Flaubert raconte le destin d'une femme, Emma Bovary, qui est confrontée, dès le début de son mariage, à l'expérience du désenchantement. Elle qui rêvait d'îles lointaines et d'aventures chevaleresques souffre d'avoir épousé un officier de santé sans ambition. On retrouve, en 1877, la même exigence du vrai dans « Un cœur simple », le premier de ses *Trois Contes*.

La fascination pour l'Antiquité et l'Orient

Entreprise dès 1848, *La Tentation de saint Antoine*, que Flaubert achève en 1872, reflète son émerveillement face à l'atmosphère, aux paysages et à l'histoire du monde oriental. L'Antiquité est également le cadre de *Salammbô*, en 1862, qui reconstitue avec minutie les guerres carthaginoises.

FLAUBERT ET L'EXIGENCE DU STYLE

Admirateur de Balzac, obsédé par le désir de « fouiller le vrai », Flaubert s'impose comme le chef de file des écrivains réalistes de sa génération. Mais le réalisme est chez lui au service de l'art. Flaubert mène un travail passionné et minutieux conduit par l'exigence du style. Il multiplie les brouillons, soigne chacune de ses phrases, qu'il passe à l'épreuve du « gueuloir » : après une nuit de travail, dans la solitude de son bureau, le romancier lit son texte à voix haute pour en vérifier le rythme et les sonorités. C'est ainsi qu'au moment d'écrire *Madame Bovary*, Flaubert rêve d'un « livre sur rien », d'un roman « qui se tiendrait de lui-même par la force interne de son style ». Ses nombreuses descriptions témoignent à la fois de ce souci de multiplier les tableaux de la réalité ainsi que de cette puissance d'enchantement de l'écriture.

1857 — Madame Bovary

Dès les premières lignes de son roman, Gustave Flaubert crée pour le lecteur un univers familier dans lequel apparaît celui qui deviendra l'époux de l'héroïne, Charles Bovary. Celui-ci, jusqu'à la fin du roman, incarne l'image d'un personnage ordinaire et banal, à l'existence sans passion ni relief.

Nous étions à l'Étude, quand le Proviseur entra, suivi d'un *nouveau* habillé en bourgeois et d'un garçon de classe qui portait un grand pupitre. Ceux qui dormaient se réveillèrent, et chacun se leva comme surpris dans son travail.

Le Proviseur nous fit signe de nous rasseoir ; puis, se tournant vers le maître d'études :

– Monsieur Roger, lui dit-il à demi-voix, voici un élève que je vous recommande, il entre en cinquième. Si son travail et sa conduite sont méritoires, il passera *dans les grands*, où l'appelle son âge.

Resté dans l'angle, derrière la porte, si bien qu'on l'apercevait à peine, le nouveau était un gars de la campagne, d'une quinzaine d'années environ, et plus haut de taille qu'aucun de nous tous. Il avait les cheveux coupés droit sur le front, comme un chantre de village, l'air raisonnable et fort embarrassé. Quoiqu'il ne fût pas large des épaules, son habit-veste de drap vert à boutons noirs devait le gêner aux entournures et laissait voir, par la fente des parements, des poignets rouges habitués à être nus. Ses jambes, en bas bleus, sortaient d'un pantalon jaunâtre très tiré par les bretelles. Il était chaussé de souliers forts, mal cirés, garnis de clous.

On commença la récitation des leçons. Il les écouta de toutes ses oreilles, attentif comme au sermon, n'osant même croiser les cuisses, ni s'appuyer sur le coude, et, à deux heures, quand la cloche sonna, le maître d'études fut obligé de l'avertir, pour qu'il se mît avec nous dans les rangs.

Nous avions l'habitude, en entrant en classe, de jeter nos casquettes par terre, afin d'avoir ensuite nos mains plus libres ; il fallait, dès le seuil de la porte, les lancer sous le banc, de façon à frapper contre la muraille en faisant beaucoup de poussière ; c'était là le *genre*.

Mais, soit qu'il n'eût pas remarqué cette manœuvre ou qu'il n'eût osé s'y soumettre, la prière était finie que le *nouveau* tenait encore sa casquette sur ses deux genoux. C'était une de ces coiffures d'ordre composite, où l'on retrouve les éléments du bonnet à poil, du chapska[1], du chapeau rond, de la casquette de loutre et du bonnet de coton, une de ces pauvres choses, enfin, dont la laideur muette a des profondeurs d'expression comme le visage d'un imbécile. Ovoïde et renflée de baleines, elle commençait par trois boudins circulaires ; puis s'alternaient, séparés par une bande rouge, des losanges de velours et de poils de lapin ; venait ensuite une façon de sac qui se terminait par un polygone cartonné, couvert d'une broderie en soutache[2] compliquée, et d'où pendait, au bout d'un long cordon trop mince, un petit croisillon de fils d'or, en manière de gland. Elle était neuve ; la visière brillait.

– Levez-vous, dit le professeur.

Il se leva ; sa casquette tomba. Toute la classe se mit à rire.

Gustave Flaubert, *Madame Bovary*, 1857.

1. **Chapska** : coiffure militaire.
2. **soutache** : sorte de galon.

1. Repérez les emplois du pronom « nous » dans l'extrait. Justifiez son emploi.

2. Commentez l'utilisation de l'italique par l'auteur.

3. Relevez l'ensemble des détails qui contribuent à faire du décor de cette première page de roman un décor réaliste.

4. Analysez la description de la casquette (lignes 23 à 31). Montrez que le narrateur y mêle le souci de la précision objective et les commentaires subjectifs.

5. NOTION. Montrez comment, dans cet extrait, Flaubert fait de Charles Bovary un anti-héros.

NOTION

Le portrait d'un anti-héros

S'opposant aux personnages héroïques de la tradition romanesque, l'écrivain réaliste crée des personnages ordinaires, marqués par la médiocrité. Flaubert montre en Charles Bovary un être timide, terne, souvent ridicule, à la vision du monde étroite. L'écrivain produit ainsi un effet de surprise en commençant son roman par le portrait d'un anti-héros.

1857 Madame Bovary

Installés dans une petite ville normande, Charles et Emma Bovary ont été invités à un bal donné dans la région, au château de la Vaubyessard. Emma rêve, depuis cette invitation, de vivre à Paris, dans le monde aristocratique. Confrontée à une vie quotidienne monotone, elle éprouve un profond désenchantement.

Paris, plus vague que l'Océan, miroitait donc aux yeux d'Emma dans une atmosphère vermeille. La vie nombreuse qui s'agitait en ce tumulte y était cependant divisée par parties, classée en tableaux distincts. Emma n'en apercevait que deux ou trois qui lui cachaient tous les autres, et représentaient à eux seuls l'humanité complète. Le monde des ambassadeurs marchait sur des parquets luisants, dans des salons lambrissés de miroirs, autour de tables ovales couvertes d'un tapis de velours à crépines d'or. Il y avait là des robes à queue, de grands mystères, des angoisses dissimulées sous des sourires. Venait ensuite la société des duchesses ; on y était pâle ; on se levait à quatre heures ; les femmes, pauvres anges ! portaient du point d'Angleterre au bas de leur jupon, et les hommes, capacités méconnues sous des dehors futiles, crevaient leurs chevaux par partie de plaisir, allaient passer à Bade la saison d'été, et, vers la quarantaine enfin, épousaient des héritières. Dans les cabinets de restaurant où l'on soupe après minuit riait, à la clarté des bougies, la foule bigarrée des gens de lettres et des actrices. Ils étaient, ceux-là, prodigues comme des rois, pleins d'ambitions idéales et de délires fantastiques. C'était une existence au-dessus des autres, entre ciel et terre, dans les orages, quelque chose de sublime. Quant au reste du monde, il était perdu, sans place précise, et comme n'existant pas. Plus les choses, d'ailleurs, étaient voisines, plus sa pensée s'en détournait. Tout ce qui l'entourait immédiatement, campagne ennuyeuse, petits bourgeois imbéciles, médiocrité de l'existence, lui semblait une exception dans le monde, un hasard particulier où elle se trouvait prise, tandis qu'au-delà s'étendait à perte de vue l'immense pays des félicités et des passions. Elle confondait, dans son désir, les sensualités du luxe avec les joies du cœur, l'élégance des habitudes et les délicatesses du sentiment. Ne fallait-il pas à l'amour, comme aux plantes indiennes, des terrains préparés, une température particulière ? Les soupirs au clair de lune, les longues étreintes, les larmes qui coulent sur les mains qu'on abandonne, toutes les fièvres de la chair et les langueurs de la tendresse ne se séparaient donc pas du balcon des grands châteaux qui sont pleins de loisirs, d'un boudoir à stores de soie avec un tapis bien épais, des jardinières remplies, un lit monté sur une estrade, ni du scintillement des pierres précieuses et des aiguillettes de la livrée.

. . . .

Au fond de son âme, cependant, elle attendait un événement. Comme les matelots en détresse, elle promenait sur la solitude de sa vie des yeux désespérés, cherchant au loin quelque voile blanche dans les brumes de l'horizon. Elle ne savait pas quel serait ce hasard, le vent qui le pousserait jusqu'à elle, vers quel rivage il la mènerait, s'il était chaloupe ou vaisseau à trois ponts, chargé d'angoisses ou plein de félicités jusqu'aux sabords. Mais, chaque matin, à son réveil, elle l'espérait pour la journée, et elle écoutait tous les bruits, se levait en sursaut, s'étonnait qu'il ne vînt pas, puis, au coucher du soleil, toujours plus triste, désirait être au lendemain.

Le printemps reparut. Elle eut des étouffements aux premières chaleurs, quand les poiriers fleurirent.

Dès le commencement de juillet, elle compta sur ses doigts combien de semaines lui restaient pour arriver au mois d'octobre, pensant que le marquis d'Andervilliers, peut-être, donnerait encore un bal à la Vaubyessard. Mais tout septembre s'écoula, sans lettres, ni visites.

Après l'ennui de cette déception, son cœur de nouveau resta vide, et alors la série des mêmes journées recommença.

Elles allaient donc maintenant se suivre ainsi à la file, toujours pareilles, innombrables, et n'apportant rien ! Les autres existences, si plates qu'elles fussent, avaient du moins la chance d'un événement. Une aventure amenait parfois des péripéties à l'infini, et le décor changeait. Mais, pour elle, rien n'arrivait, Dieu l'avait voulu ! L'avenir était un corridor tout noir, et qui avait au fond sa porte bien fermée.

Gustave Flaubert, *Madame Bovary*, 1857.

Portrait de jeune femme que la tradition associe au personnage d'Emma Bovary. Peinture de Joseph-Désiré Court (1844).

1. Dans le premier extrait, relevez les différents éléments qui constituent la vie dont rêve l'héroïne. Commentez l'expression des lignes 14-15 : « C'était une existence au-dessus des autres. »

2. Faites l'analyse stylistique de la dernière phrase du premier extrait.

3. Étudiez l'écoulement du temps dans le second extrait. Comment l'auteur souligne-t-il l'ennui profond qui s'empare d'Emma ?

4. Repérez et commentez l'utilisation du discours indirect libre dans le dernier paragraphe de cet extrait.

5. NOTION. Comment ces deux textes mettent-ils en évidence chez Emma Bovary une vision du monde désenchantée ?

NOTION

Une vision désenchantée du monde

Gustave Flaubert a été toute sa vie partagé entre l'exaltation d'une vision romantique du monde et l'abattement devant la médiocrité de l'univers dans lequel piétinent ses contemporains. Il transpose cette vision désenchantée dans ses romans. Chacun de ses héros fait ainsi l'expérience de la perte de ses illusions.

1869

L'Éducation sentimentale

Frédéric Moreau, le héros de *L'Éducation sentimentale*, tombe amoureux de Mme Arnoux, que Flaubert décrit à la manière d'un peintre. À son tour, la peinture impressionniste reprend au romancier quelques-uns des éléments caractéristiques de son portrait.

Frédéric, pour rejoindre sa place, poussa la grille des Premières[1], dérangea deux chasseurs avec leurs chiens.

Ce fut comme une apparition :

Elle était assise, au milieu du banc, toute seule ; ou du moins il ne distingua personne dans l'éblouissement que lui envoyèrent ses yeux. En même temps qu'il passait, elle leva la tête ; il fléchit involontairement les épaules ; et, quand il se fut mis plus loin, du même côté, il la regarda.

Elle avait un large chapeau de paille, avec des rubans roses qui palpitaient au vent derrière elle. Ses bandeaux noirs, contournant la pointe de ses grands sourcils, descendaient très bas et semblaient presser amoureusement l'ovale de sa figure. Sa robe de mousseline[2] claire, tachetée de petits pois, se répandait à plis nombreux. Elle était en train de broder quelque chose ; et son nez droit, son menton, toute sa personne se découpait sur le fond de l'air bleu.

Comme elle gardait la même attitude, il fit plusieurs tours de droite et de gauche pour dissimuler sa manœuvre ; puis il se planta tout près de son ombrelle, posée contre le banc, et il affectait d'observer une chaloupe sur la rivière.

Gustave Flaubert, *L'Éducation sentimentale*, 1869.

1. **Premières** : première classe sur le bateau.
2. **mousseline** : étoffe légère, souple et transparente.

Claude Monet, *Femme à l'ombrelle*, 1886.

1. Relevez et commentez la présence dans le texte du champ lexical de la lumière.
2. Pourquoi peut-on dire que le romancier décrit Mme Arnoux comme un peintre en ferait un tableau ?
3. Comment Flaubert renouvelle-t-il la tradition romanesque de la rencontre amoureuse ?
4. À travers quel point de vue le portrait est-il perçu par le lecteur. Quel est l'intérêt de ce procédé ?
5. **NOTION.** Repérez les ressemblances qui permettent d'affirmer que le tableau de Monet est une forme de réécriture du portrait de Flaubert.

NOTION

La réécriture du portrait

Les formes de la réécriture sont très diverses. Un écrivain reprend son texte, le texte d'un autre auteur, ou propose une variation autour d'un personnage ou d'un mythe célèbres. De même, le rapport entre la littérature et la peinture fait appel à la mémoire, à la tradition ou à l'imitation.

1881 — Bouvard et Pécuchet

Le dernier roman de Flaubert, inachevé, s'ouvre sur la rencontre de Bouvard et Pécuchet, qui se lient d'amitié dès les premières lignes du récit. Il s'agit pour Flaubert, à travers les échecs qui ponctuent les aventures de ses deux anti-héros, d'écrire le « roman de la bêtise ».

Comme il faisait une chaleur de trente-trois degrés, le boulevard Bourdon se trouvait absolument désert.

Plus bas, le canal Saint-Martin, fermé par les deux écluses étalait en ligne droite son eau couleur d'encre. Il y avait au milieu, un bateau plein de bois, et sur la berge deux rangs de barriques.

Au-delà du canal, entre les maisons que séparent des chantiers, le grand ciel pur se découpait en plaques d'outremer[1], et sous la réverbération du soleil, les façades blanches, les toits d'ardoises, les quais de granit éblouissaient. Une rumeur confuse montait du loin dans l'atmosphère tiède ; et tout semblait engourdi par le désœuvrement du dimanche et la tristesse des jours d'été.

Deux hommes parurent.

L'un venait de la Bastille, l'autre du Jardin des Plantes. Le plus grand, vêtu de toile, marchait le chapeau en arrière, le gilet déboutonné et sa cravate à la main. Le plus petit, dont le corps disparaissait dans une redingote[2] marron, baissait la tête sous une casquette à visière pointue.

Quand ils furent arrivés au milieu du boulevard, ils s'assirent à la même minute, sur le même banc.

Pour s'essuyer le front, ils retirèrent leurs coiffures, que chacun posa près de soi ; et le petit homme aperçut écrit dans le chapeau de son voisin : Bouvard ; pendant que celui-ci distinguait aisément dans la casquette du particulier en redingote le mot : Pécuchet.

– Tiens !, dit-il, nous avons eu la même idée, celle d'inscrire notre nom dans nos couvre-chefs.

– Mon Dieu, oui ! on pourrait prendre le mien à mon bureau !

– C'est comme moi, je suis employé.

Alors ils se considérèrent.

Gustave Flaubert, *Bouvard et Pécuchet*, éd. posthume, 1881.

1. outremer : couleur bleu azur.
2. redingote : veste de costume en usage au XIXe siècle.

1. Analysez la progression du récit en distinguant les trois étapes qui constituent l'extrait.

2. À travers quels effets de contraste et de symétrie le portrait des deux personnages s'organise-t-il ?

3. Pourquoi peut-on dire de ces deux personnages qu'ils incarnent chacun un « anti-héros » ?

4. Repérez et commentez les éléments du texte qui permettent d'inscrire le roman dans le mouvement réaliste.

5. NOTION. En quoi le début du roman *Bouvard et Pécuchet* répond-il aux exigences de l'incipit ?

NOTION

Le début de roman

L'incipit, c'est-à-dire les premières lignes d'un texte, permet au lecteur d'identifier le genre, le registre ou le mouvement littéraire et culturel dans lequel il s'inscrit ; mais il est aussi un moyen de le séduire par le style ou l'atmosphère du récit ; il est enfin l'occasion d'apporter les informations nécessaires à la compréhension de l'intrigue.

LECONTE DE LISLE

Nom et prénom : **Leconte de Lisle, Charles Marie**

Naissance : **22 octobre 1818, la Réunion**

Décès : **18 juillet 1894, près de Louveciennes**

Auteur de recueils de poèmes, dont : *Poèmes antiques* (1852), *Poèmes barbares* (1862).

Né à la Réunion, fils d'un chirurgien de l'armée impériale devenu planteur de canne à sucre, Charles Marie Leconte de Lisle est élevé à Nantes. Il rejoint l'île à l'âge de dix ans. L'enfant est ébloui par la nature exotique. Plus tard, il regagne Paris pour y mener des études de droit. C'est l'échec. Il retrouve une dernière fois les paysages luxuriants de la Réunion. Rentré définitivement en France en 1845, Leconte de Lisle s'engage dans le combat social. Très actif pendant la Révolution de 1848, il publie un manifeste réclamant l'abolition de l'esclavage. Sa famille lui retire alors tout moyen d'existence. Leconte de Lisle vit de ses traductions des auteurs de l'Antiquité. À l'âge de trente-quatre ans, son premier recueil, *Poèmes antiques*, le fait connaître. Dix ans plus tard, ses *Poèmes barbares* lui valent une pension de l'empereur. Célèbre, admiré, devenu le chef de file du mouvement du Parnasse, il est élu à l'Académie française en 1886.

LE POÈTE DU PARNASSE

Le mouvement du Parnasse emprunte son nom à une montagne de Grèce, consacrée dans l'Antiquité à la poésie. Il regroupe autour de Leconte de Lisle les poètes attachés à la théorie de « l'art pour l'art », que défend également Théophile Gautier. Les parnassiens, comme Théodore de Banville, Sully Prudhomme ou François Coppée, revendiquent le souci de la perfection formelle. Ils opposent à l'épanchement lyrique et à l'engagement politique des romantiques le culte de l'art pur. Leconte de Lisle veut faire de chaque poème « un bijou ciselé ». S'inspirant de l'Antiquité grecque ou des paysages exotiques, la poésie de Leconte de Lisle trouve ainsi les images fortes et belles qui conduisent le lecteur hors du monde moderne.

Objet d'étude Un mouvement littéraire et culturel du XIXe siècle : le Parnasse

1862 — Poèmes barbares

En réaction contre le lyrisme romantique, Leconte de Lisle cherche la perfection de la forme à travers l'évocation d'animaux symboliques ou la représentation exotique du monde oriental. C'est ainsi que les *Poèmes barbares* offrent au lecteur une succession de tableaux colorés.

LE RÊVE DU JAGUAR

Sous les noirs acajous, les lianes en fleur,
Dans l'air lourd, immobile et saturé de mouches,
Pendent, et, s'enroulant en bas parmi les souches,
Bercent le perroquet splendide et querelleur,
L'araignée au dos jaune et les singes farouches.
C'est là que le tueur de bœufs et de chevaux,
Le long des vieux troncs morts à l'écorce moussue,
Sinistre et fatigué, revient à pas égaux.

Il va, frottant ses reins musculeux qu'il bossue[1] ;
Et, du mufle[2] béant par la soif alourdi,
Un souffle rauque et bref, d'une brusque secousse,
Trouble les grands lézards, chauds des feux de midi,
Dont la fuite étincelle à travers l'herbe rousse.
En un creux du bois sombre interdit au soleil
Il s'affaisse, allongé sur quelque roche plate ;
Il cligne ses yeux d'or hébétés de sommeil ;
Et, dans l'illusion de ses forces inertes,
Faisant mouvoir sa queue, et frissonner ses flancs,
Il rêve qu'au milieu des plantations vertes,
Il enfonce d'un bond ses ongles ruisselants
Dans la chair des taureaux effarés et beuglants.

1. qu'il bossue : qu'il contracte ou qu'il déforme.

2. le mufle : le museau.

Leconte de Lisle, *Poèmes barbares*, 1862.

LE SOMMEIL DE LEÏLAH

Ni bruits d'aile, ni sons d'eau vive, ni murmures ;
La cendre du soleil nage sur l'herbe en fleur,
Et de son bec furtif le bengali[1] siffleur
Boit, comme un sang doré, le jus des mangues[2] mûres.

Dans le verger royal où rougissent les mûres,
Sous le ciel clair qui brûle et n'a plus de couleur,
Leïlah, languissante et rose de chaleur,
Clôt ses yeux aux longs cils à l'ombre des ramures[3].

Son front ceint de rubis presse son bras charmant ;
L'ambre[4] de son pied nu colore doucement
Le treillis emperlé de l'étroite babouche.

Elle rit et sommeille et songe au bien-aimé,
Telle qu'un fruit de pourpre, ardent et parfumé,
Qui rafraîchit le cœur en altérant la bouche.

1. bengali : petit oiseau de couleur rouge.

2. mangues : fruits exotiques.

3. ramures : l'ensemble des branches et des rameaux.

4. ambre : résine fossilisée de couleur ocre.

Leconte de Lisle, *Poèmes barbares*, 1862.

1. Recherchez les réseaux lexicaux dominants dans les deux poèmes. Quel univers mettent-ils en place ?

2. Dans « Le rêve du jaguar », montrez comment, du vers 14 au vers 21, la construction de la phrase met en valeur la puissance de l'animal.

3. Retrouvez l'évocation des cinq sens dans « Le sommeil de Leïlah ». Justifiez leur présence.

4. Confrontez les images présentes au vers 13 du « Rêve du jaguar » et au vers 2 du « Sommeil de Leïlah ». Retrouvez d'autres images appartenant au même imaginaire.

5. NOTION. Expliquez les caractéristiques du Parnasse dans ces deux poèmes.

NOTION

Le Parnasse

Les poètes parnassiens s'inspirent de la formule de Théophile Gautier : « Il n'y a de vraiment beau que ce qui ne sert à rien. » Ils opposent aux confidences personnelles la représentation de scènes, de personnages qui appartiennent à l'Antiquité ou à une nature exotique. C'est ainsi que leur culte de la forme les conduit à privilégier la rigueur et le rythme du vers classique.

LES FRÈRES GONCOURT

Nom et prénom : **de Goncourt, Edmond et Jules**
Naissance : **22 mai 1822, à Nancy**
et 17 décembre 1830, à Paris
Décès : **20 juin 1870 (Jules)**
et 16 juillet 1896 (Edmond)

Auteurs en collaboration de romans, dont : *Germinie Lacerteux* (1865), *Manette Salomon* (1868) ; ils commencent ensemble la rédaction de leur *Journal, mémoires de la vie littéraire* en 1851, qu'Edmond poursuit, après la mort de son frère, jusqu'en 1896. Il signe seul plusieurs romans, dont *La Fille Élisa* (1877).

Edmond de Goncourt naît à Nancy. Son père, ancien officier de Napoléon, vit du revenu de ses terres. C'est à Paris, où la famille s'est installée en 1823, que Jules voit le jour. Une fois leurs études terminées, les deux frères se consacrent à l'art et à la littérature. Ensemble, ils écrivent des romans qui revendiquent une esthétique réaliste. À partir de 1851, leur *Journal* multiplie anecdotes et témoignages, souvent féroces, sur le monde des lettres. Ils consacrent des essais historiques à la société du XVIIIe siècle et constituent une riche collection d'objets d'art. Après la mort de Jules, victime de la syphilis, Edmond poursuit la rédaction du *Journal*. Reconnu comme un maître, il reçoit dans son « grenier » Flaubert, Daudet, Zola. À sa mort, il lègue sa fortune à une académie chargée d'attribuer, chaque année, un prix qui porte le nom des deux frères : le prix Goncourt.

LE ROMAN DU VRAI

De *Sœur Philomène* à *Renée Mauperin*, de *Germinie Lacerteux* à *Manette Salomon*, les romans des Goncourt dressent le tableau de la société de leur temps, tout en revendiquant l'exigence du style, à travers une « écriture artiste ». Ils s'appuient sur des faits vécus et sur l'observation minutieuse de la réalité pour dénoncer les hypocrisies sociales et la souffrance du peuple. C'est ainsi que *Germinie Lacerteux*, précédé d'un manifeste en faveur du naturalisme, fait scandale en 1865. On reproche aux romanciers de se complaire dans la description de la misère et de la maladie tandis qu'ils réclament la nécessité de « toucher du vrai », de « toujours étudier la vie des êtres et des choses » dans le roman.

Objet d'étude Un mouvement littéraire et culturel du XIXe siècle : le réalisme

1865 — Germinie Lacerteux

Pour faire le portrait de Germinie Lacerteux, les Goncourt s'inspirent de leur bonne, dont ils découvrent la vie cachée après sa mort. C'est ainsi que Germinie, domestique attachée au service d'une vieille dame, tombe amoureuse d'un voisin, Jupillon, pour qui elle s'endette et sombre peu à peu dans la misère.

De huit jours, Germinie ne remit pas les pieds dans la boutique.

Les Jupillon[1], ne la voyant pas revenir, commençaient à désespérer. Enfin, un soir, sur les dix heures et demie, elle poussa la porte, entra sans dire bonjour ni bonsoir, alla à la petite table où étaient assis la mère et le fils à demi sommeillant, posa sous sa main, fermée avec un serrement de griffe, un vieux morceau de toile qui sonna.

– Voilà, fit-elle.

Et lâchant les coins du morceau de toile, elle répandit ce qui était dedans : il coula sur la table de gras billets de banque recollés par-derrière, rattachés avec des épingles, de vieux louis à l'or verdi, des pièces de cent sous toutes noires, des pièces de quarante sous, des pièces de dix sous, de l'argent de pauvre, de l'argent de travail, de l'argent de tirelire, de l'argent sali par des mains sales, fatigué dans le porte-monnaie de cuir, usé dans le comptoir plein de sous, – de l'argent sentant la sueur. Un moment, elle regarda tout ce qui était étalé comme pour se convaincre les yeux ; puis avec une voix triste et douce, la voix de son sacrifice, elle dit seulement à Mme Jupillon :

– Ça y est... C'est les deux mille trois cents francs... pour qu'il se rachète[2]...

– Ah ! ma bonne Germinie ! fit la grosse femme en suffoquant sous une première émotion ; elle se jeta au cou de Germinie qui se laissa embrasser. Oh ! vous allez prendre quelque chose avec nous, une tasse de café...

– Non, merci, dit Germinie, je suis rompue... Dame ! j'ai eu à courir, allez, pour les trouver... Je vais me coucher... Une autre fois...

Et elle sortit.

Elle avait eu « à courir », comme elle disait, pour retrouver une pareille somme, réaliser cette chose impossible : trouver deux mille trois cents francs, deux mille trois cents francs dont elle n'avait pas les premiers cinq francs ! Elle les avait quêtés, mendiés, arrachés pièce à pièce, presque sou à sou. Elle les avait ramassés, grattés ici et là, sur les uns, sur les autres, par emprunts de deux cents, de cent francs, de cinquante francs, de vingt francs, de ce qu'on avait voulu. Elle avait emprunté à son portier, à son épicier, à sa fruitière, à sa marchande de volailles, à sa blanchisseuse ; elle avait emprunté aux fournisseurs des quartiers qu'elle avait d'abord habités avec mademoiselle[3]. Elle avait fait entrer dans la somme tous les argents, jusqu'à la misérable monnaie de son porteur d'eau. Elle avait quémandé partout, exhorté humblement, prié, supplié, inventé des histoires, dévoré la honte de mentir et de voir qu'on ne la croyait pas. L'humiliation d'avouer qu'elle n'avait pas d'argent placé, comme on le croyait et comme par orgueil elle le laissait croire ; la commisération[4] de gens qu'elle méprisait, les refus, les aumônes, elle avait tout subi, essuyé ce qu'elle n'aurait pas essuyé pour trouver du pain, et non une fois auprès d'une personne, mais auprès de trente, de quarante, auprès de tous ceux qui lui avaient donné ou dont elle avait espéré quelque chose.

Enfin cet argent, elle l'avait réuni ; mais il était son maître et la possédait pour toujours.

Edmond et Jules de Goncourt, *Germinie Lacerteux*, 1865.

1. Les Jupillon : La mère et le fils, dont Germinie est amoureuse.

2. pour qu'il se rachète : pour éviter d'effectuer son service militaire, on pouvait alors « acheter » un remplaçant.

3. mademoiselle : mademoiselle de Varandeuil, la vieille aristocrate qui emploie Germinie.

4. commisération : pitié.

1. Comment le personnage de Germinie apparaît-il dans ce passage ? Quelles sont ses caractéristiques morales ?

2. Relevez dans le texte les différentes figures d'insistance qui soulignent les difficultés qu'a dû affronter la domestique dans sa quête d'argent.

3. Étudiez la construction et l'expansion de la phrase, dans les lignes 7 à 12.

4. Quelles sont les différentes caractéristiques attribuées à l'argent dans ce passage ? En quoi répondent-elles aux exigences du roman réaliste ?

5. NOTION. À travers quels personnages le milieu auquel appartient Germinie est-il évoqué ? Quelle représentation l'écrivain en donne-t-il ?

NOTION

L'exploration réaliste des milieux

De Balzac à Zola, le roman est pour l'écrivain réaliste l'occasion d'explorer les différents milieux sociaux qui constituent la société dans son ensemble. Le mouvement réaliste revendique pleinement la représentation du peuple sous tous ses aspects, mêmes les plus scandaleux, à travers ses mœurs, son langage, ses préoccupations, sa misère.

VERLAINE

Nom et prénom : **Verlaine, Paul**

Naissance : **30 mars 1844, à Metz**

Décès : **8 janvier 1896, à Paris**

Auteur de recueils de poèmes, dont : *Poèmes saturniens* (1866), *Fêtes galantes* (1869), *La Bonne Chanson* (1870), *Romances sans paroles* (1874), *Sagesse* (1880), *Jadis et Naguère* (1884), *Amour* (1888), *Parallèlement* (1889), et d'un essai, *Les Poètes maudits* (1883).

Verlaine a sept ans quand sa famille quitte Metz pour Paris. Après son baccalauréat, il mène une vie de bohème. Inquiets, ses parents lui trouvent un emploi à la mairie de Paris. Verlaine continue pourtant de se mêler aux cercles littéraires.

Son premier recueil, *Poèmes saturniens*, paraît en 1866. Trois ans plus tard, ce sont *Les Fêtes galantes*. Verlaine se marie. Pour avoir participé à la Commune, il perd son emploi, et, en 1872, abandonne sa femme pour accompagner Rimbaud en Angleterre et en Belgique. La relation passionnée des deux poètes s'achève le soir où Verlaine, ivre, tire deux coups de feu sur Rimbaud. Condamné à deux ans de prison, il se réfugie dans la religion. Une fois libéré, ses tentatives pour mener une vie stable échouent. Il revient à Paris, où il glisse peu à peu dans la misère. Mais Verlaine est célèbre. Une légende entoure ce « poète maudit » que ses admirateurs rencontrent dans les cafés. Il meurt ainsi, pendant l'hiver 1896, dans un complet dénuement. Une foule nombreuse accompagne son cercueil au cimetière des Batignolles.

VERLAINE ET LA MUSIQUE DU VERS

La vie mouvementée de Verlaine, la violence destructrice de son existence contrastent avec l'harmonie et la douceur de sa poésie. Car la musicalité du vers est le premier souci du poète. Ennemi de la régularité, il invente l'usage du vers impair, il multiplie les coupes et les enjambements inattendus, qui donnent un rythme neuf à ses poèmes, en accord avec la simplicité recherchée du langage. Les paysages mélancoliques de ses poèmes expriment ses états d'âme. Subtil et délicat, son lyrisme confidentiel séduit le lecteur par son calme et sa naïveté apparente. La nostalgie et les regrets, la douleur du temps qui passe se transforment ainsi en une tristesse langoureuse, bercée par la mélancolie des paysages de l'automne et le rappel lancinant du souvenir.

Objet d'étude La poésie

1866 — Poèmes saturniens

Verlaine place son premier recueil de poèmes sous le signe de la mélancolie et de la rêverie amoureuse. Il exprime sa peine en empruntant aux poètes romantiques les thèmes de la nature et de la femme idéale, qui consolent le poète de sa solitude et de l'incompréhension.

SOLEILS COUCHANTS

Une aube affaiblie
Verse par les champs
La mélancolie
Des soleils couchants.
La mélancolie
Berce de doux chants
Mon cœur qui s'oublie
Aux soleils couchants.

Et d'étranges rêves,
Comme des soleils
Couchants sur les grèves[1],
Fantômes vermeils[2],
Défilent sans trêves,
Défilent, pareils
À de grands soleils
Couchants sur les grèves.

1. **grèves** : plages.
2. **vermeils** : rouges.

Paul Verlaine, *Poèmes saturniens*, 1866.

MON RÊVE FAMILIER

Je fais souvent ce rêve étrange et pénétrant
D'une femme inconnue, et que j'aime, et qui m'aime
Et qui n'est, chaque fois, ni tout à fait la même
Ni tout à fait une autre, et m'aime et me comprend.

Car elle me comprend, et mon cœur, transparent
Pour elle seule, hélas ! cesse d'être un problème
Pour elle seule, et les moiteurs de mon front blême,
Elle seule les sait rafraîchir, en pleurant.

Est-elle brune, blonde ou rousse ? – Je l'ignore.
Son nom ? Je me souviens qu'il est doux et sonore
Comme ceux des aimés que la Vie exila.

Son regard est pareil au regard des statues,
Et, pour sa voix, lointaine, et calme, et grave, elle a
L'inflexion[1] des voix chères qui se sont tues.

Paul Verlaine, *Poèmes saturniens*, 1866.

1. **l'inflexion** : le ton, l'accent d'une voix.

1. Confrontez les deux poèmes : composition, mesure des vers, disposition des rimes.

2. Quelles sont les caractéristiques du paysage évoqué dans « Soleils couchants » ? En quoi ce paysage favorise-t-il la mélancolie ?

3. Montrez que Verlaine, dans « Mon rêve familier », donne une image ambiguë de la femme idéale dans le portrait que développe le poème.

4. Indiquez comment les deux poèmes s'inscrivent dans le registre lyrique.

5. NOTION. Retrouvez dans le manuel un exemple de poème pour chacun des thèmes évoqués. En quoi Verlaine renouvelle-t-il la tradition poétique ?

NOTION

Le renouvellement de la tradition poétique

Depuis le Moyen Âge, qui s'inspire lui-même de l'Antiquité, la poésie privilégie certains thèmes comme l'amour, la nature, le temps qui passe, la mélancolie, le souvenir… Tout en s'inscrivant dans la tradition, chaque poète renouvelle cependant l'expression de l'émotion et des sentiments à travers un style personnel et sa sensibilité propre.

1874 — Romances sans paroles

Le recueil de *Romances sans paroles* comprend une vingtaine de petits poèmes. Verlaine y restitue des impressions fugitives de paysages aperçus. Annonçant le mouvement symboliste, l'écriture poétique privilégie la musicalité du vers pour recréer une atmosphère intime.

IL PLEUT DOUCEMENT SUR LA VILLE.
(Arthur Rimbaud)

Il pleure dans mon cœur
Comme il pleut sur la ville ;
Quelle est cette langueur[1]
Qui pénètre mon cœur ?

Ô bruit doux de la pluie
Par terre et sur les toits !
Pour un cœur qui s'ennuie
Ô le chant de la pluie !

Il pleure sans raison
Dans ce cœur qui s'écœure.
Quoi ! nulle trahison ?...
Ce deuil est sans raison.

C'est bien la pire peine
De ne savoir pourquoi
Sans amour et sans haine
Mon cœur a tant de peine !

Paul Verlaine, *Romances sans paroles*, 1874.

1. **langueur** : lassitude, tristesse, abattement inexpliqués.

1. Combien de fois le mot « cœur » est-il répété ? Quel déterminant l'accompagne à chaque fois ? Quels sentiments le poète exprime-t-il ainsi ?

2. Étudiez et commentez l'alternance des phrases exclamatives et interrogatives.

3. Que représente le pronom « il » dans le premier vers ? Quel est l'effet recherché par Verlaine ?

4. NOTION. Repérez et commentez les effets de répétitions dans ce poème.

5. Confrontez ce poème avec le poème intitulé « Spleen » de Baudelaire (page 359). Montrez comment, en reprenant un thème identique, Verlaine donne à ses vers une tonalité différente.

NOTION

Les effets de répétitions

S'inspirant du chant et de l'incantation, le poème multiplie les répétitions en reprenant les mêmes mots, les mêmes constructions syntaxiques, la même mesure du vers, des strophes identiques, et les mêmes sons, à travers les rimes, les assonances et les allitérations. Qu'il s'agisse de textes épiques, polémiques ou lyriques, les effets de répétitions rythment ainsi le poème.

1884 Jadis et Naguère

C'est dans *Jadis et Naguère* que Verlaine développe son art poétique, qui réclame « de la musique avant toute chose ». La plupart des pièces rassemblées dans le recueil font alterner l'ironie, l'émotion et le retour nostalgique aux paysages aimés.

L'AUBERGE

Murs blancs, toit rouge, c'est l'Auberge fraîche au bord
Du grand chemin poudreux où le pied brûle et saigne,
L'Auberge gaie avec le *Bonheur* pour enseigne.
Vin bleu, pain tendre, et pas besoin de passe-port[1].

Ici l'on fume, ici l'on chante, ici l'on dort.
L'hôte est un vieux soldat, et l'hôtesse, qui peigne
Et lave dix marmots roses et pleins de teigne[2],
Parle d'amour, de joie et d'aise, et n'a pas tort !

La salle au noir plafond de poutres, aux images
Violentes, *Maleck Adel*[3] et les *Rois Mages*[4],
Vous accueille d'un bon parfum de soupe aux choux.

Entendez-vous ? C'est la marmite qu'accompagne
L'horloge du tic-tac allègre[5] de son pouls.
Et la fenêtre s'ouvre au loin sur la campagne.

Paul Verlaine, *Jadis et Naguère*, 1884.

1. **passe-port** : document d'identité réclamé aux voyageurs.
2. **teigne** : maladie du cuir chevelu.
3. **Maleck Adel** : sultan légendaire de Damas.
4. **Rois Mages** : personnages légendaires tirés de la Bible.
5. **allègre** : joyeux, plein d'entrain.

1. À travers quelles oppositions l'Auberge apparaît-elle dans le premier quatrain ? Repérez le thème principal développé par chaque strophe.

2. Étudiez le jeu des pronoms dans le poème.

3. Quel est l'effet recherché par la simplicité du lexique et des images ? Illustrez votre réponse par des exemples.

4. Analysez la fonction du dernier vers.

5. NOTION. Montrez que « L'Auberge » constitue une forme de réécriture du poème de Rimbaud intitulé « Au Cabaret-Vert » (page 386).

NOTION

L'intertextualité : la réécriture d'une même scène

On appelle intertexte l'échange et le dialogue qu'un texte entretient avec les autres œuvres de la littérature. On peut retrouver ainsi dans un texte la présence de références à une œuvre antérieure, à un mythe commun ou à une source antique. Mais l'intertextualité repose aussi sur la réécriture d'une même scène, d'un même motif, partagés par des auteurs contemporains.

Auteur des *Chants de Maldoror* (1869).

LAUTRÉAMONT

Nom et prénom : **Ducasse, Isidore**

Pseudonyme : **Lautréamont**

Naissance : **4 avril 1846, à Montevideo, en Uruguay**

Décès : **24 novembre 1870, à Paris**

Fils d'un diplomate en poste en Uruguay, au moment où le pays vit sous la dictature, le jeune Isidore Ducasse reste souvent enfermé dans la demeure paternelle, loin de l'agitation des rues. Père et fils se supportent difficilement. À quatorze ans, l'adolescent est envoyé à Tarbes, puis à Pau, pour y poursuivre ses études. Il travaille beaucoup et se lie difficilement. Délivré du lycée, il mène à Paris une vie solitaire, s'enfermant dans sa modeste chambre. Sa lumière reste allumée des nuits entières pendant lesquelles il joue du piano. Il lit *La Divine Comédie* de Dante, les poètes romantiques, les romans noirs anglais, pleins d'angoisse et de violence. Il publie en 1869 *Les Chants de Maldoror*, qu'il signe comte de Lautréamont. Le livre choque le public par ses invectives et ses fantasmes étranges. La diffusion en est suspendue. L'écrivain annonce alors qu'il « ne veut plus chanter que l'espoir ». Mais il meurt à l'âge de vingt-quatre ans, pendant le siège de Paris en 1870.

LAUTRÉAMONT ET LE CHANT DE MALDOROR

Méconnu de son vivant, Lautréamont est redécouvert près de cinquante ans après sa mort par les poètes surréalistes, qui voient en lui un précurseur. *Les Chants de Maldoror* expriment en effet, à travers leur extraordinaire violence verbale, une révolte contre la société et la raison, proche du rêve, de la folie et de la mort. Cette suite de poèmes en prose raconte les métamorphoses de Maldoror, ange déchu qui devient tour à tour aigle, poulpe, tarentule et requin. L'œuvre puise ses sources dans une multitude d'univers, se présentant comme une réécriture des textes d'Homère, de la Bible, de Sade, de Baudelaire ou de Hugo. Porté par une imagination exacerbée, Lautréamont fait preuve d'audace et de liberté créatrice, comme un défi lancé aux hommes et à la littérature.

Objet d'étude La poésie

1869

Les Chants de Maldoror

Révolté contre les dieux et contre les hommes, le héros des *Chants de Maldoror* disparaît et réapparaît sous les formes les plus diverses. Isidore Ducasse enchaîne ainsi une suite de tableaux énigmatiques qui inscrivent le poème en prose dans le registre fantastique.

Au clair de la lune, près de la mer, dans les endroits isolés de la campagne, l'on voit, plongé dans d'amères réflexions, toutes les choses revêtir des formes jaunes, indécises, fantastiques. L'ombre des arbres, tantôt vite, tantôt lentement, court, vient, revient, par diverses formes, en s'aplatissant, en se collant contre la terre. Dans le temps, lorsque j'étais emporté sur les ailes de la jeunesse, cela me faisait rêver, me paraissait étrange ; maintenant, j'y suis habitué. Le vent gémit à travers les feuilles ses notes langoureuses, et le hibou chante sa grave complainte[1], qui fait dresser les cheveux à ceux qui l'entendent. Alors, les chiens, rendus furieux, brisent leurs chaînes, s'échappent des fermes lointaines ;

ils courent dans la campagne, çà et là, en proie à la folie. Tout à coup, ils s'arrêtent, regardent de tous les côtés avec une inquiétude farouche[2], l'œil en feu ; et, de même que les éléphants, avant de mourir, jettent dans le désert un dernier regard au ciel, élevant désespérément leur trompe, laissant leurs oreilles inertes, de même les chiens laissent leurs oreilles inertes, élèvent la tête, gonflent le cou terrible, et se mettent à aboyer, tour à tour, soit comme un enfant qui crie sa faim, soit comme un chat blessé au ventre au-dessus d'un toit, soit comme une femme qui va enfanter, soit comme un moribond atteint de la peste à l'hôpital, soit comme une jeune fille qui chante un air sublime, contre les étoiles au nord, contre les étoiles à l'est, contre les étoiles au sud, contre les étoiles à l'ouest ; contre la lune ; contre les montagnes, semblables au loin à des roches géantes, gisantes dans l'obscurité ; contre l'air froid qu'ils aspirent à pleins poumons, qui rend l'intérieur de leur narine, rouge, brûlant ; contre le silence de la nuit ; contre les chouettes, dont le vol oblique leur rase le museau, emportant un rat ou une grenouille dans le bec, nourriture vivante, douce pour les petits ; contre les lièvres, qui disparaissent en un clin d'œil ; contre le voleur, qui s'enfuit au galop de son cheval après avoir commis un crime ; contre les serpents, remuant les bruyères, qui leur font trembler la peau, grincer les dents ; contre leurs propres aboiements, qui leur font peur à eux-mêmes ; contre les crapauds, qu'ils broient d'un coup sec de mâchoire (pourquoi se sont-ils éloignés du marais ?) ; contre les arbres, dont les feuilles, mollement bercées, sont autant de mystères qu'ils ne comprennent pas, qu'ils veulent découvrir avec leurs yeux fixes, intelligents ; contre les araignées, suspendues entre leurs longues pattes, qui grimpent sur les arbres pour se sauver ; contre les corbeaux, qui n'ont pas trouvé de quoi manger pendant la journée, et qui s'en reviennent au gîte l'aile fatiguée ; contre les rochers du rivage ; contre les feux, qui paraissent au mât des navires invisibles ; contre le bruit sourd des vagues ; contre les grands poissons, qui, nageant, montrent leur dos noir, puis s'enfoncent dans l'abîme ; et contre l'homme qui les rend esclaves. Après quoi, ils se mettent de nouveau à courir la campagne, en sautant, de leurs pattes sanglantes, par-dessus les fossés, les chemins, les champs, les herbes et les pierres escarpées[3].

Lautréamont, *Les Chants de Maldoror*, 1869.

1. **complainte** : chanson populaire consacrée aux malheurs d'un personnage légendaire.

2. **farouche** : attitude sauvage, peu sociable, violente.

3. **pierres escarpées** : rochers abrupts, difficiles d'accès.

1. Au début du texte, relevez et commentez les différents éléments qui constituent le décor de ce récit.

2. De la ligne 9 à la ligne 34, comment la phrase est-elle construite ? Quel sens donner à ce choix stylistique ?

3. Repérez dans le texte les différents thèmes qui inscrivent le poème dans le registre fantastique.

4. Expliquez comment les comparaisons font basculer la réalité dans un univers fantastique.

5. NOTION. Relevez, dans ce texte, un exemple de chacun des procédés du poème en prose.

NOTION

Le poème en prose

Le poème en prose est une forme poétique qui apparaît au milieu du XIXe siècle. Le texte présente un aspect narratif, mais les effets de répétitions, le jeu des sonorités, l'importance des images, le rythme de la phrase lui donnent un caractère poétique. Le texte narratif s'efface ainsi au profit de la description d'un univers qui exprime un imaginaire original et personnel.

RIMBAUD

Nom et prénom : **Rimbaud, Arthur**

Naissance : **20 octobre 1854, à Charleville**

Décès : **10 novembre 1891, à Marseille**

Auteur de : *Une saison en enfer* (1873), *Illuminations* (1886). En 1895 paraît une édition posthume de ses *Poésies complètes*, avec une préface de Verlaine.

Rimbaud a six ans lorsque ses parents se séparent. Élevé par une mère autoritaire, il manifeste très vite un sentiment de révolte et un désir de fuite. Au collège de Charleville, Rimbaud se montre un élève brillant, mais indépendant. En août 1870, il s'enfuit en prenant le train pour Paris. Arrêté par la police, il est libéré grâce à son professeur et ami, Georges Izambart.

En 1871, Rimbaud gagne enfin la capitale, où il fait la rencontre de Verlaine, qui admire ses vers. Il se distingue dans la bohème littéraire par ses outrances et ses provocations. Il entraîne Verlaine dans un voyage en Angleterre et en Belgique. L'odyssée des deux amis se termine à Bruxelles. Verlaine, ivre, tire deux coups de feu sur Rimbaud ; il est emprisonné ; Rimbaud repart pour Londres. Il rencontre Verlaine une dernière fois, à Stuttgart, en 1875. Le poète cesse alors d'écrire, et commence une série de voyages qui le conduisent à Aden, en Arabie, où il devient gérant de comptoirs commerciaux et trafiquant d'armes. En 1891, il rentre en France pour soigner une tumeur au genou. Amputé de la jambe, il meurt quelques mois après son arrivée à Marseille.

L'ŒUVRE DE RIMBAUD

La poésie de la révolte

Dans ses premiers poèmes en vers, rassemblés en 1891 sous le titre de *Poésies*, Rimbaud exprime sa colère et sa révolte. Il dit aussi son goût pour la rêverie et l'intensité des premiers désirs amoureux. Épris de bohème et de liberté, il dénonce les injustices, manifeste l'horreur de la guerre et le refus de la société bourgeoise. Mais ses poésies témoignent également, avec « Le bateau ivre » ou « Voyelles », de la recherche d'une écriture nouvelle, fondée sur la fusion des sensations et la multiplication des images étonnantes.

La poésie des illuminations

Avec *Une saison en enfer* en 1873 et *Illuminations* en 1886, Rimbaud abandonne la versification. Ses poèmes en prose ont pour but de fixer des vertiges, des images hallucinatoires, pour lesquelles le vers ne convient plus. « Si ce que [le poète] rapporte de là-bas a forme, il donne forme ; si c'est informe, il donne de l'informe. » Rimbaud crée ainsi un univers féerique, un « opéra fabuleux » où le rêve et la réalité se confondent, à travers des architectures imaginaires et des moments d'extase et de liberté.

RIMBAUD, LE VOLEUR DE FEU

Dans sa « Lettre du voyant », adressée en 1871 à son ami Paul Demeny, Rimbaud expose sa conception de la poésie. Le poète est « un voleur de feu », qui doit arriver à l'inconnu, pour en rapporter ses visions. L'acte poétique est, en effet, l'exploration d'un monde nouveau, qu'il faut aborder à travers « un long, immense et raisonné dérèglement de tous les sens ». La poésie suppose ainsi la révolte et le refus. Elle conduit l'écrivain à abandonner ses habitudes de vivre et de penser : « Je est un autre », écrit Rimbaud. Et le dérèglement nécessaire s'applique aussi au langage : Rimbaud libère la poésie des règles de la versification, pratique le vers libre et multiplie les images violentes et inattendues dans ses poèmes en prose, annonçant les recherches et la liberté de la poésie moderne.

1870

Poésies

L'œuvre de Rimbaud est intimement liée à sa propre vie. C'est ainsi qu'il exprime dans plusieurs de ses poèmes, comme il le fait dans « Le dormeur du val », l'indignation ressentie devant les horreurs de la guerre de 1870.

LE DORMEUR DU VAL

C'est un trou de verdure où chante une rivière
Accrochant follement aux herbes des haillons[1]
D'argent, où le soleil, de la montagne fière,
Luit : c'est un petit val qui mousse de rayons.

Un soldat jeune, bouche ouverte, tête nue,
Et la nuque baignant dans le frais cresson bleu,
Dort; il est étendu dans l'herbe, sous la nue[2],
Pâle dans son lit vert où la lumière pleut.

Les pieds dans les glaïeuls, il dort. Souriant comme
Sourirait un enfant malade, il fait un somme :
Nature, berce-le chaudement : il a froid.

Les parfums ne font pas frissonner sa narine;
Il dort dans le soleil, la main sur sa poitrine
Tranquille. Il a deux trous rouges au côté droit.

Octobre 1870.

Arthur Rimbaud, *Poésies*, 1891.

1. **haillons** : lambeaux de vêtement.
2. **la nue** : les nuages.

1. Étudiez la progression du poème en montrant comment chaque strophe découpe une partie précise d'un tableau.

2. Relevez et analysez les images – comparaisons et métaphores – présentes dans le poème.

3. NOTION. Repérez et étudiez les enjambements contenus dans ce poème.

4. Quel est le rôle du dernier vers dans le poème ? Relevez tous les indices qui annoncent la révélation finale de la mort du soldat.

5. En quoi ce poème constitue-t-il une dénonciation de la guerre ?

NOTION

L'enjambement

Dans la poésie classique, la fin du vers correspond à une pause qui coïncide avec la fin d'un groupe syntaxique. L'enjambement consiste à supprimer cette pause parce qu'un groupe syntaxique se prolonge au vers suivant, par le rejet d'un mot ou d'un groupe de mots. L'enjambement crée un effet de surprise et modifie le rythme du poème.

1870

Poésies

Rimbaud évoque dans ses poèmes l'univers d'un adolescent en révolte contre la société. Il dénonce les injustices, la fausse dévotion, la cruauté de la guerre. Mais le poète exprime aussi l'intensité des premières impressions amoureuses et l'émoi d'un premier rendez-vous.

ROMAN

I

On n'est pas sérieux, quand on a dix-sept ans
– Un beau soir, foin des bocks[1] et de la limonade,
Des cafés tapageurs aux lustres éclatants !
– On va sous les tilleuls verts de la promenade.

Les tilleuls sentent bon dans les bons soirs de juin !
L'air est parfois si doux, qu'on ferme la paupière ;
Le vent chargé de bruits, – la ville n'est pas loin, –
A des parfums de vigne et des parfums de bière...

II

– Voilà qu'on aperçoit un tout petit chiffon
D'azur sombre, encadré d'une petite branche,
Piqué d'une mauvaise étoile, qui se fond
Avec de doux frissons, petite et toute blanche...

Nuit de juin ! Dix-sept ans ! – On se laisse griser[2].
La sève est du champagne et vous monte à la tête...
On divague ; on se sent aux lèvres un baiser
Qui palpite là, comme une petite bête...

III

Le cœur fou Robinsonne[3] à travers les romans,
– Lorsque, dans la clarté d'un pâle réverbère,
Passe une demoiselle aux petits airs charmants,
Sous l'ombre du faux-col effrayant de son père...

Et, comme elle vous trouve immensément naïf,
Tout en faisant trotter ses petites bottines,
Elle se tourne, alerte et d'un mouvement vif...
– Sur vos lèvres alors meurent les cavatines[4]...

IV

Vous êtes amoureux. Loué jusqu'au mois d'août.
Vous êtes amoureux. – Vos sonnets La font rire.
Tous vos amis s'en vont, vous êtes *mauvais goût*.
– Puis l'adorée, un soir, a daigné vous écrire... !

1. **bocks** : verres de bière.
2. **griser** : éprouver une légère ivresse.
3. **Robinsonne** : mot forgé par Rimbaud, par allusion au roman de Daniel Defoe, *Robinson Crusoé*.
4. **cavatines** : petits airs de musique.

– Ce soir-là… – vous rentrez aux cafés éclatants,
Vous demandez des bocks ou de la limonade…
– On n'est pas sérieux, quand on a dix-sept ans
Et qu'on a des tilleuls verts sur la promenade.

29 SEPTEMBRE 1870.

Arthur Rimbaud, *Poésies,* 1870.

Dans ce tableau peint en 1888, Van Gogh représente une terrasse de café, le soir, à Arles.

1. Étudiez la composition du poème. Quel titre pourrait-on attribuer à chacune des quatre parties qui le constituent ?

2. Relevez sous forme de tableau la présence des cinq sens dans le texte. En quoi contribuent-ils à souligner l'atmosphère euphorique du poème ?

3. Analysez la métaphore contenue dans la troisième strophe.

4. Montrez comment la première et la dernière strophe se répondent et participent à la structure circulaire du poème.

5. Relevez dans le texte tout ce qui exprime une confidence, un témoignage autobiographique

6. Relevez les différents pronoms personnels utilisés et indiquez leur valeur d'emploi.

7. NOTION. Quelle est la fonction du titre « Roman » choisi par Rimbaud ? Justifiez ce choix en recherchant les échos qu'il rencontre à l'intérieur du poème.

NOTION

Le titre du poème

À travers l'histoire de la poésie, certains poèmes se présentent sans titre : on les désigne alors par leur premier vers. D'autres au contraire affichent un titre qui fait partie du texte poétique. La fonction du titre est alors d'interpeller ou de séduire le lecteur, de donner du sens au texte, d'orienter sa lecture ou permettre son interprétation.

1870

Poésies

À travers ses poèmes, Rimbaud raconte son expérience de la bohème. Lancé sur les chemins, le jeune vagabond cherche des images et des rimes, il rêve sous les étoiles ou savoure les haltes à l'auberge, qui sont à la fois un moment de repos et l'occasion de faire des rencontres.

AU CABARET-VERT[1]

CINQ HEURES DU SOIR

Depuis huit jours, j'avais déchiré mes bottines
Aux cailloux des chemins. J'entrais à Charleroi.
– *Au Cabaret-Vert* : je demandai des tartines
De beurre et du jambon qui fût à moitié froid.

Bienheureux, j'allongeai les jambes sous la table
Verte : je contemplai les sujets très naïfs
De la tapisserie. – Et ce fut adorable,
Quand la fille aux tétons énormes, aux yeux vifs,

– Celle-là, ce n'est pas un baiser qui l'épeure[2] ! –
Rieuse, m'apporta des tartines de beurre,
Du jambon tiède, dans un plat colorié,

Du jambon rose et blanc parfumé d'une gousse
D'ail, – et m'emplit la chope immense, avec sa mousse
Que dorait un rayon de soleil arriéré.

OCTOBRE 1870.

Arthur Rimbaud, *Poésies*, 1891.

1. **Au Cabaret-Vert :** il s'agit du café « La Maison Verte », appelé ainsi à cause de la couleur verte des meubles et des volets.
2. **l'épeure :** lui fait peur, l'intimide ; c'est une prononciation ardennaise pour « apeure ».

1. Quelles sont les satisfactions successives qui contribuent au sentiment de bien-être éprouvé par le poète ? En quoi sont-elles surprenantes dans un poème ?

2. Étudiez la construction de la phrase, du vers 7 au vers 14. Montrez qu'elle remet en cause les règles du sonnet.

3. Relevez l'ensemble des adjectifs présents dans le poème. Étudiez leurs connotations.

4. Confrontez ce poème avec « L'Auberge » de Verlaine (page 379). Quels points communs, quelles différences apparaissent ?

5. NOTION. Étudiez l'enchaînement des épisodes qui constituent la scène du Cabaret-Vert. Montrez que le lexique, les temps verbaux et le rythme participent à cette dimension narrative du poème.

NOTION

La poésie et la narration

Dans l'épopée la poésie est narrative, c'est-à-dire qu'elle raconte un épisode de la mythologie, de l'histoire ou de la vie d'un personnage célèbre. Un poème peut aussi rapporter une scène intime, autobiographique ou non, en associant le déroulement du récit aux contraintes de la versification.

1886 — Illuminations

Chacun des poèmes qui constituent le recueil des *Illuminations* apparaît comme une scène féerique ou hallucinatoire, un « instantané » d'extase ou de liberté. Avec « Aube », Rimbaud renouvelle ainsi l'évocation du petit matin, souvent célébrée dans l'histoire de la poésie.

AUBE

J'ai embrassé l'aube[1] d'été.

Rien ne bougeait encore au front des palais. L'eau était morte. Les camps d'ombres ne quittaient pas la route du bois. J'ai marché, réveillant les haleines vives et tièdes, et les pierreries regardèrent, et les ailes se levèrent sans bruit.

La première entreprise[2] fut, dans le sentier déjà empli de frais et blêmes éclats, une fleur qui me dit son nom.

Je ris au wasserfall[3] blond qui s'échevela à travers les sapins : à la cime argentée je reconnus la déesse.

Alors je levai un à un les voiles. Dans l'allée, en agitant les bras. Par la plaine, où je l'ai dénoncée au coq. À la grand'ville elle fuyait parmi les clochers et les dômes, et courant comme un mendiant sur les quais de marbre, je la chassais.

En haut de la route, près d'un bois de lauriers, je l'ai entourée avec ses voiles amassés, et j'ai senti un peu son immense corps. L'aube et l'enfant tombèrent au bas du bois.

Au réveil il était midi.

Arthur Rimbaud, *Illuminations*, 1886.

1. **aube** : première lueur du jour qui apparaît à l'horizon.
2. **entreprise** : conquête.
3. **wasserfall** : mot allemand signifiant chute d'eau.

1. Relevez les moments successifs du récit présent dans ce poème en prose. Sur quelles indications spatiales et temporelles repose-t-il ?

2. Quelle interprétation donnez-vous à la dernière phrase du poème « Au réveil il était midi » ? À quoi pourrait-on comparer cette « illumination » ?

3. En quoi les images contribuent-elles à transformer le réel en univers féerique ?

4. Étudiez la présence du pronom « je » dans le poème.

À travers quelles émotions le lyrisme se développe-t-il ?

5. NOTION. Relevez et étudiez les termes qui, selon vous, donnent au texte une dimension symbolique.

NOTION

Les images symboliques

Le symbole participe aux traditions culturelles, religieuses ou politiques. Il est très présent dans la littérature où les mots renvoient par analogie à une réalité absente, un signifié abstrait. La poésie permet ainsi de donner une puissance symbolique à des objets, des sensations, des réalités concrètes familières au lecteur.

ZOLA

Nom et prénom : **Zola, Émile**

Naissance : **12 avril 1840, à Paris**

Décès : **dans la nuit du 29 au 30 septembre 1902, à Paris**

Émile Zola grandit à Aix-en-Provence. Après la mort de son père, en 1847, il mène auprès de sa mère une vie modeste, illuminée par l'amitié qui le lie au jeune Cézanne. Après avoir échoué au baccalauréat, Zola travaille à Paris comme livreur, puis comme directeur de la publicité chez Hachette.

À vingt-quatre ans, il publie un recueil de nouvelles et s'exerce à la critique d'art, en défendant passionnément la peinture impressionniste. C'est alors qu'il entreprend la fresque des *Rougon-Macquart*. Avec *L'Assommoir*, en 1877, il devient le romancier le plus célèbre de son temps. Chef de file du mouvement naturaliste, Zola réunit ses disciples, Mirbeau, Huysmans, Maupassant, dans sa propriété de Médan. Mais, après les succès littéraires, un nouveau combat l'attend : persuadé de l'innocence du capitaine Dreyfus, accusé d'espionnage, Zola s'engage pour la réhabilitation de l'officier envoyé au bagne : « J'accuse ! » est publié en 1898 dans le journal *L'Aurore*. Condamné à la prison, Zola se réfugie en Angleterre. De retour à Paris, il meurt en 1902, d'une asphyxie due à un système de chauffage défectueux, peut-être d'origine criminelle.

Auteur de romans, dont vingt d'entre eux sont regroupés dans la série des *Rougon-Macquart* : *L'Assommoir* (1877), *Au Bonheur des dames* (1883), *Germinal* (1885), *La Terre* (1887), *La Bête humaine* (1890), *Le Docteur Pascal* (1893), etc., et d'un essai littéraire, *Le Roman expérimental* (1880).

L'ŒUVRE DE ZOLA

La critique d'art polémique

Collaborant à de nombreux journaux, Zola prend la défense des peintres modernes, Cézanne, Manet ou Renoir, contre l'hostilité du public et des journalistes. Il rassemble ses études esthétiques dans des recueils, comme par exemple dans *Mes Haines* en 1866.

La défense du naturalisme

Fondateur et chef de file du mouvement naturaliste, Zola expose sa doctrine dans *Le Roman expérimental*, en 1880, qui se présente comme le manifeste du mouvement. À ses yeux, le romancier est un savant qui, à travers ses personnages, analyse l'influence des instincts et le rôle du milieu chez les individus.

La fresque des *Rougon-Macquart*

Illustrant les principes du naturalisme, les vingt romans qui constituent la fresque des *Rougon-Macquart, histoire naturelle et sociale d'une famille sous le Second Empire* paraissent de 1871 à 1893, explorant l'ensemble des milieux de la société de l'époque.

L'œuvre engagée et humaniste

Ému devant la misère, Zola défend le progrès et l'éducation dans les *Trois Villes* : *Lourdes*, *Rome*, *Paris* (1894-1897). Après la bataille en faveur de Dreyfus, il expose ses aspirations humanistes, dans les *Quatre Évangiles* : *Fécondité*, *Travail*, *Vérité* et *Justice*, qu'il laisse inachevé.

LE MAÎTRE DU NATURALISME

Rivalisant avec *La Comédie humaine* de Balzac, *Les Rougon-Macquart* forment une vaste fresque. Cette « histoire naturelle et sociale d'une famille sous le Second Empire » explore dans sa totalité la société de cette époque. Zola définit le romancier comme un scientifique et le roman comme un laboratoire, qui permet d'expérimenter les lois de l'hérédité et l'influence du milieu sur l'évolution des individus. À partir de la folie de la vieille tante Dide, il montre comment une « fêlure » originelle se développe parmi les membres d'une même famille. Chaque roman explore ainsi un univers nouveau : celui de la finance, des mineurs, des paysans... Les objets et les lieux familiers – comme l'alambic, la locomotive ou la mine – deviennent des forces menaçantes et prennent une dimension mythique. Romancier réaliste, Zola est aussi visionnaire dans la peinture épique des foules ou des bouleversements de la société moderne.

1871 — *Préface de* La Fortune des Rougon

Au moment où il publie le premier roman de la série des *Rougon-Macquart* en 1871, Zola présente dans une Préface au lecteur la vaste fresque qu'il entreprend. Son projet est fixé : il en explique la genèse et en définit les principes en annonçant les vingt romans à venir.

Je veux expliquer comment une famille, un petit groupe d'êtres, se comporte dans une société, en s'épanouissant pour donner naissance à dix, à vingt individus, qui paraissent, au premier coup d'œil, profondément dissemblables, mais que l'analyse montre intimement liés les uns aux autres. L'hérédité[1] a ses lois, comme la pesanteur.

Je tâcherai de trouver et de suivre, en résolvant la double question des tempéraments et des milieux, le fil qui conduit mathématiquement d'un homme à un autre homme. Et quand je tiendrai tous les fils, quand j'aurai entre les mains tout un groupe social, je ferai voir ce groupe à l'œuvre, comme acteur d'une époque historique, je le créerai agissant dans la complexité de ses efforts, j'analyserai à la fois la somme de volonté de chacun de ses membres et la poussée générale de l'ensemble.

Les Rougon-Macquart, le groupe, la famille que je me propose d'étudier, a pour caractéristique le débordement des appétits, le large soulèvement de notre âge, qui se rue aux jouissances. Physiologiquement[2], ils sont la lente succession des accidents nerveux et sanguins qui se déclarent dans une race, et qui déterminent, selon les milieux, chez chacun des individus de cette race, les sentiments, les désirs, les passions, toutes les manifestations humaines, naturelles et instinctives, dont les produits prennent les noms convenus de vertus et de vices. Historiquement, ils partent du peuple, ils s'irradient dans toute la société contemporaine, ils montent à toutes les situations, par cette impulsion essentiellement moderne que reçoivent les basses classes en marche à travers le corps social, et ils racontent ainsi le Second Empire, à l'aide de leurs drames individuels, du guet-apens du coup d'État à la trahison de Sedan[3].

Depuis trois années, je rassemblais les documents de ce grand ouvrage, et le présent volume était même écrit, lorsque la chute des Bonaparte, dont j'avais besoin comme artiste, et que toujours je trouvais fatalement au bout du drame, sans oser l'espérer si prochaine, est venue me donner le dénouement terrible et nécessaire de mon œuvre. Celle-ci est, dès aujourd'hui, complète ; elle s'agite dans un cercle fini ; elle devient le tableau d'un règne mort, d'une étrange époque de folie et de honte.

Cette œuvre, qui formera plusieurs épisodes, est donc, dans ma pensée, l'histoire naturelle et sociale d'une famille sous le Second Empire.

Émile Zola, Préface de *La Fortune des Rougon*, 1871.

1. **l'hérédité** : la transmission des caractères.
2. **physiologiquement** : la physiologie est la science qui étudie le fonctionnement des organismes.
3. **la trahison de Sedan** : le premier roman de la série s'ouvre sur le coup d'État de Louis-Napoléon Bonaparte, en 1851, le dernier coïncide avec la défaite de Sedan et la fin de l'Empire, en 1870.

1. Que veut dire Zola lorsqu'il affirme que « l'hérédité a ses lois, comme la pesanteur » (l. 4) ?

2. Analysez les expressions qui inscrivent le projet romanesque dans une dimension sociale.

3. Indiquez la fonction assignée à la science, dans cette préface, par le romancier.

4. À travers quels procédés l'écrivain s'implique-t-il dans sa Préface pour convaincre le lecteur ?

5. NOTION. En quoi les extraits des pages 390 à 393 répondent-ils à l'ambition de l'écrivain ?

NOTION

Le projet du romancier

La préface permet à un écrivain de revenir sur la genèse de son projet, d'annoncer au lecteur les différentes étapes à travers lesquelles son œuvre se développera. Zola définit clairement l'objet de la fresque qu'il entreprend. Il permet ainsi au lecteur de comprendre les enjeux de son œuvre.

1877

L'Assommoir

Fidèle à sa volonté de décrire l'influence du milieu social sur ses personnages, Zola raconte la lente déchéance de Gervaise, entraînée malgré elle dans l'alcoolisme. Le romancier la montre ici pénétrant pour la première fois dans « l'Assommoir », le café qui jouera un rôle capital dans le roman.

L'Assommoir s'était empli. On parlait très fort, avec des éclats de voix qui déchiraient le murmure gras des enrouements. Des coups de poings sur le comptoir, par moments, faisaient tinter les verres. Tous debout, les mains croisées sur le ventre ou rejetées derrière le dos, les buveurs formaient de petits groupes, serrés les uns contre les autres ; il y avait des sociétés[1], près des tonneaux, qui devaient attendre un quart d'heure, avant de pouvoir commander leurs tournées au père Colombe.

« Comment ! c'est cet aristo[2] de Cadet-Cassis[3] ! cria Mes-Bottes, en appliquant une rude tape sur l'épaule de Coupeau. Un joli monsieur qui fume du papier et qui a du linge !... On veut donc épater sa connaissance, on lui paie des douceurs !

– Hein ! ne m'embête pas, répondit Coupeau, très contrarié.

Mais l'autre ricanait.

« Suffit ! on est à la hauteur, mon bonhomme... Les mufes sont des mufes[4], voilà ! »

Il tourna le dos, après avoir louché terriblement, en regardant Gervaise. Celle-ci se reculait, un peu effrayée. La fumée des pipes, l'odeur forte de tous ces hommes montaient dans l'air chargé d'alcool ; et elle étouffait, prise d'une petite toux.

« Oh ! c'est vilain de boire ! » dit-elle à demi-voix.

Et elle raconta qu'autrefois, avec sa mère, elle buvait de l'anisette, à Plassans[5]. Mais elle avait failli en mourir un jour, et ça l'avait dégoûtée ; elle ne pouvait plus voir les liqueurs.

« Tenez, ajouta-t-elle en montrant son verre, j'ai mangé ma prune ; seulement, je laisserai la sauce, parce que ça me ferait du mal. »

Coupeau, lui aussi, ne comprenait pas qu'on pût avaler de pleins verres d'eau-de-vie. Une prune par-ci par-là, ça n'est pas mauvais. Quant au vitriol[6], à l'absinthe et aux autres cochonneries, bonsoir ! il n'en fallait pas. Les camarades avaient beau le blaguer, il restait à la porte lorsque ces cheulards-là[7] entraient à la mine à poivre. Le papa Coupeau, qui était zingueur comme lui, s'était écrabouillé la tête sur le pavé de la rue Coquenard, en tombant un jour de ribote[8] de la gouttière du n° 25 ; et ce souvenir, dans la famille, les rendait tous sages. Lui, lorsqu'il passait rue Coquenard et qu'il voyait la place, il aurait plutôt bu l'eau du ruisseau que d'avaler un canon[9] gratis chez le marchand de vin. Il conclut par cette phrase :

« Dans notre métier, il faut des jambes solides. »

Gervaise avait repris son panier. Elle ne se levait pourtant pas, le tenait sur ses genoux, les regards perdus, rêvant, comme si les paroles du jeune ouvrier éveillaient en elle des pensées lointaines d'existence. Et elle dit encore, lentement, sans transition apparente :

« Mon Dieu ! je ne suis pas ambitieuse, je ne demande pas grand-chose... Mon idéal, ce serait de travailler tranquille, de manger toujours du pain, d'avoir un trou un peu propre pour dormir, vous savez, un lit, une table et deux chaises, pas davantage... Ah ! je voudrais aussi élever mes enfants, en faire de bons sujets, si c'était possible... Il y a encore un idéal, ce serait de ne pas être battue, si je me remettais jamais en ménage ; non, ça ne me plairait pas d'être battue... Et c'est tout, vous voyez, c'est tout... »

Elle cherchait, interrogeait ses désirs, ne trouvait plus rien de sérieux qui la tentât. Cependant, elle reprit, après avoir hésité :

1. sociétés : groupes d'amis.
2. aristo : terme d'argot signifiant « qui se croit plus que les autres ».
3. Cadet-Cassis : surnom de Coupeau.
4. mufes : idiots ou lâches dans la langue argotique.
5. Plassans : lieu d'origine de la famille des Rougon-Macquart.

« Oui, on peut à la fin avoir le désir de mourir dans son lit… Moi, après avoir bien trimé toute ma vie, je mourrais volontiers dans mon lit, chez moi. »

Et elle se leva. Coupeau, qui approuvait vivement ses souhaits, était déjà debout, s'inquiétant de l'heure. Mais ils ne sortirent pas tout de suite ; elle eut la curiosité d'aller regarder, au fond, derrière la barrière de chêne, le grand alambic de cuivre rouge, qui fonctionnait sous le vitrage clair de la petite cour ; et le zingueur, qui l'avait suivie, lui expliqua comment ça marchait, indiquant du doigt les différentes pièces de l'appareil, montrant l'énorme cornue d'où tombait un filet limpide d'alcool. L'alambic, avec ses récipients de forme étrange, ses enroulements sans fin de tuyaux, gardait une mine sombre ; pas une fumée ne s'échappait ; à peine entendait-on un souffle intérieur, un ronflement souterrain ; c'était comme une besogne de nuit faite en plein jour, par un travailleur morne, puissant et muet. Cependant, Mes-Bottes, accompagné de ses deux camarades, était venu s'accouder sur la barrière, en attendant qu'un coin du comptoir fût libre. Il avait un rire de poulie mal graissée, hochant la tête, les yeux attendris, fixés sur la machine à soûler. Tonnerre de Dieu ! elle était bien gentille ! Il y avait, dans ce gros bedon de cuivre, de quoi se tenir le gosier au frais pendant huit jours. Lui, aurait voulu qu'on lui soudât le bout du serpentin entre les dents, pour sentir le vitriol encore chaud l'emplir, lui descendre jusqu'aux talons, toujours, toujours, comme un petit ruisseau. Dame ! il ne serait plus dérangé, ça aurait joliment remplacé les dés à coudre de ce roussin de père Colombe ! Et les camarades ricanaient, disaient que cet animal de Mes-Bottes avait un fichu grelot, tout de même. L'alambic, sourdement, sans une flamme, sans une gaieté dans les reflets éteints de ses cuivres, continuait, laissait couler sa sueur d'alcool, pareil à une source lente et entêtée, qui à la longue devait envahir la salle, se répandre sur les boulevards extérieurs, inonder le trou immense de Paris. Alors, Gervaise, prise d'un frisson, recula ; et elle tâchait de sourire, en murmurant :

« C'est bête, ça me fait froid, cette machine… la boisson me fait froid… »

Émile Zola, *L'Assommoir*, 1877.

6. **le vitriol** : acide puissant qui désigne par métaphore un alcool fort.

7. **cheulard** : ivrogne dans la langue argotique.

8. **ribote** : excès de table et de boisson.

9. **canon** : verre de vin, dans la langue argotique.

1. À travers quels sens le café apparaît-il à Gervaise au début du passage ? Quelles impressions en retire-t-elle ?

2. Comment les réticences de Gervaise et de Coupeau à l'égard de l'alcool s'expliquent-elles ?

3. Étudiez la description de l'alambic (l. 58 à 67). Expliquez les réactions de Gervaise devant la machine.

4. Relevez les passages qui rapportent les discours des personnages au style indirect libre. Quel est l'intérêt de ce procédé ?

5. NOTION. Étudiez la présence des termes populaires dans le texte. À travers quelles images, quelles expressions, quelles constructions syntaxiques ce parler populaire se retrouve-t-il également ?

6. Pourquoi selon vous, Zola a-t-il choisi d'intituler son roman *L'Assommoir* ?

NOTION

Le langage populaire dans le roman naturaliste

L'écrivain, dans sa volonté d'explorer différentes catégories sociales, a recours au langage de chaque milieu : c'est par exemple le langage technique des mineurs, des artistes ou de la finance, l'argot des ouvriers ou le patois paysan. Cet usage participe pleinement au projet du romancier naturaliste d'introduire la réalité sociale dans le roman.

1885 — Germinal

En grève depuis deux mois, les mineurs, qui n'ont obtenu aucun résultat, laissent éclater leur révolte, sous les yeux du directeur de la mine et de sa famille. Zola dépasse alors la représentation familière du milieu de la mine pour donner au texte romanesque une dimension épique.

« Prenez vos flacons, la sueur du peuple qui passe ! » murmura Négrel[1], qui, malgré ses convictions républicaines, aimait à plaisanter la canaille avec les dames.

Mais son mot spirituel fut emporté dans l'ouragan des gestes et des cris. Les femmes avaient paru, près d'un millier de femmes, aux cheveux épars, dépeignées par la course, aux guenilles montrant la peau nue, des nudités de femelles lasses d'enfanter des meurt-de-faim. Quelques-unes tenaient leur petit entre les bras, le soulevaient, l'agitaient, ainsi qu'un drapeau de deuil et de vengeance. D'autres, plus jeunes, avec des gorges gonflées de guerrières, brandissaient des bâtons ; tandis que les vieilles, affreuses, hurlaient si fort, que les cordes de leurs cous décharnés semblaient se rompre. Et les hommes déboulèrent ensuite, deux mille furieux, des galibots[2], des haveurs[3], des raccommodeurs[4], une masse compacte qui roulait d'un seul bloc, serrée, confondue, au point qu'on ne distinguait ni les culottes déteintes, ni les tricots de laine en loques, effacés dans la même uniformité terreuse. Les yeux brûlaient, on voyait seulement les trous des bouches noires, chantant *La Marseillaise*, dont les strophes se perdaient en un mugissement confus, accompagné par le claquement des sabots sur la terre dure. Au-dessus des têtes, parmi le hérissement des barres de fer, une hache passa, portée toute droite ; et cette hache unique, qui était comme l'étendard de la bande, avait, dans le ciel clair, le profil aigu d'un couperet de guillotine.

« Quels visages atroces ! » balbutia Mme Hennebeau[5].

Négrel dit entre ses dents : « Le diable m'emporte si j'en reconnais un seul ! D'où sortent-ils donc, ces bandits-là ? »

Et, en effet, la colère, la faim, ces deux mois de souffrance et cette débandade enragée au travers des fosses, avaient allongé en mâchoires de bêtes fauves les faces placides des houilleurs de Montsou. À ce moment, le soleil se couchait, les derniers rayons, d'une pourpre sombre, ensanglantaient la plaine. Alors, la route sembla charrier du sang, les femmes, les hommes continuaient à galoper, saignants comme des bouchers en pleine tuerie.

« Oh ! superbe ! » dirent à demi-voix Lucie et Jeanne, remuées dans leur goût d'artistes par cette belle horreur.

Émile Zola, *Germinal*, 1885.

1. **Négrel** : ingénieur à la mine.
2. **galibots** : enfants qui travaillent au fond.
3. **haveurs** : ouvriers qui entaillent les galeries.
4. **raccommodeurs** : ouvriers qui maintiennent en état les charpentes et les voies.
5. **Mme Hennebeau** : la femme du directeur de la mine.

1. À travers quels détails Zola met-il en évidence la misère des mineurs et la colère violente qui les anime ?

2. Comment Zola transforme-t-il, dans le premier paragraphe, des éléments de la réalité en symboles ? Quelle est, selon vous, leur signification ?

3. Montrez que les procédés de l'amplification (lexicaux, syntaxiques, stylistiques) contribuent à inscrire ce passage dans le registre épique.

4. Quels sentiments à l'égard des mineurs les témoins de la scène expriment-ils ? Que veut souligner le romancier à travers ces réactions ?

5. NOTION. À travers quels procédés Zola fait-il de la foule des grévistes un groupe uni et solidaire ?

NOTION

Le héros collectif

Parmi les personnages qui peuplent le récit, une collectivité s'impose parfois comme le véritable héros du roman. Il peut s'agir d'un groupe d'individus unis par le destin, d'une communauté ou d'une foule révoltée, d'un peuple en lutte. Le lecteur s'identifie alors aux valeurs incarnées par le groupe.

1890 La Bête humaine

Après avoir décrit les Halles de Paris, les grands magasin ou la mine, Zola met en scène dans *La Bête humaine* le monde du chemin de fer. Le déraillement de la locomotive conduite par le héros est l'occasion, pour l'écrivain, de développer dans le roman une situation pathétique.

Alors, à vingt mètres d'eux, au bord de la voie où l'épouvante les clouait, Misard et Cabuche les bras en l'air, Flore les yeux béants, virent cette chose effrayante : le train se dresser debout, sept wagons monter les uns sur les autres, puis retomber avec un abominable craquement, en une débâcle informe de débris. Les trois premiers étaient réduits en miettes, les quatre autres ne faisaient plus qu'une montagne, un enchevêtrement de toitures défoncées, de roues brisées, de portières, de chaînes, de tampons, au milieu de morceaux de vitre. Et, surtout, l'on avait entendu le broiement de la machine contre les pierres, un écrasement sourd terminé en un cri d'agonie. La Lison[1], éventrée, culbutait à gauche, par-dessus le fardier[2] ; tandis que les pierres, fendues, volaient en éclats, comme sous un coup de mine, et que, des cinq chevaux, quatre, roulés, traînés, étaient tués net. La queue du train, six wagons encore, intacts, s'étaient arrêtés, sans même sortir des rails.

Mais des cris montèrent, des appels dont les mots se perdaient en hurlements inarticulés de bête.

« À moi ! Au secours !... Oh ! mon Dieu ! je meurs ! Au secours ! Au secours ! »

On n'entendait plus, on ne voyait plus. La Lison, renversée sur les reins, le ventre ouvert, perdait sa vapeur, par les robinets arrachés, les tuyaux crevés, en des souffles qui grondaient, pareils à des râles furieux de géante. Une haleine blanche en sortait, inépuisable, roulant d'épais tourbillons au ras du sol ; pendant que, du foyer, les braises tombées, rouges comme le sang même de ses entrailles, ajoutaient leur fumées noires. La cheminée, dans la violence du choc, était entrée en terre ; à l'endroit où il avait porté, le châssis s'était rompu, faussant les deux longerons ; et, les roues en l'air, semblable à une cavale monstrueuse décousue par quelque formidable coup de corne, la Lison montrait ses bielles tordues, ses cylindres cassés, ses tiroirs et leurs excentriques[3] écrasés, toute une affreuse plaie bâillant au plein air, par où l'âme continuait de sortir, avec un fracas d'enragé désespoir. Justement, près d'elle, le cheval qui n'était pas mort, gisait lui aussi, les deux pieds de devant emportés, perdant également ses entrailles par une déchirure de son ventre. À sa tête droite, raidie dans un spasme d'atroce douleur, on le voyait râler, d'un hennissement terrible, dont rien n'arrivait à l'oreille, au milieu du tonnerre de la machine agonisante.

Émile Zola, *La Bête humaine*, 1890.

1. **La Lison** : surnom donné à sa locomotive par le héros du roman, Jacques Lantier.
2. **fardier** : chariot tiré par des chevaux, qui transporte des blocs de pierre. C'est ce chariot, au milieu de la voie, qui est la cause de l'accident.
3. **excentriques** : pièces de la mécanique.

1. Quels sont les témoins de la scène ? Comment la perception de la catastrophe se développe-t-elle dans le texte ? Étudiez l'emploi du pronom « on ».

2. Analysez le procédé de l'accumulation dans le texte. Quel est l'effet recherché ?

3. Pourquoi Zola rapporte-t-il les cris des voyageurs au style direct ? Quel est l'effet recherché ?

4. Étudiez l'inscription de l'extrait dans le registre pathétique.

5. NOTION. Montrez comment se développe la personnification de la locomotive dans cet extrait.

NOTION

L'objet transformé en personnage

Le romancier peut donner à un objet la dimension d'un véritable personnage, en lui prêtant des mouvements, des pensées, des sentiments. Il multiplie alors les procédés de la personnification qui font de l'objet représenté un être vivant.

Le réalisme et le naturalisme

À l'opposé du romantisme du début du siècle, un grand nombre d'artistes manifestent le désir de représenter la réalité de leur temps. Les peintres et les écrivains montrent des situations concrètes et familières, proches du lecteur, ancrées dans la réalité sociale. Cette conception de l'art aboutit, dans les années 1880, à la création par Émile Zola du mouvement naturaliste.

Les mots « réalisme » et « naturalisme »

Le terme « réalisme » apparaît en 1826 dans *Le Mercure de France* pour désigner « la littérature du vrai ». Il souligne chez les écrivains, mais aussi chez les peintres, la volonté de reproduire le réel. En utilisant le mot « naturalisme » dans *Le Roman expérimental* en 1880, Émile Zola exprime le souci de donner au réalisme une dimension scientifique. À travers son œuvre, le romancier étudie les lois de l'hérédité et l'influence du milieu sur les individus.

L'HISTOIRE DU MOUVEMENT

Alors que la sensibilité romantique triomphe au théâtre et dans la poésie, des peintres et des romanciers suscitent un vaste mouvement qui, comme l'explique Honoré de Balzac, cherche à « décrire la société dans son entier, telle qu'elle est ».

Le roman, miroir de la société

Dans la première moitié du XIXe siècle, Stendhal et Balzac ont pour ambition commune de faire de la littérature le reflet de la réalité : « Un roman est un miroir qui se promène sur une grande route », écrit Stendhal. Avec *La Comédie humaine*, Balzac veut dresser le tableau de la société dans son ensemble, prenant en compte la diversité des milieux et des caractères, du haut en bas de l'échelle sociale.

Gustave Courbet, peintre de la réalité sociale, considéré comme un maître de la peinture réaliste, représente des scènes familières. *La Pauvresse de village*, 1867.

Dessinateur satirique, Honoré Daumier est également un peintre de la vie quotidienne, représentant avec réalisme les métiers de Paris. *La Blanchisseuse*, peinture à l'huile de 1863 (détail).

Les combats du réalisme

Au-delà de la littérature, les peintres réalistes rompent vigoureusement avec l'enseignement de l'académisme. Ils veulent représenter l'humanité telle qu'elle est, sans l'idéaliser. Leurs tableaux sont refusés dans les salons. On reproche au peintre Gustave Courbet ou au caricaturiste Honoré Daumier leur vulgarité. Le critique d'art Champfleury multiplie les articles pour prendre leur défense. De la même manière, le roman de Flaubert, *Madame Bovary*, est poursuivi par la justice pour immoralité en 1857.

Émile Zola, photographié vers 1895.

Le projet naturaliste

Avec Émile Zola, le réalisme aboutit au naturalisme qui s'impose comme une véritable école littéraire. L'écrivain veut montrer l'influence de l'hérédité et de l'éducation. Il s'appuie pour cela sur les théories scientifiques de Charles Darwin, Claude Bernard ou Auguste Comte. *Les Rougon-Macquart* provoquent le scandale, en décrivant l'alcoolisme ou la prostitution, mais connaissent un immense succès auprès du public. Zola rassemble autour de lui une génération de jeunes écrivains, comme Maupassant, Mirbeau ou Huysmans. L'influence du réalisme et du naturalisme s'exerce encore au XXe siècle dans la littérature, mais aussi dans la photographie et au cinéma.

Affiche de l'adaptation théâtrale de *Germinal*, d'Émile Zola, 1885.

LES PRINCIPES DU MOUVEMENT

Représenter la société dans tous ses aspects

L'écrivain réaliste veut reproduire dans son œuvre la globalité de la société dans laquelle il vit. Il explore la diversité des milieux qui la composent et décrit les rapports qu'entretiennent les individus.

S'appuyer sur une démarche scientifique

L'écrivain réaliste utilise la recherche documentaire. Il enquête sur les lieux de l'action de son roman. Il s'appuie sur des théories scientifiques, comme les lois de l'hérédité, pour expliquer le comportement de ses personnages.

Donner au lecteur l'illusion de la réalité

L'écrivain réaliste cherche à faire de son œuvre le reflet le plus exact possible du monde réel. Il multiplie les effets de réel, comme la description minutieuse d'objets familiers, le recours au langage technique ou argotique, la mise en valeur d'un détail qui donne une impression de vérité.

LES THÈMES ESSENTIELS DU MOUVEMENT

Nana, dans le tableau peint par Manet en 1877 (détail).

L'ascension sociale et la chute

Le roman raconte l'itinéraire d'individus confrontés à la société au sein de laquelle ils cherchent à s'insérer. Souvent, la quête du héros réaliste s'achève sur un échec, l'impossibilité d'atteindre l'objectif rêvé.

Le monde du travail

Le réalisme met en scène la diversité des milieux de la société industrielle. Il représente tous les métiers et tous les états, l'employé, le mineur, le rentier, le cheminot, le banquier, la prostituée, le savant, le commerçant…

La puissance des instincts

À l'idéalisation de la passion amoureuse, le roman réaliste oppose la force brutale du désir. Il représente des personnages habités par leurs instincts, entraînés par des pulsions qui les dépassent parfois.

La maladie et la mort

L'écrivain réaliste confronte ses personnages aux épreuves de la maladie et de la vieillesse. Il n'hésite pas à mettre en scène le moment où la mort apparaît, dans toute sa réalité.

Gustave Caillebotte, *Le pont de l'Europe*, 1876 (détail).

La représentation du travail et de l'effort des *Livreurs de farine*, peinture de 1885 réalisée par Louis Carrier-Bellense.

Le réalisme et l'image

Gustave Courbet s'impose, dans les années 1850, comme le chef de file du mouvement réaliste en peinture. Il réunit autour de lui Honoré Daumier, Jean-François Millet et tous ceux pour qui la peinture « ne peut consister que dans la représentation des choses réelles et existantes ». Désormais, la vie quotidienne est promue au rang des sujets dignes d'intérêt.

Dès son invention, la photographie veut représenter un témoignage instantané de la réalité d'une époque. Félix Nadar au XIXe siècle, Robert Doisneau au XXe font du témoignage photographique un moyen de comprendre et de questionner le monde.

L'influence du réalisme se retrouve dans le cinéma français, avec des metteurs en scène comme Jean Renoir ou Marcel Carné, mais aussi dans le cinéma néoréaliste italien avec Vittorio de Sica ou Roberto Rossellini.

Après la peinture et la littérature, on retrouve au cinéma la volonté de représenter la réalité, comme dans *Le jour se lève* de Marcel Carné, réalisé en 1939.

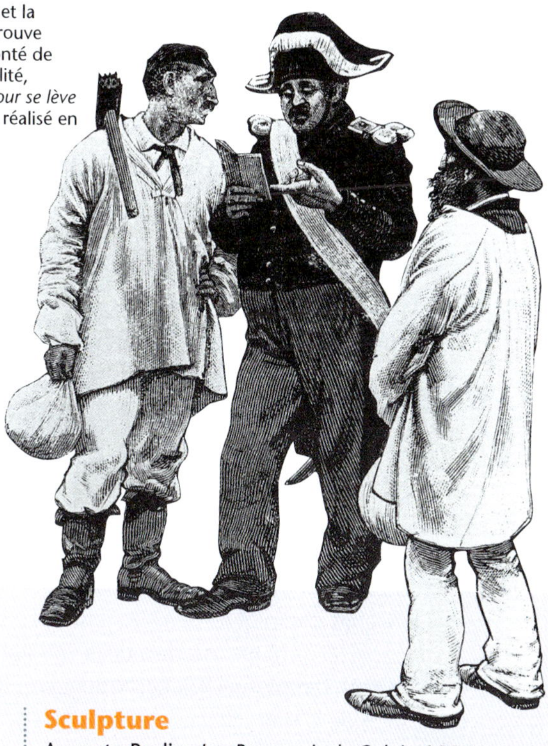

Gendarmes et ouvriers, personnages familiers que s'attachent à montrer dans leurs œuvres, Blzac, Flaubert, Zola ou Maupassant.

Les grandes œuvres du réalisme et du naturalisme

Littérature

- Stendhal, *Le Rouge et le Noir*, 1830.
- Balzac, *La Comédie humaine*, 1842-1848.
- Flaubert, *Madame Bovary*, 1857.
- Les frères Goncourt, *Germinie Lacerteux*, 1865.
- Zola, *Les Rougon-Macquart*, 1871-1893.
- Maupassant, *Une vie*, 1883.

Peinture

- Gustave Courbet, *Enterrement à Ornans*, 1849.
- Jean-François Millet, *L'Angélus*, 1859.
- Edgar Degas, *Après le bain*,1898.

Sculpture

Auguste Rodin, *Les Bourgeois de Calais*, 1884.

Chanson

Aristide Bruant, *Dans la rue*, 1889-1909.

Cinéma

- Marcel Carné, *Hôtel du Nord*, 1938.
- Vittorio de Sica, *Le Voleur de bicyclette*, 1948.

MAUPASSANT

Nom et prénom : **de Maupassant, Guy**

Naissance : **5 août 1850, en Normandie**

Décès : **6 juillet 1893, à Paris**

Auteur de recueils de contes et nouvelles, dont : *La Maison Tellier* (1881), *Contes de la bécasse* (1883), *Le Horla* (1887); de romans, dont : *Une vie* (1883), *Bel-Ami* (1885), *Pierre et Jean* (1888).

Guy de Maupassant grandit en Normandie, au contact des paysans, des marins et des chasseurs dont il décrira les mœurs dans ses nouvelles. Après la guerre franco-prussienne de 1870, il devient fonctionnaire à Paris, mais il déteste la vie de bureau, qu'il compense par de joyeuses parties de canotage avec ses amis, sur les bords de la Seine. Il écrit des poèmes, des pièces de théâtre, des nouvelles. Flaubert, le grand ami de la famille, qui est devenu son maître en littérature, le conseille.

En 1881 paraît son premier recueil de contes et nouvelles, *La Maison Tellier*, qui connaît un immense succès. Dès lors, chaque année, Maupassant livre à un public impatient ses romans ou ses recueils de contes. Il multiplie les voyages, fréquente les écrivains et les journalistes à la mode. Il se partage alors entre la Normandie, Paris et la Côte d'Azur, où il prend la mer sur son yacht, le *Bel-Ami*. Malade de la syphilis, il tente vainement de soulager ses douleurs. Sa santé se détériore. Après une tentative de suicide en 1891, il est interné à Paris, dans la maison de santé du docteur Blanche, où il meurt deux ans plus tard.

L'ŒUVRE DE MAUPASSANT

La diversité des contes et nouvelles

En onze années, de 1880 à 1891, Maupassant publie dans les journaux puis en recueils près de trois cents contes et nouvelles qui font de lui le maître incontesté de ce genre dans la littérature française. À travers la diversité des situations qu'elles développent, ses nouvelles explorent tous les milieux de la société du XIXe siècle.

Le réalisme des romans

Héritier de Flaubert et de Zola, Maupassant écrit six romans qui connaissent un grand succès de librairie, parmi lesquels *Une vie* en 1883, *Bel-Ami* en 1885, *Notre cœur* en 1890. Il y affirme le souci de représenter la réalité de son temps, sur laquelle il porte un regard souvent amer et pessimiste. Ses personnages restent ainsi dans la mémoire du lecteur comme autant de types humains caractéristiques.

La lucidité du chroniqueur

Après le succès de *Boule-de-Suif*, qui le lance dans la vie littéraire en 1880, Maupassant multiplie les chroniques dans les journaux, *Le Gaulois*, *Gil Blas*, ou *Le Figaro*. Il y montre un esprit incisif et ironique. Au-delà de la critique littéraire et artistique, il prend position dans les débats de son temps, en dénonçant la guerre ou le colonialisme, comme en s'opposant à la construction de la tour Eiffel.

MAUPASSANT, ÉCRIVAIN RÉALISTE ET FANTASTIQUE

Histoires de chasse, récits de guerre, farces normandes, drames bourgeois : sous leur apparence anecdotique, écrites dans une langue claire et limpide, les nouvelles, mais aussi les romans de Maupassant, sont autant d'observations lucides, amères ou burlesques, de la société du XIXe siècle. L'écrivain est « un œil qui absorbe tout le réel » dit Maupassant, en vrai disciple de Flaubert. Mais l'auteur réaliste s'impose également comme un formidable créateur de nouvelles fantastiques, explorant l'univers inquiétant des miroirs, des doubles et des apparitions, qui plongent les personnages dans l'angoisse et les mènent au bord de la folie. À travers lui, ce sont ses propres terreurs que Maupassant affronte et cherche à conjurer, devant la présence cachée de la mort.

1881 — Une partie de campagne

Publiée en 1881 dans *La Maison Tellier*, « Une partie de campagne » confronte deux univers familiers de l'auteur : celui des canotiers des bords de la Seine et celui des bourgeois parisiens grisés par une excursion à la campagne.

C'étaient deux solides gaillards, posant beaucoup pour la vigueur, mais qui montraient en tous leurs mouvements cette grâce élastique des membres qu'on acquiert par l'exercice, si différente de la déformation qu'imprime à l'ouvrier l'effort pénible, toujours le même.

Ils échangèrent rapidement un sourire en voyant la mère, puis un regard en apercevant la fille. « Donnons notre place, dit l'un, ça nous fera faire connaissance. » L'autre aussitôt se leva et, tenant à la main sa toque[1] mi-partie rouge et mi-partie noire, il offrit chevaleresquement de céder aux dames le seul endroit du jardin où ne tombât point le soleil. On accepta en se confondant en excuses ; et pour que ce fût plus champêtre, la famille s'installa sur l'herbe sans table ni sièges.

Les deux jeunes gens portèrent leur couvert quelques pas plus loin et se remirent à manger. Leurs bras nus, qu'ils montraient sans cesse, gênaient un peu la jeune fille. Elle affectait même de tourner la tête et de ne point les remarquer, tandis que Mme Dufour, plus hardie, sollicitée par une curiosité féminine qui était peut-être du désir, les regardait à tout moment, les comparant sans doute avec regret aux laideurs secrètes de son mari.

Elle s'était éboulée sur l'herbe, les jambes pliées à la façon des tailleurs, et elle se trémoussait continuellement, sous prétexte que des fourmis lui étaient entrées quelque part. M. Dufour, rendu maussade par la présence et l'amabilité des étrangers, cherchait une position commode qu'il ne trouva pas du reste, et le jeune homme aux cheveux jaunes[2] mangeait silencieusement comme un ogre.

« Un bien beau temps, monsieur », dit la grosse dame à l'un des canotiers. Elle voulait être aimable à cause de la place qu'ils avaient cédée. « Oui, madame, répondit-il ; venez-vous souvent à la campagne ?

– Oh ! une ou deux fois par an seulement, pour prendre l'air ; et vous, monsieur ?

– J'y viens coucher tous les soirs.

– Ah ! ça doit être bien agréable ?

– Oui, certainement, madame. »

Et il raconta sa vie de chaque jour, poétiquement, de façon à faire vibrer dans le cœur de ces bourgeois privés d'herbe et affamés de promenades aux champs cet amour bête de la nature qui les hante toute l'année derrière le comptoir de leur boutique.

Guy de Maupassant, « Une partie de campagne », *La Maison Tellier*, 1881.

1. **toque** : couvre-chef.
2. **le jeune homme aux cheveux jaunes** : l'employé de la boutique que M. et Mme Dufour ont emmené avec eux.

1. À travers quels éléments Maupassant crée-t-il le décor d'une partie de campagne ?

2. Montrez comment s'opposent l'univers des canotiers et celui des bourgeois parisiens.

3. NOTION. Analysez l'ensemble des informations apportées sur chacun des personnages.

4. En vous aidant de la biographie de Maupassant, étudiez la dimension autobiographique du passage. Quelles sympathies ou antipathies de l'auteur le texte exprime-t-il ?

NOTION

La caractérisation des personnages

Le personnage est un être fictif auquel le romancier attribue une identité, des traits physiques, un caractère, une situation familiale et sociale. Le lecteur peut découvrir le personnage à travers son comportement ou ses paroles, qui sont autant d'indices donnés par l'auteur.

1883

Une vie

Dans son premier roman, *Une vie,* Maupassant raconte la biographie imaginaire de Jeanne Le Perthuis des Vauds, une jeune femme qui, déçue par son mariage, éprouve un sentiment d'échec et de désenchantement.

Comme elle était montée au grenier, un matin, pour chercher quelque objet, elle ouvrit par hasard une caisse pleine de vieux calendriers ; on les avait conservés selon la coutume de certaines gens de campagne.

Il lui sembla qu'elle retrouvait les années elles-mêmes de son passé, et elle demeura saisie d'une étrange et confuse émotion devant ce tas de cartons carrés.

Elle les prit et les emporta dans la salle du bas. Il y en avait de toutes les tailles, des grands et des petits. Et elle se mit à les ranger par années sur la table. Soudain, elle retrouva le premier, celui qu'elle avait apporté aux Peuples[1].

Elle le contempla longtemps, avec les jours biffés[2] par elle le matin de son départ de Rouen, le lendemain de sa sortie du couvent. Et elle pleura. Elle pleura des larmes mornes et lentes, de pauvres larmes de vieille en face de sa vie misérable étalée devant elle sur cette table.

Et une idée la saisit qui fut bientôt une obsession terrible, incessante, acharnée. Elle voulait retrouver presque jour pour jour ce qu'elle avait fait.

Elle piqua contre les murs, sur la tapisserie, l'un après l'autre, ces cartons jaunis, et elle passait des heures, en face de l'un ou l'autre, se demandant : « Que m'est-il arrivé, ce mois-là ? »

Elle avait marqué de traits les dates mémorables de son histoire, et elle parvenait parfois à retrouver un mois entier, reconstituant un à un, groupant, rattachant l'un à l'autre tous les petits faits qui avaient précédé ou suivi un événement important.

Elle réussit, à force d'attention obstinée, d'efforts de mémoire, de volonté concentrée, à rétablir presque entièrement ses deux premières années aux Peuples, les souvenirs lointains de sa vie lui revenant avec une facilité singulière et une sorte de relief.

Mais les années suivantes lui semblaient se perdre dans un brouillard, se mêler, enjamber, l'une sur l'autre ; et elle demeurait parfois un temps infini, la tête penchée vers un calendrier, l'esprit tendu vers l'Autrefois, sans parvenir même à se rappeler si c'était dans ce carton-là que tel souvenir pouvait être retrouvé.

Guy de Maupassant, *Une vie,* 1883.

1. aux Peuples : propriété des parents de l'héroïne.

2. biffés : barrés, raturés.

1. Relevez le champ lexical du temps dans le texte. Quelles sont les différentes étapes de la vie de Jeanne qui sont évoquées ?

2. Analysez l'évolution des sentiments éprouvés par Jeanne dans cette scène.

3. Par quels procédés, dans les quatre derniers paragraphes, Maupassant souligne-t-il les difficultés de Jeanne à retrouver la mémoire de son passé ?

4. Expliquez l'expression utilisée par le narrateur : « l'esprit tendu vers l'Autrefois » (l. 26).

5. NOTION. Comment la situation développée dans ce passage fait-elle écho au titre choisi par l'auteur pour son roman ?

NOTION

Le roman et les vies imaginaires

Le roman peut prendre la forme d'une biographie imaginaire, qui raconte la vie d'un personnage, de sa naissance jusqu'à sa mort, en donnant le sentiment du temps qui passe. Il décrit sa famille, la société dans laquelle il vit, les événements qui l'ont marqué tout au long de son existence.

1885 — Qui sait ?

***L'Inutile Beauté*, le dernier recueil de contes et nouvelles publié par Maupassant, s'achève sur un récit fantastique. Le narrateur de « Qui sait ? », rentrant chez lui, entend du bruit à l'intérieur de sa maison. Épouvanté, il voit alors la porte s'ouvrir violemment...**

Et voilà que j'aperçus tout à coup, sur le seuil de ma porte, un fauteuil, mon grand fauteuil de lecture, qui sortait en se dandinant. Il s'en alla par le jardin. D'autres le suivaient, ceux de mon salon, puis les canapés bas en se traînant comme des crocodiles sur leurs courtes pattes, puis toutes mes chaises, avec des bonds de chèvres, et les petits tabourets qui trottaient comme des lapins.

Oh ! quelle émotion ! Je me glissai dans un massif où je demeurai accroupi, contemplant toujours ce défilé de mes meubles, car ils s'en allaient tous, l'un derrière l'autre, vite ou lentement, selon leur taille et leur poids. Mon piano, mon grand piano à queue, passa avec un galop de cheval emporté et un murmure de musique dans le flanc ; les moindres objets glissaient sur le sable comme des fourmis, les brosses, les cristaux, les coupes, où le clair de lune accrochait des phosphorescences de vers luisants. Les étoffes rampaient, s'étalaient en flaques à la façon des pieuvres de la mer. Je vis paraître mon bureau, un rare bibelot du dernier siècle, et qui contenait toutes les lettres que j'ai reçues, toute l'histoire dont j'ai tant souffert ! Et dedans étaient aussi des photographies.

Soudain, je n'eus plus peur, je m'élançai sur lui et je le saisis comme on saisit un voleur, comme on saisit une femme qui fuit ; mais il allait d'une course irrésistible, et malgré mes efforts, et malgré ma colère, je ne pus même pas ralentir sa marche. Comme je résistais en désespéré à cette force épouvantable, je m'abattis par terre en luttant contre lui. Alors, il me roula, me traîna sur le sable, et déjà les meubles, qui le suivaient, commençaient à marcher sur moi, piétinant mes jambes et les meurtrissant ; puis, quand je l'eus lâché, les autres passèrent sur mon corps ainsi qu'une charge de cavalerie sur un soldat démonté[1].

Fou d'épouvante enfin, je pus me traîner hors de la grande allée et me cacher de nouveau dans les arbres, pour regarder disparaître les plus infimes objets, les plus petits, les plus modestes, les plus ignorés de moi, qui m'avaient appartenu.

Guy de Maupassant, « Qui sait ? », *L'Inutile Beauté*, 1890.

1. **soldat démonté** : cavalier mis à terre.

1. Quelles sont les réactions du narrateur devant l'enchaînement des événements inexplicables ? Relevez les termes qui soulignent la progression des émotions.

2. Relevez et étudiez les comparaisons utilisées dans les deux premiers paragraphes. Quel rôle jouent-elles ?

3. Pourquoi Maupassant a-t-il choisi de développer son histoire à travers le récit d'un narrateur-personnage ?

4. Relevez le champ lexical de l'affrontement dans le troisième paragraphe. Montrez que la tension dramatique est alors à son point culminant.

5. NOTION. En quoi cet extrait répond-il aux exigences de la nouvelle fantastique ? Commentez le titre de la nouvelle.

NOTION

La nouvelle fantastique

La nouvelle fantastique provoque la peur du lecteur en faisant surgir dans un univers familier des événements surnaturels. L'écrivain peut les justifier de deux manières : ou bien il s'agit d'un cauchemar, d'une hallucination née de la folie ; ou bien l'événement a réellement eu lieu et il suppose alors l'existence d'un monde inconnu, régi par des lois irrationnelles.

VERNE

Nom et prénom : **Verne, Jules**

Naissance : **8 février 1828, à Nantes**

Décès : **24 mars 1905, à Amiens**

Auteur de romans, dont : *Cinq semaines en ballon*, 1863; *Voyage au centre de la Terre*, 1864 ; *De la Terre à la Lune*, 1865 ; *Les Enfants du capitaine Grant*, 1867-1868 ; *Vingt Mille Lieues sous les mers*, 1870 ; *Le Tour du monde en quatre-vingts jours*, 1872 ; *L'Île mystérieuse*, 1874; *Michel Strogoff*, 1876.

À l'âge de onze ans, Jules Verne tente de s'engager comme mousse dans un bateau en partance pour les Indes. Rattrapé, il promet : « Je ne voyagerai plus qu'en rêve. » Après des études secondaires à Nantes, il se rend à Paris pour y faire son droit, poursuivant ainsi la trajectoire fixée par son père. Dans la capitale, où il rencontre Alexandre Dumas, le jeune homme ne rêve que de littérature. Il écrit des pièces de théâtre sans succès et devient agent de change à la Bourse de Paris.

C'est en 1863 que l'éditeur Jules Hetzel fait signer à Jules Verne un contrat qui l'engage à écrire deux romans par an pendant vingt ans. Le succès de son premier roman, *Cinq semaines en ballon*, immédiatement traduit dans toute l'Europe, lui permet d'abandonner son métier. Les romans suivants lui assurent la fortune. Il fait de longues croisières à bord de son yacht, écrivant de nombreuses œuvres sur ce « lieu de travail flottant ». À Amiens, où il s'est fixé en 1872, Jules Verne est élu au conseil municipal en 1889. Écrivain infatigable, il laisse quatre-vingts romans et quinze pièces de théâtre, travaillant jusqu'au bout, malgré des ennuis de santé.

LE ROMANCIER DE L'AVENTURE SCIENTIFIQUE

Au « siècle du progrès », alors que l'époque est passionnée par la science, les romans de Jules Verne participent à leur manière à cet engouement pour la recherche scientifique. Grand vulgarisateur, visionnaire de génie, Jules Verne rencontre un double public : les adolescents se passionnent pour le roman d'aventures et ses multiples péripéties; les adultes se laissent séduire par les jeux scientifiques de l'écrivain. *Le Tour du monde en quatre-vingts jours* met en scène Phileas Fogg, un citoyen britannique qui se caractérise par son flegme, sa foi en la science et une ponctualité à toute épreuve. Mais le sang-froid de Phileas Fogg ne l'empêche pas de montrer une énergie débordante. En compagnie de son fidèle domestique Passepartout, il se lance dans la folle aventure d'un tour du monde.

Objet d'étude Le roman et ses personnages : visions de l'homme et du monde

1872

Le Tour du monde en quatre-vingts jours

Comme chaque jour, Mr Phileas Fogg, honorable gentleman britannique, se rend au très privé Reform-Club. Au cours d'une partie de cartes, la discussion dévie sur les bouleversements récents des moyens de transport qui permettraient, selon lui, de faire le tour du monde en quatre-vingts jours.

« Théoriquement, vous avez raison, monsieur Fogg, mais dans la pratique…

– Dans la pratique aussi, monsieur Stuart.

– Je voudrais bien vous y voir.

– Il ne tient qu'à vous. Partons ensemble.

– Le Ciel m'en préserve ! s'écria Stuart, mais je parierais bien quatre mille livres qu'un tel voyage, fait dans ces conditions, est impossible.

– Très possible, au contraire, répondit Mr. Fogg.

– Eh bien, faites-le donc !

– Le tour du monde en quatre-vingts jours ?

– Oui.

– Je le veux bien.

– Quand ?

– Tout de suite.

– C'est de la folie ! s'écria Andrew Stuart, qui commençait à se vexer de l'insistance de son partenaire. Tenez ! Jouons plutôt.

– Refaites alors, répondit Phileas Fogg, car il y a maldonne. »

Andrew Stuart reprit les cartes d'une main fébrile ; puis, tout à coup, les posant sur la table :

« Eh bien, oui, monsieur Fogg, dit-il, oui, je parie quatre mille livres !...

– Mon cher Stuart, dit Fallentin, calmez-vous. Ce n'est pas sérieux.

– Quand je dis : je parie, répondit Andrew Stuart, c'est toujours sérieux.

– Soit ! » dit Mr Fogg. Puis, se tournant vers ses collègues :

« J'ai vingt mille livres déposées chez Baring frères. Je les risquerai volontiers...

– Vingt mille livres ! s'écria John Sullivan. Vingt mille livres qu'un retard imprévu peut vous faire perdre !

– L'imprévu n'existe pas, répondit simplement Phileas Fogg.

– Mais, monsieur Fogg, ce laps de quatre-vingts jours n'est calculé que comme un minimum de temps !

– Un minimum bien employé suffit à tout.

– Mais pour ne pas le dépasser, il faut sauter mathématiquement des railways[1] dans les paquebots, et des paquebots dans les chemins de fer !

– Je sauterai mathématiquement.

– C'est une plaisanterie !

– Un bon Anglais ne plaisante jamais, quand il s'agit d'une chose aussi sérieuse qu'un pari, répondit Phileas Fogg. Je parie vingt mille livres contre qui voudra que je ferai le tour de la Terre en quatre-vingts jours ou moins, soit dix-neuf cent vingt heures ou cent quinze mille deux cents minutes. Acceptez-vous ? »

Jules Verne, *Le Tour du monde en quatre-vingts jours*, 1872.

1. **railways** : chemins de fer britanniques.

1. Que révèle ce passage sur Phileas Fogg ? En quoi s'affirme-t-il comme le héros du roman ?

2. Montrez en quoi le personnage d'Andrew Stuart s'oppose radicalement à celui de Phileas Fogg.

3. Repérez les caractéristiques du discours direct dans cet extrait. Quel rôle jouent ici les dialogues ?

4. Comment ce début de roman parvient-il à captiver le lecteur ? Montrez qu'il met en place un récit d'aventures aux nombreuses péripéties.

5. NOTION. Derrière le pari effectué par les personnages, quel est le véritable enjeu du roman ? Que symbolise Phileas Fogg pour le romancier ?

NOTION

L'exploration scientifique du monde

La révolution industrielle et l'essor des connaissances scientifiques ouvrent aux romanciers de nouveaux domaines à explorer. La science et la technique sont mis au service du récit d'anticipation, qui accompagne les mutations du monde. L'ingénieur, le savant, l'explorateur deviennent des héros et permettent au lecteur d'acquérir de nouvelles connaissances.

VALLÈS

Nom et prénom : **Vallès, Jules**

Naissance : **11 juin 1832, au Puy-en-Velay**

Décès : **14 février 1885, à Paris**

Auteur de romans autobiographiques : *L'Enfant* (1879), *Le Bachelier* (1881), *L'Insurgé* (1886) ; de recueils de chroniques journalistiques, parmi lesquels *La Rue* (1867), *Le Tableau de Paris* (posth. 1932).

Jules Vallès mène une enfance malheureuse dans sa ville natale, entre une mère d'origine paysanne, sévère et violente, et un père instituteur, froid et intransigeant. Après des études à Saint-Étienne et à Nantes, le jeune homme découvre Paris en 1848. Il y mène une vie de bohème en devenant tour à tour journaliste, professeur et employé de mairie. Les articles qu'il publie montrent en lui un fervent défenseur du peuple, dénonçant les injustices et la misère. Il écrit des poèmes et des ébauches de romans et fonde un hebdomadaire, *la Rue*, en 1867, où il laisse éclater son talent de polémiste.

Après la défaite de 1870, Jules Vallès participe activement à l'insurrection de la Commune. Son journal, *Le Cri du peuple*, appelle à la révolte. Condamné à mort, il trouve refuge à Londres où il termine le premier volume de son autobiographie. Amnistié en 1880, Vallès revient à Paris où, jusqu'à la fin de sa vie, il poursuit son combat auprès des plus démunis en cherchant à éveiller les consciences de ses contemporains.

LES MÉMOIRES D'UN RÉVOLTÉ

« À tous ceux qui crevèrent d'ennui au collège ou qu'on fit pleurer dans la famille, qui, pendant leur enfance, furent tyrannisés par leurs maîtres ou rossés par leurs parents, je dédie ce livre. » Jules Vallès commence ainsi le premier volet de son autobiographie, *L'Enfant*, dans laquelle il apparaît sous le nom de *Jacques Vingtras*. Vallès y raconte les chagrins et les souffrances éprouvées pendant son enfance. Il y dénonce à la fois la tyrannie des adultes et les méthodes d'enseignement pratiquées dans les collèges. Le second volume, *Le Bachelier*, qu'il appelle dans un premier temps *Les Mémoires d'un révolté* poursuit sa dénonciation d'une société injuste et violente. On comprend alors l'engagement de Jules Vallès aux côtés des insurgés de la Commune de Paris, engagement qu'il raconte dans le dernier volet de son autobiographie : *L'Insurgé*.

Objet d'étude L'autobiographie

1879 — L'Enfant

Dans *L'Enfant*, le premier volume de sa trilogie autobiographique, Jules Vallès, sous le nom de Jacques Vingtras, raconte ses affrontements perpétuels avec ses parents et ses professeurs. Adolescent, il rêve d'abandonner les études pour rejoindre la capitale et y vivre de sa plume.

LE MALHEUR EST ARRIVÉ !

Je sors quelquefois, le soir – bien rarement. Que dirais-je aux gens que je rencontrerais ? Je n'ai pas le sou pour aller au café où les collégiens vont. Je ne veux pas me laisser offrir et ne pas payer : je suis trop pauvre pour cela. C'est quand j'ai de l'argent dans ma poche que j'accepte, parce que je sens que l'on ne me fait pas l'aumône et qu'à mon tour je puis régaler.

Mais il y a longtemps que je n'ai plus rien – même un sou.

J'avais fait un peu d'argent avec mes livres de prix. *La Poésie au seizième siècle*, par Sainte-Beuve, un Bossuet, et les œuvres de M. Victor Cousin.

Ma mère trouvant cinq francs dans ma poche m'avait demandé où je les avais pris. Elle avait l'air de croire que c'était le produit d'un vol ou d'un assassinat. « Il se sera laissé entraîner par les mauvais conseils. Ce sont les mauvais conseils qui perdent les jeunes gens. »

Qui me donnerait des conseils ? – Des copains ? Je suis plus vieux qu'eux, même s'ils ont mon âge. On ne les a pas battus tant que moi. Ils n'ont pas connu Legnagna[1] et la maison muette. – Des vieux ? les collègues de mon père ? Ils ont bien assez à faire de nouer les deux bouts, et puis ils ne savent que ce qui se passait chez les anciens, et n'ont pas le temps, – à cause des répétitions[2], – de juger ce qui se passe autour d'eux.

J'avais dit à ma mère d'où venaient ces cinq francs.

Elle avait levé les mains au ciel.

« Tu as vendu tes livres de prix, Jacques !... »

Pourquoi pas ? Si quelque chose est à moi, c'est bien ces bouquins, il me semble ! Je les aurais gardés, si j'avais trouvé dedans ce que coûte le pain et comment on le gagne. Je n'y ai trouvé que des choses de l'autre monde ! – tandis qu'avec l'argent, j'ai pu acheter une cravate qui n'était pas ridicule et aller aussi prendre un gloria aux Mille-Colonnes. J'y lis la feuille de Paris, qui sent encore l'imprimerie, quand le facteur l'apporte.

Mais je me suis trouvé un soir face à face avec mon père qui passait. Il m'a insulté, d'un mot, d'un geste.

« Te voilà, fainéant ? »

Et il a continué son chemin.

Fainéant ? – Ah ! j'avais envie de courir après lui et de lui demander pourquoi il m'avait jeté entre les dents, et sans me regarder en face, ce mot qui me faisait mal !

Fainéant ! – Parce que, dans le silence glacial de la maison, ce travail de bachot et cet acharnement sur les morts m'ennuient, parce que je trouve les batailles des Romains moins dures que les miennes, et que je me sens plus triste que Coriolan[3] ! Oh ! il ne faut pas qu'il m'appelle fainéant !

Fainéant !

Si mon père était un autre homme, j'irais à lui, et je lui dirais :

« Je te jure que je vais travailler, bien travailler, mais n'aie plus vis-à-vis de moi cette attitude cruelle ! »

Il me renverrait comme un menteur. J'ai bien vu cela, quand j'étais plus jeune.

Jules Vallès, *L'Enfant*, 1879.

1. **Legnagna** : la pension Legnagna, où l'adolescent a souffert d'un professeur tyrannique.
2. **répétitions** : cours supplémentaires donnés lors des heures d'étude.
3. **Coriolan** : général romain condamné à l'exil.

1. À quelles épreuves successives l'adolescent est-il confronté tout au long de l'extrait ?

2. Quelle importance revêt aux yeux du narrateur la vente des livres reçus comme récompenses scolaires ? Que représente-t-elle pour sa mère ?

3. Étudiez comment s'exprime la violence des rapports entretenus entre le narrateur et son père.

4. Expliquez et commentez la phrase : « ce travail de bachot et cet acharnement sur les morts m'ennuient ».

5. NOTION. Quels traits dominants de son caractère Jules Vallès fait-il apparaître dans cet extrait ?

NOTION

L'autobiographie et l'analyse de soi

Toute autobiographie est l'occasion pour l'écrivain de revenir sur les épreuves qui l'ont marqué pendant son existence : disputes familiales, chagrins amoureux, deuils, difficultés financières... Au fur et à mesure de la rédaction de son autobiographie, il mène une véritable introspection et découvre pour le lecteur les traits dominants de sa personnalité.

MALLARMÉ

Nom et prénom : **Mallarmé, Stéphane**

Naissance : **18 mars 1842, à Paris**

Décès : **9 septembre 1898, à Valvins, en Seine-et-Marne**

La mère de Mallarmé meurt quand il a cinq ans. Rêveur et solitaire, Mallarmé se réfugie dans la poésie, s'enthousiasme à la lecture des *Fleurs du mal*, écrit des vers. Après le baccalauréat, il part en Angleterre où il se marie. Il commence alors une carrière de professeur d'anglais. Il enseigne à Toulon, et se retire, la nuit, dans la solitude de son bureau, pour affronter la page blanche, dans la clarté intime de la lampe. En 1871, Mallarmé est nommé à Paris. Il sort alors de son isolement. Il est l'ami de Manet et Zola ; son domicile de la rue de Rome devient peu à peu un salon littéraire, où il reçoit chaque mardi des disciples passionnés. En 1884, Verlaine le reconnaît comme un maître dans *Les Poètes maudits*. Il exerce sur de jeunes écrivains – Valéry, Gide, Claudel – une influence considérable. Debussy met en musique certains de ses poèmes. En 1896, Mallarmé est élu par ses pairs « prince des poètes ». Il meurt deux ans plus tard dans sa maison de Valvins, laissant le poème *Hérodiade* inachevé.

Auteur de poèmes, parus dans des revues, dont : *L'Après-Midi d'un faune* (1876), *Hommages et Tombeaux* (1877), *Un coup de dés* (1897) ; d'un recueil de poèmes : *Poésies* (1887) ; d'une traduction des poèmes d'Edgar Poe (1888).

LE MAÎTRE DU SYMBOLISME

Toute la poésie de Mallarmé est à la recherche de la perfection. Inspirateur du mouvement symboliste, l'écrivain oppose la quête de l'Idéal à l'expérience décevante du réel. Son œuvre est habitée par les images de la transparence et de la pureté, la tension vers le « vierge azur », l'envol impossible du cygne pris dans les glaces. La poésie est pour Mallarmé une langue sacrée, exigeante et exaltante, subtile et raffinée. Le poème crée ainsi un univers mystérieux, où les objets ne sont pas décrits, mais évoqués, suggérés par le jeu du rythme et des images. Ce qui compte, c'est le reflet, c'est « peindre non la chose, mais l'effet qu'elle produit ». Tel est l'enjeu du poème pour l'écrivain symboliste.

Objet d'étude Un mouvement littéraire et culturel du XIXe siècle : le symbolisme

1887

Poésies

Profondément influencé par Baudelaire, Mallarmé rassemble en 1887 l'essentiel de sa production poétique dans un recueil intitulé *Poésies*. Les poèmes sont regroupés dans l'ordre chronologique de leur composition, et témoignent ainsi du travail de l'écriture, de l'évolution du style du poète.

APPARITION

La lune s'attristait. Des séraphins[1] en pleurs
Rêvant, l'archet[2] aux doigts, dans le calme des fleurs
Vaporeuses, tiraient de mourantes violes[3]
De blancs sanglots glissant sur l'azur des corolles[4]
– C'était le jour béni de ton premier baiser.
Ma songerie aimant à me martyriser
S'enivrait savamment du parfum de tristesse
Que même sans regret et sans déboire laisse
La cueillaison d'un Rêve au cœur qui l'a cueilli.

J'errais donc, l'œil rivé sur le pavé vieilli
Quand avec du soleil aux cheveux, dans la rue
Et dans le soir, tu m'es en riant apparue
Et j'ai cru voir la fée au chapeau de clarté
Qui jadis sur mes beaux sommeils d'enfant gâté
Passait, laissant toujours de ses mains mal fermées
Neiger de blancs bouquets d'étoiles parfumées.

Stéphane Mallarmé, « Apparition », *Poésies*, 1887.

1. **séraphins** : anges.
2. **archet** : baguette servant à jouer du violon.
3. **violes** : instruments anciens rappelant le violon.
4. **corolles** : ensembles formés par les pétales des fleurs.

BRISE MARINE

La chair est triste, hélas ! et j'ai lu tous les livres.
Fuir ! là-bas fuir ! Je sens que les oiseaux sont ivres
D'être parmi l'écume inconnue et les cieux !
Rien, ni les vieux jardins reflétés par les yeux,
Ne retiendra ce cœur qui dans la mer se trempe
Ô nuits ! ni la clarté déserte de ma lampe
Sur le vide papier que la blancheur défend
Et ni la jeune femme allaitant son enfant[1].
Je partirai ! Steamer[2] balançant ta mâture,
Lève l'ancre pour une exotique nature !

Un Ennui, désolé par les cruels espoirs,
Croit encore à l'adieu suprême des mouchoirs !
Et, peut-être, les mâts, invitant les orages
Sont-ils ceux qu'un vent penche sur les naufrages
Perdus, sans mâts, sans mâts ni fertiles îlots...
Mais, ô mon cœur, entends le chant des matelots !

Stéphane Mallarmé, « Brise marine », *Poésies*, 1887.

1. **son enfant** : Mallarmé, depuis quelques mois, est père d'une petite fille.
2. **Steamer** : mot anglais qui désigne le navire à vapeur.

1. Relevez les différents champs lexicaux présents dans « Apparition ». Quelle atmosphère mettent-ils en place ?

2. Relevez dans les vers 6 à 10 du poème « Apparition » des exemples d'allitérations et d'assonances. En quoi ces sonorités contribuent-elles à la mélancolie du poème ?

3. Quel est le constat établi par le poète dans le premier vers de « Brise marine » ? Quelles réponses le reste du poème apporte-t-il ?

4. En quoi le poème s'inscrit-il dans le registre lyrique ? Étudiez les procédés mis en place par Mallarmé pour exprimer l'appel du départ.

5. NOTION. Recherchez dans ces deux textes ce qui fait d'eux des poèmes symbolistes.

NOTION

Le poème symboliste

La poésie symboliste privilégie l'exploration du monde du rêve et des idées, la suggestion et le mystère. Pour cela, le poème développe un langage et des images énigmatiques, soulignés par la musicalité du vers, le jeu du rythme et des sonorités.

Le mouvement symboliste

En réaction contre le réalisme et le naturalisme, le mouvement symboliste cherche à recréer le sens du mystère et de la rêverie devant l'univers. Réunissant d'abord des poètes français et belges, le symbolisme connaît à la fin du XIXe siècle un rayonnement international.

L'univers du peintre Arnold Böcklin recrée l'atmosphère captivante et énigmatique des écrivains symbolistes. *L'Île des morts*, 1886.

L'HISTOIRE DU MOUVEMENT

Alors que le réalisme triomphe au XIXe siècle, la fin du siècle voit se développer une réaction de rejet. Contestant les certitudes matérialistes et scientifiques, de nombreux jeunes poètes valorisent l'ésotérisme, le recours aux symboles, l'univers du rêve et de la mythologie.

Les précurseurs du mouvement

Dès 1857, Baudelaire, à travers son poème « Correspondances », souligne le lien entre le monde sensible et celui des idées. Verlaine à son tour privilégie la création d'une atmosphère liée aux impressions, aux sensations fugitives. Ils apparaissent tous les deux comme des maîtres qui inspirent une génération nouvelle de jeunes poètes.

L'influence de Mallarmé

Très vite, Stéphane Mallarmé s'impose comme le chef de file du mouvement. Il réunit chez lui, tous les mardis, rue de Rome, les artistes à la recherche d'un nouveau langage : Gustave Kahn, Jules Laforgue, Claude Debussy. Le mouvement inspire de nombreuses revues, comme *La Revue blanche*. En Belgique, Maurice Maeterlinck, Georges Rodenbach et Émile Verhaeren en sont les plus brillants représentants.

Les dissensions et le déclin

Des discordes apparaissent au sein du groupe symboliste. Mais surtout, la Première Guerre mondiale marque la disparition du mouvement qui reste profondément ancré dans le contexte historique et culturel de la fin du XIXe siècle.

Odilon Redon, *Silence*, 1911.

Le mot « symbolisme »

En septembre 1886, le poète Jean Moréas publie dans *Le Figaro* un article intitulé : « Un manifeste littéraire. Le symbolisme ». S'opposant à la représentation réaliste et naturaliste du monde, les écrivains du mouvement symboliste privilégient le recours au symbole qui permet de faire le lien entre le monde des idées et le monde réel. À travers images et symboles, l'artiste tente d'atteindre une réalité supérieure.

Gustave Moreau, *Orphée sur la tombe d'Eurydice*, 1890.

LES PRINCIPES DU MOUVEMENT

Créer un nouveau langage poétique

Les symbolistes utilisent les termes rares, les symboles et les tournures recherchées pour aller au-delà des apparences et découvrir le sens caché du monde.

Suggérer des états d'âme

Les symbolistes évoquent des paysages fluides et changeants pour créer une atmosphère et exprimer à travers eux des sentiments intimes.

Privilégier la musicalité du vers

Les symbolistes abandonnent les contraintes de la versification à travers l'usage du vers libre et du poème en prose pour inventer un rythme nouveau.

LES THÈMES ESSENTIELS DU MOUVEMENT

La quête de l'Idéal

La méditation et la rêverie sont les moyens d'atteindre un monde idéal, opposé au caractère décevant et limité de la réalité.

La pureté et le blanc

Les paysages de neige, les nuages, le brouillard, le cygne symbolisent la pureté de l'art, loin de l'univers trivial des écrivains réalistes.

La mélancolie

L'artiste symboliste exprime dans son œuvre la tristesse des paysages, l'accablement provoqué par l'ennui ou par un amour impossible.

Le danseur Nijinsky dans l'*Après-midi d'un faune*, poème de Stéphane Mallarmé mis en musique par Debussy. Aquarelle de Léon Bakst.

La recherche d'un art total

Dans le sillage du grand musicien allemand Richard Wagner, les membres du mouvement symboliste voudraient atteindre un art total qui unirait la peinture et l'écriture, la musique et la danse. Fauré, Debussy ou Ravel mettent en musique les poèmes de Verlaine ou de Mallarmé, sur lesquels les Ballets russes créent des chorégraphies. Odilon Redon ou Gustave Moreau peignent des personnages de la mythologie au sein de paysages mystérieux, développant un art du rêve et de la suggestion.

Les grandes œuvres du mouvement symboliste

Littérature
- Stéphane Mallarmé, *Poésies*, 1887.
- Jules Laforgue, *Les Complaintes*, 1885.
- Georges Rodenbach, *Bruges-la-morte*, 1892.
- Maurice Maeterlinck, *Pelléas et Mélisande*, 1892.

Peinture
- Gustave Moreau, *L'Apparition*, 1876.
- Puvis de Chavannes, *Le Bois sacré*, 1880-1889.
- Odilon Redon, *L'œil comme un ballon bizarre*, 1882.

Musique
- Gabriel Fauré, *Le Clair de lune*, 1887.
- Claude Debussy, *Prélude à l'après-midi d'un faune*, 1894.

Danse
- Nijinsky, chorégraphie de ballet sur le *Prélude à l'après-midi d'un faune*, 1911.

Auteur de comédies satiriques, dont : *Ubu Roi* (1896), *Ubu enchaîné* (1900), *Ubu cocu* (posthume 1944).

JARRY

Nom et prénom : **Jarry, Alfred**

Naissance : **8 septembre 1873, à Laval**

Décès : **3 novembre 1907, à Paris**

Alfred Jarry grandit à Saint-Brieuc, puis à Rennes, avec sa mère et sa sœur. À 15 ans, il fait jouer au théâtre de marionnettes de son lycée une pièce intitulée *Ubu cocu* : le personnage d'Ubu, inspiré d'un professeur, est né. À la mort de sa mère, en 1893, Jarry se lance dans le Paris journalistique et littéraire. Il fréquente le salon de Mallarmé. Habillé en tenue de cycliste, parlant avec l'accent de Guignol, Alfred Jarry se fait vite un nom. *Ubu roi* est joué en 1896. L'orchestre prévu pour couvrir les sifflets ne suffit pas : on se bat entre spectateurs et entre critiques. Le scandale assure la gloire de l'auteur, mais l'échec commercial de la pièce l'a ruiné. Jarry doit fuir ses créanciers. Il loge chez des amis, puis occupe une cabane au Plessis-Coudray, lançant de sa fenêtre une échelle de corde à ceux qui viennent le visiter. En 1906, malade, Jarry rédige son propre faire-part de décès et l'envoie à ses amis. Il meurt, en fait, un an plus tard, d'une méningite tuberculeuse, à l'âge de trente-quatre ans.

ALFRED JARRY, LE THÉÂTRE DE LA PARODIE

Dès le premier mot de sa pièce, « Merdre ! », Alfred Jarry remet en cause le langage théâtral. *Ubu roi* utilise ainsi les jurons, le langage argotique, les bouffonneries pour parodier le théâtre classique. La pièce de Jarry reprend en effet l'intrigue de *Macbeth* de Shakespeare et montre dans le personnage d'Ubu un être violent et cruel, proche des marionnettes et du théâtre de Grand-Guignol, qui incarne la bêtise et la méchanceté. Les costumes et les décors participent de la même manière à cette remise en cause du théâtre classique. C'est cette puissance de subversion parodique du langage et de la représentation théâtrale qui conduit la pièce à être souvent mise en scène, comme elle l'a été par Jean Vilar, Peter Brook ou Antoine Vitez.

Objet d'étude Le théâtre : les genres et registres (le comique et le tragique)

1896

Ubu roi

L'action d'*Ubu roi* se déroule en Pologne, « c'est-à-dire nulle part ». Le père Ubu, officier de confiance du roi Venceslas, est poussé par son épouse à trahir le roi pour usurper sa place.

PÈRE UBU. – Merdre !

MÈRE UBU. – Oh ! voilà du joli, Père Ubu, vous estes un fort grand voyou.

PÈRE UBU. – Que ne vous assom-je, Mère Ubu !

MÈRE UBU. – Ce n'est pas moi, Père Ubu, c'est un autre qu'il faudrait assassiner.

PÈRE UBU. – De par ma chandelle verte, je ne comprends pas.

MÈRE UBU. – Comment, Père Ubu, vous estes content de votre sort ?

PÈRE UBU. – De par ma chandelle verte, merdre, madame, certes oui, je suis content. On le serait à moins : capitaine de dragons, officier de confiance du roi Venceslas, décoré de l'ordre de l'Aigle rouge de Pologne et ancien roi d'Aragon, que voulez-vous de mieux ?

MÈRE UBU. – Comment ! Après avoir été roi d'Aragon, vous vous contentez de mener aux revues une cinquantaine d'estafiers[1] armés de coupe-choux, quand vous pourriez faire succéder sur votre fiole la couronne de Pologne à celle d'Aragon ?

PÈRE UBU. – Ah ! Mère Ubu, je ne comprends rien de ce que tu dis.

MÈRE UBU. – Tu es si bête !

PÈRE UBU. – De par ma chandelle verte, le roi Venceslas est encore bien vivant ; et même en admettant qu'il meure, n'a-t-il pas des légions d'enfants ?

MÈRE UBU. – Qui t'empêche de massacrer toute la famille et de te mettre à leur place ?

PÈRE UBU. – Ah ! Mère Ubu, vous me faites injure et vous allez passer tout à l'heure par la casserole.

MÈRE UBU. – Eh ! pauvre malheureux, si je passais par la casserole, qui te raccommoderait tes fonds de culotte ?

PÈRE UBU. – Eh vraiment ! et puis après ? N'ai-je pas un cul comme les autres ?

MÈRE UBU. – À ta place, ce cul, je voudrais l'installer sur un trône. Tu pourrais augmenter indéfiniment tes richesses, manger fort souvent de l'andouille et rouler carrosse par les rues.

PÈRE UBU. – Si j'étais roi, je me ferais construire une grande capeline comme celle que j'avais en Aragon et que ces gredins d'Espagnols m'ont impudemment[2] volée.

MÈRE UBU. – Tu pourrais aussi te procurer un parapluie et un grand caban qui te tomberait sur les talons.

PÈRE UBU. – Ah ! je cède à la tentation. Bougre de merdre, merdre de bougre, si jamais je le rencontre au coin d'un bois, il passera un mauvais quart d'heure.

MÈRE UBU. – Ah ! bien, Père Ubu, te voilà devenu un véritable homme.

PÈRE UBU. – Oh non ! capitaine de dragons, massacrer le roi de Pologne ! plutôt mourir !

MÈRE UBU, *à part*. – Oh ! merdre ! *(Haut.)* Ainsi tu vas rester gueux comme un rat, Père Ubu.

PÈRE UBU. – Ventrebleu, de par ma chandelle verte, j'aime mieux être gueux comme un maigre et brave rat que riche comme un méchant et gras chat.

MÈRE UBU. – Et la capeline ? et le parapluie ? et le grand caban ?

PÈRE UBU. – Eh bien, après, Mère Ubu ? *(Il s'en va en claquant la porte.)*

MÈRE UBU, *seule*. – Vrout, merdre, il a été dur à la détente, mais vrout, merdre, je crois pourtant l'avoir ébranlé. Grâce à Dieu et à moi-même, peut-être dans huit jours serai-je reine de Pologne.

Alfred Jarry, *Ubu roi*, Acte I, scène 1, 1896.

1. estafiers : terme dévalorisant pour désigner les laquais, les valets.

2. impudemment : de manière offensante, insultante.

1. À l'aide des informations apportées dans cette scène d'exposition, retracez le portrait d'Ubu. Quel est le rôle de la mère Ubu dans le développement de l'action ?

2. Retrouvez les éléments de l'intrigue qui font de cette scène une parodie du théâtre à travers le milieu social et les motivations des personnages.

3. En quoi selon vous le langage utilisé a-t-il pu provoquer le scandale lors de la première représentation de la pièce ?

4. NOTION. Retrouvez et commentez des exemples de procédés du comique bouffon dans ce passage.

5. Montrez comment, à travers le registre comique, Jarry développe une réflexion sur le pouvoir.

NOTION

Le comique et la bouffonnerie

À l'origine, le bouffon est un personnage de théâtre dont l'emploi est de faire rire par des gestes et des plaisanteries de mauvais goût. La bouffonnerie se caractérise ainsi par l'utilisation des injures et des jurons, le recours au langage grossier, l'amplification grotesque des gestes et des effets comiques.

LA LITTÉRATURE EN EUROPE

1850 1900

Les bouleversements engendrés par la révolution industrielle qui, partie d'Angleterre, touche progressivement l'ensemble du continent européen, contribuent à répandre une nouvelle vision de la société et de la littérature. Le réalisme, puis le naturalisme expriment partout en Europe la volonté de peindre la réalité de la société contemporaine.

La Scandinavie

L'évolution du théâtre du Norvégien Henrik Ibsen est à l'image des mouvements successifs qui traversent le XIXe siècle. Romantique à ses débuts, l'écrivain évolue ensuite vers une dramaturgie réaliste avec *Maison de poupée*, en 1879, qui met en scène l'affrontement de l'égoïsme masculin et le désir de libération de la femme. Le Suédois August Strindberg exprime la même préoccupation de renouveler l'écriture théâtrale quand il donne à sa pièce *Mademoiselle Julie*, en 1888, le sous-titre « Tragédie naturaliste ».

Le portrait de l'écrivain Henrik Ibsen (1828-1906) peint par Edvard Munch.

La Grande-Bretagne

Les personnages de *Alice au pays des merveilles* (1865).

L'Homme invisible (1897)

Le roman de l'écrivain anglais George Wells a eu, dès sa publication, un énorme succès. Le héros, jeune physicien, met au point le moyen de rendre transparent tous les tissus. Il expérimente le procédé sur lui-même et découvre les difficultés de sa nouvelle existence. Il doit porter des gants, des lunettes noires, des vêtements pour ne pas faire peur. Lorsque ses ressources financières sont épuisées, il se livre à des vols pour survivre. Une grosse récompense est alors promise à celui qui s'emparera de « l'homme invisible ». Dénoncé, il est sauvagement tué et, lentement, son cadavre redevient opaque.

Romans d'aventures, romans policiers, romans de science-fiction, romans humoristiques : la littérature romanesque britannique manifeste une diversité qui touche tous les publics. C'est ainsi que Lewis Carroll publie *Alice au pays des merveilles* en 1865 ; Robert-Louis Stevenson, *L'Île au trésor* en 1883 ; Jerome K. Jerome, *Trois hommes dans un bateau sans compter le chien* en 1889 ; Oscar Wilde, *Le Portrait de Dorian Gray* en 1891 ; Arthur Conan Doyle, *Les Aventures de Sherlock Holmes* en 1892 ; Rudyard Kipling, *Le Livre de la jungle* en 1894 ; l'Irlandais William Butler Yeats *ses Poèmes* en 1895 ; Herbert George Wells son *Homme invisible* en 1897. Ce foisonnement impressionnant d'œuvres, dans tous les genres, témoigne d'une vitalité exceptionnelle.

L'écrivain et auteur dramatique Oscar Wilde (1854-1900).

La couverture du roman d'Arthur Conan Doyle paru en 1909.

La Russie

La littérature russe connaît son âge d'or avec de puissants romanciers réalistes, comme Léon Tolstoï, qui écrit *La Guerre et la Paix* de 1865 à 1869, et *Anna Karénine* huit années plus tard, ou Ivan Tourgueniev, dont les nouvelles sont lues dans toute l'Europe. De son côté, Fiodor Dostoïevski crée d'intenses chefs-d'œuvre, qui participent au renouveau du roman moderne. Au théâtre, Anton Tchekhov multiplie les succès, depuis *La Mouette*, en 1896, qui mêle le réalisme et le symbolisme, jusqu'à *La Cerisaie*, représentée l'année de sa mort, en 1904.

Journaliste et romancier, patriote, le Polonais Henryk Sienkiewicz écrit une ample œuvre romanesque qui évoque les luttes de son pays, avant de décrire dans *Quo Vadis*, en 1894, le sort des premiers chrétiens sous l'Empire romain.

Anton Tchekhov (1860-1904) et Maxime Gorki (1868-1936).

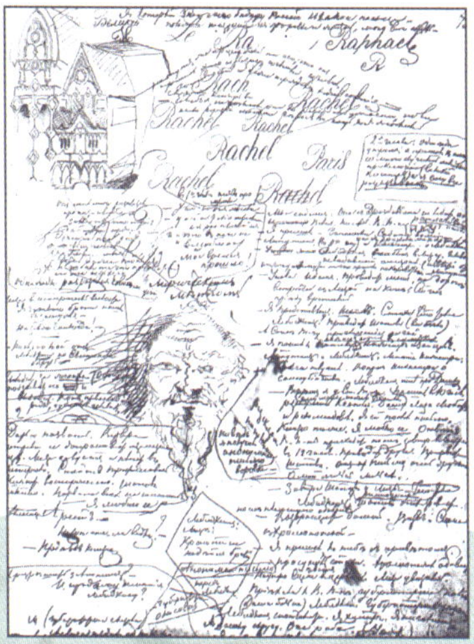

Dostoïevski (1821-1881)

Profondément marqué par la mort de son père – personnage violent et autoritaire assassiné par ses paysans –, en proie à des crises d'épilepsie, exilé en Sibérie pour son engagement politique, partagé entre son mysticisme et sa passion du jeu, Dostoïevski multiplie les œuvres majeures, qui exercent une influence considérable dans toute la littérature européenne. *Souvenirs de la maison des morts* (1861-1862), *Crime et Châtiment* (1866), *L'Idiot* (1868), *Les Frères Karamazov* (1880) mettent en jeu les forces troublantes et violentes du cœur de l'homme, dans un climat d'angoisse et de passions extrêmes (ci-dessus, une page de ses manuscrits). Toute l'œuvre de Dostoïevski, profondément humaine, marquée par sa compassion pour les humbles et les humiliés, exprime le déchirement entre la tentation du mal et l'élan mystique vers Dieu.

La Belgique

En réaction au réalisme, les écrivains symbolistes conçoivent la littérature comme une quête de l'absolu, qu'il faut mener en saisissant les correspondances des sensations, des êtres et des choses, en cédant à la puissance des symboles derrière les apparences du monde. Musique des mots, mélodie du vers, privilège du rêve : le mouvement symboliste trouve d'illustres représentants en Belgique. Georges Rodenbach exprime sa prédilection pour les demi-teintes suggestives en décrivant, dans *Bruges-la-Morte* (1892), une cité endormie sous le ciel bas où se reflète l'eau des canaux. Son ami Verhaeren célèbre la beauté du monde moderne dans *Les Villes tentaculaires* (1895) ou sa tendresse pour le pays natal dans *Toute la Flandre* (1904-1911). Maurice Maeterlinck, enfin, développe dans son théâtre, comme dans *Pelleas et Mélisande* en 1892, une atmosphère étrange et mystérieuse, proche de la féerie.

Illustration pour *Les Villages illusoires*, poésies d'Émile Verhaeren.

La peinture et la musique

Peinture

— James Ensor, *L'Entrée du Christ à Bruxelles*, 1888 (Belgique)
— Edvard Munch, *Le Cri*, 1893 (Norvège)

Musique

— Richard Wagner, *Tristan et Iseult*, 1865 (Allemagne)
— Johannes Brahms, *Requiem allemand*, 1868 (Allemagne)
— Modeste Moussorgski, *Boris Godounov*, 1869 (Russie)
— Anton Brückner, *VIIe Symphonie*, 1884 (Autriche)
— Giuseppe Verdi, *Otello*, 1887 (Italie)
— Jean Sibelius, *Finlandia*, 1894 (Finlande)

Le roman et ses personnages : visions de l'homme et du monde

Tout roman se construit autour d'une fiction qui met en place les aventures d'un héros. Il repose sur le talent de l'écrivain qui traduit dans son œuvre les mutations de la société et donne ainsi une vision originale de l'homme et du monde.

L'UNIVERS ROMANESQUE : UNE REPRÉSENTATION DU MONDE

La création romanesque repose sur la représentation d'un univers original. Le romancier peut ancrer l'action du récit dans le passé, à l'époque contemporaine du moment où il écrit ou dans le futur. Il imagine également le lieu dans lequel se développe l'intrigue : lieu réel ou imaginaire, espace limité ou au contraire ouvert et diversifié.

LE PERSONNAGE DE ROMAN : UNE VISION DE L'HOMME

Le personnage de roman apparaît comme une personne réelle qui incarne une certaine vision de l'homme. Moteur du récit, le héros prend des formes diverses et transforme, par son action, le monde qui l'entoure : héros positif porteur de valeurs ; héros négatif, personnage agissant à l'encontre de la morale commune ; anti-héros, personnage banal et ordinaire ; héros collectif, groupe d'individus unis par le destin.

L'ENJEU DU ROMAN : LA REPRÉSENTATION DE L'HOMME ET DU MONDE

En fonction des époques et des mouvements littéraires, le romancier choisit des formes romanesques différentes qui correspondent à des enjeux variés.

Enjeu dominant	Explication	Genres romanesques
L'apprentissage de la vie	Le roman met en scène un jeune héros qui fait les expériences successives de la famille, de l'amour, du milieu professionnel.	Le roman picaresque, le roman de formation, la fresque familiale, le roman autobiographique.
L'analyse des sentiments	Le roman analyse les passions humaines, en particulier la passion amoureuse. Il explore la dimension psychologique des personnages, permettant au lecteur de comprendre ses propres émotions.	Le roman de chevalerie, le roman d'analyse, le roman épistolaire, le roman sentimental.
L'exploration d'univers inconnus	Le roman multiplie les péripéties d'un héros qui passionnent le lecteur. Il constitue une porte ouverte sur des mondes différents de son univers quotidien.	Le roman d'aventures, le roman historique, le roman policier ou le roman de science-fiction.
La critique de la société	Le roman dénonce les travers et les préjugés de l'homme et de la société, avec humour, dérision ou violence. Il invite le lecteur à exercer son esprit critique devant les injustices.	Le roman satirique, le roman comique, le conte philosophique, le roman de la dénonciation.
La réflexion sur l'homme et sa place dans le monde	Le roman mène une réflexion sur la condition humaine à travers les situations auxquelles les personnages se trouvent confrontés. Il s'interroge sur le sens de l'Histoire et sur les rapports des hommes entre eux.	L'utopie, le roman engagé, le roman social, le roman de l'absurde, le Nouveau Roman.

EXEMPLE

Quand la caissière lui eut rendu la monnaie de sa pièce de cent sous, Georges Duroy sortit du restaurant.

Comme il portait beau par nature et par pose d'ancien sous-officier, il cambra sa taille, frisa sa moustache d'un geste militaire et familier, et jeta sur les dîneurs attardés un regard rapide et circulaire, un de ces regards de joli garçon, qui s'étendent comme des coups d'épervier.

Les femmes avaient levé la tête vers lui, trois petites ouvrières, une maîtresse de musique entre deux âges, mal peignée, négligée, coiffée d'un chapeau toujours poussiéreux et vêtue toujours d'une robe de travers, et deux bourgeoises avec leurs maris, habituées de cette gargote à prix fixe.

Lorsqu'il fut sur le trottoir, il demeura un instant immobile, se demandant ce qu'il allait faire. On était au 28 juin, et il lui restait juste en poche trois francs quarante pour finir le mois. Cela représentait deux dîners sans déjeuners, ou deux déjeuners sans dîners, au choix. Il réfléchit que les repas du matin étant de vingt-deux sous, au lieu de trente que coûtaient ceux du soir, il lui resterait, en se contentant des déjeuners, un franc vingt centimes de boni, ce qui représentait encore deux collations au pain et au saucisson, plus deux bocks sur le boulevard. C'était là sa grande dépense et son grand plaisir des nuits ; et il se mit à descendre la rue Notre-Dame-de-Lorette.

construction
…e l'univers spatial

références
…une époque
…onnée

caractéristiques
…u personnage

Guy de Maupassant, *Bel-Ami, 1885.*

SÉQUENCES

SÉQUENCE	PROBLÉMATIQUE	TEXTES
La vision de l'homme à travers le personnage de roman	En quoi l'évolution du héros de roman à travers les siècles traduit-elle les changements du regard de l'écrivain sur l'homme et le monde ?	– Rabelais, *Gargantua*, p. 64-66. – Madame de Lafayette, *La Princesse de Clèves*, p. 178. – Stendhal, *La Chartreuse de Parme*, p. 302. – Balzac, *Le Père Goriot*, p. 306. – Camus, *L'Étranger*, p. 478. – Aragon, *Aurélien*, p. 490. – Simenon, *Maigret tend un piège*, p. 494.
Richesse et variété des genres romanesques	Comment la diversité des genres romanesques témoigne-t-elle des différents enjeux du roman ?	– Stendhal, *Le Rouge et le Noir*, p. 300. – Dumas, *Les Trois Mousquetaires*, p. 336. – Flaubert, *Madame Bovary*, p. 367-369. – Céline, *Voyage au bout de la nuit*, p. 462. – Echenoz, *Je m'en vais*, p. 578.
La représentation du monde et de la société	De quelle manière l'évolution du roman accompagne-t-elle les mutations du monde et de la société ?	– Chrétien de Troyes, *Yvain*, p. 28. – Diderot, *Le Neveu de Rameau*, p. 248. – Hugo, *Les Misérables*, p. 320. – Zola, *Germinal*, p. 392. – Houellebecq, *Extension du domaine de la lutte*, p. 582.

SUJET DU BAC

CLASSE DE PREMIÈRE

OBJET D'ÉTUDE

Le roman et ses personnages : visions de l'homme et du monde

Textes

A – **Victor Hugo**, *Les Misérables*, 1862.
B – **Émile Zola**, *Germinal*, 1885.
C – **Albert Camus**, *L'Étranger*, 1942.

Ecriture

Vous répondrez d'abord aux questions suivantes. (4 points)

1. Quelle image du héros de roman chacun de ces trois textes propose-t-il ?
2. Confrontez les textes de Victor Hugo (texte A) et d'Albert Camus (texte C) en montrant qu'ils représentent des visions du monde opposées.

Vous traiterez ensuite un de ces sujets au choix. (16 points)

→ Sujet I : Commentaire

Vous ferez le commentaire du texte de Victor Hugo (texte A).

→ Sujet II : Dissertation

Pour Émile Zola, « le premier homme qui passe est un héros suffisant » (1866). Vous discuterez cette conception du personnage de roman en vous appuyant sur des exemples précis tirés des textes du corpus, des œuvres étudiées en classe et de votre propre expérience de lecteur.

→ Sujet III : Invention

Vous avez lu un article de presse dans lequel un écrivain contemporain affirme que le roman moderne n'a plus besoin de personnages héroïques. Vous lui écrivez une lettre dans laquelle vous lui exposez votre propre conception du roman, en fonction de votre expérience et de vos attentes de lecteur.

Texte A

Le spectacle était épouvantable et charmant. Gavroche fusillé, taquinait la fusillade. Il avait l'air de s'amuser beaucoup. C'était le moineau becquetant les chasseurs. Il répondait à chaque décharge par un couplet. On le visait sans cesse, on le manquait toujours. Les gardes nationaux et les soldats riaient en l'ajustant. Il se couchait, puis se redressait, s'effaçait dans un coin de porte, puis bondissait, disparaissait, reparaissait, se sauvait, revenait, ripostait à la mitraille par des pieds de nez, et cependant pillait les cartouches, vidait les gibernes et remplissait son panier. Les insurgés, haletants d'anxiété, le suivaient des yeux. La barricade tremblait ; lui, il chantait. Ce n'était pas un enfant, ce n'était pas un homme ; c'était un étrange gamin fée. On eût dit le nain invulnérable de la mêlée. Les balles couraient après lui, il était plus leste qu'elles. Il jouait on ne sait quel effrayant jeu de cache-cache avec la mort ; chaque fois que la face camarde[1] du spectre s'approchait, le gamin lui donnait une pichenette.

Une balle pourtant, mieux ajustée ou plus traître que les autres, finit par atteindre l'enfant feu follet. On vit Gavroche chanceler, puis il s'affaissa. Toute la barricade poussa un cri.

Victor Hugo, *Les Misérables*, 1862.

1. **camarde** : au nez plat. La « camarde » désigne aussi la mort.

Texte B

Dans la plaine rase, sous la nuit sans étoiles, d'une obscurité et d'une épaisseur d'encre, un homme suivait seul la grande route de Marchiennes à Montsou, dix kilomètres de pavé coupant tout droit, à travers les champs de betteraves. Devant lui, il ne voyait même pas le sol noir, et il n'avait la sensation de l'immense horizon plat que par les souffles du vent de mars, des rafales larges comme une mer, glacées d'avoir balayé des lieues de marais et de terres nues. Aucune ombre d'arbre ne tachait le ciel, le pavé se déroulait avec la rectitude d'une jetée, au milieu de l'embrun aveuglant des ténèbres.

L'homme était parti de Marchiennes vers deux heures. Il marchait d'un pas allongé, grelottant sous le coton aminci de sa veste et de son pantalon de velours. Un petit paquet, noué dans un mouchoir à carreaux, le gênait beaucoup ; et il le serrait contre ses flancs, tantôt d'un coude, tantôt de l'autre, pour glisser au fond de ses poches les deux mains à la fois, des mains gourdes que les lanières du vent d'est faisaient saigner. Une seule idée occupait sa tête vide d'ouvrier sans travail et sans gîte, l'espoir que le froid serait moins vif après le lever du jour. Depuis une heure il avançait ainsi, lorsque sur la gauche, à deux kilomètres de Montsou, il aperçut des feux rouges, trois brasiers brûlant au plein air, et comme suspendus. D'abord, il hésita, pris de crainte ; puis, il ne put résister au besoin douloureux de se chauffer un instant les mains.

Émile Zola, *Germinal*, 1885.

Texte C

Aujourd'hui, maman est morte. Ou peut-être hier, je ne sais pas. J'ai reçu un télégramme de l'asile : « Mère décédée. Enterrement demain. Sentiments distingués. » Cela ne veut rien dire. C'était peut-être hier.

L'asile de vieillards est à Marengo, à quatre-vingts kilomètres d'Alger. Je prendrai l'autobus à deux heures et j'arriverai dans l'après-midi. Ainsi, je pourrai veiller et je rentrerai demain soir. J'ai demandé deux jours de congé à mon patron et il ne pouvait pas me les refuser avec une excuse pareille. Mais il n'avait pas l'air content. Je lui ai même dit : « Ce n'est pas de ma faute. » Il n'a pas répondu. J'ai pensé alors que je n'aurais pas dû lui dire cela. En somme, je n'avais pas à m'excuser. C'était plutôt à lui de me présenter ses condoléances. Mais il le fera sans doute après-demain, quand il me verra en deuil. Pour le moment, c'est un peu comme si maman n'était pas morte. Après l'enterrement, au contraire, ce sera une affaire classée et tout aura revêtu une allure plus officielle.

J'ai pris l'autobus à deux heures. Il faisait très chaud. J'ai mangé au restaurant, chez Céleste, comme d'habitude.

Albert Camus, *L'Étranger*, Éd. Gallimard, 1942.

Henri Matisse, *La Danse*, 1910. Huile sur toile, 260 × 391 cr
Musée de l'Ermitage, Saint-Pétersbourg.

1900
1950

Le temps des ruptures

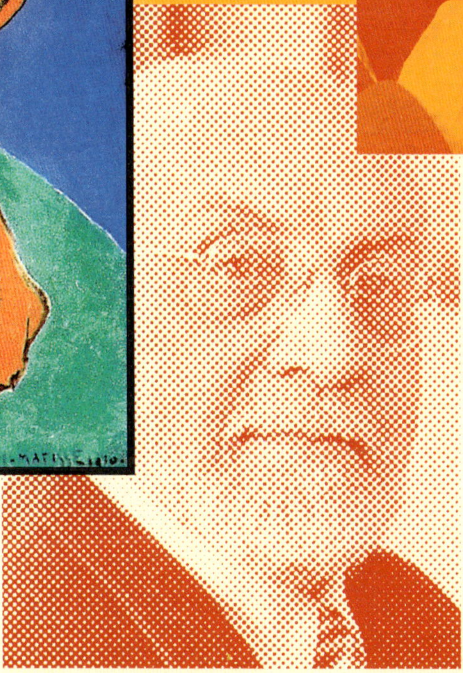

LA LITTÉRATURE ET SES CONTEXTES

1900 1950 Le temps des ruptures

Le désastre de deux guerres mondiales marque profondément le monde pendant la première moitié du XXe siècle. Après l'euphorie créatrice de la Belle Époque, la violence des tensions politiques conduit les écrivains à s'engager dans l'action, à prendre position devant l'Histoire. Mais en 1945, la littérature est confrontée à un effondrement de toutes les valeurs humanistes. Il s'agit désormais de trouver un nouveau sens à la création artistique.

1. L'histoire Le traumatisme des deux guerres mondiales

Les soldats français, dans les tranchées de la Première Guerre mondiale.

En 1914, la déclaration de la guerre met fin à l'insouciance de la Belle Époque. Le sacrifice de millions d'hommes, qui ont combattu pendant quatre ans, fonde la légitimité de la IIIe République victorieuse. En 1919, le traité de Versailles, signé dans l'allégresse, porte pourtant en lui les germes d'un nouveau conflit. Les années trente sont marquées par les crises. Devant la montée des fascismes en Italie, en Allemagne, puis en Espagne, les démocraties sont impuissantes. La Seconde Guerre mondiale éclate. De 1940 à 1944, l'occupation allemande et le gouvernement de Pétain constituent les années noires de la France. À la Libération, la IVe République doit tout reconstruire. La France, encore largement rurale au début du siècle, est désormais une France urbaine, tournée vers l'Europe.

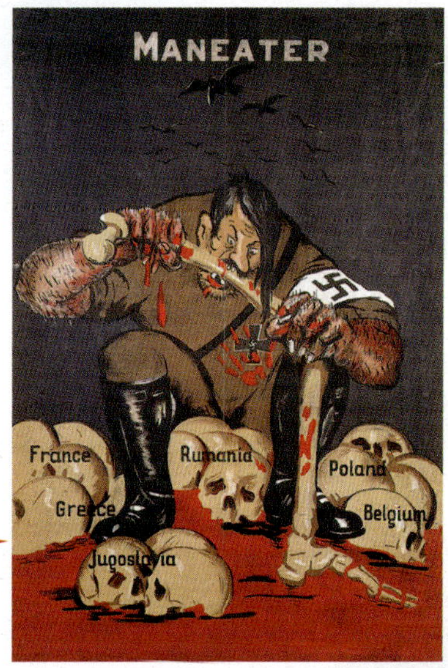

L'Anthropophage. Affiche anglaise contre Hitler, pendant la Seconde Guerre mondiale.

Le général de Gaulle descend l'avenue des Champs-Élysées à la libération de Paris, le 26 août 1944.

2. La société L'affrontement des idéologies

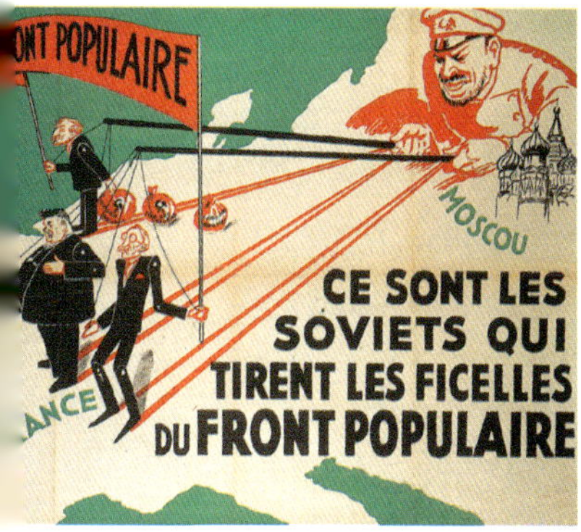

La Révolution russe de 1917, puis l'instauration d'un régime communiste, met en évidence l'opposition entre deux conceptions de la société. Le demi-siècle est ainsi marqué par de constantes luttes sociales, d'autant que le krach de Wall Street en 1929 met le monde industriel au bord de la ruine.

En 1936, les ouvriers en grève occupent les usines de la région parisienne.

On se passionne pour le débat politique, alimenté par la presse d'opinion et l'organisation de grandes manifestations, souvent violentes. En 1936, la victoire du Front populaire instaure des lois sociales comme la semaine de quarante heures ou les congés payés. Cependant, dès 1940, l'Occupation partage la société française entre les partisans de la collaboration et les résistants. Ceux-ci, auprès du général de Gaulle ou au sein des organisations clandestines, luttent contre le fascisme jusqu'à la Libération.

LE PEUPLE

VICTOIRE sur la misère !

8 millions de salariés obtiennent satisfaction

La C.G.T. et la Confédération générale de la Production française signent un accord en présence du président du Conseil et du ministre de l'Intérieur

Le 7 juin 1936, sous la pression des grèves, sont signés les accords de Matignon

3. Les sciences La maîtrise des énergies

En 1903, aux États-Unis, les frères Wright mettent au point le premier aéroplane, équipé de deux hélices et d'un moteur à explosion.

Les progrès de l'aviation se multiplient, depuis le premier vol en aéroplane en 1903 jusqu'à l'invention de l'avion à réaction en 1939. Einstein découvre les lois de la relativité et obtient, en 1922, le prix Nobel de physique. La médecine est révolutionnée par la découverte de la pénicilline en 1927 et les recherches de Pierre et Marie Curie sur la radioactivité. Cependant, la science est mise au service de la guerre à travers l'invention de nouvelles armes de destruction. En 1945, la bombe atomique lancée sur Hiroshima terrifie le monde.

Albert Einstein, prix Nobel de physique.

Explosion de la bombe nucléaire, lancée sur Hiroshima par l'aviation américaine, le 6 août 1945.

4. Les lettres L'engagement des écrivains

Dès le début du siècle, la création artistique invente de nouvelles formes d'expression. Mais la violence de la Première Guerre mondiale pousse de nombreux écrivains, comme Giono ou Céline, à témoigner de l'horreur des combats, tandis que le mouvement surréaliste développe autour d'André Breton une vision nouvelle du monde et de la littérature. Les années trente conduisent les intellectuels, comme Malraux, Gide, Giraudoux, à s'engager pour la défense des libertés menacées. De la même manière, Eluard ou Aragon publient dans la clandestinité, pendant la guerre, des œuvres qui défendent les valeurs de la Résistance. À la fin du second conflit mondial, Jean-Paul Sartre est la figure dominante de l'existentialisme. Au constat de l'absurdité de la condition humaine répond l'affirmation d'une quête de liberté nouvelle.

Albert Camus, rédacteur en chef du journal *Combat*, photographié au café des Deux Magots, en 1945.

Les écrivains alertent l'opinion. André Malraux au congrès des écrivains en juin 1935 ; André Gide est à son côté devant une affiche représentant l'écrivain russe Maxime Gorki.

5. L'édition L'essor de la littérature populaire

Le héros populaire Fantomas, créé par Pierre Souvestre et Marcel Alain, est adapté au cinéma par Louis Feuillade en 1913.

Devant le développement du cinéma, de la radio et du phonographe, la littérature cherche à atteindre un public plus large. Le cinéroman, apparu en 1917, connaît un immense succès. Le roman policier renouvelle la littérature populaire. Les personnages de Fantômas et de Rouletabille sont célèbres. Le jeune écrivain Simenon publie alors, sous divers pseudonymes, un roman par mois. Cependant, des éditeurs de livres d'art obtiennent la collaboration de grands peintres comme Picasso et Braque. Les photographes collaborent aux nouveaux magazines comme *Match* ou *Marie-Claire* qui modifient le paysage de la presse. Le stylo-plume apparaît en 1924. D'abord réservée aux employés de bureau, la machine à écrire est utilisée par de nombreux écrivains pour rédiger leurs œuvres.

La couverture du magazine *Ciné-Miroir* de janvier 1932, sur laquelle figure le chanteur et acteur Maurice Chevalier.

6. Les arts L'explosion des formes

Dans les premières années du siècle, le cubisme de Picasso et de Braque bouleverse le monde de l'art. Le surréalisme participe à cette effervescence créatrice. Salvador Dali collabore avec Luis Buñuel pour la réalisation du film *Un chien andalou*. La peinture abstraite de Kandinsky ou Miró apparaît comme l'aboutissement de cette explosion artistique.

Les artistes se font cependant les témoins de leur temps : *Guernica* de Picasso exprime l'horreur de la guerre. Au même moment, le cinéma produit des chefs-d'œuvre, comme *Le Dictateur* de Charlie Chaplin. Le paysage urbain change sous l'influence de l'architecte Le Corbusier, qui inscrit au cœur de la cité ce « lyrisme des temps nouveaux ».

La villa Savoye, construite par Le Corbusier, en 1931.

Les Demoiselles d'Avignon

Pablo Picasso
(1907)

Achevé à l'été 1907, ce tableau n'est pas le fruit d'une spontanéité créative qui aurait saisi le peintre. Cette oeuvre est précédée de plusieurs centaines d'études préparatoires. Picasso, qui a alors 28 ans, entame une nouvelle manière de peindre et marque, avec ce tableau, la naissance du cubisme. (Huile sur toile, 244 x 233 cm, Musée d'Art moderne, New York.)

On peut évoquer l'influence de Cézanne, la sculpture ibérique ou de masques africains pour certains visages. Mais l'invention apportée par Picasso est totale. Pour lui, la peinture peut désormais représenter une réalité sans chercher à l'imiter, en créant son propre langage.

Picasso renouvelle les codes esthétiques, il élimine tout souci de réalisme, abolit la perspective, privilégie les formes géométriques. Il juxtapose des plans différents et invente un style révolutionnaire.

Les cinq femmes semblent assemblées sans aucune relation entre elles, selon des perspectives différentes. Leurs déformations anguleuses sont plus ou moins accentuées. Il n'y a nul effet de profondeur spatiale. La couleur est appliquée par aplats avec souvent de faibles modulations. Picasso invente une nouvelle manière de peindre.

PROUST

Nom et prénom : **Proust, Marcel**

Naissance : **10 juillet 1871, à Auteuil**

Décès : **18 novembre 1922, à Paris**

Auteur de la somme romanesque à la recherche du temps perdu : *Du côté de chez Swann* (1913), *À l'ombre des jeunes filles en fleurs* (1918), *Le Côté de Guermantes* (1921), *Sodome et Gomorrhe* (1921), *La Prisonnière* (1923), *Albertine disparue* (1925), *Le Temps retrouvé* (1927).

Issu de la haute bourgeoisie, entouré de l'affection maternelle, Marcel Proust reçoit une éducation brillante et raffinée. Son père est un médecin célèbre. Des crises d'asthme perturbent cependant une scolarité remarquable. Après sa licence en droit, Proust choisit la littérature. Il s'intègre rapidement aux cercles littéraires et mondains de la Belle Époque. Au moment de l'affaire Dreyfus, il prend parti pour l'officier injustement condamné. La mort de son père, puis celle de sa mère, l'affectent profondément. Il n'a publié jusqu'alors que quelques articles pour des revues. « Suis-je un romancier ? » se demande encore Proust en 1908. À trente-sept ans, il brille dans les salons de la haute société, ce « royaume du néant » qu'il va décrire dans ses romans.

Peu à peu, l'écrivain entre dans la rédaction de son œuvre, *À la recherche du temps perdu*. Proust se plonge dans l'univers de son enfance, qu'il veut faire resurgir par la littérature. La Première Guerre mondiale l'éloigne un peu plus encore des mondanités. Il se consacre désormais exclusivement à l'écriture. La gloire éclate lorsqu'il obtient le prix Goncourt en 1919 pour *À l'ombre des jeunes filles en fleurs*. Le romancier ne vit plus que pour son art. Malade, il s'enferme dans sa chambre couverte de panneaux de liège pour éloigner les bruits de l'extérieur. Il construit sa « cathédrale ». L'écrivain rature ses brouillons, corrige ses épreuves, ajoutant des pages par milliers, au grand désespoir de son éditeur. À ce travail exténuant, Proust s'épuise jusqu'à la mort, en 1922. L'essentiel de *À La Recherche du temps perdu* paraît à titre posthume.

L'ŒUVRE « CATHÉDRALE »

Toute l'œuvre de Proust, ses premières nouvelles comme ses textes de critique littéraire, prépare la rédaction d'*À la recherche du temps perdu*. Dans cette fresque magistrale, Proust fait vivre plus de cinq cents personnages sur lesquels il porte un regard minutieux et passionné, à travers le point de vue autobiographique d'un narrateur qui en occupe la place centrale.

Les nouvelles et les pastiches

En 1896, dans *Les Plaisirs et les jours*, puis en 1919, dans *Pastiches et mélanges*, Proust rassemble une partie des textes publiés d'abord dans les journaux. Ses nouvelles et ses pastiches d'écrivains célèbres, comme Saint-Simon, Balzac, Flaubert ou les frères Goncourt, lui permettent d'affirmer une maîtrise stylistique remarquable.

La somme romanesque

Après un roman inachevé écrit à la troisième personne, *Jean Santeuil*, Proust conçoit, après plusieurs tentatives d'échafaudage de son œuvre, le cycle d'*À la recherche du temps perdu*, composé de sept romans autobiographiques rédigés à la première personne : *Du côté de chez Swann* (1913), *À l'ombre des jeunes filles en fleurs* (1918), *Le Côté de Guermantes* (1920-21), *Sodome et Gomorrhe* (1921-1922), *La Prisonnière* (1923), *Albertine disparue ou la Fugitive* (1925) et *Le Temps retrouvé* (1927). La plupart d'entre eux sont publiés à titre posthume. Cinq thèmes principaux traversent cette somme romanesque.

• **Les souvenirs de l'enfance.** Le romancier fait revivre les lieux et les personnes de son enfance. Il explore les moments de bonheur, les chagrins, les paysages, les goûts et les odeurs qui l'ont marqué, et ressuscite le souvenir nostalgique de sa mère et de sa grand-mère maternelle, tendrement aimées.

ans ce tableau
ı il a représenté
eynaldo Hahn, l'ami
Proust, jouant
piano, Henri Gervex
stitue l'atmosphère
s soirées mondaines
À la recherche
temps perdu.

• **La vanité des salons aristocratiques.** Proust représente, à travers la figure de Swann, le milieu de la haute bourgeoisie et de l'aristocratie que lui-même a longtemps fréquenté. Il fait revivre un monde qui disparaît avec la Première Guerre mondiale, tout en portant un regard ironique sur le snobisme, la bêtise et la cruauté de ses cercles mondains.

• **La perception du temps qui passe.** L'histoire de *La Recherche* se développe sur une période de près de vingt années. Elle rend sensible le déclin d'un monde, les mutations techniques et sociales, les bouleversements de l'Histoire, le vieillissement et la mort des hommes. Proust donne ainsi « l'impression du temps ».

• **L'évolution d'une conscience.** Dans *La Recherche*, le narrateur découvre l'importance de la mémoire inconsciente à travers le brusque surgissement du souvenir : le simple fait de manger une madeleine trempée dans du thé ou de trébucher sur le pavé d'une cour font revivre tout à coup le passé disparu. Il s'interroge sur sa propre perception du monde et l'évolution de sa personnalité qui se forge à travers le temps.

• **L'importance de l'œuvre d'art.** *La Recherche* met en scène le personnage d'un musicien, Vinteuil, d'un peintre, Elstir, d'un écrivain, Bergotte. L'art joue en effet un rôle capital dans le roman, en permettant au narrateur de découvrir la beauté cachée du monde et la vérité profonde des êtres.

ssin de
cathédrale d'Amiens
Marcel Proust.

Les textes critiques

Le *Contre Sainte-Beuve*, publié en 1954, conteste le point de vue du célèbre critique littéraire, Sainte-Beuve. Aux yeux de Proust, la vie de l'écrivain et le jugement de ses contemporains comptent moins que l'originalité de son œuvre, de son style et de sa sensibilité.

Dans ses carnets, recouverts de toile illustrée, Proust consigne notes de lecture et réflexions.

LE ROMANCIER DE LA MÉMOIRE ET DU TEMPS

À travers la peinture de la société, le destin des personnages, le va-et-vient entre le passé et le présent, ce qui compte avant tout dans *À la Recherche du temps perdu*, c'est le regard que le « je » autobiographique porte sur le monde. Proust souligne ainsi l'importance des souvenirs, la perception subjective des êtres et des choses, qui se modifie elle-même aux différentes époques de l'existence. C'est cette primauté donnée à la conscience sur les événements extérieurs qui va marquer toute la littérature romanesque du XXe siècle et faire ainsi de Proust le fondateur du roman moderne.

1908-1909

Pastiches et mélanges

Marcel Proust publie dans le journal *Le Figaro*, de 1908 à 1909, huit pastiches d'écrivains célèbres. Il prend pour prétexte « l'affaire Lemoine », qui met en cause un faussaire ayant prétendu avoir découvert le secret de la fabrication du diamant.

L'AFFAIRE LEMOINE DANS UN ROMAN DE BALZAC

Tout à coup, la porte s'ouvrit devant l'illustre romancier Daniel d'Arthez[1]. Un physicien du monde moral qui aurait à la fois le génie de Lavoisier et de Bichat[2] – le créateur de la chimie organique – serait seul capable d'isoler les éléments qui composent la sonorité spéciale du pas des hommes supérieurs. En entendant résonner celui de d'Arthez vous eussiez frémi. Seul pouvait ainsi marcher un sublime génie ou un grand criminel. (...)

Athénaïs ne se sentait plus de joie en voyant revenir chez elle l'amant qu'elle espérait bien enlever à sa meilleure amie. Aussi pressa-t-elle la main de la princesse en gardant le calme impénétrable que possèdent les femmes de la haute société au moment même où elles vous enfoncent un poignard dans le cœur.

« Je suis heureuse pour vous, ma chère, que M. d'Arthez soit venu, dit-elle à Mme de Cadignan, d'autant plus qu'il aura une surprise, il ne savait pas que vous seriez ici.

– Il croyait sans doute y rencontrer M. de Rubempré dont il admire le talent », répondit Diane avec une moue câline qui cachait la plus mordante des railleries, car on savait que Mme d'Espard ne pardonnait pas à Lucien de l'avoir abandonnée.

1. **Daniel d'Arthez, Athénaïs d'Espard, Diane de Cadignan, Lucien de Rubempré** : personnages de *La Comédie humaine* de Balzac.
2. **Lavoisier et Bichat** : chimistes célèbres au XIXe siècle.

L'AFFAIRE LEMOINE DANS UN ROMAN DE FLAUBERT

L'avocat de Lemoine, répliquant, fut bref. Mais il avait un accent méridional, faisait appel aux passions généreuses, ôtait à tout moment son lorgnon. En l'écoutant, Nathalie ressentait ce trouble où conduit l'éloquence ; une douceur l'envahit et son cœur s'étant soulevé, la batiste[1] de son corsage palpitait, comme une herbe au bord d'une fontaine prête à sourdre[2], comme le plumage d'un pigeon qui va s'envoler. Enfin le président fit un signe, un murmure s'éleva, deux parapluies tombèrent : on allait entendre à nouveau l'accusé. Tout de suite, les gestes de colère des assistants le désignèrent ; pourquoi n'avait-il pas dit vrai, fabriqué du diamant, divulgué son invention ? Tous, et jusqu'au plus pauvre, auraient su – c'était certain – en tirer des millions. Même ils les voyaient devant eux, dans la violence du regret où l'on croit posséder ce qu'on pleure. Et beaucoup se livrèrent une fois encore à la douceur des rêves qu'ils avaient formés, quand ils avaient entrevu la fortune, sur la nouvelle de la découverte, avant d'avoir pu dépister l'escroc.

1. **batiste** : toile de lin très fine.
2. **sourdre** : sortir de terre.

Marcel Proust, *Pastiches et mélanges*, Éd. Gallimard, 1908-1909.

1. **Repérez les personnages présents dans les deux textes. À quels univers renvoient-ils ?**

2. **Repérez les interventions du narrateur dans le pastiche de Balzac. Peut-on parler d'un narrateur omniscient ?**

3. **Retrouvez et étudiez la présence du style indirect libre dans le pastiche de Flaubert.**

4. **Relevez les comparaisons. En quoi inscrivent-elles les pastiches dans le registre comique ?**

5. NOTION. **En confrontant ces deux pastiches aux textes de Balzac et de Flaubert, identifiez les procédés stylistiques de ces deux auteurs imités et amplifiés par Proust.**

NOTION

Le pastiche

Le pastiche consiste à imiter le style d'un écrivain en amplifiant les procédés qu'il utilise, dans une intention de jeu et de complicité. Le pastiche est ainsi une forme d'hommage rendu à un écrivain que l'on admire. C'est aussi pour le pasticheur l'occasion de manifester son talent à travers un exercice de style.

1913

Du côté de chez Swann

***Du côté de chez Swann* est le premier roman qui ouvre le cycle d'*À la recherche du temps perdu.* Dès les premières lignes du texte, le narrateur se souvient des impressions de son enfance.**

Longtemps, je me suis couché de bonne heure. Parfois, à peine ma bougie éteinte, mes yeux se fermaient si vite que je n'avais pas le temps de me dire : « Je m'endors. » Et, une demi-heure après, la pensée qu'il était temps de chercher le sommeil m'éveillait ; je voulais poser le volume que je croyais avoir encore entre les mains et souffler ma lumière ; je n'avais pas cessé en dormant de faire des réflexions sur ce que je venais de lire, mais ces réflexions avaient pris un tour un peu particulier ; il me semblait que j'étais moi-même ce dont parlait l'ouvrage : une église, un quatuor[1], la rivalité de François Ier et de Charles Quint[2]. Cette croyance survivait pendant quelques secondes à mon réveil ; elle ne choquait pas ma raison mais pesait comme des écailles sur mes yeux et les empêchait de se rendre compte que le bougeoir n'était pas allumé. Puis elle commençait à me devenir inintelligible, comme après la métempsycose[3] les pensées d'une existence antérieure ; le sujet du livre se détachait de moi, j'étais libre de m'y appliquer ou non ; aussitôt je recouvrais la vue et j'étais bien étonné de trouver autour de moi une obscurité, douce et reposante pour mes yeux, mais peut-être plus encore pour mon esprit, à qui elle apparaissait comme une chose sans cause, incompréhensible, comme une chose vraiment obscure. Je me demandais quelle heure il pouvait être ; j'entendais le sifflement des trains qui, plus ou moins éloigné, comme le chant d'un oiseau dans une forêt, relevant les distances, me décrivait l'étendue de la campagne déserte où le voyageur se hâte vers la station prochaine ; et le petit chemin qu'il suit va être gravé dans son souvenir par l'excitation qu'il doit à des lieux nouveaux, à des actes inaccoutumés, à la causerie récente et aux adieux sous la lampe étrangère qui le suivent encore dans le silence de la nuit, à la douceur prochaine du retour.

J'appuyais tendrement contre les belles joues de l'oreiller qui, pleines et fraîches, sont comme les joues de notre enfance. Je frottais une allumette pour regarder ma montre. Bientôt minuit. C'est l'instant où le malade, réveillé par une crise, se réjouit en apercevant sous la porte une raie de jour. Quel bonheur, c'est déjà le matin ! Dans un moment les domestiques seront levés, il pourra sonner, on viendra lui porter secours. L'espérance d'être soulagé lui donne du courage pour souffrir. Justement il a cru entendre des pas ; les pas se rapprochent, puis s'éloignent. Et la raie de jour qui était sous la porte a disparu. C'est minuit ; on vient d'éteindre le gaz ; le dernier domestique est parti et il faudra rester toute la nuit à souffrir sans remède.

Marcel Proust, *Du côté de chez Swann, À la recherche du temps perdu,* Éd. Gallimard, 1913.

1. quatuor : morceau de musique écrit pour quatre instruments.
2. François Ier et Charles Quint : roi de France et empereur d'Allemagne au XVIe siècle.
3. métempsycose : réincarnation.

1. Retrouvez les éléments du texte qui constituent le décor d'une scène d'enfance.

2. Quel est le rôle joué par la lecture ? Montrez qu'elle modifie la perception de l'univers de l'enfant.

3. NOTION. Étudiez la minutie avec laquelle le narrateur analyse ses propres sensations.

4. Relevez et étudiez les indications temporelles données par le récit.

5. Montrez en quoi cette page constitue l'incipit d'un roman autobiographique.

NOTION

L'analyse des sensations

Le roman autobiographique conduit l'écrivain à analyser minutieusement les sensations et les sentiments qu'il a éprouvés. Il s'interroge sur leur origine et les fait revivre aux yeux du lecteur.

1921 Le Côté de Guermantes

Très attaché à sa mère et à sa grand-mère, qui jouent un rôle important dans le roman, le narrateur conduit cette dernière chez un médecin célèbre, dont il fait le portrait. C'est ainsi que l'univers familier bascule, à travers la maladie, dans la souffrance et le chagrin.

Je mis ma grand-mère dans l'ascenseur du professeur E*** et au bout d'un instant il vint à nous et nous fit passer dans son cabinet. Mais là, si pressé qu'il fût, son air rogue[1] changea, tant les habitudes sont fortes, et il avait celle d'être aimable, voire enjoué, avec ses malades. Comme il savait ma grand-mère très lettrée[2] et qu'il l'était aussi, il se mit à lui citer pendant deux ou trois minutes et par allusion au temps radieux qu'il faisait, de beaux vers sur l'été. Il l'avait assise dans un fauteuil, lui à contre-jour, de manière à bien la voir. Son examen fut minutieux, nécessita même que je sortisse un instant. Il le continua encore, puis ayant fini, se mit, bien que le quart d'heure touchât à sa fin, à refaire des citations à ma grand-mère. Il lui adressa même quelques plaisanteries assez fines, que j'eusse préféré entendre un autre jour, mais qui me rassurèrent complètement par le ton amusé du docteur. Je me rappelai alors que M. Fallières[3], président du Sénat, avait eu, il y avait nombre d'années, une fausse attaque, et qu'au désespoir de ses concurrents il s'était mis trois jours après à reprendre ses fonctions, préparant même, disait-on, une candidature plus ou moins lointaine à la présidence de la République. Ma confiance en un prompt rétablissement de ma grand-mère fut d'autant plus complète que, au moment où je me rappelais l'exemple de M. Fallières, je fus tiré de la pensée de ce rapprochement par un franc éclat de rire qui termina une plaisanterie du professeur E***. Sur quoi il tira sa montre, fronça fiévreusement le sourcil en voyant qu'il était en retard de cinq minutes, et tout en nous disant adieu sonna pour qu'on apportât immédiatement son habit. Je laissai ma grand-mère passer devant, refermai la porte et demandai la vérité au savant.

« Votre grand-mère est perdue, me dit-il. C'est une attaque provoquée par l'urémie[4]. En soi, l'urémie n'est pas fatalement un mal mortel, mais le cas me paraît désespéré. Je n'ai pas besoin de vous dire que j'espère me tromper. Du reste, avec Cottard[5], vous êtes en excellentes mains. Excusez-moi », me dit-il en voyant entrer une femme de chambre qui portait sur le bras l'habit noir du professeur. « Vous savez que je dîne chez le ministre du Commerce, j'ai une visite à faire avant. Ah ! la vie n'est pas que roses, comme on le croit à votre âge. »

Et il me tendit gracieusement la main. J'avais refermé la porte et un valet nous guidait dans l'antichambre, ma grand-mère et moi, quand nous entendîmes de grands cris de colère. La femme de chambre avait oublié de percer la boutonnière pour les décorations. Cela allait demander encore dix minutes. Le professeur tempêtait toujours pendant que je regardais sur le palier ma grand-mère qui était perdue. Chaque personne est bien seule. Nous repartîmes vers la maison.

Le soleil déclinait ; il enflammait un interminable mur que notre fiacre avait à longer avant d'arriver à la rue que nous habitions, mur sur lequel l'ombre, projetée par le couchant, du cheval et de la voiture, se détachait en noir du fond rougeâtre, comme un char funèbre dans une terre cuite de Pompéi. Enfin nous arrivâmes. Je fis asseoir la malade en bas de l'escalier dans le vestibule, et je montai prévenir ma mère. Je lui dis que ma grand-mère rentrait un peu souffrante, ayant eu un étourdissement. Dès mes premiers mots, le visage de ma mère atteignit au paroxysme d'un désespoir pourtant déjà si résigné, que je compris que depuis bien des années elle le tenait tout prêt en elle pour un jour incertain et final. Elle ne me demanda rien ; il semblait, de même que la méchanceté aime à exagérer les souffrances des autres, que par tendresse elle ne voulût pas admettre que sa mère fût très atteinte, surtout d'une maladie qui peut toucher l'intelligence. Maman frissonnait, son visage pleurait sans larmes, elle courut dire qu'on allât chercher le médecin, mais comme Françoise[6] demandait qui était malade, elle ne put répondre, sa voix s'arrêta dans sa gorge. Elle descendit en courant avec moi, effaçant de sa figure le sanglot qui la plissait. Ma grand-mère attendait en bas sur le canapé du vestibule, mais dès qu'elle nous entendit, se redressa, se tint debout, fit à maman des signes gais de la main. Je lui avais enveloppé à demi la tête avec une mantille en dentelle blanche, lui disant que c'était pour qu'elle n'eût pas froid dans l'escalier. Je ne voulais pas que ma mère remarquât trop l'altération du visage, la déviation de la bouche ; ma précaution était inutile : ma mère s'approcha de grand-mère, embrassa sa main comme celle de son Dieu, la soutint, la souleva jusqu'à l'ascenseur, avec des précautions infinies où il y avait, avec la peur d'être maladroite et de lui faire mal, l'humilité de qui se sent indigne de toucher ce qu'il connaît de plus précieux, mais pas une fois elle ne leva les yeux et ne regarda le visage de la malade. Peut-être fut-ce pour que celle-ci ne s'attristrât pas en pensant que sa vue avait pu inquiéter sa fille. Peut-être par crainte d'une douleur trop forte qu'elle n'osa pas affronter. Peut-être par respect, parce qu'elle ne croyait pas qu'il lui fût permis sans impiété de constater la trace de quelque affaiblissement intellectuel dans le visage vénéré. Peut-être pour mieux garder plus tard intacte l'image du vrai visage de sa mère, rayonnant d'esprit et de bonté. Ainsi montèrent-elles l'une à côté de l'autre, ma grand-mère à demi cachée dans sa mantille, ma mère détournant les yeux.

Marcel Proust, *Le Côté de Guermantes, À la recherche du temps perdu*,
Éd. Gallimard, 1921.

1. **rogue** : arrogant, bourru.
2. **lettrée** : qui aime et connaît la littérature.
3. **Fallières** : président du Sénat de 1899 à 1906, puis président de la République.
4. **urémie** : maladie du sang.
5. **Cottard** : médecin de famille du narrateur.
6. **Françoise** : domestique attachée à la famille du narrateur.

1. Étudiez la progression du passage en déterminant les différentes parties qui le composent et en leur donnant un titre.

2. Relevez les éléments du portrait du professeur E***. Quel regard le narrateur porte-t-il sur ce personnage ?

3. Comment le narrateur rend-il sensible à l'attachement qui unit sa mère et sa grand-mère ?

4. Analysez l'image présente à partir de la ligne 34. Quelle dimension symbolique peut-on lui attribuer ?

5. NOTION. Retrouvez et commentez les éléments qui inscrivent cet extrait dans le roman autobiographique.

NOTION

le roman autobiographique

L'autobiographie peut être romancée. Dans ce cas, l'écrivain s'inspire de sa propre existence, met en scène les êtres et les événements qui l'ont marqué, mais il s'autorise – contrairement à l'autobiographie – à y introduire des personnages et des situations inventés.

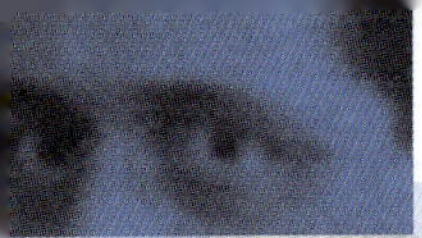

APOLLINAIRE

Nom et prénom : **de Kostrowitzky, Guillaume**

Pseudonyme : **Apollinaire**

Naissance : **26 août 1880, à Rome**

Décès : **9 novembre 1918, à Paris**

Fils naturel d'une aventurière polonaise et d'un officier italien, Guillaume a cinq ans lorsque son père les abandonne, lui et son frère cadet. Leur mère les entraîne alors dans une vie d'errance fiévreuse : Monte-Carlo, Nice, Lyon, Spa… D'un casino à l'autre, leur itinéraire suit la passion maternelle pour le jeu. Avide de lectures, élégant et cultivé, Guillaume travaille pour subvenir aux besoins de sa famille. Il suit en Allemagne, comme précepteur, une jeune gouvernante anglaise, Annie Playden, dont il est tombé amoureux et qui lui inspire de nombreux poèmes. À partir de 1903, Apollinaire occupe une place importante au sein du Paris artistique. Il rencontre Jarry et Picasso, se lie avec Marie Laurencin. Il accompagne tous les mouvements d'avant-garde. Lorsque la guerre éclate, il s'engage. En 1916, il est blessé à la tête et se montre dans Paris le front sanglé d'un cabochon de cuir. Il est emporté par l'épidémie de grippe espagnole qui sévit en 1918. Son convoi funèbre traverse une foule en liesse : c'est l'Armistice.

Auteur de courts récits, dont : *L'Hérésiarque et compagnie* (1910) ; de recueils de poèmes, dont : *Alcools* (1913), *Calligrammes* (1918) ; d'une pièce de théâtre : *Les Mamelles de Tirésias* (1918) ; de nombreux textes critiques.

LE POÈTE DE L'AVANT-GARDE

Au premier rang de tous les combats artistiques de son temps, défenseur de la poésie et de la peinture modernes, Apollinaire retranscrit les bouleversements du monde dans ses poèmes. Il supprime toute ponctuation de son premier recueil, *Alcools*, en 1913. Il représente à travers son œuvre les transformations rapides d'une époque, dans laquelle les images se télescopent. Mais Apollinaire est avant tout un poète lyrique, éternel passant de la vie, amoureux mélancolique hanté par la fuite du temps. L'expérience de la guerre est au cœur de *Calligrammes*, écrit en partie dans les tranchées et publié en 1918. La mise en espace originale, le lyrisme amoureux et les images violentes des combats se mêlent dans ce recueil profondément original.

Objet d'étude La poésie

1913

Alcools

Publié en 1913, *Alcools* présente une structure complexe à travers le groupement thématique de poèmes composés au long d'une quinzaine d'années, qui manifestent une volonté de modernité toujours plus importante. C'est en corrigeant les dernières épreuves de son livre qu'Apollinaire décide de supprimer toute ponctuation.

LE PONT MIRABEAU

Sous le pont Mirabeau coule la Seine
Et nos amours
Faut-il qu'il m'en souvienne
La joie venait toujours après la peine

Vienne la nuit sonne l'heure
Les jours s'en vont je demeure

Les mains dans les mains restons face à face
Tandis que sous
Le pont de nos bras passe
Des éternels regards l'onde[1] si lasse

Vienne la nuit sonne l'heure
Les jours s'en vont je demeure

L'amour s'en va comme cette eau courante
L'amour s'en va
Comme la vie est lente
Et comme l'espérance est violente

Vienne la nuit sonne l'heure
Les jours s'en vont je demeure

Passent les jours et passent les semaines
Ni temps passé
Ni les amours reviennent
Sous le pont Mirabeau coule la Seine

Vienne la nuit sonne l'heure
Les jours s'en vont je demeure

Guillaume Apollinaire, *Alcools*, Éd. Gallimard, 1913.

1. **onde** : terme utilisé en poésie pour désigner l'eau.

1. Repérez et étudiez les différents réseaux lexicaux développés dans le poème.
2. Étudiez la composition du poème : mesure des vers, construction des strophes, rôle du refrain.
3. Analysez les images présentes dans la deuxième strophe.
4. En quoi ce poème peut-il être rapproché d'une complainte, d'une ballade médiévale ?
5. **NOTION.** Comment le lyrisme mélancolique associe-t-il dans ce poème les thèmes de l'amour et du temps, à travers « Le pont Mirabeau » ?

NOTION

Le lyrisme mélancolique

La poésie est le moyen privilégié d'exprimer le sentiment de la mélancolie. L'auteur expose sa peine. Il dit l'émotion provoquée par un chagrin amoureux, le sentiment de l'exil, la tristesse du temps qui s'enfuit.

1918 — Calligrammes

Calligrammes rassemble les poèmes écrits par Apollinaire de 1912 à 1917. Le recueil contient à la fois des poèmes qui obéissent à une disposition traditionnelle et des recherches graphiques qui l'inscrivent dans l'avant-garde de son temps. C'est ainsi qu'« Il pleut », inspiré par le spectacle de la pluie, adopte la forme originale du calligramme, qu'Apollinaire appelle « idéogramme lyrique ».

IL PLEUT

Il pleut des voix de femmes comme si elles étaient mortes même dans le souvenir
c'est vous aussi qu'il pleut merveilleuses rencontres de ma vie ô gouttelettes
et ces nuages cabrés se prennent à hennir tout un univers de villes auriculaires
écoute s'il pleut tandis que le regret et le dédain pleurent une ancienne musique
écoute tomber les liens qui te retiennent en haut et en bas

L'ADIEU DU CAVALIER

Ah Dieu ! que la guerre est jolie
Avec ses chants ses longs loisirs
Cette bague je l'ai polie
Le vent se mêle à vos soupirs

Adieu ! voici le boute-selle
Il disparut dans un tournant
Et mourut là-bas tandis qu'elle
Riait au destin surprenant

1. **fusants** : obus qui éclatent en plein vol.

2. **épitaphe** : inscription sur un tombeau.

3. **roses de Saadi** : poème de Marceline Desbordes-Valmore, qui évoque le poète persan Saadi.

4. **Mortification** : au sens propre, état des fleurs qui se fanent ; au sens figuré, humiliation.

FÊTE

Feu d'artifice en acier
Qu'il est charmant cet éclairage
    Artifice d'artificier
Mêler quelque grâce au courage

Deux fusants[1]
Rose éclatement
Comme deux seins que l'on dégrafe
Tendent leurs bouts insolemment
IL SUT AIMER
    Quelle épitaphe[2]

Un poète dans la forêt
Regarde avec indifférence
    Son revolver au cran d'arrêt
Des roses mourir d'espérance

Il songe aux roses de Saadi[3]
Et soudain sa tête se penche
Car une rose lui redit
La molle courbe d'une hanche

L'air est plein d'un terrible alcool
Filtré des étoiles mi-closes
Les obus caressent le mol
Parfum nocturne où tu reposes
    Mortification[4] des roses

Guillaume Apollinaire, *Calligrammes*, Éd. Gallimard, 1918.

1. Relevez et étudiez les réseaux lexicaux présents dans le poème « Il pleut ». Quels sont les termes répétés ? Quel est, selon vous, l'effet recherché ?

2. Justifiez l'expression utilisée par Apollinaire pour désigner son poème : « idéogramme lyrique ».

3. Comment Apollinaire se représente-t-il dans « Fête » ? Montrez comment évoluent ses sentiments.

4. Quelle image paradoxale de la guerre les textes donnent-ils ? Expliquez les titres des poèmes.

5. Analysez la construction de « Fête » : mesure du vers, unité de la strophe, effets de régularité et de rupture. En quoi réside la modernité du poème ?

6. Relevez l'inscription dans « Fête » des contextes historique, culturel et biographique. Comment l'analyse de ces contextes éclaire-t-elle le sens du poème ?

7. NOTION. En quoi le choix du calligramme est-il adapté au thème de « Il pleut » ? Quels sont, selon vous, les avantages et les inconvénients de cette forme poétique ?

8. Confrontez « Il pleut » avec le poème de Verlaine, page 378. Montrez comment Apollinaire renouvelle un thème présent dans l'histoire de la poésie.

NOTION

Le calligramme

Le calligramme est une forme ancienne, en usage dans l'Antiquité. La mise en page des mots constitue un dessin qui redouble le titre et le thème du poème. Au XXe siècle, Cette disposition originale du texte participe aux recherches menées par l'avant-garde sur la mise en espace du poème.

CENDRARS

Nom et prénom : **Sauser, Frédéric**

Pseudonyme : **Blaise Cendrars**

Naissance : **1er septembre 1887, en Suisse**

Décès : **21 janvier 1961, à Paris**

Enfant, Frédéric Sauser accompagne sa famille dans ses déplacements, en particulier en Italie. À Neuchâtel, il quitte l'école de commerce pour travailler chez un joaillier russe. Il découvre ainsi Moscou et l'Extrême-Orient. Le désir de « bourlinguer » l'entraîne ensuite jusqu'aux États-Unis où il signe *Les Pâques à New York*, en 1912, du nom de Blaise Cendrars.

Quand la guerre éclate, Cendrars s'engage volontairement. Touché au bras droit, il est amputé le lendemain. Il abandonne alors l'écriture poétique pour se consacrer au roman : *L'Or*, en 1925, ou *Moravagine*, en 1926. Grand reporter, Cendrars se rend en Californie, puis en Espagne. Après la Seconde Guerre mondiale, il publie, de 1945 à 1949, les quatre volumes de son autobiographie. Il meurt à Paris en 1961.

Auteur de poèmes en vers libres, dont : *Pâques à New York* (1912), *La Prose du Transsibérien et de la petite Jehanne de France* (1913) ; de romans, dont : *L'Or* (1925), *Moravagine* (1926) ; d'une suite autobiographique, dont *La Main coupée* (1946).

LE POÈME EN VERS LIBRE

L'œuvre poétique de Blaise Cendrars s'inscrit dans le renouvellement des formes qui caractérise le début du XXe siècle : abandon des formes fixes et de la ponctuation, suppression de la mesure régulière du vers et de la rime. *Prose du Transsibérien et de la petite Jehanne de France*, en 1913, se présente ainsi sous la forme d'un dépliant de deux mètres de long, dont les cent cinquante exemplaires publiés ont pour ambition d'atteindre la hauteur de la tour Eiffel, symbole de modernité. Le poème fait revivre un voyage en chemin de fer et le rythme des vers souligne la précipitation des souvenirs et des paysages. Les mots, les images, les sonorités s'entrechoquent : l'usage du vers libre et l'abandon de la ponctuation favorisent ce montage fulgurant des émotions.

Objet d'étude La poésie

1913 — Prose du Transsibérien et de la petite Jehanne de France

La *Prose du Transsibérien*[1] épouse à la fois le rythme et les images du chemin de fer, juxtaposant les paysages et les souvenirs dans leur variété et leur fulgurance. Le poème de Blaise Cendrars s'impose ainsi au début du XXe siècle comme un manifeste de l'avant-garde littéraire.

Le ciel est comme la tente déchirée d'un cirque pauvre dans un petit village de pêcheurs
En Flandres
Le soleil est un fumeux quinquet[2]
Et tout au haut d'un trapèze une femme fait la lune.
La clarinette le piston une flûte aigre et un mauvais tambour
Et voici mon berceau
Mon berceau
Il était toujours près du piano quand ma mère comme madame Bovary
[jouait les sonates de Beethoven

J'ai passé mon enfance dans les jardins suspendus de Babylone[3]
Et l'école buissonnière, dans les gares devant les trains en partance
Maintenant, j'ai fait courir tous les trains derrière moi
Bâle-Tombouctou
J'ai aussi joué aux courses à Auteuil et à Longchamp
Paris-New York
Maintenant, j'ai fait courir tous les trains le long de ma vie
Madrid-Stockholm
Et j'ai perdu tous mes paris
Il n'y a plus que la Patagonie[4], la Patagonie, qui convienne à mon immense tristesse,
[la Patagonie, et un voyage dans les mers du Sud
Je suis en route
J'ai toujours été en route
Je suis en route avec la petite Jehanne de France
Le train fait un saut périlleux et retombe sur toutes ses roues
Le train retombe sur ses roues
Le train retombe toujours sur toutes ses roues

« Blaise, dis, sommes-nous bien loin de Montmartre ? »

Nous sommes loin, Jeanne, tu roules depuis sept jours
Tu es loin de Montmartre, de la Butte qui t'a nourrie du Sacré-Cœur contre lequel
[tu t'es blottie
Paris a disparu et son énorme flambée
Il n'y a plus que les cendres continues
La pluie qui tombe
La tourbe qui se gonfle
La Sibérie qui tourne
Les lourdes grappes de neige qui remontent
Et le grelot[5] de la folie qui grelotte dans un dernier désir dans l'air bleui
Le train qui palpite au cœur des horizons plombés
Et ton chagrin ricane...

« Dis, Blaise, sommes-nous loin de Montmartre ? »

Blaise Cendrars, *Prose du Transsibérien et de la petite Jehanne de France*, Éd. Denoël, 1913.

1. Transsibérien : ligne de chemin de fer qui va de Moscou à Vladivostok, en Asie.
2. quinquet : lampe à huile.
3. jardins suspendus de Babylone : jardins célèbres dans l'Antiquité.
4. Patagonie : la Terre de feu, à la pointe de l'Amérique du Sud.
5. grelot : petite boule creuse qu'un morceau de métal, à l'intérieur, fait résonner.

1. Repérez les noms de lieu dans le poème. En quoi contribuent-ils à créer un effet de vertige ?

2. Repérez les principaux réseaux lexicaux qui parcourent le texte. À quelles réalités renvoient-ils ?

3. Analysez l'image développée dans les premiers vers.

4. Quel est le rôle joué par l'irruption du discours direct dans le poème ? Montrez comment le souvenir de Paris s'inscrit au cœur du poème.

5. NOTION. Retrouvez des exemples de l'alternance de vers courts et longs. Retrouvez un exemple de rythme ascendant et de rythme descendant dans la succession des vers.

NOTION

Le rythme du vers libre

Délivré de la mesure régulière du vers classique, le poème en vers libre fait alterner des vers très courts, de quelques syllabes, et des vers plus longs, qui peuvent dépasser la mesure de l'alexandrin. Cette alternance crée des effets nouveaux, renforcés par la disparition presque totale de la ponctuation et par la suppression des rimes en fin de vers.

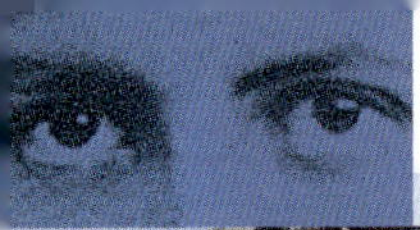

Auteur d'un roman, *Le Grand Meaulnes* (1913).

ALAIN-FOURNIER

Nom et prénom : **Fournier, Henri**

Pseudonyme : **Alain-Fournier**

Naissance : **3 octobre 1886, dans le Cher**

Décès : **22 septembre 1914, aux Éparges, dans la Meuse**

Henri Fournier grandit dans le Berry, auprès de ses parents instituteurs et de sa petite sœur, Isabelle. En 1898, il entre comme pensionnaire au lycée Voltaire à Paris. Après le baccalauréat, il prépare l'École normale supérieure. Le 1er juin 1905, le jeune lycéen croise à Paris une jeune fille qu'il suit jusqu'à sa maison du boulevard Saint-Germain. Posté sous sa fenêtre, il l'épie et finit par l'accoster mais la jeune fille, qui inspirera le personnage d'Yvonne de Galais, l'héroïne du *Grand Meaulnes*, est fiancée. En 1908-1909, Alain-Fournier effectue son service militaire, toujours hanté par celle qui est maintenant mariée. Il devient journaliste à *Paris-Journal* et commence la rédaction du *Grand Meaulnes*. Le roman paraît en 1913, année où Alain-Fournier rencontre pour la dernière fois Yvonne de Vaugrineuse, désormais mère de deux enfants. Mobilisé en août 1914, Alain-Fournier est tué un mois plus tard au sud de Verdun. Son corps, qu'on a longtemps cru disparu, est retrouvé et identifié en 1991. Alain-Fournier est inhumé dans le cimetière de Saint-Rémy-la-Calonne, dans la Meuse.

LE ROMAN DE L'ENFANCE ET DU MYSTÈRE

En écrivant *Le Grand Meaulnes*, Alain-Fournier recrée le monde de son enfance. Il reproduit l'ambiance chaleureuse de l'école communale, la simplicité du monde rural, la complicité des premières amitiés, l'intensité violente de la découverte du sentiment amoureux. Mais le roman d'aventures et d'initiation est aussi le roman du rêve et de la féerie. L'écrivain donne aux paysages et aux individus un charme mystérieux et envoûtant, parfois proche du fantastique. L'amitié et l'amour, le silence et le mystère participent ainsi à la création d'un univers énigmatique. C'est à travers cette fusion du rêve et de la réalité que *Le Grand Meaulnes* s'inscrit dans la mémoire du lecteur.

Objet d'étude Le récit : le roman ou la nouvelle

1913 — Le Grand Meaulnes

François, le narrateur, dont les parents sont instituteurs, habite avec eux l'école du village. Ils mènent une vie paisible jusqu'au jour où Augustin Meaulnes est accueilli dans la famille comme pensionnaire. Commence alors une complicité qui entraîne le narrateur et « le grand Meaulnes » à la découverte du monde, de l'amour et de l'amitié.

Au-dessus de nous, dans un réduit où s'entassaient les pièces d'artifice noircies du dernier Quatorze Juillet, un pas inconnu, assuré, allait et venait, ébranlant le plafond, traversait les immenses greniers ténébreux du premier étage, et se perdait enfin vers les chambres d'adjoint abandonnées où l'on mettait sécher le tilleul et mûrir les pommes.

« Déjà, tout à l'heure, j'avais entendu ce bruit dans les chambres du bas, dit Millie[1] à mi-voix, et je croyais que c'était toi, François, qui étais rentré… »

Personne ne répondit. Nous étions debout tous les trois, le cœur battant, lorsque la porte des greniers qui donnait sur l'escalier de la cuisine s'ouvrit ; quelqu'un descendit les marches, traversa la cuisine, et se présenta dans l'entrée obscure de la salle à manger.

« C'est toi, Augustin ? » dit la dame[2].

C'était un grand garçon de dix-sept ans environ. Je ne vis d'abord de lui, dans la nuit tombante, que son chapeau de feutre paysan coiffé en arrière et sa blouse noire sanglée d'une ceinture comme en portent les écoliers. Je pus distinguer aussi qu'il souriait...

Il m'aperçut et, avant que personne eût pu lui demander aucune explication :

« Viens-tu dans la cour ? » dit-il.

J'hésitai une seconde. Puis, comme Millie ne me retenait pas, je pris ma casquette et j'allai vers lui. Nous sortîmes par la porte de la cuisine et nous allâmes au préau, que l'obscurité envahissait déjà. À la lueur de la fin du jour, je regardais, en marchant, sa face anguleuse au nez droit, à la lèvre duvetée.

« Tiens, dit-il, j'ai trouvé ça dans ton grenier. Tu n'y avais donc jamais regardé. »

Il tenait à la main une petite roue en bois noirci ; un cordon de fusées déchiquetées courait tout autour ; ç'avait dû être le soleil ou la lune au feu d'artifice du Quatorze Juillet.

« Il y en a deux qui ne sont pas parties : nous allons toujours les allumer », dit-il d'un ton tranquille et de l'air de quelqu'un qui espère bien trouver mieux par la suite.

Il jeta son chapeau par terre et je vis qu'il avait les cheveux complètement ras comme un paysan. Il me montra les deux fusées avec leurs bouts de mèche en papier que la flamme avait coupés, noircis puis abandonnés. Il planta dans le sable le moyeu de la roue, tira de sa poche – à mon grand étonnement, car cela nous était formellement interdit – une boîte d'allumettes. Se baissant avec précaution, il mit le feu à la mèche. Puis, me prenant par la main, il m'entraîna vivement en arrière.

Un instant après, ma mère qui sortait sur le pas de la porte, avec la mère de Meaulnes, après avoir débattu et fixé le prix de la pension, vit jaillir sous le préau, avec un bruit de soufflet, deux gerbes d'étoiles rouges et blanches ; et elle put m'apercevoir, l'espace d'une seconde, dressé dans la lueur magique, tenant par la main le grand gars nouveau venu et ne bronchant pas...

Cette fois encore, elle n'osa rien dire.

Et le soir, au dîner, il y eut, à la table de famille, un compagnon silencieux, qui mangeait, la tête basse, sans se soucier de nos trois regards fixés sur lui.

Alain-Fournier, *Le Grand Meaulnes*, Éd. Fayard, 1913.

1. **Millie** : la mère du narrateur.
2. **la dame** : la mère d'Augustin Meaulnes.

1. Relevez les éléments qui constituent le portrait physique de Meaulnes. Quels gestes, quelles paroles, quelles attitudes renseignent le lecteur sur sa personnalité ?

2. Quelle image le narrateur donne-t-il de lui-même ? Confrontez celle-ci avec le portrait de Meaulnes.

3. Quel sens symbolique peut-on donner à l'épisode de la fusée ? Commentez l'expression « la lueur magique » (ligne 34).

4. Pourquoi, selon vous, Alain-Fournier a-t-il choisi pour son roman la narration à la première personne ?

5. NOTION. Montrez ce qui, dans cette scène, désigne aux yeux du lecteur le personnage de Meaulnes comme celui qui va initier le narrateur à la découverte du monde.

NOTION

Le roman d'apprentissage

Le roman d'apprentissage raconte l'itinéraire d'un personnage qui quitte progressivement l'univers de l'enfance pour s'inscrire dans la réalité sociale des adultes : la découverte de l'amitié, l'initiation à l'amour, les échecs et les succès de la vie professionnelle.

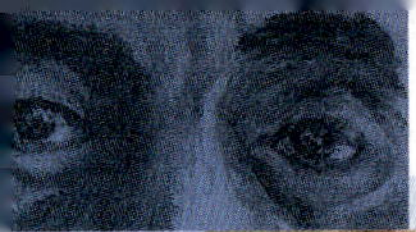

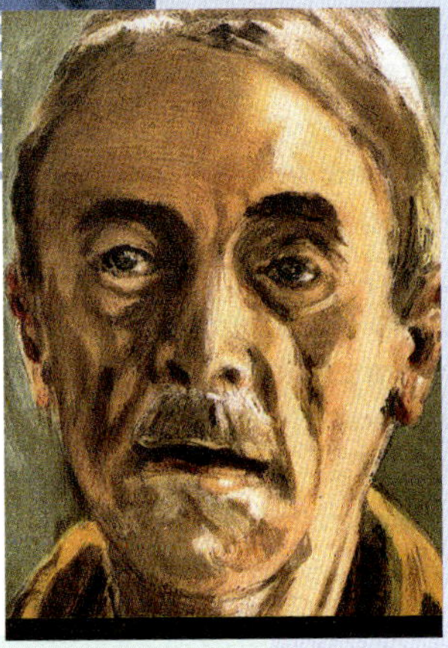

VALÉRY

Nom et prénom : **Valéry, Paul**
Naissance : **30 octobre 1871, à Sète**
Décès : **20 juillet 1945, à Paris**

Auteur de poèmes : *La Jeune Parque* (1917), Album de vers anciens (1920), *Charmes* (1922) ; de récits, dont : *Monsieur Teste* (1926) ; de recueils d'essais et de conférences : *Variété I à V* (de 1924 à 1944) ; d'une pièce de théâtre : *Mon Faust* (1946).

Au collège comme au lycée, Valéry poursuit des études sans grande ferveur. Il admire Hugo, Baudelaire, avant de découvrir Verlaine et Mallarmé à qui il envoie ses premiers poèmes. Il s'installe à Paris, en 1894, abandonnant ses études de droit pour un emploi dans un ministère. Il devient le disciple le plus proche de Mallarmé, qu'il rencontre souvent. Dans sa chambre, on trouve un tableau noir couvert de calculs et un squelette pour toute décoration. Devenu secrétaire d'un administrateur de l'agence Havas, Valéry consacre beaucoup de temps à ses *Cahiers* où il note ses réflexions. En 1920, il publie des poèmes, qui connaissent un grand succès, confirmé peu après par la parution de *Cimetière marin* et de *Charmes*. Valéry entre à l'Académie française en 1925. Poète de la République, il connaît désormais tous les honneurs. Il est nommé professeur de poétique au Collège de France, en 1937. Pendant l'Occupation, son attitude est exemplaire. Après avoir assisté à la libération de Paris, il meurt le 20 juillet 1945. La France lui consacre des obsèques nationales.

LE POÈTE AU TRAVAIL

Poète, penseur, mathématicien, Valéry apparaît comme un esprit supérieur, d'une lucidité exceptionnelle. Son ambition : atteindre à la « poésie pure » avec une œuvre « où rien de ce qui est la prose n'apparaîtrait plus ». Valéry aborde la poésie comme un mathématicien à la recherche de la perfection. Car l'inspiration ne suffit pas, si elle n'est pas relayée aussitôt par le travail de la forme : « Les dieux, gracieusement, nous donnent *pour rien* tel premier vers ; mais c'est à nous de façonner le second, qui doit consonner avec l'autre, et n'être pas indigne de son aîné surnaturel. » Valéry considère ainsi qu'un poème n'est jamais achevé, qu'il peut toujours être amélioré. Le poème publié est un poème seulement « abandonné » à la curiosité du lecteur.

Objet d'étude Le travail de l'écriture

1920

Album de vers anciens

Lorsque la revue *La Conque* fait paraître son poème « La belle au bois dormant » en 1891, Paul Valéry n'est pas satisfait du texte publié, qu'il considère comme un simple brouillon. C'est ainsi que, au moment de rassembler ses poèmes en recueil en 1920, Valéry prend soin de les réécrire pour en donner une version définitive.

LA BELLE AU BOIS DORMANT

La Princesse, dans un palais de roses pures
Sous les murmures et les feuilles, toujours dort.
Elle dit en rêvant des paroles obscures
Et les oiseaux perdus mordent ses bagues d'or.

Elle n'écoute ni les gouttes dans leurs chutes
Tinter, au fond des fleurs lointaines, lentement
Ni s'enfuir la douceur pastorale des flûtes
Dont la rumeur antique emplit le bois dormant.

... Ô belle ! suit en paix ta nonchalante idylle
Elle est si tendre l'ombre à ton sommeil tranquille
Qui baigne de parfums tes yeux ensevelis :

Et, songe, bienheureuse, en tes paupières closes
Princesse pâle dont les rêves sont jolis
À l'éternel dormir sous les gestes des Roses !

Paul Valéry, « La Belle au bois dormant », *La Conque*, novembre 1891.

AU BOIS DORMANT

La princesse, dans un palais de rose pure,
Sous les murmures, sous la mobile ombre dort,
Et de corail ébauche une parole obscure
Quand les oiseaux perdus mordent ses bagues d'or.

Elle n'écoute ni les gouttes, dans leurs chutes,
Tinter d'un siècle vide au lointain le trésor,
Ni, sur la forêt vague, un vent fondu de flûtes
Déchirer la rumeur d'une phrase de cor.

Laisse, longue, l'écho rendormir la diane[1],
Ô toujours plus égale à la molle liane
Qui se balance et bat tes yeux ensevelis.

Si proche de ta joue et si lente la rose
Ne va pas dissiper ce délice de plis
Secrètement sensible au rayon qui s'y pose.

Paul Valéry, « Au bois dormant », *Album de vers anciens*, 1920.

1. **diane** : signal du réveil dans une caserne.

1. Quelle est la forme de ces deux poèmes ? Retrouvez les règles de leur composition.

2. Comment s'explique, selon vous, le titre des poèmes ? Relevez et comparez, pour chacun d'eux, le champ lexical qui lui correspond.

3. Relevez les éléments du décor qui participent à l'atmosphère générale créée par les poèmes.

4. Lequel des deux poèmes préférez-vous ? Justifiez votre réponse.

5. NOTION. En vous appuyant sur la confrontation des deux poèmes, expliquez les raisons qui, selon vous, ont conduit Paul Valéry à écrire une nouvelle version de son poème.

NOTION

Le texte et ses brouillons

Les brouillons, les variantes d'un texte, montrent les corrections, les suppressions, les substitutions ou les ajouts de termes qui conduisent à sa version définitive. L'écrivain cherche à améliorer la lisibilité de son texte ou, au contraire, à lui donner un caractère énigmatique. Il veut aussi travailler son style en modifiant ce qui lui semble faible ou maladroit à la relecture.

Auteur de recueils poétiques, dont : *Les Champs magnétiques* (1920), avec Philippe Soupault, *Clair de terre* (1923) ; de récits, dont : *Nadja* (1928), *L'Amour fou* (1937) ; de textes théoriques, dont : *Manifeste du surréalisme* (1924).

BRETON

Nom et prénom : **Breton, André**

Naissance : **19 février 1896, dans l'Orne**

Décès : **28 septembre 1966, à Paris**

Issu d'une famille modeste, André Breton s'inscrit en faculté de médecine. Mobilisé en 1915, il est infirmier militaire à Nantes, et s'intéresse alors aux travaux de Freud, l'inventeur de la psychanalyse. Il rencontre Louis Aragon et Philippe Soupault. Rejoints par Paul Eluard, ils adhèrent au mouvement Dada, animé par Tristan Tzara, qui enchaîne provocations et scandales. Les premières œuvres de Breton lui donnent une autorité grandissante. Il fonde alors le mouvement surréaliste qui réclame une poésie en rupture totale avec la tradition. Breton en définit les principes en 1924 dans le *Manifeste du surréalisme*. Le mouvement exerce une influence considérable sur la vie culturelle en France et en Europe. Mais la Seconde Guerre mondiale oblige Breton à se réfugier aux États-Unis en 1941. Il y reste jusqu'à la fin de la guerre. À son retour en France, Breton multiplie les conférences, fonde plusieurs revues au service du surréalisme, plongeant sa plume dans l'encrier d'Apollinaire qui trône sur son bureau. « Je cherche l'or du temps », sont les mots inscrits sur le faire-part de décès du poète, mort en septembre 1966, auprès de sa fille Aube.

ANDRÉ BRETON, POÈTE ET THÉORICIEN DU SURRÉALISME

L'œuvre de Breton se confond avec l'histoire du mouvement surréaliste, dont il est à la fois le fondateur, le chef de file et le plus illustre représentant. La contestation des valeurs de la société bourgeoise – qui a conduit aux millions de morts de la Première Guerre mondiale – pousse Breton à réclamer une révolution sociale et culturelle, inséparable à ses yeux de la poésie ; mais une poésie qui laisse place à l'inconscient, que vient de découvrir le psychanalyste Sigmund Freud. L'inconscient, la passion amoureuse, le hasard des rencontres libèrent l'écriture poétique et lui permettent de révéler la beauté cachée du monde. Ainsi, pour Breton, l'image poétique est d'autant plus forte qu'elle rapproche deux réalités totalement éloignées l'une de l'autre. Conçue comme un hymne fulgurant à la femme et à l'imaginaire, la poésie surréaliste entraîne le lecteur dans un univers où dominent le rêve, le hasard et l'amour.

Objet d'étude Un mouvement littéraire et culturel du XXe siècle : le surréalisme

1924 — Manifeste du surréalisme

Paru d'abord en revue, le *Manifeste du surréalisme* se présente comme l'acte de naissance du mouvement. Breton y définit avec enthousiasme les principes de la poésie nouvelle. Il souligne l'importance de l'écriture automatique et la puissance de l'image surréaliste.

Les types innombrables d'images surréalistes appelleraient une classification que, pour aujourd'hui, je ne me propose pas de tenter. Les grouper selon leurs affinités particulières m'entraînerait trop loin ; je veux tenir compte, essentiellement, de leur commune vertu. Pour moi, la plus forte est celle qui présente le degré d'arbitraire[1] le plus élevé, je ne le cache pas ; celle qu'on met le plus longtemps à traduire en langue pratique, soit qu'elle recèle une dose énorme de contradiction apparente, soit que l'un de ses termes en soit curieusement dérobé, soit que, s'annonçant sensationnelle, elle ait l'air de se dénouer faiblement (qu'elle ferme brusquement l'angle de son compas), soit qu'elle tire d'elle-même une justification *formelle* dérisoire, soit qu'elle soit d'ordre hallucinatoire, soit qu'elle prête très naturellement à l'abstrait le masque du concret, ou inversement, soit qu'elle implique la négation de quelque propriété physique élémentaire, soit qu'elle déchaîne le rire. En voici, dans l'ordre, quelques exemples :

Le rubis du champagne. Lautréamont.

Beau comme la loi de l'arrêt du développement de la poitrine chez les adultes dont la propension à la croissance n'est pas en rapport avec la quantité de molécules que leur organisme s'assimile. Lautréamont.

Une église se dressait éclatante comme une cloche. Philippe Soupault.

Dans le sommeil de Rrose Sélavy il y a un nain sorti d'un puits qui vient manger son pain la nuit. Robert Desnos.

Sur le pont la rosée à tête de chat se berçait. André Breton.

Un peu à gauche, dans mon firmament deviné, j'aperçois – mais sans doute n'est-ce qu'une vapeur de sang et de meurtre – le brillant dépoli des perturbations de la liberté. Louis Aragon.

Dans la forêt incendiée,
Les lions étaient frais. Robert Vitrac.

La couleur des bas d'une femme n'est pas forcément à l'image de ses yeux, ce qui a fait dire à un philosophe qu'il est inutile de nommer : « Les céphalopodes[2] ont plus de raisons que les quadrupèdes de haïr le progrès. » Max Morise.

Qu'on le veuille ou non, il y a là de quoi satisfaire à plusieurs exigences de l'esprit.

André Breton, *Manifeste du surréalisme*,
Éd. Jean-Jacques Pauvert, 1962.

1. **arbitraire** : qui n'est pas justifié par la raison, qui est produit par la seule volonté.
2. **céphalopodes** : mollusques dont la tête porte des tentacules, comme la pieuvre.

1. Quelle est la propriété essentielle de l'image surréaliste ? Commentez l'expression « le degré d'arbitraire le plus élevé » (l. 4).

2. Relevez les caractéristiques de l'image surréaliste définies par Breton, de la ligne 4 à 11. Associez à chacun des exemples la caractéristique qui lui correspond.

3. Parmi les exemples fournis, quelle image poétique préférez-vous ? Justifiez votre choix.

4. En quoi les exemples donnés justifient-ils la place du rêve et du hasard dans l'écriture, revendiquée par le mouvement surréaliste ?

5. NOTION. Quelles sont, dans cet extrait, les caractéristiques présentes du manifeste littéraire ? Identifiez les auteurs cités en exemple et justifiez leur présence.

NOTION

Le manifeste littéraire

Le manifeste est l'acte de baptême d'un nouveau mouvement littéraire et culturel, dont il définit les principes et les enjeux. Il rassemble autour d'un chef de file et d'un objectif commun les adeptes du mouvement. Il rappelle les sources dont il s'inspire et souligne la rupture opérée avec la tradition.

Le surréalisme

Le surréalisme apparaît après la Première Guerre mondiale, en réaction à l'horreur suscitée par la violence des combats. Il appelle les artistes à se libérer des exigences de la morale et de la raison, à s'ouvrir à l'univers du rêve et de l'inconscient. S'exprimant aussi à travers des prises de position politiques, l'influence du mouvement surréaliste est immense dans toute l'Europe.

Le mot « surréalisme »

Le groupe de poètes formé par André Breton, Philippe Soupault, Louis Aragon et Paul Eluard utilise le mot « surréalisme » pour affirmer, à travers toutes les formes d'art, l'existence d'un univers « surréel » dans lequel la raison et la logique n'ont plus leur place. Breton définit ainsi le surréalisme comme « un certain automatisme psychique qui correspond assez bien à l'état de rêve ».

Le groupe surréaliste en 1930 : Tzara, Eluard, Breton, Arp, Dali, Tanguy, Ernst, Grevel, Man Ray. Photographie de Man Ray.

René Magritte, *La Clef des songes*, 1930.

L'HISTOIRE DU MOUVEMENT

Contestant les valeurs de la société qui n'ont pu empêcher le désastre de la Grande Guerre, une génération de jeunes artistes se retrouve pour défendre une vision nouvelle de l'univers, gouverné par les lois de l'inconscient et du hasard.

La contestation du monde ancien

En 1916, Tristan Tzara crée à Zurich le mouvement Dada, qui appelle à la contestation radicale de toutes les valeurs héritées de la tradition. Trois ans plus tard, il s'installe à Paris. Breton et ses amis rejoignent le mouvement. Cependant Breton reproche au dadaïsme la gratuité de sa révolte. Il rompt avec Tzara en 1922 pour fonder le mouvement surréaliste.

L'affirmation d'une poésie nouvelle

Dès 1920, en publiant *Les Champs magnétiques*, André Breton et Philippe Soupault expérimentent une poésie nouvelle, sous la dictée « magique » de l'inconscient : l'écriture automatique. Le *Manifeste du surréalisme*, en 1924, consacre Breton comme chef de file du mouvement, qui rassemble de nombreux écrivains mais aussi des peintres comme Marcel Duchamp, Salvador Dali, ou Max Ernst.

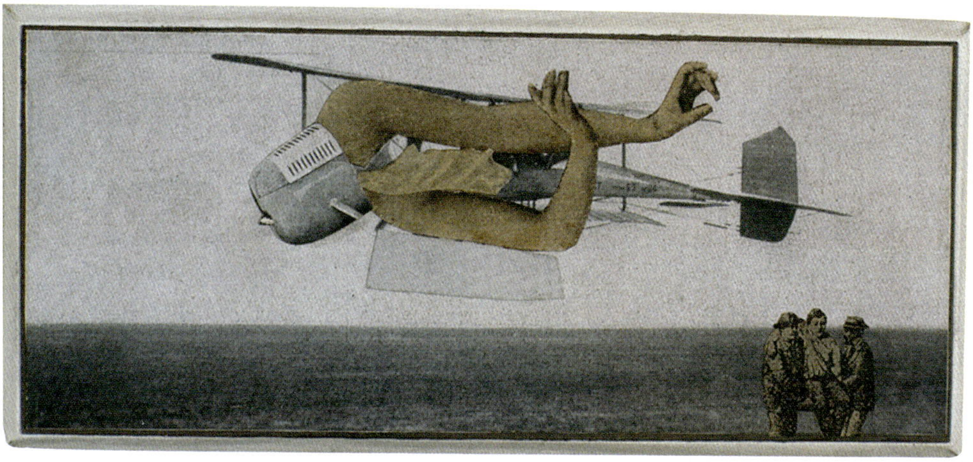

Max Ernst crée des images énigmatiques à travers ses collages, comme dans ce tableau sans titre en 1920.

Le moment des ruptures

Très vite, le mouvement est agité par des dissensions concernant les moyens d'associer la poésie et la révolution. Alors que Queneau et d'autres sont exclus, Francis Ponge ou René Char le rejoignent pour un temps. Breton rédige un *Second Manifeste* en 1930. En adhérant au parti communiste, Aragon et Eluard rompent avec lui. Ces querelles n'empêchent pas la richesse de la production artistique. Mais la Seconde Guerre mondiale disperse les membres du groupe, qui ne retrouvera plus à la Libération l'influence qui était la sienne.

Le mouvement Dada aux origines du surréalisme

« Liberté : **DADA DADA DADA**, hurlements de douleur crispés, entrelacement des contraires et de toutes les contradictions, des grotesques, des inconséquences : LA VIE. » Le mouvement Dada, fondé en Suisse par le Roumain Tristan Tzara, exprime la révolte d'une génération sacrifiée par la Première Guerre mondiale. Le mouvement contestataire revendique la spontanéité et la gratuité du geste artistique. André Breton, Philippe Soupault et Louis Aragon se joignent à Tristan Tzara, installé à Paris en 1920. Dès lors, les actions spectaculaires et scandaleuses, les manifestes nihilistes s'enchaînent. C'est dans ce contexte que naît le mouvement surréaliste qui veut redonner à la poésie toute sa puissance originelle.

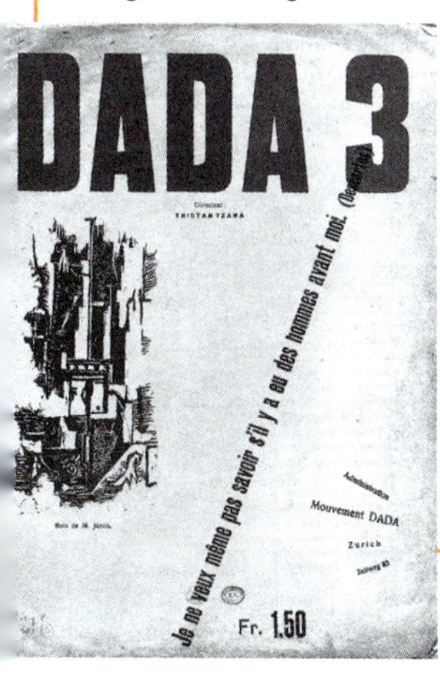

LES PRINCIPES DU MOUVEMENT

Explorer l'écriture automatique

Le surréalisme expérimente une forme d'expression qui consiste à écrire sous la dictée de l'inconscient des phrases que la raison n'aurait jamais produites.

Affirmer la puissance des images

Le surréalisme donne une intensité nouvelle aux images poétiques en rapprochant, en mettant sur le même plan deux réalités éloignées.

Multiplier les jeux sur le langage

Le surréalisme explore le langage à travers les jeux sur les mots, leur sens et leurs sonorités, leurs associations inattendues et originales. Il crée ainsi un langage neuf, libéré de toute contrainte.

Montage de Man Ray.

Au vernissage de l'exposition Max Ernst, en 1921, André Breton et Philippe Soupault (sur l'échelle).

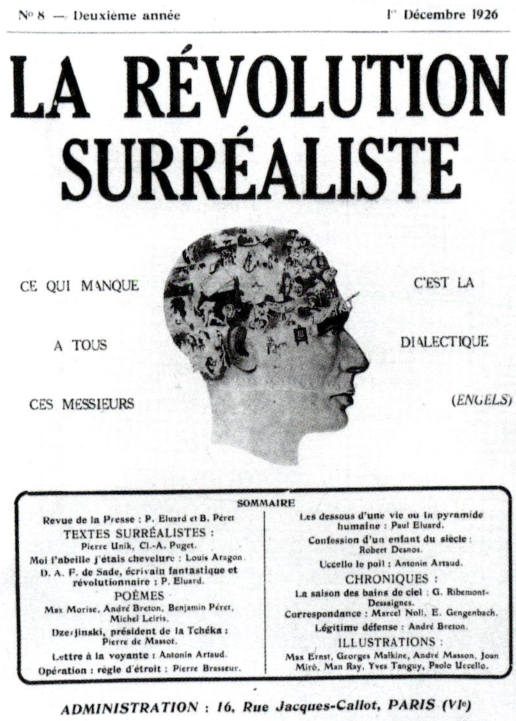

N° 8 — Deuxième année 1er Décembre 1926

LA RÉVOLUTION SURRÉALISTE

CE QUI MANQUE A TOUS CES MESSIEURS C'EST LA DIALECTIQUE (ENGELS)

SOMMAIRE

Revue de la Presse : P. Eluard et B. Péret
TEXTES SURRÉALISTES : Pierre Unik, Cl.-A. Puget.
Moi l'abeille j'étais chevelure : Louis Aragon.
D. A. F. de Sade, écrivain fantastique et révolutionnaire : P. Eluard.
POÈMES Max Morise, André Breton, Benjamin Péret, Michel Leiris.
Dzerjinski, président de la Tchéka : Pierre de Massot.
Lettre à la voyante : Antonin Artaud.
Opération : règle d'étroit : Pierre Brasseur.
Les dessous d'une vie ou la pyramide humaine : Paul Eluard.
Confession d'un enfant du siècle : Robert Desnos.
Uccello le poil : Antonin Artaud.
CHRONIQUES : La saison des bains de ciel : G. Ribemont-Dessaignes.
Correspondance : Marcel Noll, E. Gengenbach.
Légitime défense : André Breton.
ILLUSTRATIONS : Max Ernst, Georges Malkine, André Masson, Joan Miró, Man Ray, Yves Tanguy, Paolo Uccello.

ADMINISTRATION : 16, Rue Jacques-Callot, PARIS (VIe)

LES THÈMES ESSENTIELS DU MOUVEMENT

D'abord limité à la littérature, le surréalisme se développe en Europe à travers la peinture, mais aussi la photographie et le cinéma.

Le rêve

Il ouvre une porte sur un monde merveilleux où tout devient possible car aucun contrôle de la raison ne s'y exerce.

L'amour fou

Il caractérise l'amour surréaliste pour lequel l'exaltation de la femme en fait un être quasi mythologique.

Le hasard

Il fait naître l'illumination poétique à travers les rencontres inattendues de personnes, mais aussi les associations libres d'images et de mots.

La folie

Elle apparaît comme un moyen d'ouverture à un monde nouveau et représente ainsi une source de création poétique.

Photo extraite du film *Un chien andalou*, de Luis Buñuel et Salvador Dali.

Roue de bicyclette, par Marcel Duchamp.

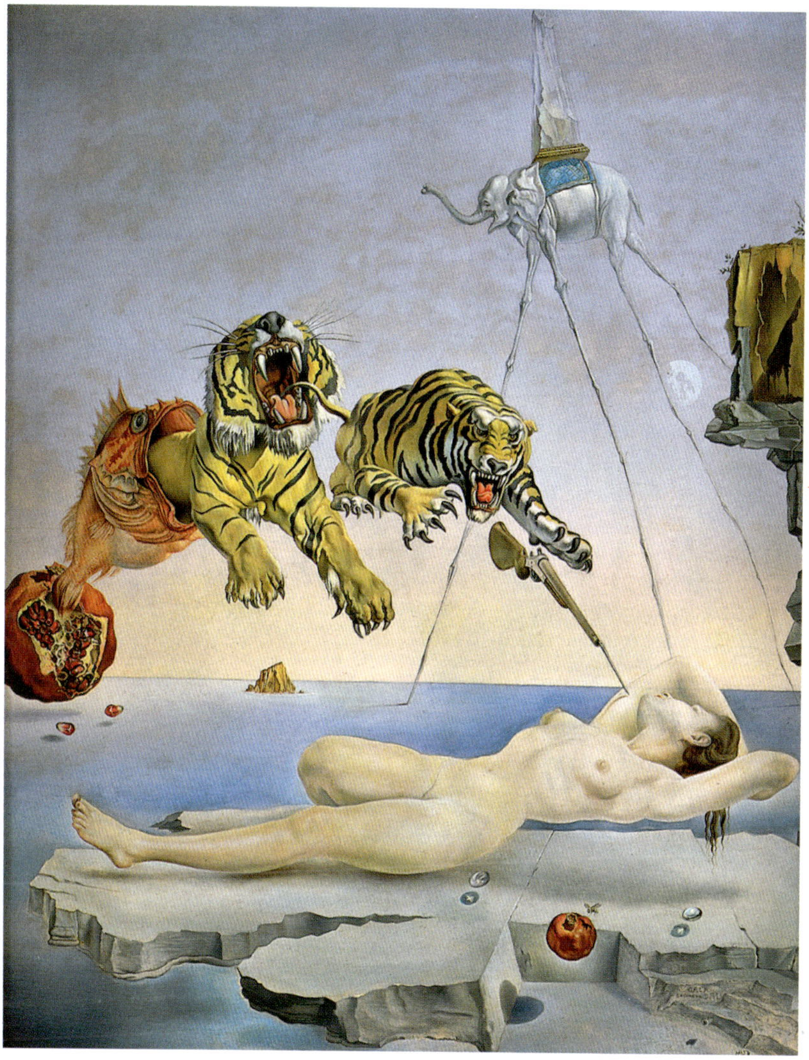

Salvador Dali recrée dans l'ensemble de son œuvre l'univers du rêve et du désir.
Rêve causé par le vol d'une abeille autour d'une pomme-grenade une seconde avant l'éveil, 1944.

La création en liberté

Le surréalisme affirme l'indépendance de l'esprit et sa capacité à s'affranchir des barrières imposées par la raison, les contraintes héritées de la tradition et les habitudes sociales. Il exerce d'abord sur le langage cette puissance créatrice : écriture automatique, écriture collective, associations libres des images. Mais cette transfiguration du réel s'opère également dans tous les autres arts, à travers le monde. Nombreux sont les peintres, les sculpteurs, les photographes, les cinéastes que le surréalisme a inspirés et conduits à la réalisation d'œuvres qui gardent leur puissance de fascination et d'étonnement.

les grandes œuvres du surréalisme

Littérature

- Soupault et Breton, *Les Champs magnétiques*, 1920.
- Eluard, *Capitale de la douleur*, 1926.
- Breton, *Nadja*, 1928.
- Aragon, *Les Yeux d'Elsa*, 1942.

Peinture

- Dali, *Construction molle avec des haricots bouillis*, 1936.
- Magritte, *La Grande Famille*, 1947.

Sculpture

- Duchamp, *La mariée mise à nu par ses célibataires même*, 1923.

Photographie

- Man Ray, *Les Champs délicieux*, 1923.

Cinéma

- Bunuel et Dali, *Un chien andalou*, 1929.

ELUARD

Nom et prénom : **Grindel, Eugène**

Pseudonyme : **Paul Eluard**

Naissance : **15 décembre 1895, à Saint-Denis**

Décès : **18 novembre 1952, à Charenton**

Auteur de recueils de poèmes, dont : *Mourir de ne pas mourir* (1924), *Capitale de la douleur* (1926), *L'Amour la poésie* (1929), *Les Yeux fertiles* (1936), *Poésie et Vérité 1942* (1942), *Poésie ininterrompue* (1946-1953).

L'adolescence d'Eugène Grindel est marquée par la tuberculose et de longs séjours au sanatorium. Il y fait la connaissance d'une jeune fille russe qu'il surnomme Gala. Lorsque la guerre éclate, il a vingt ans. D'abord infirmier militaire, il rejoint l'infanterie et, lors d'une permission, épouse Gala. En 1919, Eluard fait la connaissance de Breton, d'Aragon et de Soupault. Il s'engage alors dans l'aventure du surréalisme, publiant ses poèmes dans des revues d'avant-garde, participant aux manifestations tapageuses du groupe. En 1924, à la suite d'une crise personnelle, il part pour Tahiti, après avoir publié *Mourir de ne pas mourir.* Gala et Max Ernst le ramènent à Paris peu avant la parution du *Manifeste du surréalisme.* En 1926, *Capitale de la douleur* le fait connaître du public. Pendant l'Occupation, son poème « Liberté » est traduit et parachuté à tous les résistants d'Europe. En 1946, à la mort de Nusch, sa nouvelle compagne, Eluard traverse une crise profonde, qui l'entraîne au bord de la folie. Une crise cardiaque emporte le poète qui n'a cessé de chanter la femme aimée.

ELUARD, L'AMOUR, LA POÉSIE

La poésie d'Eluard naît avec le mouvement surréaliste. Il participe aux heures de gloire du groupe, aux côtés d'André Breton, avant de s'en éloigner lorsque les surréalistes critiquent le parti communiste. Dans sa poésie, Éluard renouvelle l'expression de l'amour, essentielle pour lui. La « poésie involontaire » chère aux surréalistes permet le jeu sur les mots. Les rapprochements inattendus donnent toute leur force aux images, libérées des contraintes de la raison. Écrivain engagé, Eluard utilise un langage accessible à tous, car « les poètes ont le droit et le devoir de soutenir qu'ils sont profondément enfoncés dans la vie des autres hommes, dans la vie commune ». Le lyrisme d'Eluard est universel : derrière la modernité de l'expression, l'auteur poursuit la tradition poétique française, de Ronsard à Apollinaire.

Objet d'étude La poésie

1924

Mourir de ne pas mourir

Publié en 1924, *Mourir de ne pas mourir* devait être pour Eluard son « dernier recueil ». Il s'enfuit la veille de sa publication, décidé à disparaître. Eluard donne à la poésie surréaliste une voix neuve, dont la force repose sur la simplicité des mots, traits d'union entre le rêve et la réalité.

L'AMOUREUSE

Elle est debout sur mes paupières
Et ses cheveux sont dans les miens,
Elle a la forme de mes mains,
Elle a la couleur de mes yeux,
Elle s'engloutit dans mon ombre
Comme une pierre sur le ciel.

Elle a toujours les yeux ouverts
Et ne me laisse pas dormir.
Ses rêves en pleine lumière
Font s'évaporer les soleils,
Me font rire, pleurer et rire,
Parler sans avoir rien à dire.

LE JEU DE CONSTRUCTION

L'homme s'enfuit, le cheval tombe,
La porte ne peut pas s'ouvrir,
L'oiseau se tait, creusez sa tombe,
Le silence le fait mourir.

Un papillon sur une branche
Attend patiemment l'hiver,
Son cœur est lourd, la branche penche,
La branche se plie comme un ver.

Pourquoi pleurer la fleur séchée
Et pourquoi pleurer les lilas ?
Pourquoi pleurer la rose d'ambre ?

Pourquoi pleurer la pensée tendre ?
Pourquoi pleurer la fleur cachée
Si l'on n'a pas de récompense ?

– Mais pour ça, ça et ça.

Paul Éluard, *Mourir de ne pas mourir,*
Éd. Gallimard, 1924.

1. Définissez la mesure des vers et le schéma des rimes pour chacun des poèmes. Obéissent-ils aux règles de la versification ?

2. NOTION. Relevez et étudiez les anaphores présentes dans chacun de ces deux poèmes.

3. Relevez et étudiez les réseaux lexicaux présents dans les deux poèmes.

4. Relevez et analysez les images qui participent à la création d'un univers onirique, c'est-à-dire qui donnent l'impression du rêve.

5. Quel est le sentiment dominant dans chaque poème ? Montrez qu'ils s'inscrivent dans le registre lyrique.

NOTION

Le procédé de l'anaphore

L'anaphore est la répétition du même mot ou d'une même expression en tête de phrase ou de paragraphe. En poésie, l'anaphore est utilisée au début du vers. Elle crée ainsi un effet d'insistance, un rythme incantatoire qui inscrit le poème dans la mémoire et souligne sa dimension musicale.

Auteur de textes lyriques, dont *Les Nourritures terrestres* (1897) ; de récits, dont *L'Immoraliste* (1902), *La Porte étroite* (1909), *Les Caves du Vatican* (1914) ; d'un roman, *Les Faux-Monnayeurs* (1925) ; de textes autobiographiques : *Journal* (1889-1950), *Si le grain ne meurt* (1920-1924).

GIDE

Nom et prénom : **Gide, André**

Naissance : **22 novembre 1869, à Paris**

Décès : **19 février 1951, à Paris**

Timide, inquiet, élevé par sa mère dans la religion protestante, le jeune André Gide se passionne très vite pour la littérature et commence la rédaction de son *Journal*. Disciple de Mallarmé, il écrit des textes symbolistes. Cependant, en 1893, son voyage en Algérie est pour lui une révélation : guéri d'une grave crise de tuberculose, il découvre également son homosexualité. À Paris, ses premières œuvres ne rencontrent d'abord aucun succès. En 1909, après avoir terminé *La Porte étroite*, Gide fonde *La Nouvelle Revue Française* qui devient une maison d'édition prestigieuse sous l'impulsion de Gaston Gallimard. Il multiplie essais et récits. En 1925, son roman *Les Faux-Monnayeurs* marque l'aboutissement de son œuvre narrative. Mais l'engagement politique devient une préoccupation majeure. Gide dénonce l'exploitation des grandes compagnies en Afrique, le fascisme en Italie et en Allemagne, le communisme en Union soviétique. Il s'impose ainsi comme le maître à penser, « le contemporain capital » de sa génération. Couronné en 1947 par le prix Nobel de littérature, Gide meurt quatre ans plus tard, emporté par une congestion pulmonaire.

GIDE ET L'INTERROGATION DU ROMAN

Essais, récits, journal, romans, pièces de théâtre, articles, traductions... Des œuvres lyriques aux écrits ironiques, de l'incitation à la liberté à la nécessité de l'engagement, André Gide met la littérature au service de la ferveur sensuelle et de l'esprit critique. Toutes ses œuvres sont marquées par une constante interrogation sur le récit. Gide refuse l'illusion du vrai, la vraisemblance psychologique et la narration linéaire. Il oppose à la construction traditionnelle du roman le procédé de la « mise en abyme » : il transpose à l'intérieur du roman le sujet du roman lui-même. C'est ainsi que dans *Les Faux-Monnayeurs*, le héros est précisément un écrivain qui écrit un roman intitulé *Les Faux-Monnayeurs*.

Objet d'étude Le récit : le roman ou la nouvelle

1925 — Les Faux-Monnayeurs

Les Faux-Monnayeurs **constituent le testament littéraire d'André Gide, le point d'aboutissement de tous ses récits de fiction. Il y met en scène Edouard, un écrivain, qui prépare un roman lui-même intitulé *Les Faux-Monnayeurs*. Le dialogue suivant expose ainsi au cœur du roman les préoccupations de l'auteur au travail, ses doutes et ses choix.**

« Et... le sujet de ce roman ?

– Il n'en a pas, repartit Edouard brusquement ; et c'est là ce qu'il a de plus étonnant peut-être. Mon roman n'a pas de sujet. Oui, je sais bien ; ça a l'air stupide ce que je dis là. Mettons si vous préférez qu'il n'y aura pas *un* sujet... « Une tranche de vie », disait l'école naturaliste[1]. Le grand défaut de cette école, c'est de couper sa tranche toujours dans le même sens ; dans le sens du temps, en longueur. Pourquoi pas en largeur ? ou en profondeur ? Pour moi, je voudrais ne pas couper du tout. Comprenez-moi : je voudrais tout y faire entrer, dans ce roman. Pas de coup de ciseaux pour arrêter, ici plutôt que là, sa substance. Depuis plus d'un an que j'y travaille, il ne m'arrive rien que je n'y verse, et que je n'y veuille faire entrer : ce que je vois, ce que je sais, tout ce que m'apprend la vie des autres et la mienne…

– Et tout cela stylisé ? dit Sophroniska, feignant l'attention la plus vive, mais sans doute avec un peu d'ironie. Laura ne put réprimer un sourire. Edouard haussa légèrement les épaules et reprit :

– Et ce n'est même pas cela que je veux faire. Ce que je veux, c'est présenter d'une part la réalité, présenter d'autre part cet effort pour la styliser, dont je vous parlais tout à l'heure.

– Mon pauvre ami, vous ferez mourir d'ennui vos lecteurs, dit Laura ; ne pouvant plus cacher son sourire, elle avait pris le parti de rire vraiment.

– Pas du tout. Pour obtenir cet effet, suivez-moi, j'invente un personnage de romancier, que je pose en figure centrale ; et le sujet du livre, si vous voulez, c'est précisément la lutte entre ce que lui offre la réalité et ce que, lui, prétend en faire.

– Si, si ; j'entrevois, dit poliment Sophroniska, que le rire de Laura était bien près de gagner. Ce pourrait être assez curieux. Mais, vous savez, dans les romans, c'est toujours dangereux de présenter des intellectuels. Ils assomment le public ; on ne parvient à leur faire dire que des âneries, et, à tout ce qui les touche, ils communiquent un air abstrait.

– Et puis, je vois très bien ce qui va arriver, s'écria Laura : dans ce romancier, vous ne pourrez faire autrement que de vous peindre. »

Elle avait pris, depuis quelque temps, en parlant à Edouard, un ton persifleur[2] qui l'étonnait elle-même, et qui désarçonnait Edouard d'autant plus qu'il en surprenait un reflet dans les regards malicieux de Bernard. Edouard protesta :

« Mais non ; j'aurai soin de le faire très désagréable. »

Laura était lancée :

« C'est cela, tout le monde vous y reconnaîtra », dit-elle en éclatant d'un rire si franc qu'il entraîna celui des trois autres.

André Gide, *Les Faux-Monnayeurs*, Éd. Gallimard, 1925.

1. **l'école naturaliste** : le mouvement naturaliste, dont Zola est le chef de file.
2. **persifleur** : railleur, moqueur.

1. Quels sont les différents personnages qui participent à ce dialogue ? Que révèle le dialogue sur leurs caractères ?

2. Reformulez le point de vue exprimé par chacun des personnages en présence.

3. Comment le personnage d'Edouard apparaît-il au lecteur ? Montrez qu'André Gide se représente à travers lui.

4. En quoi la conception développée par le romancier s'oppose-t-elle aux principes du roman réaliste ?

5. Retrouvez dans cet extrait ce qui caractérise le travail de l'écriture du romancier, dans le processus d'élaboration de son œuvre.

6. NOTION. Retrouvez dans cet extrait le procédé de la mise en abyme. Quelle conception du roman l'écrivain propose-t-il ?

NOTION

Le roman et la mise en abyme

Emprunté à la peinture, le procédé de la mise en abyme consiste pour Gide à raconter l'histoire du roman en train de s'écrire. Il permet à l'écrivain de se représenter lui-même avec ses doutes, ses notes, ses rencontres, ses projets. Il propose ainsi au lecteur une réflexion sur le genre romanesque.

CLAUDEL

Nom et prénom : **Claudel, Paul**

Naissance : **6 août 1868, à Villeneuve-sur-Fère, dans l'Aisne**

Décès : **23 février 1955, à Brangues, dans le Dauphiné**

À l'âge de dix-huit ans, Claudel est bouleversé par la découverte de Rimbaud. La même année, entré dans l'église de Notre-Dame de Paris le jour de Noël, il a la révélation de la foi catholique. Claudel devient le disciple de Mallarmé, chez qui il rencontre Gide et Valéry. Parallèlement, il prépare le concours du ministère des Affaires étrangères, et achève sa première pièce de théâtre, *Tête d'or*. Il a alors vingt-deux ans. Sa carrière diplomatique le conduit à New York en 1893, puis en Chine. L'année 1900 marque le début d'une intense passion amoureuse, nouée avec l'épouse d'un négociant. Après un mariage de raison, en 1906, l'écrivain se consacre à son œuvre. Il commence en 1919 la rédaction du *Soulier de satin*, vaste fresque à l'architecture baroque. Claudel se retire en 1935 dans le Dauphiné. Il meurt en 1955.

Auteur de poèmes, dont : *Connaissance de l'Est* (1900), *Cinq Grandes Odes* (1910) ; de pièces de théâtre, dont : *Tête d'or* (1890), *L'Échange* (1901), *Partage de midi* (1906), *Le Pain dur* (1918), *Le Soulier de satin* (1929).

CLAUDEL, ÉCRIVAIN DE LA SPIRITUALITÉ

C'est à travers sa foi en Dieu que Claudel conçoit le développement de son œuvre. Le poète est pour lui un artiste qui, dans le travail de l'écriture, imite le Créateur. Claudel cherche à reproduire, notamment à travers l'utilisation du verset, le rythme naturel du monde, libéré des conventions de la poésie classique. Le théâtre de Claudel a la même ambition. Il met en scène la marche chaotique de l'humanité vers la victoire, c'est-à-dire la reconnaissance de Dieu. Mais le destin des individus s'achève dans le renoncement, le sacrifice et la mort, qui témoignent de la dimension tragique de la condition humaine.

Objet d'étude Le théâtre : texte et représentation

1929 — Le Soulier de satin

***Le Soulier de satin* est une œuvre imposante, dont la représentation dure neuf heures. Doña Prouhèze est mariée au juge Don Pélage, un grand seigneur espagnol. Mais elle est amoureuse du jeune Rodrigue, qu'elle veut rejoindre. Alors qu'il doit regagner son poste de gouverneur en Afrique, Don Pélage confie son épouse à Don Balthazar, un vieil ami qui incarne l'ordre et la vertu.**

DOÑA PROUHÈZE

Maintenant c'est vous qui êtes responsable et chargé de me défendre.

DON BALTHAZAR

Il faut m'aider, Prouhèze.

DOÑA PROUHÈZE

Ah ! ce serait trop facile ! Je ne cherche point d'occasion, j'attends qu'elle vienne me trouver.

Et je vous ai loyalement averti, la campagne[1] s'ouvre.

C'est vous qui êtes mon défenseur. Tout ce que je pourrai faire pour vous échapper et rejoindre Rodrigue,

Je vous donne avertissement que je le ferai.

Don Balthazar

Vous voulez cette chose détestable ?

Doña Prouhèze

Ce n'est point vouloir que prévoir. Et vous voyez que je me défie tellement de ma liberté que je l'ai remise entre vos mains.

Don Balthazar

N'aimez-vous point votre mari ?

Doña Prouhèze

Je l'aime.

Don Balthazar

L'abandonneriez-vous à cette heure où le Roi lui-même l'oublie,
Tout seul sur cette côte sauvage[2] au milieu des infidèles[3],
Sans troupes, sans argent, sans sécurité d'aucune sorte ?

Doña Prouhèze

Ah ! cela me touche plus que tout le reste. Oui, l'idée de trahir ainsi l'Afrique et notre pavillon[4],
Et l'honneur du nom de mon mari, je sais qu'il ne peut se passer de moi,
Ces tristes enfants que j'ai recueillis, à la place de ceux que Dieu ne m'a pas donnés, ces femmes qu'on soigne à l'infirmerie, ces partisans rares et pauvres qui se sont donnés à nous, abandonner tout cela,
Je peux dire que cela me fait horreur.

Don Balthazar

Et qu'est-ce donc qui vous appelle ainsi vers ce cavalier ?

Doña Prouhèze

Sa voix.

Don Balthazar

Vous ne l'avez connu que peu de jours.

Doña Prouhèze

Sa voix ! Je ne cesse de l'entendre.

Don Balthazar

Et que vous dit-elle donc ?

Doña Prouhèze

Ah ! si vous voulez m'empêcher d'aller à lui,
Alors du moins liez-moi, ne me laissez pas cette cruelle liberté !
Mettez-moi dans un cachot profond derrière des barres de fer !
Mais quel cachot serait capable de me retenir quand celui même de mon corps menace de se déchirer ?

Paul Claudel, *Le Soulier de satin*, Première journée, scène 5, Éd. Gallimard, 1929.

1. la campagne s'ouvre : la guerre contre vous commence.

2. côte sauvage : la côte africaine où Don Pélage est gouverneur.

3. infidèles : ceux qui n'ont pas la religion chrétienne.

4. notre pavillon : le drapeau espagnol.

---

1. Quelle est la situation initiale des personnages ?

2. Qui domine l'échange de paroles ? Appuyez-vous sur le type de phrase employé et sur la longueur des répliques.

3. Analysez le lexique et les images de la dernière réplique.

4. Comment les répliques des lignes 25 à 35 inscrivent-elles le texte dans le registre lyrique ?

5. NOTION. Sur quoi repose le conflit qui habite Doña Prouhèze ?

NOTION

Le conflit au théâtre

Le théâtre tragique met en scène des personnages torturés par un conflit, une opposition entre des sentiments, des valeurs, des ambitions, des intérêts contraires devant lesquels il faut opérer un choix.

MICHAUX

Nom et prénom : **Michaux, Henri**

Naissance : **24 mai 1899, à Namur, en Belgique**

Décès : **19 octobre 1984, à Paris**

Henri Michaux naît en Belgique, d'un père ardennais et d'une mère wallonne. La guerre l'oblige à interrompre ses études en 1916. Il s'embarque alors comme matelot, ses premiers voyages l'emmènent au Brésil. À vingt-cinq ans, il s'installe à Paris. Il se passionne pour la peinture surréaliste et l'art abstrait. Il multiplie les voyages, comme autant de tentatives de fuite. À trente-huit ans, il expose ses premiers dessins. Pendant l'Occupation, au Lavandou, il rencontre sa future femme. Celle-ci meurt au cours d'un tragique accident. Dès lors, Michaux se consacre à la peinture dans une solitude grandissante. Il disparait en 1984, laissant derrière lui une œuvre originale et inquiétante.

Auteur de recueils qui associent parfois le récit, la poésie et l'essai : *Mes propriétés* (1929), *Un certain Plume* (1930), *La nuit remue* (1935), *L'Espace du dedans* (1944), *Ailleurs* (1948), *L'Infini turbulent* (1957), *Émergences-Résurgences* (1972), *Poteaux d'angle* (1981).

LA POÉSIE ET « L'ESPACE DU DEDANS »

Poétique ou picturale, l'œuvre de Henri Michaux est l'exploration d'un univers intérieur. *Mes Propriétés*, en 1929, *Un certain Plume*, en 1930, jouent de la fantaisie verbale héritée des surréalistes. Mais Michaux ne peut être classé dans aucun mouvement. À travers l'extrême diversité de ses écrits – poèmes, récits, contes ou essais – l'écriture s'affirme comme une recherche constante, qui la rapproche peu à peu de l'idéogramme. Le dessin ou la peinture sont alors, pour le poète, un autre mode d'expression de soi, libéré des contraintes du langage.

Objet d'étude La poésie

1929

Mes Propriétés

Tout au long de sa vie, Michaux multiplie les voyages. Il illustre lui-même son poème « Emportez-moi », tandis que sa notice autobiographique revient sur ce qui fut pour lui le « premier départ ».

Emportez-moi dans une caravelle,
Dans une vieille et douce caravelle,
Dans l'étrave, ou si l'on veut, dans l'écume,
Et perdez-moi, au loin, au loin.

Dans l'attelage d'un autre âge.
Dans le velours trompeur de la neige.
Dans l'haleine de quelques chiens réunis.
Dans la troupe exténuée des feuilles mortes.

Emportez-moi sans me briser, dans les baisers,
Dans les poitrines qui se soulèvent et respirent,
Sur les tapis des paumes et leur sourire,
Dans les corridors des os longs, et des articulations.

Emportez-moi, ou plutôt enfouissez-moi.

Henri Michaux, « Emportez-moi », *Mes Propriétés*, Éd. Gallimard, 1929.

1935

La nuit remue

***La nuit remue* mêle poèmes en vers et poèmes en prose dans lesquels Michaux exprime ses angoisses. Dans le poème intitulé « Icebergs », il parvient à créer un monde idéal où le temps et l'espace participent à la création d'un univers poétique fait d'une infinie pureté.**

Icebergs, sans garde-fou, sans ceinture, où de vieux cormorans abattus et les âmes des matelots morts récemment viennent s'accouder aux nuits enchanteresses de l'hyperboréal.

Icebergs, Icebergs, cathédrales sans religion de l'hiver éternel, enrobés dans la calotte glaciaire de la planète Terre.

Combien hauts, combien purs sont tes bords enfantés par le froid.

Icebergs, Icebergs, dos du Nord-Atlantique, augustes Bouddhas gelés sur des mers incontemplées, Phares scintillants de la Mort sans issue, le cri éperdu du silence dure des siècles.

Icebergs, Icebergs, Solitaires sans besoin, des pays bouchés, distants, et libres de vermine. Parents des îles, parents des sources, comme je vous vois, comme vous m'êtes familiers...

Henri Michaux, « Icebergs », *La nuit remue*, Éd. Gallimard, 1935.

Henri Michaux, *Aquarelle*, 1961.

1. Étudiez les réseaux lexicaux dans les deux poèmes.

2. Analysez les métaphores de « Icebergs ».

3. Confrontez la forme poétique de chaque texte. En quoi participent-ils au renouveau de la poésie moderne ?

4. NOTION. Relevez et commentez un exemple d'apostrophe dans chacun des poèmes d'Henri Michaux.

5. Pour Michaux, la poésie et la musique sont « litanie, litanie comme la vie ». Justifiez cette définition en étudiant le rôle joué par les anaphores dans les deux poèmes.

NOTION

L'apostrophe poétique

L'apostrophe est une figure de style qui permet à un orateur d'interrompre son discours pour s'adresser directement à quelqu'un ou à quelque chose. Dans la poésie, l'apostrophe participe au lyrisme en inscrivant la présence du poète dans l'univers qu'il évoque.

COLETTE

Nom et prénoms : **Colette, Sidonie Gabrielle**

Naissance : **28 janvier 1873, à Saint-Sauveur-en-Puisaye, dans l'Yonne**

Décès : **3 août 1954, à Paris**

Auteur de romans et de recueils de nouvelles, dont : *Claudine à l'école* (1900), *Les Vrilles de la vigne* (1908), *Chéri* (1920), *Le Blé en herbe* (1923), *Sido* (1929), *La Chatte* (1933) ; d'articles, de mémoires, de textes autobiographiques.

Gabrielle Colette naît et grandit dans un petit village de Bourgogne. Son père, ancien militaire surnommé par son entourage le Capitaine, est fonctionnaire au Trésor. Il fait aimer la littérature à l'enfant, tandis que sa mère, Sidonie, surnommée Sido, lui fait découvrir la nature. À vingt ans, Colette se marie avec l'écrivain Henry Gauthier-Villars, dit Willy. Celui-ci l'incite à écrire ses souvenirs d'enfance, qu'il signe de son nom. Le succès qui accueille la série des *Claudine* est considérable. Mais un divorce vient mettre un terme à cette collaboration. Colette monte sur la scène du music-hall et devient alors le symbole d'une génération de femmes qui accède à l'indépendance. Un deuxième mariage la conduit au journalisme. Les articles et les romans se succèdent. *Chéri* en 1920, *Le Blé en herbe* en 1923 font scandale. Un dernier mariage, en 1935, la pousse à s'installer définitivement à Paris. Elle y meurt à quatre-vingt-un ans, en pleine gloire, dans son appartement du Palais-Royal, entourée de ses chats.

LA ROMANCIÈRE DU SOUVENIR ET DE LA SENSUALITÉ

L'atmosphère de l'enfance imprègne l'œuvre entière de Colette. Les bruits, les couleurs, les odeurs d'un paysage traduisent le lien qui unit l'écrivain à sa jeunesse à travers la nostalgie d'un temps et d'un pays à jamais perdus. Dès 1900, la série des *Claudine,* romans d'apprentissage de la littérature, explore ainsi les lieux de l'enfance. En 1908, le recueil de nouvelles *Les Vrilles de la vigne* évoque avec saveur et sensualité la faune et la flore qui ont charmé les premières années de l'écrivain. En 1930, Colette fait dans *Sido* l'éloge de parents tendrement unis et du jardin familial dans lequel elle aimait vagabonder. L'écrivain remplit ainsi la mission que lui avait implicitement confiée son père en laissant après sa mort, pour toute œuvre littéraire, des volumes de pages blanches.

Objet d'étude L'autobiographie

1930 — Sido

Inscrit dans le cycle des romans autobiographiques, *Sido* est l'hommage rendu par Colette au souvenir de ses parents : Sido, sa mère, et le capitaine Colette, son père. La dernière page du roman raconte sa découverte des manuscrits de son père, après sa mort.

Sur un des plus hauts rayons de la bibliothèque, je revois encore une série de tomes cartonnés, à dos de toile noire. Les plats de papier jaspé[1], bien collés, et la rigidité du cartonnage attestaient l'adresse manuelle de mon père. Mais les titres, manuscrits, en lettres gothiques, ne me tentaient point, d'autant que les étiquettes à filets noirs ne révélaient aucun auteur. Je cite de mémoire : *Mes campagnes, Les enseignements de 70, La géodésie des géodésies*[2]*, L'Algèbre élégante, Le maréchal de Mac-Mahon vu par un de ses compagnons d'armes, Du village à la Chambre, Chansons de zouave* (vers)… J'en oublie.

Quand mon père mourut, la bibliothèque devint chambre à coucher, les livres quittèrent leurs rayons.

– Viens donc voir, appela un jour mon frère, l'aîné.

Il transportait lui-même, classait, ouvrait les livres, taciturne, en quête d'une odeur de papier piqué, d'une de ces moisissures embaumées d'où se lève l'enfance révolue, d'un pétale de tulipe sec, encore jaspé comme l'agate arborescente…

– Viens donc voir…

La douzaine de tomes cartonnés nous remettait son secret, accessible, longtemps dédaigné. Deux cents, trois cents, cent cinquante pages par volume ; beau papier vergé[3] crémeux ou « écolier » épais, rogné avec soin, des centaines et des centaines de pages blanches… Une œuvre imaginaire, le mirage d'une carrière d'écrivain…

Il y en avait tant, de ces pages respectées par la timidité ou la nonchalance, que nous n'en vîmes jamais la fin. Mon frère y écrivit ses ordonnances, ma mère couvrit de blanc ses pots de confitures, ses petites-filles griffonneuses arrachèrent des feuillets, mais nous n'en épuisâmes pas les cahiers vergés, l'œuvre inconnue. Ma mère s'y employait pourtant, avec une fièvre destructive : « Comment, il y en a encore ? Il m'en faut pour les côtelettes en papillotes… Il m'en faut pour tapisser mes petits tiroirs… » Ce n'était pas dérision, mais cuisant regret et besoin douloureux d'anéantir la preuve d'une impuissance…

J'y puisai à mon tour, dans cet héritage immatériel, au temps de mes débuts. Est-ce là que je pris le goût fastueux d'écrire sur des feuilles lisses, de belle pâte, et de ne les point ménager ? J'osai couvrir de ma grosse écriture ronde la cursive[4] invisible, dont une seule personne au monde apercevait le lumineux filigrane[5] qui jusqu'à la gloire prolongeait la seule page amoureusement achevée, et signée, la page de la dédicace :

À ma chère âme,

Son mari fidèle :

JULES-JOSEPH COLETTE.

Colette, *Sido*, © Librairie Arthème Fayard, Hachette Littérature, 2004.

1. **jaspé** : bigarré de plusieurs couleurs.
2. **géodésie** : étude de la forme de la Terre et de ses dimensions.
3. **vergé** : beau papier de luxe.
4. **la cursive invisible** : l'écriture invisible du père.
5. **filigrane** : dessin, dans le papier, qui apparaît par transparence.

1. **Retrouvez dans ce texte l'ensemble des personnages, les différents lieux et les objets qui constituent l'univers de l'enfance de Colette.**

2. **Comment le texte exprime-t-il l'intensité des sentiments qui unissaient le père et la mère de l'écrivain ?**

3. **Expliquez l'expression de la ligne 27 : « cet héritage immatériel ».**

4. **Relevez les champs lexicaux du livre et du papier dans le texte. Montrez comment chaque personnage se définit à travers leur usage.**

5. NOTION. **En quoi Colette explique-t-elle dans ce texte la naissance de sa vocation d'écrivain ?**

NOTION

L'autobiographie et la vocation de l'écrivain

Tout récit autobiographique met en scène les premières années de l'écrivain, l'univers familier de son enfance. Il insiste tout particulièrement sur l'initiation à la lecture et les circonstances qui l'ont conduit à devenir écrivain.

GIONO

Nom et prénom : **Giono, Jean**

Naissance : **30 mars 1895, à Manosque**

Décès : **dans la nuit du 8 au 9 octobre 1970, à Manosque**

Fils unique d'une blanchisseuse et d'un cordonnier, Giono grandit en Provence. L'adolescent rêveur lit les grands classiques. En 1914, il connaît brutalement l'horreur des tranchées. Il se réfugie dès lors dans la littérature. Son premier roman, *Colline*, en 1929, séduit par le paysage provençal et la présence de la nature, qui sont pour lui les « vraies richesses ». À partir des années trente, Giono devient le porte-parole des pacifistes. Ses appels au « refus d'obéissance » le mènent en prison. Il connaît la même mésaventure à la Libération, accusé à tort de collaboration. Giono oriente alors son œuvre dans une direction nouvelle. L'hymne à la nature laisse place à une vaste fresque, inquiétante et ironique, intitulée *Chroniques romanesques*. Parallèlement, il écrit, dans le *Dauphiné libéré*, des textes polémiques dénonçant la société de consommation. Il meurt à Manosque en 1970, dans la Provence qu'il a tant aimée.

Auteur de romans, dont : *Regain* (1930), *Le Chant du monde* (1934), *Un roi sans divertissement* (1947), *Le Hussard sur le toit* (1951), *L'Iris de Suse* (1970).

GIONO, LE VOYAGEUR IMMOBILE

Pour Jean Giono, l'écrivain est un « voyageur immobile ». Le roman est pour lui une machine à faire rêver, qui fait redécouvrir au lecteur des paysages et des êtres familiers. Mais, alors que les premières œuvres sont marquées par le chant lyrique de la nature, Giono retient les leçons de la Seconde Guerre mondiale. À ce « cancer de la raison » qui hante le monde, ses personnages opposent désormais une ironie et une grandeur d'âme, comme le héros du *Hussard sur le toit*, qui garde la réalité « à distance respectueuse ». Nombreux sont aussi les personnages, au cœur de l'œuvre, qui se montrent inquiétants, souvent monstrueux, mais qui, comme leur créateur, ont appris à ruser avec le destin.

Objet d'étude Le récit : le roman ou la nouvelle

1930 — Regain

***Regain* est le dernier roman de la trilogie de *Pan*, du nom donné dans la mythologie grecque au dieu des bergers et de la nature. Le roman commence en racontant la fin tragique d'un village provençal abandonné de ses habitants. Panturle, le héros, s'aperçoit qu'il est seul : la vieille femme qui habitait le village avec lui a disparu à son tour.**

Il n'y a personne chez la Mamèche. La chambre est vide. Le matelas est roulé. On a rangé la table et les chaises contre le mur comme si on était parti pour longtemps. Et sur la table on a posé un drap tout neuf, plié dans ses huit plis... posé là, bien en évidence. Un drap que Panturle connaît bien, le drap que toutes les vieilles femmes conservent neuf au fond de l'armoire parce qu'il est entendu que c'est dans celui-là qu'on les pliera, à la fin...

Panturle revient au seuil et crie :

« Oh ! Mamèche ! »

Comme ça jusqu'à midi il a cherché dans tout le village, et il est entré dans toutes les maisons, et il est allé voir dans les décombres de tous les murs tombés du dernier vent

« Mamèche, oh Mamèche ! »

Puis il est revenu à la maison toujours vide, et le drap neuf sur la table.

Alors, il se dit :

« Je vais aller voir sur le plateau. »

Sur le plateau, on n'y va pas souvent et jamais volontiers. C'est une étendue toute plate à perte de vue. C'est de l'herbe, et de l'herbe, et de l'herbe, sans un arbre. C'est plat. Quand on est debout là-dedans et qu'on marche, on est seul à dépasser les herbes. Ça fait une drôle d'impression. Il semble qu'on est toujours désigné pour quelque chose. Ça commence aux dernières maisons du haut d'Aubignane et ça s'en va. En réalité, ça s'en va jusqu'à Blaine, à quarante-deux kilomètres en tirant droit mais on n'est pas forcé de le savoir et ce que ça montre d'habitude, ça n'indique pas que ça s'en aille vers une chose humaine. Ça montre au loin, là-bas, une barrière grise faite de la poussière qui marche devant le vent.

Il n'y a rien sur le plateau : le vent seul… Et comme vent, celui qui s'est annoncé la nuit passée : ce vent-chèvre, le printemps. Le voici là-haut. Le voilà là-bas, sur l'herbe ; il est partout.

« Mamèche, Mamèche ! »

Rien. Le vent vient voir ce que c'est, puis repart.

Et maintenant, Panturle a la gorge raide d'avoir tant crié.

« Qu'est-ce qu'elle a eu comme ça, cette femme ? Qui aurait dit ça qu'elle parte aussi, celle-là ? »

Il est revenu au village. C'est le soir. À la maison de la Mamèche le peu de jour qui reste éclaire le drap blanc sur la table.

Jean Giono, *Regain*, Éd. Gallimard, 1930.

1. Identifiez les lieux successivement évoqués dans le récit. À quelle logique leur évocation obéit-elle ?

2. Pourquoi peut-on parler d'un récit oral ? Relevez les indices de cette oralité.

3. Comment la nature apparaît-elle, des lignes 15 à 28 ? Quels sentiments le narrateur cherche-t-il à susciter ?

4. NOTION. Repérez et commentez les ellipses présentes dans le passage. Quel est l'effet recherché ?

5. Repérez les indices qui soulignent la progression tragique du sentiment de solitude et d'isolement du personnage.

NOTION

La vitesse du récit

Le rythme du récit est déterminé par les rapports entre le temps de la fiction (celui de la durée de l'intrigue) et le temps de la narration (celui nécessaire pour raconter l'histoire). Il s'accélère au moyen de sommaires (résumés) et d'ellipses (événements non développés).

1947 — Un roi sans divertissement

***Un roi sans divertissement* raconte l'histoire d'un petit village de montagne, isolé par l'hiver et la neige, dont les habitants disparaissent mystérieusement. Chacun est plongé dans l'inquiétude. Personne ne se doute encore qu'un assassin cache ses victimes dans le plus bel arbre du village.**

Le hêtre de la scierie n'avait pas encore, certes, l'ampleur que nous lui voyons. Mais sa jeunesse (enfin, tout au moins par rapport avec maintenant) ou plus exactement son adolescence était d'une carrure et d'une étoffe qui le mettaient à plus de cent coudées[1] au-dessus de tous les autres arbres, même de tous les autres arbres réunis. Son feuillage était d'un dru, d'une épaisseur, d'une densité de pierre, et sa charpente (dont on ne pouvait rien voir, tant elle était couverte et recouverte de rameaux plus opaques les uns que les autres) devait être d'une force et d'une beauté rares pour porter avec tant d'élégance tant de poids accumulé. Il était surtout (à cette époque) pétri d'oiseaux et de mouches ; il contenait autant d'oiseaux et de mouches que de feuilles. Il était constamment charrué et bouleversé de corneilles, de corbeaux et d'essaims ; il éclaboussait à chaque instant de vols de rossignols et de mésanges ; il fumait de bergeronnettes et d'abeilles ; il soufflait des faucons et des taons ; il jonglait avec des balles multicolores de pinsons, de roitelets, de rouge-gorges, de pluviers et de guêpes. C'était autour de lui une ronde sans fin d'oiseaux, de papillons et de mouches dans lesquels le soleil avait l'air de se décomposer en arcs-en-ciel comme à travers des jaillissements d'embruns[2]. Et, à l'automne, avec ses longs poils cramoisis, ses mille bras entrelacés de serpents verts, ses cent mille mains de feuillage d'or jouant avec des pompons de plumes, des lanières d'oiseaux, des poussières de cristal, il n'était vraiment pas un arbre. Les forêts, assises sur les gradins des montagnes, finissaient par le regarder en silence. Il crépitait comme un brasier ; il dansait comme seul savent danser les êtres surnaturels, en multipliant son corps autour de son immobilité ; il ondulait autour de lui-même dans un entortillement d'écharpes, si frémissant, si mordoré[3], si inlassablement repétri par l'ivresse de son corps qu'on ne pouvait plus savoir s'il était enraciné par l'encramponnement de prodigieuses racines ou par la vitesse miraculeuse de la pointe de toupie sur laquelle reposent les dieux. Les forêts, assises sur les gradins de l'amphithéâtre des montagnes, dans leur grande toilette sacerdotale[4], n'osaient plus bouger. Cette virtuosité de beauté hypnotisait comme l'œil des serpents ou le sang des oies sauvages sur la neige.

Jean Giono, *Un roi sans divertissement*, Éd. Gallimard, 1947.

1. **coudée** : ancienne mesure équivalant à cinquante centimètres.
2. **embruns** : paquets de pluie portés par le vent.
3. **mordoré** : d'un brun chaud à reflets dorés.
4. **toilette sacerdotale** : les habits du prêtre.

1. Quel est le mode de narration adopté par Giono ? Étudiez le rôle joué par les parenthèses.

2. Identifiez et commentez les différents réseaux lexicaux qui apparaissent dans la description de l'arbre.

3. De la ligne 9 à la ligne 19, étudiez les images, comparaisons et métaphores, présentes dans le texte. Commentez l'expression : « il n'était vraiment pas un arbre » (l. 18).

4. Montrez comment, dans la description, Giono inscrit progressivement son récit dans le registre fantastique.

5. NOTION. Montrez comment Giono fait du hêtre un personnage romanesque.

NOTION

La nature transformée en personnage

L'écrivain peut donner à un élément de la nature, un arbre, un fleuve, un paysage, la dimension d'un personnage romanesque. Il le met en mouvement, lui attribue des paroles ou des pensées, en fait un élément capital de l'intrigue. La personnification ainsi effectuée transforme cet élément de la nature en un être vivant.

1951 Le Hussard sur le toit

Angelo Pardi, colonel des hussards, traverse la Provence ravagée par le choléra. Il découvre la terreur et la lâcheté des hommes, qui dressent des barricades à l'entrée des villes.

Un gros bonhomme, la redingote barrée par la bandoulière d'un fusil de chasse, sortit de la fortification.

« Halte, dit-il, on ne passe pas. Nous ne voulons personne chez nous, vous entendez, personne ! Toute résistance est inutile. »

Ces derniers mots réjouirent profondément Angelo et il continua à s'avancer. Il y avait encore assez de jour pour qu'il pût suivre sur le visage blême, encadré de côtelettes cotonneuses, les progrès d'une terreur sans nom. L'homme rentra précipitamment dans la place forte. Quatre ou cinq visages ébahis[1] dépassèrent aussitôt la crête de la barricade.

« Où allez-vous ? N'approchez pas, crièrent des voix mal assurées, qu'est-ce que vous venez faire ici ?

– On m'a vanté votre beauté, dit d'un air grave Angelo qui retenait une forte envie de rire, et je viens m'en assurer sur place. »

Cette réponse eut l'air de les effrayer encore plus que la présence réelle du cavalier.

« Ce sont des épiciers, et celui-là en redingote est un valet de chambre », se dit Angelo.

« Allons, vous devez être certainement un bon garçon, dit un gros visage gris en faisant trembler ses bajoues.

– Je suis le plus mauvais garçon de la terre, dit Angelo. Et tous ceux qui m'ont fréquenté s'en sont rapidement aperçus. Roulez ces barriques et sortez-vous de là, que je passe. Sinon je saute, et gare à vous. »

En même temps il faisait danser son cheval qui, fatigué, n'y mettait pas beaucoup de feu. Ces virevoltes et un petit hennissement de douleur car, tout à son amusement, Angelo donnait de bons coups sur la bride, portèrent cependant le désarroi dans la forteresse. Les têtes disparurent. On braqua un canon de fusil.

« Ils sont en train de faire dans leurs culottes, se dit Angelo. Aidons-les. »

Il tira en l'air un coup de pistolet qui fit beaucoup de bruit, puis il prit paisiblement par le travers, au flanc d'un coteau, sous les amandiers.

Dix minutes après il était dans les jardins, sous les murs de la ville. « Mon vieux, te voilà libre », dit Angelo au cheval.

Jean Giono, *Le Hussard sur le toit*, Éd. Gallimard, 1951.

1. **ébahis** : étonnés et stupéfaits.

1. Résumez l'épisode en fonction des étapes du schéma narratif.

2. À travers quels procédés Giono donne-t-il un caractère dynamique à l'enchaînement des actions ?

3. Relevez les indications apportées sur les personnages secondaires du récit.

4. Pourquoi peut-on dire que le romancier en donne un portrait satirique ?

5. NOTION. Montrez que le personnage d'Angelo défend les valeurs héroïques de la tradition romanesque.

NOTION

La vision héroïque du monde

Personnage principal du roman, le héros est le moteur de l'action. C'est lui qui incarne les valeurs positives auxquelles s'identifie le lecteur. À travers lui, l'écrivain donne une vision exaltée du monde, dans laquelle les qualités humaines jouent un rôle déterminant.

MAURIAC

Nom et prénom : **Mauriac, François**

Naissance : **11 octobre 1885, à Bordeaux**

Décès : **1er septembre 1970, à Paris**

Auteur de romans, dont : *Le Baiser au lépreux* (1922), *Génitrix* (1923), *Le Désert de l'amour* (1925), *Thérèse Desqueyroux* (1927), *Le Nœud de vipères* (1932), *Le Sagouin* (1951) ; d'un texte autobiographique : *Mémoires intérieurs* (1959) ; d'essais, dont : *Le Bloc-Notes* (1952-1957).

François Mauriac n'a que deux ans lorsque son père meurt. Sous l'influence maternelle, il fréquente les milieux catholiques de la région bordelaise, qui imprégneront, plus tard, ses romans. Très vite, sa vocation d'écrivain s'impose. *Le Baiser au lépreux*, en 1922, *Thérèse Desqueyroux* en 1927, *Le Nœud de vipères*, en 1932, font de Mauriac un romancier renommé qui éclaire d'une lumière crue la haine et le péché qui caractérisent ses personnages. Il est élu à l'Académie française en 1933. Face aux bouleversements politiques, l'écrivain s'engage et dénonce la montée du fascisme et les crimes de la guerre d'Espagne. Pendant l'Occupation, partisan du général de Gaulle, il publie clandestinement son journal de guerre, *Le Cahier noir*. Après la guerre, journaliste actif, polémiste redouté, il dénonce le colonialisme et obtient le prix Nobel de littérature en 1952. Il meurt à l'âge de quatre-vingt-quatre ans, laissant une autobiographie, ses *Mémoires intérieurs*.

LE ROMANCIER DES CONSCIENCES TOURMENTÉES

Dès 1922, dans *Le Baiser au lépreux*, Mauriac décrit les mœurs de la société bourgeoise catholique, dont il dénonce l'hypocrisie, les traditions et les préjugés. L'arrière-plan religieux qui imprègne son œuvre met en relief l'inquiétude de personnages écartelés entre l'obéissance à leur foi et leur attirance pour le mal. L'univers de François Mauriac est ainsi celui des consciences tourmentées, qui expriment leur sentiment d'échec, le sacrifice de leur vie affective au nom de la réussite sociale. Ses techniques narratives s'accordent avec ce retour sur soi-même : monologue intérieur, roman épistolaire, discours indirect libre. Plutôt qu'un romancier catholique, Mauriac est donc, comme il se définit lui-même, « un catholique qui écrit des romans ».

Objet d'étude Le roman et ses personnages : visions de l'homme et du monde

1932 — Le Nœud de vipères

Le roman de Mauriac, *Le Nœud de vipères*, se présente comme une longue lettre. Âgé et malade, Louis s'adresse à son épouse, issue de la haute société bordelaise, pour lui dire l'échec de leur existence commune. Mêlant passé et présent, il exprime sa solitude au sein de sa propre famille qui complote contre lui et convoite sa fortune.

Voilà ce qui me reste : ce que j'ai gagné au long de ces années affreuses, cet argent dont vous avez la folie de vouloir que je me dépouille. Ah ! l'idée même m'est insupportable que vous en jouissiez après ma mort. Je t'ai dit en commençant que mes dispositions avaient d'abord été prises pour qu'il ne vous en restât rien. Je t'ai laissé entendre que j'avais renoncé à cette vengeance… Mais c'était méconnaître ce mouvement de marée qui est celui de la haine de mon cœur. Et tantôt elle s'éloigne, et je m'attendris… Puis elle revient, et ce flot bourbeux me recouvre.

Depuis aujourd'hui, depuis cette journée de Pâques, après cette offensive pour me dépouiller au profit de votre Phili[1], et lorsque j'ai revu au complet cette meute familiale assise en rond devant la porte et m'épiant, je suis obsédé par la vision des partages – de ces partages qui vous jetteront les uns contre les autres : car vous vous battrez comme des chiens autour de mes terres, autour de mes titres[2]. Les terres seront à vous, mais les titres n'existent plus. Ceux dont je te parlais, à la première page de cette lettre, je les ai vendus, la semaine dernière, au plus haut : depuis, ils baissent chaque jour. Tous les bateaux sombrent, dès que je les abandonne ; je ne me trompe jamais. Les millions liquides, vous les aurez aussi, vous les aurez si j'y consens. Il y a des jours où je décide que vous n'en retrouverez pas un centime…

J'entends votre troupeau chuchotant qui monte l'escalier. Vous vous arrêtez ; vous parlez sans crainte que je m'éveille (il est entendu que je suis sourd) ; je vois sous la porte la lueur de vos bougies. Je reconnais le fausset[3] de Phili (on dirait qu'il mue encore) et soudain des rires étouffés, les gloussements des jeunes femmes. Tu les grondes ; tu vas leur dire : « Je vous assure qu'il ne dort pas… » Tu t'approches de ma porte ; tu écoutes ; tu regardes par la serrure ; ma lampe me dénonce. Tu reviens vers la meute ; tu dois leur souffler : « Il veille encore, il vous écoute… »

Ils s'éloignent sur leurs pointes. Les marches de l'escalier craquent ; une à une, les portes se ferment. Dans la nuit de Pâques, la maison est chargée de couples. Et moi, je pourrais être le tronc vivant de ces jeunes rameaux. La plupart des pères sont aimés. Tu étais mon ennemie et mes enfants sont passés à l'ennemi.

C'est à cette guerre qu'il faut en venir maintenant. Je n'ai plus la force d'écrire. Et pourtant je déteste de me coucher, de m'étendre, même lorsque l'état de mon cœur me le permet. À mon âge, le sommeil attire l'attention de la mort, il ne faut pas faire semblant d'être mort. Tant que je resterai debout, il me semble qu'elle ne peut pas venir. Ce que je redoute d'elle, est-ce l'angoisse du dernier hoquet ? Non, mais c'est qu'elle est ce qui n'existe pas, ce qui ne peut se traduire que par le signe –.

François Mauriac, *Le Nœud de vipères*, Éd Grasset, 1932.

1. **Phili** : le mari de la petite-fille du narrateur.
2. **titres** : actions côtées en bourse.
3. **le fausset** : la voix grêle, aiguë.

1. Relevez le vocabulaire péjoratif et les images dévalorisantes dans ce passage. Quel est le sentiment dominant exprimé par le narrateur ?

2. Comment le narrateur exprime-t-il sa volonté de puissance, son pouvoir à l'égard de sa famille ?

3. Comment le passage met-il en évidence la solitude du narrateur ?

4. NOTION. Relevez et identifiez l'ensemble des temps verbaux utilisés dans ce passage. En quoi participent-ils à l'expression des doutes et des réflexions du personnage ?

5. Quelle vision du narrateur apparaît dans cet extrait ? Mettez en évidence son portrait psychologique.

6. Selon vous, quelle vision du monde l'écrivain François Mauriac communique-t-il au lecteur ?

NOTION

Le roman et le discours intérieur

La lettre, le journal intime, le monologue intérieur permettent au romancier de créer un univers original, qui mêle l'évocation des souvenirs et l'expression de l'action en train de se faire. Ce va-et-vient entre le passé, le présent et l'avenir est exprimé à travers le jeu des temps verbaux. Il donne une densité au discours intérieur qui reproduit le mouvement d'une conscience intime.

Auteur de romans, dont : *Voyage au bout de la nuit* (1932), *Mort à crédit* (1936), *D'un château l'autre* (1957), *Rigodon* (1969, posthume).

CÉLINE

Nom et prénom : **Destouches, Louis-Ferdinand**

Pseudonyme : **Louis-Ferdinand Céline**

Naissance : **27 mai 1894, à Courbevoie**

Décès : **1er juillet 1961, à Meudon**

Louis-Ferdinand Destouches grandit à Paris, entre la banlieue et le passage des Panoramas où il entre souvent en conflit avec ses parents, modestes commerçants préoccupés par des soucis d'argent. En 1914, à l'âge de dix-huit ans, il s'engage dans un régiment de cuirassiers. Il est blessé héroïquement au combat, un an plus tard. Après avoir voyagé en Angleterre, en Afrique et en Amérique, il rentre en France pour suivre des études de médecine, et s'installe au dispensaire de Clichy, « pour y soigner les pauvres ».

En 1932, son premier roman, *Voyage au bout de la nuit*, publié sous le pseudonyme de Céline, obtient le prix Renaudot. Le livre fait scandale par la violence amère du récit, comme par son style étonnant. Quatre ans plus tard, la publication de *Mort à crédit* impose Céline comme l'un des plus grands écrivains du siècle. La fin des années trente voit l'écrivain s'engager auprès de l'Allemagne hitlérienne, puis du pétainisme. Céline écrit alors des pamphlets racistes qui lui valent la prison, au Danemark, à la Libération. Amnistié, il s'installe à Meudon, dans l'isolement, poursuivant son œuvre romanesque jusqu'à sa mort, en 1961.

CÉLINE ET L'ÉMOTION DU LANGAGE PARLÉ

Céline renouvelle complètement l'écriture romanesque en supprimant la frontière entre l'écrit et l'oral. Le roman doit recréer l'intensité de l'émotion, à travers l'énergie et le dynamisme du langage parlé. Il ne s'agit pas d'une facilité – « Le style, c'est un boulot très dur » –, mais d'un rythme, d'une langue, d'une ponctuation qui restituent la présence familière et entêtante de la voix du narrateur. Car les romans de Céline, toujours autobiographiques, passent de la colère à la douceur des confidences intimes, de la violence du réquisitoire contre la bêtise et la cruauté à la compassion pour les pauvres. L'usage de l'argot, les onomatopées, les répétitions, le flux incessant des mots bouleversent la forme traditionnelle du récit. Céline redonne ainsi toute sa puissance à la parole, à cette « petite musique » de l'émotion.

Objet d'étude Le roman et ses personnages : visions de l'homme et du monde

1932 — Voyage au bout de la nuit

Roman autobiographique, le *Voyage au bout de la nuit* commence avec l'engagement volontaire du narrateur dans l'armée française au début de la Première Guerre mondiale. Céline dénonce ainsi l'atrocité des combats, l'incapacité et l'aveuglement des officiers, l'absurdité d'un conflit inutile.

Le messager vacillant se remit au « garde-à-vous », les petits doigts sur la couture du pantalon, comme il se doit dans ces cas-là. Il oscillait ainsi, raide, sur le talus, la transpiration lui coulant le long de la jugulaire, et ses mâchoires tremblaient si fort qu'il en poussait des petits cris avortés, tel un petit chien qui rêve. On ne pouvait démêler s'il voulait nous parler ou bien s'il pleurait.

Nos Allemands accroupis au fin fond de la route venaient justement de changer d'instrument. C'est à la mitrailleuse qu'ils poursuivaient à présent leurs sottises ; ils en craquaient comme de gros paquets d'allumettes et tout autour de nous venaient voler comme des essaims de balles rageuses, pointilleuses comme des guêpes.

L'homme arriva tout de même à sortir de sa bouche quelque chose d'articulé :

– Le maréchal des logis[1] Barousse vient d'être tué, mon colonel, qu'il dit tout d'un trait[2].

– Et alors ?

– Il a été tué sur la route des Etrapes, mon colonel !

– Et alors ?

– Il a été éclaté par un obus !

– Et alors, nom de Dieu !

– Et voilà ! Mon colonel...

– C'est tout ?

– Oui, c'est tout, mon colonel.

– Et le pain ? demanda le colonel.

Ce fut la fin de ce dialogue parce que je me souviens bien qu'il a eu le temps de dire tout juste : « Et le pain ? » Et puis ce fut tout. Après ça, rien que du feu et puis du bruit avec. Mais alors un de ces bruits comme on ne croirait jamais qu'il en existe. On en a eu tellement plein les yeux, les oreilles, le nez, la bouche, tout de suite, du bruit, que je croyais bien que c'était fini, que j'étais devenu du feu et du bruit moi-même...

Et puis non, le feu est parti, le bruit est resté longtemps dans ma tête, et puis les bras et les jambes qui tremblaient comme si quelqu'un vous les secouait par-derrière. Ils avaient l'air de me quitter, et puis ils me sont restés quand même mes membres. Dans la fumée qui piqua les yeux encore pendant longtemps, l'odeur pointue de la poudre et du soufre nous restait comme pour tuer les punaises et les puces de la terre entière.

Tout de suite après ça, j'ai pensé au maréchal des logis Barousse qui venait d'éclater comme l'autre nous l'avait appris. C'était une bonne nouvelle. Tant mieux ! que je pensais tout de suite ainsi : « C'est une bien grande charogne en moins dans le régiment ! » Il avait voulu me faire passer au Conseil[3] pour une boîte de conserve. « Chacun sa guerre ! » que je me dis. De ce côté-là, faut en convenir, de temps en temps, elle avait l'air de servir à quelque chose la guerre ! J'en connaissais bien encore trois ou quatre dans le régiment, de sacrées ordures que j'aurais aidé bien volontiers à trouver un obus comme Barousse.

Quant au colonel, lui, je ne lui voulais pas de mal. Lui pourtant aussi il était mort.

Louis-Ferdinand Céline, *Voyage au bout de la nuit*, Éd. Gallimard, 1932

1. **maréchal des logis** : sous-officier dans l'artillerie.
2. **d'un trait** : à toute vitesse.
3. **Conseil** : conseil de discipline.

1. En quoi le dialogue entre les deux personnages met-il en évidence deux attitudes opposées devant la guerre ?

2. Étudiez l'expression des sensations dans le texte, de la ligne 22 à la ligne 31. Quel est le sens dominant ?

3. En quoi la situation mise en scène par le récit constitue-t-elle une dénonciation de l'absurdité de la guerre ?

4. Montrez que Céline renouvelle l'expression du tragique à travers le choix d'un niveau de langage familier.

5. NOTION. Montrez que le narrateur du *Voyage au bout de la nuit* peut être qualifié d'anti-héros.

NOTION

L'anti-héros

À l'opposé de la figure traditionnelle du héros, moteur de l'action et incarnant des valeurs positives, l'anti-héros se présente comme un être passif, solitaire et hostile, plongé au cœur d'un univers qu'il ne comprend pas.

1936 Mort à crédit

Dans *Mort à Crédit,* le narrateur revient sur les souvenirs de son enfance et, en particulier, sur sa rencontre avec un personnage extravagant qui le prend à son service : Courtial des Pereires. Celui-ci organise des démonstrations d'envols dans son ballon dirigeable, le « Zélé ». Mais le ballon, vieilli, usé, ne parvient plus à s'élever.

Un malheur arrive jamais seul !... Nous eûmes de nouveaux déboires avec le « Zélé » toujours de plus en plus fendu, ravaudé, perclus de raccrocs... tellement perméable et foireux qu'il s'effondrait dans ses cordes !...

L'automne arrivait, ça commençait à souffler ! Il flanchait dans la rafale, il s'affaissait, le malheureux, au départ même, au lieu de s'élancer dans les airs... Il nous ruinait en hydrogène, en gaz méthanique... À force de pomper tout de même, il prenait un petit élan... Avec deux ou trois soubresauts il franchissait assez bien les premiers arbustes... s'il arrachait une balustrade, il fonçait alors dans le verger... Il repartait encore une secousse... Il ricochait contre l'église... Il emportait la girouette... Il refoulait vers la campagne... Les bourrasques le ramenaient en vache... en plein dans les peupliers... Des Pereires attendait plus... Il lâchait tous les pigeons... Il envoyait un grand coup de bugle[1]... Il me déchirait toute la sphère... Le peu de gaz s'évaporait... J'ai dû comme ça le ramasser en situation périlleuse aux quatre coins de la Seine-et-Oise, dans la Champagne et même dans l'Yonne ! Il a raclé avec son cul toutes les betteraves du Nord-Est. La belle nacelle en rotin, elle avait plus de forme à force... Sur le plateau d'Orgemont, il est resté deux bonnes heures entièrement enfoui, coincé dans le milieu de la mare, un purin énorme ! Mouvant, floconnant, prodigieux !... Tous les croquants[2] des abords ils se poêlaient à se casser les côtes... Quand on a replié le « Zélé », il sentait si fortement les matières et le jus de la fosse, et Courtial d'ailleurs aussi, entièrement capitonné, fangeux, enrobé, soudé dans la pâte à merde ! qu'on a jamais voulu de nous dans le compartiment... On a voyagé dans le fourgon, avec les ustensiles, les agrès[3], la came[4].

En rentrant au Palais-Royal, c'était pas fini !... Notre aérostat joli, il empestait encore si fort, comme ça même au tréfonds de la cave, qu'il a fallu que nous brûlions et pendant presque tout l'été au moins dix casseroles de benjoin[5], de santal et d'eucalyptus... Des rames de papier d'Arménie !... On nous aurait expulsés ! Y avait des pétitions...

Tout ça encore c'était remédiable... Ça faisait partie des aléas, des avatars du métier... Mais le pire, le coup fatal il nous fut certainement porté par la concurrence des avions... On peut pas dire le contraire... Ils nous soulevaient tous nos clients... Même nos plus fidèles comités... ceux qu'avaient entièrement confiance, qui nous prenaient presque à coup sûr... Péronne, Brives-la-Vilaine, par exemple ! Carentan-sur-Loing... Mézeux... Des assemblées de tout repos, entièrement dévouées à Courtial... qui le connaissaient depuis trente-cinq ans... Des endroits où depuis toujours on ne jurait que par lui... Tout ce monde-là se trouvait soudain des bizarres prétextes pour nous remettre à plus tard !... des subterfuges ! des foirures ! C'était la fonte ! La débandade !... C'est surtout à partir de mai et de juin-juillet 1911 que les choses se gâtèrent vraiment... Le dénommé Candemare Julien, pour ne citer que celui-ci, avec sa seule « Libellule » il nous pauma plus de vingt clients !...

Nous avions pourtant consenti à des rabais à peine croyables... Nous allions de plus en plus loin... Nous emportions notre hydrogène... la pompe... le condensimètre... Nous sommes allés à Nuits-sur-Somme pour cent vingt-cinq francs ! gaz compris ! Et transport en sus !... C'était plus tenable à vrai dire ! Les bourgs les plus suppureux... Les sous-préfectures les plus rances ne juraient plus que par cellule et biplan !... Wilbur Wright et les « métinges »[6] !...

1. **coup de bugle :** coup de trompette ou de cor.
2. **les croquants :** en argot, les paysans.
3. **agrès :** ensemble de cordages.
4. **la came :** en argot, le matériel.
5. **benjoin :** parfum.
6. **les « métinges » :** les « meetings » aériens.

Courtial avait bien compris que c'était la lutte à mort... Il a voulu réagir... Il a tenté l'impossible. Il a publié coup sur coup, en pas l'espace de deux mois, quatre manuels et douze articles dans les colonnes de son cancan, pour démontrer « mordicus » que les avions voleraient jamais !... Que c'était un faux progrès !... un engouement contre nature !... une perversion de la technique !... Que tout ça finirait bientôt dans une capilotade atroce ! Que lui, Courtial des Pereires, qu'avait trente-deux ans d'expérience, ne répondait plus de rien ! Sa photographie dans l'article !... Mais il était déjà en retard sur le courant des lecteurs !... Absolument dépassé ! Submergé par la vogue croissante ! En réponse à ses diatribes, à ses philippiques virulentes il ne reçut que des injures, des bordées farouches et des menaces comminatoires... Le public des inventeurs ne suivait plus des Pereires !... C'était l'exacte vérité... Il s'est entêté quand même... Il voulait pas en démordre !... Il a même repris l'offensive !... C'est ainsi qu'il a fondé la société « La Plume au Vent » à l'instant même le plus critique !... « Pour la défense du sphérique, du beaucoup plus léger que l'air ! » Exhibitions ! Démonstrations ! Conférences ! Fêtes ! Réjouissances ! Siège social au « Génitron ». Il est pas venu dix adhérences ! Ça sentait la terrible poisse ! Je suis retourné aux rafistolages...

Dans « l'Archimède », le vieux captif, j'avais déjà tellement tapé que je ne trouvais plus un bout de convenable !... C'était plus que des morceaux pourris !... Et le « Zélé » valait guère mieux... Il était réduit à la corde ! On lui voyait la trame partout... Je suis payé pour le savoir !

Ce fut un dimanche à Pontoise notre dernière sortie sphérique. On s'était risqué quand même... Ils avaient dit ni oui ni non !... On l'avait extrêmement dopé le malheureux déconfit, ramassé les franges dans les coins, retourné dessus-dessous... On l'avait un peu étayé avec des plaques en cellophane... du caoutchouc, du fusible et des étoupes de calfats ! Mais malgré tout, devant la Mairie, ce fut sa condamnation, la crise terminale ! On a eu beau lui pomper presque en entier un gazomètre... il perdait plus qu'il ne prenait... C'était un coup d'endosmose, Pereires a tout de suite expliqué... Et puis comme on insistait, il s'est complètement pourfendu... dans un bruit d'horrible colique !... L'odeur infecte se répand !... Les gens se sauvent devant les gaz... Ce fut une panique ! une angoisse !... En plus, voilà l'énorme enveloppe qui redégringole sur les gendarmes !... Ça les étouffe, ils restent coincés dans les volants... Ils gigotaient dessous les plis !... Ils ont bien failli suffoquer !... Ils étaient faits comme des rats !... Au bout de trois heures d'efforts, on a dégagé le plus jeune !... les autres ils étaient évanouis... On était plus populaires !

Louis-Ferdinand Céline, *Mort à crédit*, Éd. Gallimard, 1936.

1. À travers quels détails le narrateur souligne-t-il le caractère dérisoire du ballon et de l'aérostier ?

2. Comment la situation du « Zélé » évolue-t-elle tout au long du texte ? Relevez les étapes de sa dégradation.

3. Quelles solutions l'inventeur tente-t-il d'apporter à ses problèmes ?

4. Quelles réactions le ballon suscite-t-il chez les spectateurs ? En quoi ces réactions participent-elles au comique du récit ?

5. Montrez que le comique repose essentiellement sur les effets de grossissement et d'amplification de la réalité.

6. NOTION. Étudiez les indices de l'oralité du discours dans ce passage.

NOTION

L'oralité dans le récit

La narration à la première personne permet de créer l'illusion d'un style oral, populaire, familier au lecteur. L'usage de termes argotiques, d'une ponctuation originale et d'une syntaxe relâchée caractérisent le style oral de Céline.

QUENEAU

Nom et prénom : **Queneau, Raymond**

Naissance : **21 février 1903, au Havre**

Décès : **25 octobre 1976, à Paris**

« Je naquis au Havre un vingt et un février/en mil neuf cent et trois./Ma mère était mercière et mon père mercier/ils trépignaient de joie. » Raymond Queneau fait au lycée du Havre des études brillantes, puis il passe à Paris une licence de philosophie. En 1924, il rejoint le mouvement surréaliste. Mais il rompt avec Breton en 1929. Son premier roman, *Le Chiendent,* en 1933, est un jeu sur le langage, une tentative d'écrire « comme on parle », qu'il poursuivra à travers toute son œuvre. Élu membre de l'académie Goncourt en 1951, Queneau adhère la même année au Collège de Pataphysique, qui fait la satire des institutions. En 1959 paraît *Zazie dans le métro* dont Louis Malle tire un film. Mathématicien, esprit encyclopédique, poète, Queneau soutient l'Oulipo, atelier d'écriture qui crée des textes à partir de règles formelles contraignantes. Affecté douloureusement par la mort de sa femme en 1972, Queneau meurt quatre ans plus tard.

Auteur de romans, dont : *Le Chiendent* (1933), *Loin de Rueil* (1944), *Zazie dans le métro* (1959); de recueils de poèmes, dont : *Chêne et Chien* (1937), *Le Chien à la mandoline* (1958), *Cent Mille Milliards de poèmes* (1961); de chansons et de dialogues de films.

LA LITTÉRATURE, LE PASTICHE ET LA PARODIE

Toute l'œuvre de Queneau est une fête du langage. Avec une virtuosité étonnante, l'écrivain bouleverse les rapports entre le code de la langue écrite et son usage oral. Inspiré par le souvenir des remises en cause du surréalisme, Queneau multiplie dans son œuvre les pastiches et les parodies des écrivains célèbres. L'univers de ses poèmes, comme de ses romans, proche du quotidien, permet à la fantaisie et à l'imagination de se manifester avec humour et ironie. *Le Chiendent* en 1933, *Exercices de style* en 1947, *Zazie dans le métro* en 1959 allient ainsi la liberté du langage avec le plaisir de situations cocasses qui suscitent le rire du lecteur.

Objet d'étude Les réécritures

1933 — Le Chiendent

Premier roman de Queneau, *Le Chiendent* annonce toute l'œuvre de l'écrivain. La parodie et la transcription écrite du français parlé produisent immédiatement de nombreux effets comiques. C'est ainsi que Mme Cloche s'abandonne au regret et à la rêverie, à la manière d'Emma Bovary, l'héroïne de Flaubert.

La petite vie allait recommencer. C'était fini les grands espoirs. La grande vie. Les grandes perspectives. Elle avala sa menthe verte, en se poissant les doigts.

Alle aurait commencé par s'acheter quéques robes, des chouettes alors, qui l'auraient rajeunie de vingt ans et alle s'rait allée chez l'institut d'beauté, où s'qu'on l'aurait rajeunie de vingt ans. Total, quarante. Ça fait qu'elle en aurait eu quinze. Avec de la monnaie, qu'est-ce qu'on ne fait pas ! Ensuite de quoi, a s'rait allée chez l'marchand d'bagnoles. Une bathouze qu'elle aurait dit, avec un capot long comme ça, et des coussins bien rembourrés. Quéque chose qui fasse impressionnant. Alle aurait pris une femme de chambre et un chauffeur et en route pour Montécarlau. Et puis elle aurait aussi acheté une villa à Neuilly avec eau, gaz, électricité, ascenceur, cuisine électrique, frigidaire, chauffage central, teuseufeu[1], et peut-être une salle de bains. Alle commencerait par faire remplir sa

1. **Teuseufeu :** la TSF, la radio.

cave de champagne. Tous les jours, à tous les repas, champagne, sauf le matin, au lever, toujours comme d'habitude, boudin froid et gros rouge.

....

À s'voyait déjà arrivant au casino, quéquepart au soleil, dans un patelin ousqu'i fait toujours beau ; a s'voyait arrivant au casino, avec épais comme ça d'poudre sur la gueule, les nichons rafistolés et une robe à trois mille balles su'l'dos, entre deux types bien fringués en smoquinges et les cheveux collés su'l'crâne, des beaux mecs, quoi. Et les gens i zauraient dit : Qui c'est celle-là qu'a des diamants gros comme le poing ? C'est-y la princesse Falzar ou la duchesse de Frangipane ? Non, non, qu'i zauraient dit les gens renseignés, c'est Mme du Belhôtel, qui s'occupe d'œuvres de bienfeuzouance et du timbre antiasthmatique. Alle a été mariée avec un prince hindou, qu'i diraient les gens, c'est s'qu'esplique sa grosse galette. En tout cas, y a une chose qu'elle aurait pas fait, ça aurait été d'jouer à la roulette. C'est idiot. On perd tout c'qu'on veut. Non sa belle argent, elle l'aurait pas j'tée comm'ça su'l'tapis vert, pour qu'alle s'envole et qu'alle la r'voie pus. Non. Alle aurait pas reculé d'vant la dépense, ça non ; pour la rigolade, elle aurait été un peu là. Mais aller foutre son pèze dans la caisse d'un casino, ça, a n'l'aurait pas fait.

Raymond Queneau, *Le Chiendent*, Éd. Gallimard, 1933.

Kees Van Dongen, *Guus sur fond rouge* (1910).

1. En quoi la situation de Mme Cloche dans ce passage fait-elle écho à celle vécue par Emma Bovary dans le roman de Gustave Flaubert (voir p. 368) ?

2. À travers quels éléments Queneau actualise-t-il la situation de l'héroïne dans le contexte de son époque ?

3. Par quel procédé d'écriture Queneau communique-t-il au lecteur les pensées de son personnage ? En quoi ce procédé participe-t-il à la parodie ?

4. Relevez et analysez trois mots inventés par Raymond Queneau pour inscrire le texte dans le registre comique.

5. NOTION. Étudiez les caractéristiques de la parodie dans ce texte.

NOTION

La parodie

La parodie consiste à reprendre un texte célèbre, écrit dans un niveau de langage soutenu, pour le réécrire dans un niveau de langage familier. Le lexique, les images, les tournures syntaxiques appartiennent à la langue argotique et déclenchent ainsi le rire du lecteur.

1959

Zazie dans le métro

Confiée à son oncle Gabriel, Zazie découvre Paris. À travers une série d'aventures burlesques, en multipliant les jeux sur le langage, l'humour de Queneau tourne en dérision les valeurs établies.

– Alors ? pourquoi que tu veux l'être, institutrice ?

– Pour faire chier les mômes, répondit Zazie. Ceux qu'auront mon âge dans dix ans, dans vingt ans, dans cinquante ans, dans cent ans, dans mille ans, toujours des gosses à emmerder.

– Eh bien, dit Gabriel.

– Je serai vache comme tout avec elles. Je leur ferai lécher le parquet. Je leur ferai manger l'éponge du tableau noir. Je leur enfoncerai des compas dans le derrière. Je leur botterai les fesses. Parce que je porterai des bottes. En hiver. Hautes comme ça (geste). Avec de grands éperons pour leur larder la chair du derche.

– Tu sais, dit Gabriel avec calme, d'après ce que disent les journaux, c'est pas du tout dans ce sens-là que s'oriente l'éducation moderne. C'est même tout le contraire. On va vers la douceur, la compréhension, la gentillesse. N'est-ce pas, Marceline[1], qu'on dit ça dans le journal ?

– Oui, répondit doucement Marceline. Mais toi, Zazie, est-ce qu'on t'a brutalisée à l'école ?

– Il aurait pas fallu voir.

– D'ailleurs, dit Gabriel, dans vingt ans, y aura plus d'institutrices : elles seront remplacées par le cinéma, la tévé[2], l'électronique, des trucs comme ça. C'était aussi écrit dans le journal l'autre jour. N'est-ce pas, Marceline ?

– Oui, répondit doucement Marceline.

Zazie envisagea cet avenir un instant.

– Alors, déclara-t-elle, je serai astronaute.

– Voilà, dit Gabriel approbativement. Voilà, faut être de son temps.

– Oui, continua Zazie, je serai astronaute pour aller faire chier les Martiens.

Gabriel enthousiasmé se tapa sur les cuisses :

– Elle en a de l'idée, cette petite.

Il était ravi.

– Elle devrait tout de même aller se coucher, dit doucement Marceline. Tu n'es pas fatiguée ?

– Non, répondit Zazie en bâillant.

Raymond Queneau, *Zazie dans le métro,* Éd. Gallimard, 1959.

1. **Marceline** : la compagne de Gabriel.
2. **la tévé** : la télévision.

1. Comment le personnage de Zazie apparaît-il au lecteur ? À travers quelles indications ?

2. Étudiez le contraste formé entre Zazie et le couple Gabriel-Marceline.

3. À quel moment y a-t-il complicité totale entre Gabriel et sa nièce ?

4. Montrez que l'utilisation de l'argot permet à l'écrivain de laisser libre cours à sa fantaisie verbale.

5. NOTION. Comment les réflexions de Zazie renversent-elles les images convenues du monde des adultes ?

NOTION

Le renversement des conventions

En choisissant comme héros le personnage d'un enfant, le romancier peut prendre le contre-pied des valeurs habituelles et des conventions de la société. Le regard porté par l'enfant sur le monde des adultes, dans sa naïveté ou dans sa cruauté, produit des effets comiques qui amusent et entraînent la réflexion du lecteur.

1965

Le Chien à la mandoline

Le recueil de poèmes qui constitue *Le Chien à la mandoline* se présente comme « une sorte de journal intime ». À travers le titre, c'est Queneau lui-même qui se met en scène. Il trouve des accents proches de son ami Jacques Prévert pour faire la satire de la société de son temps.

HAUTE SOCIÉTÉ

Ce sont des messieurs très bien
ils s'assoient sur des chaises en rotin
sur des chaises avec des ornements, des paillettes, de la verroterie[1]
ils s'assoient sur des chaises très bien
pour dire des choses très bien
Ils disent des choses pleines de pensées, d'idées
des conneries quoi, des conneries très bien
qu'ils prononcent très bien
en mettant l'orthographe à tous les mots
une orthographe très bien
et lorsque les messieurs très bien ont fini de dire leurs conneries très bien
prononcées avec une orthographe très bien
on leur sert des consommations très bien
du pipi de chat, de l'urine de chèvre et du ouisqui très bien

Raymond Queneau, *Le Chien à la mandoline*,
Éd. Gallimard, 1965.

1. **verroterie** : petits objets de verre sans grande valeur.

1. Quelle est la cible visée par cette satire de Raymond Queneau ? Relevez les différents éléments de la situation mise en scène par le poème.

2. Analysez le contraste entre le comportement des personnages évoqués par le poème et le niveau de langage utilisé par Queneau pour l'évoquer.

3. Étudiez les répétitions présentes dans le poème. Quel est l'effet recherché ?

4. Quelle est la forme poétique choisie par Queneau ? Relevez et étudiez ses caractéristiques.

5. NOTION. En quoi le poème de Queneau forme-t-il une satire de la « haute société » ?

NOTION

La satire

La satire désigne à l'origine un poème en vers de forme libre à rimes plates. Mais il peut s'agir aussi d'écrits en prose qui se moquent des mœurs et des institutions. L'auteur de la satire attaque ainsi les vices et les ridicules de ses contemporains.

GIRAUDOUX

Nom et prénom : **Giraudoux, Jean**

Naissance : **29 octobre 1882, à Bellac, dans le Limousin**

Décès : **31 janvier 1944, à Paris**

Jean Giraudoux grandit au cœur du Limousin. Des études brillantes le conduisent à la prestigieuse École normale supérieure de la rue d'Ulm, à Paris. Il voyage en Allemagne et aux États-Unis, s'essaye au journalisme, mais choisit cependant la carrière diplomatique, où il obtiendra des postes élevés. Après avoir publié plusieurs romans, il adapte pour le théâtre *Siegfried et le Limousin* en 1922. Sa rencontre avec le metteur en scène et comédien Louis Jouvet est décisive : Giraudoux écrit désormais pour le théâtre. Diplomate lucide, il mesure la montée du fascisme en Europe et exprime une sombre inquiétude prémonitoire dans deux pièces célèbres, *La guerre de Troie n'aura pas lieu*, en 1935, et *Électre*, deux ans plus tard. La débâcle de 1940 le pousse à se retirer, pour se consacrer à l'écriture. Giraudoux meurt quelques mois avant la Libération. Jouvet monte alors *La Folle de Chaillot*, qui connaît un grand succès.

Auteur de romans, dont : *Suzanne et le Pacifique* (1921), *Juliette au pays des hommes* (1924); de pièces de théâtre, dont : *Amphitryon 38* (1929), *Intermezzo* (1933), *La guerre de Troie n'aura pas lieu* (1935), *Électre* (1937), *Ondine* (1939); d'essais, dont : *Pleins Pouvoirs* (1939), *Sans Pouvoirs* (publication posthume, 1946).

GIRAUDOUX ET LE RENOUVEAU DU TRAGIQUE

Dans les années trente, le ton léger, précieux, des premières œuvres de Giraudoux laisse place au pessimisme lucide de *La guerre de Troie n'aura pas lieu*. Inspirée de l'*Iliade* du poète grec Homère, la pièce fait le constat de la montée des périls en Europe. Giraudoux donne ainsi une actualité aux mythes de l'Antiquité, qui rejoignent le thème majeur de son œuvre : le destin. Les révoltes devant la fatalité ne servent aux hommes qu'à mesurer leur impuissance. Ce renouveau du tragique est, un peu plus tard, confirmé par Cocteau, Sartre, Camus ou Anouilh. À leur tour, ils chercheront des réponses aux dangers et aux interrogations que suscite l'Histoire dans la première moitié du XXe siècle.

Objet d'étude Le théâtre : les genres et registres (le comique et le tragique)

1935 — La guerre de Troie n'aura pas lieu

À travers la guerre qui oppose les Grecs aux Troyens, Giraudoux met en garde les spectateurs contre les conflits qui s'annoncent en Europe. Le héros troyen Pâris et sa mère Hécube s'opposent ainsi à ceux qui ne voient dans la guerre qu'une occasion de se mettre en valeur.

DEMOKOS. – Puis-je enfin réclamer un peu de silence, Pâris ?.... Abnéos, et toi, Géomètre, et vous mes amis, si je vous ai convoqués ici avant l'heure, c'est pour tenir notre premier conseil. Et c'est de bon augure[1] que ce premier conseil de guerre ne soit pas celui des généraux, mais celui des intellectuels. Car il ne suffit pas, à la guerre, de fourbir des armes à nos soldats. Il est indispensable de porter au comble leur enthousiasme. L'ivresse physique, que leurs chefs obtiendront à l'instant de l'assaut par un vin à la résine[2] vigoureusement placé, restera vis-à-vis des Grecs inefficiente[3], si elle ne se double de l'ivresse morale que nous, les poètes, allons leur verser. Puisque l'âge nous éloigne du combat, servons du moins à le rendre sans merci. Je vois que tu as des idées là-dessus, Abnéos, et je te donne la parole.

1. **de bon augure** : de bon présage.
2. **vin à la résine** : vin grec parfumé à la résine.
3. **inefficiente** : inefficace, sans effet.

ABNEOS. – Oui. Il nous faut un chant de guerre.

DEMOKOS. – Très juste. La guerre exige un chant de guerre.

PÂRIS. – Nous nous en sommes passé jusqu'ici.

HÉCUBE. – Elle chante assez fort elle-même…

ABNÉOS. – Nous nous en sommes passé, parce que nous n'avons jamais combattu que des Barbares. C'était de la chasse. Le cor suffisait. Avec les Grecs, nous entrons dans un domaine de guerre autrement relevé.

DEMOKOS. – Très exact, Abnéos. Ils ne se battent pas avec tout le monde.

PÂRIS. – Nous avons déjà un chant national.

ABNEOS. – Oui. Mais c'est un chant de paix.

PÂRIS. – Il suffit de chanter un chant de paix avec grimace et gesticulation pour qu'il devienne un chant de guerre… Quelles sont déjà les paroles du nôtre ?

ABNEOS. – Tu le sais bien. Anodines[4]. – C'est nous qui fauchons les moissons, qui pressons le sang de la vigne !

DEMOKOS. – C'est tout au plus un chant de guerre contre les céréales. Vous n'effraierez pas les Spartiates[5] en menaçant le blé noir.

PÂRIS. – Chante-le avec un javelot à la main et un mort à tes pieds, et tu verras.

HECUBE. – Il y a le mot sang, c'est toujours cela.

PÂRIS. – Le mot moisson aussi. La guerre l'aime assez.

ABNEOS. – Pourquoi discuter, puisque Demokos peut nous en livrer un tout neuf dans les deux heures.

DEMOKOS. – Deux heures, c'est un peu court.

HECUBE. – N'aie aucune crainte, c'est plus qu'il ne te faut ! Et après le chant, ce sera l'hymne[6], et après l'hymne la cantate[7]. Dès que la guerre est déclarée, impossible de tenir les poètes. La rime, c'est encore le meilleur tambour.

DEMOKOS. – Et le plus utile, Hécube ; tu ne crois pas si bien dire. Je la connais, la guerre. Tant qu'elle n'est pas là, tant que ses portes sont fermées, libre à chacun de l'insulter et de la honnir. Elle dédaigne les affronts du temps de paix. Mais, dès qu'elle est présente, son orgueil est à vif, on ne gagne pas sa faveur, on ne la gagne que si on la complimente et la caresse. C'est alors la mission de ceux qui savent parler et écrire, de louer la guerre, de l'aduler à chaque heure du jour, de la flatter sans arrêt aux places claires ou équivoques de son énorme corps, sinon on se l'aliène. Voyez les officiers : Braves devant l'ennemi, lâches devant la guerre, c'est la devise des vrais généraux.

Jean Giraudoux, *La guerre de Troie n'aura pas lieu*, Éd. Grasset, 1935.

4. **anodines** : banales.
5. **Spartiates** : guerriers de Sparte célèbres pour leur vaillance.
6. **hymne** : poème en l'honneur des dieux et des héros.
7. **cantate** : composition musicale sollicitant chœur et orchestre.

1. Quelles sont les caractéristiques de Demokos ? Quelles attitudes Giraudoux dénonce-t-il à travers lui ?

2. Identifiez les deux groupes qui s'opposent. Quelle est la thèse défendue par chacun d'eux ?

3. Relevez les arguments de Pâris et Hécube. Pourquoi peut-on dire qu'ils sont ironiques ?

4. Derrière le chant évoqué par la pièce, quel est en réalité pour Giraudoux l'enjeu de ce dialogue argumentatif ?

5. NOTION. Retrouvez dans le texte l'ensemble des caractéristiques de la tragédie.

NOTION

L'espace tragique

La dramaturgie du XXᵉ siècle reprend les caractéristiques de la tragédie classique pour exprimer des inquiétudes contemporaines. Elle utilise ainsi les personnages, les situations et le langage appartenant à l'Antiquité gréco-romaine pour recréer l'espace tragique.

1937 — Électre

Selon une légende grecque, Agamemnon, le roi de Mycènes, a été tué par sa femme Clytemnestre. Éloigné pendant de nombreuses années, Oreste, leur fils, rentre au palais poursuivi par les déesses de la vengeance, les Euménides. Il y rencontre sa sœur Électre, qui veut venger son père. Oreste et Clytemnestre se retrouvent pour la première fois.

Scène dixième

Électre, Oreste, le mendiant

Oreste. – Dis-la-moi, Électre ! Dis-la-moi !

Électre. – Te dire quoi ?

Oreste. – Ta haine. La raison de ta haine. Tu la connais maintenant? Tout à l'heure, en parlant à Clytemnestre, tu t'es presque évanouie dans mes bras. On eût dit de joie ou d'horreur.

Électre. – C'était de joie et d'horreur... Es-tu fort ou faible, Oreste ?

Oreste. – Dis-moi ton secret, et je vais le savoir.

Électre. – Je ne connais pas mon secret encore. Je n'ai que le début du fil. Ne t'inquiète pas. Tout va suivre... Méfie-toi. La voilà.

Apparaît au fond Clytemnestre.

Scène onzième

Électre, Clytemnestre, Oreste, le mendiant

Clytemnestre. – Ainsi c'est toi, Oreste?

Oreste. – Oui, mère, c'est moi.

Clytemnestre. – C'est doux, à vingt ans, de voir une mère?

Oreste. – Une mère qui vous a chassé, triste et doux.

Clytemnestre. – Tu la regardes de bien loin.

Oreste. – Elle est ce que j'imaginais.

Clytemnestre. – Mon fils aussi. Beau. Souverain. Et pourtant je m'approche.

Oreste. – Moi non. À distance c'est une splendide mère.

Clytemnestre. – Qui te dit que de près sa splendeur subsiste?

Oreste. – Ou sa maternité?.... C'est bien pour cela que je reste immobile.

Clytemnestre. – Un mirage de mère, cela te suffit?

Oreste. – J'ai eu tellement moins jusqu'à ce jour. À ce mirage du moins, je peux dire ce que je ne dirai jamais à ma vraie mère.

Clytemnestre. – Si le mirage le mérite, c'est déjà cela. Que lui dis-tu?

Oreste. – Tout ce que je ne te dirai jamais. Tout ce qui, dit à toi, serait mensonge.

Clytemnestre. – Que tu l'aimes?

Oreste. – Oui.

Clytemnestre. – Que tu la respectes?

Oreste. – Oui.

Clytemnestre. – Que tu l'admires?

Oreste. – Sur ce point seul mirage et mère peuvent partager.

Clytemnestre. – Pour moi, c'est le contraire. Je n'aime pas le mirage de mon fils. Mais que mon fils soit lui-même devant moi, qu'il parle, qu'il respire, je perds mes forces.

Oreste. – Songe à lui nuire[1], tu les retrouveras.

Clytemnestre. – Pourquoi es-tu si dur? Tu n'as pas l'air cruel, pourtant. Ta voix est douce.

Oreste. – Oui. Je ressemble point par point au fils que j'aurais pu être. Toi aussi d'ailleurs! À quelle mère admirable tu ressembles en ce moment. Si je n'étais pas ton fils, je m'y tromperais.

ÉLECTRE. – Alors, pourquoi parlez-vous tous les deux ? Que penses-tu gagner, mère, à cette ignoble coquetterie maternelle ? Puisque au milieu de la nuit, des haines, des menaces, s'est ouvert une minute ce guichet qui permet à la mère et au fils de s'entrevoir tels qu'ils ne sont pas, profitez-en, et refermez-le. La minute est écoulée.

CLYTEMNESTRE. – Pourquoi si vite ? Qui te dit qu'une minute d'amour maternel suffise à Oreste ?

ÉLECTRE. – Tout me dit que toi tu n'as pas droit, dans ta vie, à plus d'une minute d'amour filial. Tu l'as eue. Et comble… Quelle comédie joues-tu ? Va-t'en…

CLYTEMNESTRE. – Très bien. Adieu.

UNE PETITE EUMÉNIDE[2], *apparaissant derrière les colonnes.* – Adieu, vérité de mon fils.

ORESTE. – Adieu.

SECONDE PETITE EUMÉNIDE. – Adieu, mirage de ma mère.

ÉLECTRE. – Vous pouvez vous dire au revoir. Vous vous reverrez.

Jean Giraudoux, *Électre,* Acte I, scènes 10 et 11, Éd. Grasset, 1937.

1. **nuire** : faire du mal.
2. **les Euménides** : divinités de la vengeance ; petites filles au début, les Euménides grandissent au fur et à mesure de la pièce.

CLYTEMNESTRE : Pourquoi es-tu si dur ? Tu n'as pas l'air cruel, pourtant. Ta voix est douce.

ORESTE : À quelle mère admirable tu ressembles en ce moment. Si je n'étais pas ton fils, je m'y tromperais.

Électre, mise en scène de Claudia Morin avec C. Lascau et F. Rodriguez.

1. Étudiez l'opposition des champs lexicaux de la haine et de l'amour d'une part, de la proximité et de l'éloignement de l'autre. En quoi caractérisent-ils l'affrontement d'Oreste et de sa mère ?

2. Repérez les interventions d'Électre dans le dialogue. Quelle volonté expriment-elles ?

3. Relevez l'origine et la fréquence des questions. Qui se trouve en position de demande et donc de faiblesse ?

4. Analysez le tragique de la scène en montrant que toute réconciliation semble impossible.

5. Montrez comment s'effectue l'enchaînement des scènes.

6. NOTION. Quelle est la fonction occupée par les petites Euménides dans la représentation d'*Électre* ?

NOTION

La représentation du tragique

L'Antiquité met en scène les divinités dans la tragédie de manière à souligner l'affrontement de l'homme opposé à des forces qui le dépassent. L'intervention des dieux est ainsi celle d'un destin fatal auquel l'homme ne peut échapper.

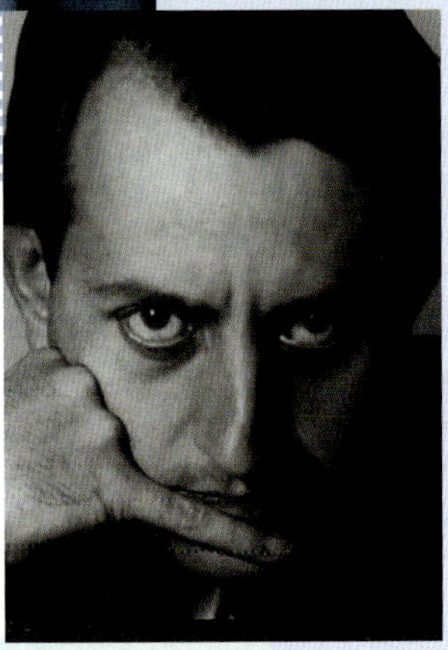

MALRAUX

Nom et prénom : **Malraux, André**

Naissance : **3 novembre 1901, à Montmartre**

Décès : **23 novembre 1976, à l'hôpital de Créteil**

André Malraux a quatre ans lorsque ses parents se séparent. Passionné par l'art et la littérature, il promène sa jeunesse sur le pavé parisien. À vingt ans, il part pour l'Indochine où il est emprisonné, après avoir été mêlé à un trafic d'objets d'art. Peu à peu, Malraux se forge une réputation d'aventurier, faisant de l'Extrême-Orient le cadre de ses premiers romans. *La Condition humaine* obtient le prix Goncourt en 1933. Malraux s'engage alors contre le fascisme. Il dénonce l'arrivée de Hitler au pouvoir en Allemagne. Il est à la tête d'une escadrille de fortune pendant la guerre d'Espagne, aux côtés des Républicains. *L'Espoir*, publié en 1937, alerte l'opinion sur les dangers du fascisme. Fait prisonnier lors de l'invasion allemande, Malraux s'évade et devient le « colonel Berger », commandant d'un groupe de résistants. Admirateur du général de Gaulle, il est nommé ministre de l'Information en 1945, puis ministre de la Culture en 1958. Parallèlement, il rédige ses *Antimémoires*, poursuivant sa méditation sur l'art, sur l'Histoire et la condition humaine jusqu'à sa mort.

Auteur de romans : *Les Conquérants* (1928), *La Voie royale* (1930), *La Condition humaine* (1933), *L'Espoir* (1937) ; d'écrits sur l'art, dont : *Les Voix du silence* (1951), *La Métamorphose des dieux* (1957) ; de textes autobiographiques, dont : *Antimémoires* (1967) ; d'essais politiques.

MALRAUX, L'ÉCRIVAIN ENGAGÉ DANS LE SIÈCLE

André Malraux est d'abord un homme d'action, pour qui l'écriture est un moyen d'agir. Engagé dans tous les combats où la liberté est menacée, l'écrivain s'interroge sur la condition humaine. Trois romans tirent les leçons de son expérience de l'Asie : *Les Conquérants*, en 1928, *La Voie royale*, en 1930, et *La Condition humaine* en 1933. L'ensemble forme une méditation sur l'action révolutionnaire, qui devient un moyen de lutter contre la mort, en mettant sa vie au service d'une cause. C'est ce que fait Malraux lui-même pendant la guerre d'Espagne, puis pendant la Résistance. Le même engagement accompagne sa réflexion sur l'art. Inventeur des Maisons de la culture, il compare celles-ci à des cathédrales où les gens peuvent « rencontrer ce qu'il y a de meilleur en eux ». C'est que l'art, comme le refus de se soumettre, permet à l'homme de retrouver sa dignité.

Objet d'étude Le roman et ses personnages : visions de l'homme et du monde

1937 — L'Espoir

Rédigé en plein cœur de la guerre civile espagnole, *L'Espoir* illustre la manière dont Malraux conçoit l'écriture : elle est une défense de valeurs universelles comme la fraternité, l'action et l'espérance. Sous les yeux de Shade, journaliste américain, les Républicains espagnols subissent les bombardements des troupes du général Franco dans Madrid assiégée.

Le soir sans soleil couchant et sans autre vie que celle du feu, comme si Madrid eût été portée par une planète morte, faisait de cette fin de journée un retour aux éléments. Tout ce qui était humain disparaissait dans la brume de novembre crevée d'obus et roussie de flammes.

Une gerbe flamboyante fit éclater un petit toit dont Shade s'étonnait qu'il eût pu la cacher ; les flammes, au lieu de monter, descendirent le long de la maison qu'elle brûlèrent en remontant jusqu'au faîte. Comme un feu d'artifice bien ordonné, à la fin de l'incendie des tourbillons d'étincelles traversèrent la brume : un vol de flammèches obligea les journalistes à se baisser. Quand l'incendie rejoignait les maisons déjà brûlées, il les éclairait par-derrière, fantomatiques et funèbres, et demeurait longtemps à rôder derrière leurs lignes de ruines. Un crépuscule sinistre se levait sur l'âge du feu. Les trois plus grands hôpitaux brûlaient. L'hôtel Savoy brûlait. Des églises brûlaient, des musées brûlaient, la Bibliothèque Nationale brûlait, le ministère de l'Intérieur brûlait, une halle brûlait, les petits marchés de planches flambaient, les maisons s'écroulaient dans les envolées d'étincelles, deux quartiers striés de longs murs noirs rougeoyaient comme des grils sur des braises ; avec une solennelle lenteur, mais avec la rageuse ténacité du feu, par l'Atocha, par la rue de Léon, tout cela avançait vers le centre, vers la Puerta del Sol, qui brûlait aussi.

C'est le premier jour..., pensa Shade.

Les volées d'obus tombaient maintenant plus à gauche. Et du fond de la Gran Via que Shade surplombait et voyait mal, commença à monter, couvrant parfois la cloche des ambulances qui descendaient sans arrêt la rue, un son de litanies[1] barbares. Shade écoutait de toute son attention ce son venu de très loin dans le temps, sauvagement accordé au monde du feu : il semblait qu'après une phrase périodiquement prononcée, la rue entière, en matière de répons[2], imitât le battement des tambours funèbres : Dong-tongon-dong.

Enfin Shade, plus qu'il ne comprit, devina, car il avait entendu le même rythme un mois plus tôt : en réponse à une phrase qu'il n'entendait pas, le bruit de tambour humain scandait : *no pasaran*[3]. Shade avait vu la Pasionaria[4], noire, austère, veuve de tous les tués des Asturies[5], conduire dans une procession grave et farouche, sous des banderoles rouges qui portaient sa phrase fameuse « *Il vaut mieux être la veuve d'un héros que la femme d'un lâche* », vingt mille femmes qui, en réponse à une autre longue phrase indistincte, scandaient le même *no pasaran* ; il en avait été moins ému que cette foule bien moins nombreuse, mais invisible, dont l'acharnement dans le courage montait vers lui à travers la fumée des incendies.

André Malraux, *L'Espoir*, Éd. Gallimard, 1937.

1. litanies : prières.
2. répons : paroles sacrées prononcées par l'assemblée lors d'une messe.
3. *no pasaran* : « ils ne passeront pas », le mot d'ordre des troupes républicaines.
4. la Pasionaria : Dolorès Ibarruri, célèbre militante communiste espagnole.
5. Asturies : région d'Espagne.

1. Qui perçoit la scène pour le lecteur ? Montrez, en relevant les verbes de perception utilisés, comment se développe la progression de l'action.

2. Dans le deuxième paragraphe, à travers quel procédé le romancier souligne-t-il l'avancée de l'incendie ? Dans quel registre cette amplification inscrit-elle le passage ?

3. Quels sentiments Shade éprouve-t-il à la fin de l'extrait ? Commentez la dernière phrase du texte.

4. Commentez l'expression « litanies barbares » (l. 21). Quelle vision Malraux donne-t-il de la guerre à travers cet extrait ?

5. Retrouvez dans la biographie de Malraux ce qui correspond à l'expérience vécue de l'écrivain.

6. NOTION. En quoi ce passage illustre-t-il l'engagement de l'écrivain ? À travers quels procédés le romancier exalte-t-il l'image de ceux dont il défend la cause ?

NOTION

Le roman engagé

À travers le roman engagé, l'écrivain met la littérature au service d'une cause. La dynamique du récit s'inscrit dans un contexte historique particulier. Le roman se fait le témoin de l'Histoire et le défenseur d'hommes et de femmes dévoués à un idéal. Il explore ainsi la condition tragique de l'homme et les valeurs universelles de liberté et de solidarité.

Malraux et l'engagement des écrivains

Dès les premiers jours de la guerre d'Espagne, qui voit s'affronter les Républicains et les troupes du général Franco soutenues par Mussolini et Hitler, Malraux forme une escadrille internationale composée de volontaires de tous pays. Depuis longtemps engagé dans les débats idéologiques de son temps, l'écrivain prend part à l'action afin de défendre les valeurs fondamentales de la démocratie.

Chronologie de l'engagement de Malraux

17 juillet 1936	soulèvement militaire en Espagne ; début de la guerre civile espagnole
Août 1936	fondation par Malraux de l'escadrille internationale España aux côtés des forces républicaines
1937	publication de *L'Espoir*
1938	tournage du film *Sierra de Teruel* dans Barcelone assiégée
1939	victoire de Franco en Espagne ; début de la Seconde Guerre mondiale
1940	évasion de Malraux, blessé et capturé par les troupes allemandes
1944-1945	participation de Malraux à la Résistance, sous le nom de « Colonel Berger »

Affiche de Miró en 1936 en faveur de l'Espagne républicaine.

La montée des totalitarismes

Marqué par le soulèvement des mouvements nationalistes chinois contre les puissances coloniales, Malraux témoigne dans ses premiers romans, *Les Conquérants* et *La Condition humaine*, de la nécessité de s'engager dans l'Histoire. Il multiplie alors les interventions contre les menaces que représentent le fascisme en Italie et le nazisme en Allemagne. Autour de lui, d'autres écrivains se mobilisent : c'est ainsi que Gide dénonce le colonialisme en Afrique et l'absence de liberté en URSS, tandis que Giraudoux alerte l'opinion sur la montée des périls en Europe. Tous s'inquiètent de l'impuissance des démocraties à s'opposer aux régimes totalitaires.

André Malrau[…] en 194[…] en uni[…] de col[…] des Fo[…] frança[…] l'intéri[…]

La nécessité de l'action

Lorsque éclate la guerre civile espagnole, en juillet 1936, Malraux décide de prendre les armes aux côtés des Républicains, en fondant une escadrille à la tête de laquelle il participe aux combats contre l'aviation nationaliste. D'autres écrivains, comme l'Américain Ernest Hemingway, rejoignent les Brigades internationales, et leurs œuvres témoignent des atrocités de la guerre. Malraux écrit *L'Espoir* et en réalise l'adaptation pour le cinéma au moment où il se trouve sur les lieux du combat. Il apparaît ainsi, en 1939, comme le symbole vivant de l'écrivain engagé.

Les écrivains engagés dans la lutte contre le fascisme se retrouvent à la Libération. Albert Camus et André Malraux en 1944

L'engagement dans la Résistance

L'invasion de la France en 1940 par l'armée allemande oblige les écrivains à prendre position. Un certain nombre d'entre eux, comme Céline ou Drieu la Rochelle, collaborent avec l'occupant. Le plus grand nombre participe à la Résistance : Aragon, Eluard, Ponge, Vercors publient clandestinement des textes ou des revues qui appellent au combat pour la liberté. Robert Desnos et Max Jacob meurent en déportation. Antoine de Saint-Exupéry disparaît au cours d'une mission aérienne. Blessé au début de la guerre, capturé puis évadé, Malraux participe à la libération de Strasbourg à la tête de la brigade Alsace-Lorraine. Il est nommé ministre de l'Information en 1945.

Le débat des intellectuels

À la Libération, l'épuration jette l'interdit sur les œuvres d'une centaine d'auteurs, parmi lesquels Céline, Morand ou Montherlant. Les écrivains issus de la Résistance dominent la scène intellectuelle. À partir de 1944, Sartre et Camus croisent Prévert, Queneau ou Vian dans les « caves existentialistes » de Saint-Germain-des-Prés. Désormais, les prises de position des intellectuels, leur réflexion sur la place de l'homme dans la société et le destin des civilisations sont au cœur de tous les débats qui animent la vie politique.

Malraux poursuit son engagement en devenant ministre des Affaires culturelles du général de Gaulle de 1959 à 1969.

Le poème de Paul Eluard, *Liberté*, illustré par Fernand Léger.

La littérature de combat

La révolution russe de 1917, les deux guerres mondiales, la violence des affrontements idéologiques de la première moitié du XXe siècle donnent à la littérature une fonction nouvelle. Au-delà de son ambition esthétique, l'œuvre littéraire participe à une réflexion sur la société, sur l'engagement politique ou la condition humaine. Le théâtre, le roman ou la poésie se doivent de manifester une prise de position morale et philosophique. C'est ainsi que la création de nombreuses revues, depuis *La Révolution surréaliste* de Breton et Aragon, jusqu'aux *Temps modernes*, de Jean-Paul Sartre et Simone de Beauvoir, permet aux écrivains d'intervenir dans le débat social.

Jean-Paul Sartre, photographié par Brassaï au café de Flore, incarne la figure de l'écrivain et du philosophe engagé dans les préoccupations de son temps.

COMPRENDRE L'ESSENTIEL

1. **Quelles circonstances conduisent les écrivains à réfléchir sur leur rôle dans la société ?**
2. **Pourquoi Malraux est-il devenu, en 1939, le symbole de l'écrivain engagé ?**
3. **Quelles sont les deux attitudes adoptées par les écrivains français pendant l'Occupation ?**
4. **Quelles formes l'engagement des écrivains prendra-t-il après la Seconde Guerre mondiale ?**

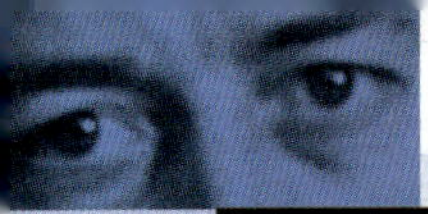

CAMUS

Nom et prénom : **Camus, Albert**

Naissance : **7 novembre 1913, à Mondovi, en Algérie**

Décès : **4 janvier 1960, d'un accident de voiture dans l'Yonne**

Le père d'Albert Camus, ouvrier algérien, meurt pendant la Première Guerre mondiale, sur le champ de bataille de la Marne. L'enfance de Camus, dans un quartier pauvre d'Alger, est illuminée par la présence affectueuse de sa mère et par l'émerveillement des paysages de la Méditerranée. Étudiant en philosophie, il s'occupe d'une compagnie de théâtre, dénonce les conditions de vie difficiles des Algériens. En 1939, Camus se rend à Paris et termine alors son premier roman, *L'Étranger*, publié en 1942. Il entre dans la clandestinité et participe activement à la Résistance. À la Libération, il prend la tête de la revue *Combat*, tandis qu'il s'affirme au théâtre à travers *Caligula* et *Le Malentendu*, mis en scène en 1944.

La parution de *La Peste*, en 1947, fait de Camus un romancier célèbre. La situation de l'Algérie inquiète cependant l'écrivain, qui se retrouve peu à peu isolé. Il vit le déclenchement de la guerre en Afrique du Nord comme un authentique drame personnel. En 1957, le prix Nobel de littérature consacre son œuvre. Mais, trois ans plus tard, un accident de voiture met brutalement fin à ses jours.

Auteur de romans : *L'Étranger* (1942), *La Peste* (1947), *La Chute* (1956) ; d'un recueil de nouvelles : *L'Exil et le Royaume* (1957) ; de pièces de théâtre, dont : *Caligula* (1944), *Les Justes* (1949) ; d'essais : *Le Mythe de Sisyphe* (1942), *L'Homme révolté* (1951).

CAMUS, L'ABSURDE ET LA RÉVOLTE

L'absurde et la révolte sont les deux maîtres mots de l'œuvre de Camus. Marqué par la maladie – il a souffert de la tuberculose –, Camus ne peut oublier que la mort est au cœur de la vie. De là, l'absurdité de l'existence. Ses romans affirment la nécessité de l'amour des autres, de la solidarité, comme moyens de lutter contre la mort. Meursault, le héros de *L'Étranger*, indifférent au monde, ne parvient pas à trouver un sens à l'existence. Le docteur Rieux, narrateur de *La Peste*, trouve au contraire dans le combat contre l'épidémie une occasion de combattre l'absurde. C'est l'attitude d'un « homme révolté », celle de Camus lui-même, qui trouve dans la vie, dans la nature, dans l'homme, des raisons d'espérer. L'absurde permet ainsi de revendiquer une liberté essentielle à l'être humain.

Objet d'étude Démontrer, convaincre et persuader

1942

L'Étranger

Avec *L'Étranger*, un personnage déroutant fait son entrée dans la littérature. Indifférent, passif, Meursault éprouve le sentiment de l'absurde à travers sa vie monotone. Assassin malgré lui, il assiste en spectateur à son procès, dans lequel s'affrontent le réquisitoire du procureur, qui lui reproche son insensibilité au moment de la mort de sa mère, et le plaidoyer de son avocat.

L'après-midi, les grands ventilateurs brassaient toujours l'air épais de la salle, et les petits éventails multicolores des jurés s'agitaient tous dans le même sens. La plaidoirie de mon avocat me semblait ne devoir jamais finir. À un moment donné, cependant, je l'ai écouté parce qu'il disait : « Il est vrai que j'ai tué. » Puis il a continué sur ce ton, disant « je » chaque fois qu'il parlait de moi. J'étais très étonné. Je me suis penché vers un gendarme et je lui ai demandé pourquoi. Il m'a dit de me taire et, après un moment, il a ajouté : « Tous les avocats font ça. » Moi, j'ai pensé que c'était m'écarter encore de l'affaire, me réduire à zéro et, en un certain sens, se substituer à moi. Mais je crois que j'étais déjà très loin de cette salle d'audience. D'ailleurs, mon avocat m'a semblé ridicule. Il a plaidé la provocation très rapidement et puis lui aussi a parlé de mon âme. Mais il m'a paru qu'il avait beaucoup moins de talent que le procureur. « Moi aussi, a-t-il dit, je me suis penché sur cette âme, mais, contrairement à l'éminent représentant du ministère public[1], j'ai trouvé quelque chose et je puis dire que j'y ai lu à livre ouvert. » Il y avait lu que j'étais un honnête homme, un travailleur régulier, infatigable, fidèle à la maison qui l'employait, aimé de tous et compatissant aux misères d'autrui. Pour lui, j'étais un fils modèle qui avait soutenu sa mère aussi longtemps qu'il avait pu. Finalement j'avais espéré qu'une maison de retraite donnerait à la vieille femme le confort que mes moyens ne me permettaient pas de lui procurer. « Je m'étonne, messieurs, a-t-il ajouté, qu'on ait mené si grand bruit autour de cet asile. Car enfin, s'il fallait donner une preuve de l'utilité et de la grandeur de ces institutions, il faudrait bien dire que c'est l'État lui-même qui les subventionne. » Seulement, il n'a pas parlé de l'enterrement et j'ai senti que cela manquait dans sa plaidoirie. Mais à cause de toutes ces longues phrases, de toutes ces journées et ces heures interminables pendant lesquelles on avait parlé de mon âme, j'ai eu l'impression que tout devenait comme une eau incolore où je trouvais le vertige.

À la fin, je me souviens seulement que, de la rue et à travers tout l'espace des salles et des prétoires[2], pendant que mon avocat continuait à parler, la trompette d'un marchand de glace a résonné jusqu'à moi. J'ai été assailli de souvenirs d'une vie qui ne m'appartenait plus, mais où j'avais trouvé les plus pauvres et les plus tenaces de mes joies : des odeurs d'été, le quartier que j'aimais, un certain ciel du soir, le rire et les robes de Marie[3]. Tout ce que je faisais d'inutile en ce lieu m'est alors remonté à la gorge et je n'ai eu qu'une hâte, c'est qu'on en finisse et que je retrouve ma cellule avec le sommeil. C'est à peine si j'ai entendu mon avocat s'écrier, pour finir, que les jurés ne voudraient pas envoyer à la mort un travailleur honnête perdu dans une minute d'égarement, et demander les circonstances atténuantes pour un crime dont je traînais déjà, comme le plus sûr de mes châtiments, le remords éternel. La cour a suspendu l'audience et l'avocat s'est assis d'un air épuisé. Mais ses collègues sont venus vers lui pour lui serrer la main. J'ai entendu : « Magnifique, mon cher. » L'un d'eux m'a même pris à témoin : « Hein ? » m'a-t-il dit. J'ai acquiescé, mais mon compliment n'était pas sincère, parce que j'étais trop fatigué.

Albert Camus, *L'Étranger*, Éd. Gallimard, 1942.

1. **l'éminent représentant du ministère public** : le procureur, qui requiert contre l'accusé.
2. **prétoires** : salles d'audiences.
3. **Marie** : l'amie de Meursault.

1. Relevez et commentez les indices qui montrent que Meursault assiste passivement à son procès. Quel effet son attitude produit-elle selon vous sur le jury ?

2. Analysez les formes du discours rapporté dans ce passage. Réécrivez au discours direct les lignes 13 à 18.

3. À quel moment transparaît la sensibilité du personnage ? Étudiez l'enchaînement des émotions ressenties par Meursault.

4. Justifiez le titre du roman. En quoi le narrateur apparaît-il comme un « étranger » à ce qui l'entoure ?

5. NOTION. Relevez et classez les deux types d'arguments utilisés par l'avocat de Meursault. Selon vous, son plaidoyer est-il convaincant ?

NOTION

Le plaidoyer

Le plaidoyer s'oppose au réquisitoire en défendant l'accusé. Il peut s'apparenter à la démonstration en utilisant des arguments rationnels ou s'appuyer sur des facteurs affectifs et faire appel aux sentiments du destinataire.

1947 — La Peste

La Peste **est la chronique d'une lutte : celle des habitants d'Oran, confrontés à la peste qui ravage la ville. Devant le fléau, chacun éprouve le sentiment de l'absurdité de l'existence. C'est ainsi que le docteur Rieux, le héros du roman, continue de lutter contre une maladie qui le dépasse.**

– Quand je suis entré dans ce métier, je l'ai fait abstraitement, en quelque sorte, parce que j'en avais besoin, parce que c'était une situation comme les autres, une de celles que les jeunes gens se proposent. Peut-être aussi parce que c'était particulièrement difficile pour un fils d'ouvrier comme moi. Et puis il a fallu voir mourir. Savez-vous qu'il y a des gens qui refusent de mourir ? Avez-vous jamais entendu une femme crier : « Jamais ! » au moment de mourir ? Moi, oui. Et je me suis aperçu alors que je ne pouvais pas m'y habituer. J'étais jeune et mon dégoût croyait s'adresser à l'ordre même du monde. Depuis, je suis devenu plus modeste. Simplement, je ne suis toujours pas habitué à voir mourir. Je ne sais rien de plus. Mais après tout…

Rieux se tut et se rassit. Il se sentait la bouche sèche.

– Après tout ? dit doucement Tarrou.

– Après tout…, reprit le docteur, et il hésita encore, regardant Tarrou avec attention, c'est une chose qu'un homme comme vous peut comprendre, n'est-ce pas, mais puisque l'ordre du monde est réglé par la mort, peut-être vaut-il mieux pour Dieu qu'on ne croie pas en lui et qu'on lutte de toutes ses forces contre la mort, sans lever les yeux vers le ciel où il se tait.

– Oui, approuva Tarrou, je peux comprendre. Mais vos victoires seront toujours provisoires, voilà tout.

Rieux parut s'assombrir.

– Toujours, je le sais. Ce n'est pas une raison pour cesser de lutter.

– Non, ce n'est pas une raison. Mais j'imagine alors ce que doit être cette peste pour vous.

– Oui, dit Rieux. Une interminable défaite.

Albert Camus, *La Peste*, Éd. Gallimard, 1947.

1. Relevez, dans les paroles prononcées par le docteur Rieux, l'ensemble des informations qu'il apporte sur lui-même. Comment le personnage apparaît-il au lecteur ?

2. En quoi l'épidémie de peste oblige-t-elle le docteur Rieux à se remettre en cause ? Expliquez l'expression : « Une interminable défaite » (l. 23).

3. Des deux interlocuteurs de ce dialogue, lequel domine l'échange ?

4. NOTION. Quelle est la fonction de ce dialogue argumentatif ? Quel est le rôle joué par chacun des deux interlocuteurs ?

5. À travers quels termes la lutte de la vie et de la mort s'exprime-t-elle dans le texte ? Montrez que le docteur Rieux est partagé entre l'accablement et la révolte.

NOTION

La fonction du dialogue argumentatif

Le dialogue argumentatif possède trois fonctions principales : une fonction polémique, lorsque les points de vue s'affrontent ; une fonction pédagogique, lorsqu'il sert à transmettre un savoir ; une fonction de découverte, lorsqu'il met au jour une vérité ou un sentiment caché.

1949

Les Justes

Dans sa pièce *Les Justes*, Camus met en scène un groupe de jeunes révoltés qui projettent un attentat, en 1905 à Moscou. Dans cette scène, Kaliayev, poète épris de justice, explique pourquoi il n'a pu se résoudre à exécuter les ordres qui lui ont été donnés.

ANNENKOV. – Alors ?

STEPAN. – Il y avait des enfants dans la calèche du grand-duc[1].

ANNENKOV. – Des enfants ?

STEPAN. – Oui. Le neveu et la nièce du grand-duc.

ANNENKOV. – Le grand-duc devait être seul, selon Orlov.

STEPAN. – Il y avait aussi la grand-duchesse. Cela faisait trop de monde, je suppose, pour notre poète. Par bonheur, les mouchards[2] n'ont rien vu.

Annenkov parle à voix basse à Stepan. Tous regardent Kaliayev qui lève les yeux vers Stepan.

KALIAYEV, *égaré*. – Je ne pouvais pas prévoir... Des enfants, des enfants surtout. As-tu regardé des enfants ? Ce regard grave qu'ils ont parfois... Je n'ai jamais pu soutenir ce regard... Une seconde auparavant, pourtant, dans l'ombre, au coin de la petite place, j'étais heureux. Quand les lanternes de la calèche ont commencé à briller au loin, mon cœur s'est mis à battre de joie, je te le jure. Il battait de plus en plus fort à mesure que le roulement de la calèche grandissait. Il faisait tant de bruit en moi. J'avais envie de bondir. Je crois que je riais. Et je disais « oui, oui »... Tu comprends ?

Il quitte Stepan du regard et reprend son attitude affaissée.

J'ai couru vers elle. C'est à ce moment que je les ai vus. Il ne riaient pas, eux. Ils se tenaient tout droits et regardaient dans le vide. Comme ils avaient l'air triste ! Perdus dans leurs habits de parade, les mains sur les cuisses, le buste raide de chaque côté de la portière ! Je n'ai pas vu la grand-duchesse. Je n'ai vu qu'eux. S'ils m'avaient regardé, je crois que j'aurais lancé la bombe. Pour éteindre au moins ce regard triste. Mais ils regardaient toujours devant eux.

Il lève les yeux vers les autres. Silence. Plus bas encore.

Alors, je ne sais pas ce qui s'est passé. Mon bras est devenu faible. Mes jambes tremblaient. Une seconde après, il était trop tard. *(Silence. Il regarde à terre.)* Dora, ai-je rêvé, il m'a semblé que les cloches sonnaient à ce moment ?

DORA. – Non, Yanek, tu n'as pas rêvé.

Albert Camus, *Les Justes*, Éd. Gallimard, 1949

1. **le grand-duc** : l'oncle du tsar de Russie.
2. **mouchards** : espions de la police.

1. Quels sont les groupes qui s'opposent à travers le débat qui anime les personnages ?

2. Relevez, dans la tirade de Kaliayev, les différentes étapes de son récit. Quels sentiments éprouve-t-il ?

3. NOTION. Relevez et étudiez les didascalies présentes dans ce passage. En quoi participent-elles au sens du texte théâtral ?

4. Pourquoi l'expression « notre poète » (l. 7) peut-elle être qualifiée d'ironique ?

5. Montrez qu'à travers ce dialogue, Camus exprime un point de vue personnel au nom des valeurs qu'il défend.

NOTION

Les didascalies

Les didascalies constituent les indications de l'auteur concernant le décor, les personnages présents sur la scène, leurs costumes, leurs gestes et leurs attitudes, et la façon de proférer le texte. Elles sont essentielles au metteur en scène pour préparer la représentation de la pièce.

SARTRE

Nom et prénom : **Sartre, Jean-Paul**

Naissance : **21 juin 1905, à Paris**

Décès : **15 avril 1980, à Paris**

Après la mort prématurée de son père, Sartre grandit « seul entre un vieillard et deux femmes ». Il obtient l'agrégation de philosophie et rencontre Simone de Beauvoir. Il publie son premier roman, *La Nausée*, en 1938. En 1939, Sartre est mobilisé. Fait prisonnier, libéré grâce à un faux certificat médical, il exprime son engagement à travers le théâtre. En 1943, une représentation de sa pièce *Les Mouches* lui fait rencontrer Albert Camus. À la Libération, il fonde la revue *Les Temps modernes*. Sa philosophie de l'existentialisme connaît alors un immense retentissement. Pour Sartre, l'intellectuel doit s'engager. Il devient ainsi le compagnon de route des communistes, se rendant en Union soviétique, en Chine, à Cuba. En 1964, Sartre refuse le prix Nobel. Il participe activement à la révolte étudiante de mai 68 et prend cinq ans plus tard la direction du journal *Libération*. Il meurt en 1980. Cinquante mille personnes assistent à son enterrement.

Auteur de romans et de récits, dont : *La Nausée* (1938), *Le Mur* (1939), *Les Chemins de la liberté* (1945-1949); d'une autobiographie : *Les Mots* (1964); de pièces de théâtre, dont : *Les Mouches* (1943), *Huis clos* (1944), *Les Séquestrés d'Altona* (1959); d'ouvrages philosophiques et d'essais, dont : *L'Être et le Néant* (1943), *L'Idiot de la famille* (1971).

LA LITTÉRATURE ET L'ACTION

Pour Jean-Paul Sartre, la littérature est d'abord un moyen de rendre accessibles au grand public ses thèses philosophiques. Ses pièces de théâtre et ses romans sont autant de réflexions sur la condition humaine : face à l'absurdité de l'existence, seule l'action dans l'Histoire donne un sens à la vie. L'engagement est donc au cœur de la philosophie de Sartre, qui se définit par le terme d'« existentialisme ». Mais Sartre s'impose également comme un grand écrivain. Son théâtre témoigne d'une maîtrise profonde de la dramaturgie et des dialogues. En 1964, son autobiographie, *Les Mots*, développe une ironie et une virtuosité de l'écriture qui séduisent immédiatement le public. Devenu l'un des écrivains majeurs de son siècle, Sartre réussit là où tant de ses personnages ont échoué : contrairement à eux, il parvient à affirmer sa liberté.

Objet d'étude Le théâtre : les genres et registres (le comique et le tragique)

1944 — Huis clos

Dans *Huis clos*, le décor représente un salon Napoléon III dans lequel règne une chaleur étouffante : la scène est en enfer. Trois morts réunis par le hasard s'y affrontent dans un face-à-face perpétuel. Chacun est mis à nu sous le regard des autres.

INÈS. – Pour qui jouez-vous la comédie ? Nous sommes entre nous.

ESTELLE, *avec insolence*. Entre nous ?

INÈS – Entre assassins. Nous sommes en enfer, ma petite, il n'y a jamais d'erreur et on ne damne jamais les gens pour rien.

ESTELLE. – Taisez-vous.

INÈS. – En enfer ! Damnés ! Damnés !

ESTELLE – Taisez-vous. Voulez-vous vous taire ? Je vous défends d'employer des mots grossiers.

INÈS. – Damnée, la petite sainte. Damné, le héros sans reproche. Nous avons eu notre heure de plaisir, n'est-ce pas ? Il y a des gens qui ont souffert pour nous jusqu'à la mort et cela nous amusait beaucoup. À présent, il faut payer.

GARCIN, *la main levée.* – Est-ce que vous vous tairez ?

INÈS, *le regarde sans peur, mais avec une immense surprise.*– Ha ! *(Un temps.)* Attendez ! J'ai compris, je sais pourquoi ils nous ont mis ensemble.

GARCIN. – Prenez garde à ce que vous allez dire.

INÈS. – Vous allez voir comme c'est bête. Bête comme chou ! Il n'y a pas de torture physique, n'est-ce pas ? Et cependant, nous sommes en enfer. Et personne ne doit venir. Personne. Nous resterons jusqu'au bout seuls ensemble. C'est bien ça ? En somme, il y a quelqu'un qui manque ici : c'est le bourreau.

GARCIN, *à mi-voix.* – Je le sais bien.

INÈS. – Eh bien, ils ont réalisé une économie de personnel. Voilà tout. Ce sont les clients qui font le service eux-mêmes, comme dans les restaurants coopératifs[1].

ESTELLE. – Que voulez-vous dire ?

INÈS. – Le bourreau, c'est chacun de nous pour les deux autres.

Un temps. Ils digèrent la nouvelle.

GARCIN, *d'une voix douce.* – Je ne serai pas votre bourreau. Je ne vous veux aucun mal et je n'ai rien à faire avec vous. C'est tout à fait simple. Alors voilà : chacun dans son coin ; c'est la parade[2]. Vous ici, vous ici, moi là. Et du silence. Pas un mot : ce n'est pas difficile, n'est-ce pas ? Chacun de nous a assez à faire avec lui-même. Je crois que je pourrais rester dix mille ans sans parler.

ESTELLE. – Il faut que je me taise ?

GARCIN. – Oui. Et nous… nous serons sauvés. Se taire. Regarder en soi, ne jamais lever la tête. C'est d'accord ?

INÈS. – D'accord.

ESTELLE, *après hésitation.* – D'accord.

GARCIN. – Alors, adieu.

Il va à son canapé et se met la tête dans ses mains.

Silence. Inès se met à chanter…

Jean-Paul Sartre, *Huis clos*, Éd. Gallimard, 1944.

1. **les restaurants coopératifs** : les self-services.
2. **la parade** : la réponse défensive à un coup.

1. Étudiez les paroles échangées de manière à mettre en évidence les caractéristiques de chaque personnage.

2. Montrez que c'est le personnage d'Inès qui domine l'échange.

3. Relevez les mots et expressions appartenant au langage familier. Quel est l'effet recherché par Sartre ?

4. Analysez la montée progressive de l'intensité dramatique dans cette scène de *Huis clos*.

5. NOTION. En quoi consiste le tragique de la scène ? Expliquez la phrase : « Le bourreau, c'est chacun de nous pour les deux autres. » (l. 24).

NOTION

Le huis clos tragique

Dans le langage judiciaire, le huis clos désigne une audience interdite au public. Au théâtre, l'expression caractérise une situation dans laquelle les personnages sont enfermés. Cette situation tragique favorise leur affrontement et la tension dramatique qui grandit tout au long de la pièce.

1964

Les Mots

L'autobiographie de Jean-Paul Sartre, *Les Mots*, est composée en deux parties. La première, intitulée « Lire », insiste sur l'importance de la découverte des livres et de la lecture; la seconde, « Écrire », raconte les premières tentatives de l'enfant pour devenir à son tour écrivain. Inquiète des lectures sérieuses que lui impose Karl, son grand-père, la mère de Sartre cherche à lui faire connaître le plaisir des livres pour enfants.

LIRE

Au cours d'une de nos promenades, Anne-Marie[1] s'arrêta comme par hasard devant le kiosque qui se trouve encore à l'angle du boulevard Saint-Michel et de la rue Soufflot : je vis des images merveilleuses, leurs couleurs criardes me fascinèrent, je les réclamai, je les obtins; le tour était joué : je voulus avoir toutes les semaines *Cri-cri*, *L'Épatant*, *Les Vacances*, *Les Trois Boys-scouts* de Jean de la Hire et *Le Tour du monde en aéroplane*, d'Arnould Galopin qui paraissait en fascicules le jeudi. D'un jeudi à l'autre, je pensais à l'Aigle des Andes, à Marcel Dunot, le boxeur aux poings de fer, à Christian l'aviateur beaucoup plus qu'à mes amis Rabelais et Vigny. Ma mère se mit en quête d'ouvrages qui me rendissent à mon enfance : il y eut « les petits livres roses » d'abord, recueils mensuels de contes de fées puis, peu à peu, *Les Enfants du capitaine Grant*, *Le Dernier des Mohicans*, *Nicolas Nickleby*, *Les Cinq Sous de Lavarède*. À Jules Verne, trop pondéré, je préférai les extravagances de Paul d'Ivoi. Mais, quel que fût l'auteur, j'adorais les ouvrages de la collection Hetzel, petits théâtres dont la couverture rouge à glands d'or figurait le rideau : la poussière de soleil, sur les tranches, c'était la rampe. Je dois à ces boîtes magiques – et non aux phrases balancées de Chateaubriand – mes premières rencontres avec la Beauté. Quand je les ouvrais, j'oubliais tout : était-ce lire ? Non, mais mourir d'extase : de mon abolition[2] naissaient aussitôt des indigènes munis de sagaies, la brousse, un explorateur casqué de blanc. J'étais *vision*, j'inondais de lumière les belles joues sombres d'Aouda, les favoris de Philéas Fogg. Délivrée d'elle-même enfin, la petite merveille[3] se laissait devenir pur émerveillement. À cinquante centimètres du plancher naissait un bonheur sans maître ni collier, parfait. Le Nouveau Monde semblait d'abord plus inquiétant que l'Ancien : on y pillait, on y tuait; le sang coulait à flots. Des Indiens, des Hindous, des Mohicans, des Hottentots, ravissaient la jeune fille, ligotaient son vieux père et se promettaient de le faire périr dans les plus atroces supplices. C'était le Mal pur. Mais il n'apparaissait que pour se prosterner devant le Bien : au chapitre suivant, tout serait rétabli. Des Blancs courageux feraient une hécatombe de sauvages, trancheraient les liens du père qui se jetterait dans les bras de sa fille. Seuls les méchants mouraient – et quelques bons très secondaires dont le décès figurait parmi les faux frais de l'histoire.

1. **Anne-Marie :** Anne-Marie Schweitzer, la mère de Sartre.
2. **abolition :** oubli de soi, pour s'identifier aux personnages du livre.
3. **la petite merveille :** Sartre lui-même, aux yeux de sa famille.

Illustration des *Enfants du capitaine Grant* de Jules Verne.

ÉCRIRE

Karl n'avait jamais admis ce qu'il appelait mes « mauvaises lectures ». Quand ma mère lui annonça que j'avais commencé d'écrire, il fut d'abord enchanté, espérant, je suppose, une chronique de notre famille avec des observations piquantes et d'adorables naïvetés. Il prit mon cahier, le feuilleta, fit la moue et quitta la salle à manger, outré de retrouver sous ma plume les « bêtises » de mes journaux favoris. Par la suite, il se désintéressa de mon œuvre. Mortifiée, ma mère essaya plusieurs fois de lui faire lire par surprise *Le Marchand de bananes*. Elle attendait qu'il eût mis ses chaussons et qu'il se fût assis dans son fauteuil ; pendant qu'il se reposait en silence, l'œil fixe et dur, les mains sur les genoux, elle s'emparait de mon manuscrit, le feuilletait distraitement puis, soudain captivée, se mettait à rire toute seule. Pour finir, dans un irrésistible emportement, elle le tendait à mon grand-père : « Lis donc, papa ! C'est *trop* drôle. » Mais il écartait le cahier de la main ou bien, s'il y donnait un coup d'œil, c'était pour relever avec humeur mes fautes d'orthographe. À la longue ma mère fut intimidée : n'osant plus me féliciter et craignant de me faire de la peine, elle cessa de lire mes écrits pour n'avoir plus à m'en parler.

À peine tolérées, passées sous silence, mes activités littéraires tombèrent dans une semi-clandestinité ; je les poursuivais, néanmoins, avec assiduité : aux heures de récréation, le jeudi et le dimanche, aux vacances et, quand j'avais la chance d'être malade, dans mon lit ; je me rappelle des convalescences heureuses, un cahier noir à tranche rouge que je prenais et quittais comme une tapisserie. Je fis moins de cinéma : mes romans me tenaient lieu de tout. Bref, j'écrivis pour mon plaisir.

Jean-Paul Sartre,
Les Mots, Éd. Gallimard, 1964.

Portrait de Jean-Paul Sartre par le peintre Gérard Fromanger.

1. Classez et identifiez les différents types de lectures évoquées dans le premier texte. Quelle opposition ce classement met-il en évidence ?

2. Quel est le sens d'abord sollicité par l'objet-livre ? Relevez les réseaux lexicaux qui lui correspondent.

3. Expliquez l'attitude du grand-père de l'enfant devant ses premiers écrits.

4. Quelle vision les textes donnent-ils du roman d'aventures ? Montrez que l'auteur porte un regard ironique sur ses lectures d'enfance.

5. NOTION. En quoi ces deux passages sont-ils le récit de la naissance d'une vocation ?

NOTION

La naissance de la vocation

Le rôle des premières lectures est déterminant dans la formation de l'imaginaire. Qu'il s'agisse de contes de fées, de magazines illustrés, de romans d'aventure ou de la découverte d'une œuvre classique, elles participent à la naissance de la vocation de l'écrivain, qui s'en inspire dans ses premières tentatives d'écriture.

Auteur de pièces de théâtre, dont : *Le Voyageur sans bagage* (1937), *Antigone* (1944), *Pauvre Bitos* (1956), *L'Hurluberlu ou le Réactionnaire amoureux* (1959).

ANOUILH

Nom et prénom : **Anouilh, Jean**

Naissance : **23 juin 1910, à Bordeaux**

Décès : **1987, à Lausanne**

Fils d'un père tailleur et d'une mère violoniste, Jean Anouilh découvre le théâtre alors qu'il est secrétaire du metteur en scène et acteur Louis Jouvet. Décidé à vivre du théâtre, Anouilh multiplie les pièces qui le rendent rapidement célèbre. Il donne ainsi *Le Voyageur sans bagage* en 1937, *Antigone* en 1944, *Becket ou l'Honneur de Dieu*, en 1960, développant dans ses pièces l'opposition de l'innocence aux contraintes de la vie sociale. Désormais, la vie de Jean Anouilh est celle d'un auteur fécond qui passe du registre tragique à des œuvres satiriques ou pleines d'humour : à l'exception d'une période de silence entre 1962 et 1968, il écrit une pièce presque chaque année. Le dramaturge classe lui-même son théâtre en « pièces roses », « noires », « brillantes », « grinçantes », « costumées ». En marge des recherches théâtrales de l'avant-garde, autant que des facilités du théâtre populaire, la plupart de ses œuvres connaissent un grand succès.

ANTIGONE, ENTRE LA RÉVOLTE ET LE COMPROMIS

À travers la diversité de son œuvre, le théâtre de Anouilh est marqué par l'opposition entre l'angoisse d'exister, l'obsession de la mort, et la pureté de l'enfance, le monde du rêve et de la fantaisie. Inspirée de l'Antiquité grecque, *Antigone* est une réécriture de la pièce de Sophocle. Représentée en costumes contemporains sous l'Occupation, elle développe le mythe de l'héroïsme du refus, de la protestation et de la résistance face à un pouvoir injuste, usurpé ou absurde. Confrontée à un destin qui la dépasse mais qu'elle assume, la figure d'Antigone prend un relief nouveau dans le contexte historique de l'Occupation. On retrouve dans la pièce l'opposition entre les héros purs et nobles, qui refusent les compromis, et les êtres avilis ou dévoués au pouvoir, qui empêchent les héros d'accomplir leur destin.

Objet d'étude Le théâtre : texte et représentation

1944 — Antigone

Pour obéir aux lois divines, Antigone doit ensevelir son frère, Polynice, mort au combat pendant le siège de la ville de Thèbes. Comme punition de ce qu'il juge un forfait, le roi Créon, leur oncle, interdit, sous peine de mort, de lui accorder une sépulture. Mais Antigone désobéit aux ordres de Créon et, au péril de sa vie, recouvre de terre le corps de son frère.

CRÉON. – Tu mourrais, toi[1], pour moi ? Tu crois que tu irais avec ta petite pelle ? *(Le petit le regarde. Il sort avec lui, lui caressant la tête.)* Oui, bien sûr, tu irais tout de suite, toi aussi… *(On l'entend soupirer encore en sortant.)* Un enfant…

Ils sont sortis. Le chœur entre.

LE CHŒUR. – Et voilà. Maintenant le ressort est bandé. Cela n'a plus qu'à se dérouler tout seul. C'est cela qui est commode dans la tragédie. On donne le petit coup de pouce pour que cela démarre, rien, un regard pendant une seconde à une fille qui passe et lève les bras dans la rue, une envie d'honneur un beau matin, au réveil, comme de quelque chose qui se mange, une question de trop qu'on se pose un soir... C'est tout. Après, on n'a plus qu'à laisser faire. On est tranquille. Cela roule tout seul. C'est minutieux, bien huilé depuis toujours. La mort, la trahison, le désespoir sont là, tout prêts, et les éclats, et les orages, et les silences, tous les silences : le silence quand le bras du bourreau se lève à la fin, le silence au commencement quand les deux amants sont nus l'un en face de l'autre pour la première fois, sans oser bouger tout de suite, dans la chambre sombre, le silence quand les cris de la foule éclatent autour du vainqueur – et on dirait un film dont le son s'est enrayé, toutes ces bouches ouvertes dont il ne sort rien, toute cette clameur qui n'est qu'une image, et le vainqueur, déjà vaincu, seul au milieu de son silence...

C'est propre, la tragédie. C'est reposant, c'est sûr... Dans le drame, avec ces traîtres, avec ces méchants acharnés, cette innocence persécutée, ces vengeurs, ces terre-neuve[2], ces lueurs d'espoir, cela devient épouvantable de mourir, comme un accident. On aurait peut-être pu se sauver, le bon jeune homme aurait peut-être pu arriver à temps avec les gendarmes. Dans la tragédie, on est tranquille. D'abord, on est entre soi. On est tous innocents en somme ! Ce n'est pas parce qu'il y en a un qui tue et l'autre qui est tué. C'est une question de distribution. Et puis, surtout, c'est reposant, la tragédie, parce qu'on sait qu'il n'y a plus d'espoir, le sale espoir ; qu'on est pris, qu'on est enfin pris comme un rat, avec tout le ciel sur son dos, et qu'on n'a plus qu'à crier – pas à gémir, non, pas à se plaindre, – à gueuler à pleine voix ce qu'on avait à dire, qu'on n'avait jamais dit et qu'on ne savait peut-être même pas encore. Et pour rien : pour se le dire à soi, pour l'apprendre, soi. Dans le drame, on se débat parce qu'on espère en sortir. C'est ignoble, c'est utilitaire. Là, c'est gratuit. C'est pour les rois. Et il n'y a plus rien à tenter, enfin !

Antigone est entrée, poussée par les gardes.

LE CHŒUR. – Alors, voilà, cela commence. La petite Antigone est prise. La petite Antigone va pouvoir être elle-même pour la première fois.

Le chœur disparaît, tandis que les gardes poussent Antigone en scène.

Jean Anouilh, *Antigone*, Éd. de la Table Ronde, 1946.

1. **toi** : le petit page, le serviteur de Créon.
2. **terre-neuve** : race de chiens doux et fidèles.

1. À quel moment de l'action dramatique le chœur intervient-il ? Expliquez l'expression : « Maintenant le ressort est bandé. » (l. 5)

2. Relevez les anachronismes présents dans le texte. Quel est l'effet recherché ?

3. Analysez les fonctions des didascalies dans cet extrait.

4. NOTION. Montrez que l'intervention du chœur éclaire le sens et le déroulement de la pièce aux yeux du spectateur.

5. Quels caractères généraux de la tragédie se dégagent de la définition proposée par le chœur ? Sont-ils en accord avec la conception de la tragédie classique ?

NOTION

Le chœur antique et la tragédie

Dans le théâtre antique, le chœur est constitué par un groupe d'acteurs qui intervient pour commenter le destin tragique du héros. Il est utilisé par Giraudoux ou Anouilh comme un relais entre la scène et la salle : le chœur est alors le porte-parole de l'auteur.

ARAGON

Nom et prénom : **Andrieux, Louis**

Pseudonyme : **Louis Aragon**

Naissance : **3 octobre 1897, à Paris**

Décès : **24 décembre 1982, à Paris**

Enfant illégitime, Aragon n'est pas reconnu par son père, ancien préfet de police et ambassadeur. Lycéen brillant, il étudie ensuite la médecine et rencontre André Breton à l'hôpital du Val-de-Grâce en 1917. Il traverse héroïquement la Grande Guerre, mais en sort révolté.

Avec Breton, il s'associe au mouvement Dada, et participe à la création du mouvement surréaliste. Le groupe surréaliste, qui admire la révolution russe d'octobre 1917, est alors très proche du parti communiste. Ce rapprochement est renforcé, chez Aragon, par sa rencontre avec une jeune femme d'origine russe, Elsa Triolet. Il devient journaliste à *L'Humanité*, l'organe du parti et, en conflit avec Breton, se retire du mouvement surréaliste pour préserver ses choix politiques. Pendant l'Occupation, il s'engage dans la Résistance et, à la Libération, il entre au comité central du parti communiste. Mais la mort de Staline et les révélations qui la suivent plongent le poète dans un doute grandissant. La mort d'Elsa, en 1970, ajoute à son désarroi. Aragon meurt en 1982, après avoir publié un recueil de nouvelles au titre éloquent : *Le Mentir-vrai*.

Auteur de romans, dont : *Le Paysan de Paris* (1926), *Les Beaux Quartiers* (1936), *Blanche ou l'Oubli* (1967) ; de recueils de poèmes, dont : *Le Mouvement perpétuel* (1926), *Les Yeux d'Elsa* (1942), *La Diane française* (1945), *Le Fou d'Elsa* (1963) ; d'essais, dont : *Pour un réalisme socialiste* (1935), *Je n'ai jamais appris à écrire* (1969).

ARAGON, POÈTE AMOUREUX

La rencontre avec Elsa Triolet, belle-sœur de l'écrivain soviétique Maïakovski, marque profondément l'œuvre d'Aragon. *Cantique à Elsa*, en 1941, *Les Yeux d'Elsa*, l'année suivante, comme *Le Fou d'Elsa* en 1963 sont autant d'hymnes à l'amour, à la gloire de la compagne du poète. Mais l'influence d'Elsa s'exerce aussi à travers l'engagement politique d'Aragon, qui devient le chantre quasi officiel en France de l'Union soviétique. Ses romans dénoncent la société bourgeoise : *Les Cloches de Bâle*, en 1934, ou *Les Beaux Quartiers*, en 1936, en sont les illustrations les plus réussies. Aragon revient, à la fin de sa vie, aux valeurs du surréalisme dans *Blanche ou l'Oubli*, en 1967, comme à une conception plus nuancée de la société.

Objet d'étude La poésie

1945 — La Diane française

Engagé dans la Résistance pendant l'Occupation, Aragon publie, en 1943, *Le Musée Grévin* sous le pseudonyme de François la Colère. Il revient plus tard sur cette période tragique de l'histoire de France à travers les poèmes qui constituent le recueil de *La Diane française* en 1945.

ELSA AU MIROIR

C'était au beau milieu de notre tragédie
Et pendant un long jour assise à son miroir
Elle peignait ses cheveux d'or je croyais voir
Ses patientes mains calmer un incendie
C'était au beau milieu de notre tragédie

Et pendant un long jour assise à son miroir
Elle peignait ses cheveux d'or et j'aurais dit
C'était au beau milieu de notre tragédie
Qu'elle jouait un air de harpe sans y croire
Pendant tout ce long jour assise à son miroir

Elle peignait ses cheveux d'or et j'aurais dit
Qu'elle martyrisait à plaisir sa mémoire
Pendant tout ce long jour assise à son miroir
À ranimer les fleurs sans fin de l'incendie
Sans dire ce qu'une autre à sa place aurait dit

La Toilette, peinture de François Gall, 1947.

Elle martyrisait à plaisir sa mémoire
C'était au beau milieu de notre tragédie
Le monde ressemblait à ce miroir maudit
Le peigne partageait les feux de cette moire[1]
Et ces feux éclairaient des coins de ma mémoire

C'était au beau milieu de notre tragédie
Comme dans la semaine est assis le jeudi

Et pendant un long jour assise à sa mémoire
Elle voyait au loin mourir dans son miroir

Un à un les acteurs de notre tragédie
Et qui sont les meilleurs de ce monde maudit

Et vous savez leurs noms sans que je les aie dits
Et ce que signifient les flammes des longs soirs

Et ses cheveux dorés quand elle vient s'asseoir
Et peigner sans rien dire un reflet d'incendie

Louis Aragon, *La Diane française*, Éd. Seghers, 1945.

1. **moire** : étoffe de soie présentant des reflets chatoyants.

1. Comment Elsa est-elle représentée dans le poème ? Quelles interprétations peut-on donner du tableau ainsi constitué ?

2. Observez le premier et le dernier vers de chaque quintil. En quoi cette construction peut-elle être rapprochée du titre du poème ?

3. Analysez le schéma des rimes tout au long du poème. Quel est l'effet produit ?

4. Relevez les réseaux lexicaux et les images qui inscrivent le poème dans le registre tragique.

5. NOTION. Relevez et expliquez les références à la situation de la France occupée tout au long du poème. Quel est l'effet recherché par l'auteur ?

NOTION

La poésie et l'engagement

Le texte poétique s'engage dans l'Histoire, soit en se mettant au service d'une cause qu'il défend et dont il célèbre les valeurs, soit en inscrivant explicitement le contexte historique au cœur du poème.

1944 — Aurélien

Bérénice a accepté de donner rendez-vous à Aurélien qui vient de lui déclarer son amour. Lorsqu'ils se retrouvent, « perdus au bord de leur bonheur », ils décident de s'attabler dans un café qui enchante Bérénice, mais Aurélien se sent déconcerté.

Elle secouait ses cheveux blonds, où la lumière fausse mettait des reflets verts dans les mèches raides. Le garçon posa les deux verres de café devant eux. Bérénice jouait avec le sucre. Elle ne toucha pas à son café. Il aurait voulu qu'elle le bût. Il aurait terriblement voulu qu'elle le bût. Mais il ne le lui aurait dit pour rien au monde. Il n'était plus sûr de l'aimer. Il n'était plus sûr de rien. S'il y avait eu maldonne ? C'était trop atroce à penser. Il l'aimait, voyons, il l'aimait. Seulement il n'était pas encore habitué à cette idée. Non, il ne l'aimait pas. Il s'était raconté des histoires. Il fallait maintenant s'en sortir. Comment ? Il se sentait pris à son propre piège. Il ne la reconnaissait presque pas. Il la croyait plus maigre, moins femme. Il remuait un peu sur la banquette. Ils étaient assis côte à côte. Soudain il heurta la jambe de Bérénice sous la table. Tous deux se retirèrent un peu. Les idées d'Aurélien en furent bouleversées. Comment… parce qu'il avait heurté sa jambe… un trouble si vulgaire ! Oui. Quelle chose extraordinaire que la présence ! Comment avait-elle les jambes ? Il ne les avait jamais bien vues. Fines, il me semble, très fines… peut-être trop…

Il parlait, il parlait tout le temps pour qu'elle ne pût se douter de ce qui l'habitait, de sa déception, de ses mouvements secrets, de cette chaleur subite. De quoi parlait-il ? Il le savait à peine. Il jouait à cache-cache avec ce qu'il pensait. Il avait peur de l'aimer. Il avait peur de ne pas l'aimer. Ils étaient là dans le café absurdement. Ils avaient si peu de temps à eux. Il sut tout à coup qu'il allait la perdre. Il ne douta plus de l'aimer, le cœur lui battit, il écouta les mots stupides dans sa propre bouche. De quoi fallait-il donc parler ? D'autre chose, d'autre chose. Comme tout est dérisoire… Elle ne le connaissait pas… Si elle le connaissait, l'aimerait-elle ? On ne sait pas ce qu'il faut faire pour se faire aimer : se montrer comme on est ou mentir. On balance entre les deux. On fait les deux d'ailleurs, au hasard un peu. On se fait comme on voudrait être, comme on croit qu'il faudrait paraître et puis on se dit : « Ce n'est pas moi… » On cherche à se montrer… à son pire… à déplaire… Qui sait si ce n'est pas le moyen de plaire ? Il éprouvait une angoisse affreuse, le temps ne passait pas, et fuyait pourtant. Que disait-il ?

Louis Aragon, *Aurélien*, Éd. Gallimard, 1944.

1. De quel personnage le narrateur adopte-t-il le point de vue ? Justifiez votre réponse.

2. Identifiez la longueur, la modalité et l'enchaînement des phrases. En quoi éclairent-elles l'état d'esprit du personnage ?

3. D'où vient « l'angoisse affreuse » qu'éprouve Aurélien ? Comment se manifeste-t-elle ?

4. NOTION. Sait-on ce que les personnages se disent ? Sur quel aspect du dialogue amoureux le romancier attire-t-il ainsi l'attention ?

NOTION

Le dialogue dans le roman

Le roman, comme le théâtre, montre des personnages qui dialoguent entre eux. Mais au théâtre, le dialogue se limite aux paroles prononcées par les personnages. Dans un roman, le narrateur peut commenter les paroles prononcées, analyser les circonstances du dialogue, étudier ce que pensent les personnages et qu'ils ne disent pas. L'auteur nous donne ainsi une nouvelle vision de l'amour.

1958

La Semaine sainte

Menacé par le retour triomphal de Napoléon en 1815, le roi Louis XVIII s'enfuit en Belgique, laissant derrière lui les troupes royalistes qui s'enlisent dans le nord de la France. Son propre frère, Charles, Comte d'Artois, perdu dans une zone marécageuse, est obligé de s'abriter chez M. Joye, fermier fidèle à la monarchie.

Le jour tombait, le fermier et ses fils accueillaient, avec un respect qui touchait à la stupeur, ces grands personnages, dont ils comprirent d'abord difficilement qui ils étaient, et ce qu'ils venaient faire dans ces mauvais chemins. La grande salle de la ferme, d'où un escalier de pierre montait à l'étage des chambres, était faite pour donner à dîner à quarante moissonneurs, sinon plus. Dans ce pays de désolation, ces paysans barbus, avec leurs femmes et leurs jeunes enfants, étaient là debout, grands et forts, robustes comme les piliers d'une vie abondante, qui trouve même dans cette eau mal endiguée les sources de ses richesses. C'étaient soudain eux, les seigneurs, et ces Comtes, ces Ducs, ces Princes arrivaient chez eux comme des romanichels, épuisés, des sortes de comédiens ambulants qui se sont perdus entre deux représentations de villages éloignés, et qui continuent à porter les noms qu'ils se donnent en jouant les nobles tragédies. L'un des fils, sur un mot du fermier, alluma dans la grande cheminée un feu de troncs d'arbres. C'est que ce soir il faisait bien humide. Et froid même.

Combien de temps allaient-ils rester là ? M. Joye, le père, avait voulu, s'empressant, enlever au bras du Comte d'Artois ce tonnelet[1] à l'air pesant qu'il portait serré dans son manteau. « Laissez ! – dit Monsieur[2]. Il nous faut en ce soir du Vendredi Saint continuer à porter nous-mêmes notre croix... » Et il se laissa tomber sur les marches de pierre de l'escalier, s'appuyant au tonnelet. Plus que les chandelles, le feu éclairait la scène.

« Mais, – dit le fermier, – Votre Altesse... – et il ne savait pas trop s'il fallait dire Altesse ou Excellence[3], – va prendre quelque chose avec nous... si Elle le désire... Marie, prépare le grand lit pour son Altesse !...

– N'en faites rien, Madame... – dit le Comte d'Artois, et il avait l'air vraiment de ne plus en pouvoir, – je ne veux point de chambre, ni de lit, je resterai ici...

– Mais Votre Altesse, – dit l'homme – la pierre est dure !

– La pierre est dure, – repartit Charles, avec un grand ton de majesté déchue, – c'est tout ce qu'il faut désormais à un fuyard comme moi ! »

Louis Aragon, *La Semaine sainte*, Éd. Gallimard, 1958.

1. **tonnelet** : le Comte d'Artois ne veut pas lâcher ce tonnelet qui contient son or...
2. **Monsieur** : titre du frère du roi de France.
3. **Altesse** : titre d'honneur donné aux princes et aux princesses ; **Excellence** : titre donné aux ambassadeurs, aux ministres, aux évêques.

1. Quelles indications sont données sur le lieu et le moment où se déroule la scène ? Servent-elles à rendre la scène plus réelle, plus dramatique, plus symbolique ?

2. Quelle image le romancier donne-t-il du Comte d'Artois ? Analysez le ton de ses répliques : vous semble-t-il pathétique ou dérisoire ?

3. NOTION. Relevez deux comparaisons. Comment soulignent-elles le renversement de situation que met en place le romancier dans cette page ?

NOTION

Le rôle des comparaisons dans la vision romanesque

Quand il peint des personnages, décrit des paysages, raconte un épisode, le romancier a recours, comme le poète, à des comparaisons qu'il développe parfois tout au long d'une page ou d'un chapitre. Allant au-delà de ce qui est immédiatement perçu, les comparaisons permettent au romancier de construire la vision qu'il veut donner du monde.

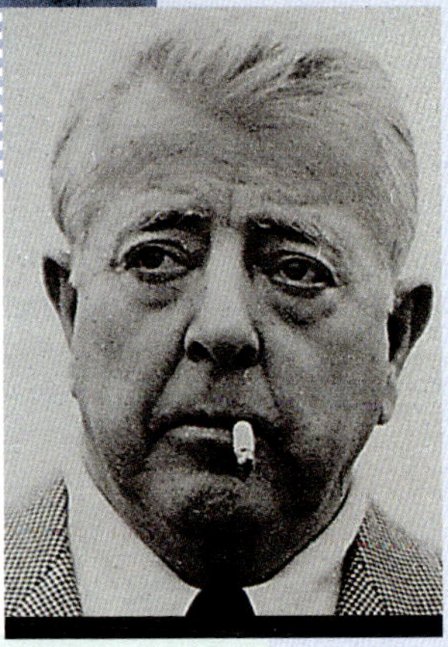

PRÉVERT

Nom et prénom : **Prévert, Jacques**

Naissance : **4 février 1900, à Neuilly-sur-Seine**

Décès : **12 avril 1977, dans le Cotentin**

Jacques Prévert grandit dans le Paris des quartiers populaires. Dès l'âge de quinze ans, il exerce divers petits métiers avant de rencontrer le peintre Yves Tanguy et Marcel Duhamel, futur directeur de la collection de romans policiers, la Série Noire. Les trois amis s'installent à Montparnasse. Prévert hante les cinémas, flâne dans les rues. Ses premiers poèmes paraissent dans des revues à partir de 1930. Écrivain engagé, Prévert participe au groupe Octobre, une jeune troupe de théâtre militant, qui joue à Moscou et à Paris, au milieu des ouvriers en grève, dans l'euphorie du Front populaire. Prévert écrit pour le cinéma. Il collabore aux chefs-d'œuvre de Jean Renoir et de Marcel Carné comme *Quai des brumes*. Ses poèmes sont rassemblés dans *Paroles,* recueil édité en 1945. Le succès du livre est relayé par la mise en musique des poèmes que chantent Yves Montand ou Juliette Gréco. En 1948, Prévert s'installe à Saint-Paul-de-Vence. Il écrit livres et scénarios, réalise des collages. Il meurt en 1977 d'un cancer du poumon.

Auteur de recueils de poèmes parmi lesquels : *Paroles* (1945), *Histoires* (1946), *Spectacle* (1951), *Charmes de Londres* (1952), *La Pluie et le Beau Temps* (1955); de scénarios et de dialogues d'un grand nombre de films, parmi lesquels : *Drôle de drame, Quai des brumes, Les Visiteurs du soir, Les Enfants du paradis, Les Disparus de Saint-Agil.*

PRÉVERT, POÈTE DES MOTS EN LIBERTÉ

Avec Prévert, la poésie retrouve un public populaire, sensible à un langage émouvant et simple. La poésie de Prévert est celle de la vie quotidienne, de l'humour et de la facétie. C'est là que réside l'extraordinaire succès de *Paroles*, où chaque poème affirme l'exigence de la liberté et l'amour de la vie. Car à travers la fantaisie du langage, Prévert dénonce les contraintes sociales que sont l'armée, l'Église, la famille ou l'école. Son univers se constitue d'amoureux, d'animaux et d'enfants qui, chacun à leur manière, vivent libérés de toute contrainte. Le poète s'amuse de contrepèteries, établit des catalogues cocasses, explore les nuances de l'humour noir ou de l'absurde. L'œuvre poétique de Prévert s'affirme ainsi comme un espace de jeu, ouvert à tous, dans lequel les mots sont constamment en fête.

Objet d'étude L'éloge et le blâme

1955 — Paroles

***Paroles* dénonce toutes les formes de l'oppression : la guerre, la société, la religion et la politique y sont moquées, à travers l'évocation de situations familières, dans une langue qui se caractérise par sa simplicité.**

FAMILIALE

La mère fait du tricot
Le fils fait la guerre
Elle trouve ça tout naturel la mère
Et le père qu'est-ce qu'il fait le père ?
Il fait des affaires
Sa femme fait du tricot
Son fils la guerre

Lui des affaires
Il trouve ça tout naturel le père
Et le fils et le fils
Qu'est-ce qu'il trouve le fils ?
Il ne trouve rien absolument rien le fils
Le fils sa mère fait du tricot son père des affaires et lui la guerre
Quand il aura fini la guerre
Il fera des affaires avec son père
La guerre continue la mère continue elle tricote
Le père continue il fait des affaires
Le fils est tué il ne continue plus
Le père et la mère vont au cimetière
Ils trouvent ça naturel le père et la mère
La vie continue la vie avec le tricot la guerre les affaires
Les affaires la guerre le tricot la guerre
Les affaires les affaires et les affaires
La vie avec le cimetière.

Jacques Prévert, *Paroles*, Éd Gallimard, 1946.

André Lhote,
La Vie de famille, 1942.

1. Étudiez la forme de ce poème. Quelles sont ses caractéristiques dominantes ?

2. Quels comportements Prévert dénonce-t-il dans ce poème ? Dans quel registre cette dénonciation inscrit-elle le texte ?

3. Relevez les répétitions. Quel est l'effet recherché ?

4. Observez le dernier vers du poème. Pourquoi peut-on parler de chute ?

5. NOTION. Quelles sont les valeurs dénoncées par Prévert ? Quelles valeurs leur oppose-t-il ?

NOTION

L'affrontement des valeurs

Comme certains textes de Prévert, la poésie peut remettre en cause les valeurs de la société, attaquer les institutions, dénoncer les hypocrisies. Le poète fait ainsi partager au lecteur ses sentiments d'indignation et de révolte, au nom de valeurs qui lui sont propres.

SIMENON

Nom et Prénom : **Simenon, Georges**

Naissance : **13 février 1903, à Liège, en Belgique**

Décès : **4 septembre 1989, à Lausanne, en Suisse**

Fils d'un employé, Georges Simenon interrompt très tôt ses études. Il entre à quinze ans à *La Gazette de Liège*, à la rubrique des « chiens écrasés ». Il a dix-huit ans lorsque paraît son premier roman, *Au pont des Arches*, sous le pseudonyme de Georges Sim. À Paris, la romancière Colette l'introduit au journal *Le Matin*, pour lequel il écrira plus d'un millier de contes. Simenon publie alors des romans populaires sous divers pseudonymes. C'est en 1931 qu'est lancé à grand renfort de publicité le personnage du commissaire Jules Maigret, dans *Pietr le Letton*. Le succès est immédiat. Les traductions et les adaptations pour le cinéma des enquêtes du célèbre commissaire se multiplient. L'écrivain montre un énorme appétit pour la vie, les sorties nocturnes, les rencontres amoureuses et les voyages. En 1945, Simenon s'installe aux États-Unis. Il revient en Europe dix ans plus tard, avant de s'installer à Lausanne, en 1972. Après le suicide de sa fille, en 1978, il entreprend la rédaction de ses mémoires. Il meurt à l'âge de quatre-vingt-six ans, couvert de gloire.

Auteur de romans : *La Nuit du carrefour* (1932), *L'Affaire Saint-Fiacre* (1932), *Les Fiançailles de Monsieur Hire* (1933), *Le Chien jaune* (1936), *Le Bourgmestre de Furnes* (1939), *Les Inconnus dans la maison* (1940), *La Veuve Couderc* (1942), *L'Aîné des Ferchaux* (1945), *Trois chambres à Manhattan* (1946), *Lettre à mon juge* (1947), *Maigret et son mort* (1948), *La neige était sale* (1948) ; d'une autobiographie : *Mémoires intimes* (1981).

LE CÉLÈBRE COMMISSAIRE MAIGRET

Les enquêtes de Maigret reposent moins sur la recherche d'indices que sur une atmosphère dans laquelle plonge le commissaire pour comprendre les motivations du criminel. Le réalisme du quotidien, la banalité des lieux masquent la solitude des êtres dont Maigret reconstitue le destin tragique. Simenon recrée ainsi la poésie des différents quartiers de Paris, mais aussi celle des villes de province assoupies, des lieux ordinaires qui deviennent étranges et insolites, au milieu de la brume et du crachin. Entre le quai des Orfèvres et son appartement du boulevard Richard-Lenoir, Maigret « s'installe dans une enquête comme on met ses pantoufles ». L'apparente simplicité du style de Simenon, s'attardant sur les gestes les plus familiers, entraîne le lecteur dans un malaise lent et continu qui n'est dissipé qu'avec l'élucidation du crime.

Objet d'étude Le roman et ses personnages : visions de l'homme et du monde

1955

Maigret tend un piège

Alors que plusieurs crimes ont été commis dans le XVIIIe arrondissement de Paris, l'enquête menée par le commissaire Maigret piétine... La tension monte, l'opinion publique est inquiète. La police tend un piège au criminel.

« Tu rentreras tard ?

– C'est plus que probable.

– Espères-tu toujours que, cette affaire-là finie, nous pourrons prendre des vacances ? »

Il avait été question, au cours de l'hiver, d'un séjour en Bretagne, à Beuzec-Conq, près de Concarneau, mais, comme cela arrivait presque chaque année, les vacances étaient repoussées de mois en mois.

« Peut-être ! » soupira Maigret.

Sinon, cela signifierait que son coup était raté, que le tueur avait passé à travers les mailles du filet, ou qu'il n'avait pas réagi comme Tissot et lui l'avaient escompté. Cela signifierait aussi de nouvelles victimes, l'impatience du public et de la presse, l'ironie ou la fureur du juge Coméliau, voire, comme cela se produit trop souvent, des interpellations à la Chambre[1] et des explications à fournir en haut lieu.

Cela signifierait surtout des femmes mortes, des femmes petites et boulottes, à l'aspect de braves ménagères qui s'en vont faire une course ou rendre une visite le soir dans leur quartier.

« Tu parais fatigué. »

Il n'était pas pressé de partir. Il traînait, le dîner fini, dans son appartement, fumant sa pipe, hésitant à se servir un petit verre de prunelle[2], se campant parfois devant la fenêtre à laquelle il finit par s'accouder.

Madame Maigret ne le dérangea plus. Quand il chercha son veston, seulement, elle lui apporta une chemise fraîche qu'elle l'aida à passer. Il essaya d'agir aussi discrètement que possible, mais elle ne le vit pas moins ouvrir un tiroir et y saisir son automatique qu'il glissa dans sa poche.

Cela ne lui arrivait pas souvent. Il n'avait aucune envie de tuer, même un être aussi dangereux que celui-là. Il n'en avait pas moins donné l'ordre à tous ses collaborateurs d'être armés et de protéger les femmes à tout prix.

Il ne retourna pas au Quai[3]. Il était neuf heures quand il arriva au coin du boulevard Voltaire où une voiture qui n'appartenait pas à la police l'attendait, avec un homme au volant. L'homme, attaché au commissariat du XVIIIe, portait un uniforme de chauffeur.

« On y va, patron ? »

Maigret s'installa sur la banquette du fond, déjà noyée par la pénombre, et la voiture, ainsi, avait l'air d'une de ces voitures que les touristes louent à la journée près de la Madeleine ou de l'Opéra.

« Place Clichy ?

– Oui. »

Durant le parcours, il ne dit pas un mot, se contenta, place Clichy, de grommeler :

« Monte la rue Caulaincourt, pas trop vite, comme si tu cherchais à lire les numéros des maisons. »

Aux environs des boulevards, les rues étaient assez animées et, un peu partout, aux fenêtres, des gens prenaient le frais. Il y avait du monde aussi, plus ou moins débraillé, à la terrasse des moindres cafés et la plupart des restaurants servaient leurs clients sur le trottoir.

Il paraissait impossible qu'un crime se commette dans ces conditions-là, et pourtant, les conditions étaient presque les mêmes lorsque Georgette Lecoin, la dernière en date des victimes, avait été tuée rue Tholozé, à moins de cinquante mètres d'un bal musette dont l'enseigne au néon rouge éclairait le trottoir.

Georges Simenon, *Maigret tend un piège*,

1. la Chambre : l'Assemblée nationale.
2. prunelle : alcool de prune.
3. le Quai : 36, quai des Orfèvres, le siège de la Police.

1. Relevez les caractéristiques du personnage de Maigret. En quoi apparaît-il comme un être simple et familier ?

2. Comment la tension créée par l'enquête s'amplifie-t-elle ?

3. En quoi les lieux et les noms des personnages participent-ils à l'écriture réaliste de Simenon ? Quels autres procédés relèvent de ce souci de réalisme ?

4. Selon vous, comment expliquer l'immense succès de la série des enquêtes de Maigret ?

5. NOTION. Montrez comment, dans ce passage, le crime bouleverse l'ordre de la vie quotidienne.

NOTION

Le bouleversement de l'ordre quotidien

Par leur irruption brutale dans l'univers familier, un vol, une disparition, un crime bouleversent l'ordre quotidien. Ils conduisent le héros qui mène l'enquête à trouver des indices, à interroger des suspects, pour résoudre l'énigme. Le roman policier permet au lecteur de pénétrer dans des milieux très différents. Il se confond ainsi avec le développement d'une enquête jusqu'au retour à la normalité.

LA LITTÉRATURE EN EUROPE

1900 1950

La Révolution russe, la montée des fascismes, les deux guerres mondiales bouleversent à la fois la carte de l'Europe et la perception du monde et de la société qu'en ont les écrivains. On assiste partout à un profond renouvellement des formes et des genres littéraires. Inquiets devant l'avenir, nombreux sont ceux qui expriment leur pessimisme à travers la poésie, le roman ou le théâtre.

La Grande-Bretagne

De multiples manières, les écrivains remettent en cause la conception traditionnelle du roman. *Ulysse* de James Joyce (1922) s'impose ainsi comme l'œuvre fondatrice du roman moderne, tandis que de nombreux romanciers, comme Virginia Woolf, Joseph Conrad ou D.H. Lawrence, produisent leurs chefs-d'œuvre à la même époque. L'œuvre de Graham Greene connaît un grand succès populaire. Les écrivains expriment alors leurs angoisses sur l'avenir des sociétés humaines : Aldous Huxley publie *Le Meilleur des mondes* en 1932 ; Arthur Koestler, *Le Zéro et l'Infini* en 1940 ; George Orwell, *1984* en 1949. Enfin, John Tolkien produit une œuvre étrange et originale avec *Bilbo le Hobbit*, en 1937 ; tandis qu'Agatha Christie invente les personnages d'Hercule Poirot et de Miss Marple, promis à un immense succès.

L'adaptation au cinéma de *1984*, le livre de George Orwell (1903-1950).

Virginia Woolf (1882-1941).

Le Meilleur des mondes (1932).

L'Italie

Les avant-gardes marquent partout en Europe une volonté de rupture avec les conceptions antérieures de la littérature. En Italie, Tommaso Marinetti anime ainsi le mouvement futuriste qui multiplie les provocations. Au lendemain de la guerre, Luigi Pirandello explore la voie du théâtre dans le théâtre et bouleverse la dramaturgie avec *Six personnages en quête d'auteur* (1921). Exprimant leur malaise devant l'Italie fasciste, Dino Buzzati écrit *Le Désert des Tartares* en 1940 et le néo-réalisme de Cesare Pavese fait scandale. En 1947, Primo Levi, rescapé des camps, exprime son expérience de l'univers concentrationnaire dans *Si c'est un homme*.

Luigi Pirandello (1867-1936).

Fernando Pessõa (1888-1935)

Solitaire, esprit bohème, anticonformiste, le Portugais Pessõa mène une vie sociale effacée. Il publie ses poèmes dans des revues, écrivant parfois en anglais. Ce n'est qu'après sa mort que son œuvre, enfin rassemblée, l'impose comme l'un des plus grands poètes portugais. Se sentant comme visité par des sources d'inspiration multiples, Pessõa multiplie les hétéronymes : il publie ainsi ses œuvres sous différents noms, Alberto Caeiro, Alvaro de Campos ou Ricardo Reis. Ce sont autant de projections du poète lui-même, à la fois sage épicurien, qui chante les force profondes de la vie, et admirateur de la civilisation mécanique, qui en célèbre le rythme et les beautés.

La Scandinavie

Après avoir publié, en 1890, *La Faim*, qui lui apporte la gloire, le Norvégien Knut Hamsun bâtit une œuvre considérable dans laquelle il fait, au nom de la nature, la critique de la société moderne. Inspirée par des légendes scandinaves et des récits folkloriques entendus dans son enfance, la romancière suédoise Selma Lagerlöf écrit *Le Merveilleux Voyage de Nils Holgersonn à travers la Suède* (1906-1907). Après avoir séjourné longtemps au Kenya, Karen Blixen retourne à Copenhague pour écrire une œuvre autobiographique, *La Ferme africaine*, en 1937, avant de revenir plus tard à une inspiration régionale avec *Le Dîner de Babette*, en 1958.

Affiche et dessins du poète Maïakovski (1898-1930).

La Russie

L'avant-garde poétique russe montre une extraordinaire vitalité, entraînée par le futurisme de Vladimir Maïakovski, qui publie *Pense au jour de la caserne rouge* en 1920. Mais après l'effervescence de la Révolution, le régime soviétique – tandis qu'il fête l'œuvre de Maxime Gorki – condamne à l'exil ou à la mort de nombreux écrivains, censure les pensées et les écrits dissidents. Mikhaïl Boulgakov est ainsi exclu de la vie littéraire et sa grande œuvre, *Le Maître et Marguerite*, commencée en 1928, ne pourra être publiée qu'après sa mort, en 1966.

Dans la période tourmentée qui voit la fin de l'Empire austro-hongrois, Jaroslav Hašek anime la vie littéraire de Prague et y écrit son œuvre capitale, *Le Brave Soldat Chveïk*, en 1920. C'est à Prague également que Franz Kafka écrit en allemand ses romans, *La Métamorphose, Le Procès*, qui expriment le désespoir de l'homme devant l'absurdité du monde

L'Allemagne et l'Autriche

L'Autriche est au début du siècle un centre culturel actif et rayonnant dans tous les domaines de l'art et de la pensée. Des poètes comme Rilke ou Trakl, des romanciers comme Arthur Schnitzler témoignent à leur manière de cette vitalité créatrice de « l'esprit viennois ». De même, l'Allemagne multiplie les œuvres capitales, dominées par celle de Thomas Mann, dont *La Montagne magique* paraît en 1924. Hermann Hesse, Alfred Döblin, Erich Maria Remarque, Stephan Zweig, Robert Musil ou Ernst Jünger expriment à leur tour le désarroi d'une civilisation décomposée par la Première Guerre mondiale et la montée du nazisme. Au théâtre cependant, la distanciation prônée par Bertolt Brecht remet en cause la dramaturgie à travers des pièces engagées comme *L'Opéra de quat' sous*, en 1928, ou *La Résistible Ascension d'Arturo Ui*, en 1941.

Mère Courage et ses enfants (1938), pièce de Bertolt Brecht (1898-1956).

Le Procès (1925)

Écrit en allemand, le roman de l'écrivain tchèque Franz Kafka est publié un an après sa mort. Cette œuvre majeure de la littérature européenne raconte l'arrestation de Joseph K., modeste employé de banque. Après un premier interrogatoire, il doit désormais se tenir à la disposition des juges chargés d'instruire son procès. Cependant, la faute – ou le crime – dont on l'accuse ne lui est en rien révélée. Respectueux envers l'autorité, il pense démontrer sa totale innocence, mais il est insidieusement comme pris dans le labyrinthe d'une gigantesque et absurde machine administrative. Jour après jour, le procès devient sa seule préoccupation et, dans sa solitude angoissée, Joseph K. se résigne peu à peu à devenir un accusé. Épuisé, il se soumet à une condamnation pour une faute qu'il ignore.

La peinture et la musique

Peinture

— Gustav Klimt, *Le Baiser*, 1909 (Allemagne)
— Wassily Kandinsky, *Improvisation*, 1910 (Russie)
— Casimir Malevitch, *Carré noir sur fond blanc*, vers 1913 (Russie)
— Paul Klee, *Villas florentines*, 1926 (Suisse)
— Juan Miró, *Main attrapant un oiseau*, 1926 (Espagne)
— Piet Mondrian, *Broadway Boogie-Woogie*, 1943 (Pays-Bas)

Musique

— Giacomo Puccini, *La Tosca*, 1900 (Italie)
— Arnold Schoenberg, *Pierrot lunaire*, 1912 (Allemagne)
— Igor Stravinsky, *Le Sacre du printemps*, 1913 (Russie)
— Alban Berg, *Wozzeck*, 1925 (Allemagne)
— Bela Bartok, *Le Mandarin merveilleux*, 1926 (Hongrie)

La poésie

Depuis le Moyen Âge, l'écriture poétique s'affirme à travers le respect de la versification qui s'exerce dans les poèmes de forme fixe et de forme régulière. Mais le XIXe siècle multiplie les ruptures : le poème en prose et le vers libre invitent à renouveler la création poétique. Aujourd'hui, la poésie est une forme ouverte aux recherches diverses de la modernité.

LES POÈMES DE FORMES RÉGULIÈRES ET DE FORMES FIXES

Les formes fixes

Certains poèmes sont codifiés par des contraintes strictes de construction et de versification.

	Caractéristiques	Évolution
LE RONDEAU	Il est composé de trois strophes en octosyllabes, de cinq, trois puis cinq vers. Les deux dernières strophes sont suivies d'un refrain.	• Le rondeau médiéval de Marot. • Le rondel symboliste de Mallarmé.
LA BALLADE	Elle est composée de trois strophes et d'un envoi. Le nombre de vers de chaque strophe est égal au nombre de syllabes de chaque vers. Le dernier vers de chaque strophe constitue le refrain.	• *La Ballade des pendus* de Villon. • Les *Odes et Ballades* de Hugo.
LE SONNET	Il est composé de quatorze décasyllabes ou alexandrins, répartis en deux quatrains et deux tercets. Le dernier vers crée un effet de surprise.	• Les sonnets réguliers de Ronsard et Du Bellay. • Les sonnets de Baudelaire et Rimbaud.

Les formes régulières

Certaines formes poétiques correspondent à des thèmes bien définis, qui laissent au poète une liberté de construction.

- **L'épopée.** Issue de l'Antiquité, elle célèbre avec éclat l'héroïsme et le courage. Composée en octosyllabes ou en décasyllabes, elle se caractérise par son importante longueur, comme *La Chanson de Roland.*
- **L'ode.** Elle est un poème lyrique, composé de plusieurs strophes semblables par le nombre et la mesure des vers. On la retrouve par exemple chez Ronsard et Hugo.
- **La fable.** Elle développe un récit qui met en scène des animaux, avec une portée morale. Cet apologue de longueur variable autorise le changement de la mesure du vers.

LE POÈME EN PROSE

Rompant avec la tradition, le poème en prose apparaît au milieu du XIXe siècle. Il renouvelle profondément l'écriture poétique. Le poème ne repose plus sur les règles de la versification mais sur la puissance du rythme et des images, sur la densité du langage, sur les choix lexicaux et sonores. La poésie moderne en systématise l'usage.

LE POÈME EN VERS LIBRES ET LE POÈME OUVERT

À la fin du XIXe siècle, le vers libre conteste à son tour la versification classique. La poésie symboliste abandonne la strophe et la rime. Des vers de longueurs différentes se succèdent, marqués par l'abandon de la ponctuation au début du XXe siècle. Aujourd'hui, la poésie est une forme ouverte qui multiplie les recherches sur le rythme, la concentration et la mise en espace originale du texte poétique.

EXEMPLE

OISEAUX

Flammes sans cesse changeant d'aire
qu'à peine on voit quand elles passent

Cris en mouvement dans l'espace

Peu ont la vision assez claire
pour chanter même dans la nuit

Philippe Jaccottet, « Oiseaux », *Airs*, 1967,
in *Poésie 1946-1967*, Éd. Gallimard 1967.

effets de rimes
Deux caractéristiques de la forme ouverte :
- mise en espace originale (effet de concentration)
- absence de ponctuation

SÉQUENCES

SÉQUENCE	PROBLÉMATIQUE	TEXTES
Le sonnet, forme majeure de la poésie	Comment le sonnet, à travers les contraintes qu'il impose, est-il devenu la forme poétique dominante du XVIe au XIXe siècle ?	– Du Bellay, « France, mère des arts », p. 74. – Ronsard, « Comme on voit sur la branche », p. 81. – Saint-Amant, « Le fumeur », p. 113. – Rimbaud, « Le dormeur du val », p. 383. – Valéry, « Au bois dormant », p. 439.
Continuité et ruptures de l'écriture poétique	Quelles sont les grandes étapes qui, à travers la succession des mouvements littéraires, ont marqué le renouvellement de l'écriture poétique ?	– La Fontaine, « Le Chêne et le Roseau », p. 151. – Hugo, « À Théophile Gautier», p. 323. – Lautréamont, *Les Chants de Maldoror*, p. 380. – Cendrars, *Prose du Transsibérien*, p. 434.
La modernité poétique : formes et sensibilités	Quelles sont, depuis Baudelaire, les formes poétiques qui correspondent à l'expression d'une sensibilité moderne ?	– Baudelaire, « Spleen », p. 359. – Rimbaud, « Aube », p. 387. – Apollinaire, « Il pleut », p. 432. – Ponge, « Le lézard », p. 540. – Char, « La Sorgue », p. 542.
L'évocation du temps dans l'histoire de la poésie	Comment le texte poétique renouvelle-t-il l'un de ses thèmes privilégiés, celui du temps qui passe ?	– Du Bellay, « Comme le champ semé », p. 73. – Lamartine, « Le lac », p. 296. – Nerval, « Odelettes », p. 324-325. – Apollinaire, « Le pont Mirabeau », p. 430.

SUJET DU BAC

CLASSE DE PREMIÈRE

OBJET D'ÉTUDE **La poésie**

Textes

A – Marceline Desbordes-Valmore, « Qu'en avez-vous fait ? », *Élégies et Poésies nouvelles*, 1825.
B – Étienne Jodelle, « Sonnet », *Les Amours*, 1549.
C – Victor Hugo, « Parfois, lorsque tout dort… », *Les Feuilles d'automne*, 1830.
D – Guillaume Apollinaire, « Les Cloches », *Alcools*, 1913.
E – Pierre Reverdy, « Tard dans la vie », *La Liberté des mers*, 1959.

Écriture

Vous répondrez d'abord aux questions suivantes. (6 points)

1. Analysez brièvement les différentes formes poétiques représentées dans ce corpus. Dites en quoi le texte E présente une rupture caractéristique de la poésie moderne.
2. Comment chacun de ces poèmes s'inscrit-il dans le registre lyrique ?

Vous traiterez ensuite un de ces trois sujets. (14 points)

→ Sujet I : Commentaire

Vous ferez le commentaire du poème de Marceline Desbordes-Valmore en vous aidant des indications suivantes :
– montrez que la séparation et le chagrin se manifestent à travers l'opposition des pronoms et des temps verbaux ;
– étudiez la forme poétique choisie pour exprimer la plainte amoureuse dans ce poème.

→ Sujet II : Dissertation

Le lyrisme est, selon Paul Valéry, « le développement d'une exclamation » : de quelle manière cette définition s'applique-t-elle selon vous à la poésie lyrique ? Illustrez ce jugement par les textes du corpus ainsi que par vos lectures personnelles.

→ Sujet III : Invention

Après la lecture du corpus, vos préférences de lecteur vont à l'un de ces poèmes, qui correspond à ce que vous attendez de la poésie. Vous le choisissez pour qu'il fasse partie d'une anthologie de la poésie française, en indiquant dans une lettre à l'éditeur les raisons de votre choix.

Texte A

QU'EN AVEZ-VOUS FAIT ?

Vous aviez mon cœur,
Moi, j'avais le vôtre :
Un cœur pour un cœur,
Bonheur pour bonheur !

Le vôtre est rendu,
Je n'en ai plus d'autre ;
Le vôtre est rendu,
Le mien est perdu !

La feuille et la fleur
Et le fruit lui-même,
La feuille et la fleur,
L'encens, la couleur,

Qu'en avez-vous fait
Mon Maître suprême ?
Qu'en avez-vous fait,
De ce doux bienfait ?

Comme un pauvre enfant
Quitté par sa mère,
Comme un pauvre enfant
Que rien ne défend,

Vous me laissez là,
Dans ma vie amère,
Vous me laissez là
– Et Dieu voit cela !

Savez-vous qu'un jour
L'homme est seul au monde ?
Savez-vous qu'un jour
Il revoit l'Amour ?

Vous appellerez
Sans qu'on vous réponde,
Vous appellerez
Et vous songerez !....

Vous viendrez rêvant
Sonner à ma porte,
Ami comme avant,
Vous viendrez rêvant,

Et l'on vous dira :
« Personne !.... elle est morte. »
On vous le dira,
Mais qui vous plaindra ?

Marceline Desbordes-Valmore,
« Qu'en avez-vous fait ? »,
Élégies et Poésies nouvelles, 1825.

Texte B

Comme un qui s'est perdu dans la forêt profonde
Loin des chemins, d'orée, et d'adresse, et de gens;
Comme un qui en la mer grosse d'horribles vents
Se voit presque englouti des grandes vagues de l'onde,

Comme un qui erre aux champs, lorsque la nuit au monde
Ravit toute clarté, j'avais perdu longtemps
Voie, route et lumière, et presque avec les sens,
Perdu longtemps l'objet, où plus mon heur se fonde.

Mais quand on voit, – ayant ces maux fini leur tour –
Aux bois, en mer, aux champs, le bout, le port, le jour,
Ce bien présent plus grand que son mal on vient croire.

Moi donc qui ai tout tel en votre absence été,
J'oublie, en revoyant votre heureuse clarté,
Forêts, tourmente, et nuit, longue, orageuse et noire.

Étienne Jodelle, « Sonnet », *Les Amours*, 1549.

Texte C

Parfois, lorsque tout dort, je m'assieds plein de joie
Sous le dôme étoilé qui sur nos fronts flamboie;
J'écoute si d'en haut il tombe quelque bruit;
Et l'heure vainement me frappe de son aile
Quand je contemple, ému, cette fête éternelle
Que le ciel rayonnant donne au monde la nuit !

Souvent alors j'ai cru que ces soleils de flamme
Dans ce monde endormi n'échauffaient que mon âme;
Qu'à les comprendre seul j'étais prédestiné;
Que j'étais, moi, vaine ombre obscure et taciturne,
Le roi mystérieux de la pompe nocturne;
Que le ciel pour moi seul s'était illuminé !

Victor Hugo, « Parfois, lorsque tout dort... », *Les Feuilles d'automne*, 1830.

Texte D

LES CLOCHES

Mon beau Tzigane mon amant
Écoute les cloches qui sonnent
Nous nous aimions éperdument
Croyant n'être vus de personne

Mais nous étions bien mal cachés
Toutes les cloches à la ronde
Nous ont vus du haut des clochers
Et le disent à tout le monde

Demain Cyprien et Henri
Marie Ursule et Catherine
La boulangère et son mari
Et puis Gertrude ma cousine

Souriront quand je passerai
Je ne saurai plus où me mettre
Tu seras loin Je pleurerai
J'en mourrai peut-être.

Guillaume Apollinaire, « Les Cloches », *Alcools*, Éd. Gallimard, 1913.

Texte E

TARD DANS LA VIE

Je suis dur
Je suis tendre
Et j'ai perdu mon temps
À rêver sans dormir
À dormir en marchant
Partout où j'ai passé
J'ai trouvé mon absence
Je ne suis nulle part
Excepté le néant
Mais je porte caché au plus haut des entrailles
À la place où la foudre a frappé trop souvent
Un cœur où chaque mot a laissé son entaille
Et d'où ma vie s'égoutte au moindre mouvement

Pierre Reverdy, « Tard dans la vie », *La Liberté des mers*, Éd. Flammarion, 1959.

Villeglé, *122 rue du temple*, 1968.
Affiches déchirées et papiers collés, 159 x 210 cm.
Musée d'Art moderne de New York.

Depuis 1950

Le temps des victoires et des doutes

Depuis 1950
Le temps des victoires et des doutes

1. L'histoire La construction de l'Europe

En mai 1954, la défaite de Diên Biên Phû marque la fin de l'hégémonie française en Indochine.

Les guerres d'Indochine puis d'Algérie confrontent la France à la décolonisation et ramènent au pouvoir, en 1958, le général de Gaulle, qui fonde la Ve République. La société de consommation est violemment contestée par la jeunesse en mai 1968. À partir de 1974, une crise économique profonde bouleverse les rapports sociaux, accroissant les problèmes du chômage et de l'exclusion. La chute du mur de Berlin en 1989 met fin à la « guerre froide ». Désormais les pays d'Europe sont mobilisés dans la construction de l'Union européenne, concrétisée par l'apparition de l'euro en 1999. Cependant, le début du XXIe siècle, marqué par l'attentat du 11 septembre 2001 à New York, s'ouvre sur de nouvelles menaces.

La porte de Brandebourg, à Berlin, peu avant la chute du mur en 1989.

Le général de Gaulle, en 1958, pendant la guerre d'Algérie.

2. La société L'ère de la consommation de masse

À la période de reconstruction qui a suivi la Seconde Guerre mondiale succèdent les Trente Glorieuses, qui voient se créer de nouvelles zones d'habitations dans les banlieues des grandes villes. C'est le temps de la consommation de masse, avec l'accession à l'automobile, à la télévision, au téléphone. Le choc pétrolier de 1973 et la crise économique qu'il entraîne ne remettent pas en cause le désir de consommation encouragé par la publicité. Les mutations du monde industriel conduisent à une société dans laquelle les produits nés de l'informatique jouent un rôle considérable. Mais le succès des centres commerciaux gigantesques ne peut cacher le développement d'une fracture sociale, économique et culturelle.

La multiplication des appareils ménagers témoigne du développement de la société de consommation.

À partir des années 1960, de nouvelles zones d'urbanisation se multiplient autour des grandes villes. Photographie de Henri Cartier-Bresson, 1969.

3. Les sciences Les révolutions et les conquêtes

L'astronaute Edwin Aldrin devant le drapeau américain sur le sol lunaire, le 21 juillet 1969.

En 1969, les premiers pas de l'homme sur la Lune concrétisent les rêves de conquête spatiale. L'invention de la carte à puce, en 1974, fait entrer l'informatique dans la vie quotidienne. En 1992, le réseau Internet devient accessible au plus grand nombre. Par ailleurs l'espérance de vie ne cesse de s'allonger grâce aux découvertes de la médecine, qui multiplie les progrès dans la lutte contre les maladies, comme le cancer ou le sida. Cependant, avec la procréation assistée, les premières expériences de clonage ou les OGM, la génétique pose de nouveaux défis qui suscitent l'espoir mais aussi les inquiétudes.

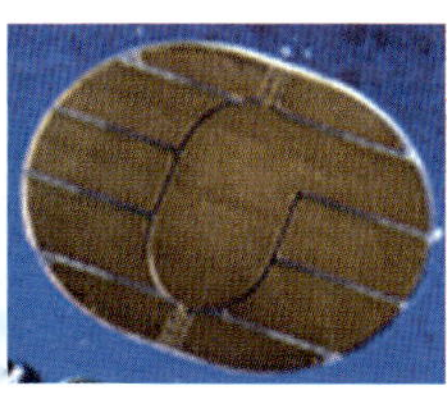

La carte à puce est une nouvelle révolution technologique.

La brebis Dolly, le premier animal cloné, voit le jour en Grande-Bretagne.

4. Les lettres Les contestations et les doutes

L'écrivain Eugène Ionesco devant le théâtre de la Huchette, à Paris, en 1977.

En 1945, la découverte des camps de concentration et la bombe atomique laissent l'homme en proie à l'angoisse. Le théâtre de l'absurde et le Nouveau Roman explorent cette solitude de l'homme confronté à lui-même. Les sciences humaines, l'ethnologie, la psychanalyse, la sociologie connaissent pendant les années soixante un prodigieux essor. Les chercheurs renouvellent complètement la critique littéraire. Écrivains et intellectuels combattent alors les fausses valeurs de la société de consommation. La fin du XXe siècle voit se multiplier des créateurs isolés, qui tentent de donner du sens à un monde complexe et déshumanisé.

Roland Barthes (1915-1980), critique et professeur au Collège de France.

5. L'édition Le livre et l'informatique

Les années cinquante voient le développement spectaculaire des collections de poche, qui mettent la littérature à la portée de tous. À la télévision, les émissions littéraires répandent l'image des écrivains auprès du grand public. C'est la multiplication des dictionnaires et des encyclopédies. Chaque année, les salons du livre et les prix littéraires consacrent les grands succès d'édition. Cependant, l'utilisation de l'ordinateur conduit à de nouvelles pratiques d'écriture et de diffusion des textes. Le nombre d'auteurs ne cesse de croître, tandis que la création de petites maisons d'édition témoigne de la vitalité de la littérature, face aux concentrations imposées par l'industrie du livre.

Le premier roman publié dans la collection Le Livre de Poche.

Les nouveaux lieux du livre : les salons.

L'usage de l'ordinateur crée de nouveaux supports pour la diffusion des œuvres littéra[ires] comme le livre électronique.

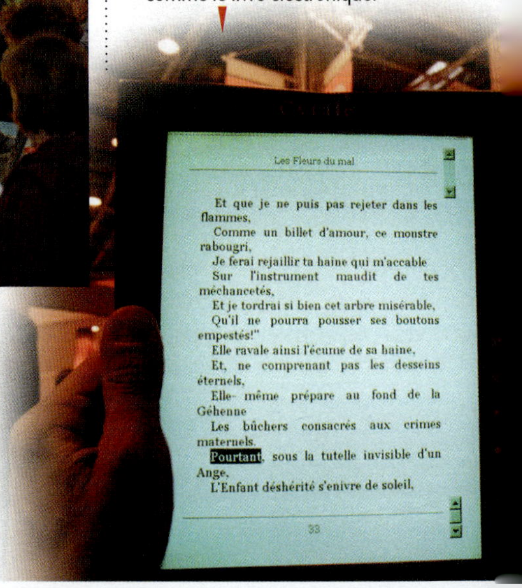

6. Les arts Les éclats de la postmodernité

Tous les arts expriment le sentiment d'angoisse et de solitude créé par la concentration urbaine et l'impression d'un univers où l'homme n'a plus sa place. L'hyperréalisme s'interroge devant la présence obsédante des objets. Des artistes comme César tournent en dérision la société de consommation en exposant des compressions de déchets industriels. Les créateurs contemporains utilisent des matériaux nouveaux, comme les tissus, le plastique ou la cire. Ils intègrent dans leurs œuvres les techniques de la photographie ou de la vidéo. Au cinéma, à la Nouvelle Vague de Truffaut et de Godard a succédé l'univers personnel de metteurs en scène, comme Luc Besson ou Jean-Pierre Jeunet, qui mêlent à la féerie la représentation de la société contemporaine.

Compression de César, réalisée en 1962.

Tissu d'épisodes
Jean Dubuffet (1976)

Jean Dubuffet revendique un art affranchi de toutes références culturelles traditionnelles. Aucune école, aucun mouvement, aucun style ne lui paraissent pouvoir exprimer ce qui se trouve au fond de chaque être. Il s'agit pour lui de revenir à une authenticité originelle, à un « art brut ». (Acrylique sur papiers collés sur toile, 248,5 x 318,5 cm, Centre Pompidou, Paris.)

Jean Dubuffet n'a pas cessé d'expérimenter des modes d'expression plastique où la spontanéité est première. La figuration est donc simplifiée comme le montrent ici les personnages enfantins et elle atteint parfois la pure abstraction du gribouillis. Les couleurs sont pures, appliquées directement sans dessin préalable.

Outils rudimentaires et matériaux pauvres ont accompagné le travail de Jean Dubuffet. Dans ce très grand format, il colle des papiers peints sur la toile. Cette technique a été utilisée par Matisse, mais, ici, il ne s'agit pas de composer une seule image colorée : la juxtaposition et la superposition créent une polyphonie inattendue.

Chaque dessin constitue une histoire, inscrite dans son cadre, mais la rencontre des autres « épisodes » compose un paysage insolite, évoquant une bande dessinée sans scénario préalable. Les dessins et les couleurs entrent en correspondance et construisent une multitude d'itinéraires possibles pour le spectateur.

GRACQ

Nom et prénom : **Poirier, Louis**

Pseudonyme : **Julien Gracq**

Naissance : **27 juillet 1910, à Saint-Florent-le-Vieil**

Auteur de romans, dont : *Au château d'Argol* (1938), *Le Rivage des Syrtes* (1951), *Un balcon en forêt* (1958), *La Presqu'île* (1970); d'une pièce de théâtre : *Le Roi pêcheur* (1948); d'essais dont *La Littérature à l'estomac* (1950).

Louis Poirier est né dans le Maine-et-Loire, d'une famille de commerçants. En pension au lycée de Nantes, il trouve refuge dans les livres : la lecture du roman de Stendhal, *Le Rouge et le Noir,* est pour lui un éblouissement. À Paris, il étudie la géographie à l'École normale supérieure. Il commence une carrière de professeur au lycée de Nantes, où il fut élève.

En 1937, son premier roman, *Au château d'Argol,* est publié sous le pseudonyme de Julien Gracq. Le livre suscite l'enthousiasme d'André Breton, sensible à son atmosphère envoûtante. Mobilisé pendant la guerre, Gracq tombe gravement malade en Allemagne, dans un camp de prisonniers. Après la Libération, nommé en 1947 dans un lycée parisien, il poursuit son œuvre et condamne violemment dans un essai, *La Littérature à l'estomac,* ceux qui ne voient dans le livre qu'un objet de commerce. Il refuse ainsi le prix Goncourt qu'obtient, en 1951, son roman *Le Rivage des Syrtes.* Au cinéma, André Delvaux et Jean Mitrani adaptent ses œuvres, dont ils restituent l'émotion, le mystère et la poésie.

LE ROMAN DE L'ATTENTE ET DU MYSTÈRE

À l'opposé des romans qui multiplient les péripéties et les rebondissements, ce qui compte le plus pour Julien Gracq, c'est la création d'un univers mystérieux, où les personnages – partagés entre la peur et le désir, entre le rêve et le souvenir – attendent un événement qui tarde à venir. Comme l'écrit Breton, dans *L'Amour fou* : « Indépendamment de ce qui arrive, n'arrive pas, c'est l'attente qui est magnifique. » Dans les romans de Gracq, le héros est un guetteur, attentif à tous les signes du monde, qui découvre derrière l'apparence ordinaire des choses un secret, une vie plus intense. La réalité familière prend un nouveau visage. L'univers du roman rappelle ainsi celui des contes, des légendes inquiétantes, riche de symboles et ouvert à la poésie.

Objet d'étude Écrire, publier, lire

1950 — La Littérature à l'estomac

Excédé par l'entrée de la littérature dans la société de consommation, Julien Gracq écrit un pamphlet qui dénonce le rôle des médias et du tapage publicitaire auprès du livre. Il regrette ainsi l'aveuglement du public, qui ne fait plus la part de l'œuvre artistique et du produit commercial.

De ce que l'écrivain dispose aujourd'hui de mille manières de se manifester qui portent souvent infiniment plus loin que ses livres, il se trouve que sa *mise en place* gagne infiniment en rapidité à emprunter d'autres voies que la lente pénétration, la lente digestion d'une œuvre écrite pour un public que la faim ne dévore pas toujours. Mille impressions sensibles – dans notre civilisation amoureuse de graphiques, d'images parlantes – *inscrivent* aujourd'hui pour l'œil plus que pour l'intelligence et le goût un ordre de préséances[1] obsédant qui n'est pas celui de la lecture, et qui va jusqu'à déclencher une espèce d'automatisme de répétition : grosseur des caractères dans les journaux, fréquence des photographies, manchettes des revues, « présidiums[2] » de congrès d'écrivains, comme une salle de distribution des prix, « ventes » littéraires publiques, dont on diffuse les chiffres, apposition de noms au bas de manifestes, grandes orgues radiophoniques, séances de *signatures* où le talent de l'écrivain, de manière obscure, triomphe aux yeux dans l'étendue de sa *performance*, comme un champion d'échecs qui donne des simultanées[3]. Le grand public, par un entraînement inconscient, exige de nos jours comme une *preuve* cette transmutation bizarre du qualitatif en quantitatif, qui fait que l'écrivain aujourd'hui se doit de représenter, comme on dit, une *surface*, avant même parfois d'avoir un talent.

Essayons de nous frotter les yeux, de saisir sur le vif (ce n'est jamais facile) cette différence – résultat de mille changements imperceptibles – qui sépare aujourd'hui la figure du « grand écrivain » moderne de l'apparence qu'elle pouvait prendre encore il y a cinquante ans. Sollicité par cette fixation déformante, contaminé dans son essence par l'intervention de ce « fait de foule », étroitement imbriqué au continuum[4] de *quotidien fabuleux* que débitent en tranches saccadées les éditions des journaux et les émissions de la radio, l'écrivain moderne est devenu une *figure de l'actualité*, et comme telle magique, prise dans la même lueur inquiétante de magnésium[5], la même flamme dévorante, fiévreuse, qui semble brûler ceux qu'elle illumine « par les deux bouts ».

Julien Gracq, *La Littérature à l'estomac*, José Corti, 1950.

1. **préséances** : droit d'avoir une place d'honneur, de précéder quelqu'un.
2. **présidiums** : conseils suprêmes.
3. **simultanées** : parties d'échecs jouées en même temps contre plusieurs adversaires différents.
4. **continuum** : ensemble d'éléments permettant de passer de l'un à l'autre sans interruption.
5. **magnésium** : métal argenté qui brûle au contact de l'air en dégageant une flamme éblouissante ; le magnésium était notamment utilisé dans le fonctionnement des flashes des appareils photos.

1. **Quels reproches Julien Gracq formule-t-il à l'encontre de la situation du livre et de l'écrivain ?**

2. **Quelles sont les causes de l'évolution de la réception du texte littéraire, selon Julien Gracq ?**

3. **Commentez l'expression : « cette transmutation bizarre du qualitatif en quantitatif » (l. 15).**

4. **En quoi ce texte s'inscrit-il dans le registre polémique ? Quels contre-arguments pourriez-vous opposer à la thèse défendue par l'auteur ?**

5. NOTION. **Quelles sont les différentes formes de promotion du livre évoquées par Gracq ? Comment ont-elles évolué aujourd'hui ?**

NOTION

La promotion du livre

L'éditeur, l'attaché de presse, le critique et le libraire sont les relais successifs qui permettent de faire connaître l'œuvre de l'écrivain auprès du lecteur. Ils assurent ainsi la promotion du livre en utilisant tous les moyens modernes de la communication.

1951 — Le Rivage des Syrtes

Le jeune héros du *Rivage des Syrtes,* Aldo, est envoyé à l'extrémité de la seigneurie d'Orsenna. Il est chargé de provoquer une guerre avec le Farghistan, qui lui fait face par-delà la mer des Syrtes. Seul ou en compagnie de son amie Vanessa, Aldo s'enlise dans l'attente du combat.

Vanessa marchait devant moi sans mot dire, le souffle court, le pas hâté, et la pensée me vint un instant que l'île était peut-être encore habitée, et qu'une silhouette allait surgir de ces roches qui donnerait un corps à sa fièvre et à mon malaise.

Arrivée au sommet de la colline, elle s'arrêta. L'île finissait devant nous par des précipices abrupts ; le vent de ce côté la fouettait furieusement, et on entendait du bas des falaises monter les coups de bélier continus des vagues. Mais Vanessa ne s'en souciait guère, et sans doute ne se souvenait-elle même plus que je fusse là. Elle s'était assise sur une roche éclatée et fixait les yeux sur l'horizon : on eût dit que sur ce récif écarté soudain elle prenait une veille, pareille à ces silhouettes endeuillées qui, du haut d'un promontoire, guettent interminablement le retour d'une voile.

Mes yeux suivaient malgré moi la direction de son regard. Une clarté assez vive s'attardait sur le ressaut de colline qui crevait le manteau de brumes. En face de nous, l'horizon de mer bordait une bande plus pâle et étonnamment transparente dans le crépuscule avancé, pareille à une de ces échappées ensoleillées qui se creusent au ras de l'eau sous le dôme des vapeurs et annoncent la fin d'un orage. Mes yeux parcoururent cet horizon désert et s'arrêtèrent un instant aux contours d'un très petit nuage blanc en forme de cône, qui semblait flotter au ras de l'horizon dans la lumière diminuée, et dont l'isolement insolite dans cette soirée claire et la forme lourde s'associèrent aussitôt dans mon esprit de façon confuse à l'idée d'une menace lointaine et à l'appréhension d'un orage montant sur la mer.

Un froid brusque maintenant s'abattait sur l'île, le vent fraîchissait, à l'approche de la nuit les oiseaux de mer avaient cessé de crier ; j'avais hâte soudain de quitter cette île chagrine et sauvage, évacuée comme un navire qui coule. Je touchai sèchement l'épaule de Vanessa.

– Il se fait tard. Viens. Rentrons.

– Non, pas encore. Tu as vu ? me dit-elle en tournant vers moi ses yeux grands ouverts dans le noir.

D'un seul coup, comme une eau lentement saturée, le ciel de jour avait viré au ciel lunaire ; l'horizon devenait une muraille laiteuse et opaque qui tournait au violet au-dessus de la mer encore faiblement miroitante. Traversé d'un pressentiment brusque, je reportai alors mes yeux vers un singulier nuage. Et, tout à coup, je vis.

Une montagne sortait de la mer, maintenant distinctement visible sur le fond assombri du ciel. Un cône blanc et neigeux, flottant comme un lever de lune au-dessus d'un léger voile mauve qui le décollait de l'horizon, pareil, dans son isolement et sa pureté de neige, et dans les jaillissements de sa symétrie parfaite, à ces phares diamantés qui se lèvent au seuil des mers glaciales. Son lever d'astre sur l'horizon ne parlait pas de la terre, mais plutôt d'un soleil de minuit, de la révolution d'une orbite calme qui l'eût ramené à l'heure dite des profondeurs lavées à l'affrontement fatidique[1] de la mer. Il était là. Sa lumière froide rayonnait comme une source de silence, comme une virginité déserte et étoilée.

– C'est le Tängri, dit Vanessa sans tourner la tête. Elle parlait comme pour elle-même, et je doutai de nouveau qu'elle eût conscience que je fusse là.

Nous demeurâmes longtemps sans mot dire dans l'obscurité devenue profonde, les yeux fixés sur la mer. Le sentiment du temps s'envolait pour moi. La lumière de la lune tirait vaguement de l'ombre la cime[2] énigmatique pour l'y replonger aussitôt, la faisait

1. **fatidique** : inévitable.
2. **la cime** : le sommet de la montagne.
3. **aurore boréale** : le lever du soleil, l'aurore polaire, qui se présente sous la forme d'un arc lumineux d'où s'échappent des jets de lumière.
4. **lustral** : qui purifie.

palpiter irréellement sur la mer effacée ; nos yeux fascinés s'épuisaient à suivre le déploiement de ces phases mourantes, comme aux dernières lueurs, plus louches et plus mystérieuses, d'une aurore boréale[3]. Enfin il fit nuit tout à fait, le froid nous transperça. Je relevai Vanessa sans mot dire, elle s'appuya à mon bras toute lourde. Nous marchions la tête vide, les yeux douloureux de leur excès de fixité, les jambes molles. Je tenais Vanessa étroitement serrée contre moi sur le chemin périlleux et glissant que nous avions peine à suivre dans le noir, mais cet appui que je lui prêtais n'était plus en ce moment qu'un réflexe machinal et sans tendresse. Il me semblait que cette journée de douce et caressante chaleur avait passé comme un vent descendu des champs de neige, si lustral[4] et si sauvage que jamais mes poumons qu'il avait mordus n'en pourraient épuiser la pureté mortelle, et, comme pour en garder encore l'étincellement dans mes yeux et la saveur froide sur ma bouche, sur le sentier ébouleux, malgré moi, je marchais la tête renversée vers le ciel plein d'étoiles.

Julien Gracq, *Le Rivage des Syrtes*, Éd. José Corti, 1951.

Nicolas de Staël, *Paysage méditerranéen*. Peinture à l'huile, 1953.

1. Identifiez et classez les termes qui renvoient aux quatre éléments – eau, terre, air et feu – dans le texte. Quelles impressions les personnages ressentent-ils devant le spectacle de la nature ?

2. Relevez le réseau lexical de la blancheur dans le texte. Quel est selon vous le sens symbolique de cette présence ?

3. Quelles relations les personnages entretiennent-ils à ce moment du récit ? Appuyez votre réponse sur des indices précis du texte.

4. Repérez les comparaisons et les métaphores. Expliquez comment ces images contribuent à la dimension poétique du passage.

5. NOTION. Par quel verbe de perception la description est-elle introduite à la ligne 30 ? Relevez les indicateurs de temps dans le passage des lignes 31 à la fin. Quel est l'effet produit sur le rythme du récit ?

NOTION

La description et le rythme du récit

L'enchaînement des actions marque l'écoulement du temps dans le récit. Avec la description, le rythme du récit se ralentit, apportant des informations au lecteur ou s'accordant à la perception de ce que découvrent les personnages.

1951

Gracq et le refus du prix Goncourt

En 1951, Julien Gracq refuse le prix Goncourt qui lui est attribué pour son roman, *Le Rivage des Syrtes*. La polémique qui s'engage témoigne de l'importance de cette récompense qui, depuis sa création jusqu'à aujourd'hui, s'impose comme l'un des événements majeurs de la vie littéraire.

Chronologie du prix Goncourt

1896	mort d'Edmond de Goncourt dont le testament fonde une académie littéraire
21 décembre 1903	attribution du premier prix Goncourt
1932	accusations de manipulations après l'éviction du roman de Louis-Ferdinand Céline, *Voyage au bout de la nuit*
1951	refus du prix par Julien Gracq
1974	le roman *La Dentellière* de Pascal Lainé, lauréat du prix, est vendu à 1 500 000 exemplaires
1975	attribution du prix à Émile Ajar, pseudonyme de Romain Gary, qui l'avait obtenu sous son vrai nom en 1956
1988	naissance du Goncourt des lycéens

La naissance du prix Goncourt

Après la mort de son frère Jules, Edmond de Goncourt décide de créer une académie littéraire pour perpétuer leur nom et concurrencer l'Académie française, jugée trop conservatrice. Tout au long de leur vie, les deux frères ont réuni une collection d'œuvres d'art d'une grande valeur. C'est ainsi qu'à sa mort, en 1896, le testament d'Edmond lègue sa fortune à une académie chargée d'attribuer un prix de cinq mille francs « au meilleur roman, au meilleur recueil de nouvelles, au meilleur volume d'impressions, au meilleur volume d'imagination en prose, et exclusivement en prose, publié dans l'année ». C'est la naissance du prix Goncourt.

Michel Tournier, lauréat du prix Goncourt en 1970 pour son roman *Le Roi des aulnes.*

Le fonctionnement de la nouvelle académie

Après un long procès avec les héritiers de l'écrivain, l'académie Goncourt attribue son prix pour la première fois en 1903. Les dix membres qui la composent appartiennent alors à l'école naturaliste. Ils ont pour mission de consacrer l'originalité et le talent d'un jeune écrivain. Pour cela, ils se réunissent régulièrement pour dresser la liste des meilleures œuvres

Edmond de Goncourt, le fondateur du célèbre prix littéraire.

À la surprise générale, Julien Gracq refuse le prix Goncourt décerné à son roman *Le Rivage des Syrtes*.

parues. Chaque année, au mois de décembre d'abord, puis en novembre, après un repas pris en commun dans un restaurant célèbre, le président de l'académie proclame le résultat du vote.

■ Le temps des scandales et des doutes

Très vite, le prix Goncourt s'impose comme le plus disputé des prix littéraires. Les éditeurs exercent leur influence pour qu'un de leurs auteurs soit désigné, et le doute entache certaines élections. En 1932 par exemple, le roman de Louis-Ferdinand Céline, *Voyage au bout de la nuit*, est écarté à la stupéfaction générale. En 1951, Julien Gracq, qui dénonce la dimension commerciale qui lui est attachée, provoque le scandale en refusant le prix Goncourt. Le romancier Romain Gary est consacré deux fois, l'une sous son propre nom, en 1956, l'autre sous le pseudonyme d'Émile Ajar en 1975. Chaque année, l'attribution du prix Goncourt s'accompagne ainsi de prévisions, de rumeurs ou de polémiques qui témoignent de sa popularité.

■ L'immense influence du Goncourt

Si la plupart des romans consacrés sont rapidement oubliés, le prix Goncourt a aussi révélé le talent de grands écrivains : Marcel Proust en 1919, André Malraux en 1933, Michel Tournier en 1970, Patrick Modiano en 1978, Marguerite Duras en 1984, Tahar Ben Jelloun en 1987, Pascal Quignard en 2002. Les œuvres consacrées connaissent le succès auprès du grand public, les tirages atteignent des chiffres considérables, stimulant ainsi la chaîne de l'édition, depuis l'imprimerie jusqu'aux présentoirs des librairies. Le prix Goncourt apparaît comme un événement majeur de la vie littéraire : grâce à lui, l'ensemble des médias se fait l'écho, une fois par an, des débats qui animent le monde de la littérature et de l'édition.

Les membres du jury de l'académie Goncourt réunis en avril 2000.

Pour ou contre les prix littéraires ?

En refusant le Goncourt, Gracq s'interroge sur l'importance à accorder aux prix littéraires. À ses yeux, la littérature ne doit pas devenir l'enjeu d'intérêts commerciaux liés à la promotion d'un livre. Pour lui, une seule œuvre couronnée fait oublier les autres écrivains qui mériteraient d'être reconnus. À l'inverse, les défenseurs des prix littéraires soulignent leur contribution au dynamisme du monde des lettres : le prix Fémina est créé dès 1905, celui de l'Académie française en 1918, le Renaudot en 1925, l'Interallié en 1930, le Médicis en 1958… En définitive, dans un monde où la lecture semble menacée, la rivalité entre les différents prix littéraires entretient l'intérêt du public pour la littérature. Le Goncourt des lycéens, au succès grandissant, contribue à son tour à cette effervescence qui donne envie de lire.

COMPRENDRE L'ESSENTIEL

1. **Dans quel but Edmond de Goncourt crée-t-il le prix qui porte son nom ?**
2. **Quel est le rôle des réunions mensuelles du jury du prix Goncourt ?**
3. **Quels types de problèmes l'attribution du prix Goncourt rencontre-t-elle ?**
4. **Pourquoi selon vous les œuvres couronnées par le prix Goncourt connaissent-elles un succès aussi considérable ?**

IONESCO

Nom et prénom : **Ionesco, Eugène**

Naissance : **26 novembre 1912, à Stalina, en Roumanie**

Décès : **28 mars 1994, à Paris**

Eugène Ionesco naît en Roumanie d'un père roumain et d'une mère française. La guerre de 1914, les disputes des parents suscitent chez l'enfant un sentiment d'angoisse. Cependant, leur séparation conduit Eugène et sa sœur à se partager, durant leur enfance, entre la France et la Roumanie. C'est à Bucarest que Ionesco assiste à la montée du nazisme. Il se marie et obtient une bourse pour étudier en France. Pendant la guerre, à Marseille puis à Paris, le couple connaît des difficultés matérielles. Ionesco écrit *La Cantatrice chauve* qui n'a d'abord aucun succès. Mais *La Leçon* en 1951, puis *Les Chaises* l'année suivante, l'imposent comme un auteur d'avant-garde. Le succès vient avec *Rhinocéros* et *Le Roi se meurt*. Ionesco entre à l'Académie française en 1970. Son théâtre survit à l'apparition de dramaturges nouveaux : depuis 1957, *La Cantatrice chauve* est représentée chaque soir au théâtre de la Huchette à Paris.

Auteur de pièces de théâtre, dont : *La Cantatrice chauve* (1950), *La Leçon* (1951), *Les Chaises* (1952), *Amédée ou Comment s'en débarrasser* (1954), *Rhinocéros* (1960), *Le Roi se meurt* (1962) ; d'essais dont : *Notes et Contre-Notes* (1962) ; de journaux comme *Journal en miettes* (1967) ; d'un roman : *Le Solitaire* (1973).

LE DRAMATURGE DE L'ABSURDE

C'est en prenant conscience du caractère automatique des expressions utilisées dans les méthodes d'apprentissage de langue, que Ionesco écrit sa première pièce, *La Cantatrice chauve*, en 1950. Aucune cantatrice n'y figure. Le théâtre de l'absurde fait ainsi le procès du langage et de la communication. La farce est toujours tragique. Elle met en évidence la solitude des hommes dans un univers dépourvu de sens. Confrontés à la mort, les personnages ne peuvent se réfugier derrière des valeurs illusoires ou des masques sociaux. C'est ainsi que l'humain prend conscience de sa faiblesse et peut alors s'opposer aux forces oppressives, aux puissances politiques ou religieuses qui tentent de l'asservir. Le théâtre de Ionesco apparaît alors comme une leçon d'humanisme fondée sur le tragique de la condition humaine.

Objet d'étude Un mouvement littéraire et culturel du XXe siècle : l'absurde

1950 — La Cantatrice chauve, anti-pièce

Inspirée d'une méthode d'apprentissage de l'anglais, *La Cantatrice chauve* développe toute la vanité d'un dialogue purement mécanique. Dans cet extrait, M. et Mme Smith enchaînent ainsi des réflexions absurdes, qui ont cependant toute l'apparence d'une conversation logique.

MME SMITH. – Mrs Parker connaît un épicier roumain, nommé Popesco Rosenfeld, qui vient d'arriver de Constantinople. C'est un grand spécialiste en yaourt. Il est diplômé de l'école des fabricants de yaourt d'Andrinople. J'irai demain lui acheter une grande marmite de yaourt roumain folklorique. On n'a pas souvent des choses pareilles ici, dans les environs de Londres.

M. SMITH, *continuant sa lecture, fait claquer sa langue.*

MME SMITH. – Le yaourt est excellent pour l'estomac, les reins, l'appendicite et l'apothéose[1]. C'est ce que m'a dit le docteur Mackenzie-King qui soigne les enfants de nos voisins, les Johns. C'est un bon médecin. On peut avoir confiance en lui. Il ne recommande

1. **apothéose** : honneur, éloge, consécration.

jamais d'autres médicaments que ceux dont il a fait l'expérience sur lui-même. Avant de faire opérer Parker, c'est lui d'abord qui s'est fait opérer du foie, sans être aucunement malade.

M. Smith. – Mais alors, comment se fait-il que le docteur s'en soit tiré et que Parker soit mort ?

Mme Smith. – Parce que l'opération a réussi chez le docteur et n'a pas réussi chez Parker.

M. Smith. – Alors Mackenzie n'est pas un bon docteur. L'opération aurait dû réussir chez tous les deux ou alors tous les deux auraient dû succomber.

Mme Smith. – Pourquoi ?

M. Smith. – Un médecin consciencieux doit mourir avec le malade s'ils ne peuvent vivre ensemble. Le commandant d'un bateau périt avec le bateau, dans les vagues. Il ne lui survit pas.

Mme Smith. – On ne peut pas comparer un malade à un bateau.

M. Smith. – Pourquoi pas ? Le bateau a aussi ses maladies ; d'ailleurs ton docteur est aussi sain qu'un vaisseau ; voilà pourquoi encore il devait périr en même temps que le malade comme le docteur et son bateau.

Mme Smith. – Ah ! Je n'y avais pas pensé... C'est peut-être juste... et alors, quelle conclusion en tires-tu ?

M. Smith. – C'est que tous les docteurs ne sont que des charlatans. Et tous les malades aussi. Seule la marine est honnête en Angleterre.

Mme Smith. – Mais pas les marins.

M. Smith. – Naturellement.

Eugène Ionesco, *La Cantatrice chauve, anti-pièce*, scène I, Éd. Gallimard, 1954.

La Cantatrice chauve, dans la mise en scène de Gabor Tampa, avec M.-A. Mestre et D. Chaise, en 2000.

1. Quelle est la situation des personnages dans cette scène ? Relevez tout ce qui lui donne un caractère banal.

2. NOTION. Relevez et étudiez les termes d'articulation qui, dans ce dialogue, donnent une apparence logique à la conversation des personnages.

3. Relevez des exemples de formules assertives, de proverbes ou de vérités universelles. En quoi participent-ils au comique de la scène ?

4. Indiquez les sujets successivement abordés par la conversation. Montrez qu'elle progresse par associations mécaniques d'idées.

5. Justifiez le sous-titre donné par Ionesco à sa pièce : « anti-pièce ».

NOTION

La logique de l'absurde

Dans le théâtre de l'absurde, la structure du raisonnement, l'enchaînement des arguments ne sont logiques qu'en apparence et ils aboutissent à des conclusions absurdes sur lesquelles les personnages s'accordent.

1962

Le Roi se meurt

Dans *Le Roi se meurt*, Ionesco n'exprime pas seulement le vide du langage et de la communication, il dévoile aussi ce qui fonde le tragique et l'absurdité de toute existence : la mort à laquelle nul n'échappe, même s'il est roi.

LE ROI. – J'ordonne que des arbres poussent du plancher. *(Pause.)* J'ordonne que le toit disparaisse. *(Pause.)* Quoi ? Rien ? J'ordonne qu'il y ait la pluie. *(Pause. Toujours rien ne se passe.)* J'ordonne qu'il y ait la foudre et que je la tienne dans ma main. *(Pause.)* J'ordonne que les feuilles repoussent. *(Il va à la fenêtre.)* Quoi ? Rien ? J'ordonne que Juliette entre par la grande porte. *(Juliette entre par la petite porte au fond à droite.)* Pas par celle-là, par celle-ci. Sors par cette porte. *(Il montre la grande porte. Elle sort par la petite porte, à droite, en face. À Juliette.)* J'ordonne qu'on entende les clairons. J'ordonne que cent vingt et un coups de canon se fassent entendre en mon honneur. *(Il prête l'oreille.)* Rien !... Ah si ! J'entends quelque chose.

LE MÉDECIN. – Ce n'est que le bourdonnement de vos oreilles, Majesté.

MARGUERITE[1], *au Roi.* – N'essaye plus. Tu te rends ridicule.

MARIE[2], *au Roi.* – Tu te fatigues trop mon petit Roi. Ne désespère pas. Tu es plein de sueur. Repose-toi un peu. Nous allons recommencer tout à l'heure. Nous réussirons dans une heure.

MARGUERITE, *au Roi.* – Tu vas mourir dans une heure vingt-cinq minutes.

LE MÉDECIN. – Oui, Sire. Dans une heure vingt-quatre minutes cinquante secondes.

LE ROI, *à Marie.* – Marie !

MARGUERITE. – Dans une heure vingt-quatre minutres quarante et une secondes. *(Au Roi.)* Prépare-toi.

MARIE. – Ne cède pas.

MARGUERITE, *à Marie.* – N'essaye plus de le distraire. Ne lui tends pas les bras. Il est déjà sur la pente, tu ne peux plus le retenir. Le programme sera exécuté point par point.

LE GARDE, *annonçant.* – La cérémonie commence !

Mouvement général. Mise en place de cérémonie. Le Roi est sur le trône, Marie à ses côtés.

LE ROI. – Que le temps retourne sur ses pas.

MARIE. – Que nous soyons il y a vingt ans.

LE ROI. – Que nous soyons la semaine dernière.

MARIE. – Que nous soyons hier soir. Temps retourne, temps retourne ; temps, arrête-toi.

MARGUERITE. – Il n'y a plus de temps. Le temps a fondu dans sa main.

LE MÉDECIN, *à Marguerite, après avoir regardé dans sa lunette dirigée vers le haut.* – En regardant par la lunette qui voit au-delà des murs et des toits, on aperçoit un vide, dans le ciel, à la place de la constellation royale. Sur les registres de l'univers, Sa Majesté est portée défunte.

LE GARDE. – Le Roi est mort, vive le Roi !

MARGUERITE, *au garde.* – Idiot, tu ferais mieux de te taire.

LE MÉDECIN. – En effet, il est bien plus mort que vif.

LE ROI. – Non. Je ne veux pas mourir. Je vous en prie, ne me laissez pas mourir. Soyez gentils, ne me laissez pas mourir. Je ne veux pas.

MARIE. – Que faire pour lui donner la force de résister ? Moi-même, je faiblis. Il ne me croit plus, il ne croit plus qu'eux. *(Au Roi.)* Espère tout de même, espère encore.

MARGUERITE, *à Marie.* – Ne l'embrouille pas. Tu lui fais plus que du tort.

LE ROI. – Je ne veux pas, je ne veux pas.

LE MÉDECIN. – La crise était prévue ; elle est tout à fait normale. Déjà la première défense est entamée.

MARIE, *à Marguerite.* – La crise passera.

1. **Marguerite** : première épouse du Roi.
2. **Marie** : deuxième épouse du Roi.

LE GARDE, *annonçant* – Le Roi passe !

LE MÉDECIN. – Nous regretterons beaucoup Votre Majesté ! On le dira, c'est promis.

LE ROI. – Je ne veux pas mourir.

MARIE[1]. – Hélas ! Ses cheveux ont blanchi tout d'un coup. *(En effet, les cheveux du roi ont blanchi.)* Les rides s'accumulent sur son front, sur son visage. Il a vieilli soudain de quatorze siècles.

LE MÉDECIN. – Si vite démodé.

LE ROI. – Les rois devraient être immortels.

MARGUERITE[2]. – Ils ont une immortalité provisoire.

LE ROI. – On m'avait promis que je ne mourrais que lorsque je l'aurais décidé moi-même.

MARGUERITE. – C'est parce qu'on pensait que tu déciderais plus tôt. Tu as pris goût à l'autorité, il faut que tu décides de force. Tu t'es enlisé dans la boue tiède des vivants. Maintenant, tu vas geler.

LE ROI. – On m'a trompé. On aurait dû me prévenir, on m'a trompé.

MARGUERITE. – On t'avait prévenu.

LE ROI. – Tu m'avais prévenu trop tôt. Tu m'avertis trop tard. Je ne veux pas mourir... Je ne voudrais pas. Qu'on me sauve puisque je ne peux plus le faire moi-même.

MARGUERITE. – C'est ta faute si tu es pris au dépourvu, tu aurais dû t'y préparer. Tu n'as jamais eu le temps. Tu étais condamné, il fallait y penser dès le premier jour, et puis, tous les jours, cinq minutes tous les jours. Ce n'était pas beaucoup. Cinq minutes tous les jours. Puis dix minutes, un quart d'heure, une demi-heure. C'est ainsi que l'on s'entraîne.

LE ROI. – J'y avais pensé.

MARGUERITE. – Jamais sérieusement, jamais profondément, jamais de tout ton être.

MARIE. – Il vivait.

MARGUERITE. – Trop. *(Au Roi.)* Tu aurais dû garder cela comme une pensée permanente au tréfonds de toutes tes pensées.

LE MÉDECIN. – Il n'a jamais été prévoyant, il a vécu au jour le jour comme n'importe qui.

MARGUERITE. – Tu accordais des délais. À vingt ans, tu disais que tu attendrais la quarantième année, pour commencer l'entraînement. À quarante ans...

LE ROI. – J'étais en si bonne santé, j'étais si jeune !

MARGUERITE. – À quarante ans, tu t'es proposé d'attendre jusqu'à cinquante ans. À cinquante ans...

LE ROI. – J'étais plein de vie, comme j'étais plein de vie !

MARGUERITE. – À cinquante ans, tu voulais attendre la soixantaine. Tu as eu soixante ans, quatre-vingt-dix ans, cent vingt-cinq ans, deux cents ans, quatre cents ans. Tu n'ajournais plus les préparatifs pour dans dix ans, mais pour dans cinquante ans. Puis, tu as remis cela de siècle en siècle.

LE ROI. – J'avais justement l'intention de commencer. Ah ! Si je pouvais avoir un siècle devant moi, peut-être aurais-je le temps !

LE MÉDECIN. – Il ne vous reste qu'un peu plus d'une heure, Sire. Il faut tout faire en une heure.

Eugène Ionesco, *Le Roi se meurt*, Éd. Gallimard, 1963.

1. Comment le roi Béranger apparaît-il dans cette scène ?

2. Montrez que les deux épouses s'opposent à travers leurs interventions. À quel parti le médecin se range-t-il ?

3. Commentez l'oxymore de la ligne 51 : « immortalité provisoire ».

4. Analysez ce qui fait de cet extrait une scène tragique.

5. NOTION. Commentez la dernière réplique du texte. Quels sont les indices qui l'annoncent ?

NOTION

L'unité de temps

Le théâtre classique concilie le temps de la fiction, c'est-à-dire la durée de l'intrigue, avec le temps de la représentation. C'est l'unité de temps, associée à l'unité de lieu et à l'unité de l'action.

Le théâtre de l'absurde

Le théâtre de l'absurde n'apparaît pas comme un mouvement littéraire organisé. Il rassemble des auteurs qui partagent la même sensibilité, marquée par un sentiment d'angoisse et d'inquiétude devant un univers de plus en plus déshumanisé. Ils inventent ainsi une forme de dramaturgie qui renouvelle le genre théâtral.

Le mot « absurde »

Dans les œuvres philosophiques d'Albert Camus et de Jean-Paul Sartre, le mot « absurde » désigne l'absence de sens logique de la condition humaine. Après la Seconde Guerre mondiale, la critique littéraire propose de regrouper sous l'expression « théâtre de l'absurde » des pièces qui explorent, à travers la dérision du langage, cette dimension tragique d'une existence dépourvue de sens et d'avenir.

L'HISTOIRE DU MOUVEMENT

Apparu dans le contexte de la guerre froide, au sein d'une société à la recherche de nouveaux repères, le théâtre de l'absurde est l'expression d'un profond malaise.

La condition humaine et les blessures de l'Histoire

Pendant la Seconde Guerre mondiale, Jean-Paul Sartre et Albert Camus mettent en évidence le tragique de l'existence. Leurs œuvres font le constat de l'échec des valeurs humanistes et de la dimension absurde du monde. La révélation des horreurs de la guerre accentue encore ce sentiment de l'absurde.

L'émergence d'un théâtre de la dérision

Au début des années cinquante, Ionesco, Adamov et Beckett, tous les trois d'origine étrangère, explorent une écriture théâtrale qui souligne l'aspect dérisoire de la condition humaine. Leurs pièces contestent les conventions du théâtre de boulevard et refusent les formes du théâtre engagé. Elles sont montées dans de petites salles parisiennes par des metteurs en scène d'avant-garde comme Roger Blin ou Roger Planchon.

La consécration

Le théâtre de l'absurde, qui exprime l'angoisse d'une société en pleine mutation, connaît alors un succès croissant. Ses représentants rencontrent la consécration : Eugène Ionesco entre à l'Académie française en 1970.

Michel Bouquet et Rufus interprètent *Fin de Partie*, dans une mise en scène d'Armand Delcampe au théâtre de l'Atelier en 1995.

Natasha Parry dans *Oh ! les beaux jours* de Samuel Beckett, mis en scène par Peter Brook en 1996.

Patrice Kerbrat met en scène *En attendant Godot*, de Samuel Beckett, en 1996.

Samuel Beckett reçoit le prix Nobel de littérature en 1969. Leur théâtre garde encore aujourd'hui sa force de dérision et de contestation : *La Cantatrice chauve* continue d'être jouée chaque soir au théâtre de la Huchette à Paris, depuis sa création.

LES PRINCIPES DU MOUVEMENT

Mélanger le registre tragique et le registre comique

Le théâtre de l'absurde exprime l'angoisse et la dérision à travers l'humour noir. Il multiplie les changements de registre qui créent une atmosphère déroutante.

Remettre en cause le langage et l'action

Le théâtre de l'absurde refuse la conception classique du théâtre : il n'y a plus d'intrigue, le décor est vide, le langage est fait de non-sens et de silences.

Mettre en scène des anti-héros

Le théâtre de l'absurde met en scène des personnages enlisés dans l'attente ou la monotonie de l'existence. Il privilégie les anti-héros, les êtres anonymes et sans épaisseur, sans caractère bien défini.

LES THÈMES ESSENTIELS

La solitude de l'homme et le tragique de l'existence

Se sentant étrangers dans le monde, les personnages expriment leur solitude et leur angoisse au sein d'un univers qui a perdu toute signification.

L'envahissement des objets

Les personnages sont confrontés à des objets banals et dérisoires, qui gênent par leur présence ou envahissent la scène. À travers eux, le théâtre de l'absurde conteste la société de consommation.

L'écoulement infini du temps

Les personnages sont confrontés à l'expérience d'un temps qui s'écoule sans repères. Ils n'ont pas de projet ou attendent des événements qui n'arrivent jamais.

La difficulté de communiquer

Le langage ne remplit plus sa fonction de communication. Les personnages sont incapables de faire part de leurs sentiments. Les mots semblent vides de sens et le langage inutile et vain.

Une nouvelle forme de tragique

Alors que la tragédie classique repose sur la confrontation entre le héros, un roi ou un prince, et une puissance supérieure qu'il défie, le théâtre de l'absurde met en scène des anti-héros prisonniers de la condition humaine. Le tragique provient alors non de l'attente d'un événement menaçant, mais d'une situation d'impuissance, de l'incapacité de se révolter et de modifier le cours des choses. L'absence d'espoir accentue le sentiment de la solitude dans une société déshumanisée. C'est pourquoi le théâtre de l'absurde utilise la farce, l'humour noir ou la dérision qui renouvellent la tragédie.

Les grandes œuvres du théâtre de l'absurde

- Ionesco, *La Cantatrice chauve*, 1950 ; *La Leçon*, 1951 ; *Rhinocéros*, 1960.
- Adamov, *Le Ping-pong*, 1955.
- Beckett, *En attendant Godot*, 1952 ; *Fin de partie*, 1957.
- Harold Pinter, *L'Anniversaire*, 1958.

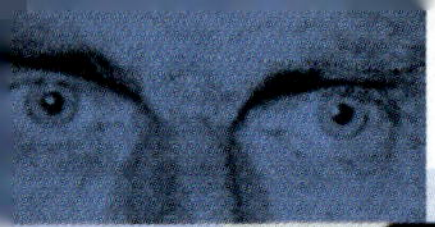

BECKETT

Nom et prénom : **Beckett, Samuel**

Naissance : **13 avril 1906, à Foxrock, dans la banlieue de Dublin**

Décès : **22 décembre 1989, à Paris**

Auteur d'essais, dont : *Proust* (1931); de romans, dont : *Murphy* (1938), *Molloy* (1951), *L'Innommable* (1953); de pièces de théâtre, dont : *En attendant Godot* (1952), *Fin de partie* (1957), *Oh ! les beaux jours* (1963).

Né dans une famille de la petite bourgeoisie protestante de Dublin, Samuel Beckett est un étudiant studieux. Nommé assistant à l'université de Dublin, il ne supporte pas la carrière dans laquelle il s'engage. Beckett démissionne, séjourne à Londres dans la misère, puis s'installe à Paris. Pendant la Seconde Guerre mondiale, il participe à la Résistance. À la Libération, ses romans lui sont renvoyés par les éditeurs. En 1953, après avoir été refusé par de nombreux théâtres, *En attendant Godot* est joué à Paris. C'est un triomphe. La pièce est reprise à Londres et à New York. Beckett reçoit le prix Nobel de littérature en 1969. Ses dernières œuvres sont courtes : des pièces sans paroles, sans personnages parfois, mais ou chaque indication de mise en scène est extrêmement précise. Beckett meurt à Paris, en 1989.

L'ÉCRIVAIN DU VIDE ET DE L'ATTENTE

L'œuvre de Beckett, dans ses romans comme dans ses pièces, met en place un univers ou l'homme échoue à communiquer avec les autres. Toutes les tentatives pour trouver un sens au monde sont vaines. Qu'il s'agisse d'*En attendant Godot*, en 1952, ou de *Oh ! les beaux jours* en 1963, les personnages sont condamnés à l'inertie. Rien ne vient combler leur attente. Dans l'immobilité d'un univers sans repères, ils parlent pour occuper le vide, maniant l'humour noir. La parole se développe ainsi, dans un équilibre fragile. Les mots qui s'échangent sont dérisoires, voués à la répétition. Et cependant, c'est tout ce qui reste aux hommes : ce lien ténu sur lequel reposent le monologue romanesque et le dialogue de théâtre, qui permet d'entretenir l'illusion de l'échange, comme l'espérance d'avoir le dernier mot.

Objet d'étude Le théâtre : texte et représentation

1952

En attendant Godot

Tout au long de la pièce *En attendant Godot*, deux clochards, Estragon et Vladimir, installés au bord d'un chemin, attendent l'arrivée d'un troisième personnage, Godot. Mais celui-ci ne vient pas. Beckett renvoie ainsi aux spectateurs l'image d'une existence dérisoire et vaine.

ESTRAGON. – Je suis fatigué. *(Un temps.)* Allons-nous-en.
VLADIMIR. – On ne peut pas.
ESTRAGON. – Pourquoi ?
VLADIMIR. – On attend Godot.
ESTRAGON. – C'est vrai. *(Un temps.)* Alors comment faire ?
VLADIMIR. – Il n'y a rien à faire.
ESTRAGON. – Mais moi je n'en peux plus.
VLADIMIR. – Veux-tu un radis ?
ESTRAGON. – C'est tout ce qu'il y a ?

VLADIMIR. – Il y a des radis et des navets.

ESTRAGON. – Il n'y a plus de carottes ?

VLADIMIR. – Non. D'ailleurs tu exagères avec les carottes.

ESTRAGON. – Alors donne-moi un radis. *(Vladimir fouille dans ses poches, ne trouve que des navets, sort finalement un radis qu'il donne à Estragon qui l'examine, le renifle.)* Il est noir !

VLADIMIR. – C'est un radis.

ESTRAGON. – Je n'aime que les roses, tu le sais bien !

VLADIMIR. – Alors, tu n'en veux pas ?

ESTRAGON. – Je n'aime que les roses !

VLADIMIR. – Alors rends-le-moi. *(Estragon le lui rend.)*

ESTRAGON. – Je vais chercher une carotte. *(Il ne bouge pas.)*

VLADIMIR. – Ceci devient vraiment insignifiant.

ESTRAGON. – Pas encore assez. *(Silence.)*

VLADIMIR. – Si tu les essayais ?

ESTRAGON. – J'ai tout essayé.

VLADIMIR. – Je veux dire, les chaussures.

ESTRAGON. – Tu crois ?

VLADIMIR. – Ça fera passer le temps. *(Estragon hésite.)* Je t'assure, ce sera une diversion.

ESTRAGON. – Un délassement.

VLADIMIR. – Une distraction.

ESTRAGON. – Un délassement.

VLADIMIR. – Essaie.

ESTRAGON. – Tu m'aideras ?

VLADIMIR. – Bien sûr.

ESTRAGON. – On ne se débrouille pas trop mal, hein Didi, tous les deux ensemble ?

VLADIMIR. – Mais oui, mais oui. Allez, on va essayer la gauche d'abord.

ESTRAGON. – On trouve toujours quelque chose, hein Didi, pour nous donner l'impression d'exister ?

VLADIMIR, *impatiemment.* Mais oui, mais oui, on est des magiciens. Mais ne nous laissons pas détourner de ce que nous avons résolu. *(Il ramasse une chaussure.)* Viens, donne ton pied. *(Estragon s'approche de lui, lève le pied.)* L'autre, porc ! *(Estragon lève l'autre pied.)* Plus haut ! *(Les corps emmêlés, ils titubent à travers la scène. Vladimir réussit finalement à lui mettre la chaussure.)* Essaie de marcher. *(Estragon marche.)* Alors ?

ESTRAGON. – Elle me va.

Samuel Beckett, *En attendant Godot*,
Les Éditions de Minuit, 1952.

1. Quelle est la situation des deux personnages ? Relevez les termes et expressions qui soulignent leur résignation au début de la scène.

2. Quelles relations les personnages entretiennent-ils ? Étudiez l'évolution de leurs rapports dans cette scène.

3. À travers quelles répliques le vide de l'existence des deux personnages apparaît-il ? Commentez les répliques des lignes 21 et 22.

4. Repérez les didascalies et indiquez quelles sont leurs différentes fonctions.

5. NOTION. En quoi les accessoires contribuent-ils à la dimension absurde de la pièce ? Quelle importance revêtent-ils sur le plan de la mise en scène ?

NOTION

L'accessoire au théâtre

Le texte théâtral peut utiliser des objets qui participent au déroulement de l'action. Ces accessoires sollicitent pleinement l'attention du metteur en scène au moment de la représentation.

1957

Fin de partie

Dans le théâtre de Beckett, l'absence d'intrigue et de destin, le dépouillement des actions et des paroles expriment la condition de l'homme. Dans *Fin de partie*, aveugle, assis dans un fauteuil roulant, Hamm dialogue sans espoir avec Clov, qui est à son service.

HAMM. – C'est d'un triste.

Entre Clov, la lunette[1] à la main. Il va vers l'escabeau.

CLOV. – Ça redevient gai. *(Il monte sur l'escabeau, braque la lunette sur le dehors. Elle lui échappe des mains, tombe. Un temps.)* J'ai fait exprès. *(Il descend de l'escabeau, ramasse la lunette, l'examine, la braque sur la salle.)* Je vois... une foule en délire. *(Un temps.)* Ça alors, pour une longue-vue c'est une longue-vue. *(Il baisse la lunette, se tourne vers Hamm.)* Alors ? On ne rit pas ?

HAMM, *ayant réfléchi.* – Moi non.

CLOV, *ayant réfléchi.* – Moi non plus. *(Il monte sur l'escabeau, braque la lunette sur le dehors.)* Voyons voir... *(Il regarde, en promenant la lunette.)* Zéro... *(il regarde)*... zéro... *(il regarde)*... et zéro. *(Il baisse la lunette, se tourne vers Hamm.)* Alors ? Rassuré ?

HAMM. – Rien ne bouge. Tout est...

CLOV. – Zér –

HAMM, *avec violence.* – Je ne te parle pas ! *(Voix normale).* Tout est... tout est... tout est quoi ? *(Avec violence.)* Tout est quoi ?

CLOV. – Ce que tout est ? En un mot ? C'est ça que tu veux savoir ? Une seconde. *(Il braque la lunette sur le dehors, regarde, baisse la lunette, se tourne vers Hamm.)* Mortibus[2]. *(Un temps.)* Alors ? content ?

HAMM. – Regarde la mer.

CLOV. – C'est pareil.

HAMM. – Regarde l'Océan !

Clov descend de l'escabeau, fait quelques pas vers la fenêtre à gauche, retourne prendre l'escabeau, l'installe sous la fenêtre à gauche, monte dessus, braque la lunette sur le dehors, regarde longuement. Il sursaute, baisse la lunette, l'examine, la braque de nouveau.

CLOV. – Jamais vu une chose comme ça !

HAMM, *inquiet.* – Quoi ? Une voile ? Une nageoire ? Une fumée ?

CLOV, *regardant toujours.* – Le fanal[3] est dans le canal.

HAMM, *soulagé.* – Bah ! Il l'était déjà.

CLOV, *de même.* – Il en restait un bout.

HAMM. – La base.

CLOV, *de même.* – Oui.

HAMM. – Et maintenant ?

CLOV, *de même.* – Plus rien.

HAMM. – Pas de mouettes ?

CLOV, *de même.* Mouettes !

HAMM. – Et l'horizon ? Rien à l'horizon ?

CLOV, *baissant la lunette, se tournant vers Hamm, exaspéré.* – Mais que veux-tu qu'il y ait à l'horizon ?

(Un temps.)

HAMM. – Les flots, comment sont les flots ?

CLOV. – Les flots ? *(Il braque la lunette.)* Du plomb.

HAMM. – Et le soleil ?

CLOV, *regardant toujours.* – Néant.

HAMM. – Il devrait être en train de se coucher pourtant. Cherche bien.

CLOV, *ayant cherché*. – Je t'en fous.

HAMM. – Il fait donc nuit déjà ?

CLOV, *regardant toujours*. – Non.

HAMM. – Alors quoi ?

CLOV, *de même*. – Il fait gris. *(Baissant la lunette et se tournant vers Hamm, plus fort.)* Gris ! *(Un temps. Encore plus fort.)* GRRIS !

Il descend de l'escabeau, s'approche de Hamm par derrière et lui parle à l'oreille.

HAMM, *sursautant*. – Gris ! Tu as dit gris ?

CLOV. – Noir clair. Dans tout l'univers.

HAMM. – Tu vas fort. *(Un temps.)* Ne reste pas là, tu me fais peur.

Clov retourne à sa place à côté du fauteuil.

CLOV. – Pourquoi cette comédie, tous les jours ?

HAMM. – La routine. On ne sait jamais. *(Un temps.)* Cette nuit j'ai vu dans ma poitrine. Il y avait un gros bobo.

CLOV. – Tu as vu ton cœur.

HAMM. – Non, c'était vivant. *(Un temps. Avec angoisse.)* Clov !

CLOV. – Oui.

HAMM. – Qu'est-ce qui se passe ?

CLOV. – Quelque chose suit son cours.

Un temps.

HAMM. – Clov !

CLOV *(agacé)*. – Qu'est-ce que c'est ?

HAMM. – On n'est pas en train de... de... signifier quelque chose ?

CLOV. – Signifier ? Nous, signifier ! *(Rire bref.)* Ah elle est bonne !

Samuel Beckett, *Fin de partie*,
Les Éditions de minuit, 1957.

1. **la lunette** : la longue-vue.
2. **mortibus** : mort.
3. **fanal** : balise qui sert de phare guidant les navires.

1. Quels sont les accessoires utilisés dans cette scène ? Étudiez le jeu scénique des personnages.

2. Observez les types de phrases utilisés. Quelles relations expriment-ils entre les personnages ?

3. Repérez les caractéristiques de l'univers évoqué par Clov. En quoi participe-t-il à la dimension tragique de la pièce ?

4. Commentez les dernières répliques de l'extrait.

5. NOTION. À quel moment les spectateurs sont-ils sollicités par les personnages ? Quel est selon vous l'effet recherché par Beckett ?

NOTION

Le spectateur et la scène

La représentation théâtrale est fondée sur la séparation de la scène et du spectateur, qui assiste à la pièce sans y participer. Cependant, cette convention est remise en cause quand les acteurs sollicitent le public, et le font intervenir dans le déroulement de l'action.

ROBBE-GRILLET

Nom et prénom : **Robbe-Grillet, Alain**

Naissance : **1922, à Brest**

Né à Brest, Robbe-Grillet gardera longtemps le souvenir de sa ville natale, de son port, de ses nuits humides. Il exerce d'abord le métier d'ingénieur agronome, et se trouve en 1950 à l'Institut des fruits et agrumes coloniaux. La publication des *Gommes*, en 1953, et du *Voyeur*, deux ans plus tard, forme un tournant dans la vie de Robbe-Grillet. Immédiatement, les polémiques se multiplient autour du Nouveau Roman, dont il apparaît comme le chef de file. Il devient conseiller littéraire aux Éditions de Minuit, écrit de nombreux articles pour défendre ses idées. En 1961, Robbe-Grillet collabore avec le cinéaste Alain Resnais pour un film, *L'Année dernière à Marienbad*. Il passe lui-même à la mise en scène, et réalise des films complexes et déroutants qui renversent le récit traditionnel. Son œuvre romanesque se poursuit. En 1985, revenant sur son itinéraire, il écrit une autobiographie, *Le miroir qui revient*, dans laquelle vérité et fiction se mêlent subtilement.

Auteur de romans, dont : *Les Gommes* (1953), *Le Voyeur* (1955), *La Jalousie* (1957), *L'Année dernière à Marienbad* (1961) ; d'une autobiographie : *Le Miroir qui revient* (1985) ; d'essais et de réflexions critiques, dont : *Pour un nouveau roman* (1963).

POUR UN NOUVEAU ROMAN

Le Nouveau Roman que réclame Robbe-Grillet s'affirme comme une contestation du roman traditionnel : le destin du héros, l'identité et le caractère affichés des personnages, le développement chronologique de l'histoire, l'illusion de la réalité à travers la représentation de l'espace et du temps doivent être remis en cause. Pour les écrivains du Nouveau Roman, seuls le caractère énigmatique de la narration, la présence obsédante des objets, la déstructuration du récit (à travers la répétition des mêmes scènes ou les jeux sur le temps) peuvent redonner une chance à un genre littéraire trop usé. Le romancier a ainsi en tête « des mouvements de phrases, des architectures, des constructions grammaticales, exactement comme un peintre a en tête des lignes et des couleurs », écrit Robbe-Grillet dans son essai, *Pour un nouveau roman*.

Objet d'étude Le roman et ses personnages : visions de l'homme et du monde

1953 — Les Gommes

Wallas, le héros du roman de Robbe-Grillet, *Les Gommes*, erre dans une ville sans nom et porte un regard minutieux sur l'univers qui l'entoure. La ville est pour lui une sorte de labyrinthe froid et déshumanisé à travers lequel s'affirme l'écriture du Nouveau Roman. Dans cet extrait, Wallas pénètre dans un restaurant où les clients se servent eux-mêmes.

Wallas fait le tour des appareils. Chacun d'eux renferme – placés sur une série de plateaux de verre, équidistants[1] et superposés – une série d'assiettes en faïence où se reproduit exactement, à une feuille près, la même préparation culinaire. Quand une colonne se dégarnit, des mains sans visage complètent les vides, par derrière.

Arrivé devant le dernier distributeur, Wallas ne s'est pas encore décidé. Son choix est d'ailleurs de faible importance, car les divers mets proposés ne diffèrent que par l'arrangement des articles sur l'assiette ; l'élément de base est le hareng mariné.

1. **équidistants** : *situés à égale distance.*

Dans la vitre de celui-ci Wallas aperçoit, l'un au-dessus de l'autre, six exemplaires de la composition suivante : sur un lit de pain de mie, beurré de margarine, s'étale un large filet de hareng à la peau bleu argenté; à droite cinq quartiers de tomate, à gauche trois rondelles d'œuf dur; posées par-dessus, en des points calculés, trois olives noires. Chaque plateau supporte en outre une fourchette et un couteau. Les disques de pain sont certainement fabriqués sur mesure.

Wallas introduit son jeton dans la fente et appuie sur un bouton. Avec un ronronnement agréable de moteur électrique, toute la colonne d'assiettes se met à descendre; dans la case vide située à la partie inférieure apparaît, puis s'immobilise, celle dont il s'est rendu acquéreur. Il la saisit, ainsi que le couvert qui l'accompagne, et pose le tout sur une table libre. Après avoir opéré de la même façon pour une tranche du même pain, garni cette fois de fromage, et enfin pour un verre de bière, il commence à couper son repas en petits cubes.

Un quartier de tomate en vérité sans défaut, découpé à la machine dans un fruit d'une symétrie parfaite.

La chair périphérique, compacte et homogène, d'un beau rouge de chimie, est régulièrement épaisse entre une bande de peau luisante et la loge où sont rangés les pépins, jaunes, bien calibrés, maintenus en place par une mince couche de gelée verdâtre le long d'un renflement du cœur. Celui-ci, d'un rose atténué légèrement granuleux, débute, du côté de la dépression inférieure, par un faisceau de veines blanches, dont l'un se prolonge jusque vers les pépins – d'une façon peut-être un peu incertaine.

Tout en haut, un accident à peine visible s'est produit : un coin de pelure, décollé de la chair sur un millimètre ou deux, se soulève imperceptiblement.

Alain Robbe-Grillet, *Les Gommes*,
Les Éditions de Minuit, 1953.

1. Étudiez la manière dont s'opère dans l'extrait le passage de la narration à la description. Quel est l'effet produit sur le rythme du récit ?

2. Relevez le réseau lexical du langage scientifique dans le texte. Qu'est-ce qui explique, selon vous, cette présence ?

3. Montrez en quoi la description du quartier de tomate dans les lignes 21 à 30 répond à la volonté de représenter le monde de manière rigoureuse et objective.

4. En quoi ce passage montre-t-il une volonté de remettre en cause le roman traditionnel ?

5. NOTION. Montrez que le personnage de Wallas semble errer dans un univers déshumanisé.

NOTION

Un univers déshumanisé

Le Nouveau Roman plonge ses personnages dans un monde déshumanisé. Le héros apparaît souvent comme un être dépourvu d'émotions et de sentiments, conduit par l'enchaînement mécanique de gestes et de situations qui lui échappent.

MOUVEMENT LITTÉRAIRE ET CULTUREL

Le Nouveau Roman

Les écrivains du Nouveau Roman partagent tous la même volonté de contestation du roman réaliste. Ils inventent de nouvelles techniques d'écriture qui correspondent à une nouvelle vision du monde, perçu comme déshumanisé ou fragmenté, à travers la conscience des personnages.

Les écrivains du Nouveau Roman, devant les Éditions de Minuit, à Paris, en 1959, de gauche à droite : Alain Robbe-Grillet, Claude Simon, Claude Mauriac, l'éditeur Jérôme Lindon, Robert Pinget, Samuel Beckett, Nathalie Sarraute, Claude Ollier.

L'expression « Nouveau Roman »

C'est d'abord par les expressions « école du regard », « nouveau réalisme » ou « jeune roman », que la critique littéraire réunit, dans les années 1950, de jeunes écrivains qui renouvellent l'écriture romanesque. L'expression « Nouveau Roman » finit par s'imposer pour désigner ce mouvement littéraire. Elle est consacrée en 1963 par Alain Robbe-Grillet dans son essai *Pour un nouveau roman.*

La crise du personnage romanesque

Le XXe siècle voit se multiplier les formes de remise en cause de la représentation traditionnelle du personnage. « Nos romans n'ont pour but ni de faire vivre des personnages ni de raconter des histoires », écrit Robbe-Grillet dans *Pour un nouveau roman*. Le personnage n'est plus un type, psychologique ou social, comme dans le roman réaliste ; il est désormais un être anonyme, une voix ou un regard qui rapporte sa perception, nécessairement limitée et fragmentée, du monde. De même, cette crise du personnage est aussi celle de l'intrigue qui laisse place à la description quasi entomologique des objets et à la restitution hésitante et fragile d'un univers intérieur.

L'HISTOIRE DU MOUVEMENT

Apparu dans les années 1950, au sein de la société de consommation naissante, le Nouveau Roman est l'expression d'une volonté de renouvellement de l'écriture romanesque, en rupture à la fois avec le roman réaliste hérité du XIXe siècle, comme avec le roman engagé des années trente.

Le rôle des précurseurs

Depuis le début du XXe siècle, des écrivains tentent de rompre avec la conception linéaire de l'intrigue romanesque : James Joyce, Franz Kafka, William Faulkner ou Albert Camus remettent en cause le héros traditionnel et les représentations classiques de l'espace et du temps romanesques.

L'affirmation d'un mouvement littéraire

À partir de 1953, de jeunes écrivains, Robbe-Grillet, Simon, Butor, Sarraute ou Duras, défendent simultanément une même conception de l'écriture romanesque, qui privilégie l'objectivité du regard et l'exploration d'un univers dépouillé et fragmenté. On leur reproche la sécheresse de leurs descriptions, la banalité des situations et l'enlisement des dialogues. Les écrivains du Nouveau Roman répondent à travers *L'Ère du soupçon* de Nathalie Sarraute ou *Pour un nouveau roman* d'Alain Robbe-Grillet, qui apparaissent ainsi comme les manifestes littéraires du nouveau mouvement.

Le temps de la consécration

Dès leurs débuts, les écrivains du Nouveau Roman se retrouvent au sein d'une maison d'édition dirigée par Jérôme Lindon, les Éditions de Minuit. Mais les auteurs du Nouveau Roman poursuivent aussi leur réflexion sur le récit au cinéma, en réalisant plusieurs films. Avec le prix Goncourt décerné à Marguerite Duras en 1984 et le prix Nobel de littérature à Claude Simon en 1985, c'est l'ensemble du mouvement qui se trouve consacré.

Alain Robbe-Grillet sur le tournage de l'un de ses films.

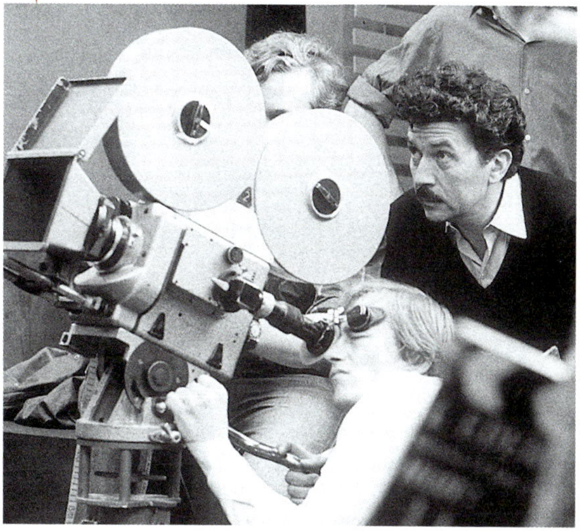

LES PRINCIPES DU MOUVEMENT

L'exploration de la conscience intérieure

Le Nouveau Roman privilégie le monologue intérieur, qui brise la chronologie linéaire du récit en épousant les mouvements de la pensée.

La description minutieuse des objets

Le Nouveau Roman multiplie les descriptions rigoureuses et scientifiques des objets, afin de traduire la perception froide et extérieure des personnages.

La répétition et la variation d'une même scène

Le Nouveau Roman reprend à la musique le principe de la répétition d'une même scène, qui revient à travers de multiples variations, de manière à restituer la complexité du réel.

LES THÈMES ESSENTIELS

Les romans de Simon, Duras, Sarraute, Butor ou Robbe-Grillet se rejoignent à travers des thèmes communs, qui influencent profondément le roman contemporain.

L'incommunicabilité entre les hommes

Les personnages du Nouveau Roman partagent le sentiment de la solitude. Ils éprouvent de la difficulté à communiquer avec les autres, dans un monde auquel ils se sentent étrangers.

L'enfermement dans un lieu clos

L'espace romanesque se présente comme un lieu clos dans lequel les personnages errent comme dans un labyrinthe dont ils ne peuvent s'échapper.

La fragmentation des souvenirs

Le temps romanesque est celui de l'échange entre le présent, le passé et l'avenir. Le rappel des souvenirs suspend le fil du récit et recrée l'univers fragmenté de la conscience.

Gérard Depardieu, interprète du film *Le Camion*, réalisé par Marguerite Duras.

Les grandes œuvres du Nouveau Roman

Littérature

- Robbe-Grillet, *Les Gommes*, 1953 ; *La Jalousie*, 1957.
- Butor, *La Modification*, 1957.
- Duras, *Moderato cantabile*, 1958 ; *Le Vice-consul*, 1965.
- Sarraute, *Le Planétarium*, 1959.
- Simon, *La Route des Flandres*, 1960 ; *Les Géorgiques*, 1981.

Cinéma

- Marguerite Duras et Alain Resnais, *Hiroshima mon amour*, 1960.
- Robbe-Grillet et Alain Resnais, *L'Année dernière à Marienbad*, 1961.
- Robbe-Grillet, *Trans-Europ-Express*, 1966.
- Duras, *India Song*, 1975 ; *Le Camion*, 1977.

BUTOR

Nom et prénom : **Butor, Michel**

Naissance : **14 septembre 1926, à Mons-en-Barœul**

Michel Butor a trois ans lorsque ses parents s'installent à Paris. Il fait des études de philosophie, écrit des poèmes, avant d'accepter un poste de professeur de français en Égypte, en 1950. Ses premiers romans, *Passage de Milan*, en 1954, et *L'Emploi du temps*, en 1956, connaissent un succès d'estime. La célébrité vient un an plus tard avec *La Modification* : Michel Butor est alors considéré comme l'un des plus brillants représentants du Nouveau Roman. Parallèlement à son activité de romancier, il continue d'enseigner la littérature, multipliant les échanges entre sa réflexion critique et sa pratique d'écrivain. Il écrit ainsi des essais sur Racine, Baudelaire ou Flaubert. Mais, esprit vif et curieux, Michel Butor touche à tous les domaines de la création, publiant des poèmes, écrivant de nombreux textes consacrés à la peinture.

Auteur de romans, dont : *L'Emploi du temps* (1956), *La Modification* (1957), *Degrés* (1960) ; d'essais sur la littérature et l'art dont : *Les Mots sur la peinture* (1969).

LES JEUX DE L'ESPACE ET DU TEMPS

Les romans de Michel Butor reposent sur l'exploration systématique d'un lieu. Il peut s'agir, comme dans *Passage de Milan*, d'un immeuble parisien dont le romancier raconte la vie pendant la durée d'une nuit, ou d'une petite ville d'Angleterre, comme dans *L'Emploi du temps* dont le héros, en quête de son passé, explore les rues. *La Modification* se déroule ainsi tout au long d'un voyage en train entre Paris et Rome. Écrit à la deuxième personne du pluriel, le récit implique le lecteur dans la modification intérieure du personnage principal, partagé entre les deux femmes qu'il aime. À l'enfermement dans un lieu unique, le compartiment du train, se mêle le jeu des souvenirs et des projections dans un futur incertain.

Objet d'étude Le roman et ses personnages : visions de l'homme et du monde

1957 — La Modification

L'intrigue du roman *La Modification* coïncide avec le voyage en train du personnage principal entre Paris et Rome. Dès les premières lignes du texte, le lecteur est surpris par le caractère énigmatique du mode de narration à la deuxième personne du pluriel, qui témoigne des recherches menées par les auteurs du Nouveau Roman.

Vous avez mis le pied gauche sur la rainure de cuivre, et de votre épaule droite vous essayez en vain de pousser un peu plus le panneau coulissant.

Vous vous introduisez par l'étroite ouverture en vous frottant contre ses bords, puis, votre valise couverte de granuleux cuir sombre couleur d'épaisse bouteille, votre valise assez petite d'homme habitué aux longs voyages, vous l'arrachez par sa poignée collante, avec vos doigts qui se sont échauffés, si peu lourde qu'elle soit, de l'avoir portée jusqu'ici, vous la soulevez et vous sentez vos muscles et vos tendons se dessiner non seulement dans vos phalanges, dans votre paume, votre poignet et votre bras, mais dans votre épaule aussi, dans toute la moitié du dos et dans vos vertèbres depuis votre cou jusqu'aux reins.

Non, ce n'est pas seulement l'heure, à peine matinale, qui est responsable de cette faiblesse inhabituelle, c'est déjà l'âge qui cherche à vous convaincre de sa domination sur votre corps, et pourtant, vous venez seulement d'atteindre les quarante-cinq ans.

Vos yeux sont mal ouverts, comme voilés de fumée légère, vos paupières sensibles et mal lubrifiées, vos tempes crispées, à la peau tendue et comme raidie en plis minces, vos cheveux, qui se clairsèment et grisonnent, insensiblement pour autrui mais non pour vous, pour Henriette et pour Cécile[1], ni même pour les enfants désormais, sont un peu hérissés et tout votre corps à l'intérieur de vos habits qui le gênent, le serrent et lui pèsent, est comme baigné, dans son réveil imparfait, d'une eau agitée et gazeuse pleine d'animalcules[2] en suspension.

Si vous êtes entré dans ce compartiment, c'est que le coin couloir face à la marche à votre gauche est libre, cette place même que vous auriez fait demander par Marnal comme à l'habitude s'il avait été encore temps de retenir, mais non, que vous auriez demandé vous-même par téléphone, car il ne fallait pas que quelqu'un sût chez Scabelli[3] que c'était vers Rome que vous vous échappiez pour ces quelques jours.

Michel Butor, *La Modification*, Les Éditions de Minuit, 1957.

1. **Henriette et Cécile** : les deux femmes entre lesquelles se partage le personnage principal.
2. **animalcules** : animaux visibles uniquement au microscope.
3. **Scabelli** : entreprise où travaille le personnage principal.

Photographie d'Erich Hartmann, 1988.

1. Quelles sont les informations apportées sur le personnage et sa situation dans cette première page de roman ?

2. Observez la construction de chaque paragraphe. En quoi est-elle originale ?

3. Étudiez l'importance accordée à la description dans cet extrait. Montrez de quelle manière elle se développe.

4. Analysez le rythme du récit. En quoi le roman traditionnel est-il renouvelé par les choix effectués ?

5. NOTION. Quels sont les effets produits par le mode de narration sur la construction du personnage ?

NOTION

La construction du personnage

Traditionnellement, le récit utilise les modes de narration à la première ou à la troisième personne du singulier pour décrire et animer le personnage. Le Nouveau Roman conteste cette conception classique du récit et du personnage un travers un certain nombre de procédés, comme ici l'usage de la deuxième personne du pluriel.

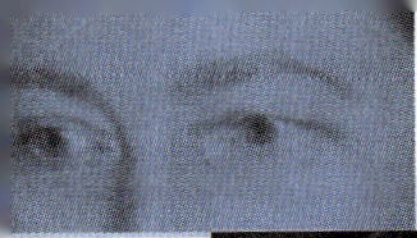

BEAUVOIR

Nom et prénom : **de Beauvoir, Simone**

Naissance : **9 janvier 1908, à Paris**

Décès : **14 avril 1986, à Paris**

Simone de Beauvoir naît en 1908 dans un appartement du boulevard Raspail à Paris. Elle poursuit ses études dans une institution catholique, mais perd la foi à l'âge de quatorze ans. Élève brillante, elle devient après le baccalauréat étudiante en philosophie. C'est ainsi qu'elle rencontre Jean-Paul Sartre. « Ce fut l'événement capital de mon existence », dira-t-elle. Le sort des deux jeunes gens est désormais lié à jamais. Enseignante à Marseille puis à Rouen, celle que ses amis surnomment « le Castor » mène une vie indépendante, tout en maintenant le lien amoureux et intellectuel avec Sartre. En 1943, son roman *L'Invitée* – qui transpose ses rapports avec le philosophe de l'existentialisme – connaît un grand succès. Deux ans plus tard, elle participe avec lui à la fondation des *Temps modernes*, qui s'impose comme une revue essentielle dans la vie intellectuelle française.

Cependant Simone de Beauvoir poursuit son œuvre. Elle multiplie les voyages, connaît aux États-Unis un amour passionné avec l'écrivain Nelson Algren, et fait paraître *Le Deuxième Sexe* en 1949. En réclamant l'émancipation totale de la femme, l'essai fait scandale et devient l'ouvrage de référence du féminisme. La célébrité de Simone de Beauvoir est renforcée par l'attribution du prix Goncourt à son roman *Les Mandarins*, en 1954. Essayiste, romancière, philosophe, elle commence alors ses récits autobiographiques, qui retracent l'engagement d'une jeune fille rangée sur les chemins de l'émancipation. En 1986, six ans après la mort de Sartre, les funérailles de Simone de Beauvoir sont suivies par des femmes venues du monde entier.

Auteur de romans et de nouvelles, dont : *L'Invitée* (1943), *Le Sang des autres* (1945), *Les Mandarins* (1954), *Une mort très douce* (1964), *La Femme rompue* (1968) ; des essais dont : *Le Deuxième Sexe* (1949), *La Vieillesse* (1970) ; des récits autobiographiques parmi lesquels *Mémoires d'une jeune fille rangée* (1958), *La Force de l'âge* (1960), *La Force des choses* (1963-1969), *La Cérémonie des adieux* (1981).

LES MÉMOIRES D'UNE FEMME LIBRE

Rendue célèbre par *Le Deuxième Sexe*, puis par l'obtention du prix Goncourt en 1954, Simone de Beauvoir entreprend d'écrire ses mémoires. Le premier volume de son autobiographie, *Mémoires d'une jeune fille rangée*, recrée l'atmosphère d'une enfance vécue dans le cadre étroit et étouffant d'une famille bourgeoise. L'écrivain montre comment la petite fille va peu à peu se libérer des préjugés de son temps pour faire l'apprentissage véritable de la vie. C'est cette découverte du monde, marquée par la rencontre avec Sartre et l'engagement pour l'émancipation de la femme, qu'elle raconte dans les deux derniers volumes de ses mémoires, *La Force de l'âge* et *La Force des choses*.

Objet d'étude L'autobiographie

1958 — Mémoires d'une jeune fille rangée

Dans les premières pages de son autobiographie, Simone de Beauvoir revient sur les moments de bonheur qui ont marqué les premières années de son existence. Entourée de l'affection des siens, la petite fille découvre peu à peu le monde.

Je suis née à quatre heures du matin, le neuf janvier 1908, dans une chambre aux meubles laqués de blanc, qui donnait sur le boulevard Raspail. Sur les photos de famille prises l'été suivant, on voit de jeunes dames en robes longues, aux chapeaux empanachés de plumes d'autruche, des messieurs coiffés de canotiers[1] et de panamas[2] qui sourient à

1. **canotier** : chapeau de paille à bord plat.

2. **panama** : chapeau de paille importé de Panama.

3. **ma sœur** : Hélène, surnommée « Poupette ».

un bébé : ce sont mes parents, mon grand-père, des oncles, des tantes, et c'est moi. Mon père avait trente ans, ma mère vingt et un, et j'étais leur premier enfant. Je tourne une page de l'album ; maman tient dans ses bras un bébé qui n'est pas moi ; je porte une jupe plissée, un béret, j'ai deux ans et demi, et ma sœur[3] vient de naître. J'en fus, paraît-il, jalouse, mais pendant peu de temps. Aussi loin que je me souvienne, j'étais fière d'être l'aînée : la première.

Déguisée en chaperon rouge, portant dans mon panier galette et pot de beurre, je me sentais plus intéressante qu'un nourrisson cloué dans son berceau. J'avais une petite sœur : ce poupon ne m'avait pas.

De mes premières années, je ne retrouve guère qu'une impression confuse : quelque chose de rouge, et de noir, et de chaud. L'appartement était rouge, rouges la moquette, la salle à manger Henri II, la soie gaufrée qui masquait les portes vitrées, et dans le cabinet de papa les rideaux de velours ; les meubles de cet antre sacré étaient en poirier noirci ; je me blottissais dans la niche creusée sous le bureau, je m'enroulais dans les ténèbres ; il faisait sombre, il faisait chaud et le rouge de la moquette criait dans mes yeux. Ainsi se passa ma toute petite enfance. Je regardais, je palpais, j'apprenais le monde, à l'abri.

C'est à Louise que j'ai dû la sécurité quotidienne. Elle m'habillait le matin, me déshabillait le soir et dormait dans la même chambre que moi. Jeune, sans beauté, sans mystère puisqu'elle n'existait – du moins je le croyais – que pour veiller sur ma sœur et sur moi, elle n'élevait jamais la voix, jamais elle ne me grondait sans raison. Son regard tranquille me protégeait pendant que je faisais des pâtés au Luxembourg, pendant que je berçais ma poupée Blondine, descendue du ciel une nuit de Noël avec la malle qui contenait son trousseau. Au soir tombant elle s'asseyait à côté de moi et me montrait des images en me racontant des histoires. Sa présence m'était aussi nécessaire et me paraissait aussi naturelle que celle du sol sous mes pieds.

Ma mère, plus lointaine et plus capricieuse, m'inspirait des sentiments amoureux : je m'installais sur ses genoux, dans la douceur parfumée de ses bras, je couvrais de baisers sa peau de jeune femme ; elle apparaissait parfois la nuit, près de mon lit, belle comme une image, dans sa robe de verdure mousseuse ornée d'une fleur mauve, dans sa scintillante robe de jais noir. Quand elle était fâchée, elle me « faisait les gros yeux » ; je redoutais cet éclair orageux qui enlaidissait son visage ; j'avais besoin de son sourire.

Simone de Beauvoir, *Mémoires d'une jeune fille rangée*, Éd. Gallimard, 1958.

1. Relevez dans le texte les marques du récit autobiographique : pronoms personnels, alternance du récit et du discours, temps verbaux.

2. À travers quels détails l'écrivain souligne-t-elle son appartenance à un milieu bourgeois ? Commentez le titre donné par Simone de Beauvoir à son autobiographie.

3. Montrez comment le milieu familial constitue autour de l'enfant un abri protecteur.

4. Expliquez les fonctions remplies auprès de l'enfant par sa nourrice et sa mère.

5. Quel est le rôle joué par l'album de photos dans cette première page des mémoires de l'écrivain ?

6. NOTION. Expliquez et commentez les difficultés rencontrées par l'écrivain pour retrouver ses souvenirs les plus lointains et reconstruire son passé.

NOTION

La reconstruction du souvenir

Toute autobiographie revient sur l'enfance. L'écrivain s'appuie alors sur les documents qui lui restent de cette période de son existence, ainsi que sur les récits qu'on lui en a faits. Il s'efforce lui-même de fixer ses premiers souvenirs : les traits d'un visage, une couleur, un parfum, une impression…

DURAS

Nom et prénom : **Donnadieu, Marguerite**

Pseudonyme : **Duras**

Naissance : **14 avril 1914, à Gia-Dinh, près de Saïgon**

Décès : **3 mars 1996, à Paris**

Auteur de romans, dont : *Un barrage contre le Pacifique* (1950), *Moderato Cantabile* (1958), *Le Ravissement de Lol V. Stein* (1964), *Le Vice-Consul* (1965), *Détruire, dit-elle* (1969), *L'Amant* (1984), *La Douleur* (1985), *Yann Andréa Steiner* (1992).

Marguerite Donnadieu naît et grandit en Indochine, avec ses deux frères. Après la mort de son père, en 1918, sa mère élève seule les trois enfants. Les économies de la famille sont englouties dans l'achat de terres impropres à la culture. À dix-huit ans, Marguerite rejoint son frère aîné en métropole. Elle épouse en 1939 l'écrivain Robert Antelme. En 1944, alors qu'elle est entrée dans la Résistance, son mari est arrêté et déporté. Après la Libération, la notoriété vient dans les années cinquante, avec *Moderato cantabile*, salué par la critique. La romancière adhère un temps au parti communiste, s'engage contre la guerre d'Algérie et participe au mouvement de mai 68. Après avoir collaboré avec le cinéaste Alain Resnais, elle réalise ses propres films. *India song* transpose ainsi au cinéma son roman *Le Vice-consul* en 1975. Duras revient à une conception plus traditionnelle du roman avec *L'Amant*, qui obtient le prix Goncourt en 1984. L'écrivain meurt à Paris le 3 mars 1996.

MARGUERITE DURAS ET LA NARRATION ÉNIGMATIQUE

L'œuvre de Marguerite Duras s'oriente vers une narration discontinue, qui traduit le sentiment du vide et de l'absence. Cet univers de l'inachèvement met en scène des passions inassouvies : les descriptions fragmentaires, la narration elliptique, les dialogues chargés d'implicite correspondent à l'expérience d'un monde imparfait. Après le roman, ses œuvres théâtrales et cinématographiques ont la même vocation : ils suscitent des interrogations et expriment le sentiment tragique de l'existence. L'histoire racontée compte moins que les silences et le rythme du récit qui soulignent l'écoulement désordonné du temps. Cependant, *L'Amant* réconcilie Marguerite Duras avec une forme d'écriture plus proche du roman traditionnel.

Objet d'étude Le récit : le roman ou la nouvelle

1958 — Moderato cantabile

Moderato cantabile **met en scène une jeune femme entraînée peu à peu dans une relation ambiguë avec un personnage rencontré par hasard sur les lieux d'un crime passionnel. Les premières lignes du roman la montrent en compagnie de son petit garçon venu prendre une leçon de piano.**

« Veux-tu lire ce qu'il y a d'écrit au-dessus de ta partition ? demanda la dame.

– Moderato cantabile[1], dit l'enfant.

La dame ponctua cette réponse d'un coup de crayon sur le clavier. L'enfant resta immobile, la tête tournée vers sa partition.

– Et qu'est-ce que ça veut dire, moderato cantabile ?

– Je ne sais pas.

Une femme, assise à trois mètres de là, soupira.

– Tu es sûr de ne pas savoir ce que ça veut dire, moderato cantabile ? reprit la dame.

L'enfant ne répondit pas. La dame poussa un cri d'impuissance étouffée, tout en frappant de nouveau le clavier de son crayon. Pas un cil de l'enfant ne bougea. La dame se retourna.

– Madame Desbaresdes, quelle tête vous avez là, dit-elle.

Anne Desbaresdes soupira une nouvelle fois.

– À qui le dites-vous, dit-elle.

L'enfant, immobile, les yeux baissés, fut seul à se souvenir que le soir venait d'éclater. Il en frémit.

– Je te l'ai dit la dernière fois, je te l'ai dit l'avant-dernière fois, je te l'ai dit cent fois, tu es sûr de ne pas le savoir ?

L'enfant ne jugea pas bon de répondre. La dame reconsidéra une nouvelle fois l'objet qui était devant elle. Sa fureur augmenta.

– Ça recommence, dit tout bas Anne Desbaresdes.

– Ce qu'il y a, continua la dame, c'est que tu ne veux pas le dire.

Anne Desbaresdes aussi reconsidéra cet enfant de ses pieds jusqu'à sa tête mais d'une autre façon que la dame.

– Tu vas le dire tout de suite, hurla la dame.

L'enfant ne témoigna aucune surprise. Il ne répondit toujours pas. Alors la dame frappa une troisième fois sur le clavier, mais si fort que le crayon se cassa. Tout à côté des mains de l'enfant. Celles-ci étaient à peine écloses, rondes, laiteuses encore. Fermées sur elles-mêmes, elles ne bougèrent pas.

– C'est un enfant difficile, osa dire Anne Desbaresdes, non sans une certaine timidité.

L'enfant tourna la tête vers cette voix, vers elle, vite, le temps de s'assurer de son existence, puis il reprit sa pose d'objet, face à la partition. Ses mains restèrent fermées.

– Je ne veux pas savoir s'il est difficile ou non, Madame Desbaresdes, dit la dame. Difficile ou pas, il faut qu'il obéisse, ou bien.

Dans le temps qui suivit ce propos, le bruit de la mer entra par la fenêtre ouverte. Et avec lui, celui, atténué, de la ville au cœur de l'après-midi de ce printemps.

– Une dernière fois, tu es sûr de ne pas le savoir ?

Une vedette passa dans le cadre de la fenêtre ouverte. L'enfant, tourné vers sa partition, remua à peine – seule la mère le sut – alors que la vedette lui passait dans le sang.

Marguerite Duras, *Moderato cantabile,* Les Éditions de Minuit, 1958.

1. moderato cantabile : indication du rythme musical signifiant « modéré et chantant ».

1. Comment l'impatience et la colère du professeur de piano s'expriment-elles tout au long du passage ?

2. Relevez les moments où s'instaure une complicité entre la mère et l'enfant. Quelles sont les caractéristiques de ces deux personnages ?

3. Étudiez la présence du paysage à la fin de l'extrait.

4. Montrez que la scène se développe à travers la répétition d'un même motif. En quoi cette technique fait-elle écho au titre du roman ?

5. NOTION. Montrez que ce passage est écrit en focalisation externe.

NOTION

La focalisation externe

La focalisation externe place le narrateur en témoin extérieur à l'action et aux personnages. Souvent utilisé dans les débuts de roman, ce point de vue, limité aux dialogues et aux gestes des personnages, donne au lecteur une impression d'impartialité et d'objectivité.

1984

L'Amant

L'Amant rappelle l'enfance et l'adolescence de Marguerite Duras, au bord du fleuve Mékong. La romancière évoque les paysages de l'Indochine, les difficultés financières de sa famille, ses premières rencontres amoureuses.

L'homme élégant est descendu de la limousine, il fume une cigarette anglaise. Il regarde la jeune fille au feutre[1] d'homme et aux chaussures d'or. Il vient vers elle lentement. C'est visible, il est intimidé. Il ne sourit pas tout d'abord. Tout d'abord il lui offre une cigarette. Sa main tremble. Il y a cette différence de race, il n'est pas blanc, il doit la surmonter, c'est pourquoi il tremble. Elle lui dit qu'elle ne fume pas, non merci. Elle ne dit rien d'autre, elle ne lui dit pas laissez-moi tranquille. Alors il a moins peur. Alors il lui dit qu'il croit rêver. Elle ne répond pas. Ce n'est pas la peine qu'elle réponde, que répondrait-elle. Elle attend. Alors il le lui demande : mais d'où venez-vous ? Elle dit qu'elle est la fille de l'institutrice de l'école de filles de Sadec[2]. Il réfléchit et puis il dit qu'il a déjà entendu parler de cette dame, sa mère, de son manque de chance, avec cette concession qu'elle aurait achetée au Cambodge, c'est bien ça n'est-ce pas ? Oui c'est ça.

Il répète que c'est tout à fait extraordinaire de la voir sur ce bac. Si tôt le matin, une jeune fille belle comme elle l'est, vous ne vous rendez pas compte, c'est très inattendu, une jeune fille blanche dans un car indigène.

Il lui dit que le chapeau lui va bien, très bien, même, que c'est… original… un chapeau d'homme, pourquoi pas ? elle est si jolie, elle peut tout se permettre.

Elle le regarde. Elle lui demande qui il est. Il dit qu'il revient de Paris où il a fait ses études, qu'il habite Sadec lui aussi, justement sur le fleuve, la grande maison avec les grandes terrasses aux balustrades de céramique bleue. Elle lui demande ce qu'il est. Il dit qu'il est chinois, que sa famille vient de la Chine du Nord, de Fou-Chouen. Voulez-vous me permettre de vous ramener chez vous à Saïgon ? Elle est d'accord. Il dit au chauffeur de prendre les bagages de la jeune fille dans le car et de les mettre dans l'auto noire.

Chinois. Il est de cette minorité financière d'origine chinoise qui tient tout l'immobilier populaire de la colonie. Il est celui qui passait le Mékong ce jour-là en direction de Saïgon.

Elle entre dans l'auto noire. La portière se referme. Une détresse à peine ressentie se produit tout à coup, une fatigue, la lumière sur le fleuve qui se ternit, mais à peine. Une surdité très légère aussi, un brouillard, partout.

Je ne ferai plus jamais le voyage en car pour indigènes. Dorénavant, j'aurai une limousine pour aller au lycée et me ramener à la pension. Je dînerai dans les endroits les plus élégants de la ville. Et je serai toujours là à regretter tout ce que je fais, tout ce que je laisse, tout ce que je prends, le bon comme le mauvais, le car, le chauffeur du car avec qui je riais, les vieilles chiqueuses de bétel[3] des places arrière, les enfants sur les porte-bagages, la famille de Sadec, l'horreur de la famille de Sadec, son silence génial.

Marguerite Duras, *L'Amant*, Les Éditions de Minuit, 1984.

1. **feutre** : chapeau.
2. **Sadec** : nom de la ville dans laquelle vit l'héroïne.
3. **bétel** : mélange à base de feuilles de poivrier.

1991

L'Amant de la Chine du Nord

Mécontente de l'adaptation cinématographique de son roman, en 1991, Marguerite Duras écrit une seconde version de *L'Amant*, où elle présente les personnages d'une façon nouvelle.

Le bac s'en va.

Après le départ l'enfant sort du car. Elle regarde le fleuve. Elle regarde aussi le Chinois élégant qui est à l'intérieur de la grande auto noire.

Elle, l'enfant, elle est fardée, habillée comme la jeune fille des livres : de la robe en soie indigène d'un blanc jauni, du chapeau d'homme d'« enfance et innocence », au bord plat, en feutre-souple-couleur-bois-de-rose-avec-large-ruban-noir, de ces souliers de bal, très usés, complètement éculés, en lamé-noir-s'il-vous-plaît, avec des motifs de strass.

De la limousine noire est sorti un autre homme que celui du livre, un autre Chinois de la Mandchourie. Il est un peu différent de celui du livre : il est un peu plus robuste que lui, il a moins peur que lui, plus d'« audace ». Il a plus de beauté, plus de santé. Il est plus « pour le cinéma » que celui du livre. Il a aussi moins de timidité que lui face à l'enfant.

Elle, elle est restée celle du livre, petite, maigre, hardie, difficile à attraper, fille des pauvres, ancêtres pauvres, fermiers, cordonniers, première en français tout le temps partout et désestant la France, inconsolable du pays natal et d'enfance, crachant la viande rouge des steacks occidentaux, amoureuse des hommes faibles, sexuelle comme pas rencontrée encore. Folle de lire, de voir, insolente, libre.

Lui, c'est un Chinois. Un Chinois grand. Il a la peau blanche des Chinois du Nord. Il est très élégant. Il porte le costume en tissu de soie grège et les chaussures anglaises couleur acajou des jeunes banquiers de Saïgon.

Il la regarde.

Ils se regardent. Se sourient. Il s'approche.

Il fume une 555. Elle est très jeune. Il y a un peu de peur dans sa main qui tremble, mais à peine, quand il lui offre une cigarette.

– Vous fumez ?

L'enfant fait signe : non.

– Excusez-moi… c'est tellement inattendu de vous trouver ici… Vous ne vous rendez pas compte…

Marguerite Duras, *L'Amant de la Chine du Nord*,
Éd. Gallimard, 1991.

---

1. En quoi la rencontre de ces deux personnages dans *L'Amant* apparaît-elle comme une rencontre romanesque ? Pourquoi peut-on parler de roman autobiographique ?

2. Repérez et commentez l'insertion des formes de discours rapporté dans *L'Amant*.

3. Relevez et analysez les répétitions qui donnent aux textes un rythme musical.

4. Confrontez la seconde version du roman à la première. Relevez sous forme de tableau, leurs points communs et leurs différences.

5. NOTION. En quoi *L'Amant de la Chine du Nord* constitue-t-il une autofiction ?

NOTION

L'autofiction

L'autobiographe ne respecte pas toujours le pacte autobiographique et son exigence de sincérité. La vérité que prétend reproduire le texte peut être considérée comme une illusion. L'autofiction désigne ainsi ce mélange délibéré de vérité autobiographique et de fiction, assumé par l'auteur.

Auteur de romans, dont : *La Route des Flandres* (1960), *Histoire* (1967), *Les Géorgiques* (1981), *L'Acacia* (1989), *Le Jardin des plantes* (1997) et *Le Tramway* (2000).

SIMON

Nom et prénom : **Simon, Claude**

Naissance : **10 octobre 1913, à Tananarive, dans l'île de Madagascar**

Claude Simon naît à Tananarive où son père, capitaine d'infanterie, est affecté. La famille revient en métropole au moment de la déclaration de la Première Guerre mondiale. Son père meurt au combat près de Verdun. Claude Simon passe ainsi son enfance à Perpignan auprès de sa mère. Interne au collège Stanislas à Paris, il s'adonne après le baccalauréat à la peinture et à la photographie. En 1936, il participe brièvement à la guerre d'Espagne auprès des Républicains. Il voyage à travers l'Europe avant d'être mobilisé dans un régiment de cavalerie en 1939. Prisonnier, Simon s'évade et s'engage dans la Résistance. Son premier roman, *Le Tricheur*, paraît en 1945. En 1956, il rencontre Alain Robbe-Grillet et participe au mouvement du Nouveau Roman. Il poursuit alors son œuvre romanesque et obtient le prix Nobel de littérature en 1985. Il partage sa vie entre les Pyrénées orientales et son appartement parisien.

LA DILATATION DE L'UNIVERS ROMANESQUE

Les personnages de Claude Simon apparaissent comme des anti-héros entraînés dans les déchirements de l'histoire ou englués dans des situations banales. Dès lors, l'épaisseur de leur existence tient à l'écriture du romancier, aux méandres de la phrase qui restituent les mouvements de la conscience dans sa complexité, à travers le va-et-vient du présent et du souvenir. L'attention du narrateur est captée par de micro-événements, décrits avec une minutie qui cherche à donner au lecteur le sentiment de la réalité perçue. Le flux de la phrase entraîne ainsi le roman dans une dilatation de l'univers, qui coïncide avec la complexité d'une conscience.

Objet d'étude Le roman et ses personnages : visions de l'homme et du monde

1960

La Route des Flandres

La Route des Flandres **relate la défaite de l'armée française en 1940. Le chaos de l'Histoire se communique au récit et l'identité du narrateur semble se dissoudre au fil des pages. C'est ainsi que les êtres et les choses sont emportés par les mouvements de l'écriture, par le flux de la phrase qui reproduit celui de la conscience du narrateur.**

... à un moment j'eus faim et je me rappelai ce bout de saucisson que je trimballais dans la poche de mon manteau je le mangeai sans cesser de marcher je mangeai la peau aussi jusqu'au moignon noué par la ficelle que je jetai puis la forêt cessa buta pour ainsi dire sur le vide du ciel s'ouvrit sur un étang et quand je m'allongeai pour boire les petites grenouilles plongèrent cela ne faisait pas plus de bruit que de grosses gouttes de pluie : près du bord à l'endroit où elles avaient sauté il restait dans l'eau un petit nuage de poussière de vase soulevée grise qui se dissolvait entre les joncs elles étaient vertes et guère plus grosses que le petit doigt la surface de l'eau était toute couverte de petites feuilles rondes et vert pâle de la dimension d'un confetti c'est pourquoi je ne m'aperçus qu'au bout d'un moment qu'elles reparaissaient j'en vis une puis deux puis trois crevant les confettis vert clair laissant juste dépasser le bout de leur tête avec leurs petits yeux gros comme des têtes

1. **concentriques** : qui forment des cercles successifs.

2. **où il avait mouché** : où il avait gobé un insecte.

d'épingle qui me regardaient il y avait un léger courant et j'en vis une dériver lentement se laissant entraîner entre les archipels de confettis agglutinés de la même couleur qu'elles on aurait dit un noyé écartelé la tête à demi hors de l'eau ses délicates petites pattes palmées ouvertes puis elle bougea et je ne la vis plus c'est-à-dire que je ne la vis même pas bouger, simplement elle ne fut plus là sauf le petit nuage de vase qu'elle avait soulevé, l'eau était visqueuse avait un goût visqueux d'anguille je bus en écartant les confettis faisant attention de ne pas aspirer la vase qui se soulevait pour un rien le visage parmi les joncs et les larges feuilles en forme de fer de lance puis je restai là assis à la lisière du bois derrière les fourrés écoutant les coucous se répondre parmi les troncs silencieux dans l'air printanier et vert regardant la route qui contournait l'étang et longeait ensuite les arbres de temps en temps un poisson sautait avec un plouf je ne réussis pas à en voir un, seulement les cercles concentriques[1] allant s'élargissant autour de l'endroit où il avait mouché[2] à un moment des avions passèrent mais très haut dans le ciel j'en vis un ou plutôt quelque chose un point argenté suspendu immobile étincelant une fraction de seconde dans un trou de bleu entre les branches puis disparaissant…

Claude Simon, *La Route des Flandres*, Les Éditions de Minuit, 1960.

Louis Valtat, *Reflets dans l'eau*, 1950.

1. Repérez les indicateurs spatio-temporels dans le récit. Quelles sont les étapes qui le constituent ?

2. Analysez la présence des sens dans le texte. Quels sens la perception du narrateur privilégie-t-elle ?

3. Relevez et étudiez le champ lexical de la petitesse dans le texte. À quoi correspond cette présence ?

4. Quel est l'événement qui vient interrompre la rêverie du narrateur ? À quel contexte renvoie-t-il ?

5. **NOTION.** En quoi cet extrait constitue-t-il un monologue intérieur ?

NOTION

Le monologue intérieur et la conscience du personnage

L'écriture romanesque restitue à travers le monologue intérieur les mouvements de la conscience. Le lecteur ne connaît de la réalité que ce que perçoit le regard du narrateur, au fur et à mesure des événements. La construction de la phrase reconstitue ce flux incessant de la perception du narrateur.

PONGE

Nom et prénom : **Ponge, Françis**

Naissance : **27 mars 1899, à Montpellier**

Décès : **6 août 1988, à Bar-sur-Loup**

Auteur de recueils de poèmes, dont : *Le Parti pris des choses* (1942), *Le Grand Recueil : I Lyres, II Méthodes, III Pièces* (1961), *Le Savon* (1967) ; d'essais, dont : *Pour un Malherbe* (1965) ; de textes sur l'art, dont : *L'Atelier contemporain* (1977).

Passionné, turbulent, Francis Ponge passe son enfance à Avignon où son père est directeur d'une banque. Sa famille est cultivée, de vieille tradition protestante. Après des études de philosophie, Ponge publie à Paris ses premiers poèmes. Éprouvé par la mort de son père en 1923, il connaît une vie matérielle difficile. Il découvre « les douze métiers, les treize misères de l'homme ». De son mariage naît une fille, Armande. Devant l'injustice sociale et la montée du fascisme, Ponge s'inscrit au parti communiste en 1937 et participe à la Résistance pendant l'Occupation. Après la guerre s'ouvre de nouveau une période difficile. Mais il rencontre Braque et Picasso, multiplie les lectures publiques de ses œuvres. Il quitte le parti communiste dès 1947. L'originalité de son œuvre s'affirme peu à peu auprès du grand public. Ponge voyage aux États-Unis, aux Pays-Bas, en Angleterre. Il meurt près de Grasse en 1988.

PONGE, LE POÈME ET L'OBJET

Aux yeux de Francis Ponge, la versification classique et l'ancienne rhétorique ne permettent plus de dire le monde. De la même manière, Ponge récuse le nom de « poète », trop souvent associé à l'expression lyrique du sentiment. Il tente alors de créer une langue qui se veut objective, débarrassée de l'émotion, des valeurs, du « message » que le poème est supposé délivrer. La description des choses simples permet ainsi de retrouver la matérialité des mots, palpables, savoureux et sonores. Ponge tourne autour de l'objet : ce peut être un fruit (la figue, l'abricot), un oiseau (l'hirondelle), un reptile (le lézard), ou même un objet ordinaire, comme le cageot. Et le poème devient lui-même un « objet » parmi les œuvres de la littérature, entêtant et plein de saveur.

Objet d'étude La poésie

1961

Le Grand Recueil

Toute la poésie de Francis Ponge consiste à prendre le « parti des choses », à être au plus près des objets simples et familiers. Une cruche, une huître, un lézard deviennent objets du poème. À travers eux, Ponge éclaire les rapports complices entre les mots et les choses.

LE LÉZARD

Lorsque le mur de la préhistoire se lézarde, ce mur de fond de jardin (c'est le jardin des générations présentes, celui du père et du fils), – il en sort un petit animal formidablement dessiné, comme un dragon chinois, brusque mais inoffensif chacun le sait et ça le rend bien sympathique. Un chef-d'œuvre de la bijouterie préhistorique, d'un métal entre le bronze vert et le vif-argent, dont le ventre seul est fluide, se renfle comme la goutte de mercure. Chic ! Un reptile à pattes ! Est-ce un progrès ou une dégénérescence[1] ? Personne, petit sot, n'en sait rien, petit saurien.

Par ce mur nous sommes donc bien mal enfermés. Si prisonniers que nous soyons, nous sommes encore à la merci *de l'extérieur*, qui nous jette, nous expédie sous la porte ce petit poignard. À la fois comme une menace et une mauvaise plaisanterie.

Ce petit poignard qui traverse notre esprit en se tortillant d'une façon assez baroque, dérisoirement.

Arrêt brusque. Sur la pierre la plus chaude. Affût ? ou bien repos automatique ? Il se prolonge. Profitons-en ; changeons de point de vue.

Le LÉZARD dans le monde des mots n'a pas pour rien ce *zède* ou *zèle* tortillard, et n'a pas pour rien sa désinence en *ard*, comme fuyard, flemmard, musard, pendard, hagard. Il apparaît, disparaît, réapparaît. Jamais familier pourtant. Toujours un peu égaré, toujours cherchant furtivement sa route. Ce ne sont pas insinuations trop familières que celles-ci. Ni venimeuses. Nulle malignité : aucun signe d'intelligence à l'homme.

Une sorte de petite locomotive haut-le-pied. Un petit train d'allégations[2] hâtives, en grisaille, un peu monstrueuses, à la fois familières et saugrenues, – qui circule avec la précipitation fatale aux jouets mécaniques, faisant comme eux de brefs trajets à ras de terre, mais beaucoup moins maladroit, têtu, il ne va pas buter contre un meuble, le mur : très silencieux et souple au contraire, il s'arrange toujours, lorsqu'il est à bout de course, d'arguments, de ressort dialectique[3], pour disparaître par quelque fente, ou fissure, de l'ouvrage de maçonnerie sur lequel il a accompli sa carrière…

Il arrive qu'il laisse entre vos doigts le petit bout de sa queue.

… Une simple gamme chromatique[4] ? Un simple arpège[5] ? Une bonne surprise après tout, si elle fait d'abord un peu sauter le cœur. On reviendra près de cette pierre.

Francis Ponge, « Le lézard » (extrait),
Le Grand Recueil, Éd. Gallimard, 1961.

1. **dégénérescence** : dégradation, affaiblissement physique ou intellectuel.
2. **allégations** : affirmations.
3. **dialectique** : art de la discussion.
4. **gamme chromatique** : gamme des couleurs.
5. **arpège** : accord dont on égrène les notes.

1. Étudiez la construction du poème.

2. Repérez les principales caractéristiques attribuées au lézard. Relevez les différentes images auxquelles le texte associe son apparition.

3. Commentez la présence des phrases exclamatives et interrogatives dans le poème.

4. En quoi ce texte constitue-t-il une forme originale d'éloge ?

5. NOTION. En quoi le jeu effectué par Francis Ponge entre le signifiant et le signifié du mot « lézard » crée-t-il des effets poétiques ?

NOTION

Le signifiant et le signifié d'un mot

Le mot se compose d'un signifiant et d'un signifié : le signifiant est la forme matérielle du mot, l'agencement des lettres et des sons qui le constituent. Le signifié est le concept, l'idée, l'objet que l'on désigne par le signifiant. Le rapport entre le signifié et le signifiant est arbitraire.

CHAR

Nom et prénom : **Char, René**

Naissance : **14 juin 1907, à L'Isle-sur-Sorgue**

Décès : **le 19 février 1988, à Paris**

Le paysage de la Provence, le parc des Névons, L'Isle-sur-Sorgue constituent les premiers repères de René Char. Mais après la mort de son père, en 1918, l'enfant est mis en pension à Avignon. En 1925, peu assidu à l'école de commerce de Marseille, Char rencontre les poètes surréalistes, Breton et Eluard. Il participe alors à tous les combats du groupe, jusqu'à sa rupture avec le mouvement, en 1935. Pendant l'Occupation, Char dirige un maquis dans les Basses-Alpes. Compagnons exécutés, violence des combats, souffrances, angoisses : *Les Feuillets d'Hypnos* témoignent de cette traversée de la nuit.

Après la guerre, il prend position contre Staline. Il dénonce les excès de la colonisation. Il se lie avec les peintres, Braque, Matisse, Picasso, qui illustrent son œuvre. En 1982, le ministre de la Culture inaugure le musée René Char. Le poète meurt en 1988, dans le paysage de sa Provence natale.

Auteur de recueils de poèmes, dont : *Le Marteau sans maître* (1934), *Fureur et Mystère* (1948), *La Parole en archipel* (1962), *Chants de la Balandrane* (1977), *Les Voisinages de Van Gogh* (1985).

LE POÈTE DE LA TERRE ET DE L'EAU

René Char est le poète d'une terre de l'enfance, qu'il faut reconquérir. Le paysage tient en effet une place importante dans son œuvre, parce qu'il sert à éclairer les rapports entre l'homme, le langage et le monde. Char abandonne le mouvement surréaliste pour se donner lui-même comme « l'homme terrestre, l'homme qui va, le garant qui élargit ». Sa poésie préserve le mystère de la terre et de l'eau, de la voix et du silence, entre la proximité douce et odorante des corps, et l'énigme qu'ils semblent receler. Voilà pourquoi l'œuvre fait alterner les poèmes en prose et en vers, les textes longs, les aphorismes et les fragments : il s'agit de maintenir toutes les contradictions du monde dans l'espace fulgurant du poème, pour qu'il restitue la plénitude de la nature et le bonheur d'être au monde.

Objet d'étude La poésie

1962 — Fureur et Mystère

Sensible aux jeux de l'eau et du vent, aux partages de l'ombre et de la lumière, René Char évoque dans sa poésie les paysages de son enfance. Les poèmes de *Fureur et Mystère* restituent ainsi, dans un langage simple et souvent énigmatique, une impression de dépouillement et de sensualité.

LA SORGUE

Chanson pour Yvonne

Rivière trop tôt partie, d'une traite, sans compagnon,
Donne aux enfants de mon pays le visage de ta passion.

Rivière où l'éclair finit et où commence ma maison,
Qui roule aux marches d'oubli la rocaille de ma raison.

Rivière, en toi terre est frisson, soleil anxiété.
Que chaque pauvre dans sa nuit fasse son pain de ta moisson.

Rivière souvent punie, rivière à l'abandon.

Rivière des apprentis à la calleuse condition,
Il n'est vent qui ne fléchisse à la crête de tes sillons.

Rivière de l'âme vide, de la guenille et du soupçon,
Du vieux malheur qui se dévide, de l'ormeau, de la compassion.

Rivière des farfelus, des fiévreux, des équarrisseurs[1],
Du soleil lâchant sa charrue pour s'acoquiner au menteur.

Rivière des meilleurs que soi, rivière des brouillards éclos,
De la lampe qui désaltère l'angoisse autour de son chapeau.

Rivière des égards au songe, rivière qui rouille le fer,
Où les étoiles ont cette ombre qu'elles refusent à la mer.

Rivière des pouvoirs transmis et du cri embouquant[2] les eaux,
De l'ouragan qui mord la vigne et annonce le vin nouveau.

Rivière au cœur jamais détruit dans ce monde fou de prison,
Garde-nous violent et ami des abeilles de l'horizon.

René Char, « La Sorgue », *Fureur et Mystère*,
Éd. Gallimard, 1962.

1. **équarrisseurs** : ceux qui dépècent les animaux morts ou abattus.
2. **embouquer** : entrer dans un canal ou dans un détroit.

1. Étudiez la composition du poème : mesure des vers, unité des strophes, système des rimes.

2. Quel est selon vous le rôle joué par l'anaphore au début de chaque strophe ?

3. Relevez et classez les réseaux lexicaux dominants dans le poème. Quelles associations, quelles oppositions ce travail met-il en évidence ?

4. Confrontez la première et la dernière strophe du poème. En quoi l'inscrivent-elles dans le registre lyrique ?

5. NOTION. Retrouvez et étudiez les caractéristiques de l'hymne dans ce poème.

NOTION

L'hymne à la nature

Dans l'Antiquité, l'hymne est un poème chanté en l'honneur des dieux ou des héros. Cette forme d'éloge désigne plus généralement un poème célébrant une personne ou une chose. L'hymne permet ainsi l'expression de sentiments lyriques et retrouve sa forme de poésie chantée.

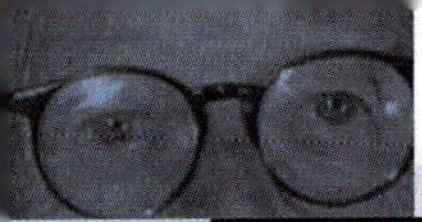

JACCOTTET

Nom et prénom : **Jaccottet, Philippe**

Naissance : **30 juin 1925, à Moudon, en Suisse**

Auteur de nombreux recueils de poèmes et de proses poétiques, dont : *L'Effraie* (1953), *La Promenade sous les arbres* (1957), *L'Ignorant* (1958) *Airs* (1967), *La Semaison, carnets* (1954-1979), *À la lumière d'hiver* (1977), *Après beaucoup d'années* (1994), *Le Bol du pèlerin* (2001).

Philippe Jaccottet naît à Moudon, dans le canton de Vaud, en Suisse. Après avoir passé son enfance dans sa petite ville natale, il fait ses études à Lausanne. Très tôt, le jeune homme est profondément marqué par la lecture de Baudelaire et des écrivains romantiques allemands, comme Novalis ou Hölderlin. Jaccottet étudie le grec et l'allemand. En 1946, après sa licence de lettres, il rencontre en Italie le poète Ungaretti, avec qui il se lie d'amitié. Il s'installe alors à Paris et mène à la fois une carrière de critique littéraire, de traducteur et de poète. Jaccottet fréquente de nombreux écrivains, comme Francis Ponge, Henri Thomas ou Yves Bonnefoy. En 1953, après son mariage, Jaccottet s'installe à Grignan, dans la Drôme, à l'écart des modes de la capitale. Il développe alors une intense activité, multipliant études et essais littéraires. Le poète alterne les périodes de doute et d'exaltation, poursuivant une œuvre profondément imprégnée des émotions vécues et des paysages naturels. Il vit toujours à Grignan et sa poésie est récompensée par de nombreux prix littéraires.

LE CHANT DU PAYSAGE

La poésie de Jaccottet se compose en partie de textes brefs. Chaque poème correspond alors à un moment d'intense émotion, liée à la perception de fruits, d'animaux et de paysages dont il restitue pleinement la beauté. Jaccottet cherche à saisir les mouvements fugitifs qui animent la nature, en mêlant « la légèreté des choses au poids du temps ». De nombreux recueils, comme *Airs,* sont ainsi portés par une profonde jubilation devant un monde que le poète nous invite à aimer. Philippe Jaccottet fait surgir ses paysages comme un peintre japonais dessine minutieusement l'arbre en fleurs sur lequel se posent un instant les oiseaux avant de reprendre leur envol.

Objet d'étude La poésie

1958-1969

Poésies

De recueil en recueil, Jaccottet renouvelle son inspiration, mêlant poèmes en prose et poésie versifiée, passant de l'expression de l'angoisse à l'exaltation que lui inspire la beauté de la nature.

UNE AIGRETTE ROSE...

Une aigrette rose à l'horizon
un parcours de feu

et dans l'assemblée des chênes
la huppe étouffant son nom

Feux avides, voix cachées
courses et soupirs

Philippe Jaccottet, *Airs*, 1967, in *Poésie 1946-1967*, Éd. Gallimard.

LE COMBAT INÉGAL

Cris d'oiseaux en novembre, feux des saules, tels sont-ils,
les signaux qui me conduisent de péril en péril.

Même sous les rochers de l'air sont des passages
entre lavande et vigne filent aussi des messages.

Puis la lumière dans la terre, le jour passe,
une autre bouche nous vient, qui réclame un autre espace.

Cris de femmes, feux de l'amour dans le lit sombre, ainsi nous
commençons à dévaler l'autre versant d'ici.

Nous allons traîner tous deux dans la gorge ruisselante,
avec rire et soupirs, dans un emmêlement de plantes,

compagnons fatigués que rien ne pourra plus disjoindre
s'ils ont vu sur le nœud de leurs cheveux le matin poindre.

(Autant se protéger du tonnerre avec deux roseaux,
quand l'ordre des étoiles se délabre sur les eaux...)

Philippe Jaccottet, *L'Ignorant*, 1958, in *Poésie 1946-1967*, Éd. Gallimard.

MUET

Muet. Le lien des mots commence à se défaire
aussi. Il sort des mots.
Frontière. Pour un peu de temps
nous le voyons encore.
Il n'entend presque plus.
Hélerons-nous cet étranger s'il a oublié
notre langue ? s'il ne s'arrête plus pour écouter ?
Il a affaire ailleurs.

Il n'a plus affaire à rien.
Même tourné vers nous,
c'est comme si on ne voyait plus que son dos.

Dos qui se voûte
pour passer sous quoi ?

Philippe Jaccottet, *Leçons*, 1969, in *Poésie 1946-1967*, Éd. Gallimard.

1. Indiquez quel est le thème principal de chaque poème et relevez les champs lexicaux qui s'y rattachent.

2. Dans « Le combat inégal », à quels principes de versification le poète est-il fidèle ?

3. Montrez que le poème intitulé « Muet » s'émancipe de toutes les règles de la poésie classique.

4. NOTION. Indiquez comment Philippe Jaccottet adapte la forme du haïku dans « Une aigrette rose... »

NOTION

Le haïku

Pour composer son recueil *Airs*, Philippe Jaccottet s'inspire librement des poètes japonais. Le haïku consiste en un tercet composé de vers de cinq, sept et cinq syllabes, qui visent à fixer le caractère fugitif d'un paysage naturel.

Auteur de romans, dont : *Vendredi ou les Limbes du Pacifique* (1967), *Le Roi des aulnes* (1970), *Les Météores* (1975), *La Goutte d'or* (1986) ; de recueils de nouvelles et de commentaires.

TOURNIER

Nom et prénom : **Tournier, Michel**

Naissance : **19 décembre 1924, à Paris**

Michel Tournier naît à Paris, dans une famille passionnée de musique et de littérature allemande. Chaque été, la famille se rend dans la Forêt Noire où l'enfant se familiarise avec la mythologie et la poésie germaniques. Il étudie la philosophie et, après un échec à l'agrégation, mène une vie de bohème sur l'île Saint-Louis. Attaché de presse, directeur de collection littéraire, il écrit *Vendredi ou les Limbes du Pacifique*, qui reçoit le prix de l'Académie française en 1967. Trois ans plus tard, *Le Roi des aulnes* est couronné par le prix Goncourt. Dès lors, élu membre de l'académie Goncourt, il poursuit sa carrière de romancier, installé dans un vieux presbytère près de Paris. Il écrit aussi des livres pour enfants, des essais de critique littéraire et publie des albums de photographies réalisées en compagnie de son ami le photographe Étienne Boubat.

UN UNIVERS DE MYTHES ET DE LÉGENDES

L'œuvre de Tournier marque le retour au récit traditionnel à travers l'exploration de mythes et de légendes dont le romancier donne une interprétation adaptée à notre temps. C'est ainsi qu'il procède à la réécriture du roman de Daniel Defoe, *Robinson Crusoé*, pour faire de Vendredi le personnage essentiel. De la même manière, on retrouve dans son œuvre les Rois Mages, Gaspard, Melchior et Balthazar, de même que Pierrot, le personnage de la commedia dell'arte. *Le Roi des aulnes* reprend à son tour une légende allemande popularisée par le poète Goethe dans une ballade célèbre. Tournier confronte ainsi au contexte de la Seconde Guerre mondiale le personnage mythique de l'ogre enlevant des enfants.

Objet d'étude Le récit : le roman ou la nouvelle

1970 — Le Roi des aulnes

Abel Tiffauges, le héros du *Roi des aulnes*, traverse une série d'épreuves qui le conduisent au cœur de l'Allemagne nazie, dans un camp de prisonniers de guerre. Il découvre peu à peu des paysages et des animaux qui le fascinent.

Quand le train repartit au milieu de la nuit, les gardiens verrouillèrent les portes et les lucarnes des wagons. Ceux des hommes qui ne dormaient pas comprirent qu'on traversait Berlin aux arrêts et aux manœuvres qui hachèrent à nouveau la progression du train. Puis l'allure du convoi se régularisa, un rythme égal berça les corps entassés. On devait filer sur une plaine immense, interminable, que seule la nuit rendait moins vertigineuse.

Le petit matin parut plus précoce et plus frais qu'à l'accoutumée. Les portes à glissière roulèrent avec des grondements sourds. Il y eut des ordres, des appels. Les hommes sautèrent hébétés hors des wagons, immédiatement saisis par une petite brise froide et coupante. Une assez vaste baraque en planches noircies au goudron dressait une silhouette qui paraissait presque imposante tant le paysage était plat. Des rafales faisaient vibrer un panneau de bois rectangulaire dressé sur deux poteaux où on lisait en lettres

1. **lettres gothiques** : écriture gothique, utilisée en Allemagne à partir du XIIe siècle.
2. **Feldwebel** : soldat allemand.

gothiques[1] noires sur fond blanc : MOORHOF. À perte de vue, c'était tout alentour une succession d'étangs, coupés de prairies qu'on devinait prêtes à se métamorphoser en marécages. De loin en loin, un bouquet de sapins donnait l'échelle et rendait sensible l'immensité de l'horizon noyé de fumées innombrables qui couraient au ras des joncs et des hautes herbes. Tiffauges qui ne connaissait en dehors de Paris que des pays de coteaux ou des campagnes bocagères fut saisi par la grandeur de cette terre. Parce que sa vue s'étendait à l'infini de tous côtés, galopant parmi les brumes, planant au-dessus des bruyères et des miroirs d'eau, il eut un sentiment de liberté qu'il n'avait jamais connu auparavant. Il sourit malgré lui de ce paradoxe en prenant la suite d'une file de marcheurs accablés, poussés vers le nord par les coups de gueule d'un Feldwebel[2].

Ils découvrirent brusquement le camp à quelques centaines de mètres de la route, alors que le village de Moorhof demeurait obstinément invisible. Ils devaient en faire sans cesse l'expérience : dans ce pays plat comme la main, apparemment ouvert et sans secret, les maisons, les granges et même les miradors du camp devenaient invisibles pour peu qu'on s'éloignât, comme bus par l'épaisseur de la terre et du tapis végétal.

Michel Tournier, *Le Roi des aulnes*, Éd. Gallimard, 1970.

John Malkovich dans *Le Roi des aulnes*, réalisé au cinéma par Volker Schlöndorff.

1. Relevez les différentes étapes du récit dans cet extrait. Donnez-leur un titre.

2. Quelles sont les caractéristiques du paysage découvert par le héros ? Étudiez la description des lignes 10 à 22.

3. Expliquez le « paradoxe » évoqué à la ligne 21.

4. Quels sont les détails qui donnent au lecteur le sentiment de la réalité ? Pourquoi peut-on parler d'effets de réel ?

5. NOTION. Retrouvez dans ce texte ce qui renvoie à l'image des camps de prisonniers inscrite dans la mémoire collective du lecteur.

NOTION

L'inscription de l'Histoire dans le récit

Du roman historique au roman engagé, nombreuses sont les formes d'inscription de l'Histoire dans le roman. En plongeant son héros dans une situation historique connue du lecteur, le romancier fait appel à la mémoire collective et joue avec les formes d'implicite qui donnent sens au texte.

SENGHOR

Nom et prénom : **Senghor, Léopold Sédar**

Naissance : **9 octobre 1906 à Joal, au Sénégal**

Décès : **20 décembre 2001, en Normandie**

Auteur de recueils de poèmes, dont *Chants d'ombre* (1945), *Éthiopiques* (1956), *Nocturnes* (1961) ; il publie une *Anthologie de la nouvelle poésie nègre et malgache* en 1948 et différents essais, recueillis sous le titre de *Liberté I, II, II* et *IV*.

Né à Joal, petite ville côtière du Sénégal, le jeune Léopold Sédar est le fils d'un riche commerçant. Il grandit au sein d'une famille nombreuse et poursuit ses études au lycée Louis-le-Grand à Paris. Il fait la rencontre d'Aimé Césaire, avec qui il fonde une revue, *L'Étudiant noir*, où apparaît pour la première fois le terme de « négritude ». Devenu professeur à Tours puis à Saint-Maur, il est mobilisé en 1939 et fait prisonnier deux ans en Allemagne. À la Libération, Senghor publie *Chants d'ombre* qui sonne comme un appel à « l'Afrique future ». En 1947, il fonde avec Césaire la revue *Présence africaine*. Il entre au gouvernement français en 1955, puis, au moment de l'indépendance du Sénégal, il en devient le premier Président, de 1960 à 1979. Il lutte pour l'autonomie économique et politique de son pays, tout en continuant, jusqu'à sa mort, son œuvre littéraire. Il est élu à l'Académie française en 1983.

LE CHANT DE LA CULTURE AFRICAINE

La double culture africaine et française de Senghor inspire son œuvre, marquée par un désir de réconciliation et par un profond humanisme qui dépasse les différences, sans les nier. Sensuelle, la poésie de Senghor exprime sa foi dans l'homme et dans « la civilisation de l'universel ». Elle évoque les forces de la terre et les valeurs ancestrales du pays natal. Elle emprunte souvent la forme du verset et de son rythme original, qui convient à la densité des images et des évocations pleines de couleurs. Senghor nourrit ainsi son œuvre des rythmes et des chants de l'Afrique, dont il exalte la culture.

Objet d'étude L'éloge et le blâme

1973

Poèmes

Léopold Sédar Senghor retrouve le souffle et l'inspiration des poètes de l'Antiquité pour chanter un exploit sportif, celui réalisé par Jackie Thompson, championne du cent mètres. Mais à travers elle, ce sont les valeurs de l'Afrique dont il fait l'éloge.

CHANT POUR JACKIE THOMPSON

Championne du cent mètres dames

J'avais élu le stade, loin des marchands.
Je chante les plus forts, les plus habiles, je chante les plus beaux.

Je t'avais élue à la première course, la plus courte oui, la plus noble.
Pour tes longues jambes d'olive t'avais élue, ta souplesse cambrée.
Proue de pirogue et sillage de cygne noir dans la poussière d'argent.
Peut-être un souvenir, un rêve de jadis.

Ah ! j'oubliais ton sourire mutin, si frais d'enfant.
« Elle sera la première, la grande Poullo-là[1] »

Tu partais en douceur, dans la ruée de l'ouragan,
Et toutes tu les contrôlais sereine, les remontant souriante.
Au cinquante mètres tu ouvris ta grâce, tes ailes
Allongèrent la foulée comme une liane, une chamelle qui va
[l'amble[2],
Te détachèrent net des autres sur leurs courtes jambes
[d'albâtre[3]
Ou d'ébène[4], qu'importe ?
Et le stade haleta, debout,
Et tu te jetas sur le fil aérien, comme une amazone du Roi
Royale, et de ma gorge ce cri qui jaillit
Triomphal : *« Black is beautiful »*, ma généreuse petite Poullo,
Car *Pulel hokku soko haraani*[5]. Ah ! que n'ai-je la voix,
Dites, de Siga Diouf Guignane[6], qui faisait trembler les dieux
[athlètes.

Je te chante, Jackie Thompson, sur le versant du jour
Et s'empourpre mon chant sur l'Océan bleu Atlantique.

Léopold Sédar Senghor, « Chant pour Jackie Thompson »,
Poèmes, Éditions du Seuil, 1973.

1. **Poullo** : toute personne appartenant à la nation des Peuls, établie au Sénégal.
2. **amble** : allure de l'animal, dans sa course.
3. **albâtre** : de couleur blanche.
4. **ébène** : bois de couleur noire.
5. ***Pulel hokku soko haraani*** : la petite Peule donne à celui qui le demande.
6. **Siga Diouf Guignane** : conteur sénégalais.

Sur les traces de « Jackie Thompson », la championne sénégalaise Amy Mbacke Thiam franchit la ligne d'arrivée.

1. Repérez les différentes parties qui composent le poème. Comment s'organise-t-il ?

2. Relevez et étudiez les images présentes dans la première strophe du poème.

3. Comment le poète souligne-t-il les origines africaines de la championne ?

4. Commentez l'usage du verset. Quel effet l'alternance de vers longs et de vers courts produit-elle ?

5. NOTION. Retrouvez et étudiez les caractéristiques de l'éloge à l'œuvre dans le poème de Senghor.

NOTION

L'éloge poétique

Dans l'Antiquité, les poètes font l'éloge des vertus du soldat ou du citoyen exemplaire. Ils mettent leur éloquence au service de ceux qui représentent la cité dans les jeux du stade. La littérature perpétue aujourd'hui cette tradition de l'éloge poétique.

Auteur d'un manifeste poétique et politique, *Cahier d'un retour au pays natal* (1939), de nombreux recueils de poèmes, dont le surréaliste *Soleil cou coupé* (1948), *Corps perdu* (1949), et de pièces de théâtre, dont : *La Tragédie du roi Christophe* (1963) et *Une saison au Congo* (1966).

CÉSAIRE

Nom et prénom : **Césaire, Aimé**

Naissance : **25 juin 1913, à Fort-de-France, à la Martinique**

Né à la Martinique au sein d'une famille nombreuse, Aimé Césaire poursuit ses études à Paris où il se lie d'amitié avec Léopold Sédar Senghor. Il participe à la fondation de la revue *L'Étudiant noir* en 1934, et forge le néologisme « négritude » qui exprime la revendication de ses racines et la « simple reconnaissance du fait d'être noir ». Rédigé avant la guerre, le *Cahier d'un retour au pays natal* est publié en 1947, avec une préface d'André Breton. Professeur de littérature, maire de Fort-de-France, député de la Martinique, Aimé Césaire rompt en 1956 avec le parti communiste, trop modéré sur la question des colonies. Toute son œuvre, ses poèmes comme son théâtre, exprime un combat pour l'indépendance. Il contribue à la création de *Présence africaine*, revue puis maison d'édition qui publie la littérature africaine et antillaise francophone.

LE MILITANT DE LA « NÉGRITUDE »

Avec le *Cahier d'un retour au pays natal*, Aimé Césaire lance un manifeste à la fois poétique et politique. C'est un cri de révolte et de rejet de la civilisation occidentale que pousse l'écrivain. Ses recueils de poèmes prennent ainsi la défense des Noirs opprimés qui refusent d'être soumis. *Soleil cou coupé* en 1948 et *Corps perdus* en 1949, d'inspiration surréaliste, engagent la poésie antillaise dans une prise de conscience militante. De la même manière, *La Tragédie du roi Christophe* en 1963 et *Une saison au Congo* en 1966 expriment l'aspiration des peuples africains à accéder à l'indépendance et les tensions politiques qui naissent de la décolonisation. Toute la vie et l'œuvre d'Aimé Césaire auront ainsi servi à défendre la cause de ce qu'il appelle lui-même la « négritude ».

Objet d'étude Le théâtre : les genres et registres (le comique et le tragique)

1966

Une saison au Congo

***Une saison au Congo* met en évidence les pressions économiques et les trahisons politiques qui accompagnent la décolonisation. La pièce dresse ainsi la figure de Patrice Lumumba, qui fut Premier ministre du Congo avant d'être assassiné. À travers lui, c'est l'histoire du continent africain qui se joue de manière symbolique.**

LUMUMBA[1]. – Tu y penses à l'Afrique, quelquefois ? Tiens, regarde là ! pas besoin de carte épinglée au mur. Elle est gravée sur la paume de mes mains.

Ici, la Rhodésie du Nord, son cœur le Copper Belt, la ceinture de Cuivre, terre silencieuse, sauf de temps en temps, un juron de contremaître, un aboi de chien policier, le gargouillement d'un colt, c'est un nègre qu'on abat, et qui tombe sans mot dire. Regarde, à côté, la Rhodésie du Sud, je veux dire des millions de nègres spoliés, dépossédés, parqués dans les townships[2].

Là, l'Angola ! principale exportation : ni le sucre, ni le café, mais des esclaves ! Oui, mon colonel, des esclaves ! Deux cent mille hommes livrés chaque année aux mines de

l'Afrique du Sud contre du bon argent qui tombe tout frais dans les caisses vides de papa Salazar[3] !
Y pendant comme un haillon, cet îlot, ce rocher, San Tomé[4], sa petitesse bouffe du nègre que c'en est incroyable ! Par milliers ! Par millions ! C'est le bagne de l'Afrique !

Il chante.

Notre fils cadet
Ils l'ont envoyé à San Tomé
Parce qu'il n'avait pas de papiers
Aiué
Notre fils n'est pas revenu, notre fils
La mort l'a enlevé
Aiué
Ils l'ont envoyé à San Tomé.

C'est drôle, tu ne la connais pas, cette chanson ? Je te l'apprendrai, Mokutu, si tu m'en donnes le temps ! Enfin, plus bas, l'Afrique du Sud, la chiourme[5] raciste, armée de ses tanks, de ses mitrailleuses, de ses canons, de ses avions, de sa bible, de ses lois, de ses tribunaux, de sa presse, de sa haine, de ses mensonges. Plus encore de son cœur dur et féroce ! Mokutu, la voilà, notre Afrique ! Terrassée, ligotée, piétinée, couchée en joue ! Elle souffre, mais elle espère ! C'est vrai ! car, du fond de l'abîme, elle voit s'embraser et rosir la surface, et qui grandit, qui grandit la tache de lumière. Elle espère, pourquoi pas ? Il y a eu le Ghana, la Guinée, le Sénégal, le Mali et j'en passe... Dahomey ! Cameroun !.... Avant-hier, le Togo ! Hier, le Congo ! Alors la prisonnière Afrique se dit : « Demain, c'est mon tour ! et demain n'est pas loin ! » Et elle serre les poings, et elle respire un peu mieux, l'Afrique ! Déjà l'air de demain ! l'air du large, sain et salé !

Aimé Césaire, *Une saison au Congo*, Éditions du Seuil, 1966.

1. **Lumumba** : homme politique congolais, Premier ministre en 1960.
2. **les townships** : les ghettos noirs, les bidonvilles d'Afrique du Sud.
3. **Salazar** : Premier ministre du Portugal, de 1932 à 1968, au moment où l'Angola est portugaise.
4. **San Tomé** : île du golfe de Guinée qui servit de bagne.
5. **la chiourme** : les gardes-chiourme, c'est-à-dire les gardiens du bagne.

1. Quels reproches Lumumba adresse-t-il à la colonisation dans ce monologue ?

2. Relevez les termes évaluatifs utilisés par le personnage. Quelle est leur fonction ?

3. Repérez des exemples d'énumérations. En quoi contribuent-elles à la force de persuasion du discours ?

4. Quel rôle la chanson joue-t-elle selon vous dans la dramaturgie de la pièce ?

5. Sur quel vœu le discours s'achève-t-il ? Étudiez sa construction.

6. En quoi ce texte peut-il être qualifié de réquisitoire ?

7. NOTION. Dans quel contexte historique la pièce a-t-elle été écrite ? Selon vous, à quel public s'adresse-t-elle ? Quelles réactions Aimé Césaire veut-il provoquer ?

NOTION

Le théâtre engagé

La scène théâtrale permet à l'écrivain d'exprimer son point de vue, son engagement dans les combats de son temps. Il peut alors, comme Giraudoux ou Anouilh, recourir à l'Antiquité ou, comme Césaire dans cet extrait, mettre en scène des conflits contemporains.

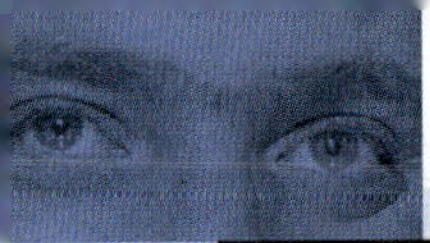

Auteur de romans, dont : *Les Choses* (1965), *La Disparition* (1969), *La Vie mode d'emploi* (1978) et d'une autobiographie, *W ou le Souvenir d'enfance* (1975).

PEREC

Nom et prénom : **Perec, Georges**

Naissance : **7 mars 1936 à Paris**

Décès : **1982 à Sucy, près de Paris**

Fils unique de Polonais juifs immigrés, Georges Perec a quatre ans lorsque son père meurt à la guerre. Pour échapper aux persécutions, il est envoyé dans un pensionnat à Grenoble. Sa mère meurt en déportation en 1943. À la Libération, Perec, adopté par une tante et un oncle, revient à Paris. Après des études d'histoire et de sociologie, il devient documentaliste et s'amuse à créer des formes de fiches et de classement originales ; mais sa seule ambition est d'être écrivain.

Son premier roman, *Les Choses*, en 1965, connaît un grand succès. En 1968, Perec adhère au groupe oulipien, dont l'influence sera déterminante sur son écriture et grâce auquel il se lie d'amitié avec Raymond Queneau. Emporté à quarante-six ans par un cancer du poumon, il laisse derrière lui de nombreux manuscrits dont la publication se poursuit après sa mort.

PEREC ET LE PUZZLE DE L'ÉCRITURE

La rencontre de Perec avec l'OuLiPo (Ouvroir de Littérature Potentielle) met en évidence l'un des enjeux de son écriture. Le groupe, où se retrouvent Raymond Queneau, Georges Perec ou Italo Calvino, invente des contraintes d'écriture formelles. C'est ainsi qu'avec *La Disparition*, en 1969, Perec écrit un roman sans utiliser la lettre « e ». De même, le principe de l'inventaire structure ses récits comme dans *La Vie mode d'emploi*, en 1978, qui apparaît comme un puzzle gigantesque mettant en jeu plus de cent personnages. De la même manière, l'autobiographie paradoxale de Perec – qui s'ouvre sur la phrase « Je n'ai pas de souvenirs d'enfance » – entrecroise deux récits : une fiction, *W*, et le texte proprement autobiographique.

Objet d'étude L'autobiographie

1975 — W ou le Souvenir d'enfance

Dans son autobiographie, Perec revient sur les circonstances tragiques de son enfance, marquée par la guerre et la mort de ses parents. L'originalité du texte repose sur l'alternance de deux récits, un roman d'aventures qui se déroule dans une île imaginaire, et l'évocation de souvenirs fragmentaires et toujours incertains.

J'ai trois souvenirs d'école*.

Le premier est le plus flou : c'est dans la cave de l'école. Nous nous bousculons. On nous fait essayer des masques à gaz : les gros yeux de mica[1], le truc qui pendouille pardevant, l'odeur écœurante du caoutchouc.

Le second est plus tenace : je dévale en courant – ce n'est pas exactement en courant : à chaque enjambée, je saute une fois sur le pied qui vient de se poser ; c'est une façon de courir, à mi-chemin de la course proprement dite et du saut à cloche-pied, très fréquente chez les enfants, mais je ne lui connais pas de dénomination particulière –, je dévale donc la rue des Couronnes, tenant à bout de bras un dessin que j'ai fait à l'école (une peinture, même) et qui représente un ours brun sur fond ocre. Je suis ivre de joie. Je crie de toutes mes forces : « Les oursons ! Les oursons ! »

Le troisième est, apparemment, le plus organisé. À l'école on nous donnait des bons points. C'étaient des petits carrés de carton jaunes ou rouges sur lesquels il y avait écrit : 1 point, encadré d'une guirlande. Quand on avait eu un certain nombre de bons points dans la semaine, on avait droit à une médaille. J'avais envie d'avoir une médaille et un jour je l'obtins. La maîtresse l'agrafa sur mon tablier. À la sortie, dans l'escalier, il y eut une bousculade qui se répercuta de marche en marche et d'enfant en enfant. J'étais au milieu de l'escalier et je fis tomber une petite fille. La maîtresse crut que je l'avais fait exprès ; elle se précipita sur moi et, sans écouter mes protestations, m'arracha ma médaille.

Je me *vois* dévalant la rue des Couronnes en courant de cette façon particulière qu'ont les enfants de courir, mais je *sens* encore physiquement cette poussée dans le dos, cette preuve flagrante de l'injustice, et la sensation cénesthésique[2] de ce déséquilibre imposé par les autres, venu d'au-dessus de moi et retombant sur moi, reste si fortement inscrite dans mon corps que je me demande si ce souvenir ne masque pas en fait son exact contraire : non pas le souvenir d'une médaille arrachée, mais celui d'une étoile épinglée[3].

* C'est pratiquement en rédigeant ces trois souvenirs qu'un quatrième m'est revenu : celui des napperons de papier que l'on faisait à l'école : on disposait parallèlement des bandes étroites de carton léger colorié de diverses couleurs et on les croisait au-dessous. Je me souviens que ce jeu m'enchanta, que j'en compris très vite le principe et que j'y excellais.

George Perec, *W ou le Souvenir d'enfance*, Éd. Denoël, 1975.

1. **mica** : matière transparente utilisée pour les lunettes des masques à gaz.
2. **sensation cénesthésique** : sensation ressentie à l'intérieur du corps.
3. **étoile épinglée** : allusion à l'étoile jaune dont le port a été imposé à la population juive pendant la Seconde Guerre mondiale.

1. Distinguez dans le récit le « je » de l'écrivain et le « je » de l'enfant qu'il était.

2. Commentez l'emploi du présent et de l'imparfait dans le texte.

3. Pour chacun des souvenirs évoqués, qu'est-ce qui explique, selon vous, leur inscription dans la mémoire de l'auteur ?

4. Expliquez et commentez la confusion établie à la fin du texte entre le souvenir de la médaille arrachée et de l'étoile épinglée.

5. NOTION. Montrez que Perec recherche une forme d'objectivité autobiographique à travers la construction de son récit.

NOTION

Le regard autobiographique

L'autobiographie inclut inévitablement une part de fiction car elle doit reconstruire un passé constitué de souvenirs lointains et fragmentaires à travers un récit organisé et dépourvu de ruptures. L'autobiographe peut cependant refuser de céder à la tentation de la fiction pour rester au plus près de la vérité.

CHRAÏBI

Nom et prénom : **Chraïbi, Driss**

Naissance : **15 juillet 1926, à El-Djadida, au Maroc**

Décès : **1er avril 2007, dans la Drôme, où il résidait**

Driss Chraïbi naît dans une famille marocaine aisée. Après l'école coranique, l'enfant entre à l'école française et poursuit ses études au lycée de Casablanca. En 1945, à l'âge de dix-neuf ans, il quitte le Maroc pour Paris, où il étudie la chimie. Il obtient son diplôme d'ingénieur mais l'envoie à son père, préférant prendre le temps de réfléchir. C'est ainsi qu'il se retrouve en 1953 veilleur de nuit dans un hôtel parisien, écrivant son premier roman, *Le Passé simple*. Un an plus tard, le livre paraît et fait scandale au Maroc parce qu'il dénonce une société sclérosée, figée dans ses traditions.

En 1957, il retourne au Maroc pour assister aux funérailles de son père. L'année suivante, il devient producteur de radio. Parallèlement, il multiplie les œuvres romanesques, qui mêlent humour et humanité à la réflexion sur l'exil et l'évolution de la société marocaine. L'écrivain traverse l'épreuve douloureuse du divorce ; il s'installe avec sa nouvelle compagne sur l'île d'Yeu. Après la mort du roi Hassan II, en 1999, il fait la rencontre de son successeur, Mohammed VI, avec lequel il partage ses espoirs d'un renouveau pour le Maroc.

Ses œuvres principales sont *Le Passé simple* (1954), *Mort au Canada* (1975), *La Civilisation, ma Mère !...* (1977), *Une Enquête au pays* (1981), *L'Inspecteur Ali* (1991), *Le Monde à côté* (2001).

L'OUVERTURE À L'AUTRE

Dans chacune de ses œuvres, Driss Chraïbi poursuit un combat commencé dès son premier roman, *Le Passé simple*. Il s'agit de remettre en question les certitudes d'une société dominée par les contraintes religieuses, la puissance de l'argent et le poids des coutumes patriarcales. Enfant terrible de la littérature marocaine, le romancier appelle de ses vœux une société libérée des carcans qui étouffent la sensibilité et la liberté des individus, mais aussi capable de garder son identité devant les modèles proposés par la société occidentale. Et c'est à travers l'expérience de l'exil que l'écrivain forge son regard : « J'appelle exil l'ouverture à l'Autre, le besoin de se renouveler et de se remettre en question. Les certitudes sont autant de prisons. »

Objet d'étude Le roman et ses personnages : visions de l'homme et du monde

1972 — La Civilisation, ma Mère !...

***La Civilisation, ma Mère !...* décrit l'éveil d'une femme marocaine qui, à trente ans, recluse dans la maison d'un homme ancré dans la tradition, se libère enfin des préjugés et de l'ignorance. Une promenade dans un parc en compagnie de ses deux fils est pour elle l'occasion de manifester la joie de cette liberté nouvelle.**

Sycomores, palmiers, cèdres, pins, eucalyptus, ma mère est allée de l'un à l'autre, a embrassé tous les arbres, à pleine bouche, les a étreints, leur a parlé. Et ils lui ont répondu, ont ri et pleuré avec elle – j'en jure par cet orchestre d'oiseaux qui chantaient le brasillement du couchant dans les cimes, entre ciel et terre, dans le concert des senteurs de thym, de terre et d'euphorbe. Tant de verdure ! Tant de verdure d'un seul coup ! Et toute cette liberté !

Nagib et moi, nous nous étions assis sur un banc, nous avions sorti un jeu de cartes et nous faisions une partie de poker, au ralenti, sans tricher, sans regarder une seule carte – les yeux attachés sur cette femme qui se déchaussait, se déplaçait sur la pelouse avec la légèreté d'un fantôme, vers le petit ruisseau, là-bas, qui trillait[1] ses notes de perles entre les mimosas et les bourraches.

Ce fut là qu'elle s'assit, sur le gazon, les pieds dans l'eau. Et elle mangea de l'herbe, toute une poignée qu'elle arracha et mâcha, brin après brin, racines et humus compris. Et elle avait le regard étendu droit et loin devant elle, au-delà des massifs, des arbres et de l'horizon, derrière cet autre horizon qui s'était appelé son enfance. D'où elle avait émergé adulte à l'âge des jeux et des poupées. Poupée, on l'avait étranglée par la loi et dans le devoir. Et l'homme très intelligent qui l'avait épousée en pleine puberté, l'homme très efficace qui était capable de transformer un terrain vague en devises fortes[2] et une civilisation pétrifiée en pétrole jaillissant, l'homme conservé dans la saumure[3] de son époque, dans la morale et dans l'honneur, n'avait fait qu'appliquer la loi. Religieusement. L'avait enfermée dans sa maison depuis le jour des noces et jusqu'à cet après-midi-là où nous l'en avions fait sortir. Jamais elle n'en avait franchi le seuil. Jamais elle n'en avait eu l'idée.

Les oiseaux se sont tus, les arbres ont frissonné dans une longue étreinte, la brise du soir montée du fond de la mer vient caresser toute mélancolie, toute colère – apaise êtres et choses. Nous avons ramassé nos cartes, sans chercher à savoir qui avait gagné la partie de poker. Nous sommes allés chercher ma mère, nous l'avons aidée à se relever. Mais, avant de le faire, elle a bu un peu d'eau du ruisseau, dans le creux de sa main.

Nagib lui a remis un soulier, moi l'autre. Comme nous quittions le parc, les réverbères se sont allumés soudain le long de l'avenue, entre ciel et terre. Nous avons remarqué alors sur la robe de ma mère une tache verte, imprimée par l'herbe où elle s'était assise.

Driss Chraïbi, *La Civilisation, ma Mère !...*, Éd. Denoël, 1977.

1. trille : tremblement rapide d'une note de musique à une autre.

2. en devises fortes : en monnaies fortes comme le dollar ou l'euro.

3. saumure : liquide salé servant à conserver les aliments.

1. Étudiez la construction de l'extrait en relevant les indices qui montrent l'écoulement du temps.

2. Quel est le rôle joué par le narrateur et son frère ?

3. Analysez la présence de la nature dans le passage. Faites l'analyse stylistique de la phrase (l. 23 à 25).

4. Étudiez le portrait psychologique du personnage de la mère. Que symbolise la « tache verte » dans le dernier paragraphe ?

5. NOTION. Étudiez dans ce passage l'expression lyrique des sentiments du narrateur.

NOTION

Le lyrisme dans le roman

Généralement associé à la poésie, le registre lyrique se retrouve aussi dans le roman. Le narrateur livre alors l'intensité des sentiments et des émotions vécues par ses personnages. Pour les faire partager au lecteur, le romancier multiplie les procédés du lyrisme : exclamations, lexique des sensations, formes de l'insistance.

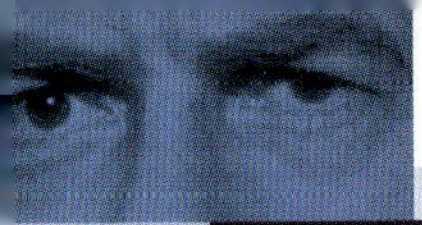

MODIANO

Nom et prénom : **Modiano, Patrick**

Naissance : **30 juillet 1945, à Boulogne-Billancourt**

Patrick Modiano vit une enfance marquée par de fréquents déménagements, entre la Haute-Savoie et Paris. Le divorce de ses parents, mais surtout la mort de son frère Rudy, lorsqu'il a douze ans, font de lui un adolescent tourmenté. Modiano abandonne ses études après le baccalauréat pour se consacrer à la littérature. Il publie ainsi son premier roman, *La Place de l'Étoile*, au cours du printemps agité de 1968. C'est la révélation d'un écrivain qui, tournant le dos aux préoccupations de son époque, est obsédé par la période de l'Occupation, qu'il tente de reconstituer. Il obtient le prix Goncourt en 1978, pour *Rue des Boutiques obscures* et poursuit l'exploration de ses souvenirs, à travers chacun de ses romans, comme *La Petite Bijou*, en 2001.

Auteur de romans, dont : *La Place de l'Étoile* (1968), *Villa triste* (1975), *Rue des Boutiques obscures* (1978), *Dora Bruder* (1997), *La Petite Bijou* (2001) ; a écrit le scénario du film de Louis Malle, *Lacombe Lucien (1974)*

LE ROMAN ET LA QUÊTE DE L'IDENTITÉ

Profondément marqué par le souvenir de son père juif, qui menait sous une fausse identité des activités clandestines pendant l'Occupation, Modiano poursuit dans son œuvre une quête sur ses origines. Il recrée, dans presque tous ses romans, l'atmosphère trouble de l'Occupation où se croisent des personnages louches et des individus traqués et menacés. Le narrateur erre entre le présent et le passé, entre la réalité et l'imagination. Les hésitations, les avancées de la mémoire rythment la progression du récit, en créant une impression de mystère. Modiano développe ainsi les thèmes de la solitude, de l'absence et du souvenir. Ses personnages, à la recherche d'une identité, luttent contre l'oubli dans un univers d'ombres étranges.

Objet d'étude Le récit : le roman ou la nouvelle

1978 — Rue des Boutiques obscures

Frappé d'amnésie depuis dix ans, détective privé à la recherche de sa propre identité, Guy Roland retrouve peu à peu les lieux de son passé. Il croit se reconnaître sur des photos jaunies. Son enquête le mène à Paris, puis à Rome, rue des Boutiques obscures, où il a peut-être habité.

Le soleil, peu à peu, avait déserté la pièce. Elle a allumé la petite lampe qui se trouvait sur la table basse, au bout du divan.

– Ça me ferait plaisir de revoir la chambre où j'ai habité, lui dis-je.

– Mais bien sûr...

Nous longeâmes un couloir et elle ouvrit une porte, à droite.

– Voilà, me dit-elle. Moi, je ne me sers plus de cette chambre... Je dors dans la chambre d'amis... Vous savez... celle qui donne sur la cour...

Je restai dans l'encadrement de la porte. Il faisait encore assez clair. Des deux côtés de la fenêtre pendait un rideau couleur lie-de-vin[1]. Les murs étaient recouverts d'un papier peint aux motifs bleu pâle.

– Vous reconnaissez ? me demanda-t-elle.

– Oui.

Un sommier contre le mur du fond. Je vins m'asseoir au bord de ce sommier.

– Est-ce que je peux rester quelques minutes seul ?

– Bien sûr.

– Ça me rappellera le « bon temps »...

Elle me jeta un regard triste et hocha la tête.

– Je vais préparer un peu de thé...

Elle quitta la pièce, et je regardai autour de moi. Dans cette chambre aussi le parquet était abîmé et des lattes manquaient mais on n'avait pas bouché les trous. Sur le mur opposé à la fenêtre, une cheminée de marbre blanc et une glace, au-dessus, dont le cadre doré se compliquait, à chaque coin, d'un coquillage. Je m'étendis en travers du sommier et fixai le plafond, puis les motifs du papier peint. Je collai presque mon front au mur pour mieux en discerner les détails. Scènes champêtres. Jeunes filles en perruques compliquées sur des escarpolettes[2]. Bergers aux culottes bouffantes, jouant de la mandoline. Futaies[3] au clair de lune. Tout cela ne m'évoquait aucun souvenir et pourtant ces dessins avaient dû m'être familiers quand je dormais dans ce lit. Je cherchai au plafond, aux murs et du côté de la porte, un indice, une trace quelconque sans savoir très bien quoi. Mais rien n'accrochait mon regard.

Je me suis levé et j'ai marché jusqu'à la fenêtre. J'ai regardé, en bas.

La rue était déserte et plus sombre que lorsque j'étais entré dans l'immeuble. L'agent de police se tenait toujours en faction sur le trottoir d'en face. Vers la gauche, si je penchais la tête, j'apercevais une place, déserte elle aussi, avec d'autres agents de police en faction. Il semblait que les fenêtres de tous ces immeubles absorbassent l'obscurité qui tombait peu à peu. Elles étaient noires ces fenêtres et on voyait bien que personne n'habitait par ici.

Alors une sorte de déclic s'est produit en moi. La vue qui s'offrait de cette chambre me causait un sentiment d'inquiétude, une appréhension que j'avais déjà connus. Ces façades, cette rue déserte, ces silhouettes en faction dans le crépuscule me troublaient de la même manière insidieuse qu'une chanson ou un parfum jadis familiers. Et j'étais sûr que, souvent, à la même heure, je m'étais tenu là, immobile, à guetter, sans faire le moindre geste, et sans même oser allumer une lampe.

Patrick Modiano, *Rue des Boutiques obscures*, Éd. Gallimard, 1978.

1. **lie-de-vin** : rouge sang.
2. **escarpolettes** : balançoires.
3. **futaies** : forêts.

1. **Sur quels détails la mémoire du narrateur s'appuie-t-elle pour retrouver le souvenir du passé ? Retrouvez les différentes étapes du récit.**

2. **Relevez les réseaux lexicaux de l'ombre et de la lumière. Quelle signification symbolique expriment-ils ?**

3. **À travers quels sentiments, quelles sensations le narrateur retrouve-t-il la mémoire de son passé ?**

4. **Faites l'analyse du dernier paragraphe.**

5. NOTION. **Qu'est-ce qui caractérise, selon vous, l'atmosphère dans laquelle Modiano a choisi d'inscrire son récit ?**

NOTION

L'atmosphère du récit

Chaque récit, chaque roman se caractérise par une atmosphère particulière qui se développe à travers l'intrigue, les lieux et les moments de l'action. La littérature contemporaine fait de la création de cette atmosphère l'un des enjeux majeurs de l'écriture romanesque.

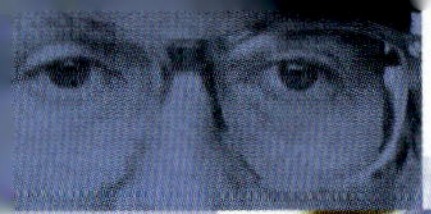

Auteur de pièces de théâtre, dont : *Demain une fenêtre sur rue* (1968), *Dreyfus* (1974), *L'Atelier* (1979) ou *Zone libre* (1990) ; coscénariste, avec François Truffaut, du film *Le Dernier Métro.*

GRUMBERG

Nom et prénom : **Grumberg, Jean-Claude**

Naissance : **26 juillet 1939, à Paris**

Jean-Claude Grumberg naît à Paris, quelques semaines avant le début de la Seconde Guerre mondiale. Son père et son grand-père, juifs, meurent en déportation. Sa mère et lui sont épargnés « parce que les camions étaient pleins ». Après la guerre, ils attendent en vain le retour des déportés, qui hanteront l'œuvre de Grumberg. Apprenti-tailleur à l'âge de quatorze ans, Jean-Claude Grumberg devient comédien. Il écrit sa première pièce de théâtre en 1968, *Demain une fenêtre sur rue.* Mais c'est sa trilogie sur le thème du génocide qui le fait connaître du public : *Dreyfus* en 1974, *L'Atelier* en 1979 et *Zone libre* en 1990. Parallèlement, il travaille pour le cinéma, avec François Truffaut dans *Le Dernier Métro,* ou Costa-Gavras dans *La Petite Apocalypse.* Les mises en scènes de Gildas Bourdet ou Jean-Michel Ribes consacrent son œuvre théâtrale qui obtient en 1999 le Molière du meilleur auteur dramatique pour *L'Atelier.*

LE TRAGIQUE ET LE GROTESQUE

« La plus grande source de malentendus au théâtre, c'est le rire » : en suscitant le rire des spectateurs, les personnages cocasses qui peuplent le théâtre de Grumberg mettent à distance la violence de l'Histoire, pour mieux la dénoncer. En effet, la dimension tragique de leur existence finit toujours par resurgir, comme malgré eux. Se réclamant de Beckett ou Ionesco, pour le dépouillement de leur écriture, Jean-Claude Grumberg veut dire « l'insaisissable » des rafles, des déportations, de la séparation et du deuil impossible. Ses pièces de théâtre, mais aussi les films auxquels il collabore, comme *Les Années sandwichs* de Pierre Boutron, résonnent souvent comme une confession autobiographique et apparaissent comme un rendez-vous avec la mémoire. C'est ainsi que *L'Atelier* montre les stratégies complexes mises en œuvre par les uns et les autres pour se souvenir ou, au contraire, oublier.

Objet d'étude Le théâtre : les genres et registres (le comique et le tragique)

1979

L'Atelier

Dans l'atelier de confection qui sert de lieu unique à la pièce, les personnages, ouvrières ou patron, évoquent les événements, petits et grands, qui rythment leur existence. La pièce s'achève sur l'irruption d'un client, Max, qui vient réclamer au patron de l'atelier, Léon, la marchandise qu'il lui a commandée.

MAX. – Je te jure que si tu ne me livres pas ce soir tout ce qui reste, tout, tu entends, tout, c'est fini entre nous, fini !

LÉON. – C'est fini ? Bon alors, c'est fini, qu'est-ce que je dois faire maintenant : pleurer, me pendre ?

MAX, *la main sur le plexus.* – Léon si un jour j'ai un ulcère…

LÉON, *le coupant.* – Un ulcère, il parle d'un ulcère, j'en ai déjà deux, moi, deux, et une gastrite.

MAX. – Bon c'est fini, je supporte tout, tout, excepté la mauvaise foi !

LÉON, *à Hélène.* – Où est la mauvaise foi ? Je suis pas plus malade que lui, peut-être ?

MAX. – Si vous vous organisiez un peu au lieu de travailler encore à la juive.

LÉON. – Ah! je vois ce que c'est, il veut nous coller un organisateur gérant aryen[1], avec plaisir, qu'il vienne, cette fois je lui laisse les clefs et je cours en zone libre[2] sur la Côte d'Azur...

MAX. – Pourquoi j'ai eu tous les 40?

LÉON, *le coupant.* Chez moi c'est comme ça : tout ou rien!

MAX, *continuant.* – Ça ne sert à rien, tous les 40, c'est pas valable, ça, si j'ai pas un peu de chaque taille je peux pas livrer, je peux pas...

LÉON. – Vous croyez que je garde votre marchandise chez moi par vice, hein? Livrer, livrer, qu'est-ce que j'ai d'autre comme but dans la vie, qu'est-ce que j'ai d'autre?

HÉLÈNE, *à Léon.* Léon je t'en prie. *(À Max.)* On va faire le maximum, ne vous inquiétez pas...

LÉON. – « Le maximum! » Regardez, regardez! *(Il désigne les ouvrières.)* Toutes les déprimées, toutes les nerveuses, toutes les instables et même les révolutionnaires viennent poser leurs fesses sur mes chaises et font semblant de travailler; toutes, elles ont un frère, un père, une mère, une sœur, des enfants, un mari et à tour de rôle ça naît, ça meurt, ça tombe malade, qu'est-ce que j'y peux hein, qu'est-ce que j'y peux?

MAX. – Et chez moi on meurt pas, on naît pas chez moi? Il me manque deux magasiniers et mon comptable veut devenir chanteur, il répète dans mon propre bureau, il me rend fou et moi je dois livrer pièce par pièce, courir après la marchandise qu'on me donne au compte-gouttes, tenir les livres, faire les factures, les expéditions pour la province.

LÉON. – Bien sûr, mais au moins vous, vous dormez la nuit...

MAX, *vexé.* – Moi je dors la nuit? Moi je dors la nuit?

LÉON. – Dès que je ferme les yeux celle-là... *(Il désigne Hélène.)*... me pousse du coude : tu dors? Non bien sûr et ça y est c'est parti et tu te souviens celui-là, celle-là... comme par hasard ils sont tous morts et vous savez comment alors elle me parle d'eux et puis après elle pleure, elle pleure et puis elle s'endort mais moi c'est fini, fini, je peux plus dormir, je me lève, je vais dans la cuisine et je hurle... je ne veux rien avoir à faire avec les morts, les morts sont morts non et ceux-là sont mille fois plus morts que les autres morts puisqu'on les a même pas... bon... Il faut penser aux vivants, non? et par hasard le seul vivant proche qui lui reste c'est moi, moi, et elle, elle me tue la nuit pendant que les autres m'assassinent le jour.

Jean-Claude Grumberg, *L'Atelier*, Éd. Actes Sud, 1979.

1. **aryen** : terme par lequel les nazis désignaient les populations soi-disant classées dans la « race supérieure ».
2. **zone libre** : pendant l'Occupation ; la « zone libre », jusqu'en novembre 1942, constitue un refuge pour ceux qui fuient le nazisme.

1. **Étudiez comment Léon, en position d'infériorité au début du passage, parvient progressivement à dominer l'échange.**

2. **Montrez que l'humour des personnages repose sur l'autodérision, c'est-à-dire la faculté à se moquer de soi.**

3. **Analysez les didascalies de manière à montrer comment elles soulignent le caractère spectaculaire de la dispute entre les personnages.**

4. **Expliquez la dernière réplique de l'extrait.**

5. NOTION. **Repérez, dans cet extrait, ce qui relève du registre comique et ce qui, au contraire, relève du registre tragique. Quel est l'effet produit par le passage de l'un à l'autre?**

NOTION

Le mélange des registres

En mêlant les registres comique et tragique, le texte théâtral joue des contrastes pour susciter l'émotion. Cette alternance, souvent mise en œuvre dans le théâtre contemporain, exprime la diversité des attitudes possibles devant l'existence, tout en soulignant la puissance émotionnelle du langage.

SARRAUTE

Nom et prénom : **Tcherniak, Nathalie**

Pseudonyme : **Nathalie Sarraute**

Naissance : **18 juillet 1900, près de Moscou**

Décès : **19 octobre 1999, à Paris**

Auteur de romans, dont : *Tropismes* (1939), *Le Planétarium* (1959), *Vous les entendez ?* (1972), *Disent les imbéciles* (1976) ; d'un essai, *L'Ère du soupçon* (1956) ; de pièces de théâtre, dont *Le Mensonge* (1962) et d'une autobiographie, *Enfance* (1983)

Née en Russie, arrivée en France à l'âge de deux ans en 1902 après le divorce de ses parents, Nathalie Tcherniak se partage entre les deux pays. Elle fait ses études au lycée Fénelon à Paris et, après une licence en anglais et en droit, exerce la profession d'avocat. Elle épouse l'avocat Raymond Sarraute, dont elle a trois filles. En 1938, elle réunit dans *Tropismes* ses premiers textes. Préfacé par Jean-Paul Sartre, qui le définit comme un « anti-roman », *Portrait d'un inconnu* paraît en 1953 sans rencontrer de succès.

Le Planétarium et *Les Fruits d'or* offrent enfin la consécration à Nathalie Sarraute qui apparaît alors comme la pionnière du Nouveau Roman. Elle écrit également des pièces de théâtre, mises en scène par Jean-Louis Barrault, et multiplie les articles et les conférences où elle expose sa conception du roman. En 1983, Sarraute revient sur ses souvenirs d'enfance dans une autobiographie originale, caractérisée par un dialogue à deux voix, *Enfance*. Elle meurt à Paris, en 1999, à l'âge de quatre-vingt-dix-neuf ans.

SARRAUTE ET « L'ÈRE DU SOUPÇON »

Toute l'œuvre de Nathalie Sarraute exprime une profonde méfiance à l'égard du roman traditionnel. Ses romans privilégient l'exploration des petits drames intimes, des événements à peine perceptibles qui se déroulent à l'intérieur de la conscience. Jouant sur l'oralité, Sarraute laisse la parole au monologue intérieur des personnages, à ces « sous-conversations », à ces non-dits qui révèlent une réalité sous-jacente. Ce soupçon devant les procédés classiques du roman se retrouve également dans l'autobiographie de Sarraute : à côté de la voix de l'autobiographe qui rapporte naïvement ses souvenirs, s'ajoute en permanence une autre voix, ironique et moqueuse, qui vient la contester.

Objet d'étude L'autobiographie

1983 — Enfance

Dans son autobiographie, *Enfance*, Nathalie Sarraute évoque les souvenirs de ses premières années, en Russie comme à Paris. Cependant, au récit autobiographique linéaire se substitue un dialogue à deux voix où chaque souvenir fait l'objet d'un débat de l'auteur avec lui-même.

« Vous raconterez votre premier chagrin. "Mon premier chagrin" sera le titre de votre prochain devoir de français. »

– N'est-ce pas plutôt rédaction qu'on disait à l'école communale ?

– Peut-être... en tout cas, cette rédaction-là ou ce devoir de français ressort parmi les autres. Dès que la maîtresse nous a dit d'inscrire sur nos carnets « Mon premier chagrin », il n'est pas possible que je n'aie pas ressenti... je me trompais rarement... que c'était un « sujet en or »... J'ai dû voir étinceler dans une brume lointaine des pépites[1]... les promesses de trésors...

J'imagine qu'aussitôt que je l'ai pu, je me suis mis à leur recherche. Je n'avais pas besoin de me presser, j'avais du temps devant moi, mais j'avais hâte de trouver... c'est de cela que tout allait dépendre... Quel chagrin ?....

– Tu n'as pas commencé par essayer, en scrutant parmi tes chagrins...

– De retrouver un de mes chagrins ? Mais non, voyons, à quoi penses-tu ? Un vrai chagrin à moi ? vécu par moi et pour de bon... et d'ailleurs, qu'est-ce que je pouvais appeler de ce nom ? Et quel avait été le premier ? Je n'avais aucune envie de me le demander... ce qu'il me fallait, c'était un chagrin qui serait hors de ma propre vie, que je pourrais considérer en m'en tenant à bonne distance... cela me donnerait une sensation que je ne pouvais pas nommer, mais je la ressens maintenant telle que je l'éprouvais... un sentiment...

– De dignité, peut-être... C'est ainsi qu'aujourd'hui on pourrait l'appeler... et aussi de domination, de puissance...

– Et de liberté... Je me tiens dans l'ombre, hors d'atteinte, je ne livre rien de ce qui n'est qu'à moi... Mais je prépare pour les autres ce que je considère comme étant bon pour eux, je choisis ce qu'ils aiment, ce qu'ils peuvent attendre, un de ces chagrins qui leur conviennent...

– Et c'est alors que tu as eu cette chance d'apercevoir... d'où t'est-il venu ?

– Je n'en sais rien, mais il m'a apporté dès son apparition une certitude, une satisfaction... je ne pouvais pas espérer trouver un chagrin plus joli et mieux fait... plus présentable, plus séduisant... un modèle de vrai premier chagrin de vrai enfant... la mort de mon petit chien... quoi de plus imbibé[2] de pureté enfantine, d'innocence. Aussi invraisemblable que cela paraisse, tout cela je le sentais...

Nathalie Sarraute, *Enfance*, Éd. Gallimard, 1983.

1. **pépites** : parcelles d'or.
2. **imbibé** : imprégné.

---

1. Pourquoi selon vous le sujet de la rédaction proposée à l'enfant lui apparaît-il comme un « sujet en or » ? Analysez la métaphore filée introduite par cette expression.

2. Quel est le modèle de chagrin choisi par l'enfant ? Comment s'explique pour Nathalie Sarraute ce choix d'un chagrin imaginaire ?

3. Qu'est-ce qui pousse, selon vous, Nathalie Sarraute à préférer une « double voix » à la voix unique de l'autobiographique traditionnelle ?

4. NOTION. Comment le dialogue favorise-t-il la recherche de la sincérité autobiographique ?

5. Analysez les lignes 13 à 25 pour expliquer en quoi l'épisode de la rédaction annonce la carrière d'écrivain de Nathalie Sarraute.

NOTION

Autobiographie et sincérité

En livrant au lecteur les premiers événements qui ont marqué sa vie, l'autobiographe s'engage à dire la vérité, à rapporter le mal comme le bien. Il revient ainsi sur ses mensonges d'enfant et cherche à expliquer, avec sa lucidité d'adulte, les raisons qui l'ont poussé à les proférer.

LE CLÉZIO

Nom et prénom : **Le Clézio, Jean-Marie Gustave**

Naissance : **13 avril 1940, à Nice**

Le Clézio naît à Nice. L'enfant rêve de voyages, il veut devenir marin. À sept ans, il embarque avec sa mère sur un vieux cargo pour retrouver son père, médecin de brousse au Nigeria. Il passe ainsi deux années de vie libre en Afrique dans la savane. De retour en France, après le baccalauréat, il étudie et enseigne en Angleterre. En 1963, son premier roman, *Le Procès-verbal* obtient un prix littéraire. Le Clézio, qui a fait son service militaire en Thaïlande au titre de la coopération, quitte Nice pour l'Amérique centrale. Il y partage la vie des Indiens du Panamà. Désormais, il va à la rencontre des civilisations anciennes, au Mexique, au Sahara, en Afrique noire. Ses héros semblent suivre le même itinéraire, en quête d'une paix intérieure, contestant les valeurs de la civilisation moderne.

Auteur de romans, dont : *Le Procès-verbal* (1963), *Le Livre des fuites* (1969), *Désert* (1980), *Le Chercheur d'or* (1985), *Onitsha* (1991); de recueils de nouvelles, dont : *Mondo et d'autres histoires* (1978), *La Ronde et autres faits divers* (1982); d'essais, dont : *Le Rêve mexicain* (1982).

LE ROMAN ET LA QUÊTE DES VALEURS

L'œuvre de Clézio se développe à travers la rencontre d'autres civilisations, éloignées des sociétés modernes. Le lecteur part avec l'écrivain à la découverte du Mexique, de l'Afrique ou de l'Orient. Les personnages de ses romans y cherchent un monde plus solidaire, le sens de leur destin, le bonheur de trouver une terre aimée, avec ses légendes et ses mystères. Ils regagnent une paix intérieure au terme de leur quête. C'est ainsi que le romancier met en scène l'affrontement de deux univers : celui, artificiel, des sociétés occidentales, et celui des peuples oubliés ou en péril, accordés à l'ordre profond de la nature.

Objet d'étude Le récit : le roman ou la nouvelle

1980 — Désert

L'héroïne de *Désert*, Lalla, est émigrée à Marseille, où elle est employée comme femme de ménage dans un petit hôtel. Descendante des « hommes bleus », nomades du Sahara, la jeune fille est avide de lumière, d'espace et de liberté.

Dans les couloirs sombres de l'hôtel, sur le linoléum[1] couleur lie-de-vin, et devant les portes tachées, elle est une silhouette à peine visible, grise et noire, pareille à un tas de chiffons. Les seuls qui la connaissent ici, ce sont les patrons de l'hôtel, et le veilleur de nuit qui reste jusqu'au matin, un Algérien grand et très maigre, avec un visage dur et de beaux yeux verts comme ceux de Naman le pêcheur. Lui salue toujours Lalla, en français, et il lui dit quelques mots gentils; comme il parle toujours très cérémonieusement avec sa voix grave, Lalla lui répond avec un sourire. Il est peut-être le seul ici qui se soit aperçu que Lalla est une jeune fille, le seul qui ait vu sous l'ombre de ses chiffons son beau visage couleur de cuivre et ses yeux pleins de lumière. Pour les autres, c'est comme si elle n'existait pas.

1. **linoléum :** revêtement de sol en matière synthétique.
2. **les agrès :** ensemble des cordages.

Quand elle a fini son travail à l'hôtel Sainte-Blanche, le soleil est encore haut dans le ciel. Alors Lalla descend la grande avenue, vers la mer. À ce moment-là, elle ne pense plus à rien d'autre, comme si elle avait tout oublié. Dans l'avenue, sur les trottoirs, la foule se presse toujours, toujours vers l'inconnu. Il y a des hommes aux lunettes qui miroitent, qui se hâtent à grandes enjambées, il y a des pauvres vêtus de costumes élimés, qui vont en sens inverse, les yeux aux aguets comme des renards. Il y a des groupes de jeunes filles habillées avec des vêtements collants, qui marchent en faisant claquer leurs talons, comme ceci : Kra-kab, kra-kab, kra-kab. Les autos, les motos, les cyclos, les camions, les autocars vont à toute vitesse, vers la mer, ou vers le haut de la ville, tous chargés d'hommes et de femmes aux visages identiques. Lalla marche sur le trottoir, elle voit tout cela, ces mouvements, ces formes, ces éclats de lumière, et tout cela entre en elle et fait un tourbillon. Elle a faim, son corps est fatigué par le travail de l'hôtel, mais pourtant elle a envie de marcher encore, pour voir davantage de lumière, pour chasser toute l'ombre qui est restée au fond d'elle. Le vent glacé de l'hiver souffle par rafales le long de l'avenue, soulève les poussières et les vieilles feuilles de journaux. Lalla ferme à demi les yeux, elle avance, un peu penchée en avant, comme autrefois dans le désert, vers la source de lumière, là-bas, au bout de l'avenue.

Quand elle arrive au port, elle sent une sorte d'ivresse en elle, et elle titube au bord du trottoir. Ici le vent tourbillonne en liberté, chasse devant lui l'eau du port, fait claquer les agrès[2] des bateaux. La lumière vient d'encore plus loin, au-delà de l'horizon, tout à fait au sud, et Lalla marche le long des quais, vers la mer.

Jean-Marie Gustave Le Clézio, *Désert*,
Éd. Gallimard, 1980.

Léopold Survage,
Vision surréaliste, 1930.

1. Quels rapports la jeune fille entretient-elle avec son entourage ? Comment sa solitude est-elle mise en évidence par le texte ?

2. Sur quelles oppositions l'extrait repose-t-il ? Relevez et étudiez les réseaux lexicaux dominants.

3. NOTION. Retrouvez dans le texte des exemples d'emploi du présent qui créent un effet de proximité avec le lecteur. Comment s'explique l'utilisation de l'adverbe de lieu « ici » aux lignes 3 et 7 ?

4. Par quoi Lalla est-elle attirée tout au long de sa promenade ? Que représente pour elle la marche vers la mer ?

5. Quelles critiques implicites le regard porté par Lalla sur le monde qui l'entoure manifeste-t-il ? Montrez que Le Clézio fait ici le blâme des sociétés modernes.

NOTION

Le présent dans la narration

L'imparfait et le passé simple sont les temps verbaux habituels du récit à la troisième personne. Mais la littérature contemporaine leur préfère le présent de l'indicatif, qui fait du narrateur un témoin immédiat de l'action en train de s'accomplir.

KOLTÈS

Nom et prénom : **Koltès, Bernard-Marie**

Naissance : **9 avril 1948, à Metz**

Décès : **15 avril 1989, à Paris**

Élevé dans une famille catholique, Bernard-Marie Koltès fréquente une école jésuite, avant de préparer le métier de journaliste à Strasbourg. Mais il décide d'être auteur dramatique. Il entre alors à l'école du Théâtre national de Strasbourg et crée sa compagnie. En 1972, un des ses rêves se réalise : *L'Héritage* est interprété par l'actrice Marie Casarès. Cinq années plus tard, il triomphe au festival d'Avignon avec *La Nuit juste avant les forêts*. Koltès retire de ses voyages une multitude d'images. Il séjourne un mois sur un chantier en Afrique, et c'est *Combat de nègre et de chiens*. Le paysage du port de New York l'inspire pour *Quai Ouest*. À partir de 1986, atteint du sida, Koltès accélère le rythme de son écriture : il traduit le *Conte d'hiver* de Shakespeare ; il s'inspire d'un fait divers pour écrire *Roberto Zucco*, l'itinéraire d'un meurtrier ; mais il meurt avant que sa pièce ne soit jouée. Il a quarante et un ans.

Auteur de pièces de théâtre, dont : *La Nuit juste avant les forêts* (1977), *Combat de nègre et de chiens* (1983), *Quai Ouest* (1986), *Dans la solitude des champs de coton* (1987), *Roberto Zucco* (1990, posthume) ; de récits : *La Fuite à cheval très loin dans la ville* (1984) ; Prologue (1991).

LE THÉÂTRE DU LYRISME ET DE LA TENSION

En mettant en scène des situations profondément ancrées dans le monde contemporain, Koltès représente les contradictions et les angoisses de la société moderne. La décolonisation, l'argent, la marginalité sont au cœur de son théâtre. Ses personnages sont des hommes et des femmes solitaires venant d'horizons très différents. Tous sont à la recherche d'eux-mêmes. Mais leur rencontre dans des lieux sombres et abandonnés et leurs tentatives de dialogue sont souvent sans issue. La vérité et le réalisme des situations, la tension et le lyrisme de l'écriture de Koltès touchent les spectateurs dans leur imaginaire, dans leurs doutes et leurs inquiétudes.

Objet d'étude Le théâtre : texte et représentation

1986

Quai Ouest

Sur un quai désert de New York, un couple de bourgeois égaré fait la rencontre d'un groupe de marginaux. La confrontation des deux univers conduit à la révélation des désirs et des peurs de chacun, dans une intensité dramatique croissante. C'est ainsi que Charles, qui veut abandonner les quais grâce à la voiture des deux étrangers, affronte sa sœur Claire.

Le long du hangar. Lumière rose de l'aurore.
Fak[1] *regarde Claire et Charles, de loin, en faisant semblant de ne pas les regarder.*

CLAIRE *(retenant Charles par le bras).* – Est-il vrai que tu vas filer avec cette voiture sans prévenir, sans dire adieu, et laissant mère, père, et tous sans adieu ?

CHARLES. – Laisse-moi tranquille, je n'ai pas le temps de te parler. *(Il regarde Fak.)*

CLAIRE. – Pas le temps, pas le temps, tu n'as rien à foutre du tout et tu dis : pas le temps.

CHARLES. – Je suis très occupé, je ne peux pas te parler.

CLAIRE. – Alors donc je cours dire à maman que tu files à l'anglaise[2] avec cette voiture et ce sera un drame terrible.

CHARLES. – Je n'ai pas dit : je pars avec cette voiture ; je n'ai même pas dit : je pars ; je n'ai rien dit du tout et tu es trop petite.

CLAIRE. – Je ne suis déjà plus petite. J'ai commencé hier à boire du café et j'en ai bu jusqu'au soir. Jamais je n'avais passé une nuit entière sans dormir. Comment fais-tu pour sans effort ne jamais dormir ni le jour ni la nuit ?

CHARLES. – Le jour, la lumière me tient réveillé et la nuit, comme il fait noir, il faut ouvrir les yeux en grand pour voir ce qui se passe, et on ne peut pas dormir avec les yeux ouverts.

CLAIRE. – Les miens se ferment tout le temps. Je veux connaître vos secrets. Emmène-moi avec toi, Charlie. Je ne veux pas rester seule ici, je ne veux pas m'occuper de maman seule ; pourquoi serait-ce aux filles d'avoir les corvées, pendant que les garçons ne foutent rien et filent dans des voitures en rigolant entre eux ? Quand vous partirez, je veux partir avec vous.

CHARLES. – Qui parle de partir ? Je n'ai pas de voiture.

CLAIRE *(montrant Fak.)*. – Et celui-là qui a les clés et qui t'attend ? Je connais tes secrets.

CHARLES. – Il ne m'attend pas. Ce que j'ai n'est pas à lui et ce qu'il a n'est pas à moi. Tu ne connais rien du tout.

CLAIRE. – Si, si, je vous connais ; vous êtes comme les chiens, vous vous chamaillez mais vous finissez toujours par vous lécher le cul.

CHARLES. – Dépêche-toi, Claire, de rentrer, je ne peux pas te parler, je suis trop occupé.

CLAIRE. – Occupé, toi ? Alors que tu ne travailles même plus, et maman dit que la misère a passé le corridor[3] et est à notre porte maintenant ; et bientôt elle serait sur la table de la cuisine. Les filles me racontaient que la misère et les malheurs font grossir les filles, or je ne veux pas être grosse ; alors j'ai décidé de ne plus dormir jusqu'à ce que j'aie le cœur tranquille.

CHARLES. – Tu n'as pas à t'inquiéter, tu es maigre, tu n'as pas de malheurs assez encore.

Bernard-Marie Koltès, *Quai Ouest*,
Les Éditions de Minuit, 1986.

1. **Fak** : ami de Charles, qui l'attend pour partir.
2. **filer à l'anglaise** : partir sans prévenir.
3. **corridor** : couloir de l'immeuble.

1. Qu'est-ce qui caractérise les personnages, l'époque et les lieux choisis par le dramaturge ? Quelle conséquence ces choix ont-ils sur le niveau de langage utilisé ?

2. À travers quelles répliques Claire exprime-t-elle son désir d'échapper à l'enfance ? Comment son frère Charles répond-il à ses aspirations ?

3. Analysez l'importance accordée à la voiture tout au long de la scène. Comment s'explique-t-elle ?

4. Quel est l'objet de l'affrontement entre les deux personnages ? Étudiez les arguments apportés par chacun.

5. NOTION. En quoi l'affrontement de Claire et de Charles met-il en évidence leur personnalité ?

NOTION

L'affrontement verbal

La scène théâtrale est le lieu privilégié de l'affrontement verbal. Le dialogue à travers lequel s'opposent les personnages révèle les tensions qui les habitent. Il permet au dramaturge de mettre en évidence, aux yeux du spectateur, la véritable personnalité de ses personnages.

1983 — Combat de nègre et de chiens

L'action de la pièce *Combat de nègre et de chiens* se déroule en Afrique noire, sur un chantier dirigé par des Blancs. Alboury, un Noir qui s'est introduit sur le chantier, veut récupérer le corps de son frère, mystérieusement disparu. Il fait la rencontre de Léone, une Parisienne qui se sent immédiatement attirée par lui.

Sur le chantier, au pied du pont inachevé, près de la rivière,
dans une demi-obscurité, Alboury et Léone.

LÉONE. – Vous avez des cheveux super.

ALBOURY. – On dit que nos cheveux sont entortillés et noirs parce que l'ancêtre des nègres, abandonné par Dieu puis par tous les hommes, se retrouva seul avec le diable, abandonné lui aussi de tous, qui alors lui caressa la tête en signe d'amitié, et c'est comme cela que nos cheveux ont brûlé.

LÉONE. – J'adore les histoires sur le diable, j'adore comme vous les racontez ; vous avez des lèvres super ; d'ailleurs le noir, c'est ma couleur.

ALBOURY. – C'est une bonne couleur pour se cacher.

LÉONE. – Cela, qu'est-ce que c'est ?

ALBOURY. – Le chant des crapauds-buffles : ils appellent la pluie.

LÉONE. – Et cela ?

ALBOURY. – Le cri des éperviers. *(Après un temps.)* Il y a aussi le bruit d'un moteur.

LÉONE. – Je n'entends pas.

ALBOURY. – Je l'entends.

LÉONE. – C'est le bruit de l'eau, c'est le bruit d'autre chose ; avec tous ces bruits, impossible d'être sûr.

ALBOURY *(après un temps)*. – Tu as entendu ?

LÉONE. – Non.

ALBOURY. – Un chien.

LÉONE. – Je ne crois pas que j'entends. *(Aboiements d'un chien, au loin.)* C'est un roquet[1], un chien de rien du tout, cela se reconnaît à la voix ; c'est un cabot, il est très loin ; on ne l'entend plus. *(Aboiements.)*

ALBOURY. – Il me cherche.

LÉONE. – Qu'il vienne. Moi, je les aime, je les caresse, ils n'attaquent pas si on les aime.

ALBOURY. – Ce sont des bêtes mauvaises ; moi, elles me sentent de loin, elles courent après pour me mordre.

LÉONE. – Vous avez peur ?

ALBOURY. – Oui, oui, j'ai peur.

LÉONE. – Pour un roquet de rien qu'on n'entend même plus !

ALBOURY. – Nous, on fait bien peur aux poules ; c'est normal que les chiens nous fassent peur.

LÉONE. – Je veux rester avec vous. Que voulez-vous que j'aille faire avec eux[2] ? J'ai lâché mon travail, j'ai tout lâché ; j'ai quitté Paris, ouyouyouille, j'ai tout quitté. Je cherchais justement quelqu'un à qui être fidèle. J'ai trouvé. Maintenant, je ne veux plus bouger. *(Elle ferme les yeux.)* Je crois que j'ai un diable dans le cœur, Alboury ; comment je l'ai attrapé, je n'en sais rien, mais il est là, je le sens. Il me caresse l'intérieur, et je suis déjà toute brûlée, toute noircie en dedans.

ALBOURY. – Les femmes parlent si vite ; je n'arrive pas à suivre.

1. **roquet** : petit chien hargneux.
2. **eux** : les Blancs du chantier.
3. **le vieil homme** : le chef du chantier.

LÉONE. – Vite, vous appelez cela vite ? quand cela fait au moins une heure que je ne pense qu'à cela, une heure pour y penser et je ne pourrais pas dire que c'est du sérieux, du bien réfléchi, du définitif ? Dites-moi ce que vous avez pensé lorsque vous m'avez vue.

ALBOURY. – J'ai pensé : c'est une pièce qu'on a laissé tomber dans le sable ; pour l'instant, elle ne brille pour personne ; je peux la ramasser et la garder jusqu'à ce qu'on la réclame.

LÉONE. – Gardez-la, personne ne la réclamera.

ALBOURY. – Le vieil homme[3] m'a dit que tu étais à lui.

LÉONE. – Biquet, c'est donc Biquet qui vous gène ? mon Dieu ! il ne ferait pas de mal à une mouche, pauvre Biquet. Que croyez-vous que je suis, pour lui ? Une petite compagnie, un petit caprice, parce qu'il a de l'argent et qu'il ne sait qu'en faire. Et moi qui n'en ai pas, n'est-ce pas une chance terrible de l'avoir rencontré ? ne suis-je pas une chipie d'avoir autant de chance ? Ma mère, si elle savait, oh, elle ferait les gros yeux, elle m'aurait dit : coquine, cette chance-là n'arrive jamais qu'aux actrices ou aux prostituées ; pourtant, je ne suis ni l'une ni l'autre et cela m'est arrivé. Et quand il m'a proposé de le rejoindre en Afrique, oui j'ai dit oui, je suis prête.

Bernard-Marie Koltès, *Combat de nègre et de chiens*, Les Éditions de Minuit, 1989.

Dans un coin du chantier, Léone et Alboury se rencontrent, suspendant alors le cours du temps. Mise en scène de Patrice Chéreau.

1. Montrez que le dialogue entre les deux personnages exprime l'opposition de deux univers différents.

2. En vous référant au début du texte, expliquez la phrase de Léone, à la ligne 38 : « Je crois que j'ai un diable dans le cœur. »

3. Par quelle image l'auteur traduit-il l'attirance d'Alboury pour Léone ?

4. Quelle est, selon vous, la signification de la peur éprouvée par Alboury ? Comment le titre de la pièce annonce-t-il une issue tragique ?

5. NOTION. Relevez dans le texte les sons qui renvoient au-dehors de la scène. En quoi contribuent-ils à la progression du dialogue ? Quelle atmosphère donnent-ils à la scène ?

NOTION

Le dehors de la scène

Des paroles, de la musique, des bruits, des cris émis hors de la scène étendent l'espace scénique au-delà de ce que voit le public. Ils ouvrent ainsi l'imagination du spectateur sur un dehors qui peut être chargé de menaces ou au contraire représenter un espoir.

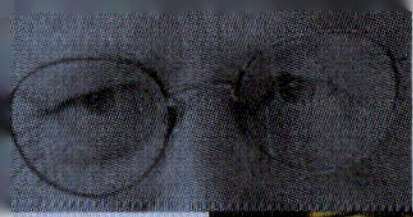

MICHON

Nom et prénom : **Michon, Pierre**

Naissance : **28 mars 1945, aux Cards, dans la Creuse**

Pierre Michon naît dans la Creuse en 1945 d'un couple d'instituteurs. Son père les abandonne, sa mère et lui, alors qu'il est âgé de deux ans. Il mène une enfance campagnarde, avant de devenir interne au lycée de Guéret. Après le baccalauréat, passionné par le théâtre, il poursuit des études de lettres à l'université de Clermont-Ferrand. Il connaît des années difficiles, partagé entre le désir d'écrire, l'obligation d'enseigner et le goût de l'errance. Il met ainsi dix-huit ans pour achever son premier livre, *Vies minuscules*, publié en 1984, huit vies d'êtres anonymes voués au malheur. D'abord réservé à quelques initiés, le roman s'impose peu à peu comme une révélation de la littérature contemporaine, confirmée par *Rimbaud le fils*, en 1991. Pierre Michon, qui accède enfin au statut d'écrivain reconnu, reste toutefois à l'écart des médias. Il poursuit à Nantes une existence secrète et solitaire, auprès de sa petite-fille, Louise.

Ses œuvres principales sont *Vies minuscules* (1984) ; *Vie de Joseph Roulin* (1988), *Maîtres et serviteurs*, (1990), *Rimbaud le fils* (1991), *La Grande Beune* (1996), *Mythologies d'hiver* (1997), *Trois auteurs* (1997), *Corps du roi* (2002).

LA QUÊTE DE LA PERFECTION

À contre-courant de la majorité de ses contemporains, Pierre Michon revendique le goût de la langue classique, qu'il met au service du roman. Chaque phrase est travaillée sur des brouillons, d'abord rédigés au crayon, puis raturés jusqu'à ce qu'il en soit complètement satisfait. Pierre Michon ne publie ainsi que le tiers du manuscrit qu'il a rédigé. Le romancier crée un contraste entre des thèmes familiers, des situations quotidiennes, voire triviales, et un style lyrique au vocabulaire souvent riche et recherché. Par ailleurs, l'ensemble de ses œuvres montre une volonté de brièveté et de concision. Qu'il recrée la vie d'un peintre comme Watteau ou Goya, qu'il rappelle le souvenir d'un ami oublié de Van Gogh ou qu'il crée des personnages à partir de son expérience personnelle, c'est toujours le récit d'une « vie minuscule » qui attire l'écrivain.

Objet d'étude Le roman et ses personnages : visions de l'homme et du monde

1984 — Vies minuscules

À l'hôpital de Clermont-Ferrand où il est soigné, le narrateur fait la connaissance d'un homme modeste et renfermé, familièrement surnommé le père Foucault. Celui-ci refuse d'aller suivre un traitement à Paris par crainte de devoir révéler son secret : en effet, il ne sait ni lire ni écrire.

Le père Foucault n'irait pas à Paris. Cette ville de province, déjà, et son village même sans doute, lui paraissaient peuplés d'érudits, fins connaisseurs de l'âme humaine et usagers de sa monnaie courante, qui s'écrit. Instituteurs, démarcheurs de commerce, médecins, paysans même, tous savaient, signaient et décidaient à des degrés de forfanterie divers ; et il ne doutait pas de ce savoir, que les autres possédaient de si flagrante façon. Qui sait : ils connaissent peut-être la date de leur mort, ceux qui savent écrire le mot

« mort » ? Lui seul n'y entendait rien, ne décidait guère ; il ne s'accommodait pas de cette incompétence vaguement monstrueuse, et non sans raison peut-être : la vie et ses glossateurs[1] autorisés lui avaient assurément fait bien voir qu'être illettré aujourd'hui c'est en quelque façon une monstruosité dont monstrueux est l'aveu. Que serait-ce à Paris, où il lui faudrait chaque jour réitérer cet aveu, sans à ses côtés un jeune patron complaisant pour remplir les fameux, les redoutables « papiers » ? Quelles nouvelles hontes lui faudrait-il boire, ignare, sans un pareil, et vieux, et malade, dans cette ville où les murs mêmes étaient lettrés, historiques les ponts et incompréhensibles l'achalandage et l'enseigne des boutiques, cette capitale où les hôpitaux étaient des parlements, les médecins de plus savants aux yeux des savants d'ici, la moindre infirmière Marie Curie ? Que serait-il entre leurs mains, lui qui ne savait pas lire le journal ?

Il resterait ici, et en mourrait ; là-bas, peut-être l'eût-on guéri, mais au prix de sa honte ; surtout, il n'eût pas expié, magistralement payé de sa mort le crime de ne pas savoir. Cette vision des choses n'était pas si naïve ; elle m'éclairait. Moi aussi, j'avais hypostasié[2] le savoir et la lettre en catégories mythologiques, dont j'étais exclu : j'étais l'analphabète esseulé au pied d'un Olympe où tous les autres, Grands Auteurs et Lecteurs difficiles, lisaient et forgeaient en se jouant d'inégalables pages ; et la langue divine était interdite à mon sabir[3].

On me disait aussi qu'à Paris m'attendait peut-être une manière de guérison ; mais je savais, hélas, que si j'y allais proposer mes immodestes et parcimonieux écrits, on en démasquerait aussitôt l'esbroufe, on verrait bien que j'étais, en quelque façon, « illettré ».

Pierre Michon, « Vie du père Foucault », *Vies minuscules*, Éd. Gallimard, 1984.

1. **glossateurs** : commentateurs d'un texte.
2. **hypostasié** : idolâtré.
3. **sabir** : charabia, jargon.

1. Quelles vertus et qualités le père Foucault attribue-t-il à ceux qui savent lire ?

2. Quelles craintes la capitale suscite-t-elle en lui ? Appuyez votre réponse sur des exemples précis.

3. « Même les murs sont lettrés » : expliquez cette citation en quelques phrases.

4. En quoi cette vision des choses éclaire-t-elle le narrateur sur sa propre situation (fin du premier paragraphe) ?

5. NOTION. Analysez les deux derniers paragraphes de manière à justifier la comparaison établie au moyen de cette parabole.

NOTION

La parabole dans le roman

La parabole est à l'origine un court récit qui s'appuie sur une situation familière, dont on tire un enseignement moral. On en trouve de nombreux exemples dans les grands textes religieux. Dans ce passage, Pierre Michon établit un parallèle entre la « vie minuscule » du père Foucault et sa vie d'écrivain.

BEN JELLOUN

Nom et prénom : **Ben Jelloun, Tahar**
Naissance : **1944, à Fès, au Maroc**

Auteur de romans, dont : *Harrouda* (1973), *Moha le fou, Moha le sage* (1978), *La Nuit sacrée* (1987) ; il collabore au journal *Le Monde* et publie un dialogue, *Le Racisme expliqué à ma fille* (1998).

Tahar Ben Jelloun naît à Fès au Maroc. Il poursuit des études de philosophie à Tanger et s'installe à Paris en 1971. Il collabore au journal *Le Monde* et publie un premier roman, *Harrouda*, en 1973. Il y exprime son attachement pour son pays natal, à travers l'évocation de deux villes, Fès et Tanger. Pour lui, écrire en Français, c'est faire connaître la culture arabe, être le porte-parole des traditions et des chants de son pays. Mais le romancier décrit également dans son œuvre la solitude et l'angoisse des êtres vulnérables, de ceux qui sont « blessés ». *L'Enfant de sable*, en 1985, explore le thème de la recherche de l'identité féminine dans une société qui la nie. Deux ans plus tard, *La Nuit sacrée* obtient le prix Goncourt. Parallèlement à son activité d'écrivain, Tahar Ben Jelloun intervient dans l'actualité, en dénonçant l'exclusion qui frappe les immigrés. Il écrit ainsi en 1998 *Le Racisme expliqué à ma fille*.

LES DÉCHIREMENTS DE L'IDENTITÉ

Tahar Ben Jelloun exprime dans son œuvre la confrontation de deux cultures. Il décrit à la fois la fascination, l'enthousiasme que connaissent les immigrés découvrant le monde nouveau dans lequel ils s'installent, et leur déchirement, l'expérience douloureuse de l'exil. Mais le romancier explore aussi les fractures que traverse le Maghreb contemporain. Il dénonce la perte des traditions, la situation de la femme soumise à la domination d'une société masculine, l'abandon de la mémoire d'un peuple. Le romancier allie ainsi le sens du réalisme avec une écriture poétique qui perpétue la tradition orale des conteurs : le fantastique et la sensualité s'y côtoient en créant un univers chargé de symboles.

Objet d'étude Le roman et ses personnages : visions de l'homme et du monde

1985 — L'Enfant de sable

Inspiré d'un fait divers authentique, *L'Enfant de sable* raconte l'histoire d'une fille que son père décide de faire passer pour un garçon. Le roman explore ainsi les déchirements créés par cet absurde changement d'identité, à travers la voix d'un conteur.

Toute la famille fut convoquée et réunie dans la maison du Hadj[1] dès le mercredi soir. La tante Aïcha s'activait comme une folle. Les deux frères, avec femmes et enfants, étaient arrivés, inquiets et impatients. Les cousins proches et lointains furent aussi invités. Lalla Radhia[2] s'était enfermée avec l'épouse du Hadj. Personne n'avait le droit de la déranger. Des femmes noires préparaient le dîner dans la cuisine. Vers minuit on entendit des gémissements : c'étaient les premières douleurs. De vieilles femmes en appelaient au Prophète Mohammed. Le Hadj faisait les cent pas dans la rue. Ses frères tenaient un conseil de guerre. Ils se parlaient à voix basse dans un coin du salon. Les enfants dormaient là où ils avaient mangé. Le silence de la nuit n'était interrompu que par les cris de douleur. Lalla Radhia ne disait rien. Elle chauffait des bassines d'eau et étalait les langes. Tout le monde dormait sauf le Hadj, la sage-femme et les deux frères. À l'aube, on entendit l'appel de la prière. Quelques silhouettes se levèrent, tels des somnambules, et prièrent. La femme hurlait à présent. Le jour se leva sur la maison où tout était dans un grand désordre. Les cuisinières noires rangèrent un peu et préparèrent la soupe du petit déjeuner, la soupe de la naissance et du baptême. Les frères durent partir à leur travail. Les enfants se considérèrent en vacances et restèrent jouer à l'entrée de la maison. Vers dix heures du matin, le matin de ce jeudi historique, alors que tout le monde était rassemblé derrière les pièces de l'accouchement, Lalla Radhia entrouvrit la porte et poussa un cri où la joie se mêlait aux you-you[3], puis répéta jusqu'à s'essouffler : c'est un homme, un homme, un homme... Hadj arriva au milieu de ce rassemblement comme un prince. Les enfants lui baisèrent la main. Les femmes l'accueillirent par des you-you stridents, entrecoupés par des éloges et des prières du genre : Que Dieu le garde... Le soleil est arrivé... C'est la fin des ténèbres... Dieu est grand... Dieu est avec toi...

Il pénétra dans la chambre, ferma la porte à clé, et demanda à Lalla Radhia d'ôter les langes du nouveau-né. C'était évidemment une fille. Sa femme s'était voilé le visage pour pleurer. Il tenait le bébé dans son bras gauche et de sa main droite il tira violemment sur le voile et dit à sa femme : « Pourquoi ces larmes ? J'espère que tu pleures de joie ! Regarde, regarde bien, c'est un garçon ! Plus besoin de te cacher le visage. Tu dois être fière... Tu viens après quinze ans de mariage de me donner un enfant, c'est un garçon, c'est mon premier enfant, regarde comme il est beau ! »

Tahar Ben Jelloun, *L'Enfant de sable*,
Éd. du Seuil, 1985.

1. **Hadj** : Hadj Ahmed, le père de famille qui a déjà eu sept filles.
2. **Lalla Radhia** : la sage-femme qui sera mise dans le secret.
3. **you-you** : les cris traditionnels qui accompagnent les grands événements.

1. **Relevez les différentes étapes qui constituent cet épisode. Donnez-leur un titre.**

2. **À travers quels détails le romancier souligne-t-il l'importance de l'événement dans le contexte de la société marocaine ?**

3. **Quelles sont les caractéristique du Hadj, le père de l'enfant, dans cet extrait ?**

4. **Commentez l'attitude du père et de la mère dans le dernier paragraphe.**

5. NOTION. **Quel problème de société *L'Enfant de sable* met-il au jour ?**

NOTION

Le roman et la réflexion sociale

À travers ses multiples fonctions, le roman explore les tensions et les problèmes de la société. Il apporte ainsi un regard neuf sur le monde et conduit le lecteur à réfléchir sur ses propres certitudes.

Auteur de romans autobiographiques, dont *La Place* (1983), *Une femme* (1987), *La Honte* (1997) ; elle publie son journal, *Se perdre, en 2001.*

ERNAUX

Nom et prénom : **Ernaux, Annie**

Naissance : **1940, à Lillebonne, en Normandie**

Annie Ernaux grandit en Normandie, dans la petite ville d'Yvetot, entre ses parents qui ont quitté la campagne, puis le monde de l'usine, pour ouvrir un petit commerce. Attirée par la société de consommation naissante, la jeune fille entre souvent en conflit avec eux. Après avoir terminé ses études, elle commence une carrière de professeur de lettres à Annecy puis dans la région parisienne. Parallèlement, elle écrit des romans, tous marqués par une profonde dimension autobiographie, revenant sur son enfance, sur le souvenir de ses parents, l'expérience douloureuse d'un avortement ou l'intensité d'une passion amoureuse. En 1983, *La Place*, qui la révèle au grand public, retrace ainsi le portrait de son père, tandis que sa mère est le personnage principal d'*Une femme*, en 1987. Son journal intime explore la même veine autobiographique, qui crée un rapport de confidence et d'intimité avec son lecteur.

L'EXIGENCE D'UNE ÉCRITURE DÉPOUILLÉE

Annie Ernaux développe une écriture volontairement simple qui, en utilisant des phrases courtes et les mots du quotidien, communique au lecteur un sentiment de proximité. Celui-ci se retrouve lui-même dans les expériences et les confidences rapportées par la romancière. D'origine sociale très modeste, Annie Ernaux traduit à travers le récit de sa propre vie les mutations de la société française, sur laquelle elle porte un regard personnel. De même, elle interroge dans ses romans, comme dans *La Femme gelée* en 1981, la situation particulière de la femme dans le monde d'aujourd'hui, qu'elle éclaire à travers cette écriture intime et dépouillée.

Objet d'étude L'autobiographie

1987 — Une femme

Après avoir rendu hommage à son père dans *La Place* en 1984, Annie Ernaux consacre *Une femme* au souvenir de sa mère. Elle rapporte à la fois l'affection et l'admiration qu'elle éprouve pour elle, de même que les conflits qui, au moment de l'adolescence, les ont opposées.

Elle a cessé d'être mon modèle. Je suis devenue sensible à l'image féminine que je rencontrais dans *L'Écho de la mode* et dont se rapprochaient les mères de mes camarades petites-bourgeoises du pensionnat : minces, discrètes, sachant cuisiner et appelant leur fille « ma chérie ». Je trouvais ma mère voyante. Je détournais les yeux quand elle débouchait une bouteille[1] en la maintenant entre ses jambes. J'avais honte de sa manière brusque de parler et de se comporter, d'autant plus vivement que je sentais combien je lui ressemblais. Je lui faisais grief d'être ce que, en train d'émigrer dans un milieu différent, je cherchais à ne plus paraître. Et je découvrais qu'entre le désir de se cultiver et le fait de l'être, il y avait un gouffre. Ma mère avait besoin du dictionnaire pour dire qui était Van Gogh, des grands écrivains, elle ne connaissait que le nom. Elle ignorait le fonctionnement de mes études. Je l'avais trop admirée pour ne pas lui en vouloir, plus qu'à mon père, de ne pas pouvoir m'accompagner, de me laisser sans secours dans le monde de l'école et des amies avec salon-bibliothèque, n'ayant à m'offrir pour bagage que son inquiétude et sa suspicion[2], « avec qui étais-tu, est-ce que tu travailles au moins ».

Nous nous adressions l'une à l'autre sur un ton de chamaillerie en toutes circonstances. J'opposais le silence à ses tentatives pour maintenir l'ancienne complicité (« on peut tout dire à sa mère ») désormais impossible : si je lui parlais de désirs qui n'avaient pas trait aux études (voyages, sports, surboums[3]) ou discutais de politique (c'était la guerre d'Algérie), elle m'écoutait d'abord avec plaisir, heureuse que je la prenne pour confidente, et d'un seul coup, avec violence : « Cesse de te monter la tête avec tout ça, l'école en premier. »

Je me suis mise à mépriser les conventions sociales, les pratiques religieuses, l'argent. Je recopiais des poèmes de Rimbaud et de Prévert, je collais des photos de James Dean[4] sur la couverture de mes cahiers, j'écoutais *La mauvaise réputation* de Brassens, je m'ennuyais. Je vivais ma révolte adolescente sur le mode romantique comme si mes parents avaient été des bourgeois. Je m'identifiais aux artistes incompris. Pour ma mère, se révolter n'avait eu qu'une seule signification, refuser la pauvreté, et qu'une seule forme, travailler, gagner de l'argent et devenir aussi bien que les autres. D'où ce reproche amer, que je ne comprenais pas plus qu'elle ne comprenait mon attitude : « Si on t'avait fichue en usine à douze ans, tu ne serais pas comme ça. Tu ne connais pas ton bonheur. » Et encore, souvent, cette réflexion de colère à mon égard : « Ça va au pensionnat et ça ne vaut pas plus cher que d'autres. »

À certains moments, elle avait, dans sa fille en face d'elle, une ennemie de classe.

Annie Ernaux, *Une femme*,
Éd. Gallimard, 1987.

1. **débouchait une bouteille** : la mère d'Annie Ernaux tient alors un café-épicerie.
2. **suspicion** : soupçon, doute.
3. **surboums** : fêtes de jeunes qui se rassemblent pour danser.
4. **James Dean** : jeune acteur américain qui incarne la révolte, dans les années 1950.

1. Quels sont les différents reproches que l'adolescente formule à l'encontre de sa mère ?

2. Comment la femme adulte juge-t-elle l'adolescente qu'elle a été ? Comment explique-t-elle son incompréhension ?

3. Comment, à travers sa propre expérience, l'auteur restitue-t-elle le contexte historique d'une époque ? Relevez les références qui recréent pour le lecteur l'univers de la fin des années cinquante.

4. NOTION. De quelle manière le passage à l'adolescence conduit-il Annie Ernaux à modifier profondément ses rapports avec sa mère ?

5. Expliquez la dernière phrase de l'extrait.

NOTION

L'autobiographie et la scène familiale

L'autobiographie donne une large place à la scène familiale, qu'il s'agisse des moments heureux des premiers souvenirs de l'enfance, ou des conflits qui marquent l'adolescence. L'autobiographe définit ainsi la formation de sa personnalité à travers les rapports qui l'ont lié à ses parents.

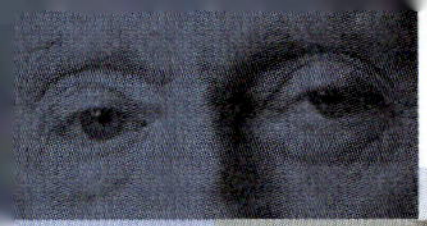

VINAVER

Prénom : **Michel**

Naissance : **en 1927 à Paris**

Auteur de pièces de théâtre : *La Demande d'emploi* (1973), *Dissident, il va sans dire* (1978), *Les Voisins* (1984), *L'Émission de télévision* (1990), *Aujourd'hui ou les Coréens* (1993), *Iphigénie Hôtel* (1993), *L'objecteur* (2001), *Le dernier Sursaut* (2005) et d'essais : *Le Compte rendu d'Avignon* (1987), *11 septembre 2001* (2002).

Après des études en France et aux États-Unis, Michel Vinaver commence par publier deux romans : *Lataume* et *L'Objecteur*, en 1950 et 1951. Engagé comme stagiaire chez Gillette en 1953, il prend successivement la tête, à partir de 1960, de plusieurs filiales de l'entreprise qu'il développe avec succès jusqu'en 1980. Cette activité lui laisse les mains libres pour écrire des pièces de théâtre dont certaines ne seront jouées qu'une vingtaine d'années plus tard : *Les Huissiers, Iphigénie Hôtel.*

À partir de 1982, il se consacre entièrement au théâtre : il écrit des pièces comme *Les Voisins, Portrait d'une femme, 11 septembre 2001,* traduit Gorki, Strauss, Euripide, donne des cours d'études théâtrales, préside la commission Théâtre du Centre national des lettres. En 2006, le grand Prix du théâtre couronne l'ensemble de cette œuvre d'une rigueur toujours inventive.

VINAVER ET L'ÉMOTION DU TEXTE

S'il a collaboré avec les metteurs en scène les plus célèbres de son temps –Roger Planchon, Antoine Vitez, Alain Françon, Patrice Chéreau, Jacques Lassalle, Jean-Pierre Vincent–, Vinaver a toujours insisté sur la dimension littéraire du texte théâtral qui doit pouvoir être apprécié indépendamment de toute représentation, au même titre qu'un roman ou un poème. Faisant alterner les pièces brèves à quelques personnages du *Théâtre de chambre* avec des pièces fleuves comme *Par-dessus bord*, dont les sept heures de représentation voient défiler 60 personnages, le théâtre de Vinaver se nourrit de l'actualité, s'immerge dans le monde du travail, étudie les tensions familiales ou sociales. Par un agencement très concerté de séquences qui s'éclairent en s'opposant, l'écrivain met à distance la réalité informe et instable dans laquelle nous vivons. En se livrant à ce qu'il appelle « une opération sans cesse renouvelée de mise en texte », Vinaver redonne au théâtre son usage originel qui est selon lui « d'émouvoir l'homme, c'est-à-dire de

Objet d'étude Le théâtre : texte et représentation

1990 — L'Émission de télévision

Cadre dans une entreprise, Nicolas Blache, cinquante-deux ans, a été mis au chômage à la suite d'une restructuration. Contacté pour évoquer cette expérience dans une grande émission de télévision, il prépare son intervention avec sa femme, Caroline Blache.

Séjour pavillon Blache. Soir.

Blache debout, madame Blache assise, devant une grande glace. À proximité, un magnétophone. Azur, la chienne.

MADAME BLACHE. – C'était bien Nicolas
BLACHE. – Pas trop long ?
MADAME BLACHE. – Moi j'ai été prise
Tu vois j'ai les larmes aux yeux
BLACHE . – Pour eux c'est toujours trop long j'ai une hantise Caroline
Ce qu'il y a de vital à leur dire si je le dis tout de suite ça va cueillir les gens à froid
ça ne portera pas

Si je commence plus en sourdine comme je viens de le faire et si je laisse progressivement s'installer l'émotion

Au moment de dire ce qu'il y a de vital on me coupe la parole

Dans toutes les émissions ils coupent toujours la parole

MADAME BLACHE. – Il y a tant à dire

Essaie de raccourcir

BLACHE. – C'est infernal

MADAME BLACHE. – Ne t'énerve pas il suffit quelquefois de dire une chose

La chambre à gaz

Quand tu as dit que bien des fois tu as pensé à la chambre à gaz à nous supprimer tous les deux

BLACHE. – Mais c'est une catastrophe si tout de suite après ils m'interrompent tu imagines

MADAME BLACHE. – Et le sida quand il est sorti de ta bouche ça vous ronge de l'intérieur chômage sida même combat

BLACHE. – C'est peut-être toi qui devrais dire ça

MADAME BLACHE. – Ça n'aurait pas la même force

Seulement tu devrais le dire un peu moins lentement et sans chercher tes mots

Tu sais comment les gens regardent

BLACHE. – En mangeant

MADAME BLACHE. – Nous on le fait bien

BLACHE. – Attends que je réécoute

Il branche le magnétophone sur « play ». Voix de Blache, enregistrée.

Mais c'est des coups d'épée dans l'eau on ne veut plus de nous on ne sert plus à rien notre matière grise on la met au placard on est en dehors du coup les autres vous ont mis à part sur la touche au fil du temps

Il appuie sur « stop ».

Qu'est-ce que c'est que ça ?

MADAME BLACHE. – Mais c'est vrai

BLACHE. – Ce n'est pas ça qu'il faut dire

Il appuie sur « rec » et parle.

Vieux ? C'est les autres qui le disent ce chœur insidieux[1] de voix pernicieuses[2] qui comme un virus vous attaquent la moelle des os

Vieux ? Allons donc vieux non mais naufragé il faut survivre on s'organise sur son île déserte en fonction de ce but unique je reprends

En fonction de ce double but garder la forme envoyer des signaux je reprends

En fonction de ce triple but garder la forme envoyer des signaux et capter les

Il appuie sur « stop ».

MADAME BLACHE. – C'est beaucoup mieux Nicolas pourquoi tu t'arrêtes ?

BLACHE. – Trop long

Michel Vinaver, *L'Émission de télévision*, scène 10, 1990, Éd. Actes Sud, 2002.

1. **insidieux** : qui tend des pièges, sournois.
2. **pernicieux** : dangereux pour la santé physique ou morale.

---

1. Quels éléments indiqués dans les didascalies ne sont pas évoqués dans le dialogue ? Quel est leur rôle ?

2. Comment est évoquée l'expérience du chômage ?

3. Comment s'explique l'angoisse de Blache ? Quels reproches adresse-t-il à ceux qui produisent les émissions de télévision ? Sont-ils les seuls responsables ?

4. NOTION. À quels moments les personnages prennent-ils la place de spectateurs ? Cela rend-il la scène plus tragique ou plus comique ?

NOTION

Le théâtre dans le théâtre

On parle de théâtre dans le théâtre quand une pièce de théâtre est introduite à l'intérieur d'une pièce de théâtre. Les personnages en scène deviennent les acteurs ou les spectateurs de cette nouvelle pièce. Un tel dispositif permet des effets de dédoublements qui mettent en lumière ce que la vie sociale peut avoir de théâtral.

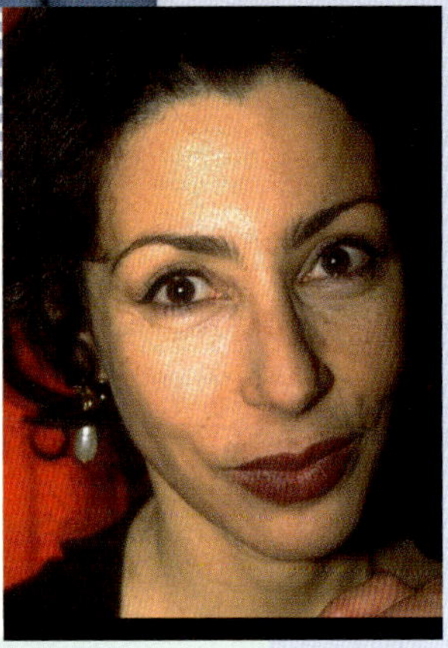

Auteur de pièces de théâtre, dont : « *Art* » (1994), et de romans, dont *Une désolation* (2001) ou *Adam Haberberg* (2003).

RÉZA

Nom et prénom : **Réza, Yasmina**

Naissance : **1959, à Paris**

Née d'une mère hongroise et d'un père russe d'origine iranienne, Yasmina Réza est élevée dans un milieu passionné par les arts. Très vite, elle s'oriente vers des études théâtrales et, comédienne, interprète de nombreux spectacles. Mais elle se consacre également à l'écriture et sa première pièce, *Conversations après un enterrement*, reçoit le Molière du meilleur auteur en 1987. Elle écrit aussi un récit autobiographique, un roman et un scénario de film. Représentée en 1994 à la Comédie des Champs-Élysées, « *Art* » obtient de nouveau le Molière du meilleur auteur. La pièce rencontre un grand succès à Paris comme à New York. Aujourd'hui, le théâtre de Yasmina Réza, adapté dans plus de trente-cinq langues, est joué dans le monde entier.

LA NOUVELLE COMÉDIE DE MŒURS

La comédie de mœurs, dont Yasmina Réza reprend le principe, met en scène des caractères, des types humains et sociaux. Un événement inattendu lance l'intrigue au sein d'un milieu fermé, régi par des rapports bien rodés. Dans « *Art* », sa pièce la plus célèbre, l'achat d'un tableau, une « toile blanche », déclenche la tension entre les personnages. Dès lors, les frustrations, les jalousies apparaissent au grand jour et l'action progresse à travers l'enchaînement des conversations de plus en plus tendues. Réza fait ainsi, dans le contexte de discussions sur l'art, la satire des mœurs contemporaines, des passions et des pulsions enfouies au cœur de l'homme.

Objet d'étude Le théâtre : texte et représentation

1994 — « Art »

Créée en 1994 à Paris, « *Art* » représente l'affrontement de trois personnages, Marc, Serge et Yvan. Au début de la pièce, Serge achète un tableau d'un peintre contemporain : une toile blanche, qui va révéler les tensions entre les trois amis.

Marc, seul.

MARC. – Mon ami Serge a acheté un tableau.

C'est une toile d'environ un mètre soixante sur un mètre vingt, peinte en blanc. Le fond est blanc et si on cligne des yeux, on peut apercevoir de fins liserés[1] blancs transversaux.

Mon ami Serge est un ami depuis longtemps. C'est un garçon qui a bien réussi, il est médecin dermatologue et il aime l'art.

Lundi, je suis allé voir le tableau que Serge avait acquis samedi mais qu'il convoitait depuis plusieurs mois.

Un tableau blanc, avec des liserés[1] blancs.

Chez Serge.

Posée à même le sol, une toile blanche, avec de fins liserés blancs transversaux.

Serge, réjoui, regarde son tableau.

Marc regarde le tableau.
Serge regarde Marc qui regarde le tableau.
Un long temps où tous les sentiments se traduisent sans mot.

MARC. – Cher ?
SERGE. – Deux cent mille.
MARC. – Deux cent mille ?....
SERGE. – Handtington me le reprend à vingt-deux.
MARC. – Qui est-ce ?
SERGE. – Handtington ?!
MARC. – Connais pas.
SERGE. – Handtington ! La galerie Handtington !
MARC. – La galerie Handtington te le reprend à vingt-deux ?....
SERGE. – Non, pas la galerie. Lui. Handtington lui-même. Pour lui.
MARC. – Et pourquoi ce n'est pas Handtington qui l'a acheté ?
SERGE. – Parce que tous ces gens ont intérêt à vendre à des particuliers. Il faut que le marché[2] circule.
MARC. – Ouais...
SERGE. – Alors ?
MARC. – ...
SERGE. – Tu n'es pas bien là. Regarde-le d'ici. Tu aperçois les lignes ?
MARC. – Comment s'appelle le...
SERGE. – Peintre. Antrios.
MARC. – Connu ?
SERGE. – Très. Très ! *(Un temps.)*
MARC. – Serge, tu n'as pas acheté ce tableau deux cent mille francs ?
SERGE. – Mais mon vieux, c'est le prix. C'est un ANTRIOS !
MARC. – Tu n'as pas acheté ce tableau deux cent mille francs !
SERGE. – J'étais sûr que tu passerais à côté.
MARC. – Tu as acheté cette merde deux cent mille francs ?!

SERGE, *comme seul.* – Mon ami Marc, qui est un garçon intelligent, garçon que j'estime depuis longtemps, belle situation, ingénieur dans l'aéronautique, fait partie de ces intellectuels, nouveaux, qui, non contents d'être ennemis de la modernité, en tirent une vanité incompréhensible.
Il y a depuis peu, chez l'adepte du bon vieux temps, une arrogance vraiment stupéfiante.

Yasmina Réza, « *Art* », Éd. Albin Michel, 1998.

1. liserés : raies, fines lignes.
2. le marché : le commerce des œuvres d'art.

1. Comment se caractérisent les deux personnages ? Quels liens les unissent ? Comment s'opposent-ils ?

2. Étudiez la vivacité de l'affrontement entre les deux hommes, à travers l'échange des répliques.

3. Quels procédés expriment la montée de l'agressivité ?

4. NOTION. Analysez la fonction des monologues de Marc et de Serge dans cette scène d'exposition.

5. En quoi la polémique qui oppose les deux amis est-elle le reflet de la société contemporaine ?

NOTION

Le monologue et l'adresse au public

Le monologue révèle la psychologie du personnage, il exprime ses tensions intérieures, les hésitations, les choix entre lesquels il délibère. Il permet aussi de s'adresser directement au public pour lui faire connaître des informations nécessaires à l'intrigue.

ECHENOZ

Nom et prénom : **Echenoz, Jean**

Naissance : **26 décembre 1947, à Orange dans le Vaucluse**

Jean Echenoz naît à Orange en décembre 1947. Son père est directeur de l'hôpital psychiatrique d'Aix-en-Provence. À l'âge de sept ans, l'enfant découvre *Ubu roi* d'Alfred Jarry, qui lui laisse une profonde impression. Pendant son adolescence, Jean Echenoz se passionne pour le jazz – il adore la contrebasse – et les différentes formes de romans policiers : le roman d'espionnage, le roman noir, le récit à intrigue… Après des études de sociologie et de génie civil, il s'installe à Paris en 1970 et décide de se consacrer à l'écriture.

Soutenu par le directeur des Éditions de Minuit, Jérôme Lindon, son premier roman, *Le Méridien de Greenwich*, paraît en 1979 et connaît immédiatement un immense succès. Quatre ans plus tard, le prix Médicis couronne *Cherokee*, qui se présente comme un roman policier original, « déhanché ». Désormais, éloigné de toute mondanité, Echenoz poursuit la construction d'une œuvre originale et décalée : le prix Goncourt lui est décerné en 1999 pour *Je m'en vais*.

Ses œuvres principales sont *Le Méridien de Greenwich* (1979), *Cherokee* (1983), *L'Équipée malaise* (1986), *Lac* (1989), *Les Grandes blondes*, (1995), *Un an* (1997) ; *Je m'en vais* (1999), *Au piano* (2003), *Ravel* (2006).

LE RENOUVEAU DU ROMAN POLICIER

Les romans de Jean Echenoz participent au renouveau de la littérature romanesque. D'emblée, le lecteur est dérouté par des personnages auxquels le romancier refuse toute épaisseur. Le regard ironique et désinvolte de l'écrivain, tout en s'appuyant sur des détails concrets et souvent cocasses, crée des êtres à la limite du fantastique. La sobriété de l'écriture joue des décalages et manipule les formes convenues du roman policier : on trouve bien dans *Je m'en vais* une disparition, un criminel, un trésor ; et cependant, l'intrigue n'est que le prétexte qui permet à l'écrivain de faire évoluer son lecteur dans des territoires étranges. Autour de Ferrer, le héros de *Je m'en vais*, les paroles gelées du Grand Nord deviennent le symbole d'une langue qui se ressource dans une volonté de dépaysement.

Objet d'étude Le roman et ses personnages : visions de l'homme et du monde

1999 — Je m'en vais

Marchand d'art, Félix Ferrer quitte Paris pour aller à la recherche d'un trésor : des objets inuits qui gisent abandonnés dans la cale d'un navire pris dans les glaces du Grand Nord. C'est le début d'une aventure qui le mène dans de multiples pays à travers de nombreux rebondissements.

À la sortie de Port Radium, on s'engagea d'abord dans un petit défilé. Des affaissements de glace neigeuse, de part et d'autre, s'éparpillaient sur les roches comme un reliquat de mousse au flanc d'un bock vidé. On avançait plutôt vite, chacun sèchement secoué sur son traîneau par les accidents de terrain. Ferrer essaya d'échanger au début quelques propos avec ses guides, surtout Angoutretok qui possédait un peu d'anglais, Napaseekadlak ne s'exprimant que par sourires. Mais les paroles, une fois émises, sonnaient trop brièvement avant de se solidifier : comme elles restaient un instant gelées au milieu de l'air, il suffisait de tendre ensuite une main pour qu'y retombent, en vrac, des mots qui venaient doucement fondre entre vos doigts avant de s'éteindre en chuchotant.

Tout de suite les moustiques passèrent à l'attaque mais par bonheur ils étaient très faciles à tuer. Sous ces latitudes en effet, l'homme est pratiquement inconnu des animaux qui ne se méfient pas de lui : on les abat d'un revers de main, les moustiques, sans même qu'ils cherchent à fuir. Ce qui ne les empêchait pas de rendre l'existence intenable, attaquant par dizaines au mètre cube et piquant au travers des vêtements, spécialement aux épaules et aux genoux sur lesquels l'étoffe se tend. Eût-on voulu prendre une photo que leurs essaims, voltigeant devant l'objectif, eussent obscurci la vue mais on n'avait pas d'appareil, on n'était pas là pour ça. Ayant bouché les trous d'aération de son couvre-chef, on avançait en se battant les flancs. Une fois on aperçut un ours blanc, trop éloigné pour être hostile.

Ce fut aux chiens de poser toutes sortes de problèmes. Par exemple un matin, comme Ferrer se trouvait éjecté de son traîneau sur une arête de neige rugueuse, le véhicule privé de maîtrise commença de bringuebaler en tous sens. Mais, au lieu de s'arrêter, les animaux se croyant libres détalèrent à toute allure et dans plusieurs directions à la fois. Le traîneau finit par verser et se coincer en travers de la piste, immobilisant au bout de leurs courroies les chiens qui se mirent aussitôt à s'engueuler bruyamment entre eux. Cependant Ferrer tâchait de revenir à lui sur le bas-côté de la piste en se massant la hanche. L'ayant remis sur pieds, Angoutretok entreprit d'apaiser les bêtes à coups de fouets mais ne parvint qu'à envenimer les choses : loin de se calmer, le premier chien fouetté réagit en mordant son voisin, qui en mordit un suivant, qui en mordit deux autres qui réagirent de même avant que tout cela dégénérât en vaste conflit, dans une confusion totale. À grand-peine on parvint à les maîtriser. Puis on repartit. L'été boréal[1] progressait. La nuit ne tombait jamais.

Jean Echenoz, *Je m'en vais*, Éd. de Minuit, 1999.

1. **boréal** : du Grand Nord.

1. Relevez les difficultés rencontrées par les personnages. Donnez un titre à chaque paragraphe de manière à mettre en évidence la nature de ces difficultés.

2. Analysez les images contenues dans le premier paragraphe. Comment se justifient-elles ?

3. Justifiez l'emploi du pronom « on » dans le texte. Quel effet cet emploi produit-il dans un récit à la troisième personne ?

4. NOTION. Montrez que les péripéties vécues par le personnage principal ne suffisent pas à faire de lui un héros, au sens traditionnel du terme.

NOTION

Le jeu sur les conventions

Jouant sur les formes du roman d'aventures ou du roman policier, le roman contemporain refuse de faire de ses personnages des « héros », au sens traditionnel du terme. Le personnage principal en devient plus complexe et se trouve dépossédé des péripéties ou des adversaires qui pourraient lui donner l'occasion de se dépasser.

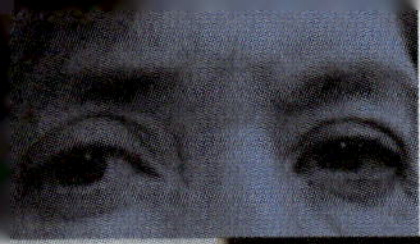

DJEBAR

Nom et prénom : **Imalayene, Fatima-Zohra**

Pseudonyme : **Assia Djebar**

Naissance : **30 juin 1936, à Cherchell, en Algérie**

Auteur de romans et de recueils de nouvelles, dont : *La Soif* (1957), *Les Impatients* (1958), *Femmes d'Alger dans leur appartement* (1980), *L'Amour, la fantasia* (1985), *Vaste est la prison* (1995), *Les Nuits de Strasbourg* (1997) ; de pièces de théâtre, dont : *Aïcha et les femmes de Médine* (2001).

Fatima-Zohra Imalayene naît à Cherchell en Algérie en 1936. Son père, instituteur, l'encourage dans ses études, qui la conduisent de l'école primaire de Mouzaïa aux lycées de Blida puis d'Alger. En 1955, la jeune fille intègre l'École normale supérieure de Sèvres, mais la guerre d'Algérie bouleverse ses projets et, après avoir participé à la grève des étudiants algériens, elle arrête ses études en 1956. L'année suivante, elle publie un premier roman, *La Soif*, sous le nom d'Assia Djebar.

Mariée, elle suit en Tunisie son époux entré dans la clandestinité et y multiplie les enquêtes auprès des réfugiés algériens. Après l'indépendance de l'Algérie, Assia Djebar mène une carrière universitaire, à Rabat puis à Alger, où elle enseigne l'histoire, le cinéma, la littérature française. Ses activités sont nombreuses : elle collabore à la radio et à la télévision, réalise dans sa langue maternelle des films, *La Nouba des femmes du mont Chenoua* ou *La Zerda et les Chants de l'oubli*, couronnés l'un et l'autre par des prix internationaux. En 1980, désireuse de poursuivre son œuvre de romancière francophone, elle s'installe à Paris. Elle y développe une œuvre considérable, récompensée par plusieurs prix littéraires et traduite dans de nombreuses langues. Assia Djebar est élue à l'Académie française le 16 juin 2005.

LA MÉMOIRE DE LA SENSUALITÉ ET DE LA SOUFFRANCE

L'œuvre littéraire d'Assia Djebar garde la mémoire d'un univers de douceur et de sensualité où se mêlent les souvenirs de l'enfance et l'évocation de la beauté des paysages algériens. L'écrivain revient sur son histoire personnelle, qui s'intègre dans de vastes fresques romanesques consacrées à la mémoire des femmes algériennes, femmes anonymes de tous âges et de toutes conditions. Cependant, les bouleversements causés par la guerre, les souffrances endurées, les deuils ont profondément marqué cet univers riche et complexe. Les romans d'Assia Djebar reposent ainsi sur le contraste de la joie et du chagrin, sur le va-et-vient permanent entre le passé et le présent, entre la nostalgie et l'engagement militant.

Objet d'étude L'autobiographie

1995 — Vaste est la prison

En 1985, avec *L'Amour, la fantasia*, Assia Djebar commence une vaste fresque romanesque autobiographique composée de quatre volets. Dans *Vaste est la prison*, elle raconte l'histoire de femmes algériennes partagées entre leur volonté d'émancipation et la force des traditions.

À cette époque, il y a presque quinze ans de cela, je fréquentais, chaque samedi après-midi, un hammam qui se trouvait dans le cœur ancien d'une petite ville algérienne, au pied de l'Atlas.

J'y allais avec ma belle-mère qui y rencontrait, au milieu des vapeurs d'étuve et des criailleries d'enfants dans la chambre chaude, ses amies, des matrones paradant dans leurs tuniques rayées, faisaient de la cérémonie du bain un rituel interminable dont la liturgie[1] grave se chargeait de quelques langueurs.

On y rencontrait aussi des mères de famille humbles et usées, entourées de leur marmaille ; parfois aussi des jeunes femmes à la beauté violente (et dont les bourgeoises méfiantes suspectaient la vertu) : elles s'épilaient tout le corps avec une impudeur ostentatoire[2], mais gardaient à leur cou et sur leurs bras nus et mouillés, des bijoux lourds d'un or étincelant... Je me retrouvais alors seule à échanger avec ces dernières, dans la salle froide, des dialogues conventionnels.

Le plaisir pour moi, comme pour beaucoup de femmes, s'avivait à la sortie du bain. L'antichambre, tapissée de matelas, de nattes, où l'on vous servait à satiété oranges épluchées, grenades ouvertes et du sirop d'orgeat, devenait havre des délices. Les parfums se mêlaient au-dessus des corps des dormeuses, ou autour de celles qui, frémissantes, s'habillaient lentement tout en dévidant de menus commérages.

Je m'allongeais, je somnolais, j'écoutais. Ma belle-mère déployait son linge de satin et ses robes de taffetas. Elle veillait maternellement sur moi, tout en saluant telle voisine qui passait, telle belle qui entrait. Elle m'informait ensuite à voix basse du détail de leur généalogie[3]. Je m'abandonnais au brouhaha et à cette tiédeur murmurante. Quand enfin ma parente commençait à déplier son voile de laine blanc écru pour s'en emmitoufler, je m'apprêtais à mon tour. Il nous fallait partir.

Assia Djebar, *Vaste est la prison*, Éd. Albin Michel, 1995.

1. **liturgie** : rituel, cérémonie.
2. **ostentatoire** : qui fait étalage d'un avantage.
3. **généalogie** : origines familiales.

Eugène Delacroix, *Femmes d'Alger dans leur appartement,* 1834.

1. Comment le hammam est-il présenté ? Relevez tout ce qui en fait un lieu magique et protecteur.

2. Quelle est, d'après cet extrait, la fonction sociale du hammam ? Identifiez les différentes catégories de femmes qui y sont présentes et les rapports qu'elles entretiennent.

3. Comment la narratrice s'inscrit-elle dans cet univers ? Montrez qu'elle occupe essentiellement une position d'observatrice.

4. Relevez et commentez les marques de l'autobiographie dans le texte.

5. NOTION. Analysez la présence des cinq sens dans le passage. Montrez que c'est à travers eux que la narratrice reconstruit son souvenir.

NOTION

La reconstruction du souvenir

L'autobiographie mêle le récit d'événements précis, qui ont marqué la mémoire de l'auteur, avec l'évocation d'atmosphères, de sensations, d'impressions qu'il s'agit de reconstituer. La reconstruction du souvenir s'appuie alors sur l'importance des cinq sens qui permettent de faire partager au lecteur un moment intensément vécu.

HOUELLEBECQ

Nom et prénom : **Thomas, Michel**

Pseudonyme : **Houellebecq (du nom de sa grand-mère)**

Naissance : **26 février 1958, à l'île de La Réunion**

Michel Thomas naît le 26 février 1958 à La Réunion. Son père est guide de haute montagne, sa mère, médecin anesthésiste. À six ans, l'enfant rejoint la métropole, où il est confié à sa grand-mère. Ingénieur agronome en 1980, il se marie la même année. Confronté à l'épreuve du chômage, le couple connaît une période difficile. Michel Thomas traverse à la suite de son divorce une profonde dépression. Il publie des poèmes et, en 1991, une biographie de l'écrivain de science-fiction Howard P. Lovecraft. Il devient secrétaire administratif à l'Assemblée nationale. C'est en 1994 qu'il commence à être connu avec la publication de son premier roman, *Extension du domaine de la lutte.* Michel Houellebecq collabore alors à plusieurs revues, dont *Les Inrockuptibles.* En 1998, son deuxième roman, *Les Particules élémentaires*, fait scandale et lui apporte la célébrité. L'écrivain s'adonne à la photographie, chante ses textes sur scène et réalise un disque. C'est dans son domaine irlandais du comté de Cork qu'il écrit *Plateforme*, qui paraît en 2001. Michel Houellebecq réalise lui-même l'adaptation cinématographique de *La Possibilité d'une île*, paru en 2005.

Auteur de recueils de poèmes : *La Poursuite du bonheur* (1992), *Le Sens du combat* (1996), *Renaissance* (1999) ; de romans : *Extension du domaine de la lutte* (1994), *Les Particules élémentaires* (1998), *Plateforme* (2001), *La Possibilité d'une île* (2005) ; d'essais : *Contre le monde, contre la vie* (1991).

LE MALAISE DE LA CIVILISATION

Dans son œuvre, Michel Houellebecq brasse l'ensemble des préoccupations de la civilisation occidentale en mêlant souvenirs autobiographiques, réflexion philosophique et analyse sociologique. Le destin des personnages apparaît comme un prétexte à dresser le bilan de la société contemporaine. Le romancier s'interroge sur la recherche effrénée du plaisir sexuel, l'ennui, la quête de valeurs nouvelles ou le désarroi face aux découvertes qui révolutionnent les sciences. Son ton grinçant provoque le scandale en révélant les frustrations et l'absence d'idéal engendrées par la société de consommation. Il provoque le lecteur par des attaques directes de la famille, du féminisme ou de la libération des mœurs, dont il dénonce le caractère artificiel et hypocrite. Le réalisme cru de Michel Houellebecq crée ainsi l'événement à la parution de chacun de ses romans.

Objet d'étude Le roman et ses personnages : visions de l'homme et du monde

1994 — Extension du domaine de la lutte

Le narrateur du premier roman de Michel Houellebecq est un informaticien qui porte un regard amer sur son existence et sur la société. En déplacement professionnel à Rouen, il découvre la ville pour la première fois. Il y éprouve alors le sentiment d'être étranger au monde qui l'entoure.

Vers quatorze heures, je sors de mon hôtel. Sans hésiter, je me dirige vers la place du Vieux-Marché.

C'est une place assez vaste, entièrement entourée de cafés, de restaurants et de magasins de luxe. C'est là qu'on a brûlé Jeanne d'Arc, il y a maintenant plus de cinq cents ans. Pour commémorer l'événement on a construit une espèce d'entassement de dalles de béton bizarrement incurvées, à moitié enfoncées dans le sol, qui s'avère à plus ample examen être une église. Il y a également des embryons de pelouse, des massifs floraux, et des plans inclinés qui semblent destinés aux amateurs de skateboard – à moins que ce ne soit aux voitures de mutilés, c'est difficile à dire. Mais la complexité de l'endroit ne s'arrête pas là : il y a aussi des magasins au centre de la place, sous une sorte de rotonde en béton, ainsi qu'un bâtiment qui ressemble à un arrêt de cars.

Je m'installe sur une des dalles de béton, bien décidé à tirer les choses au clair. Il apparaît sans doute possible que cette place est le cœur, le noyau central de la ville. Quel jeu se joue ici exactement ?

J'observe d'abord que les gens se déplacent généralement par bandes, ou par petits groupes de deux à six individus. Pas un groupe ne m'apparaît exactement semblable à l'autre. Évidemment ils se ressemblent, ils se ressemblent énormément, mais cette ressemblance ne saurait s'appeler identité. Comme s'ils avaient choisi de concrétiser l'antagonisme qui accompagne nécessairement toute espèce d'individualisation en adoptant des tenues, des modes de déplacement, des formules de regroupement légèrement différentes.

J'observe ensuite que tous ces gens semblent satisfaits d'eux-mêmes et de l'univers ; c'est étonnant, voire un peu effrayant. Ils déambulent sobrement, arborant qui un sourire narquois, qui un air abruti. Certains parmi les plus jeunes sont vêtus de blousons aux motifs empruntés au hard-rock le plus sauvage ; on peut y lire des phrases telles que : « Kill them all ! », ou « Fuck and destroy ! » ; mais tous communient dans la certitude de passer un agréable après-midi, essentiellement dévolu à la consommation, et par là même de contribuer au raffermissement de leur être.

J'observe enfin que je me sens différent d'eux, sans pour autant pouvoir préciser la nature de cette différence.

Je finis par me lasser de cette observation sans issue, et je me réfugie dans un café. Nouvelle erreur. Entre les tables circule un dogue allemand énorme, encore plus monstrueux que la plupart de ceux de sa race. Devant chaque client il s'arrête, comme pour se demander s'il peut ou non se permettre de le mordre.

À deux mètres de moi, une jeune fille est attablée devant une grande tasse de chocolat mousseux. L'animal s'arrête longuement devant elle, il flaire la tasse de son museau, comme s'il allait soudain laper le contenu d'un grand coup de langue. Je sens qu'elle commence à avoir peur. Je me lève, j'ai envie d'intervenir, je hais ce genre de bêtes. Mais finalement le chien repart.

Michel Houellebecq, *Extension du domaine de la lutte*, Éd. Maurice Nadeau, 1994.

1. Analysez la construction du texte. Montrez qu'à chaque étape de l'itinéraire correspond une nouvelle désillusion.

2. Observez les verbes qui introduisent chaque paragraphe (l. 12 à 34). Montrez que le narrateur agit comme un sociologue qui étudierait ses contemporains.

3. Quelles caractéristiques de la société contemporaine le romancier dénonce-t-il successivement ?

4. Commentez le dernier paragraphe. Quelle image nouvelle du narrateur y apparaît ?

5. NOTION. Commentez la réflexion de la ligne 29 : « J'observe enfin que je me sens différent d'eux ».

NOTION

Le regard désabusé sur le monde

Dans la littérature contemporaine, le roman conduit l'écrivain à porter un regard amer sur le monde et la société. Narrateur et personnages expriment le malaise qu'ils éprouvent vis-à-vis des valeurs et des comportements de leurs contemporains. Ils invitent ainsi à partager ou à repousser cette vision du monde désenchantée.

LA LITTÉRATURE EN EUROPE

Depuis 1950

Au lendemain de la Seconde Guerre mondiale, la séparation de l'Europe en deux blocs qui s'affrontent domine la vie politique du demi-siècle jusqu'à la chute du mur de Berlin, en 1989. Dès lors, une nouvelle dynamique se met en place, celle de la construction européenne, qui crée les conditions d'une littérature complètement renouvelée.

L'Allemagne

Les écrivains reviennent souvent sur l'histoire du nazisme, comme le fait Günther Grass dans *Le Tambour*, en 1959. Ils sont également confrontés au sentiment de solitude et à l'atmosphère menaçante créée par la division de l'Allemagne en deux pays que tout oppose. Le romancier et dramaturge autrichien Thomas Bernhardt publie ainsi son premier roman, *Gel*, en 1963 ; Peter Handke écrit, en 1970, *L'Angoisse du gardien de but au moment du penalty* ; Heinrich Böll, *L'Honneur perdu de Katharina Blum*, en 1974. Mais la littérature romanesque s'ouvre de nouveau au plaisir du récit et de l'imaginaire, avec le succès que connaît *Le Parfum*, de Patrick Süskind, en 1985.

Le Tambour de Günther Grass, adapté au cinéma par Volker Schlöndorff.

Heinrich Böll (1917-1985) a exprimé dans ses œuvres un profond humanisme.

L'Europe centrale et la Russie

C'est aux États-Unis que le romancier russe Vladimir Nabokov écrit, en 1958, *Lolita*, son chef-d'œuvre. Cependant, en Union soviétique, la répression se poursuit. Humiliés, menacés par la police, déportés ou contraints à l'exil, les écrivains multiplient des œuvres capitales, souvent publiées à l'étranger. C'est en Italie que le poète et romancier Boris Pasternak fait paraître sa grande fresque, *Le Docteur Jivago*, en 1957. C'est à Paris qu'Alexandre Soljenitsyne publie sa dénonciation du régime soviétique, *L'Archipel du Goulag*, en 1973.

Omar Sharif et Julie Christie dans l'adaptation du roman de Boris Pasternak (1890-1960).

Václav Havel en poster : un signe de sa popularité.

Fuyant le régime communiste, le Roumain Virgil Gheorghiu publie *La Vingt-Cinquième Heure* en France, où il s'est installé. En Tchécoslovaquie, le dramaturge Václav Havel passe cinq ans en prison pour ses prises de position contre le pouvoir, avant d'être élu président de la République en 1990. De même, son compatriote Milan Kundera multiplie les chefs-d'œuvre, parmi lesquels *La Plaisanterie* (1967) ou *L'Insoutenable Légèreté de l'être* (1984). Il est contraint de s'exiler en France en 1975. En Albanie, Ismaïl Kadaré connaît la consécration dès son premier roman, *Le Général de l'armée morte*, en 1963, et se fait le chantre de son pays, de ses mythes et de ses légendes.

L'Archipel du Goulag (1973)

Publié à Paris en 1973, l'œuvre d'Alexandre Soljenitsyne, magistrale par son ampleur, sa portée historique et sa densité humaine, a été écrite dans la clandestinité. Témoignage, essai historique, œuvre littéraire, *L'Archipel du Goulag* allie la confession autobiographique, l'expérience de la déportation vécue par Soljenitsyne lui-même, avec l'histoire des camps en Union soviétique, dans lesquels des millions d'hommes ont trouvé la mort. L'écrivain décrit l'horreur de l'univers carcéral, cette machine monstrueuse qui broie les vies humaines à travers l'humiliation, l'enfermement, la faim et la torture. Cette dénonciation du Goulag a joué un rôle considérable dans la prise de conscience de la réalité du régime soviétique.

L'Italie

Au traumatisme de la guerre, qu'exprime par exemple Curzio Malaparte dans *La Peau*, en 1949, succède une période d'intense création romanesque : Italo Calvino écrit *Le Vicomte pourfendu*, en 1952 ; Giuseppe Tomasi de Lampedusa revient sur l'histoire de la Sicile dans *Le Guépard*, qui sera somptueusement adapté au cinéma par Luchino Visconti. Commencée dès 1929, l'œuvre de Moravia, qui publie *Le Mépris* en 1954, *L'Ennui* en 1960, explore les difficultés du couple dans une société déshumanisée. La plupart des écrivains partagent ainsi l'engagement des intellectuels dans les débats de leur temps. Parmi eux, domine la figure de Pier Paolo Pasolini, dont le premier roman, *Les Ragazzi*, est poursuivi pour obscénité en 1955, et qui continue dès lors, dans la littérature et au cinéma, une œuvre qui suscite le scandale. En 1980, *Le Nom de la Rose*, d'Umberto Eco, rencontre un succès international. Enfin, Antonio Tabucchi s'impose à travers ses romans comme un écrivain contemporain important.

Le Mépris (1954)

Le roman d'Alberto Moravia est écrit à la première personne : Molteni, le héros, fait le récit de sa brève vie conjugale. Marié pauvre, il vit un amour partagé, simple et heureux. Journaliste, puis scénariste de films à succès, la fortune semble soudain lui sourire. Mais sa femme lui avoue un jour qu'elle ne l'aime plus, et même qu'elle le méprise. Elle refuse de s'expliquer sur l'origine de son « mépris ». Elle meurt dans un accident de voiture. Molteni a désormais pour seule préoccupation de comprendre pourquoi sa femme lui a fait un tel aveu.

La Grande-Bretagne

Dès 1954, William Golding s'interroge sur l'organisation des sociétés humaines avec *Sa Majesté des mouches*. D'autres écrivains portent un regard aigu et ironique sur les valeurs sociales de leur temps : *Le Gardien*, d'Harold Pinter, exprime une angoisse diffuse au sein du quotidien ; Anthony Burgess écrit *Orange mécanique* en 1962 ; l'année suivante, John Le Carré s'impose comme un maître du roman d'espionnage avec *L'Espion qui venait du froid* ; l'esprit satirique de David Lodge prend pour cible les institutions, depuis *Changement de décor* jusqu'à *Un tout petit monde*.

D'origine indienne, installé en Angleterre en 1961, Salman Rushdie y obtient de nombreux prix littéraires, avant de se voir condamné à mort par le pouvoir iranien pour ses *Versets sataniques* (1988). Aujourd'hui, les romanciers Jonathan Coe et Martin Amis poursuivent, à travers leurs œuvres, la chronique lucide et cruelle de la société anglaise.

L'adaptation d'*Orange mécanique* par Stanley Kudrick (1971).

L'Espagne

Après avoir, au moment de la guerre d'Espagne, conduit à la mort de nombreux écrivains, comme le poète Federico Garcia Lorca, le pouvoir franquiste pèse sur la société espagnole. Fuyant la censure, les écrivains combattent le régime et sont souvent contraints à l'exil. C'est à Buenos Aires que le romancier Camilo José Cela publie *La Ruche* (1951) avant d'obtenir le prix Nobel de littérature en 1989. C'est en France que Fernando Arrabal et Jorge Semprun construisent leurs œuvres, le premier en créant un théâtre de la révolte, le second en exprimant dans ses romans l'expérience d'un militant contre toutes les formes de dictature.

La peinture et la musique

Peinture

— Pierre Alechinsky, *Central Park*, 1965 (Belgique)
— Lucio Fontana, *Concetto spaziale*, 1967 (Italie)
— Francis Bacon, *Jet d'eau*, 1979 (Grande-Bretagne)
— Antoni Tapiès, *Rectangle*, 1979 (Espagne)
— Ugo Rondinone, *Roundelay*, installation audiovisuelle, 2003 (Suisse)

Musique

— Benjamin Britten, *War Requiem*, 1961 (Grande-Bretagne)
— Luciano Berio, *Laborintus*, 1963-1965 (Italie)
— Karlheirz Stockhausen, *Hymnen*, 1971 (Allemagne)
— Dimitri Chostakovitch, *Symphonie 15*, 1972 (Russie)

Écrire, publier, lire

Les rapports entre l'écrivain et son éditeur, mais aussi entre l'écrivain et son lecteur, changent tout au long de l'Histoire. Cette évolution est marquée par la transformation du statut de l'écrivain, par le bouleversement des techniques de l'édition et par les diverses attentes des lecteurs.

LE STATUT DE L'ÉCRIVAIN

Jusqu'au XVIIIe siècle, l'écrivain vit dans la dépendance d'un mécène qui le protège : il peut s'agir d'un homme d'Église, d'un roi ou d'un prince, d'un grand bourgeois, qui lui donne protection et assure ses revenus. Après la Révolution, l'écrivain acquiert son indépendance par la vente de ses livres. Son rôle social change et lui permet de devenir plus facilement une force de contestation et de critique au sein de la société.

LES CONDITIONS MATÉRIELLES DE L'ÉCRITURE

Pour écrire, l'écrivain utilise la plume d'oie jusqu'à l'apparition de la plume de fer, moins chère et plus solide, à la fin du XVIIIe siècle. L'invention de la machine à écrire va bouleverser les conditions matérielles de l'écriture. De même, l'apparition de l'ordinateur facilite le travail de l'écrivain en supprimant les brouillons. Le manuscrit, raturé et corrigé de la main de l'auteur, laisse ainsi la place à une disquette informatique ou à un CD-Rom.

L'ÉCRIVAIN ET LA CENSURE

Sous l'Ancien Régime, toutes les œuvres sont soumises à la censure préalable : un censeur royal prend connaissance des manuscrits, dont il autorise ou interdit la publication. Les auteurs, éditeurs et colporteurs des ouvrages clandestins sont poursuivis et emprisonnés. Au XIXe siècle, après l'abandon de la censure préalable, des auteurs sont poursuivis en justice pour atteinte à la morale publique. Au XXe siècle, la censure disparaît peu à peu, au fur et à mesure de la libération des mœurs.

LE CIRCUIT DE LA PUBLICATION

Au Moyen Âge, les copistes reproduisent à la main et enluminent des textes religieux, des poèmes ou des romans de chevalerie. L'invention de l'imprimerie, en 1440, permet la diffusion du livre. Peu à peu se créent de grandes maisons d'édition qui, aux XIXe et XXe siècles, permettent aux œuvres de connaître des tirages de plusieurs centaines de milliers d'exemplaires. Parallèlement, de petits éditeurs maintiennent la tradition du livre artistique, à tirage souvent limité, auquel collaborent parfois des peintres ou des graveurs. L'apparition d'Internet, sans bouleverser le milieu de l'édition, ouvre cependant la voie à de nouvelles formes de diffusion des textes.

LA RÉCEPTION DE L'ŒUVRE

Certaines œuvres rencontrent le succès en répondant à l'attente immédiate du lecteur ; d'autres au contraire modifient son horizon d'attente et doivent patienter avant d'être reconnues. Les médias et la critique, les prix littéraires, les libraires assurent la promotion et la reconnaissance des auteurs et de leurs œuvres.

EXEMPLE

Les comptes rendus des journaux et des magazines, les émissions de télévision permettent de faire connaître les œuvres nouvelles et leur auteur auprès du grand public. C'est ainsi que le journaliste Guillaume Durand reçoit, sur le plateau de son émission télévisée, le romancier Michel Houellebecq pour son roman *Plateforme.*

L'écrivain Michel Houellebecq, à la télévision, dans une émission littéraire.

SÉQUENCES

SÉQUENCE	PROBLÉMATIQUE	TEXTES
La vocation de l'écrivain et sa première publication	Comment un écrivain forme-t-il sa vocation à travers ses lectures, des premiers écrits à la publication de ses œuvres ?	– Sartre, *Les Mots*, p. 484. – Colette, *Sido*, p. 454. – Balzac, *Illusions perdues*, p. 308.
Le statut de l'écrivain et les formes de la censure	À quelles contraintes les écrivains se trouvent-ils confrontés ? Quels obstacles la publication des œuvres littéraires rencontre-t-elle ?	– Beaumarchais, *Le Mariage de Figaro*, p. 262. – Condorcet, *Esquisse d'un tableau historique des progrès de l'esprit humain*, p. 270. – Gracq, *La Littérature à l'estomac*, p. 510.

Exercice d'analyse Répondez aux questions suivantes.

1. Quelle image de l'écrivain le portrait effectué par Bernard Pivot fait-il apparaître ?
2. Expliquez la première phrase du texte B. Quel est le rôle joué par l'éditeur dans le circuit de la publication du roman ?
3. Étudiez l'image de la ligne 8 : « [Elle] ne se résolvait pas à sauter dans la marelle télévisée ».
4. Quel aspect du métier de critique littéraire la bande dessinée souligne-t-elle ?

Exercice de rédaction Entraînez-vous sur l'un des exercices suivants.

Vers le commentaire

Sous la forme de deux paragraphes, vous ferez le commentaire du texte de Marguerite Duras (texte A) en vous aidant du parcours de lecture suivant :
– la fin d'un roman et la fin d'un amour ;
– une écriture faite de phrases courtes et de silences.

Vers la dissertation

Baudelaire écrit dans une lettre à son notaire : « *Les Fleurs du mal* se vendront longtemps, mais après ma mort. » Un grand écrivain peut-il selon vous rencontrer un succès immédiat ? Vous répondrez à cette question sous la forme de deux paragraphes argumentés, en vous appuyant sur vos connaissances de l'histoire littéraire.

Vers le sujet d'invention

Imaginez un dialogue opposant Bernard Pivot et Julien Gracq sur le rôle des médias dans la diffusion des livres. Appuyez votre réflexion sur le texte B et sur celui de Gracq, page 510.

Texte A

Des années après la guerre, après les mariages, les enfants, les divorces, les livres, il était venu à Paris avec sa femme. Il lui avait téléphoné. C'est moi. Elle l'avait reconnu dès la voix. Il avait dit : je voulais simplement entendre votre voix. Elle avait dit : c'est moi, bonjour. Il était intimidé, il avait peur comme avant. Sa voix tremblait tout à coup. Et avec le tremblement, tout à coup, elle avait retrouvé l'accent de la Chine. Il savait qu'elle avait commencé à écrire des livres, il l'avait su par la mère qu'il avait revue à Saigon. Et aussi pour le petit frère, qu'il avait été triste pour elle. Et puis il n'avait plus su quoi lui dire. Et puis il le lui avait dit. Il lui avait dit que c'était comme avant, qu'il l'aimait encore, qu'il ne pourrait jamais cesser de l'aimer, qu'il l'aimerait jusqu'à sa mort.

Neauphle-le-Château – Paris
février-mai 1984.

Marguerite Duras, *L'Amant*, Éd. de Minuit, 1984.

Texte B

De 1975 à 1990, le journaliste Bernard Pivot a animé une émission littéraire, Apostrophes, chaque vendredi soir à 21 h 35. Il a ainsi fait connaître des centaines d'écrivains auprès du grand public. Dans Le Métier de lire, *il évoque les souvenirs qu'il a gardés de l'émission.*

DURAS

Pendant les vacances d'été de 1984, j'avais lu sur épreuves *L'Amant*. J'aimais, j'aimais. Jérôme Lindon, son éditeur, m'avait dit que Marguerite Duras pourrait peut-être donner son accord pour un passage à Apostrophes, mais ce ne serait pas facile, il fallait être patient. J'étais d'une impatience de chien de chasse.

J'avais proposé le *nec plus ultra* : l'entretien tête-à-tête à son domicile. Qu'on pouvait enregistrer pendant le courant du mois d'août pour une diffusion dans les premiers jours de septembre, au moment de la sortie de *L'Amant*. Mais le temps passait, et Marguerite tergiversait, ne se résolvait pas à sauter dans la marelle télévisée. Je lisais ou relisais des vieux Duras, j'annotais, je mettais en fiches, je préparais avec gourmandise une émission qui n'aurait peut-être pas lieu. Le livre paraît. Succès foudroyant. Est-ce cet enthousiasme de la critique et de la librairie qui l'a finalement décidée à accepter Apostrophes ?

Mais il était trop tard pour un enregistrement chez elle. Je lui ai donc proposé – ce qui était beaucoup plus risqué, car je ne la connaissais pas, et fidèle à mes principes, je ne la verrais pas avant – un tête-à-tête en direct dans le studio. Cette solution lui a plu finalement davantage, à cause du risque, je crois.

Pour beaucoup de téléspectateurs, surtout les plus jeunes, ce fut une heureuse découverte. Le ton Duras, le rythme Duras, sa manière bien à elle d'avancer par phrases courtes, pointues, imagées, et les fameux silences Duras auxquels j'éprouvais quelques difficultés à m'habituer pendant le premier quart d'heure [...].

Le triomphe de *L'Amant* – prix Goncourt 1984 – et l'impact considérable de l'émission ont fait passer Marguerite Duras du silence à une médiatisation généreuse et brouillonne.

Bernard Pivot, *Le Métier de lire*, Éd. Gallimard, 2001.

Dans *Les Disparus d'Apostrophes*, Pétillon représente avec humour le critique littéraire Bernard Pivot.

L'autobiographie

En entreprenant son autobiographie, l'écrivain revient sur son passé familial, ses souvenirs d'enfance, les événements qui l'ont marqué.

LES GENRES AUTOBIOGRAPHIQUES

L'autobiographie

En se racontant, l'écrivain se pose comme objet de son récit. L'auteur, le narrateur et le personnage principal forment donc une seule personne. L'autobiographie est avant tout un récit rétrospectif qui revient sur les étapes d'une existence. Cependant, les réflexions de l'écrivain devenu adulte, qui intervient pour commenter et analyser sa propre vie, se mêlent au récit du passé.

L'autoportrait

Dans l'autoportrait, l'écrivain esquisse une image de lui-même à un moment précis de son existence. Il décrit ses traits physiques et ses traits de caractères. Il expose ses qualités et ses défauts, mêlant réflexions et souvenirs au fil de l'écriture.

Les mémoires

En rédigeant ses mémoires, l'écrivain apporte un regard personnel sur les événements historiques dont il a été le témoin et trace le portrait des grands personnages qu'il a rencontrés. Il fait ainsi la chronique d'une époque en y inscrivant son propre destin.

Le roman autobiographique

Le roman autobiographique est un récit directement inspiré de la vie de son auteur. L'écrivain raconte à la première personne des événements qui lui sont effectivement arrivés en les attribuant à un personnage fictif qu'il dote d'un nom différent du sien.

Le journal

L'écrivain consigne au jour le jour ses réflexions, ses émotions, ses rencontres, ses lectures... La lecture des journaux intimes apporte de précieuses informations sur les goûts littéraires, les jugements de valeurs, les sentiments les plus intimes des écrivains.

LES ENJEUX DE L'ÉCRITURE AUTOBIOGRAPHIQUE

L'engagement de sincérité

Le « pacte autobiographique » passé entre l'écrivain et le lecteur suppose de la part de l'auteur l'engagement d'être sincère et de raconter son existence, sans rien cacher de ses défauts ou de ses moments de faiblesse.

Le témoignage personnel sur une époque

En racontant son existence, ses amitiés, ses amours, ses rencontres, l'autobiographe brosse le tableau d'une époque, des lieux qu'il a fréquentés, des personnalités qu'il a croisées, des bouleversements sociaux qu'il a vécus. Le lecteur découvre ainsi un témoignage authentique sur une époque révolue.

La réflexion sur la vocation littéraire

L'autobiographe s'interroge sur les circonstances qui l'ont conduit à devenir écrivain. Il analyse la naissance de sa vocation, évoquant les lectures et les rencontres qui l'ont influencé. Il apporte un précieux témoignage sur la genèse de son œuvre et sur sa conception de la littérature.

La formation d'une personnalité et l'analyse de soi

L'autobiographie permet à l'écrivain d'analyser les émotions et les sentiments qu'il a éprouvés au cours de son existence. Il mène une véritable introspection et découvre les traits dominants de sa personnalité.

EXEMPLE

l'utilisation de la première personne
l'engagement de sincérité
le souvenir d'enfance

Quelqu'un qui ne prenait pas au sérieux ma maladie, c'était mon oncle ; et comme je ne savais pas encore qu'il ne prenait au sérieux les maladies de personne, j'étais vexé. J'étais extrêmement vexé, et résolus de vaincre cette indifférence en jouant gros. Ah ! quel souvenir misérable ! Comme je sauterais par-dessus si j'acceptais de rien omettre ! – Me voici dans l'antichambre de l'appartement, rue Salle-l'Évêque ; mon oncle vient de sortir de sa bibliothèque et je sais qu'il va repasser ; je me glisse sous une console, et, quand il revient [...] je fais un mouvement ; je pousse un gémissement ; alors il s'arrête, soulève son lorgnon et, de par-dessus son journal :

– Tiens ! Qu'est-ce que tu fais là ?

Je me crispe, me contracte, me tords et, dans une espèce de sanglot que je voudrais irrésistible :

– Je souffre, dis-je.

Mais tout aussitôt j'eus la conscience du fiasco : mon oncle remit le lorgnon sur son nez, son nez dans son journal, rentra dans sa bibliothèque dont il referma la porte de l'air le plus quiet. Ô honte ! Que me restait-il à faire, que me relever, secouer la poussière de mes vêtements, et détester mon oncle ; à quoi je m'appliquais de tout mon cœur.

André Gide, *Si le grain ne meurt*, 1920-1924, Éd. Gallimard.

SÉQUENCES

SÉQUENCE	PROBLÉMATIQUE	TEXTES
Autobiographie et sincérité	De quelle manière l'écrivain répond-il à l'engagement de sincérité qui fonde le pacte autobiographique ?	– Rousseau, *Les Confessions*, p. 257-258. – Colette, *Sido*, p. 454. – Beauvoir, *Mémoires d'une jeune fille rangée*, p. 532.
Les formes de l'écriture autobiographique	Quelles sont les formes de l'écriture autobiographique et quels sont leurs enjeux respectifs ? Quels sont les principes communs ?	– Montaigne, *Les Essais*, p. 85-87. – Rousseau, *Les Confessions*, p. 256-257. – Chateaubriand, *Mémoires d'outre-tombe*, p. 286. – Céline, *Mort à crédit*, p. 464. – Djebar, *Vaste est la prison*, p. 580.
Autobiographie et souvenirs d'enfance	En quoi le souvenir d'enfance est-il fondamental dans tout récit autobiographique ?	– Vallès, *L'Enfant*, p. 404. – Proust, *Du côté de chez Swann*, p. 427. – Sarraute, *Enfance*, p. 560. – Ernaux, *Une femme*, p. 572.

SUJET DU BAC

CLASSE DE PREMIÈRE L

OBJET D'ÉTUDE **L'autobiographie**

Textes

A – Michel de Montaigne, *Essais*, 1580-1595.
B – Jean-Jacques Rousseau, *Les Confessions*, 1782, éd. posthume.
C – Nathalie Sarraute, *Enfance*, Éd. Gallimard, 1983.

Écriture

Vous répondrez d'abord à la question suivante. (4 points)
Quelles caractéristiques de l'écriture autobiographique retrouve-t-on dans ces textes ?

Vous traiterez ensuite un de ces sujets au choix. (16 points)

→ Sujet I : Commentaire

Vous ferez le commentaire du texte de Jean-Jacques Rousseau (texte B).

→ Sujet II : Dissertation

« Ainsi, lecteur, je suis moi-même la matière de mon livre », déclare Michel de Montaigne dans ses *Essais* (texte A). Vous discuterez cette conception du projet autobiographique en vous appuyant sur des exemples précis du corpus et sur votre expérience de lecteur.

→ Sujet III : Invention

En vous appuyant sur l'épisode raconté par Jean-Jacques Rousseau, vous ferez le récit d'un souvenir personnel à l'occasion duquel vous avez pris conscience d'un problème de société.

Texte A

C'est ici un livre de bonne foi, lecteur. Il t'avertit dès l'entrée que je ne m'y suis proposé aucune fin[1], que domestique et privée. Je n'y ai eu nulle considération de ton service, ni de ma gloire : mes forces ne sont pas capables d'un tel dessein. Je l'ai voué à la commodité particulière de mes parents et amis : à ce que[2], m'ayant perdu (ce qu'ils ont à faire bientôt), ils y puissent retrouver aucuns traits[3] de mes conditions et humeurs, et que par ce moyen ils nourrissent plus entière et plus vive la connaissance qu'ils ont eue de moi. Si c'eût été pour rechercher la faveur du monde, je me fusse mieux paré et me présenterais en une marche étudiée. Je veux qu'on m'y voie en ma façon simple, naturelle et ordinaire, sans contention et artifice : car c'est moi que je peins. Mes défauts s'y liront au vif, et ma forme naïve, autant que la révérence publique me l'a permis. Que si j'eusse été entre ces nations qu'on dit vivre encore sous la douce liberté des premières lois de nature, je t'assure que je m'y fusse très volontiers peint tout entier, et tout nu. Ainsi, lecteur, je suis moi-même la matière de mon livre : ce n'est pas raison que tu emploies ton loisir en un sujet si frivole et si vain. Adieu donc.

Michel de Montaigne, *Essais*, 1580-1585.

1. **aucune fin** : aucun autre but.
2. **à ce que** : afin que.
3. **aucuns traits** : quelques caractéristiques.

Texte B

Dans cet épisode des Confessions, *Rousseau, né à Genève, voyage à pied dans les environs de Lyon. Il est alors âgé de dix-neuf ans.*

Après plusieurs heures de course inutile, las et mourant de soif et de faim, j'entrai chez un paysan dont la maison n'avait pas belle apparence, mais c'était la seule que je visse aux environs. Je croyais que c'était comme à Genève ou en Suisse, où tous les habitants à leur aise sont en état d'exercer l'hospitalité. Je priai celui-ci de me donner à dîner en payant. Il m'offrit du lait écrémé et de gros pain d'orge, en me disant que c'était tout ce qu'il avait. Je buvais ce lait avec délices, et je mangeais ce pain, paille et tout ; mais cela n'était pas fort restaurant pour un homme épuisé de fatigue. Ce paysan, qui m'examinait, jugea de la vérité de mon histoire par celle de mon appétit. Tout de suite après m'avoir dit qu'il voyait bien que j'étais un bon jeune honnête homme qui n'était pas là pour le vendre, il ouvrit une petite trappe à côté de sa cuisine, descendit, et revint un moment après avec un bon pain bis de pur froment, un jambon très appétissant quoique entamé, et une bouteille de vin dont l'aspect me réjouit le cœur plus que tout le reste. On joignit à cela une omelette assez épaisse, et je fis un dîner tel qu'autre qu'un piéton[1] n'en connût jamais. Quand ce vint à payer, voilà son inquiétude et ses craintes qui le reprennent ; il ne voulait point de mon argent ; il le repoussait avec un trouble extraordinaire ; et ce qu'il y avait de plaisant était que je ne pouvais imaginer de quoi il avait peur. Enfin, il prononça en frémissant ces mots terribles de commis et de rats de cave[2]. Il me fit entendre qu'il cachait son vin à cause des aides[3], qu'il cachait son pain à cause de la taille[3], et qu'il serait un homme perdu si l'on pouvait se douter qu'il ne mourût pas de faim. Tout ce qu'il me dit à ce sujet, et dont je n'avais pas la moindre idée, me fit une impression qui ne s'effacera jamais. Ce fut là le germe de cette haine inextinguible qui se développa depuis dans mon cœur contre les vexations qu'éprouve le malheureux peuple et contre ses oppresseurs.

Jean-Jacques Rousseau, *Les Confessions*, 1782, éd. posthume.

1. tel qu'autre qu'un piéton : tel qu'aucun autre voyageur.
2. commis et rats de cave : employés des impôts.
3. aides, taille : impôts.

Texte C

Dans son autobiographie, Nathalie Sarraute se souvient du moment où elle a découvert les romans d'aventures de Ponson du Terrail dans une vieille commode installée dans sa chambre.

Voici enfin le moment attendu où je peux étaler le volume sur mon lit, l'ouvrir à l'endroit où j'ai été forcée d'abandonner… je m'y jette, je tombe… impossible de me laisser arrêter, retenir par les mots, par leur sens, leur aspect, par le déroulement des phrases, un courant invisible m'entraîne avec ceux à qui de tout mon être imparfait mais avide de perfection je suis attachée, à eux qui sont la bonté, la beauté, la grâce, la noblesse, la pureté, le courage mêmes… je dois avec eux affronter des désastres, courir d'atroces dangers, lutter au bord de précipices, recevoir dans le dos des coups de poignard, être séquestrée, maltraitée par d'affreuses mégères, menacée d'être perdue à jamais… et chaque fois, quand nous sommes tout au bout de ce que je peux endurer, quand il n'y a plus le moindre espoir, plus la plus légère possibilité, la plus fragile vraisemblance… cela nous arrive… un courage insensé, la noblesse, l'intelligence parviennent juste à temps à nous sauver…

Nathalie Sarraute, *Enfance*, Éd. Gallimard, 1983.

Les caractéristiques des épreuves du bac

LES DEUX PARTIES DE L'ÉPREUVE ÉCRITE

Le sujet s'appuie sur un ensemble de textes, appelé « corpus », qui peut être accompagné par un document iconographique. Le nombre des textes varie de un à cinq. La cohérence de ce groupement est explicitement liée à un ou plusieurs des objets d'étude inscrits au programme de Première.

1. Les questions de lecture sur le corpus de textes

Une ou deux questions, selon les séries, invitent le candidat à établir des relations entre les différents documents. Elles évaluent ses compétences à lire, analyser et interpréter un texte littéraire, et nécessitent des réponses entièrement rédigées. Elles préparent également à la seconde partie de l'épreuve écrite : le travail d'écriture. Ces questions sont notées sur quatre points dans les séries générales et sur six dans les séries technologiques.

2. Le travail d'écriture

Le candidat a le choix entre trois sujets d'écriture, tous liés à la totalité ou à une partie des textes étudiés. Ce travail est noté sur 14 à 16 points.

- **Le commentaire.** Le sujet porte sur un texte littéraire extrait du corpus ; mais il peut également inviter le candidat à comparer deux textes. Il s'agit de mettre en valeur la singularité d'un texte et de rendre compte de sa propre lecture de manière organisée.

- **La dissertation.** Le sujet invite à rédiger une réflexion argumentée à partir d'une problématique issue du programme de français. Il s'agit pour le candidat de développer sa pensée dans un texte structuré en s'appuyant sur le corpus, sur les objets d'étude et sur sa culture personnelle.

- **L'invention.** Le sujet demande de transformer, imiter ou poursuivre un texte du corpus. Il faut rédiger un texte qui s'inscrit dans les exigences indiquées par la consigne. L'invention se fonde sur la connaissance des genres et des objets d'étude de la classe de Première.

LES DEUX PARTIES DE L'ÉPREUVE ORALE

L'épreuve orale se déroule en deux parties de dix minutes chacune, précédées d'un temps de préparation de trente minutes. Elle évalue les connaissances du candidat, sa maîtrise de l'expression orale et son aptitude à dialoguer avec l'examinateur. Elle s'appuie sur le descriptif de lectures et d'activités qui rend compte du travail de l'année. Chaque partie de l'épreuve est notée sur 10 points.

1. L'exposé

L'examinateur choisit un texte dans le descriptif des lectures et activités. Après l'avoir lu à haute voix, le candidat l'étudie. Cette analyse repose sur l'observation précise du texte. Elle est guidée par une question écrite, préalablement posée par l'examinateur.

2. L'entretien

Il vise à approfondir et à élargir la réflexion sur le texte proposée par l'exposé et sur les lectures mentionnées dans le descriptif d'activités. Il permet d'évaluer les connaissances du candidat sur les objets d'étude au programme, les œuvres étudiées en classe ou ses lectures personnelles.

Les questions de lecture

Une ou deux questions invitent le candidat à dégager le sens d'un texte, identifier un registre, un genre ou un mouvement culturel. Elles peuvent également porter sur son style et son organisation.

1. Répondre aux questions sur le sens des textes

Point abordé	Exemple de questions	Ce qu'il faut repérer et analyser
Le thème	*Quel est le thème commun aux documents du corpus ?*	- les réseaux lexicaux - les répétitions de mots à l'intérieur des textes
La situation	*Montrez comment le texte B fait écho à la situation mise en place par le texte A.*	- l'énonciation, l'époque, le lieu et l'identité des personnages - le décor et la scène représentée
L'opinion	*Relevez et reformulez le point de vue développé dans le texte et le document iconographique.*	- la thèse défendue - les termes affectifs et évaluatifs - les arguments et les exemples

2. Répondre aux questions sur le genre ou le registre

• **Le genre littéraire.** Il s'agit d'identifier, dans un ou plusieurs textes, les caractéristiques d'un genre littéraire : la poésie, le roman, le théâtre, l'autobiographie, les formes de l'argumentation (l'essai, la fable, le conte philosophique).

Ce qu'il faut repérer : l'application dans les textes des règles du genre ; les écarts par rapport à ces règles et l'évolution du genre d'un texte à l'autre.

• **Le registre.** Il s'agit de relever les marques du registre dans un ou plusieurs textes du corpus : le comique, le tragique, le lyrique, l'épique, le fantastique, le polémique, etc.

Ce qu'il faut repérer : les attitudes, les sensations, les sentiments exprimés ; les procédés correspondant à chaque registre.

3. Répondre aux questions sur le style d'un texte

• **La construction syntaxique.** Il s'agit d'analyser la longueur, la construction et la ponctuation des paragraphes et des phrases.

Ce qu'il faut interpréter : la nature de la phrase (phrase verbale ou énoncé sans verbe), sa modalité (déclarative, interrogative, etc.) et sa composition (phrase simple ou complexe, période...).

• **Les procédés rhétoriques.** Il s'agit d'identifier, d'analyser et d'interpréter les procédés utilisés par l'auteur.

– Les images poétiques qui se développent dans un texte : la comparaison, la métaphore, la métaphore filée, la personnification et l'allégorie.
– Les figures de style à étudier et justifier : les figures d'opposition, d'insistance, les figures d'amplification ou d'atténuation.
– Les procédés de l'éloquence qui servent à interpeller le destinataire : l'apostrophe, l'exclamation, la question oratoire.

• **Les effets d'écho et les sonorités.** Il s'agit d'identifier et d'interpréter les sons qui se répètent dans une même phrase, un même vers ou un même passage.

Ce qu'il faut interpréter : les allitérations, les assonances, l'harmonie imitative ou suggestive.

Le sujet de commentaire

Dans les séries technologiques, le sujet du commentaire indique deux ou trois perspectives qui guident la construction de la réponse. Dans les séries générales, le candidat dégage seul des perspectives d'étude pertinentes.

1. Analyser le texte à commenter

L'analyse consiste d'abord à identifier les caractéristiques essentielles du texte : genre, registre, thèmes développés. Elle s'appuie ensuite sur une étude minutieuse du texte afin de mettre en évidence le lexique, l'énonciation (pronoms, temps des verbes, indicateurs spatio-temporels), la syntaxe (longueur et modalités des phrases), les figures de style (métaphores, anaphores, hyperboles).

2. Construire le plan

Le plan compte deux ou trois parties qui comprennent chacune deux ou trois paragraphes.

- **Dans les séries générales.** Il s'agit de formuler, à partir de l'analyse du texte, deux ou trois idées directrices qui mettent en évidence l'originalité du texte. Elles correspondent aux différentes parties du commentaire. Chaque idée directrice est justifiée par des explications et illustrée par des éléments précis du texte.

- **Dans les séries technologiques.** Il s'agit de reprendre les perspectives d'étude indiquées par le sujet pour en faire les différentes parties du plan. Ces idées directrices sont elles aussi justifiées par des explications et illustrées par des éléments précis du texte.

3. Rédiger l'introduction

L'introduction se présente sous la forme d'un paragraphe qui remplit trois objectifs :
- situer l'auteur et l'œuvre étudiés ;
- dégager l'axe de lecture choisi pour montrer l'originalité du texte;
- annoncer le plan du commentaire en donnant le titre de ses différentes parties.

4. Rédiger le développement

Le commentaire développe les différentes parties du plan élaboré.

- **Les grandes parties.** Chaque partie comprend deux ou trois paragraphes et débute en exposant clairement l'idée qu'elle va développer.

- **Les paragraphes.** Chaque paragraphe développe un argument qui justifie l'idée directrice de la grande partie. Il explique un aspect particulier du texte, qu'il illustre par des exemples et des citations tirés du texte, avant d'en proposer une interprétation.

- **Les transitions.** Des transitions assurent le lien entre les grandes parties. Elles montrent la cohérence du parcours de lecture suivi, sa logique et sa progression. Elles s'appuient pour cela sur des termes d'articulation logiques soulignant la continuité (d'abord, ensuite, enfin), la restriction (cependant, toutefois, néanmoins) ou l'explication (ainsi, en outre, c'est pourquoi).

5. Rédiger la conclusion

La conclusion du commentaire comporte deux étapes. Elle récapitule d'abord en quelques lignes le parcours de lecture qui a été suivi, soulignant ainsi ce qui fonde l'originalité ou l'intérêt du texte commenté. Elle élargit ensuite la réflexion menée en suggérant des rapprochements avec d'autres textes qui traitent du même thème, s'inscrivent dans le même registre ou appartiennent au même mouvement littéraire.

Le sujet de dissertation

La dissertation demande au candidat de mener une réflexion personnelle liée à l'un des objets d'étude inscrits au programme. Elle prend la forme d'une problématique qui s'appuie sur les textes du corpus, les lectures et les textes étudiés en classe.

1. Analyser le sujet

La question posée peut demander, à partir d'une citation, de développer, de réfuter ou de discuter le jugement d'un auteur. Elle peut aussi inviter à confronter les textes du corpus afin de dégager un jugement personnel sur une question. Il s'agit, dans tous les cas, de reconnaître l'enjeu d'un débat et de dégager des pistes de réflexion pour y répondre.

2. Rechercher des idées

- **Exploiter le corpus.** La dissertation suppose de modifier un maximum d'idées pour répondre au sujet. Les différents textes du corpus sont analysés en fonction de la problématique posée par le sujet. Il faut pour cela rechercher dans les textes du corpus les mots, les expressions clés ou les phrases qui correspondent à la problématique du sujet.

- **Élargir la recherche.** Pour compléter, il est nécessaire de mobiliser ses connaissances sur les genres littéraires, les registres ou les mouvements, l'originalité d'un auteur ou d'une œuvre. Il faut parfois recourir à son expérience personnelle – lectures, spectacles, voyages – de manière à enrichir la réflexion.

3. Construire le plan

Le plan dégage de manière précise deux ou trois parties qui développent, réfutent ou discutent la problématique posée par le sujet.

- **Pour développer un point de vue.** Chaque partie correspond à un aspect du jugement ou de la problématique, qu'elle approfondit et illustre par des exemples.

- **Pour réfuter un point de vue.** La première partie du plan explicite l'opinion en évoquant le contexte dans lequel elle a été formulée ; la seconde partie argumente et réfute l'opinion en la contestant point par point.

- **Pour discuter un point de vue.** La première partie justifie et développe l'opinion exprimée ; la deuxième partie en montre les limites ; la troisième partie propose un jugement personnel qui reformule le problème de manière différente.

4. Rédiger le devoir

- **L'introduction.** L'introduction comprend trois étapes. La mise en contexte commence par situer le sujet en apportant des informations sur l'auteur de la citation, sur la thématique qu'il met en place ou sur l'objet d'étude auquel il correspond. L'exposition de la problématique s'appuie sur les termes de la citation ou les expressions clés du jugement qu'il s'agit d'éclairer. L'annonce du plan énumère les idées directrices de chacune des parties sous forme de questions.

- **Le développement.** Chacune des parties de la dissertation commence par indiquer clairement son idée directrice. Elle comprend deux ou trois paragraphes d'une quinzaine de lignes chacun. Chaque paragraphe développe un aspect de l'idée directrice à travers des explications, des exemples et des citations. L'enchaînement entre les parties et entre les paragraphes est souligné par des termes d'articulation logique.

- **La conclusion.** La conclusion comporte deux étapes : elle fait d'abord le bilan de la recherche de manière précise, en répondant au problème soulevé par le sujet, puis elle ouvre la problématique sur de nouvelles perspectives.

Le sujet d'invention

Le sujet d'invention s'appuie sur un texte du corpus pour en proposer la transformation. Cette transformation peut soit privilégier une réflexion sur le contenu argumentatif du texte, soit transposer le texte dans un autre genre ou dans un autre registre, soit amplifier ce qui demeurait implicite dans le texte.

1. Construire une argumentation

Il s'agit alors de répondre à deux exigences précises.

- **Le développement ou la réfutation d'une thèse.** Le sujet demande à développer, réfuter ou discuter la thèse présente dans un texte. Il s'agit pour cela de mobiliser ses connaissances pour apporter des arguments et des exemples.

- **L'inscription du texte dans un cadre donné.** Le sujet demande à inscrire l'argumentation dans un cadre précis et d'obéir aux contraintes de ce cadre : par exemple une lettre, un dialogue, un monologue délibératif, un discours devant une assemblée, un article polémique ou critique (éloge ou blâme).

2. Transposer un texte dans un genre différent

La transposition d'un texte dans un genre différent nécessite de se plier aux règles du genre dans lequel ce texte doit s'inscrire.

- **Respecter les règles d'écriture du nouveau genre.** La transposition d'un roman au théâtre, d'une lettre à un essai ou d'une œuvre littéraire à son adaptation pour le cinéma oblige à respecter les règles d'écriture propres au théâtre, à l'essai ou au scénario.

- **Changer le système énonciatif.** La transposition peut amener à changer le mode de narration ou le système énonciatif du texte. Il faut dans ce cas adapter les temps verbaux, les niveaux de langage, les pronoms personnels, les termes affectifs.

3. Transposer un texte dans un registre différent

La transposition d'un texte dans un nouveau registre demande d'utiliser les caractéristiques propres à chaque registre.

- **Développer les thèmes et les situations propres à chaque registre.** En fonction du registre demandé par la transposition, il faut exprimer les émotions et les situations correspondantes : la peur, l'exaltation, la révolte... La transposition d'un texte dans le registre comique conduit à en écrire une parodie.

- **Utiliser les procédés propres à chaque registre.** Chaque registre met en jeu des procédés qu'il faut utiliser dans la transposition.

4. Amplifier l'implicite d'un texte

L'amplification de ce qui est seulement suggéré dans l'extrait proposé suppose d'identifier précisément les caractéristiques de ce texte, de manière à en écrire la suite ou à y insérer un commentaire, une description, un récit, un dialogue.

- **Identifier les caractéristiques du texte.** Le texte étudié présente un certain nombre de caractéristiques qu'il faut repérer : situation (lieu et époque), thème, personnages, décor.

- **Respecter les contraintes d'écriture du passage à insérer.** Le texte à inventer doit mettre en œuvre les règles d'écriture de la description, du récit ou du dialogue, tout en respectant le style de l'auteur et la cohérence générale du texte.

L'épreuve orale

L'épreuve orale comprend deux parties. Le candidat doit d'abord répondre à une question posée sur un texte étudié en classe pendant l'année. Il dispose de trente minutes pour préparer un exposé de dix minutes. Il s'entretient ensuite pendant dix minutes avec l'examinateur, répondant à ses questions de façon claire et précise.

1. Analyser la question posée

L'examinateur s'appuie sur le descriptif de lectures et d'activités pour poser une question portant sur l'un des textes classés dans les lectures analytiques. L'exposé du candidat n'est pertinent que s'il répond à cette question. Il faut donc examiner soigneusement sa formulation et comprendre son objectif.

2. Préparer l'exposé (30 minutes)

- **Analyser le texte.** Le texte, longuement étudié en classe, doit, le jour de l'oral, être analysé en fonction des termes de la question. Toute remarque, même juste, qui ne répondrait pas à la question affaiblirait l'exposé et doit être éliminée.
- **Préparer le plan.** En fonction de la question posée et du texte étudié, on peut répondre en suivant les principaux mouvements du passage ou en dégageant des idées directrices. Dans tous les cas, on distingue au moins deux parties, logiquement liées, auxquelles on donne un titre.
- **Mettre au point des notes.** Les notes facilitent la prise de parole et permettent au candidat de mieux maîtriser ses émotions. Pour cela, il faut consacrer une feuille à chaque partie de sa réponse et y inscrire le titre de la partie et les différents arguments, ainsi que les renvois aux passages du texte sur lesquels l'exposé s'appuie.

3. Présenter son exposé (10 minutes)

- **Lire le texte.** Il faut être clair, audible et expressif.
- **Introduire l'exposé.** Il s'agit d'expliquer la question posée en montrant son intérêt et sa difficulté. L'introduction annonce clairement le plan adopté en indiquant les titres des deux ou trois parties.
- **Développer l'exposé.** Il faut suivre le plan annoncé en apportant des arguments et des explications. Chaque élément de réponse s'appuie sur des extraits du texte que l'on cite et que l'on commente de manière précise.
- **Conclure l'exposé.** Il s'agit de revenir sur les termes de la question posée par l'examinateur, de dresser un rapide bilan de l'étude proposée et d'ouvrir de nouvelles perspectives, sans s'éloigner cependant de la question initiale.

4. Réussir l'entretien (10 minutes)

Chaque examinateur est libre de mener l'entretien comme il l'entend pour permettre au candidat de mettre en valeur son analyse et ses connaissances.

- **Les questions sur l'exposé.** L'interrogateur peut demander des précisions sur ce que vient de dire le candidat au cours de son exposé.
- **Les questions sur la séquence.** L'interrogateur pose ensuite des questions sur la séquence à laquelle appartient le texte étudié. Il s'appuie sur le descriptif qui indique comment le candidat a travaillé sur l'objet d'étude abordé par cette séquence.
- **Les questions sur le descriptif de lectures et d'activités.** Tout ce qui est indiqué sur le descriptif peut donner lieu à des questions. C'est à ce moment de l'épreuve que le candidat doit faire appel aux lectures cursives, aux textes complémentaires, aux documents iconographiques ou à ses travaux personnels.

INDEX DES AUTEURS

En gras, la page avec la biographie de l'auteur.

INDEX DES NOTIONS

En gras, la page où la notion est définie.

INDEX DES ŒUVRES

En gras, la page où figure un extrait de l'œuvre citée.

Couverture : M. Duras, Lipnitzki/Roger-Viollet ; F. Mauriac, H. Manuel/Archives Larbor ; T. Ben Jelloun, Andersen/Sipa Press ; F. Rabelais, H. Josse/Archives Larbor ; A. Césaire, Martinie/Roger-Viollet ; L. Labé, Coll. Archives Larbor ; G. Sand, J.L. Charmet/Archives Larbor ; Chateaubriand, Guiley-Lagache/Archives Larbor ; Rouseau, J. Tarascon/Archives Larbor .

p. 18/19 BNF. Coll. Archives Larbor ; **p. 20** htg BNF. Coll. Archives Larbor ; **p. 20** ht m Musée du Louvre, Paris. H. Josse / Archives Larbor ; **p. 20** htd BNF. Coll. Archives Larbor ; **p. 20** basg BNF. Coll. Arch. Larbor. ; **p. 20** mbd G. Dagli Orti ; **p. 20** basd BNF. Coll. Archives Larbor. ; **p. 21** ht Bibl. du musée Condé, Chantilly. H. Josse / Archives Larbor ; **p. 21** bas Musée Condé, Chantilly. R.G. Ojeda / RMN ; **p. 22** BNF. Coll. Archives Larbor ; **p. 24** Guillaume IX d'Aquitaine, miniature, XIIIe s. BNF. Coll. Archives Larbor ; **p. 26** basg Miniature du Codex Manesse. The Art Archive / Bibl. de l'université, Heidelberg / Dagli Orti (A) ; **p. 26** htd Bibl. de l'Arsenal, Paris. Coll. Archives Nathan ; **p. 27** htg BNF. Coll. Archives Larbor ; **p. 27** htd BNF. Coll. Archives Larbor ; **p. 27** bas The Art Archive / British Library ; **p. 28** La quête du saint graal, miniature XIVe s. BNF. Coll. Archives Larbor ; **p. 30** g Musée Condé, Chantilly. Ph. E. Lessing / Magnum ; **p. 30** ht d BNF. Coll. Archives Nathan. ; **p. 30** d BNF. Coll. Archives Larbor ; **p. 31** basg Bibl. nationale, Turin. G. Dagli Orti ; **p. 32** La pêche d'Ysengrin, miniature,XIVe s. BNF. Coll. Archives Larbor ; **p. 34** Miniature, XVe s. BNF. Coll. Archives Larbor ; **p. 35** Miniature, XIIIe s. BNF. Coll. Archives Nathan ; **p. 36** Jean de Meung écrivant. Miniature, XVe s. BNF. Coll. Archives Larbor ; **p. 38** Jérome Bosch - L'Avarice, XVIe s. Musée du Prado, Madrid. G. Dagli Orti. ; **p. 39** Musée des Beaux-Arts, Gand. G. Dagli Orti. ; **p. 40** Tapisserie, XVe s. Musée des Arts décoratifs, Paris. Photos12.com-Hachedé ; **p. 42** Pathelin et le drapier. Gravure sur bois, XVe s. BNF. Coll. Archives Larbor ; **p. 44** BNF. Coll. Archives Larbor ; **p. 45** BNF. Coll. Archives Larbor ; **p. 46** Bibl. du musée Condé, Chantilly. H. Josse / Archives Larbor; **p. 232** Musée de l'Ermitage, Saint-Petersbourg. Peter Willi / Bridgeman - Giraudon.; **p. 54/55** Musée des Beauc-Arts, Rennes. G. Dagli Orti. ; **p. 56** mg Musée du Louvre, Paris. H. Josse / Archives Larbor ; **p. 56** md Musée Carnavalet, Paris. Coll. Archives Larbor ; **p. 56** basg BNF. Coll. Archives Larbor. ; **p. 56** basd Coll. Part. Coll. Archives Larbor ; **p. 57** htg BNF. Coll. Archives Larbor. ; **p. 57** htm Ecole des Beaux Arts, Paris. Bridgeman - Giraudon. ; **p. 57** basd Musée Sandelin, Saint-Omer. E. Lessing / Magnum ; **p. 57** htd Galerie Sabauda, Turin. Bridgeman - Giraudon. ; **p. 57** basg Bibl. Royale - Château de Windsor. J.L. Charmet / Archives Larbor ; **p. 57** basm BNF. Coll. Archives Larbor. ; **p. 57** basd BNF. Jeanbor / Arch. Larbor. ; **p. 58** htg R.G. Ojeda / RMN ; **p. 58** htm Jacques Le Lièvre - Poème sur la Passion de N.S.J.C., vers 1530, miniature du Maître de Morgan, Ms. M. 147, f.2. © The Pierpont Morgan Library / Art Ressource, New York. ; **p. 58** htd BNF. Coll. Roger-Viollet ; **p. 58** basg BNF. Coll. Archives Larbor. ; **p. 58** basd BNF. Coll. Archives Larbor. ; **p. 59** htd G. Dagli Orti ; **p. 59** bas Bridgeman - Giraudon ; **p. 60** Marot, G.B. Moroni, XVIe s. Bibl. de la Société d'histoire du Protestantisme français, Paris. J.L. Charmet / Archives Larbor ; **p. 62** htg Rabelais, portrait anonyme, XVIIe s. Musée nat. des Châteaux de Versailles et de Trianon. H. Josse / Archives Larbor ; **p. 62** basg BNF. Coll. Archives Larbor ; **p. 62** basd BNF. Coll. Archives Larbor ; **p. 63** htg Musée nat. des châteaux de Versailles et de Trianon. Photos12.com-ARJ ; **p. 63** md BNF. L. de Selva / Archives Larbor ; **p. 69** BNF. Coll. Archives Nathan ; **p. 72** Du Bellay, dessin anonyme, XVIe s. BNF. Coll. Archives Larbor ; **p. 76** htg BNF. Coll. Archives Larbor ; **p. 76** basg BNF. Coll. Archives Larbor. ; **p. 76** basd Bibl. de l'Université, Bâle. Coll. Archives Larbor. ; **p. 77** htg BNF. Coll. Archives Larbor ; **p. 77** htd BNF. Coll. Archives Larbor. ; **p. 77** basg Détail de : Raphael - Tomaso Inghirami appelé Freda - Palais Pitti, Florence. E. Lessing / Magnum. ; **p. 77** basd Chambre de la Signature, Vatican. G. Dagli Orti. ; **p. 78** Ronsard, Ecole française, XVIe s. Musée des Beaux-Arts, Blois. Coll. Archives Larbor ; **p. 82** Louise Labé. Gravure, XVIe s. BNF. Coll. Archives Larbor ; **p. 84** Montaigne. Ecole française, XVIIe s. Musée nat. des châteaux de Versailles et de Trianon. Archives Nathan ; **p. 88** Agrippa d'Aubigné. Gravure, XVIe s. BNF. Coll. Archives Nathan. ; **p. 70** htg Bibl. de l'Arsenal, Paris; L. de Selva / Archives Larbor ; **p. 70** d Musée du Louvre, Paris. Archives Nathan ; **p. 71** htg Galerie de l'Académie, Venise; Ph. Giacomelli / Archives Larbor ; **p. 71** md Musées Royaux des Beaux-Arts de Belgique, Bruxelles. Bridgeman - Giraudon. ; **p. 71** basd Ghirlandaio - les professeurs de l'univeristé florentine - détail de l'Annonce à Zacharie. Eglise Santa Maria Novella, Florence. E. Lessing / Magnum. ; **p. 96/97** E. Lessing / AKG Paris ; **p. 98** htg Musée Carnavalet, Paris. Coll. Archives Larbor ; **p. 98** htd Musée nat. des châteaux de Versailles et de Trianon. H. Josse / Archives Larbor ; **p. 98** basg Musée d'Orbigny-Bernon, La Rochelle. E. Lessing / AKG Paris. ; **p. 98** basd Musée nat. des châteaux de Versailles et de Trianon. G. Blot / RMN. ; **p. 99** htg Musée du Louvre, Paris. Coll. Archives Larbor ; **p. 99** htm City Art Museum, Saint-Louis, Missouri. Coll. Archives Larbor ; **p. 99** htd Don Diego Messia Felipe de Guzman par G. de Crayer., vers 1627/28. Kunsthistorisches Museum, Vienne. E. Lessing / AKG Paris. ; **p. 99** mhd Stedelijk Museum «De Lakenhal», Leyde. E. Lessing / AKG Paris ; **p. 99** mbg Musée du Louvre,Paris. Coll. Archives Larbor. ; **p. 99** mbd Ph. Bayle / Archives Nathan ; **p. 99** basg Coll. Privée, New York. E. Lessing / AKG Paris. ; **p. 99** basm Musée de Physique et d'Histoire naturelle, Florence. Coll. Archives Larbor ; **p. 99** basd BNF. Coll. Archives Larbor ; **p. 100** htg D.A.G., Louvre, Paris. Le Mage / RMN ; **p. 100** htd BNF. Archives Charmet / Bridgeman Giraudon. ; **p. 100** basg Vanité au cadran solaire (détail) - Ecole française, XVIIe s. Musée du Louvre, Paris. G. Blot / RMN. ; **p. 100** basm Musée nat. des Arts et Traditions populaires, Paris. Ph. J. Schormans / RMN ; **p. 100** basd D.A.G. Louvre, Paris. Ph. Le Mage / RMN ; **p. 101** htd Musée Carnavalet, Paris. Coll. Archives Larbor ; **p. 101** bas E. Lessing / AKG Paris ; **p. 102** Malherbe par R. Lefevre, XIXe s. Bibl. Sainte-Geneviève, Paris. Photo12.com - ARJ ; **p. 104** H. d'Urfé, gravure, 1590. BNF. Coll. Archives Larbor ; **p. 106** htd Musée des Beaux-Arts, Rennes. AKG Paris ; **p. 106** basg AKG Paris ; **p. 107** htg Musée Condé, Chantilly. R.G. Ojeda / RMN ; **p. 107** htd Musée des Beaux-Arts, Nantes. E. Lessing / AKG Paris. ; **p. 107** basg Corbis Sygma ; **p. 107** basd Scala ; **p. 108** Th. De Viau, gravure, XVIIe s. BNF. Coll. Archives Larbor. ; **p. 110** Ch. Sorel, gravure par M. Lasne, XVIIe s. BNF. Coll. Archives Larbor. ; **p. 112** Abraham Bosse, rencontre dans un jardin, dessin XVIIe s. BNF. Coll. Archives Larbor ; **p. 114** V. Voiture, Ecole française, XVIIe s. Musée de Tessé, Le Mans. L. de Selva / Archives Larbor ; **p. 116** P. Corneille, d'après Ch. Le Brun, . Musée nat. des châteaux de Versailles et de Trianon. H. Josse / Archives Larbor ; p. 120 basg BNF. Bulloz / RMN. ; **p. 120** basd Musée nat. des châteaux de Versailles et de Trianon. AKG Paris ; **p. 121** htg BNF. Coll. Archives Larbor ; **p. 121** htd BNF. Coll. Archives Nathan. ; **p. 121** basd AKG Paris. ; **p. 124** BNF. Coll. Archives Larbor. ; p. 125 BNF. AKG Paris. ; **p. 132/133** E. Lessing / AKG Paris ; **p. 134** htg Musée nat. des châteaux de Versailles et de Trianon. Franck Raux / RMN ; **p. 134** htd Musée nat. des châteaux de Versailles et de Trianon. J. Arnaudet / RMN ; **p. 134** basg Château de Vaux-le-Vicomte. E. Lessing / AKG Paris ; **p. 134** m BNF. Coll. Archives Larbor ; **p. 134** md Musée nat. des châteaux de Versailles et de Trianon. C. Jean / RMN ; **p. 134** basd Musée nat. des Granges de Port-Royal. Coll. Archives Larbor ; **p. 135** ht Musée Carnavalet, Paris. Jeanbor / Archives Larbor ; **p. 135** htg Musée nat. des châteaux de Versailles et de Trianon. G. Blot / RMN ; **p. 135** mm Musée Carnavalet, Paris. Coll. Archives Larbor ; **p. 135** D.A.G., Louvre, Paris. M. Bellot / RMN ; **p. 135** basg Coll. Part. Bridgeman / Giraudon; **p. 135** basm Royal Academy of Arts, Londres. E. Lessing / AKG Paris ; **p. 135** basd The Worshipful Company of Clockmaker's Collection. Bridgeman / Giraudon ; **p. 136** htg Musée d'art et d'histoire, Langres. G. Dagli Orti ; **p. 136** htd Musée nat. des châteaux de Versailles et de Trianon. G. Blot / RMN ; **p. 136** mhg D.G.A., Louvre, Paris. H. Josse / Archives Larbor ; **p. 136** mhd Musée nat. des châteaux de Versailles et de Trianon. RMN ; **p.136** basg Musée Condé, Chantilly. H. Josse / Archives Larbor ; **p. 136** bas Musée des Beaux-Arts, Dole. G. Dagli Orti ; **p. 136** mbd Coll. Ministère de la Défense, Service historique de l'Armée. JL Charmet / Archives Larbor ; p. 137 htd Adam Woolfitt / CORBIS ; **p. 137** bas RMN ; **p. 138** B. Pascal par F. Quesnel, XVIIe s. Musée nat. des châteaux de Versailles et de Trianon. Archives Nathan. ; **p. 142** htg Molière par Mignard, 1671. Musée Condé, Chantilly. H. Josse / Archives Larbor ; **p. 142** md Molière jeune; dessin de C. Lefebvre, XVIIe s. Bibl.-Musée de la Comédie-Française, Paris. Archives Charmet / Bridgeman-Giraudon ; **p. 142** basg et basd Franca Trippa et Fritellino, deux personnages de la commedia dell'arte. Archives Larbor ; **p. 143** htg BNF. Bridgeman / Giraudon ; **p. 143** md BNF. Bridgeman / giraudon ; **p. 143** basg Bibl. de l'Arsenal, Paris. Lauros / Giraudon / Bridgeman ; **p. 143** basd Scène de la commedia dell'arte, peinte par Cl. Gillot. Musée du Louvre, Paris. E. Lessing / AKG Paris ; **p. 147** 2 ph. Marc Enguerand / Agence Engueran/Bernand ; **p. 150** J. de La Fontaine par F. de Troy. Bibl. publique et universitaire, Genève. J. Arland / Archives Larbor ; **p. 156** La Rochefoucauld, Ecole française, XVIIe s. Musée nat. des châteaux de Versailles et de Trianon. H. Josse / Archives Larbor ; **p. 158** d The Métropolitan Museum of Art, New York. E. Lessing / AKG Paris ; **p. 158** basg AKG Paris ; **p. 159** ht Musée du Louvre, Paris. AKG Paris ; **p. 159** bas Musée nat. des châteaux de Versailles et de Trianon. Coll. Archives Nathan. ; **p. 160** AKG Paris ; **p. 161** Marc Enguerand / Agence Enguerand - Bernand ; **p. 162** J. Racine par F. de Troy, XVIIe s. Musée du Breuil de Saint-Germain, Langres. Coll. Archives larbor ; **p. 168** Mme de Sévigné par Mignard, XVIIe s. Musée Carnavalet, Paris. Jeanbor / Archives Larbor ; **p. 170** N. Boileau d'après J.B. Santerre, 1684. Musée nat. des châteaux de Versailles et de Trianon. RMN ; **p. 172** g BNF. Bridgeman / Giraudon ; **p. 172** d Musée nat. des châteaux de Versailles et de Trianon. H. Josse / Archives Larbor ; **p. 173** htg Musée nat. des châteaux de Versailles et de Trianon. G. Blot / RMN ; **p. 173** htd Musée des Beaux-Arts, Lyon. G. Dagli Orti ; **p. 173** basg BNF. Bridgeman / Giraudon ; **p. 174** Bossuet par H. Rigaud, 1702. Musée du Louvre, Paris. H. Josse / Archives Larbor ; **p. 175** Musée nat. des châteaux de Versailles et de Trianon. Ph. D. Arnaudet / G. Blot / RMN ; **p. 176** Musée Condé, Chantilly. H. Josse / Archives Larbor ; **p. 177** Musée Condé, Chantilly. H. Josse / Archives Larbor ; **p. 178** Mme de La Fayette par A. Hoerse. Musée des Beaux-Arts, Tours. Coll. Archives Larbor ; **p. 180** La Bruyère par Largillière. Musée nat. des châteaux de Versailles et de Trianon. H. Josse / Archives Larbor ; **p. 182** Ch. Perrault par P. Lallemant. Musée nat. des châteaux de Versailles et de Trianon. H. Josse / Archives Larbor ; **p. 194/195** Musée du Louvre, Paris. R.G. Ojeda / RMN ; **p. 196** mg Musée des Beaux-Arts, Dijon. Coll. Archives Larbor ; **p. 196** md Musée du Louvre, Paris. Archives Larbor ; **p. 196** bas Musée des Augustins, Toulouse. H. Josse / Archives Larbor ; **p. 197** htg Wallace collection, Londres. Coll. Archives Larbor ; **p. 197** htd Nationalmuseum, Stockholm. Archives Larbor ; **p. 197** mht Musée du Louvre, Paris. H. Josse / Archives Larbor ; **p. 197** basg Trinity College, Cambridge. E. Lessing / Magnum. ; **p. 197** mbas Coll. Archives Larbor ; **p. 197** basd Musée des Arts et Métiers - CNAM, Paris ; **p. 198** htg Musée nat. des châteaux de Versailles et de Trianon. H. Josse / Archives Larbor ; **p. 198** htm D.A.G., Louvre, Paris. M. Bellot / RMN. ; **p. 198** ht d BNF. Coll. Archives Larbor ; **p. 198** basg BNF. Coll. Archives Larbor ; **p. 198** basd Bibl. des Arts décoratifs, Paris. G. Dagli Orti. ; **p. 199** htg Musée nat. des châteaux de Versailles et de Trianon. Arnaudet - Schormans / RMN. ; **p. 199** bas Bridgeman - Giraudon. ; **p. 200** Lesage, gravure XIXe s. BNF. Coll. Archives Nathan. ; **p. 202** Montesquieu, gravure XIXe s. Coll. Archives Nathan. ; **p. 206** ht BNF. Coll. Archives Nathan ; **p. 206** basg BNF. Coll. Archives Larbor. ; **p. 206** basd Musée Carnavalet, Paris. Jeanbor / Archives Larbor ; **p. 207** htd Musée nat. des châteaux de Versailles et de trianon. H. Josse / Archives Larbor ; **p. 207** htg Musée Carnavalet, Paris. Coll. Archives Larbor ; **p. 207** m BNF; coll. Archives Nathan ; **p. 207** bas Coll. Roger-Viollet. ; **p. 208** htd Musée des Beaux-Arts, Rouen. Archives Larbor ; **p. 208** mg Coll. Roger-Viollet ; **p. 208** bas Voltaire Foundation, Oxford. Archives Nathan ; **p. 209** ht Musée Condé, Chantilly. H. Josse / Archives Larbor ; **p. 209** bas Musée Jacquemart-André, Paris. Archives Larbor ; **p. 210** Marivaux d'après Van Loo, XVIIIe s. Musée nat. des Châteaux de Versailles et de Trianon. H. Josse / Archives Larbor ; **p. 214** L'Abbé Prévost, sanguine de G.F. Schmidt, 1745. Musée des Beaux-Arts, Tours. Coll. Archives Larbor. ; **p. 216** Crébillon par Gautier Dagoty, XVIIIe s. Musée du Louvre, Paris.H. Josse / Archives Larbor ; **p. 218** Saint-Simon d'après F. de Troy. Musée nat. des châteaux de Versailles et de Trianon. H. Josse / Archives Larbor. ; **p. 220** ht Voltaire par N. de Largillière, 1718. Musée nat. des châteaux de Versailles et de trianon. Archives Larbor ; **p. 220** mg Divers portraits de Voltaire, aquarelle de Denon. Musée Carnavalet, Paris. G. Dagli Orti. ; **p. 220** bas Institut et Musée Voltaire, Genève. Fr. Martin / Archives Larbor ; **p. 221** ht BNF. Coll. Archives Larbor ; **p. 221** md BNF . Coll. Archives Nathan ; **p. 221** bas Institut et Musée Voltaire, Genève; Coll. Archives Larbor ; **p. 224** md Aquarelle de Carmontelle. D.A.G., Louvre, Paris. J.G. Berizzi / RMN. ; **p. 224** bas Musée des Augustins, Toulouse; Coll. Archives Nathan ; **p. 225** bas BNF. Coll. Archives Larbor ; **p. 225** ht Musée Antoine Lecuyer, Saint-Quentin. Bridgeman-Giraudon ; **p. 238/239** Musée du Louvre, Paris. H. Josse / Archives Larbor ; **p. 240** htg Musée Carnavalet, Paris. Jeanbor / Archives Larbor ; **p. 240** htd Musée de la Préfecture de Police, Paris. Ph. Archives Larbor ; **p. 240** basg BNF. Coll. Archives Larbor ; **p. 240** basd Musée Carnavalet, Paris. Coll. Archives Larbor ; **p. 241** htg Musée Marmottan, Paris. H. Josse / Archives Larbor ; **p. 241** mhg Musée Berny, Amiens. Coll. Archives Larbor ; **p. 241** htd Bibl. des Arts décoratifs, Paris. G. Dagli Orti ; **p. 241** mbg Bibl. des Arts décoratifs, Paris. Coll. Archives Larbor ; **p. 241** mbd Coll. Rothschild, Louvre, Paris. M. Bellot / RMN ; **p. 241** basg Bibl. des Arts décoratifs, Paris. G. Dagli Orti. ; **p. 241** basd Coll. Part. Bridgeman / Giraudon. ; **p. 242** htg Coll. Archives Nathan ; **p. 242** htm Musée Carnavalet, Paris. E. Lessing / Magnum ; **p. 242** htd BNF. Coll. Archives Larbor ; **p. 242** basg Coll. Part. Coll. Archives Larbor ; **p. 242** bas BNF. Coll. Archives Larbor ; **p. 243** htd Ruggero Vanni / CORBIS ; **p. 243** bas E. Lessing / Magnum ; **p. 244** Diderot par Van Loo, XVIIIe s. Musée du Louvre, Paris. R.G. Ojeda / RMN. ; **p. 246** g Coll. Part.; Photos12.com - ARJ ; **p. 246** basg BNF. M. Didier / Archives Larbor ; **p. 246** basd Diderot par Van Loo. Musée d'Art et d'Histoire, Langres. Chardon / Archives Nathan ; **p. 247** htg Bibl. du Louvre, Paris. E. Lessing / Magnum. ; **p. 247** htd Bibl. des Arts décoratifs, Paris. G. Dagli Orti ; **p. 247** basg Bibl. des Arts décoratifs, Paris. G. Dagli Orti. ; **p. 247** basd Musée de l'Hôtel Sandelin, Saint-Omer. Bridgeman / Giraudon ; **p. 251** Ambassade d'Australie, Paris. Coll. Archives Larbor ; **p. 252** Rousseau par M. Quentin de La Tour, XVIIIe s. Musée Antoine Lécuyer, Saint Quentin. J. Tarascon / Archives Larbor ; **p. 260** Bernardin de Saint-Pierre, Ecole française, XVIIIe s. Musée du Vieux Havre, Le Havre. Photos12.com - ARJ ; **p. 262** Laclos par L.L. Boilly. Musée nat. Des châteaux de Versailles et de Trianon. H. Josse / Archives Larbor ; **p. 264** ht Musée du Louvre, Paris; Hubert Josse / Archives Larbor ; **p. 264** bas Palais Leoni Montanari, Italie. Archives Larbor ; **p. 265** htg BNF. Coll. Archives Larbor ; **p. 265** htd BNF. Coll. Archives Larbor ; **p. 265** basd Rue des Archives / DR ; **p. 266** Beaumarchais par Nattier, 1760. Coll. Part. Guiley-Lagache / Archives Larbor ; **p. 270** Condorcet par Greuze. Musée nat. des châteaux de Versailles et de Trianon. H. Josse / Archives Larbor ; **p. 271** BNF. Coll. Archives Larbor ; **p. 278/279** Musée Carnavalet, Paris. J.L. Charmet / Archives Larbor ; **p. 280** ht g H. Josse / Archives Larbor ; **p. 280** htd Coll. Archives Larbor ; **p. 280** basg BNF. Jeanbor / Archives Larbor ; **p. 280** basd Musée Carnavalet, Paris. Archives Larbor ; **p. 281** htd BNF. Jeanbor / Archives Larbor ; **p. 281** mg Musée du Louvre, Paris. Coll. Archives Larbor ; **p. 281** mhd BNF. Coll. Archives Larbor ; **p. 281** mbg Coll. Archives Nathan ; **p. 281** mbd Musée Nicéphore Niépce, Chalon-sur-Saône. © Ville de Chalon-sur-Saône, France. Musée Nicéphore Niépce ; **p. 281** basd Coll. Charles Dollfuss. Coll. Archives Larbor ; **p. 282** htg Musée des Beaux-Arts, Bordeaux. Ph. Alain Danvers / Archives Larbor ; **p. 282** htd BNF. Jeanbor / Archives Larbor ; **p. 282** basg Coll. Archives Larbor ; **p. 282** bas BNF. Jeanbor / Archives Larbor ; **p. 282** basd Bibl. des Arts décoratifs, Paris. Coll. Archives Larbor ; **p. 283** htd Musée nat. des châteaux de Versailles et de Trianon. Coll. Roger-Viollet ; **p. 283** bas Musée du Louvre, Paris. H. Josse / Archives Larbor ; **p. 284** Chateaubriand par Girodet-Trioson, 1811. Musée nat. des châteaux de Versailles et de Trianon. Guiley-Lagache / Archives Larbor ; **p. 287** BNF. 3 Ph. J.L. Charmet / Archives Larbor ; **p. 288** Mme de Staël, miniature, fin XVIIIe s. BNF. Coll. Archives Larbor ; **p. 290** Benjamin Constant par H. de Roche, XIXe s. Musée Carnavalet, Paris. Jeanbor / Archives Larbor ; **p. 292** ht Musée du Louvre, Paris. Coll. Archives Nathan ; **p. 292** bas Musée Ingres, Montauban. Ph. Guy Roumagnac / Archives Larbor ; **p. 293** htg Musée des Châteaux de Malmaison et de Bois-Préau. Hubert Josse /

Archives Larbor ; **p. 293** md BNF. Coll. Archives Larbor ; **p. 293** bas BNF. Coll. Archives Nathan ; **p. 294** ht Maison de Balzac, Paris. Jeanbor / Archives Larbor ; **p. 294** bas Musée du Louvre, Paris. Archives Nathan ; **p. 295** ht Wiener Schbertbund, Vienne. Ph. © Direktion der Museen der Stadt, Vienne ; **p. 295** bas Musée des Beaux-Arts, Leipzig. E. Lessing / Magnum ; **p. 296** Lamartine, Ecole française, XIXe s. Tal / Rue des Archives ; **p. 298** Stendhal par J.O. Södermark, 1840. Musée nat. des châteaux de Versailles et de Trianon. H. Josse / Archives Larbor ; **p. 304** Balzac par M. Dastugue, XIXe s. Musée nat. des châteaux de Versailles et de Trianon. Archives Nathan ; **p. 309** Coll. Roger - Viollet. ; **p. 310** ht Coll. Arch. Larbor ; **p. 310** bas BNF. Coll. Archives Larbor ; **p. 311** ht BNF. Coll. Archives Nathan ; **p. 311** basg BNF. Coll. Archives Larbor ; **p. 311** basd Coll. Archives Nathan ; **p. 314** ht Maison de Victor Hugo, Paris. Jeanbor / Archives Larbor ; **p. 314** basg Musée des arts décoratifs, Paris. Coll. Archives Larbor ; **p. 315** ht La première d'Hernani, 25 février 1830, par Albert Besnard, 1903. Maison de Victor Hugo, Paris - Ph. Jeanbor / Archives Larbor © Adagp, Paris 2003 ; **p. 315** basg Musée Carnavalet, Paris. Jeanbor / Archives Larbor ; **p. 315** basd BNF. Coll. Archives Larbor ; **p. 324** Nerval par Nadar vers 1854/55. BNF. Coll. Archives Larbor ; **p. 327** Bibl.-Musée de la Comédie Française, Paris. Ph. Bridgeman - Giraudon. ; **p. 328** Ecole française, XIXe s. Musée Carnavalet, Paris. Jeanbor / Archives Larbor ; **p. 330** Musset par Ch. Landelle, 1878. Musée nat. des châteaux de Versailles et de Trianon. H. Josse / Archives Larbor ; **p. 334** E. Sue par Lepaulle, XIXe s. Musée Carnavalet, Paris. J.L. Charmet / Archives Larbor ; **p. 336** Dumas par C.A. Bellay, 1878. Musée nat. des châteaux de Versailles et de Trianon. Archives Nathan ; **p. 338** Mérimée par Rochard, XIXe s. Musée Carnavalet, Paris. Jeanbor / Archives Larbor ; **p. 339** Photos12.com - Coll. Cinéma. ; **p. 340** George Sand par A. Charpentier, 1832. Musée Carnavalet, Paris. J.L. Charmet / Archives Larbor ; **p. 348/349** Archives Nathan. ; **p. 350** mg BNF. Ph. Jeanbor / Archives Larbor ; **p. 350** basg AKG Paris ; **p. 350** basm BNF. Coll. Archives Larbor ; **p. 350** basd Musée Carnavalet, Paris. J.L. Charmet / Archives Larbor ; **p. 351** ht BNF. L. de Selva / Archives Larbor ; **p. 351** mg BNF. Coll. Archives Nathan ; **p. 351** md Musée Carnavalet, Paris. Michel Didier / Archives Larbor ; **p. 351** basg Bibl. des Arts décoratifs, Paris. J.L. Charmet / Archives Larbor ; **p. 351** basm Coll. Archives Larbor ; **p. 351** basd Photothèque Musée Arts décoratifs - Archives Larbor ; **p. 352** htg Maison de Victor Hugo, Paris. Coll. Archives Larbor ; **p. 352** mht Bibl. Littéraire Jacques Doucet, Paris. Coll. Archives Larbor ; **p. 352** htd BNF. Coll. Archives Larbor ; **p. 352** mhd Coll. Archives Larbor ; **p. 352** mbg Musée Carnavalet, Paris. Archives Larbor ; **p. 352** basg Coll. Part. Paris. Jeanbor / Archives Larbor ; **p. 352** basd BNF. Jeanbor / Archives Larbor ; **p. 353** htd Musée d'Orsay, Paris. G. Blot / RMN. ; **p. 353** bas D.A.G. Louvre (fonds Orsay). J. Schormans / RMN. ; **p. 354** Labiche par M. Desboutin, XIXe s. Musée nat. des châteaux de Versailles et de Trianon. Gérard Blot/RMN ; **p. 356** Barbey d'Aurevilly par E. Lévy, 1881. Musée nat. des châteaux de Versailles et de Trianon. Archives Nathan ; **p. 358** Baudelaire par Nadar. Musée d'Orsay, Paris. Hervé Lewandowski / RMN. ; **p. 362** basg AKG Paris ; **p. 362** basd Coll. Archives Larbor ; **p. 363** htg Coll. Roger-Viollet ; **p. 363** htd AKG Paris ; **p. 363** mg Musée Fabre, Montpellier. Ph. O'Sughrue © Archives Larbor ; **p. 363** basd BNF. Coll. Roger-Viollet. ; **p. 366** Flaubert par E. Giraud, 1866. Musée nat. des châteaux de Versailles et de Trianon. Archives Nathan ; **p. 370** Musée d'Orsay, Paris. Archives Larbor ; **p. 372** Leconte de Lisle par Blanquer, 1885. Musée nat. des châteaux de Versailles et de Trianon. Gérard Blot / RMN. ; **p. 374** Litho de P. Gavarni. BNF. Coll. Archives Larbor ; **p. 376** Coll. Archives Larbor - DR ; **p. 380** Lautréamont par F. Vallotton, 1896. Bibl. de l'Arsenal, Paris. Jeanbor / Archives Larbor ; **p. 382** Coll. Archives Larbor - DR ; **p. 385** Rijksmuseum Kroller-Muller, Otterlo. E. Lessing / Magnum. ; **p. 388** Zola photographié par Carjat. Coll. Archives Nathan. ; **p. 394** basd Musée d'Orsay, Paris. H. Josse / Archives Larbor ; **p. 394** htg Musée national des châteaux de Versailles et de Trianon. G. Blot / RMN. ; **p. 395** htg Collection particulière, avec le concours de la galerie Schmit à Paris, Suisse. Archives Larbor ; **p. 395** m Coll. Part. Ph. J.L. Charmet © Archives Larbor ; **p. 395** htd AKG Paris ; **p. 395** basg BNF. Coll. Archives Larbor ; **p. 396** htg Kimbell Art Museum, Fort Worth. Archives Larbor ; **p. 396** htd Hamburg Kunsthalle. Ralph Kleinhempel / Archives Larbor ; **p. 396** m Photothèque des musées de la ville de Paris ; **p. 396** basg Musée du Louvre, Paris. R.G. Ojeda / RMN ; **p. 397** htd Coll. Christophe L. Ph. Raymond Voinquel / Ministère de la Culture. ; **p. 397** basd Bibl. de l'Arsenal, Paris. Coll. Archives Larbor ; **p. 398** Coll. Archives Larbor ; **p. 406** Mallarmé par A. Renoir. Musée nat. des châteaux de Versailles et de Trianon. P. Bernard / RMN. ; **p. 408** htg Ph. Nadar © Archives photographiques, Paris - Archives Larbor ; **p. 408** basg Museum of Modern Art, Lillie P. Bliss Collection, New York. Ph. Coll. Archives Larbor. ; **p. 409** htd Musée Gustave Moreau, Paris. H. Josse / Archives Larbor ; **p. 409** mg Museum der bildenden Künste, Leipzig. Ph. Coll. Archives Larbor ; **p. 409** basd Bibl-musée de l'Opéra, Paris. Jeanbor / Archives Larbor ; **p. 410** A. Jarry par Hermann-Paul. Musée Picasso, Paris. J. G Berizzi / RMN / DR ; **p. 418/419** Musée de l'Ermitage, Saint-Petersbourg. © Succession Matisse 2003 ; **p. 418/419** Lipnitzki / Roger-Viollet ; p. 420 mg Getty Images / Hulton Archives ; **p. 420** md Musée des Deux Guerres Mondiales, BDIC (Université de Paris). Jeanbor / Archives Larbor ; **p. 420** basg Mathurin Méheut - Prisonnier français, 1918. Musée Mathurin Méheut, Lamballe. © ADAGP Paris, 2003. ; **p. 420** basd Keystone. ; **p. 421** htg Coll. Dixmier. Jeanbor / Archives Larbor /DR. ; **p. 421** htd BNF. Coll. Archives Larbor / DR ; **p. 421** mg Keystone. ; **p. 421** md Coll. Archives Larbor ; **p. 421** basg NASA / AKG Paris ; **p. 421** basm AFP ; **p. 421** basd AFP ; **p. 422** htg CNC, Archives du film Bois d'Arcy. Prod. : E. Corniglion-Molinier (Regina). Coll. Archives Larbor-DR ; **p. 422** htd René Saint Paul / Rue des Archives ; **p. 422** mht David Seymour / Magnum ; **p. 422** basg BNF. Coll. Archives Larbor / DR ; **p. 422** mbas Coll. Part. Jeanbor / Archives Larbor /DR ; **p. 422** basd Kharbine / Tapabor / DR ; **p. 423** htd Ph. © FLC / ADAGP, Paris 2003 ; **p. 423** bas Bridgeman - Giraudon © Succession Picasso 2003 ; **p. 424** ht Coll. Archives Nathan / DR ; **p. 424** basg BNF. Coll. Archives Larbor ; **p. 425** ht Coll. Particulière. Archives Larbor ; **p. 425** basg Coll. Archives Larbor. ; **p. 425** d BNF. Coll. Archives Larbor ; **p. 430** Coll. Archives Larbor / DR ; **p. 432** Archives Nathan © Editions Gallimard ; **p. 434** Coll. Roger-Viollet. ; **p. 436** Coll. Roger-Viollet. ; **p. 438** P. Valéry par lui-même. BNF. Michel Didier / Archives Larbor - DR ; **p. 440** Coll. Archives arbor /DR ; **p. 442** ht Coll. Archives Larbor © Man Ray Trust / ADAGP Paris 2003 ; **p. 442** basg Collection particulière. © Photothèque R. Magritte - ADAGP, Paris 2003 ; **p. 443** ht Bibl. Littéraire Jacques Doucet, Paris. Archives Larbor / DR ; **p. 443** mg Menil Collection, Houston. Archives Larbor © Adagp, Paris 2003 ; **p. 443** basg BNF. Coll. Archives Larbor © Adagp, Paris 2003 ; **p. 443** basd Essai pour la couverture de l'album «Man Ray photographs, 1920». © Man Ray Trust / ADAGP / Telimage - 2003 ; **p. 444** ht Coll. Archives Larbor / DR ; **p. 444** basg Collection Thyssen - Bornemisza, Madrid Archives Larbor © Salvador Dali, Fondation Gala - Salvador Dali / ADAGP, Paris 2003 ; **p. 444** basd Coll. Particulière. Ph. © Cameraphoto Arte / Bridgeman - Giraudon © Succession Marcel Duchamp / Adagp, Paris 2003 ; **p. 445** Coll. Archives Larbor / DR ; **p. 446** Martinie / Roger-Viollet ; **p. 448** Bettmann / Corbis ; **p. 450** Tal / Rue des Archives. ; **p. 452** Tal/ Rue des Archives. ; **p. 454** Coll. Roger-Viollet. ; **p. 456** AGIP/Rue des Archives ; **p. 460** Henri Manuel - Coll Archives Larbor ; **p. 462** ph. Dalmas/SIPA PRESS ; **p. 466** Martinie / Roger-Viollet ; **p. 467** Coll. Part. Bridgeman-Giraudon © ADAGP, Paris 2003 ; **p. 470** Tal/ Rue des Archives. ; **p. 473** 2 ph. Bernand / Agence Enguerand-Bernand. ; **p. 474** Philippe Halsman / Magnum ; **p. 476** bas g Fundacio Figueras, Barcelone. Ph. Centro d'Estudio d'Historia Contemporania / Archives Larbor © Successio Miro - ADAGP, Paris 2003. ; **p. 476** basd AFP ; **p. 477** ht René Saint-Paul / Rue des Archives ; **p. 477** basg Archives Nathan © ADAGP Paris 2003 ; **p. 477** basd Coll. part. © Brassaï estate - RMN/ M. Bellot ; **p. 478** René Saint Paul / Rue des Archives ; **p. 482** Martinie / Roger-Viollet ; **p. 484** Archives Nathan ; **p. 485** BNF. Jeanbor / Archives Larbor ; **p. 485** Coll. Roger-Viollet ; **p. 485** Photos12.com - Coll. Revel ; **p. 486** Louis Monier/Rue des Archives. ; **p. 488** Rue des Archives. ; **p. 492** Ozkok / Sipa Press. ; **p. 493** Centre Pompidou-MNAM-CCI, Paris. Ph. CNAC/MNAM Dist. RMN © ADAGP Paris 2003 ; **p. 504/505** The Museum of Modern Art. Don de Joachim Aberbach. Acc. N. 229.1988. Digital Image © 2003 The Museum of Modern Art, New York / Photo Scala © ADAGP Paris 2003 ; **p. 506** mg Musée d'Histoire contemporaine, BDIC, Université de Paris. Jeanbor / Archives Larbor © Adagp, Paris 2003. ; **p. 506** mht BNF. Coll. Archives Larbor ; **p. 506** md David Turnley / CORBIS ; **p. 506** basg CORBIS / Kipa. ; **p. 506** basd © free-form / Union Européenne, 1997 ; **p. 507** htg Musée de la Publicité / Archives Larbor ; **p. 507** htd H. Cartier-Bresson / Magnum. ; **p. 507** mht American Library, Paris. J. Dubout © Archives Larbor ; **p. 507** mbg NASA / Archives Larbor ; **p. 507** basg François Henry / REA ; **p. 507** mbas Forest / BSIP ; **p. 507** basd Jean-Claude Thuillier / REA ; **p. 508** htg Ph. Coqueux / SPECTO ; **p. 508** htd René Saint-Paul / Rue des Archives ; **p. 508** mht Keystone ; **p. 508** basg Le Livre de Poche ; **p. 508** basm Sébastien Ortola / REA ; **p. 508** basd Xavier Rossi / Gamma ; **p. 509** htd Centre Pompidou - MNAM - CCI, Paris. Ph. CNAC/MNAM Dist. RMN © ADAGP Paris 2003 ; **p. 509** bas Centre Pompidou - MNAM - CCI, Paris. Ph. CNAC / MNAM Dist. RMN © ADAGP, Paris 2003. ; **p. 510** P. Pascal / Archives Larbor. ; **p. 513** Musée d'Orsay, Paris. H. Lewandowski / RMN ; **p. 514** basg AFP ; **p. 514** basd Dornac / Archives Larbor ; **p. 515** htg Lapi / Roger-Viollet ; **p. 515** basd Ulf Andersen / Gamma ; **p. 516** Lipnitzki / Roger-Viollet ; **p. 517** Ph. Coqueux / SPECTO ; **p. 520** 2 ph Ph. Coqueux / SPECTO ; **p. 521** J.P. Tesson / SPECTO ; **p. 522** ph. Lipnitzki/ROGER VIOLLET ; **p. 526** Lipnitzki / Roger-Viollet. ; **p. 528** Mario Dondero / Editions de Minuit. ; **p. 529** ht X - DR ; **p. 529** basd Jean Mascolo / Coll. Christophe L. / DR ; **p. 530** AFP ; **p. 531** Erich Hartmann / Magnum. ; **p. 534** Lipnitzki / Roger-Viollet ; **p. 538** Andersen / Sipa Press. ; **p. 539** Musée des Beaux-Arts, Bordeaux. RMN © ADAGP, Paris 2003 ; **p. 540** Lipnitzki / Roger-Viollet. ; **p. 542** Martinie / Roger-Viollet ; **p. 546** Louis Monier / Rue des Archive. ; **p. 547** Photos12.com - Collection Cinéma / DR ; **p. 548** AFP ; **p. 549** John Mabanglo / AFP ; **p. 550** Martinie / Roger-Viollet ; **p. 552** AFP/UPI ; **p. 556** Ph. Gauthier / Sipa Press ; **p. 558** Louis Monnier / Rue des Archives ; **p. 562** L. Monier / Gamma ; **p. 563** Musée des Beaux-Arts, Caen. Bridgeman-Giraudon © ADAGP, Paris 2003 ; **p. 560** Ozkok / Sipa Press. ; **p. 564** Louis Monier / Rue des Archive ; **p. 567** Marc Enguerand / Agence Enguerand / Bernand ; **p. 570** Andersen / Sipa Press ; **p. 572** Frédéric Souloy / Gamma ; **p. 576** Eric Robert / Corbis Sygma.

Mise à jour

48 bas d ROGER-VIOLLET ; **48** bas g British Museum, Londres/BIS/Ph. Fleming © Archives Larbor; **48** ht Musée Richard Wagner, Bayreuth/THE PICTURE DESK/Dagli Orti; **49** ht CORBIS/Bettmann; **49** m d Musée des Offices, Florence/MAGNUM/Erich Lessing; **49** m g ROGER-VIOLLET; **90** bas d BIS/Ph. Coll. Archives Larbor; **90** bas g BRIDGEMAN - GIRAUDON; **90** ht d BRIDGEMAN - GIRAUDON/Archives Charmet; **90** ht g Collection Carmélitaine, Clamart/THE PICTURE DESK/Dagli Orti; **91** bas d Musée Granet, Aix-en-Provence/THE PICTURE DESK/Dagli Orti; **91** bas g Villa Valmarana, Vicenze/BRIDGEMAN - GIRAUDON; **91** ht d Musée du Louvre, Paris/BRIDGEMAN - GIRAUDON; **91** ht g BIS/Ph. Claude O'Sughrue © Archives Larbor; **111** Musée du Louvre/ROGER-VIOLLET; **126** bas d BIS/Ph. Coll. Archives Larbor; **126** bas g BIS/Ph. Coll. Archives Larbor; **126** ht Real Academia de la Historia, Madrid/BRIDGEMAN-GIRAUDON; **126** m d Biblioteca Univesitad, Madrid/BRIDGEMAN - GIRAUDON; **127** bas BIS/Ph. Coll. Archives Larbor; **127** ht d British Library, Londres/BRIDGEMAN - GIRAUDON ; **127** ht g BRIDGEMAN - GIRAUDON; **147** GROSBOIS PIERRE; **184** bas BRIDGEMAN - GIRAUDON; **184** ht d CORBIS/Bettmann; **184** ht g CORBIS/Hulton-Deutsch Collection; **185** bas Mauritshuis, La Haye/MAGNUM/Erich Lessing; **185** ht CORBIS/Bettmann; **185** m d Gemeentemuseum, La Haye/BIS/Ph. Coll. Archives Larbor; **185** m g BRIDGEMAN - GIRAUDON; **230** bas Victoria & Albert Museum, Londres/BRIDGEMAN - GIRAUDON; **230** ht d BRIDGEMAN - GIRAUDON; **230** ht g BRIDGEMAN - GIRAUDON; **231** bas CORBIS/Wolfgang Kaehler; **231** ht BRIDGEMAN - GIRAUDON; **231** m CORBIS/Bettmann; **233** Marc Enguerand; **237** Agence Bernand; **272** bas d Casa Goldoni, Venise/THE PICTURE DESK/Dagli Orti; **272** bas g Casa Goldoni, Venise/THE PICTURE DESK/Dagli Orti; **272** ht d BIS/Ph. Coll. Archives Larbor ; **272** ht g Goethe National Museum, Weimar/BIS/Ph. © Goethe National Museum - Coll. Archives Larbor; **273** bas HPP (Hachette Photos Presse)/Keystone/Mary Evans picture Library; **273** ht GETTY IMAGES France/Hulton Archive/Granger; **303** BRIDGEMAN - GIRAUDON; **327** BRIDGEMAN - GIRAUDON; **342** bas Royal Albert Memorial Museum, Exeter/BRIDGEMAN - GIRAUDON; **342** ht BIS/Ph. Coll. Archives Larbor; **342** m d Collection privée/BRIDGEMAN - GIRAUDON; **342** m g Russell-Cotes Art Gallery & Museum, Bournemouth/BRIDGEMAN - GIRAUDON; **343** bas d CORBIS/Archivo Iconogafico, S.A.; **343** ht d Collection privée/BRIDGEMAN - GIRAUDON; **343** ht g Maison de H.C. Andersen, Odense/THE PICTURE DESK/Dagli Orti; **361** Musée d'Orsay, Paris/BRIDGEMAN - GIRAUDON; **369** Musée des Beaux-Arts, rouen/BRIDGEMAN - GIRAUDON; **402** ARCHIVES NATHAN; **404** ROGER-VIOLLET; **412** bas d RUE DES ARCHIVES/Collection PVDE; **412** bas g BRIDGEMAN - GIRAUDON; **412** ht d Munch Museet, Oslo/MAGNUM/Erich Lessing/© The Munch-Museum - The Munch Ellingsen Group - Adagp, Paris **2007**; **412** m g BRIDGEMAN - GIRAUDON; **413** bas d Bibliothèque royale de Bruxelles/BIS/Ph. © Bibliothèque royale Albert Ier, Bruxelles; **413** bas g Bibliothèque-musée de l'Opéra, Paris/BIS/Ph. Jeanbor © Archives Larbor © Adagp, Paris **2007**; **413** ht d ROGER-VIOLLET; **413** ht g BIS/Ph. Coll. Archives Larbor; **430** ARCHIVES NATHAN/DR; **453** AKG-images/Archives CDA/Guillo; **485** Jean-Paul, série « Splendeurs II » **1976** par Gérard Fromanger, collection particulière/BRIDGEMAN - GIRAUDON/DR; **489** Bass Museum of Art, Miami/CORBIS/ADAGP, Paris **2007**; **494** RUE DES ARCHIVES/Horst Tappe; **496** bas BIS/Ph. Rigal - Coll. Archives Larbor; **496** ht d RUE DES ARCHIVES/Collection BCA; **496** ht g RUE DES ARCHIVES/Collection BCA/CSU; **496** m d HPP (Hachette Photos Presse)/Keystone/Mary Evans Picture Library/Chris Coupland; **497** bas BIS/Ph. Coll. Archives Larbor; **497** ht BIS/Ph. Michel Didier © Archives Larbor; **513** Collection Thyssen, Madrid/BIS/Ph. Luc Joubert © Archives Larbor © Adagp, Paris **2007**; **532** ROGER-VIOLLET/Lipnitzki; **544** SIPA PRESS/Villard; **554** RUE DES ARCHIVES/Horst Tappe; **568** OPALE/Maurice Rougemont; **574** SIPA PRESS/IBO; **578** HPP (Hachette Photos Presse)/Gamma/Frédéric Reglain; **580** OPALE/Annabelle Guerrero Mendez; **581** Musée du Louvre, Paris/AKG-images; **582** SIPA PRESS/Andersen; **584** bas PHOTO12; **584** ht d © **1985**, Diogenes Verlag AG, Zurich; **584** ht g PHOTO12; **584** ht m GETTY IMAGES France; **584** m; MAGNUM/Bruno Barbey **585** bas RUE DES ARCHIVES/Collection BCA; **585** ht MAGNUM/Ferdinando Scianna; **587** HPP/Gamma/Frédéric Reglain; **588** © Dupuis, **1982**

Imprimé en Italie par G. Canale & C. S.p.A.
N° éditeur : 10150863 - Juin 2008